हिंदी काव्य-धारा

हिंदी काव्य-धारा

राहुल सांकृत्यायन

GYAN

Published by

GYAN

Gyan Publishing House
5, Ansari Road
Daryaganj, New Delhi-110002
Phone: 011-47034999, 9811692060
E-mail: books@gyanbooks.com

Distribution Network
gyanbooks.com
India, USA, Canada, UK, Australia

ISBN: 978-93-7097-214-8 (HB)

First Published, 1930

2nd Impression 2025

Printed at: Gyan Press, Delhi.

हिंदी काव्य-धारा

Author: **राहुल सांकृत्यायन**

हिंदी काव्य-धारा

[हमारे मध्यकालीन कवियोंने अपना नाता सिर्फ संस्कृतके कवियोंसे जोडे रक्खा जिससे हिदी साहित्यके ऐतिहासिक विकासकी यह महत्त्वपूर्ण कड़ी काव्य-परपरामेसे टूटकर अलग जा पड़ी······ बीचकी पाच सदियोके अपभ्रश-काव्योका थोडा-सा भी अनुशीलन हमे लाभ ही पहुँचायेगा ··· यह न केवल हिदीकी ही, बल्कि बगला-गुजराती-मराठी-सिधी-उड़िया-पजाबी-राजस्थानी-मगही-मैथिली-भोजपुरी आदि भाषाओकी सम्मिलित निधि है, सिद्ध-सामत-युगीन जन-साहित्यकी अवहेलना हमारे लिए परम हानिकर होगी।]

राहुल सांकृत्यायन

अवतरणिका

इस संग्रहमें कवियोंकी अधिकसे अधिक कविताओंके देनेका निश्चय किया गया, ऐसी अवस्थामें एक-एक कविकी अलग-अलग आलोचना संभव नहीं। इसीलिए हमने एक-एक काव्य-युगके समझनेके लिये उसकी पृष्ठ-भूमि दे देने पर ही सन्तोष किया है।

सबसे पहले सवाल आता है इस युग—सिद्ध-सामन्त-युग—के कवियोंकी भाषाके बारेमें।

१. कवियोंकी भाषा

हमारे इस युग (७६०-१३०० ई०)की भाषा और आजकी भाषामें काफी अन्तर है, यह हम मानते हैं, तो भी हम बतलायेंगे, कि मूलतः वह भाषा और आजकी भाषा एक है। इस युगमें भी सरहपा (७६० ई०) और राजशेखर-सूरि (१३०० ई०)के बीचकी पाँच सदियोंमें भाषा अचल नहीं बनी रही। वस्तुतः दुनियामें कोई चीज अचल रह ही नहीं सकती। वहाँ यदि कोई अचल है, तो यही परिवर्त्तनका नियम। पीढ़ीके बाद पीढ़ी आती गई और भाषा भी उसके साथ बदलती गई। यदि हम सत्तर बरसकी दादीकी भाषाको ही देखें, तो उससे पोतीकी भाषामें परिवर्त्तन साफ दीख पड़ेगा। बोल-चालकी भाषाको तो छोड़िये, लेखबद्ध भाषा—जिसे छप जानेसे हम बाज वक्त अचल समझनेकी गलती करते हैं—में भी परिवर्त्तन दिखाई पड़ता है, इसे हम भारतेन्दु और राजा लक्ष्मणसिंहकी भाषासे १९४४ की भाषाकी तुलना करके आसानीसे देख सकते हैं। यदि आधी शताब्दीमें इतना अन्तर हो सकता है, तो सरहपा और राजशेखरके बीचकी पाँच शताब्दियोंने भाषामें काफी अन्तर डाला है, यह आश्चर्यकी बात नहीं है।

पांच शताब्दियोंमें कितना अन्तर हुआ, इसे हम आसानीसे समझ सकते; यदि कवियोंके हाथके लिखे या उनके समकालीन ग्रन्थ हमारे पास होते। मुश्किल यह है, कि हमारे पास जो हस्तलिखित प्रतियाँ पहुँची है, वह कई-कई शताब्दियों बाद लिखी गई थी। यह भाषा संस्कृतकी तरह व्याकरण द्वारा दृढ़बद्ध कोई मृत-भाषा नहीं थी। इन हस्तलिखित प्रतियोंके लिखनेवाले काव्योंके समझने

और रसास्वादनके लिये लिखते-लिखवाते थे, और जब किसी शब्दके पुराने रूपको कुछ अपरिचित-सा हुआ देखते, तो उसे नवीन रूपमे लिख डालते। इस तरह हस्तलिखित प्रतियोमे कवि-कालीन भाषासे परिवर्त्तन हो गया। फिर वे प्रतियाँ यदि किसी "नीम-हकीम खतरा-जान" सम्पादकके हाथमें पड गईं, तो क्या गति बनी, इसे मुनि जिनविजय जीके शब्दोमे कहे तो—"जो कोई एबी जूनी कृति परिमाणमा वधारे लोक-प्रिय बनी होय, तेवी भाषा रचनामा जुदा जुदा जमानाना अनेक जातना रूपो अने पाठ-भेदो उमेराई ते वधारे अनवस्थित रूप धारण करे छे। अने साथे कोई भाषा-तत्वानभिज्ञ सशोधक साक्षरने हाथे जो तेना जीर्ण-देहनू कायाकल्प थई जाय, तो तद्धन नूतन रूप प्राप्त करी ले वे।"

"आवी जूनी कृतिओनू मूल-स्वरूप मेलववा माटे अधिक सख्यामा अने जेम वने तेम बधारे जूनी लखेली प्रतिओ मेलववी जोइये, अने तेमना सूक्ष्म अवलोकन अने पृथक्करणना आधारे पाठ-विचारणा थवी जोइये। आ पद्धतिए कार्य करवाथीज आवी प्राचीन कृतिओनो आदर्शभूत पाठोद्धार थई शके, अने कर्त्तानी शुद्ध-भाषानो परिचय मली सके।"

यह तो हस्त-लिखित प्रतियोके सपादनमें कितनी सावधानीकी जरूरत है, यह बात हुई।

इस सग्रहमे इन पुराने कवियोंकी कविताओके जो नमूने दिये गये है, उनको एक बार देखते ही पाठक समभनेमें असमर्थ हो कह पडेगे, कि यह तो हिन्दी-भाषा है ही नही। इसीलिए यहाँ यह बतलानेकी आवश्यकता है, कि वह उससे भी कही अधिक हिन्दी-भाषा है, जितनी कि आजकी मालवी, मारवाडी, मल्ली (भोजपुरी) और मैथिली। आपको जो दिक्कत हो रही है, वह दादी (पाली)की इस प्रतिज्ञा हीके कारण, कि उनके पास कोई शुद्ध सस्कृत—तत्सम—शब्द फटक नही सकता।

दादीकी इस प्रतिज्ञाको चाहे बुढभस कह लीजिए, उनके यहाँ गजको गय बोला जायगा; लेकिन गजेन्द्रकी जगह गयद तो अब भी आप सुनते है; मृगांक (चद्र)के स्थान पर मयक अब भी प्रयुक्त होता है। इस भाषाके सम

भनेमे जो दिक्कत होती है, वह इसी संस्कृत-रूपके पूरे बायकाट और एकमात्र तद्भव—अपभ्रंश—रूपके प्रचार हीके कारण।

आप जैसे ही तद्भव "मयंक" को तत्सम (मृगांक) रूप देनेकी कुजी पा जायेंगे, वैसे ही यह भाषा आपके लिए उतनी ही आसान हो जायेगी जितनी सूर और तुलसीकी। आपके लिए यह काम हमने आमने-सामनेके पृष्ठोपर तद्भव (मूल)-भाषा और तत्सम-भाषा (छाया) देकर कर दिया है। आप अपने किसी मित्रको सामनेका पृष्ठ पढनेके लिए कह कर यदि मूलभाषाकी पंक्तियोको देखते जायें तो खुद समझने लग जायेगे कि यह भाषा संस्कृत-प्राकृत नही, हिन्दी है।

आपने सुन रक्खा होगा, कि इस भाषाको अपभ्रंश कहते है, शायद इससे आप समझने लगे होंगे, कि तब तो यह हिन्दीसे जरूर अलग भाषा होगी। लेकिन नाम पर न जाइये, इसका दूसरा नाम "देशी" भाषा भी है। अपभ्रंश इसे इसलिए कहते है, कि इसमें संस्कृत शब्दोके रूप भ्रष्ट नही, अपभ्रष्ट—बहुत ही भ्रष्ट—है, इसलिए संस्कृत-पडितोको ये जाति-भ्रष्ट शब्द बुरे लगते होगे। लेकिन शब्दोंका रूप बदलते-बदलते नया रूप लेना—अपभ्रष्ट होना—दूषण नही भूषण है, इससे शब्दोके उच्चारणमे ही नही अर्थमे भी अधिक कोमलता, अधिक मार्मिकता आती है। "माता" संस्कृत शब्द है, उसका "मातु", "माई", और "माश्रो" तक पहुँच जाना अधिक मधुर बननेके लिए था। खेद है यहाँ भी कितने ही "नीम-हकीमो" ने शुद्ध संस्कृत "माता" को ही नही लिया, बल्कि उसमे "जी" लगाकर "माताजी" बना उसके ऐतिहासिक माधुर्य्यको ही नष्ट कर डाला। अस्तु, यह निश्चित है कि अपभ्रंश होना दूषण नही भूषण था।

कवियोकी भाषा पर विचार करते हुए हम तत्कालीन साधारण बोलचाल-की भाषापर चले गए, लेकिन हमें फिर सिर्फ साहित्यिक भाषापर विचार करना है। पाँच सदियोके जिन कवियोकी कृतियोका हमने यहाँ संग्रह किया है, वह दो चार जिलेके बराबर किसी छोटेसे प्रदेशके रहनेवाले नही थे। जहाँ सरहपा और शबरपा बिहार-बंगालके निवासी थे, वहाँ अब्दुर्रहमानका जन्म मुल्तान-मे हुआ था। स्वयंभू और कनकामर शायद अवधी और बुन्देली, क्षेत्र—युक्त

प्रान्त—के थे, तो हेमचद्र और सोमप्रभ गुजरातके। और रसिक तथा आश्रयदाता होनेके कारण मान्यखेट (मालखेड) (निजाम हैदराबाद)का भी इस साहित्यके सृजनमे हाथ रहा है।

इस प्रकार हिमालयसे गोदावरी और सिधमे ब्रह्मपुत्र तकने इस साहित्य-के निर्माणमे हाथ बँटाया है। यह भाषा सस्कृतकी तरह ही मृतभाषा नही थी, यह हम कह आये है। साहित्यकी भाषा भी कोई मूल बोलचालवाली भाषा होनी चाहिए, और वह भाषा जरूर एक परिमित क्षेत्रकी मातृभाषा हो सकती है। स्वयभूकी भाषाकी क्रियाओ और कितने ही कृतीके शब्दोको देखनेसे वह अवधीके सबसे नजदीक मालूम होती है। यद्यपि ऐसा कहनेमे बहुत दिनोसे चली आई इस धारणाके हम खिलाफ जा रहे है, कि अपभ्रश साहित्य सौरसेनी और महाराष्ट्री अपभ्रशो हीमे लिखा गया। लेकिन, जो सामग्री हमारे सामने मौजूद है, वह हमे वही कहनेके लिए मजबूर करती है। हाँ, इसका यह मतलब नही कि और भाषाओके विशेष शब्द उसमे नही है। 'चगा' ("अच्छा") शब्द का बहुत अधिक प्रचार अब पजाबी और मराठीमे ही रह गया है, लेकिन हमारे सामने जो भाषा है, उसमे इसका खूब प्रयोग हुआ है। "थाक" (रहना) जिस अर्थ मे यहा प्रयुक्त हुआ है, वह अब बंगलामे ही मिलता है। 'मेल्ह' (छोडना) अब राजपूतानामे ही बोली जाती है। 'ढूक' (देखना) अब सिर्फ बुन्देली और ब्रजभाषामे देखनेको मिलता है, और 'एवडा' (इतना) 'तेवडा' गढवाली और मराठीमे। अछे (है) 'छे' के रूपमे बगला, मैथिली, गोरखा, मेवाडी और गुजरातीमे सुननेको मिलता है। इसलिए हम स्वयभू जैसे कवियोकी भाषाको जब पुरानी अवधी या कोसली कहते है, तो उसका यह मतलब नही, कि दूसरी प्रान्तीय भाषाओसे उसका कोई सबध नही था। वस्तुत उस वक्त उत्तर-भारत की सारी भाषाये एक दूसरेके बहुत नजदीक थीं। प्रान्तीय भाषाये उस वक्त काफी थीं। "प्राकृत-चद्रिका" मे उनकी एक मोटीसी गणनाकी गई है, जो इस प्रकार है—

आचडी	कैकेयी
लाटी	गौडी

वैदर्भी	औड्री (उडिया)
नागरी	सैह्ली
बर्बरी	गुर्जरी
आवन्ती (मालवी)	आभीरी
पाञ्चाली	मध्यप्रदेशी, आदि
टक्की	

मार्कण्डेयने "प्राकृत सर्वस्व" मे जिन अपभ्रंशोको गिनाया है, उनमेसे कुछ है—

पाचाली (कन्नौज-बरेली)	सैह्ली
वैदर्भी (बरारी)	आभीरी
लाटी (दक्षिण-गुजराती)	मध्यदेशीया
औड्री	गुर्जरी
कैकेयी	पाश्चात्या (पछैंयाँ)
गौडी	

"कुवलय-माला" ने भी कितने ही नाम दिये है—

गोल्ली (गौडी)	लाटी
मध्यदेशीया	मालवी
मागधी	कोसली
अन्तर्वेदी	महाराष्ट्री
कीरी	
टक्की	
सिंधी	
मरुदेशी	
गुर्जरी	

इस प्रकार हिमालय-गोदावरी और सिन्धु-ब्रह्मपुत्रके बीच यद्यपि बहुतसी बोल-चालकी भाषाये थी, मगर उनके साथ सबकी एक सम्मिलित भाषा भी थी।

बोलचालकी भाषाओंमे लिखित साहित्य था या नही, इसके बारेमे अभी

कुछ कहा नही जा सकता। सम्भव है, इन कविताओको जिस रूपमे हम पेश कर रहे है, उसमे बहुत कुछ शताब्दियोके लेखको, पाठकोका हाथ हो।

मूल-रूप मे कितने ही कवियों—खास कर सिद्धो—ने अपनी कविताये अपनी ही मातृभाषामे की होगी।

ऊपरके कथनसे मालूम होता है, कि हमारे यहाँ सास्कृतिक और साहित्यिक, राजनीतिक और व्यापारिक प्रयोजनके लिए एक भाषाकी आवश्यकताको बहुत पहिलेसे माना जाता रहा है। इसीलिए आज हिन्दीके राष्ट्रभाषाका सवाल कोई नई चीज नही है।

फिर भी सवाल दुहराया जायेगा, कि हमारे इन कवियोकी भाषा हिन्दी नही, बल्कि सस्कृत-प्राकृतकी तरह कोई बिल्कुल ही अलग भाषा है। "अपभ्रश" नाम सुनते-सुनते इस गलत धारणाके शिकार हम जरूर हो चुके है; मगर बात ऐसी नही है। सस्कृत (छन्दस्), पाली और प्राकृत जितनी एक दूसरेके नजदीक है, अपभ्रश उतनी नही है। पुरानी सस्कृत या छन्दस् (वैदिक)-भाषा १५०० ई० पू० से ६०० ई० पू० तक थोडा बदलते हुए बोली जानेवाली जीवित भाषा थी।

५०० ई० पू०मे बुद्धके समय उसने मूल-पालीका रूप धारण कर लिया और आगे हल्केसे परिवर्त्तनके साथ वह पाँच शताब्दियो तक जारी रही। फिर ईसवी सनके साथ प्राकृतका आरभ हुआ और वह छठी सदी तक चलती रही। इन बीस सदियोमे छन्दस्, पाली, प्राकृतके जो तीन छोटे-मोटे भाषा-स्वरूप हमे मिलते है, उनमे परस्पर भेद होते हुए भी बहुत कुछ समानता है। असमानता यही है कि सस्कृतके क्लिष्ट उच्चारणको आसान (बालभाषा) बनाकर पालीने तद्भव शब्दोकी रचना शुरु की। सस्कृतके भारी-भरकम व्याकरण-कलेवरको कम करके उसने द्विवचन और कुछ प्रयोगोके झझटसे बोलनेवालोको बचाया—बोलने-वालोने खुद अपनेको बचाया, यही कहना अधिक उचित होगा। कितना बचाया यह इसीसे मालूम होगा कि जहाँ शुद्ध सस्कृत बोलनेके लिए छ हजारसे ऊपर सूत्र-वार्त्तिकोको याद रखनेकी जरूरत है, वहाँ पालीमे वह काम आठ-नौ सौ सूत्रोंसे ही हो जाता है।

प्राकृतने शायद व्याकरणके नियमोंकी सख्याको और कम नही किया, लेकिन तद्भव या उच्चारणके सरलीकरणके कामको उसने और जोर-शोरसे किया। उस युगमे स्वर ही नही व्यजनोंकी भी खैर नही थी, यदि वह शब्दके आरभमे न रहे। तद्भव करनेमे पाली और प्राकृत एक-सी रही"।

लेकिन, इतना होते हुए भी सुबन्त, तिडन्त या शब्द-रूप और धातु-रूपकी शैलीमे दोनो हीने सस्कृतका अनुसरण नही छोडा, इसीलिए पाली और प्राकृत-को सस्कृत रूप देनेमे बहुत थोडे श्रमकी जरूरत होती है—तद्भवको तत्सम कर दीजिए, आवश्यकता होनेपर द्विवचन और आत्मनेपद कर दीजिए, बस उसी पुराने ढाँचेमे ही सस्कृत रूप तैयार हो गया।

और अपभ्रंश? यहाँ आकर भाषामे असाधारण परिवर्त्तन हो गया। उसका ढाँचा ही बिल्कुल बदल गया, उसने नये सुबन्तों, तिडन्तोकी सृष्टि की, और ऐसी सृष्टि की है, जिससे वह हिन्दीसे अभिन्न हो गई है, और सस्कृत-पाली-प्राकृतसे अत्यन्त भिन्न।

'कहेउ', 'गयउ', 'गउ', 'कहिज्जइ' ये शब्द बतलाते है कि अपभ्रंशका स्थान हिन्दीके पास होना चाहिए या सस्कृत-पाली-प्राकृतके पास। वस्तुत. सस्कृतसे पाली और प्राकृत तक भाषा-विकास क्रमिक या अविच्छिन्न-प्रवाह-युक्त हुआ, मगर आगे वह क्रमिक विकास नही, बल्कि विच्छिन्न-प्रवाह-युक्त विकास—जाति-परिवर्त्तन—हो गया। आज अपभ्रंशकी यह अवस्था है कि सस्कृत-प्राकृत-पाली जाननेवाले मद्रास, सिहल, और कर्नाटकके पडित इस जाति-परिवर्त्तनके कारण अपभ्रंशसे बात तक नही करना चाहते। यह ठीक भी है, क्योकि उन्हे इसके लिए हिन्दीकी विभक्तियोको सीखना पडेगा। वहाँ सस्कृत-ज्ञानके बल पर काम नही चलेगा। लेकिन दूसरी तरफ हिन्दी-भाषियोका अपभ्रंशके प्रति क्या कर्त्तव्य है, इसे आप अपने दिलसे पूछ सकते है। "जिसके लिये किया वही कहे चोर" वाली कहावत है, बेचारी अपभ्रंश हमारे लिए मारी गई।

मगर तर्क कर देनेसे काम नही चलेगा, आखिर पढने-समझनेमे आपकी दिक्कतका ख्याल करना ही होगा। लेकिन दिक्कत है सिर्फ तद्भव और तत्समके झगडे की। संस्कृत (छान्दस्)की औरस पुत्री पालीने तत्सम (शुद्ध संस्कृत)

शब्दोंका बायकाट शुरू किया, प्राकृतने दादीकी जगह माँका साथ दिया। बेचारी प्राचीनतम हिन्दी (अपभ्रंश)ने दादी और माँके पल्लेको पकड़ रक्खा, लेकिन आगे चलकर उसके बोलनेवालोंने वास्तविक भाषा (क्रिया, विभक्ति)को तो रक्खा, मगर परदादी—संस्कृत—के शब्दोंके शुद्ध रूप (तत्सम)को खूब तत्परतासे उधार लेना शुरू किया। लोग जितनी मात्रामें तत्सम शब्दोंसे अधिक और अधिक परिचित होते गये, उसी मात्रामें तद्भव रूपोंको भूलते गये, जिसका परिणाम है, यह आजकी दिक्कत।

तत्सम या शुद्ध संस्कृत-शब्दोंका प्रयोग क्यों फिरसे होने लगा? अवतरणिका-का कलेवर इसके विवरणके लिए पर्याप्त तो नहीं हो सकता। अस्तु, हम देखते हैं, कि चौदहवीं सदीसे तत्सम शब्दोंका प्रयोग बढ़ने लगता है। व्रजभाषा तब भी इस बारेमें कुछ संयमसे काम लेती है, लेकिन तुलसी-बाबाको तो हम अपनी अवधीमें लुटिया ही डुबानेके लिये तैयार दीखते हैं। शायद, बाबाको अपने "मानस"पर विश्वनाथकी मुहर लगवानी थी। अच्छा, तत्समका प्रचार बढ़ा क्यों? तेरहवीं सदीके आरम्भमें इस्लाम-धर्मी तुर्कोंका झंडा उत्तरी भारत-में गड़ गया था। कहा जा सकता है, कि उनके एक सदीके प्रभुत्वकी प्रतिक्रिया भाषा-क्षेत्रमें तत्समके रूपमें आई। लेकिन यही पर्याप्त कारण नहीं मालूम होता। लंकामें तो तुर्कों या इस्लामकी ध्वजा कभी नहीं गड़ी, लेकिन वहाँ भी तत्समकी यह प्रवृत्ति गद्य—भाषामें क्यों हुई? सिंहली-पद्यमें १६३२ तक तत्समका प्रवेश निषिद्ध था। एक और बात भी—इस्लाम शासनकी प्रतिक्रिया-में ही यदि पंडितोंने संस्कृत शब्द-रूपोंको जोड़ना शुरू किया, तो उसका प्रभाव साहित्य और पठित जनता तक ही सीमित होना चाहिए था, लेकिन तत्सम-शब्दों-का प्रचार निरक्षर साधारण जनतामें बहुत दूर तक कैसे घुसा? गाँवका अपठित किसान भी अपने लड़केका नाम 'माहव' नहीं रखता, बल्कि तत्सम-रूप 'माधव'को ही स्वीकार करता है। 'कृष्ण' आदि नामोंको भी वह तद्भवके 'धरम', 'करम' नहीं संस्कृतके नजदीकसे उच्चारण करना चाहता है, 'धम्म', 'कम्म'की जगह कहता है। इसलिए तत्समकी प्रवृत्ति चन्द शिक्षित दिमागोंकी उपज-मात्र नहीं कही जा सकती। तत्सम या परदादीकी पुनः प्राण-प्रतिष्ठा—एक परिमित क्षेत्र

मे---के बहुतसे कारण है, जिनमे एक कारण यह भी है---समाजके विकासके साथ-साथ उसके लिए शब्दोकी आवश्यकता भी बढती है। नये शब्द पुरानी धातुओसे गढे जा सकते है, या विदेशसे उधार लिये जा सकते है। साथ ही कभी-कभी इतिहास-प्रवाहमे छूट गये शब्दोंको भी नया अर्थ दिया जा सकता है। ये छूटे शब्द तद्भव-रूपमे भी हो सकते है, और तत्सम-रूपमे भी। जान पड़ता है, जिस वक्त शब्दोकी माँग बहुत बढ गई थी, उस वक्त कुछ तत्सम (सस्कृत)-शब्दोंको भी चलाया जाने लगा। नये अर्थोंमे नये शब्दोंका प्रयोग करनेके लिए साधारण लोग भी मजबूर थे और वह जैसे-तैसे सस्कृतके क्लिष्ट उच्चारणपर अधिकार प्राप्त करनेकी कोशिश करने लगे। जब इस तरह अनिवार्य कारणोसे लोग कितने ही तत्सम शब्दोको अपना चुके और उन्होंने उसके उच्चारण पर भी कुछ अधिकार प्राप्त किया, तो फिर पण्डितोंकी बन आई और उन्होंने सस्कृत-तत्सम-शब्दोको खूब ठूँसना शुरू किया। हमने कहा था कि अपभ्रश और आजकी हिन्दी (खडी, अवधी---व्रज लेते)मे अन्तर इतना ही है, कि एकमे शुद्ध सस्कृत---तत्सम---शब्दोका प्रयोग बिल्कुल वर्जित है, जब कि आजकी साहित्यिक भाषामे मुश्किलसे किसी तद्भव-शब्दका प्रयोग होता है। अपभ्रशमे 'होई', 'कहेउ', 'गयउ', 'गउ', 'कहिज्जइ', आदि तुलसी-रामायण-वाली भाषाके क्रियापदोका प्रयोग होनेपर भी जब तद्भव-शब्दोके कारण लोगोंको उसका समझना मुश्किल हो गया, तो स्वयभू आदि महान् कवियोकी कृतियोंका पठन-पाठन छूटने लगा, और धीरे-धीरे वह बिल्कुल विस्मृत हो गयी। सस्कृत-पाली-प्राकृतसे अलग होने तथा हमारी अपनी भाषा होनेपर भी हमने एक तरह इन कवियोको मार डालना चाहा। शायद, पहले-पहल इन कवियोका जैन और बौद्ध होना भी इस उपेक्षाका कारण रहा हो, किन्तु आज शेक्सपियर और उमर खैय्यामकी दिल खोलकर दाद देनेवाले हम लोगोंसे तो ऐसी आशा नही की जा सकती।

यहाँ एक बातको हम और साफ कर देना चाहते है। हम जब इन पुराने कवियोंकी भाषाको हिन्दी कहते है, तो इसपर मराठी, उडिया, बँगला, आसामी, गोरखा, पजाबी, गुजराती-भाषा-भाषियोको आपत्ति हो सकती है। लेकिन

हमारा यह अभिप्राय हरगिज नही है, कि यह पुरानी भाषा मराठी आदिकी अपनी साहित्यिक भाषा नही है। उन्हे भी उसे अपना कहनेका उतना ही अधिकार है, जितना हिन्दी-भाषा-भाषियोंको। वस्तुतः ये सारी आधुनिक भाषाये बारहवी-तेरहवी शताब्दीमे अपभ्रशसे अलग होती दीख पडती है। जिस समय (आठवी सदीमे) अपभ्रशका साहित्य पहले-पहल तैयार होने लगा था, उस वक्त बँगला आदि उससे अलग अस्तित्व नही रखती थी। उनके आजके क्षेत्रमे शायद मराठी और उडियाकी भूमिमे आखिरी लडाई खतम हो चुकी थी, और यह दोनो भाषाये अपने यहाँ पहलेसे चली आई किसी द्राविडी भाषाकी चिता शान्त करनेमे लगी थी। गुजरातने तो हमें कई कवि दिये है, उनकी कविताओंका आस्वादन आप इस सग्रहमे करेगे। वस्तुत, यह सिद्ध-सामन्त-युगीन कवियोंकी उपरोक्त सारी भाषाओकी सम्मिलित निधि है।

सम्मिलित निधि है, अर्थात् बारहवी-तेरहवी शताब्दी तक द्राविड-भाषा-भाषी आन्ध्र, तमिल, केरल और कर्णाटकको छोडकर भारतके सभी प्रान्तोकी एक सम्मिलित भाषा भी थी। यहाँ कोई-कोई अखण्ड हिन्दी-वादी या एक भाषा-वादी पाठक कह उठेंगे—तब तो अब भी क्यो न अ-द्राविडीय प्रान्तोकी एक भाषा कर दी जाये। लेकिन, यह करना वैसा ही होगा, जैसे वयस्क स्वतन्त्र पोते-पोतियोको फिर दादीके गर्भमे पहुँचानेकी कोशिश करना। गुजरात यद्यपि तेरहवी शताब्दी तक आजके हिन्दी-क्षेत्रका अभिन्न अग रहा है, आज भी होली-दिवाली, नाच-गाने और दूसरी सैकडो बातोंमे गुजरात हिन्दी-भाषा-भाषी प्रान्तोसे एकता रखता है, लेकिन आज उसके साहित्य और कितनी ही दूसरी सास्कृतिक बातोने गुजरातको एक स्वतन्त्र राष्ट्रका रूप दिया है, फिर हम क्या उससे वैसी अखडताकी माँग कर सकते है।

अपभ्रशके कवियोको विस्मरण करना हमारे लिये हानिकी वस्तु है। यही कवि हिन्दी-काव्य-धाराके प्रथम स्रष्टा थे। वे अश्वघोष, भास, कालिदास और बाणकी सिर्फ जूठी पत्तले नही चाटते रहे, बल्कि उन्होने एक योग्य पुत्रकी तरह हमारे काव्य-क्षेत्रमे नया सृजन किया है, नये चमत्कार, नये भाव पैदा किये, यह स्वयभू आदिकी कविताओसे अच्छी तरहसे मालूम हो जायेगा।

नये-नये छन्दोकी सृष्टि करना तो इनका अद्‌भुत कृतित्व है। दोहा, सोरठा, चौपाई, छप्पय आदि कई सौ ऐसे नये-नये छन्दोकी उन्होंने सृष्टि की, जिन्हे हिन्दी कवियोंने बराबर अपनाया है, यद्यपि सबको नही। हमारे विद्यापति, कबीर, सूर, जायसी और तुलसीके ये ही उज्जीवक और प्रथम प्रेरक रहे है। उन्हे छोड देनेसे बीचके कालमे हमारी बहुत हानि हुई और आज भी उसकी सभावना है।

हमारे मध्यकालीन कवियोने अपभ्रशके कवियोंको भुला दिया और वह प्रेरणा लेने लगे सिर्फ सस्कृतके कवियोसे। स्वयभू आदि कवि अपनी पाँच शताब्दियोंमे सिर्फ घास नही छीलते रहे, उन्होने काव्य-निधिको और समृद्ध, भाषाको और परिपुष्ट करनेका जो महान् काम किया है, हमारे साहित्यको उनकी जो ऐतिहासिक देन है, उसे भुला कर, कडीको छोड़कर सीधे सस्कृतके कवियोसे सम्बन्ध स्थापित करना हमारे साहित्य और हिन्दी-भाषा दोनोके लिए हानिकर सिद्ध हुआ है। हम सस्कृत कवियोंसे सम्बन्ध जोड़नेके विरोधी नही है, लेकिन हमे इस बीचकी कडी—जो हमारी अपनी ही कडी है—को लेते सस्कृतके प्राचीन कवियोके साथ सम्बन्ध जोडना होगा; तभी हम ऐतिहासिक विकाससे पूरा लाभ उठा सकेंगे।

२. आर्थिक और सामाजिक अवस्था

१—सम्पत्ति और उसके भोक्ता

सिद्ध-सामन्त-युगकी कविताओकी सृष्टि आकाशमे नही हुई। वे हमारे देशकी ठोस धरतीकी उपज है। कवियोने जो खास-खास शैली-भावको लेकर कविताये की, वह देशकी तत्कालीन परिस्थितिके कारण ही। यह बात तब तक साफ नही होगी, जब तक तत्कालीन भारतकी सामाजिक, आर्थिक, राजनीतिक, धार्मिक, सास्कृतिक अवस्थाओकी पृष्ठ-भूमिमे हम उसे नही देखते। पहले हम उस काल—अथवा आठवीसे बारहवी सदीकी पाँच सदियो—की आर्थिक अवस्थापर विचार करते है। उस समय भारत बहुत सम्पन्न था। अकेला रोम अपने यहाँसे हर साल ढाई लाख तोला सोना या साढे पाँच लाख सेस्तर्स

(पौने दो करोड रुपये) कपडे और दूसरी चीजोको खरीदनेके लिए भारत भेजा करता था। प्लीनी (२३-७६ ई०)ने बडे क्षोभसे लिखा था—"हमें अपनी विलासिता और अपनी स्त्रियोंके लिए कितनी कीमत चुकानी पडती है।" उन्नीसवी सदीके आरम्भके अंग्रेज भी प्लीनीकी तरह भारतीय कपडो और मसालोंके लिए देशसे धन खिचते देख चिन्तित थे, यद्यपि वह दूसरी ओर भारतको दूह भी रहे थे। भारत उन पाँच शताब्दियोमे शिल्प-व्यवसाय और वाणिज्यमे दुनियाका सबसे समृद्ध देश था। अरब, पश्चिमी-एशिया, उत्तरी अफरीका और यूरोपमे अपार धन-राशि खिच-खिचकर हमारे देशमे चली आ रही थी। शिल्प और व्यापार ही नही, कृषि भी उन पाँच शताब्दियोमे हमारे देशमे बहुत उन्नत-अवस्थामे थी। नदियो और जलाशयो द्वारा सिंचाईके प्रबन्धकी प्रथम जिम्मेदारी राज्यके ऊपर थी, इसे पाश्चात्य लेखकोने भी माना है। इसका यह मतलब नही कि हमारी कृषि साइन्स-युगकी कृषिके समान उन्नत थी। उस वक्त दुनियाको आधुनिक भौतिक साइन्सका पता ही नही था और जो कुछ कृषि-विज्ञान सभ्य-समारको ज्ञात था, भारत भी उसमे किसीसे पीछे नही था।

उस समयकी भारतीय समृद्धिकी बात सुनकर आप शायद सतयुगका ख्वाब देखने लगेंगे, और कह उठेंगे—"वह वस्तुत राम-राज्य था।" लेकिन यह कहना बहुत गलत होगा। चीन, जावा, अफ्रिका, यूरोपसे जो माया भारतमे आ रही थी उसको भोगनेवाली सारी भारतीय जनता नही थी। कौन भोगनेवाले थे, आइये इसे देखें।

(१) **राजा-सामन्त**—इस सम्पत्तिके सबसे अधिक भागको सामन्त-राजा अपनी मौज और आरामके लिए कितना खर्च किया करते थे, इसकी वहाँ कोई सीमा नही थी। आजकी कितनी ही देशी रियासतोंकी तरह सारा राजकोष ही उनका वैयक्तिक कोष नही था, बल्कि व्यापारियो और सेठोके खजानेमे भी जो कुछ था, उसे खर्च कर डालनेमे उनका हाथ पकडनेवाला कोई नही था। जिन्होंने हालके वाजिदअली शाह तथा दूसरे विलासी शासकोंके भोग-विलासके बारेमे पढा है, वह आसानीसे समझ सकते है कि उस कालके कन्नौज, मान्य-

खेट और पटनाके राजमहलोंमें विलासी भोजन, शौकीनीके वस्त्र, सुगंधित द्रव्य-पर कितना खर्च होता रहा होगा। प्रजाकी मेहनतकी कमाईसे उपार्जित यह महार्घ वस्तुएँ चार-पाँच दिनमें ही खतम हो जानेवाली थी। इनके अतिरिक्त भी सामन्तोंके भारी खर्च थे।—नये-नये महल, क्रीडा-उपवन, सिंहासन, राज-पलंग, मोरछल, चमर और लाखोंके हीरा-मोती-महार्घ-रत्नोंके आभूषण, राज-महलोंकी सजावट, चित्र-कला, क्रीडामृग, सोनेके पींजड़ोंमें बन्द शुक-सारिका, लोहेके पींजड़ोंमें बन्द केसरी। दूर-दूर देशोंसे लाई कितनी ही दुर्लभ महार्घ-वस्तुओंके संचयमें भी देशकी सम्पत्तिका भारी भाग खर्च होता था।

फिर सामन्त या राजा अकेले ही उस सम्पत्तिको स्वाहा नहीं करते थे। उस समयके राजाओंके आदर्श थे—कृष्ण और दशरथ तथा उनकी सोलह-सोलह हजार रानियाँ। ये रानियाँ मोटा-झोटा कपड़ा पहन, रूखा-सूखा खाकर दिन काटनेके लिए रनिवासमें नहीं रखी जाती थीं। इन हजारों रानियों और उसीके अनुसार उनके पुत्रों-पुत्रियों, बहुओं-दामादोंका खर्च भी देशकी उसी सम्पत्तिके मत्थे था। राजवंशके अतिरिक्त कितने ही राज-च्युत भगोड़े राजवंशी भी प्रजाकी गाढ़ी कमाईमें आग लगानेके अधिकारी थे। उस वक्त राजवंशोंका उच्छेद अक्सर होता रहता था, फिर वे अपने सम्बन्धियोंके पास कन्नौजसे सिंहल तकका चक्कर काटते रहते थे।

इनके अतिरिक्त राज-दरबारोंमें कलाकार, कवि, संगीतज्ञ, चित्रकार, मूर्तिकार ही नहीं, बहुत काफी संख्या विदूषकों, चापलूसों, मसखरों आदिकी भी होती थी।

इन अमीरोंकी सेवाका काम सिर्फ वेतन-भोगी चाकर-चाकरानियोंसे नहीं चलता था, उनकी सेवाके लिए काफी संख्या दास-दासियोंकी होती थी। इसके बाद शिकार या किसी दूसरे मनोविनोदके लिए जिधर भी उनकी सवारी जाती, उधरके किसान, कमकर और कारीगर अपने धन-उत्पादनके कामको छोड़ बेगारमें पकड़े जानेके लिए मजबूर होते।

(२) **पुरोहित, महंथ**—राजा अपने और अपने लगू-भग्गुओंपर कितनी सम्पत्ति स्वाहा करते थे, इसका थोड़ा-सा अन्दाजा ऊपरके वर्णनसे लग गया

होगा। लेकिन समृद्ध भारतकी सम्पत्तिके अपव्ययका लेखा इतने हीसे समाप्त होता। पुरोहित और महथ लोगोका भी खर्च राजसी ठाटके साथ होता। उनके पास भी महल, दास, कमकर थे और उसीके अनुकूल उनका खर्च था। उस समय धार्मिक मठो और मन्दिरोमे देशकी सम्पत्तिको खर्च करनेमें ब उदारता दिखलाई जाती थी।

सातवी सदीमे नालन्दाके ताराके सोना, रतन, जवाहिरसे भरे जिस मि का ज़िक्र विदेशी तीर्थ-यात्रियोने किया है, उसमे बारहवी सदीके अत त बराबर वृद्धि ही होती गई और मुहम्मद बिन-बख्तियारको जितना धन वह मिला उतना किसी राजमहलसे भी नही मिला होगा। राजवंशोका हर सौ-सौ सालमे उच्छेद भी हो जाया करता था, लेकिन ये मदिर तो चिरकाल त सुरक्षित निधि बने रहते थे। महमूद राजपूतानेके रेगिस्तानोकी खाक छान सोमनाथमे पत्थर तोडने नही गया था। यह निश्चित है कि देशकी सम्पत्तिव काफ़ी भाग ब्राह्मण, जैन, बौद्ध मठों-मन्दिरोंमे जाता था।

(३) **सेठ**—इसके बाद देशकी सम्पत्तिके भारी हिस्सेके मालिक थे, व श्रेष्ठी-सार्थवाह (कारवाँ-अध्यक्ष) जिनकी कोठियोका जाल देशके भीतर ह नही, विदेशो तकमे बिछा हुआ था. और जिनके जहाज उस समयकी सभ दुनियामें सभी जगह पहुँचते थे। इन महासेठो, नगरसेठोके पास कितन सम्पत्ति थी, इसका कुछ अनुमान देलवाडा (आबू)के संगमर्मरके मन्दिर औ उसके बहुमूल्य शिल्पकार्यको देखकर आप आसानीसे लगा सकते है।

वस्तुत तत्कालीन भारतकी अपार सम्पत्तिके मुख्य भोगनेवाले थे, यही सामन्त, पुरोहित और सेठ तथा उनके दरबारी-खुशामदी।

(४) **युद्धका अपव्यय**—अमीर लोग, सगीत साहित्य काम-कलापर ही देशकी सम्पत्तिको स्वाहा नही करते थे, बल्कि उनकी फज़ूलखर्चीका एक और भी बहुत भारी क्षेत्र था, वह था युद्ध, दिग्विजय। किसी सामन्त (राजा)के लिए बडे शर्मकी बात होती यदि वह छोटा-मोटा दिग्विजय न करता या कमसे कम किसी पड़ोसी राजाकी कुमारीको न पकड़ लाता। यह सामन्तयुगके यौवन-का समय था। सामन्तो और उनके योद्धाओके हाथोमे लडनेके लिए खुजली

पैदा होती रहती थी। उस समयका सामन्त मृत्युकी बिल्कुल ही पर्वाह नही करता था। उसकी सारी शिक्षा-दीक्षा उसे यही सिखलाती थी कि मौतसे डरना—कायरता—उसके लिए चिल्लू भर पानीमे डूब मरनेकी चीज है। आज जिस महायुद्धसे हम गुजर रहे है, उसने हमे साफ दिखला दिया है कि युद्धमे कितना अधिक अपव्यय होता है—आदमीकी गाढ़ी कमाईमे कितनी बेदर्दीसे और कितने भारी परिमाणमे आग लगाई जाती है। सत्तर सैकड़ा किसान, कम्मी, कारीगर जनताके श्रमसे उपार्जित धनका बहुत भारी ध्वंस ये सामन्त अपने दिग्विजयो और आये दिनकी आपसी लडाइयोमे किया करते थे।

साधारण जनता—लेकिन सम्पत्ति पैदा कौन करता था? ये तीनो नहीं, बल्कि वह थे, किसान, कमकर और कारीगर। मिट्टीका सोना बनाना उन्हीके श्रमका चमत्कार था। चाहे सुनहले गेहूँ और सुगंधित बासमतीको लीजिए, चाहे कमख्वाब और दुकूलको, अथवा गोलकुण्डासे निकलनेवाले कोहनूरको; ये सभी चीजे किसानो, कमकरो और कारीगरोके शारीरिक खूनको सुखानेसे पैदा होती थी। जिस तरह आजके राजाओ, नवाबो और करोड़पति सेठोंके वैभव-को देखकर सारा देश सुखी और समृद्ध नही कहा जा सकता, उसी तरह उस समयके राजा-पुरोहित-सेठ-वर्गके हृदयहीन अपव्ययके कारण सारे भारतको स्वर्ग नही कहा जा सकता। उस समय शायद सारी जनताका दस सैकड़ेसे अधिक भाग नही रहा होगा, जिसके जीवनको मौज-मस्ती और आरामका जीवन कहा जा सकता।

(१) **दास-दासी**—फिर वह भारत दासप्रथाका भारत था। यदि दस सैकडा मौजवाले लोगोके लिए व्यक्ति पीछे दो-दो दास-दासी रखे जाते थे, तो भारत-की कुल जन-सख्याका बीस सैकड़ा या हर पॉच आदमीमे एक आदमी दास था। दास आदमी नही थे, यद्यपि उनकी शकल-सूरत आदमीकी तरह होती थी। वह ढोरोकी तरह अपने मालिककी जंगम सम्पत्ति थे, जिन्हें मालिक जब चाहे बेच-खरीद सकते थे। उनका जीवन बिल्कुल अपने मालिककी दयापर निर्भर था। अभी अंग्रेजोके राज्य स्थापित हो जानेपर अठारहवी सदीके बाद तक यह दास-प्रथा भारतमे बनी रही थी। अभी भी दरभगा जिलेमे दासोंकी

बिक्रीके कितने ही ताल-पत्र आप देख सकते है। और नेपालके स्वतंत्र "हिन्दू-राज्य"मे तो १९२५ ई० तक बाकायदा दास-प्रथा जारी रही। यह ठीक है, दास-प्रथाके लिए हम सिर्फ भारत हीको दोषी नही ठहरा सकते, उस समय दुनियाके सभी मुल्कोमें दास-प्रथा मौजूद थी और बाजारोमे गोरे, भूरे, काले सभी रगोंके ये मानव-पशु मिलते थे।

(२) **किसान, कम्मी, कारीगर**—जनताके बीस सैकडे भारतीय दास तत्कालीन भारतीय समृद्धिके भोगनेके अधिकारी नही थे। बाकी सत्तर सैकडे लोग किसान, कम्मी (अर्द्धदास) और कारीगर थे।—दस सैकडा कम्मी, पचास सैकडा किसान और दस सैकड़ा कारीगर मौजकी जिन्दगी नही बिता रहे थे। स्वयभू और पुष्पदन्तके खेत अगोरनेवालियोके मोटे गन्ने और द्राक्षा-लताओंको देखकर आप यह समझनेकी गलती न करे, कि वह उन्ही अगोरनेवालियोंके उपभोगके लिए थे। वहाँ सारा शिल्प, सारा व्यवसाय, सारी कृषि मुट्ठीभर आदमियोके भोगके लिए होती थी। दूसरोको तो मुश्किलसे सिर्फ जीने और ब्याने भरका अधिकार था।

(क) **जनताका आत्म-सम्मान**—बीस सैकडा दासोपर तो, नर-पशु होने-की वजहसे विचार करनेकी जरूरत ही नही, लेकिन सत्तर सैकडा किसान-कम्मी-कारीगरकी अवस्था? आत्म-सम्मान? ऊपरी वर्गके सामने बिल्कुल शून्य "परम भट्टारक परमेश्वर महाराजाधिराज"के सामने सम्मान-प्रदर्शन करने-के लिए जब दूसरे राजाओ और सामन्तोंको अपने मुकुट उनके चरणोपर रखने पडते थे, तो साधारण जनताको किस तरह जुहार करनी पडती होगी, इसे आप खुद समझ सकते है। और दूसरी बेबसियाँ? सत्तर सैकडा जनताको शरीरसे मजबूत अपने तरुण पुत्रोको सामन्तोंके युद्धके लिए भेंट करना पड़ता था—हाँ, यदि उनकी जाति छोटी नही समझी जाती हो, छोटी जातिके तरुणको बडी जातिके साथ एक पंक्तिमे लड़कर मरनेका भी अधिकार नही था। सत्तर सैकड़ा जनताको अपनी सुन्दर लडकियोको वैध या अवैध रूपसे रनिवासमे भेजनेके लिए भी तैयार रहना पड़ता था। कितनी ही जगह तो नव-विवाहिता-की प्रथम रात भी सामन्तके लिए रिज़र्व थी, चाहे वह हाथसे छूकर ही छुट्टी

दे दे। उस वक्त साधारण जनताके आत्म-सम्मानकी बात करना ही फजूल है।

(ख) **अकाल आदिमें यातना**—उस वक्त इस आर्थिक हीनताके साथ कुछ सुभीते जरूर थे। उस समय भारतकी आबादी आजसे चौथाई या (दस करोड़)से कम ही रही होगी, जिसका मतलब है—लोगोंके पास अधिक खेत, खेत बनानेके लिए अधिक जंगल, जंगलोंमें जरूरतके लिए अधिक शिकार। उस समय जैनोंके तीर्थंकरों और देवताओंको छोड़ बाकी सभी देवी-देवता—ब्राह्मण बौद्ध दोनों—घास-खोर नहीं थे। यह भी अच्छा था कि अमीरोंकी शौकीनीकी प्राय सारी चीजें देशके भीतर तैयार होती थीं। सम्भव है कुछ रेशम और बारीक दुशाले या कालीन बाहरसे आते हों। अतएव इनके लिए देशका धन बाहर नहीं जाता था। लेकिन इतना होने पर भी अकाल, बाढ़, युद्ध और महामारीमें साधारण जनताको कीड़े-मकोड़ेकी तरह मरनेसे बचाया नहीं जा सकता था। फसल अच्छी हुई, शिल्पकी वस्तुओंकी माँग रही, तो सत्तर सैकड़ा जनताकी साल-की खर्ची ठीकसे चलती रही। उस वक्तके साधारण किसानोंसे आशा नहीं रखी जा सकती थी कि वे पचासों वैध-अवैध करों, राजकर्मचारियों, पुरोहितों और महाजनोंकी लूट-खसोटके बाद भी एक सालकी उपजको दो साल तक चला लेंगे। जब तक साल दो साल आगे तकके खानेका सामान घरमें नहीं है, तब तक किसान, कम्मी, कारीगर अकाल आदिके चंगुलमें पड़कर बुरी मौत मरनेसे कैसे बचाए जा सकते? जहाँगीरके वक्त (१६३० ई०) सत्तासिया अकालने दक्षिणी भारत और गुजरातमें क्या गजब ढाया, लोगोंपर क्या-क्या बीती, यह समय सुन्दर कविके आँखो देखे वर्णनसे मालूम होगा। इस अकालमें मनुष्यकी साधारण मानवता ही नहीं खो गई थी, बल्कि आदमी माँ, बहिन, बेटी, भाई, बाप सबके सम्बन्धको सबके सम्मानको ताकमें रखकर केवल अपने शरीरको बचानेकी कोशिश करता था। मरते इतने थे कि मुर्दोंका हटाना मुश्किल था। १६४२में बरमासे मणिपुरके रास्ते जो भारतीय भाग कर आए, उनकी अवस्थाको हमारे एक मित्रकी भ्रातृ-वधू बतला रही थी—"चलनेमें असमर्थ या बीमार पड़ जानेपर लोग अपने भाइयों और पुत्रोंको भी वहीं जंगलमें छोड़-कर चल देते थे, हाँ उनके पास एक अच्छी दलील थी—यहाँ रहकर खुद भी

मर जानेके सिवा हम अपने बधुकी कोई सहायता नही कर सकते। भूखे-प्यासे अपने शरीरको ले चलनेमे असमर्थ लोग अपने दुध-मुँहे बच्चोको रास्तेके जगली पेडोपर टाँगकर चल देते थे। ऐसे बच्चे एक दो नही, सैकडों हमने अपनी आँखो देखे।" उस पुरातन कालके युद्धोमे भी जब भगदड होती होगी, तो लोगों-की अवस्था इससे बेहतर नही रहती होगी। सत्तर फीसदी जनताकी आर्थिक-अवस्था निश्चय ही इतनी हीन थी, कि किसी अकाल, बाढ या दूसरी आफत आने पर लाखोकी सख्यामे मरनेके सिवा उनके लिए कोई चारा नही था।

हमने उस समयके बहुसख्यक समाजका यहाँ अतिरजित चित्र नही खीचा है, वस्तुत. उस समयके जीवनकी जो आर्थिक, राजनीतिक, सामाजिक सामग्री जहाँ-तहाँ बिखरी हुई हमे प्राप्त है, उससे हम यह छोड दूसरे निष्कर्षपर नही पहुँच सकते।

(३) **कवि जनताकी यातनापर चुप क्यों ?**—हमारे इन कवियोके सामने वे पशु-तुल्य दास-दासी और उनके ऊपर होते पाशविक अत्याचार मौजूद थे। पद-पदपर अपमानित, त्रस्त, पीडित, किसान, कम्मी, कारीगर जनता भी उनके सामने मौजूद थी। अकाल महामारी, युद्ध और बाढकी दारुण-यातना हृदय-द्रावक दृश्य भी उन्होने आँखोसे देखे होंगे, फिर भी इन कवियोंकी कृतियोमे उनके बारेमे इतनी चुप्पी क्यो ? सोचे होगे, अकाल, बाढ, युद्ध, महामारी सब भगवान्के भेजे हुए है—लोगोंके पुर्बिले कर्मका यह फल है; इसलिए क्रौंच-मिथुन-मेसे एकके वधसे तडप उठनेवाली कविकी आत्माको उधर ध्यान देनेकी जरूरत नही। शायद ऐसा सोचकर इन कवियोके बारेमे आप कोई कठोर निर्णय सुनाने लगे, लेकिन यह उचित नही होगा। जिस परिस्थितिके कारण कवियोको यह मौन धारण करना पडा, उस परिस्थितिपर भी आपको ध्यान देना होगा। यदि कमाऊ जनताकी सारी यातनाओके असली कारणको वह चाहे न भी बतलाते और सिर्फ लोगोकी इन यातनाओका नग्न चित्र खीच देते तो उससे रेशम और रतनसे ढँका अमीरोका भोगमय-जीवन नग्न हो उठता; दोनो-की तुलना होने लगती और फिर जनताके कितने ही लोग वैसे समाजसे क्षुब्ध हो उठते, जिसका परिणाम अवश्य अमीरोंके लिए अच्छा नही होता। इसलिए

आपको समझना होगा कि क्रौंच-मिथुनमेंसे एकके वधके लिए कविका आँसू बहाना जितना आसान था, उतना उस कालके बहुसंख्यक समाजकी विपदाओंका वर्णन करना आसान नहीं था। यदि कोई आदमी तत्कालीन भोगी समाजके विरुद्ध लिखनेके लिए अपनी कवि-प्रतिभाका कुछ भी दुरुपयोग करता, तो वह केवल पुरोहितोंके धर्म-दण्डका ही भागी नहीं होता, बल्कि उसके सरपर पड़ता क्रूर राज-दण्ड—छिपकर हत्या, भयंकर शारीरिक यातना, सीधे शूली, देश और समाजसे निष्कासन और अपमान। इन दण्डोंको सामने रखकर जब आप इन कवियोंकी चुप्पीको देखेंगे, तो मालूम होगा कि उनके वैसा करनेके लिए प्रबल कारण मौजूद थे। उस वक्त अखबार नहीं थे और न देश-देशान्तरोंके उदार-मना पुरुषोंमें सहानुभूति पैदा करनेका वैसा कोई साधन था कि गोर्कीके कठोर दंडके लिए सारी दुनियामें तहलका मचने लगता। यही नहीं, कवियोंने अपनी काव्य-प्रतिभाकी जो करामात दिखलाई है, उसका बचा-खुचा अंश भी शायद राजा-पुरोहित-सेठकी कोपाग्निसे न बच पाता। कवि अपने स्थूल शरीर और कीर्ति-शरीर दोनों हीमें नष्ट होनेका भय सोच यदि मौन रहा, तो उसके विरुद्ध किसी कठोर फैसलेके देनेका हमें अधिकार नहीं है।

३. राजनीतिक अवस्था

हर देशकी राजनीतिक अवस्था उसकी आर्थिक अवस्थाके अनुसार ही होती है; बल्कि राजनीति कहते ही हैं आर्थिक ढाँचे—आर्थिक स्वार्थोंकी रक्षाके लिए तैयार किये गये फौलादी शिकंजे—को। उन पाँच शताब्दियोंमें साधारण जनताकी आर्थिक अवस्था कैसी थी, उसके ऊपर कितने अत्याचार और उत्पीडन होते थे, इसे हम बतला आए हैं। हम देख चुके हैं कि जनता किस तरहसे मूक और निरीह बनी हुई थी। राजा सर्वशक्तिमान "परमेश्वर" बन गया था और उसकी निरंकुशताके रोकनेका कोई उपाय बहुसंख्यक जनताके पास नहीं था। लेकिन भारतीय जनता सदासे ही ऐसी नहीं थी। बुद्ध के समय (ई० पू० पाँचवीं सदी-में) भारतके कितने ही भू-भागोंपर लिच्छिवियोंकी तरहके शक्तिशाली प्रजा-तंत्र थे। यूनानियों और शकोंके कालमें भी यौधेयों जैसे प्रजातंत्रोंने अपने

अस्तित्वको ही नही बनाये रखा, बल्कि विदेशियोंके शासनको नष्टकर देनेमे इन्ही का सबसे पहिला और सबसे अधिक हाथ था। चौथी शताब्दीके अतमें गुप्तोकी विजय तो एक तरहसे खून लगाकर शहीद बननी थी। इन प्रजातत्रोमें जन-स्वतत्रता थी, हाँ उतनी ही जितनी धनी-गरीब वर्गवाले समाजमे सभव हो सकती है। इन गणो (प्रजातत्रो)की जन-स्वतत्रताको देखकर राजाओको भी अपने राज्यमे "सर्वशक्तिमान् परमेश्वर" बननेकी हिम्मत नही होती थी। ४०० ई०के आस-पास चद्रगुप्त विक्रमादित्यने यौधेय-गणके उच्छेदके साथ भारतसे चिरकालके लिए जन-तत्रताका उच्छेद कर दिया। इसमे शक नही कि गणोके विनाशमे उनके भीतरकी आर्थिक विषमता, अल्पशक्ति भी कारण थी। तो भी जनताके इस स्वतत्र शासनके उच्छेद करनेवाले चद्रगुप्त विक्रमादित्यको क्षमा नही किया जा सकता। इस उच्छेदने भारतपर क्या प्रभाव डाला यह इसीसे समझमे आ सकता है, कि वर्त्तमान शताब्दीके आरम्भमे जब इतिहासवेत्ताओ और पुरातत्त्वज्ञोने भारतके पुराने प्रजातत्रोके सबधमे साहित्यिक और मुद्रा-सबधी प्रमाण ढूँढ निकाले; तो उसकी ओर एक बार हमारे शिक्षित भी आँख मलकर आश्चर्यमे देखने लगे। उनको विश्वास नही होता था। कहाँ भारत और फिर वहाँ एथेन्स जैसा प्रजातत्र—यह हो ही नही सकता। यदि बौद्धोके कुछ पुराने ग्रन्थो तक ही प्रमाण सीमित होते, तो शायद उनको क्षेपक और बाहरी प्रभाव कहकर टाल दिया जाता, मगर ईसाके पहिलेकी शताब्दियो-से लेकर ईसवी चौथी सदी तकके ठोस सिक्कोसे कैसे इनकार कर दिया जाये? तो भी यह ध्यान रखनेकी बात है कि इन प्रजातत्रोके प्रति सारे पुराण-कारों, धर्मशास्त्ररचयिताओ और पीछेके कवियोंकी चुप्पी खास कारणोंसे थी। वह अपने प्रयत्नमें कितने सफल हुए, यह तो प्रजातत्रोंके बारेमे सदाके लिए हमारा अनभिज्ञ बन जाना ही साबित करता है। पिछली शताब्दियोकी बात छोडिये, आज भी जब कि हमारे शिक्षित जनतत्रताका नाम लेकर विदेशी शासनके हटानेकी बात कर रहे है, तब भी किसी लिच्छिवि या यौधेय प्रजातत्रके स्मरण-महोत्सव या कीर्त्ति-स्तभकी बात नही की जाती। यदि क्रियात्मक प्रस्ताव आता है, तो सर्वगण-उच्छेत्ता चद्रगुप्त विक्रमादित्यके लिए कीर्त्ति-स्तभ स्थापित

करनेका। हम समझते हैं, यह प्रयत्न किसी भोलेपनके कारण नही हैं, बल्कि उसके भीतर बहुत गूढ अर्थ छिपा हुआ है।

हमारे कुछ भाई कह उठेंगे, कि भारतकी जनतंत्रता कभी खतम नही हुई। वह तो गाँवोंकी पंचायतोके रूपमे मौजूद रही और इन पंचायतोंको अंग्रेजी शासनने नष्ट किया। लेकिन विक्रमादित्योने हमारे गावोंकी जनतंत्रताको जनताकी आजादीके लिए नही छोडा था। वह जानते थे कि सात लाख गाँव, एक दूसरेसे असंबद्ध सर्वथा स्वतंत्र प्रजातंत्र, किसी निरकुश शक्तिका मुकाबिला नही कर सकते। इसीलिए उन्होने रस्सीके रेशोंको बिखेर दिया, धाराको बूँदोमें बाँट दिया और इस प्रकार ये ग्राम-प्रजातंत्र निरकुश शासकोंके बडे कामकी चीज बन गए। जनताकी इस बिखरी शक्तिकी बेबसीने सदियोंके कडुवे तजर्बेके बाद तुलसीदाससे कहलवाया "कोउ नृप होइ हमैं का हानी। चेरी छाँडि ना होउब रानी।"

अब राजा "परम स्वतंत्र न सिर पर कोऊ" बन गए। उनके ऊपर असली अन्नदाताओंका कोई अकुश न रहा। उनकी निरकुशतापर यदि कभी कोई दबाव पडता था, तो सामन्तोकी सदा बनी रहती आपसी खटपट का। सरहपा जिस वक्त अपने दोहोंको बना रहा था, उसीके आस-पास बिहारमे वह आखिरी घटना घटी, जिसमे प्रजाने एक गुमनाम-वंशके बहादुर व्यक्ति गोपालको अपना शासक चुना। इसके बाद फिर भारतीय इतिहासमे ऐसी कोई घटना देखनेमे नही आती। हाँ, तो सामन्तोके ऊपर एक अकुश आपसी खटपट थी और दूसरा था बाहरी आक्रमण। हमारे इस कालके आरभ हीमें अरब, सिंध (७१२ ई०) और मुल्तान (७१३)पर अधिकार जमा लेते हैं और वह भू-भाग हिन्दुस्तानसे बिल्कुल अलग कर लिया जाता है। पीछे ग्यारहवी सदीके आरभके साथ ही महमूद गजनवी (९९७-१०३० ई०)के हमले होने लगते हैं। शायद इन अरब और तुर्क हमलोने भारतीय नरेन्द्रोंको सयमका कुछ पाठ जरूर पढाया होगा। धर्मको भी राजाओंपर भारी अकुश बतलाया जाता है; लेकिन राजाओंके टुकडखोर पुरोहित और महथ उनपर कितना अकुश रख सकते है, यह आसानीसे समझा जा सकता है; खासकर जब कि उनके पीछे साधारण जनता जैसी कोई

शक्ति सहायता देनेके लिए मौजूद नही हो। जन-शक्तिको तो बल्कि पूरी तरह कुचलनेमे राजाके बाद पुरोहितो और महथोका ही सबसे अधिक हाथ रहा है। उन्होंने भगवान् और ऋषियों-मुनियोके नामपर धर्मकी नयी व्यवस्थाएँ गढकर जन-शक्ति और जन-चेतनाको बिल्कुल खतम कर दिया। अब उनका राजा पृथ्वीपर विष्णुका अंश था और सारे विलास तथा उत्पीडन पहले जन्मके कर्मके सुफल थे। धर्माचार्य यदि कुछ अकुश रख सकते थे, तो शायद भक्ष्या-भक्ष्यपर।

बाहरका खतरा दिखलाई देनेपर जरूर देशके हर्त्ता-कर्त्ता लोग कुछ करनेके लिए मजबूर होते थे, लेकिन छठी सदीमे हूणोको परास्तकर भारत कुछ दिनोके लिए निश्चिन्त हो गया था। ७१२ ई०मे अरबोकी सिन्ध-विजयने फिर खतरेकी घटी बजाई। इसके लिए जरूरी था, कि देशका अधिकसे अधिक भाग एक शासन-सूत्रमे आ अपनी सैनिक-शक्तिको खूब मजबूत करे। इसके लिए आठवी सदीसे लेकर अगली सदियोमें जो प्रयत्न हुए, वह हमारे सामने कन्नौज, मान्यखेट और कभी-कभी पालोकी प्रभुता या चक्रवर्त्तीत्वके रूपमे आये।

(१) **कन्नौज**—कन्नौजने मोखरियों, हर्षवर्धन और उसके सेनापति भडीके वशके प्रबल और विशाल राज्योका प्राय तीन सौ सालो (५५०-८१५) तक राजधानी रहनेके कारण उसी तरह एक अत्यन्त सम्माननीय स्थान प्राप्त कर लिया था, जिस तरह मुस्लिम-कालमे दिल्लीने जिस वक्त सिंध और पजाबपर काले बादल मँडला रहे थे, उस वक्त कन्नौजका भडी-वश निर्बल और निकम्मा हो रहा था। कन्नौजके पीछे एक समृद्ध देशकी माया और प्राचीन वैभव था, वह आस-पासके सामन्तोंको आकृष्ट कर रहा था। हर्षवर्धनके साम्राज्यके टुकडे-टुकडे होनेपर जो अलग-अलग राज्य क़ायम हुए थे, उनमे बिहार-बगालके पाल और गुजरात-मालवाके प्रतिहार मुख्य थे। दोनों ही कन्नौजके मालिक बनना चाहते थे। वह कन्नौजके शासक इन्द्रायुध और चक्रायुधमेंसे एकको गुडिया बनाकर अपना प्रभुत्व जमाना चाहते थे। प्रतिहार वत्सराज (७८३) और गौडेश्वर धर्मपाल (७७०-८०६) इसके लिए अपनी सेनाओंके साथ कन्नौज तक दौडे। वह आपसमे लडकर किसी स्थायी फैसलेपर पहुँचना ही चाहते थे कि

सुदूर-दक्षिणसे राष्ट्रकूट ध्रुव (७८०-९४) आ धमका और उसीका पलडा भारी रहा। इसीलिए ध्रुवरायकी यात्राका एक सुफल हमारे महान् कवि स्वयभू मालूम होते हैं। वह जो ध्रुवरायके किसी आमात्य रयडा धनजयके साथ दक्षिण गए और वही उन्होने अपनी अद्भुत अनमोल कृतियाँ रची। पाल, राष्ट्र-कूट और प्रतिहार तीनो कन्नौजपर दाँत लगाये थे। कन्नौजकी शक्ति ही वाहरी शत्रुओसे उत्तरी भारत—अतएव सारे भारत—की रक्षा कर सकती थी। सौभाग्य समझिए कि अरव-तलवार सिंधकी धारमे पहुँचकर ठढी पड गई, नही तो आठवी सदीमे उत्तरी भारतकी राजनीतिक अवस्था उसके लिए बडी अनुकूल थी।

कन्नौज नगरी एक ऐसी स्वयवर-कन्या थी, जिसे राष्ट्रकूट, प्रतिहार और पाल तीनो व्याहना चाहते थे, लेकिन स्वयवर-कन्या सौत वनकर नही रहना चाहती थी। अव तीनो उम्मेदवारोको फैसला करना था—कौन अपना देश छोड कान्य-कुब्ज जानेके लिए तैयार है। प्रतिहार नागभट्टने फैसला किया, वह कन्नौजका स्वामी वन गया, वाकी दोनो मुँह ताकते रह गए। तवसे करीब-करीब महमूदके हमले तक कन्नौज उत्तरी भारत और सारे भारतके लिए जवर्दस्त ढाल बना रहा।

(२) राष्ट्रकूट—हर्षवर्धनको दक्षिणी भारतकी दिग्विजयसे खाली हाथ लौटानेके लिए मजवूर करनेवाले पुलकेशीके चालुक्य-वशको खतमकर राष्ट्र-कूटोने अपनी जवर्दस्त सत्ता उसी समय (७५३) स्थापित की, जव कि पूरबमें गोपाल पाल-वशकी नीव रख रहा था। ७५३ ई०से ९७३ ई०की, प्राय दो सदियो तक राष्ट्रकूट-वशी वल्लभराज भारतके सवसे बलवान् राजा रहे। नर्मदासे कृष्णा और कभी-कभी काची तक उनका विशाल राज्य फैला हुआ था और सुदूर-दक्षिण रामेश्वर ही नही, कभी-कभी तो सिंहल भी उनकी आज्ञा-को मानता था। कितनी ही वार उनके घोडोकी टाप यमुना और गगाके द्वावे (अतर्वेद)मे प्रतिध्वनित हुई थी। कितनी ही वार उनके सैनिक युक्त-प्रान्तके दुर्गोमे मालिक वनकर वैठते थे।

(३) पाल—गोपाल और धर्मपालका जिक्र अभी कर चुके है। धर्मपाल वगाल-विहारसे सतुष्ट न रह कन्नौज तक हाथ फैला रहा था, इसे हम वतला

चुके है। धर्मपाल असफल रहा। उसका पुत्र देवपाल (८१५-३४) भी उत्तर-का चक्रवर्ती बनना चाहा, मगर अन्तमे जयमाला नागभट्टके गलेमे पडी, यह बतला चुके है। नवी-दसवी सदीमे यही तीनो भारतकी प्रधान शक्तियाँ थी। देशमे और भी कितने ही राज-वश थे, लेकिन वह इन्ही तीनोंमेसे किसी एकके आधीन रहते थे। गौड चक्रवर्ती-क्षेत्रने हमे ८४ सिद्धोंके रूपमे पुरानी हिन्दी (अपभ्रश)के कवि दिए। पाल-वश बौद्धधर्मानुयायी था, इसलिए लोक-भाषामे उसे थोडा-बहुत अनुराग था और वहाँ सस्कृत देश-भाषाके साहित्यका गला घोटनेकी क्षमता नही रखती थी।

राष्ट्रकूट चक्रवर्ती-क्षेत्रने भी प्राकृतके कितने ही कवियो तथा स्वयंभू और पुष्पदन्त जैसे हमारी भाषाके सर्व्वोच्च कवियोको यदि पैदा न किया हो, तो कमसे कम उन्हे आश्रय जरूर दिया। जैन होनेसे राष्ट्रकूट-राजा देश-भाषाके प्रति अधिक उदार विचार रखते थे।

कान्य-कुब्ज चक्रवर्ती-क्षत्र यद्यपि वह क्षेत्र था, जिसके ही भीतर अपभ्रश-का अपना मूल-क्षेत्र था: किन्तु वहाँ हम सदा (तुलसीबाबा तक) सस्कृतको ही सर्वेसर्वा रहते देखते हैं। शायद इसमे ब्राह्मणो और ब्राह्मण-धर्मकी प्रधानता कारण थी, वह नही चाहते थे कि सस्कृतसे दस-पाँच हाथ नीचे भी किसी दूसरी भाषाको स्थान मिले। बहुत सभव है, स्वयभू अवधी भाषा-क्षेत्रके थे और पुष्प-दन्त यौधेय (हरियाना, दिल्ली)-क्षेत्रके, इस प्रकार दोनो ही कान्यकुब्ज चक्र-वर्ती-क्षेत्रके थे, लेकिन उनकी पूछ अपने दरबारमे नही बल्कि दूर जाकर दक्षिणापथमे हुई। अपने दर्बारमें तो राजशेखर और श्रीहर्ष जैसे सस्कृतके महाकवियोकी ही एकमात्र पूछ थी।

नवी शताब्दीसे प्राय दो शताब्दियोंके लिए राष्ट्रकूट और प्रतिहार दो जबर्दस्त शक्तियाँ तैयार हो गई है, जो पश्चिमी खतरेको रोकनेकी काफी क्षमता रखती थी। बल्कि राष्ट्रकूटोको इसमे कुछ अधिक सुभीता था। उनकी तीन तरफ समुद्रकी खाई थी, डर था तो सिर्फ उत्तर-पश्चिममे गुजरातकी ओर से। अरबोंने एकाध मर्तबे कोशिश भी की, लेकिन बीकानेरका रेगिस्तान और अरब समुद्र आसान रास्ते नही थे। ऊपरसे राष्ट्रकूटोंका सैनिक-बल बहुत मजबूत था।

प्रतिहारोंपर उत्तरी भारतकी रक्षाका सबसे अधिक भार था। जब तक उन्होंने इस कर्त्तव्यको पूरा किया, तब तक वह अचल रहे, लेकिन जैसे ही राज्यपाल (१०१८)ने महमूदके सामने सर झुकाया, वैसे ही प्रतिहार-वंशका सितारा डूबने लगा, और उसके आधीनके चन्देल (कालिंजर) कलचुरी (त्रिपुरी) तथा चौहान (साभर, अजमेर) स्वतंत्र होने लगे। प्रतिहार फिर कुछ दिनों तक मुर्दा अगोरते रहे, क्योंकि उनके प्रबल सामन्त आपसी झगडेके कारण कन्नौजके बारेमे कोई फैसला नही कर सकते थे। लेकिन, इस डॉवाडोल अवस्थामे कन्नौज सदाके लिए नही रह सकता था।

१०८० मे गहडवार चद्रदेवने कन्नौजपर हाथ साफ किया। यद्यपि गहड़वार वशको गंगा-यमुनाके बीचका बहुत ही गुजान और उर्वर प्रदेश मिला और इस प्रकार वह औरोंकी अपेक्षा अधिक बलवान रहा, तो भी उसे प्रतिहार-वश जैसा बल नही प्राप्त हो सका। चौहान, चदेल, और कलचुरी अपने बलको कन्नौजसे मिलाकर बाहरी शक्तिमे मुकाबला करनेके लिए तैयार नही थे। तो भी चद्र देवके पौत्र गोविन्दचद्रके (१०९३-११३४) समय गहडवार-वश उत्तरी भारतका सबमे अधिक बलशाली राज्य था। गोविन्दचद्रके पौत्र जयचद्र (११७०-९३) के वक्त गहडवार शक्ति निर्बल हो चुकी थी। उस वक्त चदेल परमर्दी (११६७-१२०२) काफी शक्तिशाली था। लेकिन कलचुरी, चौहान या चंदेलों-की कितनी भी प्रबल शक्ति हो, उनमे किसीके लिए सभव नही था, कि प्रतिहारों-के चक्रवर्त्ती-क्षेत्र को फिरसे जीवित करके बाहरी आक्रमणको रोके।

दसवी सदीका अत होते-होते उत्तरी भारतमे पालो, गहडवारो, चालुक्यों, चदेलो और चौहानोके अतिरिक्त गुजरात और मालवाके दो और स्वतत्र राज्य बन चुके थे। गुर्जर-सोलकी (चालुक्य) तो बहुत कुछ कन्नौजके पतनसे अस्तित्व-मे आये। मालवाके परमार राष्ट्रकूटोके विनाश (९७४)के फल-स्वरूप स्वतत्र हो गये। ग्यारहवी-बारहवी सदीमे अब उत्तरी भारतकी शक्ति अधिक छिन्न-भिन्न हो चुकी थी, वहाँ सात स्वतत्र दर्बार थे। कोई एक बडी शक्तिके आधीन रहकर काम करनेके लिए तैयार नही था।

देशभाषाकी दृष्टिसे देखनेसे पाल अब भी सिद्ध-कवियोका सम्मान करते

थे। गहड़वार-दर्बारमें भी अवश्य कुछ लोक-साहित्यका मान था, जैसा कि काशी श्वर-संबंधी कविताओं तथा स्वयं जयचन्दके महामंत्री विद्याधरकी स्फुट कविताओं से मालूम होता है। कलचुरी कर्णके दर्बारमें भी बब्बर और दूसरे कितने ही कवियोंका सम्मान होता दिखलाई पडता है। कालिंजरका चन्देल-दर्बार शायद इस बारेमें सबसे पिछड़ा हुआ था। कनकामर मुनि, संभव है, इन्हींके बुन्देलखण्डके हों मगर उनकी कविताओंको आश्रय देने का श्रेय चन्देल दर्बारको नहीं मिल सकता।

मुंज (९७४-७५) और भोज (१०१०-५६) चचा-भतीजे संस्कृत-प्राकृतके साथ देशी-भाषाके भी प्रेमी थे और उनकी धाराने अवश्य कितने ही अपभ्रंश कवियोंका स्वागत किया होगा, यद्यपि हमारे पास तक उनकी कृतियाँ बहुत थोडी पहुँची हैं। चौहान-दर्बारका कवि सिर्फ चन्द वरदाई हमारे सम्मुख है। यद्यपि उसकी रचना "पृथ्वीराज रासो"की जो प्रति आज उपलब्ध है, वह बहुत विकृत तथा मूलसे चार सदियों बाद की है। हमने उसके कुछ नमूने यहाँ सिर्फ इसी ख्यालसे दिये हैं, कि चन्दकी कविताका कुछ अंश इसमें मौजूद है। उसकी भाषामें खूब मनमानीकी गई है, इसमें संदेह नहीं।

गुर्जर-चालुक्य-क्षेत्र (९६१-१२५७) यही नहीं कि दिल्ली-कन्नौजके काफी पीछे तक स्वतंत्र रहा, बल्कि इसने अपभ्रंश कवियोंको सबसे अधिक पैदा किया। पैदा करनेसे भी ज्यादा उसने जो बड़ा काम किया, वह है अपभ्रंश-कृतियोंका रक्षा करना। शायद दर्बारके जैन होने तथा जैन नागरिकोंके भाषा-प्रेमके कारण ऐसा हो सका।

हमारे इस साहित्यिक युगकी राजनीतिक पृष्ठभूमिकी ओर व्यापक दृष्टिसे देखनेपर मालूम होगा, कि पहले शतक अर्थात सातवीं-आठवीं सदीमें बाहरी शत्रु अभी उतने प्रबल न थे। नवीं-दसवीं सदीमें हमारा राजनीतिक-संगठन इतना विस्तृत और मजबूत था कि कोई उसका मुकाबला करके सफलताकी आशा नहीं कर सकता था। ग्यारहवीं-बारहवीं शताब्दीमें शक्ति आधे दर्जन टुकड़ोंमें बँट गई। और यह था विदेशी आक्रमणकारियोंको न्यौता देना।

तत्कालीन कविताओंमें हमें तीन बातोंकी छाप मिलती है—रहस्यवाद या आध्यात्मिक भूल-भुलैया, निराशावाद और युद्धवाद या वीररस। ये तीनों ही

काव्य-भावनाएँ उस वक्तके शासक-समाजकी आवश्यकताके लिए बिल्कुल उपयुक्त थी। उस वक्तके सामन्त बच्चेको तलवारका चरणामृत दिखलावटी नही पिलाया जाता था, बल्कि दरअसल उसे बचपनसे ही मरने-मारनेकी शिक्षा दी जाती थी। मौतसे खेल करनेके लिए वह हर वक्त तैयार रहता था। अठारहवी-उन्नीसवी सदियोके कवियोंने भी अपने आश्रय-दाताओकी बडी-बडी वीरताओका वर्णन किया, लेकिन वह अधिकाश थोथी चापलूसी है, यह हमे मालूम है। हमारी इन पाँच सदियोमे सामन्त वस्तुत निर्भय वीर होते थे। उनके देश-विजयोके बारेमे कवि अतिशयोक्ति भले ही कर सकता है, लेकिन शरीरपर तीरों और तलवारोके घावोके चिह्नोके बारेमे अतिरजनकी जरूरत नही थी। ऐसे समाजके लिए वीर-रसकी कविताएँ बिल्कुल स्वाभाविक है।

युद्ध एक पासा है, जो कभी चित्त भी पड सकता है, कभी पट भी। असफल सामन्तके लिए निराशा आवश्यक है, लेकिन निराशा हर वक्त आदमीके दिलको जलाया करती है, इसलिए सब कुछ भूल जानेके लिए आध्यात्मिक भूल-भुलैया या रहस्यवाद भी उतना ही आवश्यक है। प्रभु-वर्गको छोड बाकी अस्सी फीसदी जनताके लिए तो निराशावाद बिल्कुल स्वाभाविक है। आध्यात्मिक भूल-भुलैयासे फायदा उठानेवाले साधारण जनतामे शायद ही कोई थे। हाँ, सिद्धोने सरल जन-भाषामे अपनी कवितायें लिखकर उनके भीतर घुसनेकी कोशिश की। सिद्धोके बारेमे यहा एक बात स्मरण रखनेकी है—उनकी कवितामे रहस्यवाद है मगर निराशावाद उससे छू नही गया है। वह कायाको मल-मूत्र-पूर्ण गन्दी चीज नही बल्कि तीर्थकी तरह पवित्र मानते है, सब तरहके सासारिक भोगोको छोड़ने नही ग्रहण करनेकी शिक्षा देते है। शायद इसमे उनका क्षणिकवादी दर्शन कारण रहा हो। संसारकी सभी वस्तुएँ क्षण-क्षण बदलती रहती है, उनमे सयोग-वियोग होता रहता है, लेकिन जगत्की सारभूत यह क्षणिकता बुरी नही है, इसीसे जगत्का वैचित्र्य, जगत्का सौन्दर्य्य कायम है। अतएव क्षणिक होनेसे जगत् उपेक्षणीय नही है।

ग्यारहवी-बारहवी सदीमे महमूद गजनवीके सोमनाथ और बनारस तकके आक्रमणोके बाद भी उत्तरी भारत कई राज्योंमे बँटा ही रहा। सातो दर्बार आपसमें लड़ते ही रहते, फिर वहाँ आशावाद कहाँ संभव था? अभी सामन्ती

वीरता मौजूद थी, तलवार झनझनाती रहती थी, लेकिन अपनी बिखरी ताकत देखकर निराशावाद उन्हे अपनी ओर खींच रहा था।

(४) **इस्लाम भारतका अभिन्न अंग**—हम पहिले कह चुके है, कि जिस वक्त हिन्दीके आदि कवि सरहपा अपनी कविताएँ रच रहे थे, उससे आधी शताब्दी पहिले ही (७१२-१३) सिध और मुल्तान हिन्दुओके हाथसे चले गए। तबसे दसवी सदी तक इस्लामिक राज्य बहुत आगे नही बढ पाया। अभी काबुलपर भी हिन्दू ही शासन कर रहे थे। लेकिन ग्यारहवीके शुरू हीमे काबुल ही नही लाहौर भी हिन्दुओके हाथसे निकल गया। मुस्लिम-राज्य-स्थापना भारतके इतिहासमे एक बहुत भारी घटना थी। अभी तक जितने भी विदेशी आक्रमणकारी भारतमे आए थे, वह भारतीय सस्कृतिको स्वीकार कर—हॉ उसमे कुछ अपनी ओरसे दे करके भी—हजारो जात-पातोमे बिखरे भारतीय जन-समुद्रमे मिलते गये। लेकिन अब जिस सस्कृति और धर्मसे वास्ता पडा, वह काफी सबल था। उसे हजम करनेकी ताकत ब्राह्मणोके जीर्ण-शीर्ण ढॉचेमे नही थी। हमारे युगसे आगे हिन्दी-कविताका सूफी-युग (चौदहवी-पन्द्रहवी सदी) इस बातका साफ सबूत है, कि मुसलमान सूफियोने हिन्दी-साहित्य और उसकी जनतापर काफी प्रभाव डाला, लेकिन इस्लामने भारतपर अधिकार करके सिर्फ आध्यात्मिक भूल-भुलैयाके कुछ पाठ ही नहीं पढाये, बल्कि कुछ सामाजिक गुत्थियोको भी हल किया।

'सदेश-रासक'के रचयिता कवि अब्दुर्रहमान (१०१० ई०)का जुलाहा-बश दसवी सदीके अतसे पहिले ही मुसलमान हो चुका था। इस्लाम जब भारतके दूसरे प्रदेशोमे फैला, तो वहॉपर भी हम प्रमुख शिल्पी जातियोको बडी खुशीसे इस्लाम स्वीकार करते देखते है। कपडे बनानेवाले कारीगर सिन्धसे ब्रह्मपुत्र तक जो इस्लाममे दाखिल हो गये, उनकी सख्या भारतीय मुसलमानोमे आज यदि दो-तिहाई नही तो आधीसे ज्यादा जरूर है। यह कोई आकस्मिक घटना नही थी। हम जानते है, कपडेका व्यवसाय रोमनकालसे अग्रेजी राज्यके स्थापित हो जाने तककी बीस सदियोमे हमारे देशका बहुत ही महत्त्वपूर्ण व्यवसाय रहा, वह देशकी आमदनीका एक बहुत जबर्दस्त जरिया था। फिर कपडे बनाने-

वाले कारीगर हिन्दू-धर्मसे इतने रूठ क्यों गये ? उनकी कारीगरीकी बड़ी माँग थी, वह दास नही थे, पैसेके लिए बाजारमे बिकनेकी उन्हे जरूरत न थी, अब्दुर्रहमानकी सुदर कवितासे पता लगेगा, कि वह निरे निरक्षर गँवार भी नही थे। जो कारीगर सूक्ष्म मलमल, उसके ऊपर बेल-बूटे, बनारसी किमखाब और उसपरकी अद्‌भुत चित्रकारी करनेमे सिद्धहस्त हो, वह शिक्षा-सस्कृतिसे बिल्कुल शून्य हो ही नही सकते। लेकिन हिन्दुओकी जाति-प्रथा जिसे बौद्ध और जैन भी व्यवहार रूपमे स्वीकार कर चुके थे—इन शिल्पी-जातियोको शूद्र बनाकर उनपर सामाजिक अत्याचार करनेके लिए ऊपरी जातियोको अधिकार देती थी। कोई आश्चर्य नही यदि आत्म-सम्मान रखनेवाले पटकार इस्लाम स्वीकार करने-मे अपनी अर्धदासताका अन्त समझने लगे, और वह एक-एक करके नही बल्कि श्रेणी (Guild)-रूपेण इस्लामके झण्डेके नीचे चले गये। अरब तथा बाहरसे आनेवाली दूसरी मुसलमान जातियाँ अभी हिन्दुओकी जाति-प्रथासे प्रभावित नही हुई थी। इसलिए उस समय सहस्राब्दियोसे पीडित इन हिन्दू-जातियोंको हिंदुत्व छोड इस्लाममे जाते ही दमघोटू अन्धेरी कोठरीसे खुले प्रकाश, खुली हवामे साँस लेते जैसा मालूम होता था। हिन्दू यह बात नही कर सकते थे। इस्लामने आरंभिक शताब्दियोमे इस कामको बडी तत्परतासे किया, लेकिन जैसे-जैसे बडी जातियोके हिन्दू इस्लाममे दाखिल होने लगे; वैसे ही वैसे इस्लाम-की वह क्रान्तिकारी भावना नष्ट होती गई और वहाँ भी ऊँच-नीचका बीज बोया जाने लगा।

बारहवी सदीके अतमे दिल्ली और कन्नौज भी इस्लामी झण्डेके नीचे चले गये थे। अब हिन्दू सामन्त एक-एक करके आत्म-समर्पण करनेके लिए कालकी प्रतीक्षा कर रहे थे। महमूद और कितने ही दूसरे मुस्लिम विजेताओने हिन्दुओ-के मन्दिरोपर भी प्रहार किया; लेकिन जैसा कि हम कह आये है, वह इतनी मेहनत सिर्फ पत्थरोके तोड़नेके लिए नही किया करते थे। वह जाते थे, महन्तो और पुजारियो द्वारा वहाँ जमा की हुई अपार मायाको लूटने। इससे यह लाभ जरूर हुआ कि मदिरो और देवताओकी हजारो बरससे स्थापित महिमा बहुत घट गई। कोई ताज्जुब नही, यदि दिल्ली-विजयके बाद तीन सदियो तक हिन्दू सन्त भी

मूर्त्तियों और देवताओंके पीछे लट्ठ लेकर पड गये और चारो ओर निर्गुणवादकी दुदभी बजने लगी। इस ध्वस लीलाने कुछ फायदेका भी काम किया और पुरोहितो-महन्तोके प्रभावको कुछ हल्का किया, यद्यपि वह उतना नही कर सकी, जितना कि ईरान और अफगानिस्तानमे, शायद यदि सारा हिन्दुस्तान इस्लामके अन्दर चला गया होता, तो यहाँकी सैकडो समस्याये खतम हो गई होती। मुमकिन है उस वक्त हमारे साहित्य-कलाको और भी क्षति हुई होती और एक बार ईरानकी तरह मुसलमान बने भारतके जातीयता-प्रेमियोको भी झुझलाना पडता।

सिद्ध-युगकी अन्तिम—बारहवी-तेरहवी—सदीमे उत्तरी भारतकी राजनीतिक अवस्था अधिक डांवाडोल थी। यद्यपि मालवा और गुजरात अपनी स्वतत्रताको बचाए हुए थे, मगर वह भी भविष्यके लिए निश्चिन्त नही थे। ऐसे कालमे भी महाकवियोका होना असभव नही है, लेकिन यदि महाकवि अपने पैरोको धरतीपर रखते तब न। आसमानी नायिका बनाते वक्त उनका स्वप्न बीच-बीचमे पृथ्वीकी विकलताके कारण भग्न हो जाता; इसलिए उनका सृजन भी पूर्ण नही भग्न ही हो सकता है। इस कालमे हमे लक्खण तथा दूसरे ऐसे ही छोटे-छोटे कवि मिलते है। मुसलमान शरणागतकी रक्षाके लिए रणथम्भोरके राणा हम्मीरने हिन्दू-मुसलमान धर्मका ख्याल न करके जिस तरह अपने सर्वस्वकी बाजी लगाई, उसने कुछ महाकवियोको जरूर प्रेरणा दी; बाकी कवि बस छोटे-छोटे सामन्तो और सेठोंकी प्रशसाके पुल बाँधनेमे ही अपनी सारी शक्ति खर्च करते रहे।

४. धार्मिक अवस्था

पहिलेके वर्णनमे जहाँ-तहाँ धर्मके बारेमे भी हम कुछ कह आये है, लेकिन वहाँ हमने उनका सिर्फ सामान्यरूपेण जिक्र किया। हमारे इस युगके कवियोमे बौद्ध, जैन, हिन्दू और मुसल्मान चारो धर्मके माननेवाल है, इसलिए यहाँ उनके बारेमे कुछ और कहनेकी अवश्यकता है।

मानव-समाजके विकासमे धर्म बहुत पीछे आया है, इसे हम दूसरे स्थानपर

बतला आये है। जिस वक्त मनुष्यमें धनी-गरीबका भेद नही हुआ था, क्योंकि अभी उसके पास धन-उत्पादन और लडनेके हथियार बहुत दुर्बल—पत्थर, सींग, लकडीके थे; उस वक्त इन धर्मोंकी आवश्यकता नही थी। ब्राह्मणो, बौद्धो तथा जैनोंकी देव-माला अपने पुराने रूपमे राजसत्ता नही पितृसत्ताका अनुकरण करती है। वेदोंके पुराने देवताओंमे किसी एक सर्वशक्तिमान् परमेश्वरका पता नही लगता, लेकिन जैसे ही दुनियाँमे "सर्वशक्तिमान् परमेश्वर" पैदा हुए, वैसे ही सर्वशक्तिमान् ईश्वर भी आ धमका। गुप्तोके निरकुश राजतत्रने सर्वशक्तिमान् ईश्वर—विष्णु—के महत्त्वको बहुत बढाया। यद्यपि बौद्ध और जैन सृष्टिकर्त्ता सर्वशक्तिमान् ईश्वरको नही मानते थे। तो भी वह स्थापित समाज-व्यवस्थाके लिए खतरनाक नही थे। प्रवाहण जैवलिके समाज-पोषक सामन्त-समर्थक पुनर्जन्मके सिद्धान्तको स्वीकारकर उन्होंने पहिले ही अपने कार्य-क्षेत्रको सीमित कर लिया था। और अब तो वह ब्राह्मणोके जाति-पाँति, ज्योतिष, सामुद्रिक सबको मानने लगे थे। जिस वक्त ईसाके पहिलेकी दो-तीन सदियोंमे यवन, शक, आभीर, गुर्जर आदि जातियाँ बाहरसे हिन्दुस्तानमे घुस रही थी, उस वक्त बौद्धोका ही पलडा भारी था, क्योंकि उन्हीने इन जातियोंको समाजमे समानताका स्थान देकर स्वागत किया था। ब्राह्मण इस बलाको बूझ नही पाये, वह अभी सबको "म्लेच्छ" "म्लेच्छ" कह तिरस्कार करते थे, लेकिन जब देखा कि ये आगतुक म्लेच्छ धर्ममे श्रद्धालु बनकर मिनान्दर और कनिष्ककी तरह मठो और मन्दिरोको सोनेसे पाट देते है; तो वह भी सोचनेके लिए मजबूर हुए। यद्यपि वह देरसे होशमे आये, मगर उनका हथियार सबसे जबर्दस्त निकला। बौद्ध आगतुक जातियोंको सम्मानपूर्ण किन्तु समान स्थान देते थे। ब्राह्मणोने सम्मानपूर्ण ही नही बल्कि बहुत ऊँचा स्थान—सिर्फ अपनेसे एक सीढी नीचे—दिया, पीछे उन्हे आबूके अग्निकुण्डसे निकली क्षत्रिय-जातियाँ कहा गया। आबूके अग्निकुण्ड और उससे आदमियोकी बात भले ही बिलकुल झूठी है, मगर ब्राह्मणोने आगन्तुक म्लेच्छ-जातियोंको क्षत्रिय बनाया, इसमे कोई सन्देह नही। और इस प्रकार सामन्ती भारतने चिरकालके लिए ब्राह्मणोके प्रभावको स्वीकार किया।

(१) **बौद्ध धर्म**—ईसाकी पहिली तीन-चार शताब्दियोंमे जब ये आगतुक

क्षत्रिय बनाए जा रहे थे, उसी वक्त बौद्ध धर्म निहत्था कर दिया गया। बौद्ध अब भारतकी किसी सामाजिक समस्याका अपने पास कोई हल नहीं रखते थे, अब उन्हें अपनी पुरानी कमाईको बैठकर खाना था। सामन्त पूरी तौरसे ब्राह्मणोंके हाथमे प्रत्यक्ष या अप्रत्यक्ष रूपसे चले गये थे। बौद्ध कभी-कभी दिङ्नाग और धर्मकीर्त्तिके प्रौढ़-दर्शनको सामने रखकर लोगोकी आँखोमें चकाचौंध पैदा करना चाहते थे, कभी योग-समाधि, तंतर-मंतर डाकिनी-साकिनीके चमत्कारसे लोगोको अपनी ओर खीचना चाहते थे और कभी सिद्धोके विचित्र जीवन और लोक-भाषाकी कविताओको भी इस कामके लिए इस्तेमाल करते थे, मगर यह सब हवामें तीर चलाना था। अब भी बहुसंख्यक जनताकी कितनी ही समस्यायें सामने थी, लेकिन बौद्धोके मस्तिष्क और हथियार कुंठित हो चुके थे। उन्होने चलते-चलाते हमारी भाषाकी कितनी ही सेवा जरूर की। अफसोस है कि उनकी कविताओका बहुत कम अंश हमारे पास बच रहा। उनकी सैकड़ो छोटी-छोटी धार्मिक पुस्तके ग्यारहवी-बारहवी सदीमें किये तिब्बती भाषाके अनुवादोमें मौजूद है, मगर उससे भी अधिक संख्या उन पुस्तकोकी रही होगी, जो शुद्ध सांसारिक दृष्टिसे लिखी गई थी, अतएव वह भारतसे बाहर नही ले जाई गई, और बौद्ध धर्मके साथ वह यही नष्ट हो गई।

बौद्ध धर्म चलाचली पर था, उसकी भीतरी कितनी ही कमजोरियाँ उसके हितचिन्तकोंको मालूम होने लगी थी, तो भी सबसे बड़ी कमजोरी—सामाजिक समस्यासे हाथ खीच लेना—की ओर उनका ध्यान नही गया। दूसरे धार्मिक पथोकी तरह बौद्ध धर्ममे भी ब्रह्मचर्य और भिक्षु-जीवनपर बहुत जोर दिया गया था, लेकिन बारह शताब्दियोके तजुर्बेने बतला दिया कि वह ढोंगके सिवाय और कुछ नही है। आदमी आहारकी तरह काम-भोगमें भी दूसरे पशुओसे बहुत भिन्नता नही रखता। मठोके अप्राकृतिक-जीवनमे जो बहुत-सी बुराइयाँ बहुत भारी परिमाणमे घुस आयी थी, उन्हे देखकर कुछ विचारकोने सोचा, हमे इस ढोंगको हटाना चाहिए और मनुष्यको सहज-स्वाभाविक जीवनपर लाना चाहिए। इन बातोको वह खुलकर नही कह सकते थे, क्योंकि खुलकर कहनेपर पन्थ और भक्त ही नही सारे बाहरी समाजका विरोध इतना

जबर्दस्त होता, कि उन्हें अपना अस्तित्व भी कायम रखना मुश्किल हो जाता। उन्होंने छिप करके एक सीमित क्षेत्रमें अपने विचारोंका प्रचार करना शुरू किया। मुक्त यौन-सबंधके पोषक चक्र-संवर आदि देवता, उनके मंत्र और पूजा-प्रकार तैयार किये। गुह्य-समाज एकत्रित होने लगे, जहाँ स्त्री-पुरुषोंको मद्य-मैथुनकी पूरी स्वतन्त्रता दी गयी। लेकिन जल्दी ही यह सब काम सहज, स्वाभाविक नही अस्वाभाविक रूपमें होने लगा। सरहपाके वचनोंसे जान पडता है, कि वह भोग-स्वातंत्र्यको अस्वाभाविकता या अतिमें नही ले जाना चाहता था। वह इस बातका समर्थक था, कि सहज मानवकी जो सहज आवश्यकताएँ है, उन्हे सहज रूपसे पूरा होने देना चाहिए। उसने मतर-तंतर, देवी-देवतापर भी ठोकर लगाए है। मगर जान पडता है, भीतरी-बाहरी विरोध बहुत जबर्दस्त था, सहज-मार्गसे पाखड-मार्ग पकडना अधिक आसान था, इसलिए सरहपाका सहज-यान, तन्तर-मन्तर, भूत-प्रेत, देवी-देवता-सबधी हजारो मिथ्या-विश्वासो और ढोंगोंके पैदा करनेका कारण बना। ये सारे मिथ्या-विश्वास, सारी दिव्य-शक्तियाँ महमूद और मुहम्मदबिन-बख्तियारके सामने थोथी निकली और तारा, कुरुकुल्ला, लोकेश्वर और मंजुश्रीके मन्दिरो और मठोमें हजार-हजार बरसकी जमा हुई अपार सपत्ति अपने मालिकों और पुजारियोके साथ ध्वस्त हो गयी। बौद्ध भिक्षुओंके रहनेके लिए जब न कोई विहार रहा, न उनके सरक्षक और पोषक सेठ-सामन्त पहिली अवस्थामें रहे, न साधारण जनताका विश्वास पूर्ववत् रहा, तो उन्हे भारतमे दिन काटना मुश्किल होने लगा। पश्चिमकी धरती तो उनके हाथसे पहिले ही निकल चुकी थी, लेकिन उत्तर (तिब्बत), पूरब (बर्मा, चीन) और दक्खिन (सिहल)में अब भी उनके स्वागत करनेवाले मौजूद थे। इस प्रकार बचे-खुचे बौद्ध भिक्षु—बौद्ध गृहस्थोंके अगुआ—बाहर चले गये। भिक्षुओंके अभावमे गृहस्थ बौद्ध धर्मको भूलने लगे, और जिसकी जिधर सींग समाई, उधर चले गए। इस प्रकार नालन्दा, विक्रमशिलाके ध्वसके बाद पाँच ही छ पीढियोमे बौद्ध-धर्म नाम-शेष रह गया।

(२) **जैन धर्म**—सामन्तोपर जैन धर्मका पुराने समयमे क्या प्रभाव पडा था, इसके समर्थनके लिए काफी प्रमाण नही मिलते। राष्ट्रकूट (७५३-९७)

और गुर्जर-सोलकी (९६१-१२५७) राजाओका जैन धर्मपर बहुत अनुराग था, लेकिन लडाकू सामन्तोके इस अनुरागमे पहिला ही कदम तो यह था, कि बेचारी अहिंसा ताक पर रख दी गई। जैन गृहस्थ ही नही जैन मुनि (हेमचन्द्र) भी तलवारकी महिमा गाने लगे भला दिग्विजयोके जमानेमे अहिंसाको कैसे लेकर चला जा सकता था। बौद्ध धर्मकी तरह जैन धर्म भी जाति-पाँति विरोधी था, लेकिन हमारे युगमे वह भी जाति-पाँतिको वैसे ही मानने लगा था, जैसे ब्राह्मण। इतना ही नही हमारे एक जैन कवि मुनिने तो जैन गृहस्थोको उपदेश दिया है, कि वह अपनी लडकीको अजैन घरमे न दे। भीतर भिन्न-भिन्न मतोके रखनेपर भी जो अब तक शादी-ब्याह हो सकता था, उसे भी बन्द कर दिया गया, चलो छुट्टी मिली। जैन धर्ममे सृष्टिकर्त्ता ईश्वर नही माना जाता, लेकिन अब तो स्वय महावीरके नामके साथ परमेश्वर लगाया जाने लगा। जैन गृहस्थ और दूसरे लोगोके लिए पारस-मणि परमेश्वर-शब्द मिल गया। परमेश्वरसे मिन्नत भी मानी जाने लगी। परमेश्वर-शब्द काफी था, साधारण लोग उसीमे सृष्टिकर्त्ता-विधाता सब समझ लेते थे, आगे बालकी खाल खीचनेकी उन्हे जरूरत नही थी।

सामन्तोने जैन धर्मको अपनाकर भी कितना निबाहा, यह आपने देख लिया। हाँ, व्यापार करनेवाली जातियाँ ज्यादा कट्टर बनी और आज भी जैनोमे अधिकाश वैश्य ही मिलते है। उन्होने अहिसाको जरूर कुछ ज्यादा गभीरताके साथ स्वीकार किया। पश्चिममे भी बनिया-वर्ग जीव-दयाकी ओर बहुत खिचता है, यद्यपि उसकी दया है—

"जानतहारा जानिया, बनिया तेरी बान।
बिन छाने लोहू पिवै, पानी पीवै छान॥"

इसे जैन धर्मकी सफलता कह लीजिए। मगर इस सफलताने हानि कितनी पहुँचाई? पोरवाल, ओसवाल, अग्रवाल, श्रीमाल, आदि जातियाँ मूलत यौधेय-आर्जुनायन आदि गणोकी वह वीर-क्षत्रिय जातियाँ थी जिन्होने किसी समय यवनो, शकों, गुप्तोके दाँत खट्टे किये और भारतमे जनतन्त्रताके प्रदीपको शताब्दियो तक जलाये रखा। अब सिहोके नख-दांत तोड दिये गए और वे

बकरी बनकर सूद खाने और तराजू तोलनेमे लग गये; उन्हे तीर-तलवारकी जरूरत नही रह गई। सवाल हो सकता है, क्षत्रियसे वैश्य होने—ब्राह्मणी व्यवस्थाके अनुसार एक सीढी नीचे गिरने—के लिए ये क्षत्रिय तैयार कैसे हो गए ? हम इसके बारेमे इतना ही कह सकते है "व्यापारे वसति लक्ष्मी" अथवा कुछ पीढियो[1] तक अपनी स्वतन्त्रताके लिए तलवार चलाकर देख लिया, कि राजतन्त्रके इतने बड़े सैनिक-सगठनके सामने उनका तलवार हिलाना फजूल है। अब वह क्षत्रियकी जगह नगर-सेठ बने। व्यापार खूब चमका। करोडो रुपये लगाकर देलवाडा जैसे अनगिनत मदिर बने, परम-त्यागियो—पात्र और वस्त्र तक भी न रखनेवाले यतियो—का जैन धर्म सोने-हीरेकी राशिसे जगमग-जगमग करने लगा। लेकिन, इस नये सभ्य जैन समाजमे बेचारे निर्ग्रन्थों—नग्न साधुओंकी आफत आयी। सम्भ्रान्त परिवारोके पुत्र मुनि बन नगे-मादरजाद रहनेमे हिचकिचाने लगे और गृहस्थ भी अपने मुनियोको इस रूपमे देखनेमे सकोच करने लगे। अब वस्त्रधारी श्वेताबरोका पलडा भारी हो चला; लेकिन वस्त्र ही तक भले घरोके लडके सन्तोष कैसे कर सकते थे ? सवाल उठ खडा हुआ, चैत्य-वासी (बस्तीसे बाहर मठोंमे रहनेवाले) और बस्ती-वासीका। लेकिन कुछ ही समय बाद यह भी सवाल व्यर्थ हो गया, और जैन मुनि बस्ती-वास ही नही दरबार-वास तक करने लगे।

इस युगमे तन्त्र-मन्त्र और भैरवी-चक्र या गुप्त यौन-स्वातन्त्र्यका बहुत जोर था। बौद्ध और ब्राह्मण दोनो ही इसमे होड लगाए हुए थे। भूत-प्रेत, जादू-मन्तर और देवी-देवता-वादमे जैन भी किसीके पीछे नही थे, रहा सवाल वाम-मार्गका, शायद उसका उतना जोर नही हुआ, लेकिन वह बिल्कुल नही था, यह भी नही कहा जा सकता। आखिर चक्रेश्वरी देवी वहाँ भी विराजमान हुई, और हमारे मुनि कवि भी निर्वाण-कामिनीके आलिगनका खूब गीत गाने लगे,

---

[1] **जोहियार (भावलपुर) के जोहियो तथा मेवोंने मुस्लिम काल तक अपनी तलवार नहीं छोड़ी।**

जिससे उसी दिशाका सूक्ष्म सकेत मिलता है ।

जैनोंने अपभ्रश-साहित्यकी रचना और उसकी सुरक्षामे सबसे अधिक काम किया । वह ब्राह्मणोकी तरह सस्कृतके अधभक्त भी नही थे, क्योंकि वशिष्ठ, विश्वामित्रकी भाँति उनके मुनियोने सस्कृतमे ही नही प्राकृतमे अपने मूलग्रथ लिखे थे । व्यापारी होनेसे बही-खाता तथा मातृभाषा लिखने-पढनेका ज्ञान होना उनके लिए बहुत जरूरी था । ब्राह्मणोकी समाज-व्यवस्थाके साथ वह बँधे हुए थे । ब्राह्मणोंके महाभारत, पुराण और कथा-वार्त्ताका हर तरफसे प्रभाव पडना जरूरी था, क्योकि वह समुद्रमे बूँदकी तरह थे । इस प्रकार जैन धार्मिक नेताओ-के लिए यह जरूरी हो पडा, कि अपने भक्तोको ब्राह्मणोका ग्रास बननेसे बचाने-के लिए अपने स्वतत्र कथा-पुराण तैयार करें । व्यापारीसे यह आशा नही रक्खी जा सकती कि वह धर्म जाननेके लिए कठिन-कठिन भाषाएँ सीखता फिरेगा । अतएव जैनोने देश-भाषामे कथा-साहित्यकी सृष्टि की, जिसके कारण स्वयभू और पुष्पदन्त जैसे अनमोल अद्वितीय कविरत्न हमे मिले । उस साहित्यकी रक्षाके लिए हम और हमारी अगली पीढियाँ उन जैन नर-नारियोंकी हमेशा कृतज्ञ रहेंगी, जिन्होने इन अमूल्य निधियोको नष्ट होनेसे बचाया । याद रखिये, इन अमूल्य निधियोमे सिर्फ जैनोंके ही ग्रन्थ नही बल्कि अब्दुर्रहमानके "सदेश रासक" जैसे ग्रन्थ भी है ।

(३) **ब्राह्मण**—हम कह चुके है कि ईसवी सनके शुरू होनेके बाद ही ब्राह्मणो-का पलडा भारी हो गया । हाँ, उन्होने सिर्फ सामन्त-वर्गकी म्लेच्छ और आर्यकी युद्धाग्निकी भीतरी समस्याको ही अग्नि-कुण्डवाले क्षत्रिय बनाकर हल किया था। लेकिन समाजके हर्त्ता-कर्त्ता तो आखिर सामन्त थे । उन्हे जो कुछ मिलना-जुलना था, वह इन्ही सामन्तोसे । बाकी भेडोको भरमाना उनका काम था, जिसमे कि ब्राह्मणोके सिरजे ईश्वरकी निरकुशताकी तरह राजाओकी निर-कुशताके खिलाफ भेडे कोई तूफान न खडा करें । सामन्त (राजा)-समाज और ब्राह्मणो—मेरा मतलब धार्मिक नेताओ और पुरोहितोसे है—का हमेशा चोली-दामनका साथ रहा है । ब्राह्मणोपर सामन्त जितना विश्वास कर सकता था, उतना वह अपनी जातिके व्यक्तिपर भी नही कर सकता था । किसी

सामंत-वंशी (क्षत्रिय)को राजके प्रधान-मंत्री जैसे बड़े पदको देकर कोई राजा अपने सिंहासनको खतरेमें डाल कैसे सकता था? बिम्बसार (५०० ई० पू०)के ब्राह्मण प्रधान-मंत्री वर्षकारसे लेकर सदा ही हिन्दू-राजाओंके प्रधान-मंत्री ब्राह्मण होते रहे। पुष्यमित्र और पेशवा जैसे दो-एक ही अपवाद हैं, जब कि ब्राह्मणोंने नमक-हरामी की हो। वह कभी सिंहासनपर बैठनेकी कामना नहीं करते थे, इसलिए प्रधान-मंत्रीका पद यदि ब्राह्मणोंके लिए सदा सुरक्षित रहता हो, तो इसमें आश्चर्यकी क्या बात है।

और ब्राह्मण घाटेमें भी नहीं थे। शुकनासका ऐश्वर्य तारापीडसे कम न था। प्रधान-मंत्रीके महलकी सजावट और अन्तःपुरकी रौनक राजाओंके हरमसे कम न थी। ब्राह्मणोंने जो भारतीय जनतंत्रताके हल्केसे हल्के चिह्नको भी न रहने देनेकी हर तरहसे कोशिश की, उसके लिए उनका स्वार्थ मजबूर करता था। प्रधान-मंत्री और मंत्री ही नहीं दूसरे ब्राह्मणोंके लिए भी सामन्त हर तरहसे पूरी भोग-साधना जुटाते थे। चन्द्रदेवने १०९३ ई०में हाथमें कुश लेकर एक ही बार कटेहली (बनारस)के सारे परगने (पत्तला)को ब्राह्मणोंको दान दे दिया, ११०० ई०में फिर उसने बृहदऋहवरथ पत्तलाको दान किया। राष्ट्रकूट, पाल तथा दूसरे राजवंश भी ब्राह्मणोंके प्रति ऐसी ही उदारता दिखाते रहे। विश्वामित्र-वशिष्ठ-भरद्वाजके समयमें भी ब्राह्मणोंका जीवन भोग-शून्य नहीं था, फिर हमारे इस कालके बारेमें पूछना ही क्या? ब्राह्मणोंके मंदिरो-पर किस तरह मुक्त-हस्त हो धन खर्च किया जाता था, इसे देखना हो, तो एलौराके कैलाशको देख लीजिए—एक अद्भुत, विशाल शिवालय पहाड़ काट-कर निकाल लिया गया है।

हम कह चुके हैं, कि वाम-मार्गमें ब्राह्मण भी बौद्धोंके साथ कन्धेसे कन्धा मिलाकर खड़े थे। मन्त्र-तन्त्रकी बात तो खैर आँखमें धूल झोंकनेकी नीतिके कारण हो सकती है, लेकिन चक्र-पूजा। यौन-स्वातंत्र्यकी उन्हें क्या जरूरत थी? आखिर ब्राह्मण एकपत्नि-व्रत नहीं थे, संपत्तिके अनुसार वह चाहे जितने ब्याह कर सकते थे। दासियोंके रखनेमें भी उनके लिए कोई सीमा न थी। बौद्ध भिक्षु तो बेचारे जबर्दस्तीके ब्रह्मचर्यके फन्देको किसी तरह ढीला करना

चाहते थे, जिसकी कि ब्राह्मणोको जरूरत नही थी। हाँ, हो सकता है, मद्य-पानके विरुद्ध जो कडाइयाँ पीछेके स्मृतिकारोंने कर दी थी, उनसे मुक्त होनेके लिए इन्होंने चक्रका आश्रय लिया। मीन-मास उस युगके ब्राह्मणोमे वर्जित था ही नही और मुद्रा—हाथकी अँगुलियोंको टेढी-मेढी करना—के लिए चक्रकी शरण लेनेकी जरूरत नही थी। इस प्रकार मुख्य कारण मद्य रहा होगा और स्त्रीके बारेमे उन्होने "अधिकस्याधिक फल" समझ लिया होगा।

ब्राह्मणोने सीधे सेवा करके ही सामन्तोका उपकार नही किया, बल्कि उन्होने उनके फायदेके वास्ते साधारण जनताकी शक्तिको छिन्न-भिन्न करनेके लिए खूब हन-हन करके हथियार चलाए। खानेकी छुआछूतमे खूब तरक्की की और "आठ कनौजिया नव चूल्हा" करके उसे अपने घरसे शुरू किया। उस वक्त भारतके जो व्यापारी अरब जाते थे, उनके बारेमे एक अरब लेखक (अल्बरूनी)ने लिखा है—वे हमारे (मुसलमानोके) ही हाथका खाना खानेमे परहेज नही करते, बल्कि आपसमे भी एक दूसरेका छूआ नही खाते।" बहुत-सी नीच कही जानेवाली जातियोके प्रति तो ब्राह्मणोकी व्यवस्था बहुत क्रूर थी। कितनी क्रूर थी इसका अन्दाजा कुछ-कुछ आपको लग सकता है, यदि परम अद्वैतवादी शकराचार्यकी जन्मभूमि मलवारके पचमोकी बीसवी शताब्दीकी अवस्थाका आपको थोडा-सा परिचय हो। उस युगके नगरोकी बहुतसी सडके उनके लिए वर्जित थी, कितनी ही सडकोपर थूकनेके लिए उन्हे अपने साथ पुरवा रखना पडता था। लेकिन ब्राह्मणोकी एक और भी व्यवस्था थी—"स्त्री-रत्न दुष्कुलादपि", इसलिए श्रोत्रिय ब्राह्मण भी शूद्रा सुदरीसे पारशव[1] सन्तान पैदा करनेका पूरा अधिकार रखता था।

ब्राह्मणोने मिथ्या-विश्वासोंको फैलाने, वयस्क मानवताको बच्चा बनानेके लिए पुराणोकी सख्या और कलेवरको इसी कालमें खूब बढ़ाया। बुद्धि रखनेवालोंपर यह हथियार नही चलता, इसलिए इसी युगमे बुद्धिको भूल-

---

[1] शूद्रा स्त्रीमें ब्राह्मणका पुत्र।

भुलैयामे डालनेके लिए शंकर (७८८-८३०) श्री हर्ष (११८० ई०) जैसे दार्शनिकोने "मुँहमे राम बगलमे छूरी" वाला अद्वैतवाद पैदा किया।

इस कालमे जातीय बिखरावको ब्राह्मणोने चरम-सीमापर पहुँचाया। अभी तक जातियोके लिए भाषा या प्रान्तोंका भेद नही था, मगर अब ब्राह्मणोंने कनौजिया आदि बिल्कुल अलग-अलग ब्राह्मण जातियाँ तैयार की और एक जातिमे भी गोविन्दचद्र-जयचन्द्र (१११४-९३)के कालमे सरयू-पारियोमे पक्ति (उच्चतम) ब्राह्मण और बल्लालसेन (११५८-७९)के समय बगालमे "कुलीन" ब्राह्मणके नामसे और नये-नये टुकडे किये गये। दडीके कुम्हार-ब्राह्मण जहाँ भारतके किसी भी प्रान्तमे आकर स्वच्छन्दतापूर्वक रोटी-बेटी कर सकते थे, वहाँ अब रास्ता चारो ओरसे बन्द था। ब्राह्मणोकी व्यवस्थाने देश-रक्षाके कामके लिए क्या-क्या किया ? स्त्रियोके लिए तो युद्धमे कोई स्थान था ही नही। ब्राह्मण-देवता युद्ध-सेवामे मुक्त थे। वैश्यका काम था डेढा-सवाई करना। शूद्रोंकी हजार जातियाँ ?—उन्हे हथियार लेकर अपनी पाँतिमे लडनेको कौन क्षत्रिय इजाजत देता। लडनेका काम था सिर्फ क्षत्रिय-पुरुषोंका, और उनके सामने भी युद्ध करनेके लिए कोई बडा आदर्श नही था, सिर्फ नमक-हलाली और इसके बाद सामन्तका भय रह गया था। सामन्तके भयसे या "हम मालिकका नमक खाते है" इस ख्यालसे लडनेवाले योद्धा, किस श्रेणीके होंगे, इसे आप खुद समझ लें। आप कहेगे, इस युगमे अरबो और तुर्कोसे युद्ध छिड़ता रहता था, जिसमे योद्धाके दिलमे हिन्दू-धर्मकी रक्षाका भी ख्याल आ सकता था। हम इसे मानते है, लेकिन कुछ ही हद तक। क्योकि मुसल्मान सामन्तकी सेनामे सिर्फ मुसल्मान ही मुसल्मान और हिन्दू सामन्तकी सेनामे सिर्फ हिन्दू ही हिन्दू सैनिक रहे, इसका कोई नियम नही था। अक्सर दोनो हीकी सेनाये मिली-जुली होती थी।

(४) **इस्लाम**—इस्लामकी इस युगमे क्या अवस्था थी, इसका जिक्र हम पहले कर चुके है। अभी सदियोकी मानसिक और शारीरिक दासताओंको तोड़नेकी उसमें हिम्मत और क्षमता थी। साथ ही अरबी खलीफा (उमैया और अब्बासी) कोई संकीर्ण विचारवाले धर्मान्ध शासक नही थे। इस्लामकी

पहिली सदीमें चाहे कुछ तोड-फोड हुआ हो. मगर बादमे दुनियाकी सभी संस्कृतिश्रों और उनकी देनोंके मुसलमान शासक जबर्दस्त कदरदान संरक्षक थे। अफलातूं, अरस्तू और दूसरे यूनानी दार्शनिकों—साइंस-वेत्ताओंका पता भी नही लगता, यदि बगदादके खलीफोंके समय अनुवाद और टीकाओं द्वारा उनकी रक्षा न की गई होती। उस समय भारतसे भी कितने ही विद्वान बडे सम्मानपूर्वक बगदाद बुलाये गए थे, जिन्होंने भारतीय दर्शन, वैद्यक, गणित और ज्योतिषके बहुतसे ग्रन्थोंके अरबी अनुवाद करनेमे सहायता की थी। मुस्लिम अरबोंने हिन्दुस्तानी अंकोंको स्वीकार ही नही किया, बल्कि उन्हींके द्वारा वह सारे युरोपमें फैला।

अब्दुर्रहमानकी कवितामें जो बिल्कुल भारतीय आत्मा बोल रही है वह बनावटी बात नही थी। अब्दुर्रहमानने देवताका मंगलाचरण करते वक्त अपने ग्रथमें अपनेको मुसलमान भक्त साबित किया है। ग्यारहवीं शताब्दीसे मुस्लिम और हिन्दू सामन्तोंमे राजनीतिक शक्तिको हथियानेके लिए जो भीषण संघर्ष शुरू हुए, उसीके प्रोपेगण्डामें हिन्दू और इस्लाम धर्म घसीटे जाने लगे, जैसे कि आज हॉलिफैक्स और चर्चिल जैसे कट्टर साम्राज्यवादी ईसाई-धर्मको घसीट रहे हैं। यह देशका दुर्भाग्य था कि सामन्तोंके इस झूठे प्रोपेगण्डाका शिकार साधारण जनता भी होती थी और उसने कितने ही समय अपनेको अन्धा सिद्ध किया।

जिस वक्त सामन्त अपने स्वार्थके लिए धर्मकी दुहाई देकर कटुताका बीज बो रहे थे, उसी समय सरल-हृदय मानवता-प्रेमी कुछ दूसरे भी पुरुष हुए थे, जो सामन्तोंकी चालसे क्षुब्ध थे और अपनी शक्ति भर दोनों संस्कृतियों और धर्मोंमे भाई-चारा स्थापित करनेकी कोशिश करते थे। हाँ, वह संख्या और साधन दोनोंमे कमजोर थे। सूफी महात्माओंकी संख्या कभी अधिक नही रही और वह जिस तसव्वुफ और अद्वैतका प्रचार करते थे, वह साधारण जनताकी पहुँचसे बाहरकी बात थी। साधारण जनताके समझने और लाभकी बातको लेकर यदि वह कुछ करना चाहते, तो उनकी हालत भी वही हुई होती, जो कि

साम्यवादी सैयद मुहम्मद मेंहदी जौनपुरी[1]की हुई। सामन्तोका हथियार सीधा सासारिक भोगका प्रलोभन था, जब कि दोनों संस्कृतियोमें समन्वय स्थापित करनेवालोंका हथियार था, अधिकतर परलोकवाद और मानवकी सहज सहृदयतासे अपील करना।

तेरहवी और बादकी भी दो-तीन सदियोमे हमे यदि खुसरोको छोड़कर कोई मुस्लिम कवि नही दिखलाई पडता, तो इसका यह मतलब नही कि करोड़ो भारतीय मुसल्मान बनते ही कवि-हृदयसे बिल्कुल वंचित हो गए। हिन्दुस्तानकी खाकसे पैदा हुए सभी मुसल्मानोंके लिए अरबी-फारसीका पडित होना सम्भव नही था। अब्दुर्रहमान जैसे कितने ही कवियोंने अपनी भाषामे मानव-समाजकी भिन्न-भिन्न अन्तर्वेदनाओको लेकर कविताकी होगी। कुछको उन्होंने कागजपर भी लिखा होगा, मगर उनको हम तक पहुँचानेके लिए सहायक नही मिले। सुल्तानी दर्बारमे विदेशी भाषाओकी तूती बोल रही थी। मुस्लिम सामन्तोके पुस्तकालयोमे हिन्दुस्तानी लिपि और हिन्दुस्तानी भाषामे लिखी गई कविताएँ पचास-पचास पीढी तक कैसे सुरक्षित रह सकती थी। उधर हिन्दू सामन्तोके यहाँ जब स्वयम्भू जैसे प्रथम श्रेणीके कवि भी जैन होनेके कारण भुला दिए जा सकते है, तो मुसल्मान कविके बारेमे पूछना ही क्या है। यह वजह है जो अब्दुर्रहमान (१०१०)से कुतवन (१४९३) तककी प्राय पॉच सदियोमे हम किसी मुसल्मान कविकी रचनाका पता नही पाते। रचनाएँ काफी रही होगी, लेकिन परिस्थितियाँ उनके जीवित रहनेके अनुकूल नही थी। उन्हे एक ओर "हिन्दी-गन्दी" समझा जाता था और दूसरी ओर म्लेच्छ कविकी कृति।

५. सांस्कृतिक अवस्था

सस्कृति एक बहुत ही व्यापक शब्द है। यहाँ इस युगकी चित्रकला, मूर्त्तिकला, वास्तुकला, सगीतकलाके बारेमे ही दो-चार शब्द हम कहना चाहते है। पाँचवी-छठी

---

[1] देखो "मानव-समाज"

सदी भारतीय कलाके मध्याह्नका युग था। सातवी सदी तक पूर्व-अर्जित मान बना रहा। आठवी-नवी सदीमे कुछ ह्लास जरूर होने लगा, लेकिन पतन पूरी तौरसे दसवी सदीमे दिखलाई पडता है। खास करके यह बात चित्र और मूर्त्ति-कलाके बारेमे बहुत देखी जाती है। दसवीं शताब्दी और उसके बादकी मूर्त्तियाँ बिल्कुल ही बदसूरत और भावशून्य हैं। वैसे तो तीर्थंकरकी मूर्त्तियोको बनानेमे पहिलेसे भी कलाकार बेगार-सी टालते दीख पडते थे। पाँचवीं, छठी, सातवी सदीकी कुछ बुद्ध मूर्त्तियाँ बडी सुन्दर है, मगर आठवीं सदीके बाद तो बुद्ध और तीर्थकरोकी मूर्त्तियाँ निरी पाषाण-सी रह गई है। हाँ, बोधिसत्त्वों और ताराकी मूर्त्तियाँ नवी-दसवी सदीमे उतनी बुरी नही देख पडती, बल्कि कोई-कोई तो बहुत सुन्दर है, खास करके कुर्किहारकी आठवी-नवी सदीकी कितनी ही पीतलकी मूर्त्तियाँ बहुत सुन्दर है। दसवी, ग्यारहवी सदीके कुछ चित्रपट तिब्बतमे मौजूद है। लदाख और स्पितिके बौद्ध मठोमे कुछ भित्ति-चित्र भी बहुत अच्छे हैं। लेकिन दसवी-ग्यारहवी सदीके जो चित्र जैन और बौद्ध ताल-पोथियो-पर मिले है, वे जरूर भद्दे है। जान पडता है नवी सदीके बाद अपवाद रूपमे ही कोई-कोई अच्छे चित्रकार और मूर्त्तिकार रह गये। कला जितनी दूर तक अव-नत हो चुकी थी और जिस तरहके भद्दे नमूनोको तैयार किया जा रहा था, उसे देखनेसे महमूदके आक्रमणके बाद—खासकर बारहवी सदीके बाद—से जो चित्र-मूर्त्तिकलाकी ओरसे उदासीनता बर्ती जाने लगी, वह अनुचित नही थी। वास्तुशिल्प और खासकर पत्थरोकी नक्काशी बारहवी शताब्दीमे उतनी बुरी न थी। देलवाडाके जैन मदिरोंमे सगमर्मरपर खुदे कमल मधुच्छत्र बहुत सुन्दर है, यद्यपि उनमे अलकरणकी मात्रा जरूरतसे ज्यादा दीख पडती हैं, जिससे गुप्तकालीन सादे सौम्य सौन्दर्यकी उसमे कमी है। तो भी, सगमर्मरको मोम या मक्खनकी तरह अपनी छेनियोसे काट-काटकर कलाकारने जो कौशल दिखाया है, वह सराहनीय है। लेकिन उसी पत्थरमे जो मूर्त्तियाँ बनी हुई है, उनसे विश्वास ही नही होता, कि उतने सुन्दर कमल और मधुच्छत्र बनानेवाले हाथ इतनी भद्दी मूर्त्तियाँ भी बना सकते है। बारहवी सदीके बाद तो एक तरह चित्र और मूर्त्तिकलाका दिवाला ही निकल जाता है।

इस युगमे सगीतकी ओर भी ध्यान दिया गया था। आजकलकी कितनी ही राग-रागिनियोका वर्गीकरण और नामकरण अपभ्रंश-साहित्यके आरंभके साथ होता है। नृत्य और सगीतकी ओर यद्यपि सामन्त-वर्ग बहुत ध्यान देता था और सामन्त-कन्याओकी शिक्षामे वह अनिवार्य विषय था; लेकिन अब राज-कुमारियाँ दडीके समयकी तरह अपने कौशलका प्रदर्शन खुले आम नही कर सकती थी। खुले आम नृत्य-सगीतकी जिम्मेवारी अब केवल वेश्याओपर रह गई थी।

यद्यपि हमारे युगमे कालिजरमे "प्रबोध-चद्रोदय" जैसे कुछ नाटक लिखे गए, मगर जान पडता है, अब नाटकोका समय बीत चुका था। जहाँ नाटकके लिए जबर्दस्त प्रेरणा स्वाभाविक मानव-जीवन था, वहाँ अब वेदान्त और दर्शन अपने ध्यान-ज्ञान और राग-द्वेष आदिके रूपमे नाटकोके लिए पात्र देने लगे, फिर वह नाटक कैसा होगा, यह आप खुद समझ सकते है।

सामन्तोकी विलासिताने कुछ नई कलाओकी भी सृष्टि की। स्वयभूने राष्ट्रकूट ध्रुव और उसके उत्तराधिकारीके जल-क्रीडा-मण्डपमे जो देखा-सुना था, उसीका वर्णन अपने रामायणमे जल-क्रीडाके रूपमे किया। उस समय सामन्तोके स्नान-कुण्ड, स्नान-मण्डप उसके खभे और दीवारोके अलकृत करनेमे जगम और स्थावर रत्नोका व्यय दिल खोल कर किया जाता था। सामन्तोकी कलाका प्रधान उद्देश्य होता ही था कामोद्दीपन। वस्तुत सामन्तोके जीवन-का आदर्श ही था—खाओ, पिओ, मौज करो। धर्म, दर्शन सारे उसके लिए दिखावे और जब तब मन बहलावकी चीज थे।

६. साहित्यिक अवस्था

हमारा यह साहित्य-युग उस वक्त आरभ होता है, जब कि बाण और हर्ष-वर्धनको रगमच छोडे बहुत देर नही हुई थी। कवियोमे अश्वघोष, भास, कालि-दास, दण्डी भवभूति, और बाणकी कृतियाँ बहुत चावसे पढी जाती है। स्वयभू-ने इन पुराने कवियोके प्रति अपनी कृतज्ञता साफ प्रकट की है। सिद्धोमेसे भी सरहपा, तिलोपा, शान्तिपा जैसे कितने ही सस्कृतके बडे-बडे पडित थे; हाँ, जब

वे भाषा-कविता लिखने बैठते, तो अपने संस्कृत-भाषाके ज्ञानको भूल जाते थे। तभी वह इतनी सरल भाषामें लिखनेमें सफल हुए।

कविता और कविको सदा आश्रयकी जरुरत होती है। वह युग सामन्तोंका था। जिस काव्य और कविको सामन्त-वर्गका आश्रय प्राप्त था, वह आर्थिक लाभके तौर पर ही सफल नहीं होता, बल्कि वह चिरस्थायी होनेका अधिकार रखता था। हर युगकी तरह उस समय भी साधारण जनताकी रुचिको पूर्ण करनेके लिए कविताएँ बनती थीं। मगर उनके चिरस्थायी होनेके मार्गमें बहुत सी बाधाएँ थीं। यद्यपि स्वयंभू और पुष्पदन्त जैसे कवि अत्यन्त असाधारण कवि थे, मगर उनके लिए सामन्ती दर्बारोंमें वह भी सुभीता नहीं था, जो कि किसी थर्ड-क्लास संस्कृतके विद्वानका होता था। पुष्पदन्तने तो इसीलिए बल्कि झुँझलाकर कह भी दिया कि जिस वक्त प्रभुवर्गकी यह हालत है, उस वक्त हमारे जैसोंके लिए जंगलमें गुमनाम मारे-मारे फिरते रहना ही अच्छा है। इसीलिए पुष्पदन्तने सामन्तोंके चमर और अभिषेक जलको सज्जनताको धो-बहानेवाला ठहराया। उत्तर-कुरु वैसे भी एक वर्गहीन सुजल, सुफल, सुखी देशके तौरपर प्रसिद्ध था, मगर पुष्पदन्तके पहिले हीसे कवि लोग उसे भूल गए थे। पुष्पदन्तने "न दास न कोउ राज" "मानव दिव्य", "अगर्व सुभव्य, समार्न्हि सर्व" कहकर "अहो कुरु-भूमि निशंसय स्वर्ग" कहा, इससे भी जान पड़ता है कि देशभाषाके प्रतिभाशाली कवियोंको कितनी प्रतिकूल स्थितिमें रहना पड़ता था। स्वयंभू जैसे महान् कविको भी किसी बड़े दर्बारमें स्थान न पा एक गुमनामसे अधिकारी धनंजय, रयडाके आश्रयमें रहकर जिन्दगी गुजार देना भी उसी बातको पुष्ट करता है। अभी चक्रवर्ती लोग संस्कृत और थोड़ा-बहुत प्राकृत—जो कि अब मृत-भाषा बन चुकी थी—पर ही ज्यादा निगाह रखते थे। शायद वह समझते थे, कि देशी-भाषामें गुथी उनकी कीर्त्ति-माला चन्द ही दिनोंमें कुम्हला जाएगी, अमर कीर्त्ति तो संस्कृत काव्यों द्वारा ही मिल सकती है, इसीलिए उन्हें अपभ्रंश कवियोंकी ओर ज्यादा ध्यान देनेकी जरूरत नहीं थी।

सिद्धोंके लिए इस बारेमें कोई दिक्कत नहीं थी। उन्हें किसी दर्बारके

आश्रयकी उतनी जरूरत नही थी, जितनी कि दर्बारको। जल्द भुला देनेवाली उनकी मीठी गोलियोंका जनतापर बहुत प्रभाव था—विचित्र जीवनके कारण दिव्य चमत्कारके कारण, अथवा ज्ञान-विज्ञानके कारण कह लीजिए; राजा सिद्धोकी पूजा-अर्चामे सबसे आगे रहना चाहते थे। शान्ति पा या रत्नाकर शान्तिको गौड़ नरेश उसी तरह आँखोपर रखनेके लिए तैयार थे, जैसे मालव-दर्बार या सिंहलेश्वर।

(१) **सिद्धोंकी कविता**—शायद कविताके रूढि-बद्ध सकीर्ण लक्षणको लेने-पर कबीरकी तरह सिद्धोकी कविता भी कविता न गिनी जाए या कमसे कम अच्छी कविता न समझी जाए; लेकिन लाखो नर-नारियोको उनमे रस, एक तरह-की आत्म-तृप्ति मिलती थी और आज भी उस तरहकी मनोवृत्ति रखनेवाले कितने ही पाठकोंको वह उतनी ही रुचिकर मालूम होती है; इसलिए उन्हे कविता मानना ही पडेगा। यह ठीक है, उनकी भाषा सीधी-सादी है समझनेमे बहुत सुगम है, लेकिन यह कविताका कोई दोष नही। साथ ही यह भी याद रखना चाहिए, कि सिद्धोकी सीधी-सादी भाषाको भी लोगोने खीचातानी करके दृष्टकूट बना उनकी भाषाको "सन्ध्या-भाषा" बना डाला, और फिर तो वह उतनी ही दुर्बोध और क्लिष्ट हो गयी, जितनी कि श्रीहर्षका "नैषध" या माघका "शिशुपाल-वध"।

हम बतला चुके है, आदिम सिद्ध किस तरह कृत्रिम बहु-निर्बन्ध-पूर्ण जीवनको सहज-जीवनका रूप देना चाहते थे और इसके लिए समाजके चौधरियोकी कितनी ही रूढियोंको वह तोड-फेंकना चाहते थे। उनका उद्देश्य कभी नही था कि लोग सहज-जीवन बितानेके लिए अँधेरी कोठरियो और "गुह्य-समाजो"का आश्रय ले। वह इस बातमे सफल नही हुए और उनका सहज-यान भी सामन्त-समाजका एक दूसरा कोढ बनकर रह गया। उनके आशावादको भी आगे बढनेका अवसर नही मिला। हाँ, अलख-निरजनका जो राग उन्होने गाया, वह चिरकालके लिए अपना असर छोड गया। यद्यपि सिद्धोके अलख-निरजनसे राम-रहीम या ईश्वर-परमेश्वरसे कोई सबध नही था। वह तो पडितों और रूढिवादियोके शास्त्र, वेद, पोथी-पत्रेमे न जाने जा सकनेवाले—अ-लख, विशुद्ध सत्य—को बतलाता

था, जो कि वस्तुत. बौद्धोके निर्वाणका ही विशेषण है। लेकिन पीछेके चेलो—कबीर नानकसे लेकर राधास्वामी दयाल तक—ने उसका और ही अर्थ लगाकर लोगोको मुक्तिकी ओर नही दिमागी गुलामीकी ओर ढकेला।

सिद्ध पुरानी रुढियो, पुराने पाखण्डोके बहुत विरोधी थे। आदिम सिद्धोने तो सरहकी तरह अपने बडे सम्मान और सुखी जीवनकी भी पर्वाह नही की। सरह किसी वक्त नालन्दाके एक बडे प्रतिष्ठित पडित थे। मगर जब उन्हे वहाँका जीवन दमघोटू लगने लगा, तो उन्होने सब कुछको लात मारा, भिक्षुओंका बाना छोडा, अपनी (ब्राह्मण) नही किसी दूसरी छोटी जातिकी तरुणीको लेकर खुल्लमखुल्ला सहजयानका रास्ता पकडा। सरहने सिर्फ दूसरे ही पन्थोंके पाखण्डोका खण्डन नही किया, बल्कि बौद्धोको भी नही छोडा। इस बातका अनुकरण पीछेके सन्तोंमे भी पाया जाता है, लेकिन अपने पन्थ और मतको बचाकर। यद्यपि ये पुराने सिद्ध किसी पाखण्डको फैलाना नही चाहते थे, लेकिन पीछे उन्हीके नामपर कितने ही मत्र-तत्र और पाखण्ड चल पडे। सिद्धोने सुख-दुख और दुनियाकी सभी समस्याओंको केवल व्यक्तिके रूपमे देखा। उन्हे ख्यालमे भी नही आया, कि समाजकी बुराइयोको सामाजिक रूपसे ही दूर करने-पर सफलता मिल सकती है। लेकिन जैसा कि हमने पहिले लिखा है, सिद्धोको निराशावाद छू नही गया था। वह निराशावाद, योग-वैराग्यसे लोगोका पिण्ड छुडाना चाहते थे और उन्होने मरनेके पीछे मिलनेवाले निर्वाणके पीछे भागने-वाले लोगोकेलिए इसी ससारमे स्वाभाविक भोगमय जीवन बितानेका आदर्श उपस्थित किया। सिद्धोने आत्मावलबनको यद्यपि पसन्द किया, मगर साथ ही गुरुकी महिमाको उन्होने इतना बढाया, कि पीछे वही अन्धेरगरदीका एक भारी साधन बन गया। सिद्धोके बाद जैन रहस्यवादी कवि, कबीर, दादू, राधास्वामी सबने गुरुकी अनन्य भक्तिका राग अलापा।

सिद्धोकी कवितामे अधिकतर सहजयान और रहस्यवाद ही मिलता है। जिनकी सामन्त-समाजको कभी-कभी जरूरत पडती थी, उनको आवश्यकता ऐसे काव्योकी थी, जिनमे शृगार और वीररसका जोर हो।

(२) **शृंगार और वीररस**—उस समयके सामन्त-जीवनका उद्देश्य था

चाहे जैसे भी हो दुनियाका आनन्द खूब डट करके लेना। ऐसा कहनेसे आचारके नियमोंके विरुद्ध जानेकी जरूरत नही है; क्योंकि पुरोहित और महन्त अपने मालिकोंकी रुचिके अनुसार हर वक़्त नये धर्मशास्त्र और नये आचार-नियम बनानेके लिए तैयार थे। हाँ, भोग निष्कटक नही हो सकता था। हर वक़्त एक सामन्तको दूसरे सामन्तसे ही खतरा नही था, बल्कि खुद अपने भाई-बहिनोंसे भय लगा रहता था। यदि ज़रा भी चूके, कि भोग और जान दोनोंसे हाथ धोना पडा। इसीलिए सामन्तोंको भोगके लिए पूरी क़ीमत अदा करनेको तैयार रहना पडता था। स्वयभू और पुष्पदन्तने सामन्त-जीवनके इन दोनों पहलुओं—भोग भोगना और मृत्युको तृणवत् समझना—का सुन्दर चित्रण किया है, इतना सुन्दर चित्रण पीछेके काव्योंमे हमें नही मिलता। सामन्तको मृत्युकी कोई पर्वाह नहीं थी, न मृत्युके बादकी। विजय हुई तो उसके चरणोंमे सारे भोग पड़े है। हाँ, यदि कभी पराजयका मुँह देखना पडा, तब या तो सरहपाके पास जाना पडता या किसी अपने कविसे निराशावादकी बात सुन सन्तोष करना पडता। स्वयभू और पुष्पदन्तने पराजित सामन्तोंके लिए काफ़ी सन्देश छोडे है।

हेमचन्द्रके सगृहीत एक पदमें "बापकी भूमडी" (पितृ-भूमि)के लिए सर्वस्व-उत्सर्ग करनेकी जो भावना दर्शायी गई है, उसे देखकर हमारे कितने ही पाठक शायद उछल पडे। लेकिन यह बापकी भूमड़ी साधारण जनताके ख्यालसे नहीं कही गई। यह सामन्तोकी अपने हाथसे निकल गई बापकी भूमडी—निरकुश राज—को फिरसे लौटानेके लिए आदेश है। अस्सी फीसदी जनता और भविष्यकी सारी पीढियोंके सुख और स्वार्थका वहाँ कोई ख्याल नही था।

तब और पीछेके भी कवि सन्देश देते है—काया नरक, संसार तुच्छ, कोई किसीका नही। यह कोई उच्च भावनाका परिचायक नही है। चूंकि उनके जीवनके कुछ महीने या कुछ बरस दुखमे कटे और जिस दुखका कारण भी बहुत कुछ समाजकी विषमनीति है, जिसे कि हटानेसे बहुतसे दुखोंके कारण खतम हो सकते है। लेकिन कविने अपने उस थोड़े समयके दुखको इतना बडा करके देखा कि उसे आनेवाली हज़ारों पीढ़ीके सुख-दुखका कुछ भी ख्याल

नही आया। एक जीवनके सुख-दुखसे आनेवाली अगनित पीढ़ियोंका सुख-दुख परिमाणमे कही अधिक है, लेकिन जो उसका न ख्यालकर सिर्फ अपने हीको सब कुछ समझ लेता है, क्या यह उसकी अत्यन्त निम्न कोटिकी स्वार्थान्धता नहीं है ? हमारे कवियोने व्यक्तिके सामाजिक कर्त्तव्यकी ओर ध्यान नही दिया। उसका कारण था, वही सामन्त-समाज, जिसके हाथमे सारे समाजकी नकेल थी और जो व्यक्तिगत आनन्दको ही सर्वोपरि चीज समझता था। हमारे आजके भी कवि जब ऐसी गलती कर बैठते है, तो इन पुराने कवियोको दोष देनेकी क्या जरूरत। वस्तुत कवियोने अत्यन्त सदिग्ध परलोकवाद और वैयक्तिक निराशावादपर जितना जोर दिया, उससे ज्यादा उन्हे चाहिए था, अपनी आगेवाली पीढियोके मुँहकी ओर देखना—जो पीढियाँ कि सदिग्ध और काल्पनिक नही बिल्कुल वास्तविक है, यह बात खुद उन्हे अपना अस्तित्व बतला देता। केवल अपने लिए अनन्तजीवनकी मिथ्या आशाकी वेदीपर उन्होने आनेवाली पीढ़ियोके वास्तविक अनन्त-जीवनकी बलि चढा देनेमे जरा भी आनाकानी नही की।

(३) **कुछ कवियोंका मूल्यांकन**—(क) **स्वयंभू**—हमारे इसी युगमे नही हिन्दी-कविताके पाँचो युगो (१—सिद्ध-सामन्त-युग, २—सूफी-युग, ३—भक्त-युग, ४—दर्बारी-युग, ५—नवजागरण-युग)के जितने कवियोको हमने यहाँ सग्रहीत किया है, उनमे यह निस्सकोच कहा जा सकता है, कि स्वयभू सबसे बडा कवि था। वस्तुत वह भारतके एक दर्जन अमर कवियोमेसे एक था। आश्चर्य और क्रोध दोनो होता है कि लोगोने कैसे ऐसे महान् कविको भुला देना चाहा। स्वयभूके रामायण और महाभारत (या कृष्ण-चरित्र) दोनो ही विशाल-काव्य है। उनके विशाल आकारको देखकर सन्देह हो सकता है कि कविने कितनी जगह काव्य-शरीरको जैसे-कैसे भी फुलानेकी कोशिश की होगी, मगर ऐसा प्रयत्न सिर्फ वही देखनेमे आता है, जहाँ अपने सहधर्मियोंकी जबर्दस्तीके कारण वह जैन-धर्मकी कितनी ही नीरस रूढ़ियोको बखाननेके लिए मजबूर होता है—ठीक वैसे ही जैसे कुशल चित्रकार और मूर्तिकार तीर्थंकरोकी मूर्त्ति बनानेमे बेगार टालने लगते। हम समझते

है कि ऐसे बेगारवाले अंश कविके कविता-कलेवरके अभिन्न अंग नहीं हैं। उनके हटा देनेसे न कथानककी शृंखला ही टूटती है और न रसधारा ही।

यद्यपि स्वयंभू बाणसे "घनघनऊ" या समास उधार लेनेकी बात कहता है, लेकिन हर्षचरित और कादंबरीके विकट समासोंका स्वयंभूमें पता नहीं लगता। स्वयंभूकी भाषाका प्रवाह बिल्कुल स्वाभाविक है। उसने खामख्वाह दुरूहता लानेकी कहीं कोशिश नहीं की। पद्य-स्वर बड़े ही कर्णप्रिय हैं। शब्द बिल्कुल नपे-तुले हैं, और रस-परिपाक तो बराबर ऊपर और और ऊपर उठता जाता है। उसका कवि-कौशल कितना श्रेष्ठ है, यह इसीसे मालूम होगा कि मैंने रामायणसे शृंगार, वीर, वीभत्स, आदिके उदाहरणोंको जब जमा किया, तो ग्रन्थके कलेवरके बढ़ जानेके भयसे उनमेंसे एक ही एकको देना चाहा, मगर फिरसे पढ़नेपर मालूम हुआ, कि स्वयंभूके वर्णनमें हर जगह नवीनता है, इस-लिए एकसे अधिक उद्धरण देनेके लिए मजबूर होना पड़ा।

स्वयंभूने प्रकृतिका बहुत गहरा अध्ययन किया है, यह हमारे दिये हुए उद्धरणोंसे मालूम होगा। समुद्र और कितने ही अन्य स्थलों, प्राकृतिक दृश्यों-का वर्णन करनेमें वह अद्वितीय है। और सामन्त समाजके वर्णनमें उसकी किसीसे तुलना नहीं की जा सकती। किसी एक सुन्दरीके सौन्दर्यको जितना अच्छी तरह उसने चित्रित किया है, वह तो किया ही है, लेकिन सुन्दरियोंके सामूहिक सौंदर्यका वर्णन करनेमें उसने कमाल कर दिया है। चित्रकारकी भाँति कविके सामने भी कोई साकार नमूना रहना चाहिए। स्वयंभूने राष्ट्रकूटोंके रनिवास और उनके आमोद-प्रमोदको नजदीकसे देखा था। वहाँ परदा बिल्कुल नहीं था, इसलिए और सुविधा थी। उसी सौन्दर्यको उसने रावण और अयोध्या-के रनिवासोंके सौन्दर्यके रूपमें चित्रित किया है।

विलाप-चित्रणमें भी उसने बड़ी सफलता प्राप्त की है। रावणके मरने-पर मन्दोदरी और विभीषणके विलाप सिर्फ पाठकके नेत्रोंको ही सिक्त नहीं कर देते, बल्कि उसका मन मन्दोदरी और विभीषण तथा मृत रावणके गम्भीर और उदात्त भावोंकी दाद देता है।

सामन्ती युगमें स्त्रियोंका अधिकार ही क्या हो सकता है? तो भी सिद्ध-

युग, तथा बादकी शताब्दियोकी अपेक्षा उनकी अवस्था कुछ बेहतर जरूर थी। स्वयभूने सीताका जो रूप रावणको जवाब देते और अग्नि-परीक्षाके समय चित्रित किया है, पीछे उसका कही पता नही लगता।

मालूम होता है, तुलसी बाबाने स्वयभू-रामायणको जरूर देखा होगा, फिर आश्चर्य है कि उन्होने स्वयभूकी सीताकी एकाध किरण भी अपनी सीतामे क्यों नहीं डाल दिया। तुलसी बाबाने स्वयभू-रामायणको देखा था, मेरी इस बातपर आपत्ति हो सकती है, लेकिन मै समझता हूँ कि तुलसी बाबाने "क्वचिदन्यतोपि"से स्वयभू-रामायणकी ओर ही सकेत किया है। आखिर नाना पुराण निगम आगम और रामायणके बाद ब्राह्मणोका कौनसा ग्रन्थ बाकी रह जाता है, जिसमे रामकी कथा आई है। "क्वचिदन्यतोपि"से तुलसी बाबाका मतलब है, ब्राह्मणोके साहित्यसे बाहर "कही अन्यत्रसे भी" और अन्यत्र इस जैन ग्रन्थमे रामकथा बड़े सुन्दर रूपमे मौजूद है। जिस सोरों या शूकरक्षेत्रमे गोस्वामी जीने रामकी कथा सुनी, उसी सोरोमे जैन-घरोमे स्वयभू रामायण पढ़ा जाता था। राम-भक्त रामानन्दी साधु रामके पीछे जिस प्रकार पड़े थे, उससे यह बिल्कुल सम्भव है कि उन्हे जैनोके यहाँ इस रामायणका पता लग गया हो। यह यद्यपि गोस्वामी जीसे आठ सौ बरस पहले बना था किन्तु तद्भव शब्दोके प्राचुर्य तथा लेखको-वाचकोके जब-तबके शब्द-सुधारके कारण अभी आसानीसे समझमे आ सकता था। जो उद्धरण हमने यहाँ दिये है, उनमेसे कितनोंका प्रभाव रामचरितमानसके कई स्थलोंपर दिखलाई पडेगा। इसका यह हरगिज मतलब नही, कि गोसाईंजीने भाव वहाँसे चुराया, या उनकी प्रतिभा सिर्फ नकल करनेकी थी; गोस्वामी जीकी काव्य-प्रतिभा स्वत महान् है। उसे पहलेकी प्रतिभाओका वैसे ही सहारा मिला होगा, जैसे हरेक बालकको अपने पूर्वजोंकी कृतियोकी सहायतासे अपने ज्ञानका विस्तार करना पड़ता है।

(ख) **पुष्पदन्त**—पुष्पदन्तका नम्बर स्वयभूके बाद आता है, किन्तु इस युगके बाकी कवियोमे उसका स्थान बहुत ऊँचा है। पुष्पदन्तकी उपाधियोमे अभिमान-मेरु बिल्कुल यथार्थ मालूम होता है। मंत्री भरतको इस फक्कड़

कविकी बहुत नाजबरदारी करनी पड़ी होगी। अमीरोंके लिए तो उसने पहले ही कह दिया था "चमरानिलही उडेउ गुणाइँ"। "अभिषेक बोँयउ-सुज-नत्तननाय।" कृष्णराजके दर्बारमे पुष्पदन्त कभी अपने मनसे गया होगा, इसमें सन्देह ही मालूम होता है। पुष्पदन्तने विरहका वर्णन बडा सुन्दर किया है और गरीबीका भी। अमीरोंके विलासको छोडकर तो वह महाकाव्यको लिख ही नही सकता था, इसलिए वह तो जरूरी ही था; मगर सामन्तोंकी सक्षिप्त किन्तु अतिकठोर आलोचना की है कुछ ही शताब्दियो पहले अपनी प्रजातंत्रीय स्वतंत्रतासे वचित मगर अब भी जब-तब लडती रहनेवाली यौधेयकी भूमिका इतना आकर्षक वर्णन और अन्तमे उत्तर-कुरुकी धनी-गरीब-रहित दास-राजा-शून्य दिव्य-मानववाली भूमिकी भारी तारीफ बतलाती है कि पुष्पदन्तका व्यक्तित्व किसी दूसरी ही तरहका था, जिसके लिए उस कालकी परिस्थिति अनुकूल नही थी।

(ग) **दो कलिकाल-सर्वज्ञ**—हमारे इस युगमे दो "कलिकाल-सर्वज्ञ" भी है। सिद्ध शान्तिपा या रत्नाकरशान्ति (१००० ई०) भारतके शायद सर्व-प्रथम "कलिकाल-सर्वज्ञ" थे। गौड नृपतिके राजगुरु और विक्रमशिलाके प्रधान होनेसे भी मालूम हो सकता है, कि वह अपने समयके असाधारण पण्डित थे। शान्तिपाके कुछ दर्शन और एक छन्द शास्त्र "छन्दो-रत्नाकर" ग्रन्थ अब भी बच रहे हैं। दूसरे कलिकाल-सर्वज्ञ हैं आचार्य हेमचन्द्रसूरि (१०८८-११७९)। इनके सस्कृत-प्राकृत ग्रन्थ बहुत प्रसिद्ध है। अपनी मातृभाषामे उन्होंने कोई स्वतत्र काव्य रचा था, इसकी कम सम्भावना है। लेकिन अपने व्याकरण 'छन्दोनुशासन' और "देशी-नाममाला" (कोष) द्वारा जो सेवा उन्होंने हमारी भाषाकी की है, वह स्मरणीय है। अपने व्याकरण और छन्दोनुशासनमे उदाहरणके तौरपर उन्होने अपभ्रशके बडे सुन्दर-सुन्दर सैकडों पद्य उद्धृत किये है, जिससे मालूम होता है कि वह इस भाषाको लम्बी नाकवाले पडितोंकी तरह उपेक्षणीय नही समझते थे।

(घ) **कवि अब्दुर्रहमान**—अब्दुर्रहमान हिन्दीका प्रथम मुस्लिम कवि है। (उसकी) भाषा और कलासे मालूम होता है कि कविकी वाणी खूब मंजी

हुई है। मधुर शब्दोके चुनाव तथा सरल और प्रवाहयुक्त भाषा लिखनेमे अब्दुर्रहमानने बडी सफलता प्राप्त की है। अफसोस है कि इतने सुन्दर कवि-की इतनी कम कविता हमे प्राप्त है। वह भी लुप्त हो गई होती, अगर किसी जैन-पुस्तक-भंडारने रक्षा न की होती। मगलाचरणकी कुछ पक्तियोंको छोड-कर इसकी कवितामे धर्म कही छू नही गया। कविके वास्तविक कालके बारे-में हमे कुछ नही मालूम, लेकिन जान पडता है कविकी जन्म-भूमि मुलतानके महमूदके हाथमे जानेसे पहले अब्दुर्रहमान मौजूद थे।

(४) कवियोंकी अमर कीर्त्ति

कवियोने ससार तुच्छ, कोई किसीका नही, काया नरक आदि बातोका प्रचार करके सामन्तोका ही हित किया, साधारण जनता और आगे आनेवाली पीढीका तो इससे घोर अहित हुआ। उन्होने उत्पीडित प्रजाका पक्ष लेना तो दूर, उनके कष्टों तथा कारणोके चित्रण करनेका भी प्रयास नही किया—इत्यादि-इत्यादि कितने ही दोष उनके ऊपर लगाए जा सकते है; लेकिन इसकी जिम्मेवारी बहुत कुछ तत्कालीन परिस्थिति और समाजपर है, इस बातका अपने पुराने महान् कवियोके सबधमे कोई फैसला देते वक्त हमे हमेशा ख्याल रखना होगा। सबसे बडी बात यह है, कि दोष भी तभी तक लोग देखेंगे, जब तक हमारी दुनिया नई नही बनती, इसकी सारी गदगियाँ दूर नही हो जाती। एक बार जहाँ हमारे समाजका कलेवर बदला, कि कवियोकी महिमा सिर्फ उनके कवित्वके कारण होगी। रामके हाथो मुक्ति पानेवालोका जब हमारे देशमे नाम भी नही रह जाएगा, तब भी तुलसीकी कद्र होगी। स्वयभूके धर्म (जैन)का अस्तित्व भी न रहनेपर स्वयभू नास्तिक भारतका महान् कवि रहेगा। उसकी वाणीमे हमेशा यह शक्ति बनी रहेगी कि कहीं अपने पाठकोको हर्षोत्फुल्ल कर दे, कही शरीरको रोमाचित बना दे और कही आँखोको भीगनेके लिए मजबूर कर दे। सनातन-तुलामे नापनेपर हमारे कवियोका सम्मान शताब्दियोके बीतनेके साथ अधिक और अधिक बढता जाएगा। जिस वक्त शत-प्रतिशत जनता शिक्षित और सस्कृत होगी, जिस वक्त कलाकी निष्पक्ष परखका मान

और ऊँचा होगा, उस वक्त हमारे कवियोंका कीर्ति-कलेवर, उनका आसन और ऊँचा होगा।

कालने बड़ी बेदर्दीसे हमारे पुराने कवियोकी छँटाई की है। जाने कितने उच्च काव्योसे आज हम वचित है। लेकिन इस छँटाईके बाद जो कुछ हमारे पास बचकर चला आया है, उसकी कद्र और रक्षा करना हमारा कर्त्तव्य है। ऐसा करके ही हम अपने पूर्वजोंका उत्तराधिकारी होनेका दावा कर सकते है।

हम चाहते है कि आदिसे लेकर आज तकके सभी महान् कवियोंकी कृतियोको पाठकोंके सामने इस तरह रखा जाए, जिसमे वह काव्य-रसका अच्छी तरह आस्वादन कर सके, कवियोंके मुखसे तत्कालीन समाजकी आप-बीती जान सके और कवि-परपराने किस तरह आनेवाली पीढियोको प्रेरणा और सहायता दी, इसे भी अच्छी तरह समझ सके। हमारे सग्रहका पाँच युगोंवाला वर्त्तमान प्रयास सिर्फ बीचवाला भाग है जो चार खडोंमे समाप्त होगा। बीसवी सदीके कवियोका सग्रह पाँचवाँ खण्ड होगा और वेदसे लेकर पीछे तकके सस्कृत-पाली-प्राकृत कवियोका सूक्ति-सग्रह एक अलग खण्ड। उस खण्डमे छायासे काम नही चलेगा और मूल-भाषाका देना भी बेकार होगा, लेकिन हम चाहेगे कि अनुवाद पद्य-बद्ध हों और जहाँ तक हो सके उन्ही छन्दोमे; लेकिन यह काम कवि ही कर सकते है। यदि ऐसे कवि उसे अपने हाथमे लेना चाहेगे, तो हम सहर्ष उनकी यथायोग्य सहायता करेगे।

प्रयाग
१४-८-४४

राहुल सांकृत्यायन

विषय-सूची

[१]

१—सिद्ध-सामन्त-युग

(७६०—१३०० ई०)

हिन्दी काव्य-धारा

१. सिद्ध-सामन्त-युग

१. आठवीं सदी

§ १. सरहपा

काल—७६० ई० (गोपाल-धर्मपाल ७५०-७०-८०६ ई०)। देश—मगध (नालंदा)। कुल—ब्राह्मण, भिक्षु, सिद्ध (६)। कृतियाँ[1]—कायकोष-अमृत-वज्रगीति, चित्तकोष-अज-वज्रगीति, डाकिनी-गुह्य-वज्रगीति, दोहाकोष-

१–दोहा[2]

(१) रहस्यवाद

अलिओ ! धम्म-महासुह पइसइ। लवणो जिमि पाणीहि विलिज्जइ ॥२॥
मन्तह मन्ते सन्ति ण होइ। पडिलभित्ति की उट्ठिउ होइ ॥६॥
तरुफल-दरिसण णउ अग्घाइ। वेज्ज देक्खि की रोग पलाइ ॥७॥

जाव ण आप जणिज्जइ, ताव ण सिस्स करेइ।
अन्धाँ अन्ध कढाव तिम, वेण्ण 'वि कूव पडेइ ॥८॥ —दोहाकोष[2]

सङ्कु-पास तोडहु गुरु-वअणें। ण सुनइ सो णउ दीसइ णअणें ॥३॥
पवण वहन्ते णउ सो हल्लइ। जलण जलन्ते णउ सो डज्झइ ॥४॥
घण वरिसन्ते णउ सो तिम्मइ। ण उबज्जहि णउ खअहि पइस्सइ ॥५॥

णउ तं बाअहि गुरु कहइ, णउ त बुज्झइ सीस।
सहजामिअ-रसु सअल जगु, कासु कहिज्जइ कीस ॥६॥
सअ-सवित्ती तत्तफलु, सरहापाअ भणन्ति।
जो मण-गोअर पाविअइ, सो परमत्थ ण होन्ति ॥१०॥

—सरहपादीय दोहा ७, ८

---

[1] देखो मेरी "पुरातत्त्व-निबंधावलि" पृ० १६६ [2] The Journal of the

हिन्दी काव्य-धारा

१. सिद्ध-सामन्त-युग (७६०-१३०० ई०)

१. आठवीं सदी

§ १. सरहपा

उपदेशगीति, दोहाकोष, तत्त्वोपदेश-शिखर-दोहाकोष, भावनाफल-दृष्टिचर्या-दोहाकोष, वसन्ततिलक-दोहाकोष, चर्यागीति-दोहाकोष, महामुद्रोपदेश-दोहाकोष, सरहपाद-गीतिका।

१—दोहा

(१) रहस्यवाद

अलिओ ! धर्ममहासुख प्रविशइ। नोन जिमी पानिही विलिज्जइ ॥२॥
मन्त्रहिं मन्त्रे शान्ति न होइ। प्रतिलब्वी का उत्थित होइ ॥६॥
तरुफल-दर्शन नाहि अघाइ। वैद्यहिं देखि कि रोग पराइ ॥७॥

जबलों आप न जानिये, तबलों सिख न करेइ।
अन्धा काढे अन्ध तिमि, दोउहिं कूप पडेइ ॥८॥ —दोहाकोष

शक-पाश तोड़हु गुरु-वचने। न सुनइ सो नहिं दीसइ नयने ॥३॥
पवन बहन्ते ना सो हिल्लइ। ज्वलन जलन्ते ना सो डहियइ ॥४॥
घन बरसन्ते ना सो भीजइ। न उपजै न क्षयहिं पईसइ ॥५॥

ना सो वाचहिं गुरु कहइ, ना सो बूझइ शिष्य।
सहजामृत-रस सकल जग, कासु कहीजै कस्य ॥६॥
स्वक-संवित्ती तत्त्व-फल, सरहापाद भनन्ति।
जो मन-गोचर पाइअइ, सो परमार्थ न होन्ति ॥१०॥

—दोहा ७,८

---

(२) पाखंड-खंडन

बम्हणहि म जाणन्त हि भेउ। एँवइ पढिअउ ए चउबेउ ॥१॥
मट्टि पाणि कुस लई पढन्त। घरहीँ बइसी अग्गि हुणन्त ॥
कज्जे विरहइ हुअवह होमेँ। अक्खि डहाविअ कड़ुएँ धूयेँ ॥२॥
एँकदण्डि त्रिदण्डी भअवाँ वेसेँ। विणुआ होँइअइ हंस-उएसेँ।
मिच्छेहिँ जग वाहिअ भुल्लेँ। धम्माधम्म ण जाणिअ तुल्लेँ ॥३॥
अइरिएहिँ उद्दूलिअ छारेँ। सीस सु वाहिअ ए जडभारेँ ॥
घरही वइसी दीवा जाली। कोणहिँ वइसी घण्डा चाली ॥४॥
अक्खि णिवेसी आसण बन्धी। कण्णेहिँ खुसखुसाइ जण धन्धी ॥
रण्डी-मुण्डी अण्ण 'वि वेसेँ। दिक्खिज्जइ दक्खिण-उद्देसेँ ॥५॥
दीहणक्ख जइ मलिणे वेसेँ। णग्गल होइ उपाडिअ केसेँ ॥
खवणेहि जाण-विडंविअ वेसेँ। अप्पण वाहिअ मोक्ख-उवेसे ॥६॥

जइ णग्गाविअ होइ मुत्ति, ता सुणह सिआलह।
लोम उपाडण अत्थि सिद्धि, ता जुवइ-णिअम्बह ॥७॥

पिच्छी गहणे दिट्ठ मोक्ख, ता मोरह चमरह।
उञ्छ-भोअणेँ होइ जाण, ता करिह तुरङ्गह ॥८॥

सरह भणइ खवणाण मोक्ख, मह किम्पि न भावइ।
तत्त-रहिअ काआ ण ताव पर केवल साहइ ॥९॥

चेल्लु भिक्खु जे थविर उदेसेँ। बन्देहिँ आ पव्वज्जिउ-वेसेँ ॥
कोइ सुतण्त वक्खाण बइट्ठो। कोवि चिण्ते कर सोसइ डिट्ठो ॥१०॥

(३) मंत्र-देवता बेकार

जो जसु जेण होइ सन्तुट्ठो। मोक्ख कि लब्भइ झाण पविट्ठो ॥
किन्तह दीवेँ किँ तह णेवेज्जेँ। किन्तह किज्जइ मंतह सेब्बे ॥१४॥

(२) पाखंड-खंडन

ब्राह्मणहिँ ना जानन्ता भेद । यो ही पढेँउ ये चारो वेद ॥१॥

माटि पानि कुश लिये पढन्त । घरही बइठी अग्नि होँमन्त ॥
कार्य विना ही हुतवह होमें । आँखि डहावे कडुये धूयें ॥२॥

ऍकदण्डि त्रिदण्डी भगवा वेसे । ना होइहि विनु हंस-उपदेशे ॥
मिथ्यहि जग बाहेऊ भूले । धर्म-अधर्म न जानेँउ तुल्यें ॥३॥

आचरियेहिँ लपेटी छारा । सीसहिं ढोअत ये जट-भारा ॥
घरहीं वइसे दीपक बारी । कोनहि वइसे घंटा चाली ॥४॥

आँखि निवेशी आसन बाँधा । कर्णे खुसखुसाय जन मन्दा ॥
रंडी-मुंडी अन्यहुं भेसें । देखीयत दच्छिना-उदेसे ॥५॥

दीर्घनखा जो मलिने भेसे । नंगा होइ उपाडिय केशे ॥
क्षपणक ज्ञान-विडंबित भेसे । अपना बाहर मोक्ष गवेषे ॥६॥

यदि नगाये होइ मुक्ति, तो शुनक-शृगालहुँ ।
लोम उपाटे होइ सिद्धि, तो युवति-नितम्बहुँ ॥७॥

पिच्छि गहे देखेँउ जोँ मोक्ष, तो मोरहु चमरहुँ ।
उञ्छ-भोजने होइ ज्ञान, तो करिहु तुरंगहुँ ॥८॥

सरह भनै क्षपणकी मोक्ष, मोहिं तनिक न भावइ ।
तत्त्व-रहित काया न ताप, पर केवल साधइ ॥९॥

चेला भिक्षु जें स्थविर-उदेसे । वन्दहि आ प्रव्रजिता-वेसें ।
कोँइ स्वतंत्र व्याख्यानें बईठो । कोँइ चिन्ता करि शोषइ दीठो ॥१०॥

(३) मंत्र-देवता बेकार

जो जाँसु जेन होइ सन्तुष्टो । मोक्ष कि लभियइ ध्यान-प्रविष्टो ॥
की तेहिँ दीपेहिँ की नैवेद्ये । की हि कीजियइ मन्त्रहँ सेवे ॥१४॥

किन्तह तित्थ तपोवण जाई । मोक्ख कि लब्भइ पाणी न्हाई ॥१५॥
छाड़हुरे आलीका बन्धा । सो मुचहु जो अच्छहु धन्धा ॥
तसु परिआणे अण्ण ण कोई । अवरें गणे सव्व'वी सोई ॥१६॥
सोवि पढ़िज्जइ सोवि गुणिज्जइ । सत्थ-पुराणे वक्खाणिज्जइ ॥
णहि सो दिट्ठि जो ताउ ण लक्खइ । एक्के वर गुरु-पाओ पेक्खइ ॥१७॥
झाण-हीण पब्बज्जे रहिअउ । घरहि वसन्ते भज्जे सहिअउ ।
जइ भिँडि विसअ रमन्त ण मुच्चइ । सरह भणइ परिआण कि मुच्चइ ॥१६॥
जइ पच्चक्ख कि झाणे कीअअ । जइ परोक्ख अधार म धीअअ ॥
सरहें णित्ते कड्ढिउ राव । सहज सहाव ण भावाभाव ॥२०॥

(४) सहज-मार्ग

जल्लइ मरइ उवज्जइ बज्झइ । तल्लइ परममहासुह सिज्झइ ॥
सरहे गहण गुहिर मग कहिआ । पसू-लोअ निव्वहि जिम रहिआ ॥२१॥
झाण-रहिअ की कीअइ झाणें । जो अवाअ तहि काह वखाणे ॥
भव मुद्दे सअलहि जग बाहिउ । णिअ सहाव णउ केण' वि साहिउ ॥२२॥
मन्त ण तन्त ण धेअ ण धारण । सव्व' वि रे बढ़ ! बिब्भम-कारण ॥
असमल चित्त म झाणे खरडह । सुह अच्छन्त म अप्पणु झगडह ॥२३॥

(५) भोगमें निर्वाण

खाअन्त पिअन्ते सुहहि रमन्ते । णित्त पुण्णु चक्का'वि भरन्ते ॥
अइस धँम्म सिज्झइ परलोअह । णाह पाए दलीउ भअलोअह ॥२४॥

जहि मण पवण ण सचरइ, रवि ससि णाह पवेस ।
तहि बढ़ ! ! चित्त विसाम करु, सरहें कहिअ उएस ॥२५॥
आइ ण अन्त ण मज्झ णउ, णउ भव णउ णिब्बाण ।
एँहु सो परममहासुह, णउ पर णउ अप्पाण ॥२७॥

सअ-संवित्ति म करहु रें धन्धा । भावाभाव सुगति रे बन्धा ॥
णिअ मण मुणहुरें णिउणे जोई । जिम जल जलहि मिलन्ते सोई ॥३२॥

की तेहिं तीर्थं तपोवन जाई । मोक्ष कि लभियहि पानि नहाई ॥१५॥
छाड़हु रे अलीका बन्धा । सो मुचहु जो अाछै मन्दा ।
तसु परि-ज्ञाने अन्य न कोई । अपरे गने सर्व ही सोई ॥१६॥
सोइ पढ़िज्जइ सोइ गुणिज्जइ । शास्त्र-पुराणे वक्खानिज्जइ ।
नहिं सो दीख जों तब ना लक्खई । एकहिं वर गुरु-पादें पेखई ॥१७॥
ध्यानहीन प्रव्रज्या - रहितउ । घरहि बसन्ते भार्या-सहितउ ॥
यदि दृढ़ विषय-रती ना मुचइ । सरह भणइ परि-ज्ञान कि मुचइ ॥१६॥
यदि प्रत्यक्ष कि ध्याने कीजिय । यदि परोक्ष अंधारमे ध्याइय ।
सरहेंहि नित्ये काढिउ राव । सहज स्वभाव न भावाभाव ॥२०॥

(४) सहज-मार्ग

जरइ मरइ उपजइ बध्यायइ । तहँ लय होइ महासुख सिध्यइ ।
सरहें गहन गह्वर मग कहिया । पशू-लोक निर्बोध जिमि रहिया ॥२१॥
ध्यान-रहित की कीजे ध्याने । जो अवाक् तेहि, काहि बखाने ।
भव-मुद्रहि जग सकल बहायउ । निज स्वभाव ना काहुहि साधेउ ॥२२॥
मंत्र न तंत्र न ध्येय न धारण । सर्वहु मूढ़ रें ! विभ्रम-कारण ।
निर्मल चित्त न ध्याने खीचहु । शुभ अछते न आपन झगड़हु ॥२३॥

(५) भोगमें निर्वाण

खाते पीते सुखहि रमन्ते । नित्य पूर्ण चक्कहू भरन्ते ।
अइस धर्म सिध्यइ परलोका । नाथ पाइ दलिया भयलोका ॥२४॥

जहँ मन पवन न संचरइ, रवि-शशि नाहि प्रवेश ।
तहँ मूढ ! चित्त विश्राम करु, सरह कहेउ उपदेश ॥२५॥
आदि न अंत न मध्य नहिं, नहिं भव नहिं निर्वाण ।
ऐहु सो परममहासुख, नहिं पर नहिं अप्पान ॥२७॥

स्वक-संविति न करहु रें मंदा । भावाभाव सुगति रे बंधा ।
निज मन ध्यायहु निपुणे योगी । जिमि जल जलहिं मिलंते सोई ॥

पढ़मे जइ आआस विसुद्धो । चाहते चाहते दिट्ठि णिरुद्धो ॥
एसें जइ आआस विकालो । णिअ मण दोस ण बुज्झइ बालो ॥३४॥
मूल-रहिअ जो चिन्तइ तत्त । गुरु-उवएसे एत्त-विअत्त ॥
सरह भणइ बढ़ ! जाणहु चंगे । चित्त-रूअ संसारह भंगे ॥३७॥
णिअ मण सब्बे सोहिअ जब्बे । गुरु-गुण हिअए पइसइ तब्बे ॥
एवं मणे मुणि सरहें गाहिउ । तन्त मन्त णउ एक्क वि चाहिउ ॥३६॥
जब्बे मण अत्थमण जाइ, तणु तुट्टइ वधण ।
तब्बे समरस सहजे, वज्जइ सुद्द ण बम्हण ॥४६॥

(६) काया तीर्थ

एत्थु से सुरसरि जमुणा, एत्थ से गगा साअरु ।
एत्थु पआग बणारसि, एत्थु से चन्द दिवाअरु ॥४७॥
खेत्तु-पीठ-उपपीठ, एत्थु मइँ भमइ परिट्ठओ ।
देहा-सरिसअ तित्थ, मइँ सुह अण्ण ण दिट्ठओ ॥४८॥
सण्ड-पुअणि-दल-कमल-गन्ध केसर वरणाले ।
छड्डहु वेणिम ण करहु सोसँण लग्गहु बढ ! आले ॥४६॥
काय तित्थ खअ जाइ, पुच्छह कुल ईणओ ।
बम्ह-बिट्ठु तेलोअ, सअल जाहि णिलीणओ ॥५०॥
बुद्धि विणासइ मण मरइ, जहि तुट्टइ अहिमाण ।
स माआमअ परम फलु, तहि कि बज्झइ झाण ॥५३॥
भवहि उअज्जइ खअहि णिवज्जइ । भाव-रहिअ पुणु काहि उवज्जइ ॥
विण्ण-विवज्जिइ जोऊ वज्जइ । अच्छह सिरि गुरुणाह कहिज्जइ ॥५४॥
देक्खहु सुणहु परोसहु खाहु । जिग्घहु कमहु बइठ्-उट्ठाहु ॥
आल - माल व्यवहारे पेल्लह । मण छड एक्काकार म चल्लह ॥५५॥

(७) गुरु-महिमा

गुरु-उवएसे अमिअ-रसु, धाव ण पीअउ जेहि ।
बहु-सत्थत्थ-मरुत्थलहिँ, तिसिए मरिअउ तेहि ॥५६॥

प्रथमे यदि आकाश विशुद्धा । देखत देखत दृष्टि निरुद्धा ॥
ऐसे यदि आयास विकालो । निज मन दोषहिं बूझ न बालो ॥३४॥
मूल-रहित जो चिन्तइ तत्त्व । गुरु-उपदेशे अस्तं-व्यस्त ॥
सरह भनै मुढ़ ! जानहु चगा । चित्त-रूप ससारहु भंगा ॥३७॥
निज मन सव्वै शोधिय जव्वे । गुरु-गुण हृदये पइसइ तव्वै ॥
ऐस समुझि मन सरहे गाहेँउ । तत्र-मत्र नहिं एकहु चाहेउ ॥३९॥
जव्वै मन अस्तमन जाइ, तन टूटइ बधन ।
तव्वैं समरस सहजे, कहियइ शूद्र न ब्राह्मण ॥४६॥

(६) काया तीर्थ

एहिँ सों सुरसरि जमुना, एहिँ सो गगासागर ।
एहिँ प्रयाग वाराणसी, एहिँ सो चंद्र-दिवाकर ॥४७॥
क्षेत्र-पीठ-उपपीठ, एहीँ मे अमउँ वाहिरा ।
देहा सदृशा तीर्थ, नही मै अन्यहिं देखा ॥४८॥
वन-पद्मिनि-दल-कमल-गध-केसर-वर-नाले ।
छाडहु द्वैतहिं न करहु शोषण, मूढ़ ! न लागहु भारे ॥४९॥
काय तीर्थ क्षय जाय, पूछहु कुलहीनहँ ।
ब्रह्म-विष्णु त्रैलोक्य, सकलहिं निलीन जहँ ॥५०॥
वृद्धि विनासै मन मरै, जहँ टूटै अभिमान ।
सो मायामय परम-फल, तहँ की वाँधिय ध्यान ॥५३॥
भवहीँ उपजै क्षयहिं विनाशै । भाव-रहित पुनि का उत्पादै ॥
द्वैत-विवर्जित योगहुँ वर्जै । ऐसो श्रीगुरुनाथ कहीजै ॥५४॥
देखहु सुनहु छूवहु खाहु । सूंघहु अमहु वइठु उट्ठाहु ॥
क्रय-विक्रय व्यवहारे पेल्लहु । मन छाडहु एँक-कार न चल्लहु ॥५५॥

(७) गुरु-महिमा

गुरु-उपदेशे अमृत-रस, धाइ न पीयेँउ जेहि ।
वहु-शास्त्रार्थ-मरुस्थलहिँ, तृषितै मरेँऊ तेहि ॥५६॥

चित्ताचित्ति'वि परिहरहु, तिम अच्छहु जिम बालु।
गुरु-वअणें दिढ भत्ति करु, होइ जइ सहज उलालु ॥५७॥

अक्खर वण्ण परमगुण रहिजे। भणइ ण जाणइ एमइ कहिजे॥
सो परमेसरु कासु कहिज्जइ। सुरअ-कुमारी जीम पड़िज्जइ॥५८॥

भावाभावे जो परिहीणो। तहिं जग सअलासेस विलीणो॥
जब्बे तहँ मण णिच्चल थक्कइ। तब्बे भव-संसारह मुक्कइ॥५९॥

जाव ण अप्पहिं पर परिआणसि। ताव कि देहाणुत्तर पावसि॥
एमइ कहिजे भन्ति ण कब्बा। अप्पहि अप्पा बुज्झसि तब्बा॥६०॥

घरें अच्छई बाहिरे पुच्छइ। पइ देक्खइ पड़िवेसी पुच्छइ॥
सरह भणइ बढ़! जाणउ अप्पा। णउ सो धेअ ण धारण-जप्पा॥६२॥

विसअ रमन्त ण विसअँ बिलिप्पइ। ऊअर हरइ ण पाणी छिप्पइ॥
एमइ जोई मूल सरन्तो। विसहि ण बाहइ विसअ रमन्तो॥६४॥

अणिमिस-लोअण चित्त णिरोहें। पवण णिरूहइ सिरि-गुरु-बोहें॥
पवण बहइ सो णिच्चलु जब्बें। जोई कालु करइ कि रें तब्बें॥६६॥

पण्डिअ सअल सत्थ वक्खाणइ। देहहिं बुद्ध वसन्त ण जाणइ॥
अवणागमण ण तेण विखण्डिअ। तो'बि णिलज्ज भणइ हउँ पण्डिअ॥६८॥

जीवन्तह जो णउ जरइ, सो अजरामर होइ।
गुरु-उवएसें विमल-मइ, सो पर धण्णा कोइ॥६९॥

विसअ-विसुद्धें णउ रमइ, केवल सुण्ण चरेइ।
उड्डी बोहिअ-काउ जिम, पलुटिअ तह'वि पडेइ॥७०॥

विसआसत्ति म बन्ध करु, अरें बढ! सरहें वुत्त।
मीण-पअङ्गम-करि-भभर, पेक्खह हरिणहँ जुत्त॥७१॥

जत्त'बि चित्तह विप्फुरइ, तत्त'वि णाह सरुअ।
अण्ण तरंग कि अण्ण जलु, भव-सम ख-सम सरुअ॥७२॥

जत्त'बि पइसइ जलहि जलु, तत्तइ समरस होइ।
दोस-गुणाअर चित्त तह, बढ! परिवक्खण कोइ॥७४॥

चित्त अचित्तहि परिहरहु, तिमि होवहु जिमि बाल ।
गुरु-वचने दृढ़ भक्ति करु, ज्यों होइ सहज उलास ॥५७॥

अक्षर वर्ण परम गुण रहिए । भनइ न जानइ अइसे कहिये ॥
सो परमेश्वर कासों कहिए । सुरत-कुमारी जिमि पतिऐहे ॥५८॥

भावाभावहिं जो परिहीना । तहँ जग सकलाशेष विलीना ॥
जब्बै तहँ मन निश्चल थाकै । तव्वै भव-संसारहँ मुंचै ॥५९॥

जौ लों ना आपुहिं परि-जानै । तौ लों कि देह अनुत्तर पावै ॥
ऐसेहि कहिये भ्रान्ति न कब्बै । आपुहि आपा बूझसि तब्बै ॥६०॥

घरे आछतें बाहर पूछै । पति देखई पडोसी पूछै ॥
सरह भनै मुढ़ ! जानहु आपा । नहिं सो ध्येय न धारण जापा ॥६२॥

विषय रमन्त न विषय विलिपै । पदुम हरइ ना पानी भीजै ॥
ऐसेहि योगी मूल बुझन्तो । विषय बहै ना विषय रमन्तो ॥६४॥

अनिमिष-लोचन चित्त निरोधे । पवन निरोधै श्री-गुरु-बोधे ॥
पवन बहै सो निश्चल जब्बै । योगी काल करै कि रे तब्बै ॥६६॥

पंडित सकल शास्त्र वक्खानै । देहहिं बुद्ध वसंत न जानै ॥
अवना-गवन न तेहिं विखंडित । तोपि निलज्ज भनै हौं पंडित ॥६८॥

जीवन्तो जो ना जरै, सो अजरामर होइ ।
गुरु-उपदेसे विमल मति, सो पर धन्या कोइ ॥६९॥

विषय विसुद्धे ना रमै, केवल शून्य चरेइ ।
उडिया वोहित-काक जिमि, पलटिय तँहहि पड़ेइ ॥७०॥

विषयासक्ति न बन्ध करु, अरे मुढ ! सरहे उक्त ।
मीन-पतंगम-करि-भ्रमर, पेखहु हरिनहु युक्त ॥७१॥

जहँवां चित्ता विस्फुरै, तहँवं नाहि स्वरूप ।
अन्य तरंग कि अन्य जल, भव-सम ख-सम स्वरूप ॥७२॥

जहवां पइसै जलहिं जल, तहँवा समरस होइ ।
दोष-गुणाकर चित्त तहँ, मुढ़ ! परिवीक्ष न कोइ ॥७४॥

सुण्णहिँ सङ्ग म करहि तुहु, जहिँ तहिँ सम चिन्तस्स ।
तिल-तुस-मत्त'वि सल्लता, वेश्रणु करइ श्रवस्स ॥७५॥

सब्ब रूश्र तहिँ ख-सम करिज्जइ । ख-सम-सहावें मण'बि धरिज्जइ ॥
सो'बी मणु तहि श्रमणु करिज्जइ । सहज-सहावें सो परु रज्जइ ॥७७॥
घरेँ-घरेँ कहिश्रइ सोज्भु कहाणा । णउ परि सुणिश्रइ महसुह ठाणा ॥
सरह भणइ जग चित्तेँ वाहिश्र । सो श्रचित्त णउ केण'वि गाहिश्र ॥७८॥
एक्कु देव बहु श्रागम दीसइ । श्रप्पणु इच्छें फुड पडिहासइ ॥७९॥
श्रप्पणु णाहो श्रण्ण' वि रुद्धो । घरेँ-घरेँ सोश्र सिघन्त पसिद्धो ॥
एक्कु खाइ श्रवर श्रण्ण 'वि पोडइ । वाहिँर गइ भत्तारह लोडइ ॥८०॥

श्रावँत ण दिस्सइ जन्त णहि, श्रच्छन्त ण मुणिश्रइ ।
णित्तरग परमेसुरु, णिक्कलङ्क धारिज्जइ ॥८१॥

सोहइ चित्त णिराल दिण्णा । श्रउण-रूश्र भा देक्खह भिण्णा ॥
काश्र-वाश्र-मणु जाव ण भिज्जइ । सहज सहावें ताव ण रज्जइ ॥८३॥

घरबइ खज्जइ घरणिश्रहि, जहिँ देसहि श्रविश्रार ।
माइएँ तहि की ऊबरइ, बिसरिश्र जोइणि चार ॥८४॥

घरबइ खज्जइ सहजे रज्जइ, किज्जइ राश्र-विराश्र ॥
णिश्र पास बइट्ठी चित्ते भट्ठी, जोइणि महु पडिहाश्र ॥८५॥

(८) सहज सयम

इश्र दिवस णिसहि श्रहीणभइ, तिहू जासु णिमाण ।
सो चित्त सिद्धी जोइणि, सहज सवरु जाण ॥८७॥

श्रक्खर बाढा सश्रल जगु, णाहि णिरक्खर कोइ ।
ताव सेँ श्रक्खर घोलिश्रा, जाव णिरक्खर होइ ॥८८॥

जिम बाहिर तिम श्रब्भन्तरु । चउदह भुवणे ठिश्रउ णिरन्तरु ॥
श्रसरिर काहेँ सरीरहि लुक्को । जो तहि जाणइ सो तहि मुक्को ॥८९॥
रुश्रणेँ सश्रल'बि जोँहि णउ गाहइ । कुन्दुरु खणहि महासुहेँ साहइ ॥
जिम तिसिश्रो मिश्र-तिसिणे धावइ । मरइ सोँ सहिँ णभ-जलु कहिँ पावइ ॥९१॥

शून्यहिं संग न करहुँ तैं, जहँ तहँ सम चिन्तेहि।
तिल-तुष-मात्रउ शल्यता, वेदन करइ अवश्य ॥७५॥

सर्व रूप तहँ ख-सम करीजै। ख-सम स्वभावे मनहुँ धरीजै॥
सो भी मन तहँ अ-मन करीजै। सहज स्वभावे सो पर कीजै॥७७॥
घरें घरें कहियत सोझ कहाना। नहि पर सुनियत महसुख थाना॥
सरह भनै जग चित्तें बहाई। सो अचित्त ना केंहुहि गहाई॥७८॥
एक देव बहु आगम दीसै। आपन इच्छें स्फुट परिभासै॥७९॥
आपन नाथा अन्यहु रुद्धा। घरें घरें सोंइ सिद्धान्त प्रसिद्धा॥
एक खाइ अरु अन्यहिँ फोडै। बाहर जाइ भतारैं लोड़ै॥८०॥
अवत न दीसै जात नहिँ, होवत नहिँ जानीजै।
निस्तरग परमेश्वर, निष्कलक धारीजै॥८१॥
सोहँ चित्त ललाटे दिन्ना। अपन रूप ना देखहु भिन्ना॥
काय-वाक्-मन जो ना भाँगै। सहज-स्वभावे तौ ना राजै॥८३॥
घरनी खाइस घरपतिहिँ, जहँ देशे अविचार।
मारिय तह की ऊबरैं, विसरिय योगिनि चार॥८४॥
घरपति खाइअ सहजै राजैं, कीजे राग-विराग।
निज पास बइट्ठी चित्ते भ्रष्टी, योगिनि मधु प्रतिभास॥८५॥

(८) सहज संयम

इमि दिवस निशहिँ अभिमानै, त्रिभुवन जाँसु निर्माण।
सो चित सिद्धा योगिनी, सहज सवरा जान॥८७॥
अक्षर बाढ़ा सकल जग, नाहिं निरक्खर कोइ।
तौलौं अक्षर घोलिया, जौ लों निरक्षर होइ॥८८॥
जिमि बाहर तिमि अभ्यन्तर। चौदह भुवने थितउ निरंतर॥
अशरिर कोंई शरीरे लूकेउ। जो तेंहिं जानेंउ सो तहँ मुचेउ॥८९॥
रूपणें सकलउ जो ना गहियै। कुदुरु क्षणहिँ महासुख साधै॥
जिमि तृषितो मृगतृष्णे धावै। मरें सोखहिं, नभ-जल कहँ पावै॥९१॥

कन्ध-भूअ-आअत्तण इन्दिअ-विसअ-विआर अप हुअ ।
णउ णउ दोहाच्छंदेण, कहवि किम्पि गोप्पु ॥९२॥

पण्डिअ लोअहु खमहु महु, एत्थु ण किअइ विअप्पु ।
जो गुरु बअणे मइ सुअउ, तहि कि कहमि सु गोप्पु ॥९३॥

(९) कमल-कुलिश (वाममार्ग) साधना

कमल-कुलिस बेंबि मज्झ ठिउ, जो सो सुरअ-विलास ।
को न रमइ णह तिहुअणहिं, कस्स ण पूरइ आस ॥९४॥

खण-उबाअ सुह अहवा, अहवा वेण्णिंबि सोंबि ।
गुरु-प्पसाएँ पुराण जइ, बिरला जाणइ कोबि ॥९५॥

गम्भीरह उआहरणें, णउ पर णउ अप्पाण ।
सहजाणन्द चउट्ठ खण, णिअ-सवेअण जाण ॥९६॥

घोरेंन्धारे चन्दमणि, जिम उज्जोअ करेइ ।
परम-महासुह एक्कु खणें, दुरिआसेस करेइ ॥९७॥

दुक्ख-दिवाअर अत्थगउ, उवइ तराबइ सुक्क ।
ठिअ-णिम्माणें णिम्मिअउ, तेणंबि मण्डल-चक्क ॥९८॥

चित्तहि चित्त णिहालु बढ ! सअल विमुच्च कुदिट्ठि ।
परममहासुहें सोज्झ परु, तसु आअत्ता सिद्धि ॥९९॥

मुक्कउ चित्त-गयद करु, एत्थ विअप्प ण पुच्छ ।
गअण-गिरी-णइ-जल पिअउ, तहिँ तड़ वसउ सइच्छ ॥१००॥

विसअ-गएँन्दे करें गहिअ, जिम मारइ पडिहाइ ।
जोई कबड़ीआर जिम, तिम तहों णिस्सरि जाइ ॥१०१॥

जो भव सो णिब्बाण खलु, सो उण मण्णहु अण्ण ।
एक्क सहावें विरहिअ, णिम्मल मइँ पड़िवण्ण ॥१०२॥

घरहि म थक्कु म जाहि वणें, जहि तहि मण परिआण ।
सअल् णिरन्तर बोहि-ठिअ, कहिँ भव कहिँ णिब्बाण ॥१०३॥

स्कन्ध-भूत-आयतन-इन्द्री-विषय-विचार आप हुव ।
नव-नव दोहा-छन्देहिं, कहब किछु गोप्य ॥९२॥
पंडित लोगो क्षमहु मोहि, एहु न कियहु विकल्प ।
जो गुरु-वचने मैं सुनेँउ, तेहि किमि कहब सुगोप्य ॥९३॥

(९) कमल-कुलिश (वाममार्ग) साधना

कमल-कुलिश दोउ मध्य थित, जो सो सुरत-विलास ।
को तेँहिं रमै न त्रिभुवने, कासु न पूरै आस ॥९४॥
क्षण-उपाय सुख अथवा, अथवा दोऊ सोइ ।
गुरु-प्रसादे पुण्य यदि, विरला जानै कोइ ॥९५॥
गम्भीरेँहि उदाँहरणे, ना पर ना अप्पान ।
महजानन्द चतुर्थ क्षण, निज-सवेदन जान ॥९६॥
घोर अन्हारे चन्द्रमणि, जिमि उद्योत करेइ ।
परम-महासुख एक क्षण, दुरित-अशेष करेइ ॥९७॥
दु:ख-दिवाकर अस्त गउ, उयेँउ तारपति शुक्र ।
स्थित निर्माणे निर्मियउ, तेहिहिं मण्डल-चक्र ॥९८॥
चित्रहि चित्र निहार मुढ ! सकल विमुत्र कुदृष्टि ।
परम-महासुखे सोघ पर, तासु हाथ मोँ सिद्धि ॥९९॥
मुक्तउ चित्त गयद करु, एहि विकल्प ना पूछ ।
गगन-गिरी-नदि-जल पियहु, तहँ तट वसै स्व-इच्छ ॥१००॥
विषय-गयन्दे कर गही, जिमि मारै प्रतिभास ।
योगी कँडीकार जिमि, तिमि तहँ निस्सरि जाइ ॥१०१॥
जो भव सो निर्वाणहू, सो पुनि मानहु अन्य ।
एक स्वभावे विरहिता, निर्मल मैं प्रतिपन्न ॥१०२॥
घरहि न रहु ना जाहु वन, जहँ तहँ मन परि-जान ।
सकल निरंतर बोधि थित, कहँ भव कहँ निर्वाण ॥१०३॥

ऍंहु सो अप्पा ऍंहु परु, जो परिभावइ कोॅवि।
ते विणु बन्धे बेट्ठि किउ, अप्प-विमुक्कउ तोॅवि ॥१०५॥

पर-अप्पाण म भन्ति करु, सअल णिरन्तर बुद्ध।
ऍंहु सो णिम्मल परमपउ, चित्त सहावे सुद्ध ॥१०६॥

अद्दअ-चित्त-तरुअरह, गउ तिहुँवणें वित्थार।
करुणा फुल्ली फल धरइ, णाउ परत्त उआर ॥१०७॥

सुण्णा तरूवर फुल्लिअउ, करुणा विविह विचित्त।
अण्णा भोअ परत्त फलु, एहु सोॅक्ख परु चित्त ॥१०८॥

सुण्ण तरूवर णिक्करुण, जहि पुणु मूल ण साह।
तहि अलमूला जो करइ, तसु पड़िभिज्जइ बाह ॥१०९॥

ऍक्कें बीॅ ऍक्केॅबि ,तरु, तें कारणें फल ऍक्क।
ए अभिण्ण जो मुणइ सो, भव-णिब्बाण-विमुक्क ॥११०॥

जो अत्थी अणठीअउ, सो जइ जाइ णिरास।
खण्णु सरावे भिक्ख वरु, त्यजहू ए गिहवास ॥१११॥

पर-ऊआर ण कीअऊ, अत्थि ण दीअउ दाण।
ऍंहु संसारे कवणु फलु, वरु छड्डहु अप्पाण ॥११२॥

—दोहाकोष पृ० ८-२३

२–गीत

(१) संसार-निर्वाणका भेद बनावटी

(राग गुजरी)

अपणे रचि रचि भव निब्बाणा, मिच्छें लोअ बँधावइ अपणा।
अक्खें ण जाणहु अचिन्त जोई, जाम-मरण भव कइसन होई ॥

जइसो जाम मरण 'वी तइसो, जीवँतें मइलें णाहि विशेशो।
जा एथु जामा मरणें विशका, सोॅ करउ रस-रसानें रे कखा ॥

जो सचराचर तिअस भमन्ति। जे अजरामर किम्प न होन्ति।
जामे काम कि कामे जाम। सरह भणइ अचिन्त सो धाम ॥२॥

ऍंहु सो आपा एहु पर, जो परिभावै कोइ।
सो बिनु बधे बँध गयउ, आपु विमुक्तउ तोपि ॥१०५॥
पर-आपन ना भ्रान्ति करु, सकल निरंतर बुद्ध।
ऍंहु सो निर्मल परम-पद, चित्त स्वभावे शुद्ध ॥१०६॥
अद्वय-चित्त-तरूवरा, गउ त्रिभुवन विस्तार।
करुणा फूली फल धरइ, ना परत्र उपकार ॥१०७॥
शून्य तरूवर फूलेँऊ, करुणा विविध विचित्र।
अन्या भोग परत्र फल, ऍंहू सौख्य परचित्त ॥१०८॥
शून्य तरूवर निष्करुण, जेँहि पुनि मूल न शाख।
तहँ अलमूला जो करै, तासुइ भाँगै वाह ॥१०९॥
एक्कं एक्के ही तरु, ते कारण फल एक।
ऍंहु अभिन्नता करै सो, भव-निर्वाण-विमुक्त ॥११०॥
जो अर्थी अनथीअऊ, सो यदि जाइ निराश।
खड शरावे भिक्षहू, छाड़हु ऍंहु गृहवास ॥१११॥
पर-उपकार न कीयेँऊ, अर्थि न दीजेँउ दान।
एहि ससारे कवन फल, वरु छाँडहु अप्पान ॥११२॥
—दोहाकोष पृ० ८—२३

२—गीत

(१) संसार-निर्वाणका भेद बनावटी

(राग गुंजरी)

अपने रचि-रचि भव-निर्वाणा, मिथ्यैं लोक बँधावै अपना।
मैं ना जानहुँ अचिन्त योगी, जन्म मरण भव कैसन होई ॥
जैसो जन्म-मरणहू तैसो, जीवन मरणे नाहिं विशेषो।
जो यह जन्म-मरण वीशका, सो कर स्वर्ण-रसायन कांछा ॥
सो सचराचर त्रिदश भ्रमन्ति, ते अजरामर किमि ना होंति।
जन्महि कर्म कि कर्महि जन्म, सरह भने अचित सो धर्म ॥२॥

(२) सहज-मार्ग

(राग देशाख)

नाद न विन्दु न रवि-शशि-मण्डल, चीग्रा राग्र - सहावे मूकल।
उजु रे उजु छाड़ि मा लेहु वक, निग्रडि बोहि मा जाहु रें लक ॥
हाथेर कंकण मा लेंहु दप्पण, अपणे आपा बूझतु निग्र-मण।
पार - उआरें सोई गजिई, दुज्जण-सगे अवसरि जाई ॥
वाम - दहिण जो खाल-बिखाला, सरह भणइ बप ! उजु बट भइला ॥३२॥

(राग भैरवी)

काअ नावडि खान्टि मण केडुआल। सद् गुरु वअणे धर पतवाल ॥
चीअ थिर करि धरहु रें नाई। अण उपाए पार न जाई ॥
नौवहि नौका टानअ गुणे। निर्मलि सहजे जाउ ण आणें ॥
बाटत भअ खान्ट 'बी बलआ। भव-उल्लोलें सब्ब वि' बलिआ ॥
कूल लई खरें सोन्तें उजाअ। सरहा भणइ गअणें समाअ ॥

(राग मालशी)

सुण्णे हो बिदारिअ रे निअ मण तोहोंर दोसे।
गुरु-वअण विहारें रें थाकिब तइं पुत ! कइसे ॥
एकट हु भवई गअणा।
बगे जाया नीलेसि पारे, भागेंल तों हों र विणाणा।
अबाभुअ भव-मोह रे दीसइ पर अप्पाणा।
ए जग जल-बिंबाकारे सहजें मूण अपाणा ॥
अमिअ अच्छन्तें विस गीलेसि रे चिअ पर रस अप्पा।
घरें परें का बुज्झीले मारि खइब मइ दुठ कुँडवाँ ॥
सरह भणइ वर सून गोंहाली की मो दूठ बलन्दें।
एक्केले जग नाशिअ रे विहरहु छन्दें ॥३६॥

—चर्या पद[1]

---

[1] Caryapadas. J.D.L. Cal. vol. XXX, pp. 1—156

(२) सहज-मार्ग

(राग बैशाख)

नाद न विन्दु न रवि-शशि-मण्डल । चित्ता राग स्वभावे मुचल ।
ऋजु रे ऋजु छाड़ि ना लेहु वक । नियरें बोधि न जाहु रें लंक ॥
हाथेइ ककण ना लेहु दर्पण । अपने आपा बूझहु निज मन ॥
पारे - वारे सोंई भादई, दुर्जन - सगे अवसर जाई ॥
वाम दहिन जो खाल-खिखाला, सरह भनै बॉप! ऋजु बाटें भइला ॥३२॥

(राग भैरवी)

काय नावडी नीकी मन केडुवाल[1] । सद्गुरु वचने धरु पतवार ॥
चित्तें थिर करु धरु रे नाई । अन्य उपाये पार न जाई ॥
नाविक नौकहि खीच गुनेहि । मेली सहजे जानु न आनहि ॥
बाटे भय बड़ ही बलवा । भव-उल्लोले सर्वउ कम्पा ॥
कूल लेइ खर स्रोतें बहाय । सरह भनै गगनहीं समाय ॥

(राग मालशी)

शून्य हो! विदारिउ निज मन तोहरे दोषे ।
　　गुरु-वचन विहारे रे रहिबे तैं पुत्त! कइमे ॥
एकटहु होई गगना ।
　　वके जाइ लोलेसि पारे, भॉगल तोंहर विज्ञाना ।
अद्भुत भव-मोह रे दीसइ पर अप्पाना ॥
　　ए जग जल-विवाकार सहजे शून्य अपाना ।
अमृत अछतं विष गिलेसि रे चित्त पर रस आपा ।
　　घरे परे का बूझीले मारि खाइब मैं दुष्ट कुटुवा ॥
सरह भनै वर शून्य गोंहारी की मोंर दुष्ट बलद्दे ।
　　एकले जग नाशेंउ रे विहरहु छन्दे ॥३३॥

—चर्यापद[1]

---

[1] पतवार

§ २. शबरपा

काल—८८० ई० (धर्मपाल-७७०-८०६)। देश—विक्रमशिला (भागलपुर)। कुल—क्षत्रिय, सिद्ध (५)। कृतियाँ—चित्तगुह्यगम्भीरार्थ-

(रहस्यवाद)

(गीत—राग बलाड्डि)

ऊचा ऊचा पावत तहिं बसइ सबरी बाली।
मोरंगि पिच्छ परिहिण शबरी गीवत गुंजरि-माली ॥
उमत शबरो पागल शबरो मा कर गुली-गुहाडा।
तोहोंरि णिअ घरिणी नामे सहज-सुन्दरी ॥
नाना तरुवर मोंउलिल रे गअणत लागेंलि डाली।
एकेलि सबरी ए वण हिंडइ कर्ण कुंडल वज्रधारी ॥
तिअ-धाउ खाट पडिला सबरो महासुहे सेज छाइली।
सबर भुजग नैरामणि दारी पेक्ख राति पोहाइली ॥
चिअ तांबोला महासुहे कापुर खाई।
सुन नैरामणि कण्ठे लइआ महासुहे राति पोहाई ॥
गुरु-वाक-पुजिआ धनु णिअ-मण वाणे।
एकें शर सन्धाने विन्धह विन्धह परम-णिवाणे ॥
उमत सबरो गुरुआ रोषे गिरिवर-सिहरे सधी।
पइसन्ते सबरो लोडिब कइसे ॥२८॥

—चर्यापद

§ २. शबरपा

गीति, महामुद्रा-वज्रगीति, शून्यतादृष्टि, षडंगयोग, सहज-संवर-स्वाधिष्ठान, सहजोपदेश-स्वाधिष्ठान।

(रहस्यवाद)

(गीत—राग बलाड्डि)

ऊँचा ऊँचा पर्वत, तँहु बसै शबरी बाली।
मोर-पिच्छ पहिरले शबरी ग्रीवा गुंजा-माली॥
उन्मत शबरो पागल शबरो ना करु गुली-गुहाड़ा।
तोँहार निज घरनी नामे सहज-सुन्दरी॥
नाना तरुवर मौरिल रे गगन ते लागल डारी।
एकली शबरी यहि बन हीँड़ कर्ण कुंडल वज्रधारी॥
त्रिधातु-खाटे पडल शबरो महाँसुखेँ सेज छाइल।
शबर भुजग निरात्मा दारी पेखत राति विताइल॥
चित्त ताबूला महासुख कपूर खाई।
शून्य-नैरात्मा कंठे लेई महासुखे राति विताई॥
गुरु-वाक-पुज धनुष निज-मन वाणे।
ऍक शर सधाने विधहु परम-निर्वाण॥
उन्मत शबरा गुरुआ रोषे गिरिवर-शिखरे सांधी।
पइठत शबरहिँ लौटाइब कैसे॥२८॥

—चर्यापद

§ ३. स्वयंभूदेव

कविराज। काल—७९० ई० (ध्रुव धारावर्ष ७८०-९४ ई०)। देश—कोसल (? मध्यदेश)। कुल—ब्राह्मण (?) कवि माउरदेव और पद्मिनीके

१—आत्म-परिचय

(१) कविका आत्मनिवेदन

बुह-यण सयभु पहँ विण्णवइ। महु सरिसउ अण्ण णाहि कुकइ॥
वायरणु कयाइ ण जाणियउ[1]। णउ वित्ति-सुत्त वक्खाणियउ॥
णा णिसुणिउ पच्च महाय कव्वु। णउ भरहु ण लक्खणु छदु सव्वु॥
णउ बुज्झिउ पिंगल-पच्छारु। णउ भामह-दंडिय 'लकारु॥
वेँवेँसाय तो 'बि णउ परिहरमि। वरि रयडा वुत्तु कव्वु करमि॥

---

[1]९२ संधियाँ या प्रायः १२००० श्लोक स्वयंभूने रचे। आगे ९३—१०८वीं संधितक त्रिभुवन स्वयंभूने रचा। कथा ९२ तकमें ही पूरी हो जाती है।

[2]८३वीं संधि तक स्वयंभूने रचा। कथा यहीं पूरी हो जाती है, तो भी त्रिभुवन स्वयंभू ने ७ संधियाँ और जोड़ी हैं। स्वयंभू-रामायणकी सबसे पुरानी प्रति भंडारकर इन्स्टीटयूट (पूना) में है। यह गोपाचल (ग्वालियर) में १५६४ ई० (संवत् १५२१ ज्येष्ठ सुदी १० बुधवार) को लिखकर समाप्त की गई। दूसरी प्रति जयपुरमें मिली है। इस प्रकार पहिली प्रति गोस्वामी तुलसीदासके देहान्त १६२३ ई० (संवत् १६८०) से ५९ वर्ष पहिले लिखी गई थी। तुलसीकृत रामायणकी भाँति यह रामायण भी चोपाई (पज्झडिया) में है, और आठ-आठ पाँतियों (अर्धालियों) के बाद दोहा या किसी दूसरे छन्दमें घत्ता (विश्राम) मिलता है। स्वयंभूके उक्त दोनों ग्रंथ अप्रकाशित हैं।

[3]इच्छानुसार ह्रस्वको दीर्घ करके पढ़िये ह्रस्वचिन्ह ˘ है।

§३. स्वंयभू*

पुत्र, आदित्यदेवीके पति, त्रिभुवन स्वयंभूके पिता। कृतियाँ—हरिवंशपुराण[1], रामायण (पउमचरिउ[1]), और स्वयंभू-छन्द।

१—आत्म-परिचय

(१) कविका आत्मनिवेदन

बुध-जन स्वयभु तोँहि बीनवई। मोँहि सरिसउ अन्य नाहि कुकवी॥
व्याकरण किछू ना जानियऊ। ना वृत्ति-सूत्र बक्खानियऊ॥
ना सुनेउँ पाँच महान् काव्य। ना भरत न लक्षण छन्द सर्व॥
ना बूझेउँ पिंगल-प्रस्तारा। ना भामह - दंडि - अलकारा॥
व्यवसाय तऊ ना परिहरऊँ। वरु रयडा कहेँउ काव्य करऊँ॥

---

*वाण (हर्ष ६०६-४८ ई०) और रविषेण (६७६ ई०)के नाम स्वयंभूने अपने ग्रंथमें लिये हैं; उधर पुष्पदंत (९५९-७२ ई०)ने स्वयंभूका नाम लिया है; इस प्रकार स्वयंभू ६७६ और ९५९के बीचमें हुये। वह रयडा (राजश्रेष्टी ?) धनंजयके आश्रित थे और उनके पुत्र त्रिभुवन स्वयंभू बंदइ (वंदक)के आश्रित। बंदइका ज्येष्ठ पुत्र गोविंद था। हमारे कवि (स्वयंभू)के नाम, श्रीपाल और धवलइय भी परिचित थे। किंतु उनमें कोई नाम प्रसिद्ध नहीं है। रामायणकी २०वीं संधिमें उन्होंने "धुवराय राय व तइय भुअ-प्पणतिणत्तोमु याणुपायेण" पदमें ध्रुव-राज नामक किसी राजाका नाम दिया है। राष्ट्रकूटोंमें तीन ध्रुव हुये हैं, जिनमें एक महान् विजेता ध्रुव धारावर्ष (७८०-९४ ई०)था, दो उसके पुत्रसे होने वाली गुर्जर-शाखामें हुये, तो भी वह ८६७ ई०से पहिले हुये थे। ध्रुव धारावर्ष सेनाके साथ कन्नोज आया था। जान पड़ता है, उसीके अमात्य रयडाके साथ स्वयंभू दक्षिण गये। ध्रुव धारावर्षके पुत्र इंद्रकी गुर्जर (खेडा) शाखामें दो ध्रुव थे—ध्रुव (प्रथम) धारावर्ष ८३०-३५, और ध्रुव (द्वितीय) ८६७ ई०।

सामाण भास छुडु मा विहडउ । छुडु आगम-जुत्ति किंपि घडउ ॥
छुडु होंति सुहासिय-वयणाइँ । गामेल्ल - भास परिहरणाइँ ॥
एँहु सज्जण लोयहु किउ विणउ । जं अबुहु पदरिसिउ अप्पणउ ॥
जं एवँबि रूसइ कोवि खलु । तहो हत्थुत्थल्लिउ लेउ छलु ॥
घत्ता। पिसुणें किं अब्भत्थिएण, जसु कोवि ण रुच्चइ ।
किं छण-इन्दु मरुग्गहे, ण कपतु विमुच्चइ ॥३॥

—रामायण १।२

इय एत्थ पउमचरिए धणजयासिय सयंभु एव कए ॥

—रामायण (अन्त)

आइच्चएवि पडिमोवमाएँ, आइच्च नामा ए ।
वीअम उज्झा-कड सयभु-घरिणीएँ लेहाविय ॥

—रामायण ४२ (अन्त)

रावण-रामहु जुज्झु ज, त निसुणहु रामायण ।
जएँ लोयहु सुयणहु पडियाहु । सद्दत्थ - सत्थ - परिचडियाहु ॥
किं चित्तइ गेह्लबि सक्कियाइं । वासेण वि जाइं न रजियाइं ॥
तो कवणु गहणु अम्हारिसेहिँ । वायरण - विहूणहिँ आरिसेहिँ ॥
कइ अत्थि अणेअ-भेअ भरिया । जे सुयण सहासहिँ आयरिया ।
हँउ किं वि न जाणमि मुक्खु मणे । णिय-बुद्धि पयासिय तो वि जणे ॥
जं सयलेँवि तिहुवणेँ वित्थरिउ । आरभिउ पुणु राहव-चरिउ ॥

—रामायण २३।१

तहिँ अवसरि सरसइ धीरवइ । "करि कव्वु दिण्ण मइँ विमल मइ" ॥
इंदेण समप्पिउ वायरणु । रसु भरहेँ वासे वित्थरणु ॥
पिंगलेँण छन्द - पय - पत्थारु । भम्महँ-दंडिणिहि अलकारु ॥
बाणेण समप्पिउ घणघणउ । त अक्खर-डंबर घण-घणउ ॥
हरिसेणिं पाणिउ णित्तणउ । अवरेहिँ मि कइहिँ कइत्तणउ ॥

—हरिवंशपुराण १

सामान्य भाष यदि ना गढऊँ । यदि आगम-युक्ति किछू गढऊँ ॥
यदि होई सुभाषित वचनाई । ग्रामीण - भाष - परिहरणाई ॥
एँहु सज्जन-लोगहुँ का विनऊ । जो अबुधि प्रदर्शेउँ आपनऊ ॥
जो ऐसेंउ रूसै कोइ खला । तो हाथ-उछाला लेउ छल ॥
घत्ता । पिशुनहिं का अभ्यर्थना, जासु किछू ना रूचई ।
का पूर्णेन्दु मरुद् ग्रहें, हिं कपतो विमुन्चई ॥३॥

—रामायण १।३

एहु इहँ पद्म-चरिते,' धनजयाश्रित स्वयंभुये हिं किये ।

—रामायण (अन्त)

आदित्यदेवि देवि-प्रतिमा आदित्यदेवीहिं ।
द्वितिय अयोंध्याकाडहिं लिखेंउ स्वयमु-घरनीहिं ॥

—रामायण ४२ (अन्त)

रावण-रामहु जुद्धे जो । सोंई सुनहु रामायण ।
यदि लोग सुजन पडित अहें । शब्दार्थ-शास्त्र परिचित अहें ॥
की चित्तेहिं ग्रहण न सक्कियाइं । वासे हूँ होहिं न रंजियाइं ॥
तो कौन ग्रहण हमरे सदृशहिं । व्याकरण - विहून एतादृशहिं ॥
कवि अहे अनेक-भेद-भरिया । जे सुजन स्वभावहिं आचरिया ॥
हों किछुअ न जानउँ मूर्ख-मने । निज बुद्धि प्रकासेउँ तोउ जने ॥
जो सकलेहिं त्रिभुवनें विस्तरिऊ । आरभेंउ पुनि राघव-चरिऊ ॥

—रामायण २३।१

तेंहि अवसर सरसति धिरजाती । "करु काव्य, दियो मैं विमलमति ॥"
इन्द्रेहि समर्पेउ व्याकरणा । रस भरत सु-वासहिं विस्तरणा ॥
पिंगलेंहिं छन्द - पद - प्रस्तारा । भामह दंडिनेहि अलंकारा ॥
बाणेहिं समर्पेउ घनघनऊ । सो अक्षर - डबर घन - घनऊ ॥
हरिसेनने पालिउ आपनऊ । अवरेंहिं कवियेहिं कवित्वनऊ ॥

—हरिवंशपुराण १

छब्बरिसाइँ तिमासा एयारस वासरा सयभुस्स ।
वाणवइ संधि करणे, बोलिणो इत्तिओ कालो ॥
दियहाहियस्स वारे दसमी-दियहम्मि मूल-णक्खत्ते ।
एयारसम्मि चंदे उत्तरकंड समाढत्तं ॥

—हरिवंशपुराण ९२।३, ४

भद्दमासें विणासिय-भवकलि । हुउ परिपुण्ण चउद्दिसि णिम्मलि ॥

—हरिवंशपुराण (अंत)

धुवराय व तइय लु अप्पठत्ति-णत्ती सु याणु पाढेण
णामेण सामि अब्बा सयभु-घरिणी महासत्ता ॥

—रामायण २० (अन्त)

(२) रामायण-रचना

अक्खर - वास - जलोह - मणोहर । सुयलंकार -छंद-मच्छोहर ॥
दीह-समास-पवाहा-वंकिय । सक्कय-पायय-पुलिणा-लंकिय ॥
देसी-भासा-उभय-तडुज्जल । कवि-दुक्कर-घण-सद्द-सिलायल ॥
अत्थ-बहल-कल्लोला णिट्ठिय । आसा-सय-सम-ऊह-परिट्ठिय ॥
राम-कहा सरि एँह सोहती । ....

—रामायण १

२—ऋतु और काल-वर्णन

(१) पावस

सीय स-लक्खण दासरहि, तरुवर-मूलें परिट्ठिय जावेंहिं ।
पसरइ सुकइहि कव्वु जिह, मेह-जालु गयणगणें तावेंहिं ॥
पसरइ जेम बुद्धि वहु-जाणहों । पसरइ जेम पाउ पाविट्ठहों ॥
पसरइ जेम धम्मु धम्मिट्ठ हों । पसरइ जेम जोण्ह मयवाहहों ॥
पसरइ जेम किंत्ति जगणाहहो । पसरइ जें म चिंता धणहीणहों ॥
पसरइ जेम किंत्ति सुकुलीणहों । पसरइ जेम किलेसु णिहीणहु ॥

छै वर्ष तिमास इग्यारह वासरा स्वयंभूको।
बानवे सधि रचने हि, बोलियउ एत्तनो कालो ॥
दिवसाधिप को वार, दशमी दिवस मूल-नक्षत्रे।
ग्यारहवें चद्र(मासे) उत्तरकाड समाप्त भवो ॥

—हरिवंशपुराण

भादौं मास विनाशित भव कलि, हुअ परिपूर्ण चऊदस निर्मलें।

—हरिवंशपुराण (अन्त)

ध्रुव राजा............... ....
नामेन स्वामि.......स्वयभुघरिनी महासत्त्वा ॥

—रामायण २० (अन्त)

(२) रामायण-रचना

अक्षर - वास - जलोघ - मनोहर। सु - अलकार - छद - मत्स्योघर ॥
दीर्घसमास-प्रवाहहिँ वकित। सस्कृत-प्राकृत-पुलिनालंकृत ॥
देशी भाषा दोउ-तट उज्ज्वल। कवि-दुष्कर-घन-शब्द-शिलातल ॥
अर्थ-बहुल कल्लोलहिँ सज्जित। आशा-शत-सम-ओघ-समर्पित ॥
राम-कथा सरि एहु सोहती। ....

रामायण १

२—ऋतु-और काल-वर्णन

(१) पावस

सीय स-लक्ष्मण दाशरथि, तरुवर-मूले वैठें उ जबहीं।
पसरै सुकविहिँ काव्य जिमि, मेघ-जाल गगनगणे तबहीं ॥
पसरै जिमि बुद्धी बहु-ज्ञानहँ। पसरै जिमि पापा पापिष्टहँ।
पसरै जिमि धर्मा धर्मिष्टहँ। पसरै जिमि ज्योत्स्ना मृगवाहहँ ॥
पसरै जिमि कीर्ती जगनाथहँ। पसरै जिमि चिन्ता धनहीनहँ ॥
पसरै जिमि कीर्त्ती सुकुलीनहँ। पसरै जिमि किलेश निहीनहँ ॥

पसरइ जेम सद्द सुर-तूरहों । पसरइ जेम रासि णहें सूरहों ॥
पसरइ जेम दवग्गि वणतरे । पसरिउ मेह-जालु तहु अंबरे ॥
तड़ि तड़-तड़इ पड़इ घणु गज्जइ । जाणइ रामहों सरणु पवज्जइ ।
घत्ता । अमर महद्धणु गहिय करें, मेह-गइन्दे चडिवि जस-लुद्धउ ।
उप्परि गिंभ णराहिवहों, पाउस-राउ णाइँ सण्णद्धउ ॥१॥
जे पाउस-णरिन्दु गल-गज्जिउ । धूली रउ गिंभेण विसज्जिउ ॥
गंपिणु मेह विंदि आलग्गउ । तडि करवालु पहारें हिं भग्गउ ॥
जं 'चि धरम्मुहु चलिउ |विसालउ । उट्ठिउ हणु-हणंतु उण्हालउ ॥
धग-धग-धग-धगंतु उद्धाइउ । हस-हस-हस-हसतु संधाइउ ॥
जल-जल-जल-जलतु पयलंतउ । जालावलि-फुलिंग मेल्लंतउ ॥
धूमावलि-धय-दड ब्भेप्पिणु । वर-वाउल्लि-खग्ग कड्ढेप्पिणु ॥
झड़-झड़-झड़-झड़तु पहरतउ । तरुअर-रिउ भड-थड-भज्जतउ ॥
मेह-महग्गय-घड विहडतउ । ज उण्हालउ दिट्ठु भिड़तउ ॥
पाउस-राउ ताव संपत्तउ । जल-कल्लोल-सति पयडतउ ।
घत्ता । धणु अप्फालिउ पाउसेण, तडि-डकार-फार दरिसतउ ।
चोइवि जलहर-हत्थि-हड, णीर सरासणि मुक्क तुरतउ ॥२॥
जल-बाणासणें धायहिँ धाइउ । गिण्हु णराहिउ रणें विणिवाइउ ।
दद्दुर रडें वि लग्ग ण सज्जण । ण णच्चति मोर खल-दुज्जण ॥
णं पूरेंत सरिउ अक्कदें । ण कइ किलकिलन्ति आणन्दें ।
ण परहुय विमुक्कु उग्घोसें । ण वरहिण लवति परिऊसें ।
ण सरवर बहु असु-जलोल्लिय । ण गिरिवर हरिसें गजोल्लिय ।
ण उण्हविय दवग्गि विऊएं । ण णच्चिय महि विविह-विणोए ।
णं अत्थविउ दिवायर दुक्खे । ण पइसरइ रयणि सइ सोक्खें ।
रत्तपत्त-तरु-पवणाकंपिय । केण वि काहेउ गिंभुऊ जंपिय ।
घत्ता । तेहएँ कालें भयाउरयें, विण्णि वि वासुएव बलएव ।
तरुवर-मूलें स-सीय थिय, जोग लयेंविणु मुणिवर जें व ॥३०॥

—रामायण २८।१-३

पसरै जिमि शब्दा सुर-तूर्यहूँ । पसरै जिमि राशि नभें सूरहँ ॥

पसरै जिमि दावाग्नि वनातरें । पसरेंउ मेघ-जाल तिमि अंबरें ॥

तड़ि तड़-तड़ै पड़ै घन गरजै । जानकि रामहँ शरणहिँ व्रजै ॥

घत्ता । अमर महाधनु गहि करै, मेघ गयदे चढेंउ यशलुब्धा ।

ग्रीष्म नराधिप कहँ ऊपर, पावस-राज केर दल सज्जा ॥१॥

जनु पावस-नरेन्द्र गल-गर्जेउ । धूली-रज ग्रीष्मेहि विसर्जेउ ॥

जंपिय मेघवृन्द आ-लागेउ । तड़ि करवाल प्रहारेहिँ भागेउ ।

जनु हि पराङ्-मुख चलेंउ विशाला । उट्ठेंउ हनहनंत ऊष्णाला ।

धग-धग-धगत उद्-धायउ । हस-हस-हस-हसन्त संजायउ ।

ज्वल-ज्वल-ज्वल-ज्वलत प्रचलंता । ज्वालावलि फुलिंग मेलता ।

धूमावलि-ध्वज-दंड उठायेउ । वर-बादली खड्ग कड्ढायेउ ।

झड-झड-झड-झड़ंत प्रहरंता । तरुवर-रिपु भट-ठट भज्जंता ।

मेघ महागज-घट विघटता । जनु उष्णाला दीख भिडंता ।

पावस-राव तर्वाहं आयता । जल-कल्लोल शाति प्रकटंता ।

घत्ता । धनु फरकायेउ पावसहि, तड़ि टकार फार दरसता ।

प्रेरिय जलधर-हस्ति-घट, तीर शरासन मोचु तुरता ॥२॥

जल-वाणासने घातहिं धायेउ । ग्रीष्म नराधिप रणेंहि निपातेउ ।

दादुर रटन लागु जनु सज्जन । जनु नाचई मोर खल-दुर्जन ।

जनु पूरहिं सरिता आक्रदे । जनु कपि किलकिलति आनन्दे ।

जनु परभृत विमोचु उद्घोषे । जनु वहिन लपति परदोषे ।

जनु सरवर बहु-अश्रु-जलोल्लित । जनु गिरिवर हर्षे गजोल्लित ।

जनु ऊषमिय दवाग्नि वियोगें । जनु नाचिय महि विविधि-बिनोदे ।

जनु अस्तमेउ दिवाकर दु:खे । जनु पइसे रजनी सति सौख्ये ।

रक्तपत्र-तरु-पवना-कंपिय । केंहेहि कहेउ ग्रीष्मऊ जल्पिय ।

घत्ता । तेहेंहि कालें भयातुरे, दोउहि वासुदेव वलदेव ।

तरुवर-मूले स-सीय चित, जोग लइय मुनिवर जेम ॥३॥

—रामायण २८ ।१-३

(२) वसंत

कुव्वर-णयरु पराइय जावेंहि। फागुण-मासु पवोलिउ तावेंहि।
पइठु वसत-राउ आणंदें। कोइल-कलयलु मगल-सद्दें।
अलि-मिहुणेंहिं वंदिणेंहिं पढन्तेंहि। वरहिण वावणेहि णच्चतेहिं।
अदोला-सय-तोरणवारेंहिं। ढुक्कु बसतु अणेय-पयारेंहिं।
कत्थइ चूअ-वणइ पल्लवियइँ। णव-किसलय-फल-फुल्लु 'भवियइँ।
कत्थइ गिरि-सिहरहिँ विच्छायइँ। खल-मुंह इव मसि-वण्णइँ जायइँ।
कत्थइ माहव-मासहों मेइणि। पिय-विरहेण 'व सूसइ कामिणि।
कत्थइ गिज्जइ-वज्जइ मदलु। णर-मिहुणेहिँ पणच्चिउ गोदलु।
त तहीं णयरहों उत्तर-पासेंहिं। जण-मण-हरु जोयण-उद्देसेहिं।
दिट्ठु वसत-तिलउ उज्जाणु। सज्जण-हियउँ जेम अपमाणु।

—रामायण २६।५

ण दीसर-पइ सारएँ सारएँ। माहव-मासु णाइ हक्कारइ।
सासय-सिव सं पावणें पावणें। दरिसावियउ फग्गुणे फग्गुणें।
णव-फल-पारिपक्काणणें काणणें। कुसुमिय साहारएँ साहारएँ।
रिद्धि गयक्कोक्कणयहि कणयहों। हस भसिये कु-वलएँ कुवलएँ।
महुयर महु मज्जतएँ जतएँ। कोइल वासंतएँ बासतए।
कीर-वदि उट्ठतए-ठतए। मलयाणिलें आवतएँ वतएँ।
मधुवरि-पडिसंल्लावएँ लावएँ। जहि णवि तित्तिरयहों तित्तिरएँ।
णाउ ण णावइ किसुइ किसुइ। जहि वसेण गय-णाहहों णाहहों।
तहि तणु तप्पइ सीयहें सीयहें।

घत्ता—अच्छउ सामण्णे केणवि अण्णो, जहि अइमुतउ रइ करइ।
त जण-मण-मज्जावणो, सच्छ-सहावणु को महुमासु ण सभरइ ॥१॥

कत्थइ अगारय-सकासउ। रेहइ तविरु फुल्ल पलासउ।
ण दावाणलु आउ गवेसउ। "को मइ दड्ढ ण दड्ढु पएसउ"।

(२) वसंत

कुव्वर नगर पहूँचेउ जब्बहि। फागुन-मास प्रवोलेउ तब्बहि।
पइसु वसत-राव आनन्दे। कोइल-कलकल मंगल-शब्दे।
अलि-मिथुनेंहि वदींहि पढ़न्तेंहि। बहिन वामनेंहि नाचंतेहि।
अन्दोलित-शत-तोरणवारेहिं। ढुक्कु वसंत अनेक-प्रकारहिं।
कहि कहिं चूत-वनहिं पल्लवितहिं। नव-किसलय-फल फूलु' द्रुवितहिं।
कहिं कहिं गिरिशिखरा वि-च्छाया। खल-मुख इव मसिवर्णहिं लाया।
कहिं कहिं माधव-मासहिं मेदिनि। प्रिय-विरहेंहिं जनु खसही कामिनि।
कहिं कहिं गावैं वाजैं माँदर। नर-मिथुनेहिं प्रनाचेंउ गोंदल।
सो तेहिं नगरहं उत्तर-पासें। जन-मनहर योजन-उद्देसें।
दीख वसत-तिलक उद्याना। सज्जन हियहिं यथा अप्रमाणा।

—रामायण २६।५

जनु दीवस-पति धीरेइँ धीरे। माधव-मास न्याइँ हकारे।
शाश्वत-शिव इव पावन-पावन। दरसायऊ फागुने फा-गुन।
नव-फल-परिपक्वानन कानन। कुसुमेंउ सहकारे-सहकारे।
ऋद्धि गयेउ कोकनद करकहं। हसा हँसे कुवलय कु-वलय।
मधुकर मधु मज्जते याते। कोकिल वासतें वासतें।
कीर-वदि उट्ठते ठते। मलयानिल आवर्तै-वते।
मधुकरि प्रतिसंलापैं लापैं। जहँ नंव-तीतरयें तीतरये।
नाम न नावै किंशुकि कि-सुकि। जंह वशेहि गजनाथहं नाथहँ।
तहँ तनु तप्पैं सीतहँ शीते।
घत्ता—आछेउ सामान्ये कोनहुँ अन्ये, जहँ अतिमुक्तउ रति करइ।
जन-मन-मज्जावन, स्वच्छ-सुहावन, को मधु-मास न आदरइ ॥१॥
कहिं कहिं अगारक-संकाशा। राजै तामरु फुल्ल पलाशा।
जनु दावानल आइ गवेषा। "को मैं दाहु न दाहु प्रदेशा"।

कत्थवि माहविए णिय-मंदिरु। यंतु णिवारिउ त इंदिंदिरु।
ऊसरु ऊसरुतहु अपवित्तउ। अण्णएँ णव पुप्फवइएँच्छित्तउ।
कत्थइ मूय-कुसुम-मंजरियउ। णाइ वसंत वड़ायउ धरियउ।
कत्थइ पवण-हयइ पुण्णायइ। णं जगेँ उत्थल्लिया पुण्णायइ।
कत्थइ अहिणवाइ भमरउलइ। थियइ वसंत-सिरिहू ण कुरुलइ।
फणसइ अवुह-मुहा इव जड्डइ। सिरि-हलाइ सिरिहल इव वड्डइ।
—रामायण ७१।१-२

(३) संध्या-वर्णन

उवहसइ संझाराउ सुह-बंधुरु। विद्दुमयाहरु मोत्तिय-दंतुरु।
छिवइ'व मत्थउ मेरु-महीहरु। तुज्झुवि मज्झुवि कवणु पईहरु।
ज चंद-कंत-सलिलाहिसित्तु। अहिसेय-पणालु'व फुसिय चित्तु।
जं विद्दुम-मरगय-कंतिआहि। थिउ गयणु'व सुरधणु-पंतिआहि।
ज इंदणील-माला-मसीएँ। आलिहइ वदि भित्तीएँ तीए।
जहि पोमराय-पह तणु विहाइ। थिउ अहिणव-संझाराउ णाइ।
जहि सूरकंति खेइज्जमाणु। गउ उत्तर-येसहोँ णाइ भाणु।
जहि चंद-कंति मणि-चंदियाउ। णव-यंद-उभासेँ चंदियाउ।
अच्छरिउ कुमार चवंति येव। वहु चंदी-हूयउ गयणु केम।
पिक्खेप्पिणु मुत्ता-हल-णिहाय। गिरि-णिज्झर भणेवि धुवंति पाय।
—रामायण ७२।३

३. भौगोलिक वर्णन

(१) देश-वर्णन

अवहत्थेंवि खल-यणु णिरवसेसु। पहिलउ णिरु वण्णमि मगह-देसु।
जहि पक्क-कलम-कमलिणि णिसण्णु। अलहंत तरणि थेरव विसण्णु।

कहिँ कहिँ माववियाा निज मंदिर। जोउ निवारेउ इंदिदिरू।
ऊसर ऊस ऋतुहुँ अपविता। अन्ये नव पुष्पवतिएँ क्षिप्तउ।

कहिँ कहिँ मूक कुसुम-मजरिया। न्याइँ वसत बडापउ धरिया।
कहिँ कहिँ पवनाहत पुन्नागा। जनु जग उच्छलेँउ पु-नागा।

कहिँ कहिँ अभिनव-भ्रमर-कुलाऊ। रहेँउ वसंत-सिरिहि इव कुरुलउ।
पनसा अबुध-मुखा इव जड्डा। सिरि-फल सिरिफलाहि इव बड्डा।

—रामायण

(३) संध्या-वर्णन

उपहसै सध्या-राग सुख-बंधुर। विद्रुमक-अधर, मौक्तिक-दंतुर।
छुवइ इव मस्तक मेरु-महीधर। तुम्हरेँउ हमरेँउ कवन पतीधर।

जनु चद्रकान्त सलिलाभिषिक्त। अभिषेक-प्रणालि 'व स्पृशित-चित्त।
जनु विद्रुम-मरकत-कांतियाहि। रहु गगन इव सुरधनु-पंक्तियाहि।

जनु इंद्रनील-माला-मसीहि। आलिखइ बन्द भित्तीहि ताहि।
जहँ पद्मराग-प्रभ-तनु विभाहि। रहु अभिनव-सध्या-राग न्याइं।

जहँ सूर्यकांति क्षीइज्जमान। गउ उत्तर-देसहि न्याइं भानु।
जहँ चद्रकातमणि-चद्रियाव। नव-चद्राभासे चद्रिकाव।

अँचरजेँउ कुमार च्यवत एव। बहु चद्रीभूतउ गगन केम।
पेखियवउ मुक्ताफल-निभाय। गिरि-निर्झर भनि धोवंत पाय।

—रामायण ७२।३

३—भौगोलिक वर्णन

(१) देश-वर्णन

अपभ्रंशेँउ खल-जन-अनबोष। पहिलेँउ मै वर्णउँ मगह-देश।
जहँ पक्व कलम-कमलिनि निषण्ण। अलभंत तरणि थिरवहिँ विषण्ण।

जहिँ सुय-पंतिउ सुपरिट्ठिआउं। णं वणसिरि-मरगय-कंठियाउ।
जहिँ उच्छु-वणइ पवणाहयाइँ। कपति'व पीलणभय-गयाइ।
जहिँ णंदण-वणइँ मणोहराहँ। णच्चंति'व चल-पल्लव-कराइँ।
जहिँ फाडिम-वयणइँ दाड़िमाइँ। णज्जति ताइ णं कइ-मुहाइँ।
जहिँ महुयर-पंतिउ सुदराउ। केअइ-केसर-रय-धूसराउ।
जहिँ दक्खा-मडव परियलति। पुणु पथिय रस-सलिलइँ पियति।

—रामायण १।४

(२) नगर-वर्णन

(क) राजगृह

घत्ता। तहिँ पट्टणु णामें रायगिहु, घण-कणय-समिद्धउ।
ण पुहइएँ णव-जोव्वणाइ, सिरि-सेहरु आइद्धउ ॥४॥
चउ गोअरु-त्ति पायार-वन्तु। हँस इव मुत्ताहल-धवल-दन्तु।
णच्चइ'व मरुद्धुय-धय-करग्गु। धर इव णिवडतउ गयण-मग्गु।
सूलग्ग-भिण्णु देउल-सिहरु। कण इव पारावय-सद्द-गहिरु।
धुम्मइ'व गएँहि मयभिभलेहिँ। उड्डइ'व तुरगहि चंचलेहिँ।
ण्हाइ'य ससिकंत-जलोयरेहिँ। पणवइ'व तार-मेहल-हरेहिँ।
पक्खलइ' व नेउर-णिय-लएहिँ। विप्फुरइ'व कुडल-युयलएहिँ।
किलकिलइ 'व सव्व-जणोच्छवेण। गज्जइ इव मुख-भेरी-रवेण।
गायइ 'व अलाव-णिमुच्छणोहिँ। पुरवइ 'व धम्मु घण-कचणेहिँ।

—रामायण १।५४-५

(ख) महेन्द्रनगर

घत्ता। गयणगणें थिएण, विज्जाहर-पवर णरिन्दहों।
णाइ स-णिच्छरेण, अवलोइउ णयरु महिंदहों ॥१॥
चउ-दुवारु चउ-गोअरु चउ-पायारु-पंडर। गयण-लग्ग पवणाहय-धयमालाउरं पुर।
गिरि-महिन्द-सिहरे रमाउले। रिद्धि-विद्धि-धण-धण्ण-सकुले।
तं णिएवि हणुयेण चिंतियं। सुरपुरं किमिदेण घत्तिय।

—रामायण ४६।१-२

जहँ शुक-पंक्तिउ सुपरि-स्थिताव। जनु वन-श्री-मरकत-कंठियाव।
जहँ इक्षु-वना पवनाहता। कपत इव पेलन-भय-भीता।
जहँ नदन-वने मनोहरा। नाचत इव चल-पल्लव-करा।
जहँ फाटें वदन दाडिमा। दीखत से वे जनु कपि-मुखा।
जहँ मधुकर-पक्तिउ सुदराईं। केतकि-केसर-रज-धूसराईं।
जहँ दाखा-मडप परिचलहीं। पुनि पथिक रस-सलिलहि पियहीं।
—रामायण १।४

(२) नगर-वर्णन

(क) राजगृह

घत्ता। तहँ पत्तन नामा राजगृह, धन-कनक-समृद्धउ।
जनु पुहुमिहिं नवयौवन-श्री-शेखर आदेशितऊ॥
चौगोपुर चौप्राकार-वन्त। हँस इव मुक्ताफल धवल-दन्त।
नाचत 'व मरुत-धुत-ध्वज-कराग्र। धारा इव पड़तो गगन-मार्ग।
शूलाग्र विंधेंउ देवल-शिखर। क्वण इव पारावत शब्द-गहिर।
धूँवत इव मद-विह्वल-गजेहिं। ऊडत इव तुरगेंहिं चंचलेहिं।
न्हावत शशिकात-जलोदरेहिं। प्रणमति 'व तार-मेखल-धरेहिं।
प्रस्खलइ 'व नूपुर-निजलयेहिं। विस्फुरइ 'व कुडल-जुगलऐहि।
किलकिलति 'व सर्व-जनोत्सवेन। गर्जति 'व मुरज-भेरी-रवेन।
गायति 'व अलापा-मूर्छनेहिं। पूरति 'व धर्म-धन-काचनेहि।
—रामायण

(ख) महेन्द्रनगर

घत्ता। गगनागणे स्थितउ, विद्याधर-प्रवर-नरेन्द्रहु।
ध्याइँ स-निश्चरहिं, अवलोकेउ नगर-महेन्द्रकहु।
चौद्वार चौगोपुर चौप्राकार पाडुर। गगन लाग पवनाहत-ध्वजमालाकुल पुर।
गिरि-महेन्द्र-शिखरे रमाकुल। ऋद्धि-वृद्धि-धनधान्य-संकुल।
ताहि देखि हनुमत चितयेंउ। सुरपुर किमि इन्द्र धरतियउँ।
—रामायण ४६।१-२

(ग) दधिमुख-नगर

मण-गमणेण तेण णहें जंते। दहिमुह-णयरु दिट्ठु हणुवते।
दिट्ठु राम-सीमा चउपासें हि। धरिउ णाइ पुर-रिणिय सहासें हि।
जहि पफुल्लियाइँ उज्जाणइ। बट्टइ[1] ण तित्थयर-पुराणइ।
जहि ण कयावि तलायइ सुक्कइ। ण सीयलइ सुट्ठु पर-दुक्खइ।
जहि वाविउ वित्थय-सोवाणउ। णं कुगइ'व हेट्ठा-मुह-गमणउ।
जहि पायार ण केणवि लंघिय। जिण-उवएस णाइ गुरु-लंघिय।
जहि देउलइ धवल-पुडरियइँ। पोत्था वायरणइ -बहु-चरियहँ।
जहि मदिरइँ स-तोरणवारइँ। ण सम-सरणइँ सहपरिवारइँ।
जहि भुव-णेत्त-सुत्त दरिसावण। हरि-हर-बम्हेहि जेहा आवण।
जहि वर-वेसउ तिणयण-भूवउ। पवन-भुयग-सतहि अणुहूअउ।
जहि गयणत्थ-वसह हर हरसइ। राम-तिलोयण जेहा गहवइ।
घत्ता—तहि पट्टणें वहु उवमहे भरिअएँ, ण जगें सुकइ-कव्वि वित्थरियएँ।
सहइ स-परियणु दहिमुहि-राणउ, णं सुरवइ सुरपुरहों पहाणउ ॥१॥

रामायण ४७।१

(२) समुद्र-वर्णन

णिद्दलिय भुअंग-विसग्गि मुक्कु। मुक्कत ण वर-सायरहु ढुक्कु[2]।
ढुक्कते हि वहल फुलिंग धित्त। अण सिप्पि-सख-सपुड-पलित्त।
धग-धग-धगति मुत्ता-हलाइँ। कढ-कढ-कढति सायर - जलाइँ।
हस-हस-हसन्ति पुलिणतराइँ। जल-जल-जलन्ति भुवणतराइँ।

—रामायण २७।५

संचल्लिउ राहव साहणेण। संघट्टिउ वाहणु वाहणेण।
थोवंतरे दिट्ठु महासमुद्दु। सुंसुयर-मयर-जलयर-रउद्द।
मच्छोहरु-णक्क-गोहु घोरु। कल्लोलावत्तु तरंग-थोरु।

---

[1] बाटैं, बाडैं, बाय [2] वेल्यो (व्रज और बुंदेली)

(ग) दधिमुख-नगर

मनकी गतिसों सो नभ जंता। दधिमुख नगर देखु हनुमंता।
देखु अराम-सीम चौपासेंहिं। धरेंउ जनू पुर-रणित सहासहिं।
जहँ प्रफफुल्लिताउ उद्याना। बाटै[1] जनु तीर्थंकर[2]-पुराणा।
जहँ न कदापि तलावा सूखहिं। जनु शीतलत सुष्ट पर-दु:खहिं।
जहँ वापी विस्तृत-सोपाना। जनु कुगती हेंठे-मुँह जाना।
जहँ प्राकार न कोऊ लघेंउ। जिन-उपदेश न्याइँ दुलंघेंउ।
जहँ देवलहिं धवल-पुडरिका। पोथी बाँचै श्री बहु-चरिता।
जहँ मंदिरा स-तोरणवारा। जनु शम-शरणा सह-परिवारा।
जहँ भुव-नेत्र-सूत्र-दरसावन। हरि-हर-ब्रह्मा जैसो आवन।
जहँ वर-वेश्या त्रिनयन-भूता। प्रवर-भुजग[3]-शतेंहिं अनुभूता।
जहँ गगनस्थ वृषभ हर हरषति। राम-त्रिलोचन सरिसो गृहपति।
घत्ता। सो पत्तन बहु-उपमा-भरिया, जनु जग सुकवि-काव्य विस्तरिया।
रहै स-परिजन दशमुख राना। जनु सुरपति सुरपुरहिं प्रधाना॥

—रामायण ४७।१

(३) समुद्र-वर्णन

निर्दलेंउ भुजंग विसर्ग मोचु। मोचत जनु वर-सागरहिं ढूकु[4]।
ढूकत हि बहु स्फुलिग क्षिप्त। घन-सीप-शंख-संपुट-प्रलिप्त।
धग-धग-धगत मुक्ताफला। कड-कड-कडत सागर-जला।
हस-हस-हसत पुलिनांतरा। ज्वल-ज्वल-ज्वलत भुवनांतरा।

—रामायण २७।५

सचल्लेंउ राघव साधन-सँग। सघट्टेंउ वाहन वाहन-सँग।
थोडान्तरे देखु महासमुद्र। सूंस अवर मकर-जलचरेंहिं रौद्र।
मत्स्योधर-नाका-गोह-घोर। कल्लोलावत तरग-जोर।[5]

---

[1] है [2] पथप्रवर्तक महावीर [3] वेश्यालम्पट [4] देखु [5] घोर

वेला वड्ढतउ दुहुदुहतु । फेणुज्जल-तोय तुषार दितु ।
तहों अवरें पयड़उ राम-सेण्णु । ण मेह-जालु णहयलें णिसण्णु ।

—रामायण ५६।६

घत्ता । मण-गमणेंहिँ गयणि पयट्टेहि, लक्खिउ लवण-समुद्दु किह ।
महि-मडयहों णह-यल-रक्खसेण, फाडेंउ जठर-पयेसु जिह ।२

दीसइ रयणायरु रयण-वाहु । विण्णु'व सवारि छुदु 'व सगाहु ।
अत्थहु सुहि'व हत्थि'व करालु । भडारिउ'व्व वहु-रयण-पालु ।
सूहव-पुरिसो'व्व सलोण-सीलु । सुग्गीउ'व पयडिय इद-लीलु ।
जिण-सुव चक्कवइ'व कियव सेलु । मज्झाणु'व उप्परि चडिय वेलु ।
तवसि'व परिपालिय समय-सारु । दुज्जण पुरिसो'व्व सहाव-खारु ।
णिद्धण आलाउ'व अप्पमाणु । जोइसु'व मीण-क्क्कडय-थाणु ।
महकब्ब-णिबधु'व सद्द-गहिरु । चामीयर'व सडय-पीय-मयरु ।
तहि जलणिहिउ लघतएहि । वोहित्थइ दिट्ठइ जतएहि ।
सीह-बडइ लविय इलाइँ । महरिसि चित्ताइँ'व अविचलाइँ ।

—रामायण ६६।२-३

(४) नदी (गोदावरी)-वर्णन

थोवतरे मच्छुत्थल्ल देंति । गोला-णइ दिट्ठ समुव्वहति ।
सुंसुअ घोरघुरु-घुरु-हुरति । करि-मय-रङ्खोहिय डुहु-डुहति ।
डिडीर-सड-मंडलिउ दिति । दद्दुर यरडिय दुरु-दुरु-दुरति ।
कल्लोलुल्लोहिउ उव्वहति । उग्घोस-घोस घव-घव-घवति ।
पडिखलण-वलण खल-खल-खलति । खल-खलिय खडक्कि भडक्क देति ।
ससि-सख-कुद-धवलो झरेण । कारड्डुाविय डवरेण ।

---

[१] आधारवत

बेलहिँ बघंतउ दुह-दुहंत। फेनु-'ज्ज्वल तोय-तुषार देत।
तेँहि ऊपर पहुँचेँउ राम-सेन। जनु मेघजाल नभ-तलेँ निषण्ण।

—रामायण ५६।६

घत्ता। मन-गतिहि गगनेँ चलतउ, लक्खेउ लवण-समुद्र किमि।
महि-मडल नभ-तल राक्षसेँहिँ, फाडेँउ जठर-प्रदेश जिमि।।

दीसइ रत्नाकर रतन-चारु। विष्णु'व सवारि छदि'व सगाथ।
अर्थंहु मुख इव हस्ति'व कराल। भडारी इव बहु-रतन-पाल।

सु-भव[1] पुरुष इव सलोन-शील। सुग्रीवि'व प्रकटेँउ इन्द्र-नील।
जिनसुत चक्रवर्ति'व कियेँउ शैल। मध्यान्हि'व ऊपर चढेँउ बेल।

तपसी इव पालेँउ समय-सार। दुर्जन-पुरुष इव स्वभाव-खार।
निर्धन-अलाप इव अ-प्रमाण। जोतिसि 'व मीन-कर्कटक-थान।

महकव्य-निबँध इव शब्द-गहिर। चामीकरि'व शयित-पीत-मकर।
तहँ जलनिधिहू लघतयेहु। बोहितऊ देखेँउ जातएहु।

सिह-वटहिँ लबित-फलाउ। महऋषि-चित्ता इव अविचलाउ।

—रामायण ६६।२-३

(४) नदी-वर्णन

थोडातरे मच्छ-उछल्ल देत। गोवा-नदि देखु समा-वहत।
सूँसउ घोरा घुर-घुर-घुरत। करि-मद-रड्डोहित डुहु-डुहुंत।

हिडीर-खड मडलिउ देन। दादुर-ध्वनियहु दुर-दुर-दुरत।
कल्लोलु-'ल्लोहित उद्वहत। उद्घोष घोष घब्-घब्-घबंति।

प्रतिखलन-बलन खल-खल-खलत। खल-खलिउ खडक्कि भटक्कि देत।
शशि-शंख-कुंद-धवला भरेण। कारंडव 'डायउ डंबरेण।

---

[1] सुजात

घत्ता । फेणावलि वंकिय-वलयालंकिय, णं महि बहुग्रहे तणिया ।
जल-णिहि भत्तारहों मोंत्तिय हारहों, वाह पसारिय दाहिणिया ।।३।।
—रामायण ३१।२

(५) वन-वर्णन

तहि तेहएँ सुदरें सुप्पवहे । आरण्ण-महग्गय-जुत्त-रहे ।
धुर लक्खणु रहवरें दासरहि । सुर-लीलएँ पुणु विहरत महिं ।
तं कण्ह-वण्ण-णइ मुएँ विगया । वण कहिमि णिहालिय मत्तगया ।
कत्थवि पचाणण गिरि-गुहेहिं । मुत्तावलि विक्खिरंति णहेहिं ।
कत्थवि उड्डाविय सउण-सया । ण अडविहें उड्डु विणण-गया ।
कत्थवि कलाव णच्चति वणे । णावइ णट्टुरवा जुयइ-जणे ।
कत्थइ हरिणइँ भय-भीयाइं । ससारहों जिह पावइ याइँ ।
कत्थवि णाणा-विह रुक्ख-राइँ । ण महि-कुल-वहुअहि रोमराइँ ।
—रामायण ३६।१

(६) मातृभूमि (अयोध्या)-प्रशंसा

धूवत धवल-धय वड-पउरु । पिय पेक्खु अउज्झाउरि णयरु ।
घत्ता । किर जम्मभूमि जणणीय सम, अण्णु विहूसिय जिणवरेंहि ।
पुरि वंदिय सिर सयभुव करेंहि, जणय-तणय-हरि-हलहरेंहि[१] ।।२।।
—रामायण ७८।२०

(७) यात्रा-वर्णन

(क) हनूमानकी लंकासे अयोध्याकी यात्रा—

घत्ता । मणगमणेहिं गयणें पयट्टेहि, लक्खिउ लवण-समुद्दु किह ।...
अण्णुवि थोवंतरु जतएहि, तिहिमि णिहालिउ गिरि-मलउ ।
जो लवली-वलहो . चंदण सरहो, दाहिण-पवणहों थाम लउ ।।३।।

---

[१] राम-लक्ष्मण

घत्ता। फेणावलि-वंकिम वलयालंकृत, जनु महि-वधुअहि-तनिया।[1]
जलनिधि भतारहु मौक्तिकहारहुँ, बाँह पसारिय दाहिनिया॥
—रामायण ३१।३

(५) वन-वर्णन

तँह तेहिहि सुदर सु-प्रभो। आरण्य महागज-युक्त रहो।
धुर लक्ष्मण रथवरेँ दाशरथी। सुर-लीलहिँ पुनि विहरंत मही।
सो कृष्ण-वेण-नदि मृग-सहिता। वन कहउँ निहारिय मत्तगजा।
कहिँ कहिँ पंचानन गिरि-गुहाहिँ। मुक्तावलियहिँ विकिरत नभहिँ।
कहिँ कहिँ उड्डायेँउ शकुन-शता। जनु अटविहि उड्डुँ वियद-गता।
कहिँ कहिँ कलापि नाचत वने। न्याईँ नाट्या वा युवति-जने।
कहिँ कहिँ हरिना भय-भीताइँ। ससारहु जिमि पापहिं जाइ।
कहिँ कहिँ नानाविध वृक्षराजि। जनु महि-कुलवधुवहि रोमराजि।
—रामायण ३६।१

(६) मातृभूमि-प्रशंसा

धूवत धवल-ध्वज वट-प्रवरू। प्रियेँ। पेखु अयोध्यापुरि नगरू।
घत्ता। फुरु जन्म-भूमि जननीहिँ सम, आन विभूषित जिनवरेहिँ।
पुरि वदि सिर स्वयभू करेहि, जनकतनय-हरि-हलधरेहिँ।
—रामायण ७८।२०

(७) यात्रा-वर्णन

(क) हनूमान्‌की लंका-अयोध्या

घत्ता। मन वेगेँहिँ गगनेँ चलतो, लखेँउ लवण-समुद्र जिमि।.....
अवरो थोडँ तरे जातो, तहँहिँ निहारेँउ गिरि-मलयो।
जो लवली वलहो चदन-सरहो[2], दक्षिण पवन विस्तार लियो।

---

[1] तनी=वाली [2] बेँत

जहि जुवइ-पउरु पारज्जियाइँ। रत्तुप्पल-कयलिय-वण थियाइँ।
कामिणि-गइ छाया-मंसियाइँ। जहि हंस-वलइ आवासियाइँ।
कर-करयल-ऊहामिय मणाइ। जहि मालइ-ककेॅल्ली-वणाइँ।
जहि वयण-णयण-पह घल्लियाइ। कमलिंदीवरइ समल्लियाइ।
जहि महुरवाणि-अवहत्थिआइ। कोइल-कुलाइँ कसणइ थियाइँ।
भउहावलि-छाया-वंकियाइँ। जहि णिव-दलइ कडुअइ कियाइँ।
जहि चिहुर-भार ऊहामियाइ। बरहिण-कुलाइँ रोवावियाइँ।
त मलउ मुएँवि विहरंति जाव। दाहिण-महुरएँ आसण्ण ताव।
घत्ता। किक्किंध-महागिरि लक्खियउ, तुंग-सिहरु कोडावणउ।
छुड रमिअहे॑ पुहइ-विलासणिहे॑, उर-पयेसु णग सव्वणउ ॥४॥
जहि इंदणील-कर-भिज्जमाणु। ससि थाइ जुण्ण-दप्पणु-समाणु।
जहिं पउमराय-कर-तेय-पिडु। रत्तुप्पल-सण्णिहु होइ चंदु।
जहि मरगय-खाणिवि विप्फुरंति। ससिबिंबु भिसिणि पत्तुवकरंति।
त मेल्ले॑, विरह-मुच्छल्लिय-गत्त। णिविसद्धे॑ भरि कावेरि पत्त।
जालइय विहंजे॑वि णरवरेहि। महकव्व-कहा इव कइ-वरेहि।
सामिय-आणा इव किंकरेहि। तित्थकर-वाणि'व गणहरेहि[1]।
सिव-सासयमोत्ति'व हेउयेहि। वरसद्दुप्पत्ति'व वाउएहि।
पुणु दिट्ठु महानद तुंगभद्दु। करि-मयर-मच्छ-कच्छय-रउद्दु।
घत्ता। असहंते वण-दव-पवण-झड, दसह-किरण-दिवायरहों।
ण सज्झे॑ सुट्ठु ति साएण, जीहे॑ पसारिय सायरहों ॥५॥
पुणु दिट्ठु पवाहिणि कण्णवेण्ण। किविणत्थ-पडत्ति'व महि-णिसण्ण।
ण इंदणील-कंठिय-धरेण। दक्खविय समुद्दहों आयरेण।
पुणु सरिभीम-जलोह फार। जा सेउण देसहों अमिय-धार।
पुणु गोला-णइ मंथर-पवाह। सझेण पसारिय णाइ बाहु।

---

[1] तीर्थंकर महावीरके प्रथम प्रमुख शिष्य

जहँ युवति-प्रवर पाराजिताइँ। रक्तोत्पल-कदली-वन थिताइँ।
कामिनिगति-छाया-र्मषिताइँ। जहँ हस-यूथ आवासिताइँ।
कर-करतल ईहामृग-मनाइँ। जहँ मालति-ककेल्ली-वनाइँ।
जहँ वदन-नयन-प्रभ फेँकियाइँ। कर्मलि-'दीवरहु समेलियाइँ।
जहँ मधुर-वाणि अपहस्तिताइँ[1]। कोकिल-कुलाइँ कृष्णा थिताइँ।
भौंहावलि-छाया-वकिमाइँ। जहँ निंब-पत्र कटुका कियाइँ।
जहँ चिकुर-भार ईहामृगाइँ। र्बाहण-कुलाइँ रोवाइताइँ।
सो मलय-भूमि विहरत जौ। दक्षिण-**मथुरहिं** आसन्न तौ।
घत्ता। **किष्किंध**-महागिरि लखियहू, तुग-शिखर ओडावनऊ।
यदि रम्यहि पुहुमि-विलासिनिहीँ, उर प्रदेश अनग सर्वनऊ ॥३४॥
जहँ इन्द्रनील-कर-भिद्यमान। शशि रहै जीर्ण-दर्पण-समान।
जहँ पद्मराग-कर-तेज-पिड। रक्तोत्पल-सदृश होइ चंद।
जहँ मरकत-खानिहि विस्फुरति। शशिबिब भिसिहि प्रत्युपकरति।
सो छाडि विरह-सुच्छलिय-गात्र। निमिषार्ध सरि **कावेरि** प्राप्त।
ज्वालयित विभंगहु नग्वरेहिँ। महकाव्य-कथा सोँ कविवरेहि।
स्वामी-आज्ञा सोँ किकरेहिँ। तीर्थंकर-वाणि सोँ गणधरेहिँ।
शिव-शाश्वत मोति सोँ हेतुएहिँ। वर शब्दु-'त्पत्ति सोँ वायुएहिँ।
पुनि देखु महानदि **तुंगभद्र**। करि-मकर-मच्छ-कच्छप-रउद्र।
घत्ता। असहतो वन-दव-पवन झड, दुसह किरण-दिवाकरहू।
जनु सध्यहि सुठि तृषितयहि, जीभ पसारेँउ सागरेहिँ ॥५॥
पुनि देखु प्रवाहिणि **कृष्णवेण्य**। कृपिणार्थ-प्रवृत्ति'व महि-निषण्ण।
जनु इद्रनील कठे धरेहिँ। देखिविय समुद्रहु आकरेहिँ।
पुनि सरि **भीम** जलोघ फार। जो सेतुन देसहु अमृधार।
पुनि **गोदा** नदि मथर-प्रवाह। सभ्भेहिँ पसारेँउ नारि-बाँह।

---

[1] पराजित

पुणु वेण्णि पाइच्छिउ वाहिणीउ। णं कुडिल-सहावउ कामिणीउ।
पुणु तावि महाणइ सुप्पवाह। सज्जण-मत्तिव्व अलद्धथाह।
थोवंतरालें पुणु विंझु थाइ। सीमंतउ पि हिमिहितणउ णाइ।
पुणु रेवा णइ हणुवत एहि। सारिणदिय रोसव संगएहि।
कि विंझहों पासिउ उवहि चारु। जो सविसु किदिणु अभंब खारु।
त णिसुणेवि सीय-सहोयरेण। विम्मच्छिय णहयल-गोयरेण।
घत्ता। जं विंझु मुएंवि गय सायरहों, मा रूसहि रेवा-णइहें।
णिल्लोणु मुयइ सलोणु सरइ, णिय-सहाउ यहु तिय मइहें ॥६॥
साणम्मय दूरवरेण चत्त। पुण उज्जयणें णिविसेण पत्त।
जहि जणवउ सघणु महग्घणो’व्व। रामो वरिवच्छलु लक्खणो’व्व।
गुणवंतउ घणु कर-संगहो’व्व। अमुणिय-कर-सिर-तणु वम्महो’व्व।
साविउ महिल’व्व उज्जेणि मुक्क। पुणु पारियत्त मालवु ढुक्कु।
जो घण्णालकिउ णर-वइ’व्व। उच्छहणु कुसुम-सरु रइवइ’व्व।
त मेल्लें वि जउणा णइ पवण्ण। जा अलय[1]-जलय-णव-लालि-वण्ण।
जा कसिण भुयगि’व विसहों भरिय। कज्जल-रेहा-वण धरणिएं धरिय।
थोवंतरें जल-णिम्मल-तरंग। ससि-सख-सम-प्पह दिट्ठ गंग।
घत्ता। अम्हहं विहि गरुवउ कवणु जइ, जुज्झि वि आय मच्छरेण।
हिमवंतहों ण अवहरिविणिया, धय-वडाइं रयणायरेण ॥७॥
थोवंतरें तिहि मि अउज्झ दिट्ठ। ण सिद्धिपुरिहि सिद्धव पइट्ठ।
जहि मिहुणइ आरभिय रयाइ। पथिय इव उव्वाइय पयाइ।
पाहुण इव अवरुडण-मणाइ। गिरिवर-गत्ता इव सव्व णाइ।
अविचल-रज्जा इव सुकरणाइ। रिसि-उल इव भाण-परायणाइ।
धणुहर इव गुण-मेल्लिय सराइं। अहोंरत्ता इव पहराउराइ।.. ..
घत्ता। महि-मदरु-सायरु जावणहू, जाव दिसइ महणइ जलइ।
तउ होंति ताव जिणकेराइ, पुण्ण पवित्तइ मगलइ ॥८॥
—रामायण ६६।३-८

---

[1] मूंगा

पुनि दोउ **पयस्विनि** वाहिनीहुँ। जनु कुटिल-स्वभावउ कामिनीहुँ।
पुनि **तापि** महानदि-सुप्रवाह। सज्जन-मैत्री 'व अलब्ध-थाह।
थोडतराले॑ पुनि **विंध्य** जाइ। सीमंतहूँ हिमकेरि न्याइँ।
पुनि **रेवा** नदि हनुमत आव। सानदिउ रोषउ सगतेहि।
कीं॑ विंध्यहु पासे उदधि चारु। जो सबहुँ कृपण झाँपेउ खार।
सो सुनि सीय-सहोदरेन। विमरशें॑उ नभतल-गोचरेन।
घत्ता। जो विंध्यभुमिहुँ गउ सागरहु, ना रुसइ **रेवा** नदिहि।
निर्लवण मुचइ सलवण सरइ, निज स्वभाव स्त्रीमयहि ॥६॥
सा **नर्मद** दूरतरेण त्यक्त। पुनि **उज्जयिनी** निमिषेण प्राप्त।
जहँ जनपद सघन महार्घ इव। रामोपरि वत्सल लक्ष्मण इव।
गुणवतउ धन कर-सग्रह इव। अमुनिय-कर-शिर तनु मन्मथ इव।
शापित महिलि'व **उज्जयन** मुचु। पुनि पारियात्र **मालवहिं** ढूकु।
जो धान्यालकृत नरपति इव। उत्सहन कुसुम-शर रतिपति इव।
सो छाडिय **जमुना** नदी पहुँच। जो अलक[1]-जलक गो लाल-वर्ण।
जो कृष्णभुजगि'व विष-भरिया। कज्जल-रेखा-वन धरनि धरिया।
थोडतरे जल-निर्मल-तरग। शशि-शख-समप्रभ देखु **गंग**।
घत्ता। हमरो सम गरुओ कौन, यदि जूझिव बहु-मत्सरहीं॑।
हिमवतहु जनु अपहरण किय, ध्वजपताक रतनाकरहीं॑ ॥७॥
थोडतरे तहँहि **अयोध्य** दृष्ट। जनु सिद्धिपुरिहि॑ सिद्धप प्रविष्ट।
जहँ मिथुनइ आरभें॑उ रजाइँ। पथिक इव उट्ठाइय पदाइँ।
पाहुन इव आलिंगन-मनाइँ। गिरिवर-गात्रा इ सर्व न्याइँ।
अविचल राज्या इव सु-करणाइँ। ऋषि-कुल इव भांड-परायणाइँ।
धनुधर इव गुणें॑ मेलें॑उ शराइँ। अहों॑रात्रा इव प्रहरावराइँ।........
घत्ता। महि-मदर-सागर जावनहूँ, जौ लौं दीसइ महनदि जलई।
ता होति तौ लौं जिनकेरइ, पुण्य-पवित्र मंगलइ ॥८॥

—रामायण ६६।३-८

---

[1] मूँगा

(ख) रामकी लंकासे अयोध्या-यात्रा—

गउ लंक विहीसणु मिच्चवलु। सोलहउसे दिवसें पयट्टु बलु।
स-बिमाणु स-साहणु गयण-वहे। दावतु णिवाणइ पिअय महे।
एहु सुंदर दीसइ मयरहरु। एहु मलय-धराहरु सुरहि-तरु।
किक्किंध-महिहरहों इह सयल। इह तुलिय कुमारें कोडिसिल।
हंउ लक्खणु एण पहेण गय। एत्तहि खर-दूसण-तिसिर हय।
इह सबु कुमारहों खुडिउ सिरु। इह फेडिउ रिसि-उवसग्गु चिरु।
इह सो उद्देसु णिअच्छियउ। जिय मोम जणणु जहि अच्छियउं।
एहु देसु असेसु विचारु चरिउ। अइवीर णराहिउ जहि धरिउ।
घत्ता। त सुंदरियउ जियत उरु, जहि वण बाल समावडिय।
लक्खिज्जइ लक्खण पायवहो, अहिणव वेल्लि णाइ चडिय ॥१६॥
रामउरि एह गुण-गारविय। जा पूयण जक्खें कारविय।
एहु अरुणु गामु कविलहों तणउ। जहि गल-थल्लाविउ अप्पणउ।
एहु दीसइ सुंदरि! विंझ-इरि। जहि वस किउ वालि-खिल्लु वइरि।
वइदेहि! एउ कुब्वर-णयरु। कल्लाण-माल जहि जाउ णरु।
एहु दसउरु जहि लक्खणु भमिउ। सीहोयर सीह समरि दमिउ।
दीसइ सव्वु सुवण्णु भउ। णिब्भविउ विहीसणि ण णवउ।
धूवत धवल-धय-वड-पउरु। पिय! पेक्खु अउज्झाउरि णयरु।

—रामायण ७८।१६-२०

४—सामन्त-समाज

(१) भोजन-प्रकार

लहुं[1] भोयणु आणहि सुंदरउ। ज सरस-सलोणउ जेहें सुरउ।
तं णिसुणेंवि वेवि सचल्लिउ। ण सुरसरि-जउणा उत्थल्लिउ।

---

[1] तुरंत

(ख) लंका-अयोध्या

गयउ **लंक** विभीषण-मित्र-बल । सोलहवें दिवस प्रवृत्त बल ।
स-विमान स-सेना गगनपथी । दर्शंत निवानइ प्रियकांक्षी ।
एँहु सुदर दीसइ मकरधरु । एहु **मलय**-धराधर सुरभि-तरु ।
किष्किन्ध महेन्द्रहु एहु सकला । एहिँ ठायउ कुमारें कोटि-शिला ।
हौं लक्ष्मण जेहि पर्यहिँ गयउँ । एँहिठँव खर-दूषण त्रिशिर हतेउँ ।
एहिँ शांव कुमारहु खुटेँउ शिरु । एहिँ नाशेँउ ऋषि-उपसर्ग चिरु ।
एँहिँ सोई देश निरीक्षियऊ । जित मोमजनन जहँ अच्छियऊ[1] ।
एहु देश अशेष विचार चरेँऊ । अतिवीर नराधिप जहँ धरेँऊ ।
घत्ता । मो सुदरियउ जयतपुरु, जहँ वनपाल आइ पडिया ।
लखहु एँह लक्ष्मण पादपहु, अभिनव वेइल-जस चढिया ॥१॥
गामपुरि एह गुण-गौरविया । जा पूजन यक्षहिँ कारविया ।
एहु अरुण-ग्राम कपिलहु-तनऊ[2] । जहँ फेंक दियेँउ मैं आपनऊ ।
एहु दीसइ सुदरि ! विध्यगिरी । जहँ वश किउ वालखिल्य वैरी ।
वैदेहि ! एहु **कुब्बर**-नगरू । कल्याण-माल जहँ जनेँउ नरू ।
एहु **दशपुर** जहँ लक्ष्मण भ्रमेँऊ । सिहोदर सिंह समरें दमेँऊ ।
दीसइ सर्व सुवर्ण भवऊ । निर्मियेँउ विभीषण जनु नवऊ ।
धूवत धवल-ध्वज-पट-प्रवरू । प्रिये ! **अयोध्यापुरि** नगरू ।

—रामायण

४—सामन्त-समाज

(१) भोजन-प्रकार

लघु[3] भोजन आनहिँ सुदरऊ । जो सरस-सलोनउ जिभि सुरऊ ।
सो सुनिकर दोऊ सचलियउ । जनु **सुरसरि-जमुना** उच्छलियउ ।

---

[1] **आछे=है** [2] केरउ [3] तुरंत

रद्धु एक्कु लहु लेविणु आइउ । ण सुरसरि-लच्छिउ विक्खाइउ ।
वड्ढिउ भोयणु मोयण-सज्जइ । अच्छइ पच्छइ लहयइ पेज्जइ ।
सक्कर-खडेँहि पायस-पयसेँहि । लड्डुव-लावण-गुल-इक्खु-रसेँहि ।
मडा-सोयवत्ति घीअउरेँहि । मुग्ग-सूप णाणाविह कूरेँहि ।
सालणएहि विवण्ण-विचित्तेँहि । माइणि मायंदेहि विचित्तेँहिँ ।
अल्लय-पिप्पलि-मिरिआ-मलयहि । लावण-मालूरेँहि कोमलयहि ।
चिब्भिडिया[1]-क्कणेर-वासुत्तिहि । पेउव-पप्पडेहि सुपहुत्तेँहि ।
केलय-णालिकेर-जबीरिहि । करभर-करविदेहि करीरिहि ।
तिम्मणेहि णाणाविह-वण्णेँहि । साउव-भज्जिय-खट्टावण्णेँहि ।
अण्णु वि खड-सोल्ल-गुल-सोल्लिहि । वडवा-इगणेहि कारेल्लेँहि ।
विंजणेहि स-महिय-दहि-खीरिहि । सिहरणि-चूय-वत्ति-सोवीरिहि ।
घत्ता । अच्छउ एवउ भुह-रसिउ; अविअण्हउ उल्हावणउ किह ।
जहि जि लहिज्जइ तहि जि तहि, गुलियारउ जिणवर-वयणु जिह ॥११॥
—रामायण ५०।११

(२) नारी-सौंदर्य

(क) सीता—

हरि पहरतु पसंसिउ जावेँहिँ । जाणइ-णयण कडक्खिय तावेँहिँ ।
सुकइ-सुकव्ब-सुसधि सु-सधिय । सुपय-सुवयण-सुसद्द-सुवद्धिय ।
थिर-कलहंस-गमण गइ-मथर । किस-मज्झारेँ णियवेँ सुवित्थर ।
रोमावलि मयरहरुत्तिण्णी । ण पिंपिलि - रिछोलि विलिण्णी ।
अहिणव-हुडूपिंड-पीणत्थण । ण मयगल-उर-खभणिसुभण ।
रेहइ वयण-कमलु अकलकउ । ण माणस-सर विअसिउ पंकउ ।
सुललिय-लोयणु ललिय-पसण्णहँ । ण वरइत्त मिलिय वर-कण्णहँ ।
धोलइ पुट्ठिहि वेणि महाइणि । चदण-लयहिँ लल्लइ ण णायणि ।
घत्ता । किं वहु जपिएण तिहिँ भुयणिहिँ ज जं चगउ ।
तं त मेलवेवि ण, दइवेँ णिम्मिउ अगउ ॥३॥
—रामायण ३८।३

---

[1] कंकडी

राघु एक लघु लेके आयउ। जनु सुरसरि-लक्ष्मी विस्तरायउ।
परसें उ भोजन मोदन-सज्जइ। चर्व्वइ चोष्यइ लेह्यइ पेयइ।
शक्कर-खंडेहिँ पायस-पयसेहिँ। लड्डू-लवण गोल-इक्षुरसेहिँ।
मण्डा-सोय वत्ति घेवरहीँ। मूँगसूप नाना-विधि गुड़हीँ[१]।
मालन एहू वर्णविचित्रा। माइन माकदहीँ विचित्रा।
अदरक-पीपरि-मिरिचा-मलयहिँ। लावण-कइथईहि कोमलयहिँ।
चिरभटिका[२] कनेर-वासुत्तेहिँ। पेउब पापडही सुबहूतहिँ।
केला-नारिकेल-जबीरा। करभर-करविंदा कारीरा।
तेंवनही नानाविध वर्णहि। स्वादू भजिया-खट्टावनहिँ।
अन्यउ खड-सोल गुड-सोली। वडवा-इकनारु कारैली।
व्यजनहीँ स-भैंस-दधि-खीरहिँ। शिखरण-अम्मावट-सौवीरहिँ[४]।
घत्ता। रहहेँऊ एहू मुख-रसिक, अवितृष्णा ललचाव किमि।
जहँहि लेइये तहँहि तहँ, मीठो जिनवर-वचन जिमि ॥११॥

—रामायण ५०।११

(२) नारी-सौंदर्य

(क) सीता –

हरि प्रहरत प्रशंसेंउ जब्बें। जानकि नयन कटाक्षेंउ तब्बें।
सुकवि-मुकाव्य सुसंधि सधिया। सुपद-सुवचन-सुशब्द, सुबधिय।
थिर-कलहंस-गमन गतिमंथर। कृश मझारें नितंब सुविस्तर।
रोमावली मकरघर तीनी। जनु पिपीलिका पंक्ति-विलीनी।
अभिनव हूड-पिंड पीनस्तन। जनु मदकल-उरु-खंभ-निजीतन।
राजै वदन-कमल अकलंकउ। जनु मानससर विकसेंउ पंकज।
सुललित-लोचन ललित-प्रसन्ना। जनु बरियात मिलेंउ वर-कन्या।
डोलै पीठिहिँ वेणि महाइनि। चदन-लतहिँ ललै जनु नागिनि।
घत्ता। का वहु जल्पनेहिँ तिहु भुवनहिँ जो जो चंगा।
सो सो मिलाईया जनु दैवें निरमेंउ अंगा ॥३॥

—रामायण ३८।३

---

[१] **कोंकड़ी** [२] **सेवई** [३] **भात** [४] **मट्ठा** [५] **हाथी**

सचल्ले बिंभ पहाणयेण । लक्खिज्जइ जाणइ राणयेण ।
पप्फुल्लिय धवलकमल-वयणा । इदीवर-दल-दीहर-णयणा ।
तणु मज्झे णियबे वच्छे गरुआ । ज णयण कडक्खिय जणय-सुया ।
उम्मायण मयणहिँ मोयणेहिँ । वाणेँहि सदीवण-सोसणेहिँ ।
आइम्मिय सल्लिउ मुच्छियउ । पुणु दुक्खु दुक्खु उम्मुच्छियउ ।
कर मोडइ अगु वलइ हसइ । अससइ ससइ पुणु णीससइ ।
घत्ता । मयरद्धय-सर-जज्जरिय-तणु, पहु येम पजपिउ कुइयमणु ।
वलिवडएँण वसि वणवसहु, उद्दाले विभ्राणहु यासु महु ॥

—रामायण २७।३

(ख) मंदोदरी—

घत्ता । सहसत्ति दिट्ठु मदोयरिए, दिट्ठिएँ चल-भउहालइ ।
दूरहोँ जेँ समाहउ वच्छयले, ण णीलुप्पल-मालइ ॥२॥
दीसइ तेण वि सहमत्ति वाल । ण भसले अहिणव-कुसुममाल ।
दीसत चलण-णेउर रसत । ण महुर-राव वदिण पठत ।
दीसइ णियव-मेहल-समग्ग । ण कामएव-अत्थाण-मग्ग ।
दीसइ रोमावलि छुडु चडति । ण कसण-वाल-सप्पिणि ललनि ।
दीसति सिहिणि[1] उवसोह देत । ण उरयलु भिंदिवि हत्थि-दत ।
दीसइ पप्फुल्लिय वयण-कमलु । णीसासामोबासत्त-भसलु ।
दीसइ सुणा(सु)अणुहुव[2] सगधु । ण णयण-जलहोँ किउ सेयउबधु ।
दीसइ णिट्ठलु[3]-सिरु चिहुर-छण्णु । ससि-विवु व णव-जलहर-णिमण्णु ।
घत्ता । परिभमइ दिट्ठि तहोँ तहि जि तहिँ, अण्णहि कहि' मि ण थक्कइ ।
रस-लपडु महुयर-पति जिम, केयइँ मुइवि ण सक्कइ ॥३॥

—रामायण १०।२-३

---

[1] सिहिण—पूनावाली प्रति का पाठभेद [2] य—पूना [3] णिडालु—पूना

सचल्लें उ विध्या पथनयेहिँ । लक्खिज्जै जानकि रामएहिँ ।
प्रफ्फुल्लित-धवल-कमल-वदनी । इंदीवर-दल-दीरघ-नयनी ।
मांझे क्षीण नितब-वक्ष गरुग्रा । जो नयन कटाक्षिय जनकसुता ।
उन्मादन मदनहि मोदनेहिँ । वाणेंहिँ संदीपन-शोषणेहिँ ।
ग्राक्रमिया सालिय मूर्छियऊ । पुनि "दुख दुख" उन्मूर्छियऊ ।
कर मोडै ग्रग कँपै हसई । ग्राश्वसै श्वसै पुनि निश्वसई ।

घत्ता । मकरध्वज-शर-जर्जरित-तनु, प्रभु ईमि प्रजल्प्यें उ कुपित-मना ।
बलवतएँ भवस वन वसहू, उद्दारे जानहु यासु (?) भमा ॥३॥

—रामायण २६।३

(ख) **मंदोदरी**

घत्ता । सहसा दृष्ट मदोदरिए, दृष्टिहि चल-भौंहा-लई ।
दूरहुँ हि धारेंउ वक्षतले, जनु नीलोत्पल-मालई ॥२॥

दीसइ तेहिहिँ सहसा हि वाल । जनु भ्रमरें अभिनव-कुसुममाल ।
दीसत चरण-नूपुर रसत । जनु मधुर-राव वदिन पठत ।
दीसइ नितव-मेखल-समग्र । जनु कामदेव-दर्बार-मार्ग ।
दीसइ रोमावलि छुडं चढंति । जनु कृष्ण-वाल-सर्पिणि ललति ।
दीसत स्तनहू शोभ देत । जनु उर-तल भिदेंउ हस्तिदत ।
दीसइ प्रफ्फुल्लित वदन-कमल । निश्वासामोदासक्त-भ्रमर ।
दीसइ सुनास ग्रनुभुत-सुगध । जनु नयन-जलधि कियेंउ सेतुबध ।
दीसइ निस्तर गिर चिकुर-छन्न । शशि-बिंबिव नव-जलधर-निमग्न ।

घत्ता । परिभ्रमै दृष्टि तहि तहँहि तहीं, अन्यहि कहहिं न थक्कई ।[२]
रस-लपट मधुकर-पक्ति जिमि, केतकि भूमि न सक्कई ॥३॥

—रामायण १०।२-३

---

[१] तुरत [२] ठहरती, बंगला—थाक

तहि अवसरें आइय मदोयरि । सीहहों पासि'व सीह-किसोयरि ।
वर-गणियारि'व लीला-गामिणि । पिय माहवियँ वि महुरालाविणि ।
सारंगि'व विप्फारिय-णयणी । सत्तावी सजोयण-वयणी ।
कलहंसि 'व थिर-मथर-गमणी । लच्छि 'व तिय तू वेजू रवणी ।
अहयो भाणि हि अणुहर-भाणी । जिह सा तिह एहवि पउ[1] राणी ।
जिह सा तिह एह वि सुमणोहर । जिह सा तिह एह वि पयसुदर ।
जिह सा तिह एह वि जिण-सासणें । जिह सा तिह एह वि ण कुसासणें ।
घत्ता । कि वहु जंपिएण उवमिज्जइ काहें किसोयरि ।
णिय-पडिछदइ णा थिय, सइँ जेंणाइँ मदोयरि ।।४।।

—रामायण ४१।८

(ग) रावण-रनिवास—

। सचल्लिय मदोयरि राणी ।
ताइ समाणु स-डोरु स-णेउरु । सचल्लिउ सयलु 'वि अंतेउरु ।
ज पप्फुल्लिय पकय-णयणउ । ज कुवलय-दल-दीहर-णयणउ ।
ज सुरवर-करि-मथर-गमणउ । ज पर-णरवर-मण-जूरणवउ ।
ज सुदरु सोहग्गु 'ग्घवियउ । ज पीणत्थण-भारें णमियउ ।
ज मणहरु तणु-मज्भु सरीरउ । ज उरयट्ठणिय गभीरउ ।
ज णेउर-रव घणु भकारउ । ज रघोलिय मोत्तिय-हारउ ।
ज कची-कलाव-पब्भारउ । ज बिब्भम-भूभगु-वियारउ ।
घत्ता । त तेहउ रावणकेरउ, अंतेउरु सचल्लियउ ।
ण सभमरु माणस-सरहें रें, कमलिणि-वणु पप्फुल्लियउ ।

—रामायण ४०।११

तहिँ पइसतें हि दिट्ठु स-णेउरु । रावण-केरउ इट्ठ'तेउरु ।
चिहुरेहि सिहडि-उलवु भाइ । कुरुलेहिँ इदिदिर-विंदु णाइ ।

---

[1] पट्ट, प्रधान

तेहि अवसर आइय मदोदरि। सिंह-पासें जनु सिंह-कृशोदरि।
वर-गयदि जिमि लीलागामिनि। प्रिय-माधवियहिँ मधुरालापिनि।
सारगी इव फारिय-नयनी। सत्ताईस-संयोजक-वदनी।
कलहसि'व थिर-मथर-गमनी। लक्ष्मी इव या रूपारमणी।
अभया भाणी अनुहर-भाणी। जेहिँ सा तेंहिहि सो पटरानी।
जेहिँ सा तेहिँ ऐसहि सुमनोहर। जेहिँ सा तेहिँ ऐसहि पदसुदर।
जेहि सा तेहि ऐसहि जित-शासन। जेहिँ सा तेहि ऐसहि न कुशासन।
घत्ता। का बहु जल्पनेहिँ उपमिज्जै, कैस कृशोदरी।
निज प्रतिबिंबउ ना ठिय, स्वय न्याइँ मदोदरी ॥४॥

—रामायण ४१।४

(ग) रावण-रनिवास—

. . . . । सचल्लिय मदोदरि रानी।
ताहि स-मान स-डोर स-नूपुर। सचल्लेँउ सकलहु अन्तःपुर।
जो प्रफुल्लिय पकज-नयनउ। जो कुवलयदल-दीरघ-नयनउ।
जो सुर-वर-करि-मथर-गमनउ। जो पर-नरवर-मन-भूरनउ।
जो सुदर-सौभाग्य-अर्च्यवयउ। जो पीनस्तन-भारे नमिअउ।
जो मन-हर तनु-मध्य शरीरउ। जो उरोज स्तनियउ गभीरउ।
जो नूपुर-रव-घन-भकारउ। जो सडोलिय मुक्ता-हारउ।
जो काची-कलाप प्राग्-भारउ। जो विभ्रम-भ्रूभग-विकारउ।
घत्ता। सो तेँहु रावणकेरउ, अत पुर सचल्लियउ।
जनु सभ्रमर मानससरहिँ, कमलिनि-वन प्रफुल्लियउ।

—रामायण ४०।११

तहँ पइसतहि देखु स-नूपुर। रावण-केरउ इष्ट्-अत पुर।
चिकुरेहिँ शिखडि-कुल मनहुँ भाय। कुटिलेहिँ[1] इदीवर-वृन्द न्याइँ।

---

[1] कुटिलन-प्रकाशे

भउहेहिँ अणग-धणु-लइ वन'व । णयणिहि णीलुप्पल-काणण 'व ।
मुह-विंबेँहि मय-लछण-बलं 'व । कल-वाणिहि कल-कोइल-कुल 'व ।
कोमल-वाहेँहिँ लयाहर 'व । पाणिहि रत्तुप्पल-सरवर 'व ।
णक्खेँहि केअइ-सूई-थल 'व । सिहिणेँहि सुवण्ण-घड-मडल 'व ।
सोहग्गेँ वम्मह-साहण 'व । रोमावलि णाइणि-परियण 'व ।
तिवलिहि अणगपुरि-खाइय 'व । गुज्झेहि मयण-मज्जण-हर 'व ।
उरुएहि तरुण-केली-वण 'व । चलणग्गेहि पल्लव-काणण 'व ।
घत्ता । हस-उलु 'व गइएहि, कुजर-जूहु 'व वर-लीलहि ।
चाब-बलु 'व गुणेहि, छण-ससिबिबु 'व सयल-कलहि ॥५॥
—रामायण ७२।५

(घ) अयोध्याका रनिवास—

किं चलण-तलग्गइ कोमलाइ । ण ण अहिणव-रत्तुप्पलाइ ।
किं ऊरु परोप्परु भिण्ण-तेय । ण ण वर-रभा-खंभ येय ।
किं कणय-दोरु धोलइ विसालु । ण ण अहिरयण-णिहाण-पालु ।
किं तिवलिउ जठर पद धाविआउ । ण ण कामउरिहि खाइँआउ ।
किं रोमावलि घण-कसण एह । ण ण मयणाणल-धूम-लेह ।
किं णव-थण, ण ण कणय-कलस । किं कर ण ण पारोह-सरिस ।
किं आयबिर-करयल चलति । ण ण असोय-पल्लव ललनि ।
किं आणणु, ण ण चद-बिंब । किं अहरउ ण ण पक्क-बिबु ।
किं दसणावलिउ स-मुत्तियाउ । ण ण मल्लिय कलियउइ भाउ ।
किं गइ-वास ण दति-दाण । किं लोयण, ण ण कामवाण ।
किं भउह इमाउ परिट्ठियाउ । ण ण बम्मह-धणु-लट्ठियाउ ।
किं कण्णा कुडल-हरण एय । ण ण रवि-ससि-विप्फुरिय-तेय ।
किं भालउ, ण णं ससहरद्धु । किं सिरु, ण ण अलि-उल-णिवद्धु ।
—रामायण ६६।२१

भौंहेहिं अनंग-धनु लता-वन इव। नयनहिं नीलोत्पल-कानन इव।
मुख-विंबेहिं मृगलाछन-वल इव। कल-वाणिहिं कल-कोकिल-कुल इव।
कोमल-वाहेहिं (काम-) लताघर इव। पाणिहिं रक्तोत्पल-सरवर इव।
नखहीं केतकी-सूचि-थल इव। स्तनहीं सुवर्णघट-मंडल-इव।
सौभाग्ये मन्मथ-सेना इव। रोमावलि नागिनि-परिजन इव।
त्रिवलीहिं अनगपुरी-खाईं इव। गुह्योहिं मदन-मज्जन-गृह इव।
उरुएहिं तरुण-कदलीवन इव। चरणाग्रेंहिं पल्लव-कानन इव।
घत्ता। हसकुल इव गतिएहिं, कुजर-जूथ इव वर-लीलहिं।
चाप-बल इव गुणेहिं, क्षण-शशिबिब इव सकल-कलेहिं ।।५।।

—रामायण ७२।५

(घ) अयोध्याका रनिवास—

की चरण-तलाग्रा कोमला। जनु जनु अभिनव-रक्तोत्पला।
की ऊरु परस्पर-भिन्न-तेज। जनु जनु वर-रंभा-खभ एह।
की कनकडोरि डोलइ विशाल। जनु जनु अहि रतन-निघान-पाल।
की त्रिवली जठरुपरि धाइया। जनु जनु कामपुरिहि खाईया।
की रोमावलि घन-कृष्ण एह। जनु जनु मदनानल-धूम-लेख।
की नव-थन, जनु जनु कनक-कलश। की कर, जनु जनु आरोह-सरिस।
की आलवित-करतल चलति। जनु जनु अशोक-पल्लव ललति।
की आनन, जनु जनु चद्रबिंब। की अधरउ, जनु जनु पक्व-बिंब।
की दशनावलिउ स-मौक्तिकाउ। जनु जनु मल्लिक-कलियही भाउ।
की गडपास जनु दन्ति-दान। की लोचन, जनु जनु काम-वाण।
की भौंहा एह परिस्थिताउ। जनु जनु मन्मथ-धनु-यष्टियाउ।
की कर्ण कुडलाभरण एह। जनु जनु रवि-शशि विस्फुरित-तेज।
की भालउ, जनु जनु शशधरार्घ। की शिर, जनु जनु अलि-कुल-निबद्ध।

—रामायण ६६।२१

(ङ) **भिन्न-भिन्न देशोंकी नारियाँ—**

घत्ता। तहों वणहों मज्झे हणुवंतेण, सीय णिहालिय दुम्मणिया।
णं गयण-मग्गेउ मेल्लिय, चंदलेह-बीयहें तणिया ॥७॥

महिय सहासहि परिअरिय, ण वणदेवय अवयरिय।
तिण-मेंत्तुवि णवलक्खणु जाहें, णिब्बण्णिज्जइ काइं तहें ॥
वर-पय-तलेंहिं पउणारएहिं। **सिंघलण**हेंहि दिहि गारएहि।
उच्चगुनिएँहि **वेंडल्लि**एहि। बडुल्लिएँ गुप्फेंहि **गोलए**[1]हि।
वर-पोट्टरिएहि **मार्यदि**येहि। **सिरिपव्वय**-तणिएँहि मडियेहि।
ऊरुअ-जुयले **णिप्पाल**एण। कडिमडलेण **करहाड**एण।
वरसोणिय **कंची**-केरियाएँ। तणु-णाहिएण गभीरियाएँ।
सुललिय-पुट्ठिएँ **सोवारियाएँ**। पिडत्थणिअएँ एलउलियाएँ।
वच्छयले **मज्झिमएस**एण। भुअ-सिहरें **पच्छिमएस**एण।
वारमईकेरेंहि बाहुलेहि। **सिंधव** मणिबंधहि बट्टुलेहि।
माणसीवेंहि **कच्छा**णणेहिं। उट्ठउडेहि **कोकणिय**हि-तणेहि।
दसणावलियए **कण्णाडि**यए। जीहएँ को **रोहणवाडि**यए।
णासउडें तुंग **विसयतणेहिं**। गभीरएहि वर-लोयणेहिं।
भउहाजुएण **उज्जेणा**एण। भालेण विचित्त **उड्डाण**एण।
कासियहि कवोलेहि पुज्जयेहि। कण्णहि मि **कण्णाउज्ज**येहि।
काविलेहिं केस-विसेसएण। विणएण **विदाहिण**-एसएण।

घत्ता। अह कि वहुणा वित्थरेण, अण्णिवि इण्णें सुंदरि-मंडण।
एक्केकीवत्थु लएप्पिणु, णावइ घडिय पयावइण ॥८॥

—रामायण ४६।८

दिव्वेहि णाणा-पयारेहि पुप्फेहि। रत्तुप्पल-दीवरभोय-पुप्फेहि।
अइउत्तया-भोय-पुण्णाय-णाएहि। सयवत्तिय-मालई-पारिजाएहि।

---

[1] गोलक देश

(ङ) **भिन्न-भिन्न देशोंकी नारियाँ—**

घत्ता । तहँ वनहि मध्ये हनुमतउ, सीय निहारेँउ दुर्मनिया ।
जनु गगन-मार्गे उन्मीलित, चद्रलेख दुतियह-तनिया ॥७॥
सखिय सहस्रेहि परिवारिय, जनु वनदेवी अवतरिया ।
तृण-मात्रहु नव-लक्षण जाहि, निर्वणिये काइँ ताहि ॥
वर-पद-तलेहिँ पद्मार-एहिँ । **सिंहलिनिएँहिं** दिशि-गोरवेहिँ ।
उन्चागुलीहि वेपुल्यएहिँ । बाढन्लिए गुल्फेँहिँ गोलएहिँ
वर-पेट्टु-एहिँ मार्कादिएहिँ । **श्रीपर्वत-केरिहिँ** मडितेहिँ ।
ऊरुअ-जुगले नेपालयेहि । कटिमडलेइ **करहाटिकेहिं** ।
वरश्रोणिय **कांची-केरियाँ** । सूक्ष्म-नाभिकेहि गभीरियाँ ।
सुललित-पृष्ठिय **शिवारियेहि** । पिड-स्तनियइ **एलकुलियइ** ।
वक्ष-तले **मध्यम-देशिया** । भुज-शिखरे **पच्छिम-देशिया** ।
द्वारवती-केरइ वाहुयहिँ । **सिंधविय** वर्त्तुल-मणिबंधहिँ ।
मान-ग्रीवहिँ **कच्छाणनिया** । ओठउडे[1] **कोँकणि**-तनिया ।
दशनावलिहिँ **कन्नाडिया** । जीभहिँ **रोहण-वाडिया** ।
नासउड **तुग-विषय**-तनिया । गभीरिया वरलोचनिया ।
भौहा-युगे **उज्जेनिया** । भालेहँ विचित्र **ओडियानिया** ।
काशिया कपोलेहिँ पुजकेहिँ । कर्णेहिँ हि **कनउज्जकेहिँ** ।
केश-विशेषकेहिँ **काबिलिया** । विनयेहि हि **दक्षिण**-देशिया ।
घत्ता । अरु का वहु-विस्तारेहिँ, अन्यान्येहिँ सुदग्गियी ।
एक-एक वस्तु लेइके, जनु गढेँउ प्रजापति ।

—रामायण ४६।८

दिव्येहिँ नाना-प्रकारेहि पुष्पेहिँ । रक्तोत्पले-दीवर-भोज-पुष्पेहिँ ।
अतिमुक्तका-शोक-पुन्नाग-नागेहिँ । शतपत्रिका-मालति-पारिजातेहिँ ।

---

[1] उड—कोमलालाप में

कणिया (र)-कणवीर-मदार-कुदेहि । विअइल्ल-वर-तिलय-वउलेहि मदेहि ।
सिंधूर-वधूक-कोरट-कुज्जेहि । दमणेण मरुएण पिक्का-तिसज्झेहि ।
एव च मालाहि अण्णण्ण-रूवाहि । कण्णाडियाहि'व्व सरसार-भूयाहि ।
आहीरियाहि'व्व वायाल-भसलाहि । चलाडियाहि' व्व मुह-वण्ण-कुसलाहि ।
सोरट्ठियाहि'व्व सव्वग-मउआहि । मालविणिआहि 'व्व मज्झारलउआहि ।
मरहट्ठियाहि'व्व उद्दाम-वायाहि । गीयज्झुणीहि'व्व अण्णण्ण-छायाहि ।

—रामायण ७१।६

(३) जल-क्रीडा

घत्ता । तहि सर-णह-यले स-स-कलत्त वेवि हरि-हलहरा ।
रोहिणि[1]-रण्णहि ण परमिय चद-दिवायरा ॥१४॥
तहि तेहएँ सरें सलिले तरतइँ । सचरति चामीयर-जतइँ ।
णाइ विमाणइ सग्गहों पडियइँ । वण्ण-विचित्त-रयण-वेयडियइँ ।
णत्थि रयणु जहि जतु ण घडियउ । णत्थि जतु जहि मिहुणु ण चडिअउ ।
णत्थि मिहुणु जहि णेहु ण वड्ढिय । णत्थि णेहु जहि सुरउ ण अड्ढिउ ।
तहि नर-नारि-जुवइ जल कीडइ । कीडताइ ण्हंति सुरलीलइ ।
सलिलु करग्गह आप्फालतइँ । मुरय-वज्ज-धायव दरिसतहँ ।
खलियहि वलियहि अहिणव-गेयहि । बद्धइ सुरयक्खित्तिय तेयहिँ ।
छदेहिँ तालिहिँ वहुलय-भगेहि । करणुच्छेत्तिहि णाणा भगेहिँ ।
घत्ता । चोक्खु स-गगउ, सिगार-हार-दरिसावणु ।
पुप्फ-रज्जु-ज्झुवत, जलकीडणउ सलक्खणु ॥१५॥
जलें जय-जय सद्दें ण्हाय णर । पुणु णिग्गय-हल सारग-धर ।

—रामायण २६।१४-१६

सल्लविसल्ला-सुदरि सीयहिँ । वज्जयण्ण-सीहोयर-धीऐंहिँ ।
घत्ता । वुच्चइ भरहु णराहिवइ, सर-मज्झे तरत-तरताइँ ।
देवर थोडि वारवरिअच्छहु, जल-कील-करताइँ ॥१०॥

---

[1] नक्षत्र

कर्णकार-कर्णवीर-मंदार-कुदेहिँ। बेईल-वरतिलक-वकुलेहिँ मंद्रेहिँ।

सिंधूर-वधूक-कोरट-कच्चेहिँ। दवनेहिँ मरुएहिँ पिक्का-तिसध्येहिँ।

ऐसेहि मालाहिँ अन्यान्य-रूपाहिँ। कन्नाडियहिँ इव सरसार-भूताहिँ।

आहीरियाहिँ व वाचाल-भसला हिँ। वाराडियाहिँ व मुखवर्ण-कुशलाहिँ।

सौराष्ट्रियाहिँ व सर्वांग-मृदुकाहि। मालविणियाहिँ व कटिमध्य सूक्ष्माहि।

मरहट्ठियाहिँ व उद्दाम-वाचाहिँ। गीत-ध्वनिहिँ इव अन्यान्य-छायाहिँ।

—रामायण ७१।६

(३) जलक्रीडा

घत्ता। तहँ सर-नभ-तले स्वस्व-कलत्रेहिँ हरि-हलधरा[2]।

रोहिणि रानिहिँ जनु प्र-रमेँउ चन्द्र-दिवाकरा ॥१४॥

तहँ तेहि हि सर सलिल तरता। सचरहीँ चामीकर-यत्रा।

नारि-विमाना स्वर्गहँ पड़िया। वर्ण-विचित्र-रत्न-वीजडिया।

नाहि रतन जहिँ जतु न गढियउ। नाहि जंतु जहिँ मिथुन[3] न चढियउ।

नाहि मिथुन जँह नेह न बढियउ। नाहि नेह जँह सुरत न बढियउ।

तहँ नर-नारि-युवति जलक्रीडेँ। क्रीडती नहाइँ सुरलीलेँ।

सलिल कराग्रहिँ उच्छालन्तेँ। मुरज-वाद्य थापा दरसन्तेँ।

स्खलितहिँ वलितहिँ अभिनव-गीतेहिँ। बद्धेँ सुरत-समन्वित तेजहिँ।

छन्देहिँ तालहिँ वहुलय-भगहिँ। करुण-उत्क्षेपी नाना-भगहिँ।

घत्ता। चक्षु सरागउ शृंगार-हार-दरसावन।

पुष्परज्जु युध्यत, जलक्रीडनउ सलखावन ॥१५॥

जले जय-जय-शब्देहिँ नहाएँ नर। पुनि निकसे हल-सारगधर।

—रामायण २६।१४-१६

सल्लविसल्ला सुदरि सीतहिँ। वज्रकर्ण-सिंहोदर-बीतहिँ।

घत्ता। बोलै भरत नराधिप, सर-मध्ये तरत-तरताई।

देवर थोडिवार रहउ, जलक्रीड करताई ॥१०॥

---

[1]भ्रमर [2]हरि=लक्ष्मण, हलधर=राम [3]जोड़ा

त पडिवण्णु पइट्ठु महासरु। जल-कीडहें 'वि अचलु परमेसरु'[1]।
लग्गउ सुदरीउ चउ-पासेहि। गाढालिंगण-चुंवण-हासेंहि।
हेला-हाव-भाव-विण्णासेहिँ। किलिकिंचिय विच्छित्ति-विलासेहिँ।
मोट्टाविय कुट्टमिय वियारेहि। विब्भम वरविब्वोक-पयारेहिँ।
तो वि ण खुहिउ भरहु सहसुट्ठिउ। अविचलु ण गिरि-मेरु परिट्ठिउ।
अच्छइ जाव तीरेँ सुह-दसणु। ताव महागउ-तिजग-विहीसणु।
णिय आलाण-खंभु उप्पाडेवि। मंदिर सयड अणेयइ पाडेवि।
परिभमंतु गउ त जेँ महासरु। जलकीलइ जहि भरहु णरेसरु।

—रामायण ७६।११

(४) प्रेम (काम)-अवस्था

(सीता और रामकी)

सीयहेँ देह-रिद्धि पावंतिहेँ। येँक्कु दिवसु दप्पणु जोयंतिहेँ।
पडिमाछलेँण महाभयगारउ। आरिस वेस णिहालिय णारउ।
जणय-तणय सहसत्ति पणट्ठी। सीहागमणेँ कुरंगि'व दिट्ठी।
"हा हा माएँ" भणंतिहिँ सहियहिँ। कलयलु कियउ भग्ग गह-गहियहिँ।
अमरिस कुज्झइय किंकर। उक्खय'व क्खरवाल भयकर।
मिलिबि तेहि-कहेँ कहमि ण मारिउ। लेवि अद्धचदेँहिँ णीसारिउ।
घत्ता। गउ सव राहउ देवरिसि, पडे पडिम लिहेवि सीयहेँ तणिया।
दरिसाविय भामडलहोँ वि, सजुत्ति णाइ-णर धारणिया ॥८॥
दिट्ठु ज जेँ पडपडिम कुमारेँ। पचहि सरहि विद्धु मारेँ।
मुसिय वयणु घुम्मइय णिडालउ। बलिय अगु मोडिय भुयडालउ।
बद्ध केसु परकोडिय वच्छउ। दरिसाविय दस कामावत्थउ।
चिंत पढम थाणतरेँ लग्गइ। बीयएँ पिय-मुह-दसणु मग्गइ।

---

[1] राजा

सो प्रतिपन्न पइसु महासर। जलक्रीडहिँहि अचल परमेश्वर।
लागीँ सुंदरी उ चौपासेहिँ। गाढालिंगन-चुंबन-हासेहिँ।
हेला-हाव-भाव-विन्यासेहिँ। किलकिंचित-विक्षिप्ति-बिलासेहिँ।
मोट्टायन-कुट्टमन-विकारेहिँ। विभ्रम-वरविब्वोक-प्रकारेहिँ।
तोउ न क्षुभेँउ भरत झट उट्ठेउ। अविचल जनु गिरि मेरु परिट्-ठिउ।
जौ लोँ रहँ तीर शुभ-दर्शन। तौ लोँ महगज-त्रिजग-विभीषण।
निज ववान-खंभ उप्पाडिय। मंदिर-शतहिँ अनेकहिँ पातिय।
परिभ्रमत गउ तेँहिहिँ महासर। जलक्रीडैँ जहँ भरत-नरेश्वर।

—रामायण ७६।११

(४) प्रेम-अवस्था

(सीता और रामकी)

सीता देह ऋद्धि पावतिह। एक दिवस दर्पण जोयतिह।
प्रतिमा छलेँइ महाभयकारू। ऐसो वेस निहारेँउ न्यारू।
जनकतनयाँ सहसाही भागी। सिंहागमनेँ कुरँगिँव लागी।
"हा हा माइ" भनतिहिँ सखियहिँ। कलकल कियेँउ, भागु गहिगहियहिँ।
आमरखी क्रोधेऊ[1] किंकर। उत्क्षिप इव करवाल भयंकर।
मिलब तेहि कहँ कहउँ न मारिउ। लेंबि अर्धचंद्रेँहि निस्सारिउ।
घत्ता। गउ सव राघव-देव-ऋषि, पटेँ प्रतिम लिखब सीता-तनिया[1]।
दरसायेँउ भामंडलहुँ, युक्ति नारि-नर धारणिया ॥८॥
देखु जोहि प्रति-प्रतिम कुमारा। पचहिँ शरहि वेधु जन मारा।
सुखेँउ वदन घूमिया ललाटउ। कँपेउ अंग मोडेँउ भुजडालउ।
वँधेँउ केश मरोडिय वक्षा। दरसायेँउ दश कामावस्था।
चित्त प्रथम स्थानंतरेँ लागै। दुसवे प्रियमुख-दर्शन माँगै।

---

[1]सीताकेर

तइयएँ ससइ दीह-णीसासें। कणइ चउत्थइ कर-विण्णासें।
पचम डाहें अँगु ण वुच्चइ। छट्ठइ मुहहों ण काइ विरुच्चइ।
सत्तमि थाणे ण गासु लइज्जइ। अट्ठमे गमणू माएहिँ भिज्जइ।
णवमएँ पाण-सँदेहहों ढुक्कइ। दसमएँ मरइ ण केम वि चुक्कइ।
घत्ता। कहिउ णरिंदहों किंकरिहिँ, पहु दुक्करु जीवइ पुत्तु तउ।
हा तेहिँ वि कण्णह कारणेण, सो दसमी कामावत्थ गउ ॥६॥

—रामायण २१।८-६

लक्खिउ लक्खणु लक्खण-भरियउ। ण पच्चक्खु मयणु अवयरियउ।
भू उणियवि सुर-भवणाणदहों। मणु उल्लोलेंहिँ जाइ णरेंदहों।
मयण-सरसणें धरें वि ण सक्किउ। वम्महों दस ठाणेहि पढुक्कउ।
पहिलइ कहुबि समाणु ण बोल्लइ। वीयएँ गुरु णीसासु पमेल्लइ।
तइयए सयलु अगु परितप्पइ। चउथइ ण करवत्तेंहि कप्पइ।
पचमें पुणु पुणु पासेइज्जइ। छट्ठएँ वार-वार मुच्छिज्जइ।
सत्तमे जलुवि जलद्द ण भावइ। अट्ठमें मरण-लील दरिसावइ।
णवमएँ पाण पडत ण वेअइ। दसमएँ सिरु छिज्जतु ण चेयइ।
घत्ता। एम वियभिउ कुसुमाउहु, दसहेंमि थाणेहिँ।
त अच्छरिउ ज मुक्कु, कुमारु ण पाणेहिँ ॥८॥

—रामायण २६।८

(५) विरह (सीता)

राम-विऊएँ दुम्मणिया, असु-जलोल्लिय-लोयणिया।
मोंक्कल केस कवोलु भुआ, दिट्ठ विसठुल जणय-सुया ॥
जाणइ-वयण-कमलु अलहतिउ। मुहु ण देति फुल्लधुय पतिउ।
हणइँ तो वि ण करति णिवारिउँ। करयलेंहि लग्गति णिरारिउँ।
एंव सिलीमुह सा निज्जती। अण्णु विऊय-सोय-सतत्ती।
वणें अच्छंति दिट्ठु परमेसरि। मेस सग्गिहि मज्झेण सुरसरि।

तिसरे श्वसै दीर्घ-निःश्वासै। कँदै चतुर्थे करविन्यासैं।
पचम दाहै अंग, न बोलइ। छठये मुखहिं न काहुहि देखइ।
मतये थान न ग्रास लईजै। अठये गमनोन्मादे भिज्जै।
नवये प्राणसँदेहहु ढूकै। दसये मरब न कथमपि चूकै।

घत्ता। कहेँउ नरेन्द्रहिं किकरिन्ह, प्रभु ! दुष्कर जीवै पुत्र तव।
हा ताहिहिं कन्यहिं कारणे, सो दसई कामावस्थ गउ ॥६॥

—रामायण २१।८-६

लखेँऊ लक्ष्मण लक्षण-भरिया। जनु प्रत्यक्ष मदन अवतरिया।
भू आनेउ सुरभवनानदहु। मन उल्लोलेहिं जाइ नरेंद्रहु।
मदन शरासनें धरब न शक्येउ। मन्मथ दश थानेहिं प्रढूकेँउ।
पहिले काहुहि सँग ना बोलै। दूजेँहिं बड़ निःश्वास प्रमेलै।
तीजे सकल अग परितप्पै। चौथे जनु तरवारहिं कँपै।
पचयें पुनि पुनि प्रासादिज्जै। छठयें बार-बार मूर्छिज्जै।
सतयें जलहु जलार्द न भावै। अठयें मरण-लीलाँ दरसावै।
नवयें प्राण पतत न वेदै। दसयें शिर छेदत न चेतै।

घत्ता। इमि विजृभेँउ कुसुमायुध, दसहुहिं थानहँ।
मो अचरज जो छूट, न प्राण कुमारकहँ ॥८॥

—रामायण २६।८

(५) विरह (सीता)

राम-वियोगे दुर्मनिया, अश्रु जलोल्लित-लोचनिया।
मुक्तहु केश कपोलें भुजा, देखु विसस्थुल जनकसुता ॥
जानकि-वदन-कमल अलभतिउ। मुख न देति फुल्लन्धुक-पक्तिउ।
हनै तो उ न करति निवारेँउ। करतलेँहीं लागति निरालेँउ।
ऐस शिलीमुख सासनयत्ता। अन्यें वियोग-शोक-संतप्ता।
वनें वसति दीखु परमेश्वरि। शेष सरिहिं मध्ये (जनु) सुरसरि।

हरिसिउ अजणेउ इत्थतरे। धण्णउ एक्कु रामु भुवणतरे।
जो तिय एह आसि माणतउ। रावणु सइ जि मरइ अलहतउ।
णिरलकार जों होती सोहइ। जइ मडिय तो तिहुयणु मोहइ।
सीयहों तणउ रूउ वण्णेप्पिणु। अप्पहु णहें पच्छण्णु करेप्पिणु।
घत्ता। जो पेसिउ राहवचदेण, सो घत्तिउ अगुत्थलउ।
उच्छगि पडिउ वइदेहिहे, णावइ हरिसहों पोट्टलउ ॥६॥
लक्खिय सीया एवि किह। वियसिय सरिया होइ जिह।
ण मय-लंछण ससि-जोण्हा इव। तित्ति-विरहिय गिम्ह-तण्हा इव।
णिव्वियार-जिणवर-पडिमा इव। रइविहि विण्णाणिय-वडिया इव।
अभय-करच्छज्जीव-दया इव। अहिणव-कोमल-वण्ण-लया इव।
स-पउहर पाउस-सोहा इव। अविचल सव्वसह वसुहा इव।
कति-समुज्जल-तडिमाला इव। सुट्ठ सलोण उयहि-वेला इव।
णिम्मल-कित्ति'व रामहों केरी। तिहुयणुमिवि परिट्ठिय सेरी।
—रामायण ४६।६, १२

(६) मिलन (सीता-राम)

"अहों अहों परमेसर दासरहि। पच्छएं लकाउरि पईसरहि।
मिलि ताव भडारा[१] जाणइहे। तरु दुत्तरु विरह-महाणइहे।
चडु ति-जग-विहूसण-कुभ-यले। मय-परिमल-मेलाविय भसले"।
घत्ता। त णिसुणेंवि हलहरु-चक्कहरु, सीयहें पासें समुच्चलिया।
अहिसेय-समएँ सिरिदेवयहो, दिग्गय विण्णि णाइ मिलिया ॥६॥
वइदेहि दिट्ठ हरि-हलहरेहि। ण चद-लेह विहि-जलहरेहि।
ण सरय-लच्छि पकय-सरेहिं। ण पुण्णएँ विहि पक्खतरेहिं।
ण सुरसरि हिम-गिरि-सागरेहिं। ण णह-सिरि चद-दिवायरेहिं।
परिपुण्ण-मणोरह जाणईहि। तर इव लायण्ण-महाणईहि।

---

[१] राजा, स्वामी

हरषेँउ आंजनेय एँहि अवसरेँ। धन्यउ एक राम भुवन तरेँ।
जो तिय एहु अहै मानतिउ। रावण मरै सतिहिँ अलभंतउ।
निरलकार होति जो सोहै। यदि मडित तो त्रिभुवन मोहै।
सीयहिँ केर रूप वर्णेबिउ। आपुहूँ नभेँ प्रच्छन्न करेबिउ।
घत्ता। जो प्रेषेँउ राघवचंद्रेण, सो डारेँउ अंगुट्ठि लिऊ।
उत्सगेँ पडिउ वैदेहिकहँ, मानो हर्षहँ पोट्टलिऊ ॥६॥
लक्खेउ सीत ऐसु किमि। विकसिउ सरिता होइ जिमि।
जनु मृणलाछन शशि ज्योत्स्ना इव। तृप्ति-विरहित ग्रीष्म-तृष्णा इव।
निर्विकार जिनवर-प्रतिमा इव। रतिपतिहिँ जनु निज गढिया इव।
अभयकर् अच्छ जीवदया इव। अभिनव-कोमल-वर्णलता इव।
स-पयधर पावस-शोभा इव। अविचल सर्वसह वसुधा इव।
कान्ति-समुज्ज्वल तडिमाला इव। सुद्धि सलोन उदधि-बेला इव।
निर्मल कीर्त्ति इव रामहिँ केरी। त्रिभुवनहूँहि परिस्थिय सेरी।

—रामायण ४६।६,१२

(६) मिलन (सीता-राम)

"अहोँ अहोँ परमेश्वर ! दाशरथी। पाछे लंकापुरी पइसैही।
मिलु तव भट्टारक[1] जानकिहीँ। तरु दुस्तर विरह-महानदिहीँ।
चढु त्रिजग-विभूषण कुभतले। मद-परिमल मेलायेँउ भसले[2]"।
घत्ता। सो सुनियहि हलधर-चक्रधरु, सीतहिँ पास समुच्-चलिया।
अभिषेक समय श्रीदेवियहूँ, दोँउ दिग्गज न्याई आमिलिया ॥
वैदेहि दीख हरि-हलधरेहिँ। जनु चंद्रलेख विधु-जलधरेहिँ।
जनु शरद-लक्ष्मि पकज-सरेहिँ। जनु पूर्णो विधु पक्षांतरेहिँ।
जनु सुरसरि हिमगिरि सागरेहिँ। जनु नभश्री चद्र-दिवाकरेहिँ।
परिपूर्ण-मनोरथ जानकीहिँ। तरेँ इव लावण्य-महानदीहिँ।

---

[1] राजा [2] भ्रमर

णिय-णयण-सरासणि सध इव। पिउ पगुण-गुणेहिँ णिबध इव।
जस-कद्दमें ण जगु लिप इव। हस्सिसु पवाहें सिप्प इव।
विज्जे इव करयल-पल्लवेहिँ। अच्चे इव णहकुसुमेंहि णवेहिँ।
पइसर इव हियएँ हलाउहहों। कर इव उज्जोउ दिसामुहहों।
घत्ता। मेहलिय[1] मिलतहों रहुवइहें, मुहु उप्पण्णउ जेत्तडउ।
इदहो इदत्तणु णत्ताहो, होंज्जण होंज्जवें तेत्तडउ ॥७॥
सकलत्तउ लक्खणु पणय-सिरु। पभणइ जलहर-गभीर-गिरु।
"ज किउ खर-दूसण-तिसर-वहु। जं हंसदीवें जिउ हंसरहु।
ज सत्ति पडिच्छिय समर-मुहे। ज लग्गु विसल्ल करवुरुहे।
ज रणें उप्पण्णु चक्करयणु। जं णिहिउ वलुद्धरु दहवयणु।
त देवि ! पसाएं तउतणेंण। कुलु धवलिउ जाइ सइत्तणेंण"।
अहिवायणु किउ लक्खणेण जिह। सुग्गीव-पमुह-णरवरहिँ तिह।
सयलवि णिय-णिय वाहणेंहिँ थिय। पर-पुर-पवेस-सामग्गि किय।
जय-मगल-तूरइ ताडियाइँ। रिउ-घरिणिहिँ चित्तइ पाडियाइँ।
—रामायण ७८।६-८

(७) नारी-अधिकार

(क) रावणको सीताका जवाब—

रावण—"हले हलें सीएँ सीएँ किं मूढ़ी। अच्छहि दुक्खें महण्णवें छूढ़ी।....
हलें हलें सीएँ! सीएँ! महि भुजहिँ। माणुस-जम्महों अणहुजहिँ।
घत्ता। पिउ इच्छहि पट्टु पडिच्छहिँ, जइ सब्भावें हसिउ पइँ।
तो लइ मह एवि पसाहणु, अब्भत्थिय एत्तउ उ मइ" ॥१३॥
तं णिसुणेवि वयदेहि सुया। पभणइ पुलय-विसट्ट भुआ।

---

[1] महिला=मेहरी

निज-नयन-शरासनें संध इव । प्रिय-प्रगुण-गुणेहिँ निवध इव ।
यश-कर्दमें जनु जग लेप इव । हँसियेउ प्रवाहे सीप इव ।
विद्या इव करतल-पल्लवेहिँ । अर्चें इव नखकुसुमेंहिँ नवेहिँ ।
प्रतिसर इव हियइ हलायुधहँ । कर इव उज्जोतु निशा-मुखहँ ।
घत्ता । मेहरिहिँ मिलते रघुपतिहिँ, सुख उत्पन्नउ जेत्तनऊ ।
इन्द्रहँ इन्द्रत्व-प्राप्ति समये, हुयउ न होइहि तेत्तनऊ ।।७।।
स-कलत्रउ लक्ष्मण प्रणत-शिरा । प्रभनै जलधर-गभीर-गिरा ।
"जो किउ खर-दूषण-त्रिशिर-वधा । जो हंसद्वीपें जितु हसरथा ।
जो शक्ति प्रतीच्छेउ समर-मुखे । जो लाग विशल्य करबुरुहे ।
जो रणें उत्पन्न चक्करतना । जो निधिउ बलुद्धर दशवदना ।
सो देवि ! प्रसादें तवतनऊ[1] । कुल धवलेंउ जाइ सतित्वनऊ" ।
अभिवादन किउ लक्ष्मणेंहिँ यथा । सुग्रीव प्रमुख-नरवरेहिँ तथा ।
सकलेंहिँ निज-निज वाहनें थितउ । पर-पुर-प्रवेश-सामग्रि[2] कियउ ।
जयमंगल-तूर्या ताड़िया । रिपु-घरिणिहिँ चित्ता पाडिया ।
—रामायण ७८।६-८

(७) नारी-अधिकार

(क) रावणको सीताका जवाब—

रावण—"हले हले[3] सीते सीते ! का मूढि । रहहि दु ख-महार्णवें छूटि ।
हले हले सीते सीते ! महि भोगहु । मानुष-जन्महँ फल अनु-भोगहु ।
घत्ता । प्रिय इच्छहिँ पट्ट प्रतीच्छहु, यदि सद्भावें हसिउ तैं ।
तो लेहु मम एहु प्रसाधन, अभ्यर्थेउँ एत्तना मैं" ।।१३।।
सो सुनिया वैदेह-सुता । प्रभणइ पुलक-विसृष्टभुजा ।

---

[1] तवकेरहु [2] जमावड़ा [3] रे रे

सीता—"सच्चउ इच्छमि दहवयणु।............
इच्छमि जइ महु मुहु ण णिहालइ।.............
जइ पुणु णयणानदणहों, ण समप्पिय रहुणदणहों।
ता हउँ इच्छमि एउ हले, पुरि खिप्पती उयहि-जले।....
इच्छमि णदण-वणु मज्जतउ। इच्छमि पट्टणु पयलहों जतउ।
इच्छमि दहमुह-तरु छिज्जतउ। तिलु तिलु राम-सरेंहि भिज्जतउ।
इच्छमि दस'वि सिरइ णिवडंतइँ। सरें हसाहय इव सयवत्तइँ।
इच्छमि अंतेउरु रोवंतउ। केस-विसथुलु धाह मुअतउ।
इच्छमि छिज्जतिय धय-चिधइँ। इच्छमि णच्चताइँ कवधइँ।
इच्छमि धूमं धारिज्जंतइँ। चउदिसु सुहड चियाइँ बलतइँ।
जं जं इच्छमि तं त सच्चउ। ण तो करमिज्जइ हलें पच्चउ"।
—रामायण ४६।१५

(ख) अग्नि-परीक्षाके समय सीता—

कोसल-णयरें पराइय जावेहिँ। दिणमणि गउ अत्थवणहों तावेहिँ।
जत्थहों पिययमेण णिव्वासिय। तहों उववणहों मज्झें आवासिय।
कहवि विहाणु भाणु णहि उग्गउ। अहिमुहु सज्जण-लोउ समागउ।
कंतहितणिय कंति पेंक्खेप्पिणु। पभणइ पोमणाहु विहसेप्पिणु।
"जइ वि कुलग्गयाउ णिरवज्जउ। महिलउ होंति सुट्ठु णिल्लज्जउ।
दरदाविय कडक्ख-विक्खेवउ। कुडिलमइउ बड्ढिय अवलेबउ।
बाहिर धिट्ठउ गुण-परिहीणउ। किह सयखडु ण जति तिहीणउ।
णउ गणंति णिय-कुलु मइलतउ। तिहुयणें अयस-पडहु वज्जंतउ।
अंगु समोडें[1]वि धिद्धिक्कारहों। वयणु णिएति केम भत्तारहों"।
सीय ण भीय सइत्तण गव्वें। बलेंवि पबोल्लिय मच्छर गव्वें।
"पुरिस-णिहीण होंति गुणवति'वि। तियहें ण पत्तिज्जति मरति'वि।

[1] समेटे

सीता—साँचे इच्छउँ दशवदन् ।....।
इच्छउँ यदि मम मुख न निहारं ।
यदि पुनि नयनानंदनहिं, न समर्पे उ रघुनंदनहिं ।
तो हौं इच्छउँ एहु हले, पुरि फें कंती उदधि-जले ।......
इच्छउँ नन्दन-वन भज्जता । इच्छउँ पट्टन पातल अंता ।
इच्छउँ दशमुख-तरु छिद्यता । तिल-तिल राम-शरेंहिं भिद्यन्ता ।
इच्छउँ दसहु शिरा निपतता । सरें हसाहत इव शतपत्रा ।
इच्छउँ अन्तःपुर रोवती । केश-विसस्थुल ढाह भरती ।
इच्छउँ छिद्यता ध्वज-चिन्हा । इच्छउँ नाचंता काबंधा ।
इच्छउँ धूमा धारिज्जता । चौदिशि सुहडी चिता बलता ।
जो जो इच्छउँ सो सो साँचय । जनु तो करऊँ मैं फले प्रत्यय ।
—रामायण ४६।१५

(ख) अग्नि-परीक्षाके समय सीता—

कोसलनगरे पहुँचेउ जब्बहिं । दिनमणि गउ अस्तमनउ तब्बहिं ।
जहँवा प्रियतमेहिं निर्वासिय । तँहि उपवनहि माँझ आवासिय ।
कहब विहान भानु ना उग्गउ । अभिमुख सज्जन लोग समागउ ।
कांतहि-केरि कांति पेखियबी । प्रभणै पद्मनाभ विहसियबी ।
"यदपि कुलप्रताउ निरवद्या । महिलउ होहिं सुघू[1] निर्लज्जा ।
तनिक दाबें कटाक्ष-विक्षेपउ । कुटिलमयिउ बाढिय अवलेपउ ।
बाहर ढीठउ गुण-परिहीना । किमि शतखड न जाति त्रिहीनउ ।
नहि गणही निजकुल मइलता । त्रिभुवनें अयश-पटह बाजता ।
अंग समोडेंहु धिक्धिक्कारहूँ । वदन नियति केम भर्तारहूँ" ।
सीय न भीत सतीत्वहि गर्वें । बलेंहु प्रबोल्लेंउ मत्सर-गर्वें ।
"पुरुषा हीन होहिं गुणवंतउ । तियहिं न पतियायहीं मरतिउ ।

---

[1] केवल

घत्ता । खडुलक्-कडु सलिलु वहंतें यहों, पउराणियहें कुलग्गयहें ।
रयणायरु खारइ देंतउ, तों वि ण थक्कइ णं णेम्मयहें ॥८॥

साणु ण केणवि जणेण गणिज्जइ । गंगा णइहें तंजें ण्हाइज्जइ ।
ससि स-कलकु तहि जें पह णिम्मल । कालउ मेहु तहि जें तडि[1] उज्जल।
उवलु अपुज्ज ण केणवि छिप्पइ । ताहि पडिम चदणें ण विलिप्पइ ।
धुज्जइ पाउ पकुजइ लग्गइ । कमल-माल पुणु जिणहों वलग्गइ ।
दीवउ होइ सहावें कालउ । वट्टि सिहएँ मडिज्जइ आलउ ।
णर-णारिहि एवड्डुउ अतरु । मरणें वि वेल्लि ण मेल्लइ तरुवर ।
एह पइ कवण बोल्ल पारभिय । सइ बडाय मइ अज्जु समुब्भिय ।
तुहु पेक्खतु अच्छु वीसत्थउ । डहउ जलणु जइ डहिवि समत्थउ ।

घत्ता । किं किज्जइ अण्णइ दिव्वें, जेण विसुज्झहों महु मणहों ।
जिह कणय-लोलि डाहुत्तर, अच्छमि मज्झें उ आसणहों" ॥९॥

—रामायण ८३।७-९

५—सामन्त और युद्ध

(१) सामन्त (राम)-वेष—

परबलें दिट्ठएँ राहव-वीरु पयट्टउ । रइ रण-रहसेण उरे सण्णाहु विसट्टउ ।
सो राहव पहरण-हत्थाएँ । दणुवइ णिद्दलण-समत्थाएँ ।
दीहर-मेहल-गुप्पताए । चदण-कद्दमें खुप्पताए ।
विच्छोइय मणहर कताए । किय-माया सुग्गीवें ताए ।
रण-रहसुद्धूसिय-गत्ताए । अप्फालिय वज्जावत्ताए ।
आवीलिय तोणा-जुयलाए । किंकिणि ललंत बल-मुहलाए ।
कंकण-णिवद्ध करकमलाए । वित्थिण्णुण्णय बच्छयलाए ।
कुडल-मंडिय-गडयलाए । चूडामणि-चुंबिय-भालाए ।
भासुल-भुलिआरुल-व्वयणाए । रत्तुप्पल-सण्णिह-णयणाए ।
ज सेंन - सण्णद्धएँ दिट्ठाए । तं लक्खणे वि आलुद्धाए ।

—रामायण ६०।१

---

[1] तडित्, बिजली

घत्ता । खडखड सलिल वहंतियहु, पटरानियह कुलग्रयहु ।
रतनाकर खारइ देतउ, तोपि न थाकै जनु निर्मंथै ॥८॥
सोउ न कोइहँ जनेहिं गणीजं । गगानदिहिं सोउ नहईजै ।
शशि सकलक ताह प्रभाँ निर्मल । कालउ मेघ ताह तडि उज्वल ।
उपल अपूज्य न कोउँ छूवई । तेहि प्रतिमा चदन लेपइ ।
धोइये पाव पक यदि लागै । कमल-माल पुनि जिनहु समर्पै ।
दीपउ होहि स्वभावे कालउ । बाति शिखहिं मडिज्जै आलउ ।
नर-नारिहीं एवडउ[1] अंतर । भरतेंउ बेलि न मेलै[2] तरुवर ।
एहु तैं कवन बोलि प्रारभिउ । सति वड़ाइ मैं आज समुज्झिउ ।
तुह देखत होहु विश्वस्ता । दहउ ज्वलन यदि दहन-समर्था ।
घत्ता । का कीजै दूसर दिव्येंहिं[3], जातें विशुद्धइ मम मना ।
जिमि कणक-लोलें दाहुत्तर, रहहुं मॉझहू आसना ॥९॥
—रामायण ८३।१-९

५—सामन्त और युद्ध

(१) सामन्त (राम)-वेष—

पर बले दीख राघववीर । रवि रण लसेहिं उर सन्नाह निबद्धउ ।
सो राघव प्रहरण-हस्ताऊ । दनुपति-निर्दलन-समर्थाऊ ।
दीरघ-मेखल गोप्यताऊ । चदन-कर्दमें लेप्यताऊ ।
वीछोहिउ मनहर-कान्ताहीं । कृत-माया सुग्रीवें ताहीं ।
रण-रभसें हि धूसित गात्राए । आस्फालिय वैयावर्त्याए ।
आ-धारेंउ तूणी-जुगलाए । किंकिणि-ललत बल-मुखराए ।
कंकण-निबद्ध-करकमलाए । विस्तीर्णु-'न्नत-वक्षतलाए ।
कुडल - मडित - गडतलाए । चूडामणि - चुंवित - भालाए ।
भासुर - पुलकाकुल - वदनाए । रक्तोत्पल - सन्निभ - नयनाए ।
जो सेन-सनद्धा-दीखाए । सो लक्ष्मणें हू आलुब्धाए ।
—रामायण ६०।१

---

[1] एतना [2] छाड़े [3] आगके गोले आदिसे सतीत्व परीक्षा

(२) देश-विजय

(देशोंके नाम)

पइजारूढु णराहिउ जावेंहिं। साहणु[1] मिलिउ असेसु वि तावेंहिं।
लेहु लिहेप्पिणु जग-विक्खायहों। तुरिउ विसज्जिउ महिहर-रायहो।
अग्गएँ धित्तु वद्धलं पिक्खुव। हरिणक्खरहिँ लीण ण डिक्खुव।
सुदरु पत्तु वतु वरसाहु'व। णाव वहुल सरि गगपवाहु'व।
दिट्ठु राय तहिँ आय अणतवि। सल्ल-विसल्ल-सीह-विक्कंतवि।
दुज्जय-अजय-विजय-जय-जय मुहुँ। णर-सद्दूल-विउल गय-गय मुहुँ।
रुद्दवच्छ-महिवच्छ-महद्धय। चंदण-चदोयर-गरु(ड)द्धय।
केसर-मारि-चंड-जमहंटा। कोंकण-मलएँ-पंडिया-'णट्टा।
गुज्जर-गंग-बंग-भंगाला। पइविय-पारियत्त-पंचाला।
सिंधव-कामरूव-गंभीरा। तज्जिय-पारसीय-परतीरा।
मरु-कण्णाड-लाड-जालंधर। टक्क-हीर-कीर-खस-बब्बर।
अवरवि जे ऍक्केक्क-पहाणा। . . . .

—रामायण ३०।२

घत्ता। जे अल मलवल पवल-बले, हरि-बल-बलेहि साहिया।
ते णरवइ लवणकुसेहिँ, सवंसि करेप्पिणु साहिय ॥५॥
खस-सब्बर-बब्बर-टक्क-कीर। कउवेर-कुरव-सोंडीर-वीर।
तुगं-'ग-वंग-कन्होज्ज-भोट्ट। जालंधर-जवणा-जाण-जट्ट।
कंमीरो-'सीणर-कामरुव। ताइय-पारस-काहार-सूव।
णेपाल-घट्ट-हिंडीव-'तिसर। केरल-काहल-कइलास-वसिर।
गंधार-मगह-मद्दा-हिवावि। सक-सूरसेण-मरु-पत्थिवावि।
एयवि अवरवि किय वस-विहेय। पल्लट्ट पडीवासेहि लेय।

—रामायण ८२।६

---

[1] साधन=सेना

(२) देश-विजय

(देशोंके नाम)

परि-आरूढ नराधिप जब्बहिं। साधन[1] मिलेउ अशेषउ तब्बहिं।
लेख लिएवउ जग-विख्यातहु। तुरत विसजउ महिधर-रायहु।
आगे लियउ वद्धल पेखुव। हरिणाक्षरहिं लीन जनु डिक्खुव।
सुदर पात्रवत वर साधुव। नाव-बहुल सरि गंग-प्रवाहुव।
दीख राय तहँ आय अनतउ। सल्ल-विसल्ल-सिंह-विक्रांतउ।
दुर्जय-अजय-विजय-जय-जय मुख। नर-शार्दूल-विपुलगज-गजमुख।
रुद्रवत्स-महिवत्स-महाध्वज। चदन-चदोदर-गरुडध्वज।
केसर-मारि-चंड-यमघटा। कोंकण-मलय-पंडिया-'नट्टा।
गुर्जर-गंग-बंग-भंगाला। पइविय-पारियात्र-पंचाला।
सिंधव-कामरूप-गभीरा। ताजिक-पारसीक-परतीरा।
मरु-कर्नाट-लाट-जालंधर। टक्क-अहीर-कीर-खस-बर्बर।
अवरहु जे ऍक-एक प्रधाना। ....।

—रामायण ३०।२

घत्ता। जे अलमत बल प्रवलबलें, हरिवल बलेहिं साधिया।
ते नरपति (हूँ) लव-कुशेहिं, स्ववश करीय प्रसाधिया ।।५।।

खस-सर्वर-बर्बर-ढक्क-कीर। कौबेर-कुरव-शौडीर-वीर।
तुंग-'डुग-वंग-कबोज-भोट्ट। जालंधर-यवना-जान-जट्ट।
कश्मीर-उशीनर-कामरूप। ताजिक-पारस-काहार-सूव।
नेपाल-घट्ट-हिंडिव तिसरा। केरल-कोहल-कैलाश-वशिर।
गंधार-मगह-मद्र-आहिवाउ। शक-शूरसेन-मरु-पार्थिवाउ।
एतउ अवरउ किउ वश-विधेय। पलटेउ प्रतीवासेहिं लेय।

—रामायण ८२।६

---

[1] रण-साधन, सेना

(३) योधाओंकी उमंगें

अण्णेक्क सुहड सण्णद्ध केवि। णिय कतहु आलिगणु करेवि।
अण्णेकहु धण तबोलु देइ। अण्णेक्क समप्पिउ पिउ ण लेइ।
मइ कन्तें समाणे'चउदलेहिँ। हयपण्णें हि रहवर-पोप्फलेहिँ।
णर-वर सचूरिय-चुण्णएण। रिउ-जयसिरि-बहुअएँ दिण्णएण।
अण्णेकहों जाइँ सुकत देइ। ऊहुल्लइँ फुल्लइँ नतरु लेइ[1]।
ण समिच्छमि हैंउ तुहु लेहि भज्जें। एत्तिउ सिरु णिवडइ सामि-कज्जें।
अण्णेक्कहों धण-भूसणइँ देइ। अण्णेक्कु तपि तिण-समु गणेइ।
कि गंधें कि चदण-रसेण। मइ अंगु पसाहेव्वउ जसेण।

घत्ता। अण्णेक्कहों धण अप्पाहइ, हिम-ससिकत-समुज्जलइँ।
करिकुभइ णाह दलेप्पिणु, आणेज्जहि मोत्ताहलइँ ॥३॥

—रामायण ५६।२-३

केवि जस-लुद्ध। सण्णद्ध-कोह। केवि सुमित्त-पुत्त। सुकलत्त-चत्त-मोह।
केवि णीसरति वीर[2]। भूधर'व्व तुगधीर।
सायर'व्व अप्पमाण। कुजर'व्व दिण्णदाण।
केसरि'व्व उद्धकेस। चत्त-सव्व-जीवियास।
केवि सामि-भत्ति-वंत। मच्छिरग्गि-पज्जलत।
केवि आहवे अभग। कुकुम पसाहि-अंग।
केवि सूर साहिमाणि। सत्ति-सूल-चक्कपाणि।
केवि गीढ वारुणत्थ। तोण-वाण-चाव-हत्थ।
कुद्ध लुद्ध-जुद्ध केवि। णिग्गयासु सण्णहेवि।

—रामायण ५९।२

---

[1] नव नलेइ—पूना [2] हेलादुवई-छंद

(३) योधाओंकी उमंगें

अन्नेक[1] सुभट सन्नद्ध कोइ। निज कंतहँ आलिगन करेइ।
अन्नेकहु धनि तावूल देहिँ। अन्नेक समर्पँउ पिय न लेहिँ।

मैं कत समाने चउदलेहिँ। ह्य पर्णेहिँ रथवर-श्रीफलेहिँ।
नरवर संचूरित-चूर्णकेहिँ। रिपु-जयश्री-वधुग्रइ दिन्नकेहिँ।

अन्नेकहु जाइँ सुकत देइ। ऊहुल्लैं फुल्लैं नर न लेइँ।
नहि इच्छउँ हउँ तुहु लेइ भाज्यें। ईहउ शिर निपतै स्वामिकार्यें।

अन्नेकहँ धन-भूषणैं देइ। अन्नेक सोउ तृणसम गनेइ।
का गधहिँ का चदन-रसहीँ। मैं अंग प्रसाधेबउँ यशेहिँ।

घत्ता। अन्नेकहु धन आपानही, हिम-शशिकात-समुज्वलईँ
करिकुभइँ नाथ ! दलेविय, आनीजै मुक्ताफलईँ ॥३॥

—रामायण ५६।२-३

कोइ यशलुब्ध। सन्नद्ध-क्रोध। कोइ सुमित्र-पुत्र। सुकलत्र त्यक्तमोह।
कोइ निःसरति वीर। भूधर इव तुगधीर।

सागर इव अप्रमाण। कुजर इव दिन्न-दान।
केसरि इव ऊर्ध्व-केश। त्यक्त-सर्व-जिविताश।

कोइ स्वामि-भक्तिमत। मत्सराग्नि-प्रज्वलत।
कोइ आहवे अभग। कुकुमे प्रसाधित-आंग।

कोइ शूर साभिमानि। शक्ति-शूल-चक्र-पाणि।
कोइ गीढ-वारुणास्त्र। तूण-बाण-चाप-हस्त।

क्रुद्ध लुब्ध-युद्ध कोइ। निर्गत-असु सन्नहेइ।

—रामायण ५६।२

---

[1] अन्नेक

(४) पत्नीसे विदाई (रावण-सैनिककी)

घत्ता[1]। कोइ पधाइउ हणु हणु सद्दें, परिहइ कोइ कवउ आणंदें।
रण-रसियहों रोमचुब्भिण्णहों, उरें सण्णाहु ण माइउ अण्णहों ॥२॥
पभणइ कावि "कंत! करि-कुंभें जेत्तडाइँ। मुत्ताहलाइँ लेवि महु आणेज्जहि तेत्तडाइँ"।
कावि कंत-चिंधइ अप्पाहइँ। कावि कंत णिय-कंतु पसाहइँ।
कावि कंत-मुह यति करावइँ। कावि कत दप्पणु दरिसावइँ।
कावि कत पिय-णयणइ अजइँ। कावि कत रण-तिलउ पउंजइ।
कावि कत स-वियारउ जंपइ। कावि कत तंबोलु समप्पइ।
कावि कंत-बिंबाहर लग्गइ। कावि कत आलिंगणु मग्गइ।
कावि कंत ण गणेइ णिवारिउ। सुरयारंभु करेइ णिरारिउ।
कावि कंत-सिरें बंधइ फुल्लइँ। वत्थइ परिहावई अमुल्लइ।
कावि कत आहरणइ ढोयइँ। कावि कत परमुहइ पजोयइँ।
घत्ता। कहवि अंगे रोसहु ण माइय, पिय रण-वहुअएँ सहुँई सगइया[2]।
जइ तुहु तहें अणुराइउ वट्टइ, तो महुँ ण हवय देबि पयट्टइ ॥३॥
पभणइ कोवि "वीरु जइ चवहि एव भज्जें। तो वरें तहें जें देमि जा जुत्त सामिकज्जें।"
कोवि भणइ "गयगंडवलग्गइ। आणवि मुत्ताहलइँ धयग्गइँ।"
कोवि भणइ "णउ लेमि पसाहणु। जाव ण भजमि राहव-साहणु।"
कोवि भणइ "मुहवित्ति ण इच्छमि। जाव ण सुहड छडक्क पडिच्छमि।
कोवि भणइ "ण णिहालमि दप्पणु। जाव ण रणि विणिवाइउ लक्खणु।"
कोवि भणइ "णउ अक्खिउ अंजमि। जाव ण सुरवहु-जण-मण-रंजमि।"....
कोवि भणइ "णउ सुरउ सभाणमि। जाव ण भडहु कुलक्खउ आणमि।"
कोवि भणइ "धणि फुल्ल ण वधवि। जाव ण रणें सर धोरणि सधवि"।
घत्ता। कोवि भणइ "धणे णउ आलिंगमि, जाव ण दंति-दंत आलिंगमि"।
कोवि करवि ण वित्ति आहारहों, जाव ण दिण्ण सीय दहवयणहों ॥४॥

---

[1] तोमर-छंद [2] सट्टइ-चाहिये

(४) पत्नीसे विदाई (रावण-सैनिककी)

घत्ता। कोइ प्रधायउ हन-हन शब्दें. परिहरि कोउ कवहुँ आनन्दे।
रणरसिया रोमाचु-छिन्नहँ। उरें सन्नाह न आयउ अन्यहँ॥२॥
प्रभणै कोइ "कंत ! करिकुभें जेत्तनाइँ। मुक्ताफलाइँ लेबि आनीजै तेत्तनाइँ।"
कोइ कंत चिन्हाईं पूजै। कोइ कंत निज-कत प्रसाधै।
कोइ कत-मुख धोवन करावै। कोइ कत दर्पण दरसावै।
कोइ कंत-प्रिय-नयनहिँ अजै। कोइ कत रणतिलक प्रयोगै।
कोइ कत सविकारउ जल्पै। कोइ कत तांबूल समर्पै।
कोइ कत-बिबाधर लागै। कोइ कंत आलिंगन माँगै।
कोइ कत न गनेइ निवारिउ। सुरतारंभ करेइ निरारिउ[१]।
कोइ कंत शिरें बाँधै फूलहिँ। वस्त्रहिँ पहिरावै अनमोलहिँ।
कोइ कंत आभरणहिं योजै। कोइ कत परमुखहिँ प्रयोगै।
घत्ता। "कहवि अंगें रोसहु न भाइय, प्रिय रण-वधु-संग ईर्ष्याइय।
यदि तुहुँ तहँ अनुरागिय वट्टै[२], तो मम न हवै[३] देवि प्र-वट्टै॥३॥
प्रभनै कोइ "वीर ! यदि बोलु एव भार्ये। तो वरु तेहिंहि देउँ जो युक्त स्वामि-कार्ये।"
कोइ भनै "गजगंड विलग्नहिँ। आनबि मुक्ताफलहिँ ध्वजाग्रहिँ।"
कोइ भनै "ना लेहुँ प्रसाधन। जौ लों न भंजउँ राघव-साधन।"
कोइ भनै "मुखवृत्ति न इच्छउँ। जौ लौ न सुभट-छडक्क प्रतीच्छउँ।
कोइ भनै "न निहारौं दर्पण। जौ लौ न रण विनिपातौं लक्ष्मण।"
कोइ भनै "ना आँखिहु अजौं। जौ लौ न सुर-वधुजन-मन रंजौं।
कोइ भनै "न सुरति सम्मानौं। जौ लों न भटहँ कुल-क्षय आनौं।
कोइ भनै "धनि ! फूल न बाँधव। जौ लों न रणें सर पाँती साँधव।"
घत्ता। कोइ भनै "धनि ! ना आलिगौं, जौ लों न दंति-दंत आलिगौं।"
कोइ "करवि न वृत्ति आहारहु, जौ लों न दीन सीय दशवदनहुँ॥४॥

---

[१] अत्यंत [२] बाटै (काशी) = है [३] होवे (काशी) = है

गरुअ पउ-हरीए अच्चंत णेहिणीए। रणे पइसतु कोवि सिक्खविउ गेहिणीए।
णाह णाह ! समरगणें काले। तूर भेरि-दडि-सख-रव-भाले।
उत्थरंत वर वीर समुद्दे। सीह-णाय णर-णाय-रउद्दे।
मत्त-हत्थि गल-गज्जिय सद्दे। अब्भिडिज्ज पर राहवचंदे।
कावि णारि परिहासइ एम। तेम जुज्झु णवि लज्जमि जेव।
कावि णारि पडिवोहइ णाह। भग्गमाणें पइँ जीवमि णाह।
कावि णारि पडिचुवणु देइ। कोवि वीरु अवहेरि[1] करेइ।
कतें कतें मइ मदु लएबी। कित्ति-वहुय रणें परिचुवेबी।
कावि णाहि णवकारु करेइ। कोवि वीरु रणें-दिक्ख लएइ।

—रामायण ५६।३-५

थोवंतरु जाव परिभमइ। सहुँ कतएँ कोवि वीरु चवइ।
सुदरि ! मृगणयणे ! मरालगइ ! त पहु पसाउ कि वीसरइ।
त पेसणु तऊ लग्गियउँ। तंजीविउ दाणु अमग्गियउँ।
तं उच्चासणु मणें वेयडिउ। तं मत्तगइदें-खंधें चडिउ।
त मेहलु तं कंठाहरणु। त चेलिउँ त जें समालहणु।
त फुल्लु सहत्थें त तबोलु। त असणु स-परियलु कच्चोलु।
तं चीरु भारु चामीयरहो। अवरवि पसाय लकेसरहो।
एयहुँ जसु एक्कइ णावडइ। सो सत्तमि णरयण्णवें पडइ।

—रामायण ६२।५

(५) रण-यात्रा

पेक्खु पेक्खु आवंतउ साहणु। गलगज्जत महग्गय-वाहणु।
पेक्खु पेक्खु हिंसत तुरगम। णहयलें विउलें भवति विहगम।
पेक्खु पेक्खु चिंघइ धूयतइँ। रह-चक्कइँ महियलें खुप्पतइँ।
पेक्खु पेक्खु कड्ढिय असिवत्तइँ। धाणुक्किय फारक्किय पत्तइँ।

---

[1] तिरस्कार

गरुअ पदधरियि अत्यन्त स्नेहनियहिँ। रणे॑ पइसंत कोइ सिखायउ गेहिनियहिँ।
"नाथ नाथ! समरंगण काले। तूर्य-भेरि-ढँढि-शँख-रव-माले।
उत्तरंत वरवीर समुद्रे। सिंहनाद नरनाद रउद्रे।
मत्त-हस्ति-मलगर्जित शब्दे। आभिडिया पर राघवचंदे।"
कोइ नारि परिहासैं एवं। "तिमि जूझौ नहि लज्जउँ येवं।"
कोइ नारि प्रतिबोधै नाथहँ। "भागते तोहिं जीवउँ ना हउँ।
कोइ नारि प्रतिचुवन देई। कोई भी अवधीर[1] करेई।
"कंत कंत! मैं॑ मृदू लपेबी। कीर्त्ति-बधुअ रणे॑ परिचुबेबी।"
कोइ नाहिँ नमकार करेई। कोइ वीर रण-दीक्ष लएई।

—रामायण ५६।३-५

थोडतर यावत् परिभ्रमई। कातासों॑ कोइ वीरा कहई।
"सुंदरि! मृगनयने! मरालगति। सो प्रभु-प्रसाद का बीसरइ।
मो प्रेषण[2] तऊ लागेऊँ। सो जीवित-दान अमाँगेऊँ।
सो उच्चासन मन बीजडऊ। तेहि मत्तगयद-स्कन्धे॑ चढिऊँ।
मो मेहरि सो कठाभरणू। सो चोलिउ सोँउ सम-नलभनू।
सो फूल स्वहत्थे॑ सो तमूल। सो अशन सम्परिदल[3] कट्टोर।
मो चीर भार चामीकरहू। अबरी प्रसाद लंकेश्वरहू।
एतहुँ यश एकइ ना वडई। सो सतवे॑ नरकार्णव पडई।

—रामायण ६२।५

(५) रण-यात्रा

पेखु पेखु आवतउ साधन[4]। गलगर्जंत महागज-वाहन।
पेखु पेखु हिनहिनत तुरगम। नभतले॑ विपुल भवति विहगम।
पेखु पेखु चिन्हा कंपता। रथचक्का महितलहिँ खनंता।
पेखु पेखु काढिय असिपत्रा। धानुष्के॑हिँ फरकायो पत्रा।

---

[1] तिरस्कार　[2] आज्ञा　[3] थाली　[4] सेना

पेक्खु पेक्खु वज्जंतइ तूरइँ। णाणा-विह निनाय-गंभीरइँ।
गलगज्जंत धणुह-टंकारउँ। सुहड विमोक्क पोक्कहक्कारउँ।
पेक्खु पेक्खु सय-सख रसंता। णाइ स दुक्खउ सयणें रुअंता।
पेक्खु पेक्खु पचलंतउ णरवइ। गह चक्कहहों मज्झें सणि णावइ।
दसउर-[1]णाहु णिहालइँ जावेंहिँ। सयलु वि सेण्णु पराइउ तावेंहिँ।

—रामायण २५।४

घंटा-टंकार-मणोहराइँ। उड्डुंत मत्त-महुयर-सराइँ।
ससि-सूर-कंत-कर-णिब्भराइँ। बहु-इंद-णील-किय-सेहराइँ।
पवलय-माला रंखोलिराइ। मरगय-रिछोलिएँ सोहिराइँ।
मणि-पोमराय-वण्णुज्जलाइँ। वेडुज्ज-वज्ज-पह-णिम्मलाइँ।
मुत्ता-हल-माला धवलियाइँ। किंकिण-घग्घर-सर-मुहलियाइँ।
धुवंत धवल-धुय-धय-बडाइँ। वज्जंत संख-सय-संघडाइँ।
सुग्गीवें रयणुज्जोइयाइँ। विहि विण्णि विमाणइ ढोइयाइँ।

—रामायण ५६।४

(६) सैनिक बाजे

पडु-पडह-संख-भेरी-रवेण। कंसाल-ताल-दडिरउ रवेण।
कोलाहल काहल-णीसणेण। वड्ढीअ मुउंदा भीसणेण।
वंमुक्क करउ-टिविला-रवेण। झल्लरि-रुंजा-डमरुअ-करेण।
पडिढक्क-हुडुक्का-वज्जिरेण। घुम्मंत-मत्त-गय-गज्जिरेण।
तंडविय-कण्ण-विहुणिय-सिरेण। गुमु-गुमु-गुमत इंदीवरेण।
पक्खरिय तुरय पवणुज्झडेण। धूवत-धवल-धय-धूवडेण।
मण-गमणा मेल्लिय संदणेण। जम-वरुण-कुवेर-विमद्दणेण।
वंदिण जयकारु ग्घोसिरेण। सुर-वहुअ-सत्थ-परितोसणेण।

घत्ता। सहु सेण्णें सहइ दसाणणु णीसरिउ।
छण-चंदु व तारा णियरें परियरिउ॥१॥

—रामायण ६३।१

---

[1] मालवा का दशपुर

पेखु पेखु बाजता तूरइँ। नानाविध निनाद-गभीरइँ।
गलगर्जत धनुष-टकारा। सुभट विमोचु पुक्क हकारा।
पेखु पेखु गतशख रसता। न्याइँ स्वदु:खउ स्वजन रुदता।
पेखु पेखु प्रचलतउ नरपति। ग्रह-चक्रहु माँझे स निशापति।
दशपुर-नाथ निहारेँउ जब्बैँ। सकलहु सैन्य पराइउ तब्बैँ।

—रामायण २५।४

घटा-टकार मनोहराइँ। उड्डंत मत्त-मधुकर-स्वराइँ।
शशि-सूर-कात-कर-निर्भराइँ। बहु-इन्द्रनील-कृत-शेखराइँ।
प्रवलय-माला रंखोलिराइ[1]। मरकत-पक्तीहीँ सोहराइँ।
मणि-पद्मराग-वर्णोज्ज्वलाइँ। वैदूर्य-वज्र-प्रभ-निर्मलाइँ।
मुक्ता-फल-माला-धवलिताइँ। किंकिणि घर्घर स्वर मुखरिताइँ।
कपत धवल-धुत-ध्वज-बडाइँ। बाजत शख-शत-सघटाइँ।
मुग्रीवेँ रतनोद्योतिताइँ। विधि दोउ विमानइँ ढोइयाइँ।

—रामायण ५६।४

(६) सैनिक बाजे

पटु पटह-शख-भेरी-रवेहिँ। कसाल-ताल-दडिरव-रवेहिँ।
कोलाहल काहल-नि.स्वनेहिँ। बड्ढीय मृदगा मिश्रणेहिँ।
धमुक्क-करड-टिबिला-रवेहिँ। झल्लरि-रुजा-डमरू-करेहिँ।
प्रतिढक्क-हुडुक्का बाजिरेहिँ। घूमत मत्तगज-गाजिरेहिँ।
ताडविय कर्ण-विधुनित-शिरेहिँ। गुम-गुम-गुमत इदीवरेहिँ।
पाखरिय तुरग-पवनोज्झटेहिँ। धुन्वत-धवल-ध्वज-धूवटेहिँ।
मनगमना छोडी स्यदनेहिँ। यम-वरुण-कुवेर-विमर्दनेहिँ।
वंदिन जयकारु-द्घोषणेहिँ। सुर-वधुग्र-सार्थ-परितोषणेहिँ।

घत्ता। सबसेनहिँ सह दशानन नीसरिऊ।
क्षण-चदि'व तारा-निकरे परिचरिऊ ॥१॥

—रामायण ६३।१

---

[1] सांकल

(७) युद्ध-वर्णन

(क) मेघवाहन[1]का युद्ध—

पच्छइ मेहवाहणो गहिय-पहरणे णिग्गउ तुरतो।
णं जुग-खय-सणिच्छरो भरिय-मच्छरो अहर-विप्फुरतो।
सो'वि पधाइउ रहवरें चडियउ। ण केसरि-किसोरु णिव्वडियउ।
संचल्लइए तोयदवाहणें। तूरइ हयइ असेस'वि साहणे।
संणज्झति केवि रयणीयर। वर-तोणीर-बाण-धणु-वर-कर।
कें वि तिक्खर-खग्गु-'क्खय-हत्था। केवि गुरुहु ऊणमिया-मत्था।
केवि चडिय हिंसंत-तुरंगेंहिँ। केवि रसत-मत्त-मायंगेंहिँ।
केवि रहेंहि कें वि सिविया-जाणेंहिँ। केवि परिट्ठिय-पवर-विमाणेंहिँ।
पुच्छिउ णियय-सारही, "अहो महारही।
दिढइँ जाइँ जाइँ, कहि कित्तियइँ।
अत्थइ रणहों समत्थइ, रहिहें चडावियइँ।"

(हथियारोंकी शक्तिकी तुलना—)

तो एत्थंतरि पभणइ सारहिँ। "अत्थइँ अत्थि देव! जइ पहरहिँ।
चक्कइ पच सत्त वर-वायइँ। दस असिवरइँ अणिट्ठिय!गावइँ।
वारह झस पण्णारह मोग्गर। सोलह लउडि दड रणें दुद्धर।
वीस फरसु चउवीस तिसूलइँ। कोतइ तीस सत्तु-पडिकूलइं।
घण पणतीस चाउ वसुणेदा। चाल पचास तीस अद्धदा।
सेल्लइ सट्ठि खुरुप्पइँ सत्तरि। अण्णइँ कणय-चडिय चउहत्तरि।
असीति सत्तिउ णवइ भुसढउ। जाउ दिवे दिवें रण-रसि-यट्ठिउ।
सउ णारायहुँ ज परिमाणमि। अण्णहि पुणु परिमाणु ण जाणमि।
घत्ता। वारह णियलइँ सोलह, विज्जउ रह चडिअउ।
जेहि धरिज्जइ समरगणि, इदु' वि भिडिअउ॥५॥

—रामायण ५३।४-५

---

[1] मेघनाद

(७) युद्ध-वर्णन

(क) मेघवाहनका युद्ध—

पाछेइं मेघवाहन गहिय-प्रहरणा निर्गतउ तुरता।
जनु युग-क्षय शनिश्चर, भरिय-मत्सर अधर-विस्फुरता।
मोउ प्रधायउ रथवर चढियउ। जनु केसरि-किशोर नीबडियउ।
सचलतेई तोयदवाहनें। तूर्यहिं हयहिं अशेषहु साधनें।
सन्नाहति कोंइ रजनीचर। वरतूणीर-वाण-धनु-वर-कर।
कोंइ तीखर-खड्गु-'घत-हत्या। कोइ गुरुहिं अवनामिय-मत्था।
कोइ चढिय हिनहिनत तुरंगेहिं। कोइ रसत मत्त-मातगेहिं।
कोइ रथेहिं कोंइ शिविका-यानेहिं। कोइ बैठे प्रवर-विमानेहिं।
पूछेंउ निजय-सारथी, "अहो महारथी।
दृढै जाडँ जाइं, कहु केत्तियइं।
अर्थइ रणहु समर्थं, रथिहिं चढावियईं।

हथियारोंकी शक्तिकी तुलना

नो एहीं बिच प्रभणें सारथी। "अर्थं अहे देव! यदि प्रहरहिं।
चक्रें पाँच सात वर-वायहिं[1]। दश असि-वरहिं अनिष्ठित गावें।
वारह झष पन्नारह मुद्गर। सोलह लउरि-दड रणें दुर्धर।
वीस परशु चौबीस त्रिशूलहि। कुतहिं तीस शत्रु-प्रतिकूलहिं।
धन पंतीस चाप वसुनेद्रा। चाल पचास तीस अर्धदा।
सेलहि साठ क्षुरप्रहिं सत्तर। अन्यहिं कनक-चढिय चौहत्तरि।
अस्सी शक्तिहि नबे भुसुडिउ। जाउ दिने दिन रण-रसिकस्थिउ।
सौ नाराचौ जो परिमाणौं। अन्येहिं पुनि परिमाण न जानऊँ।
घत्ता। वारह निगडहिं सोरह विद्धी रथ चढियउ।
जेंहि धरिये समरगणे, इन्द्रहुँ भिडियउ॥५॥

—रामायण ५३।४-५

---

[1] हथियार

(ख) मेघवाहन और हनूमान्‌का युद्ध—

एक्कल्लउ सुहडु अणंत-बलु। पप्फुल्लु तोवि तहों मुह-कमलु।
परि-सक्कइ थक्कइ उल्ललइ। हक्कारइ पहरइ दणु दलइ।
आरोक्कइ ढुक्कइ उत्थरइ। परिउभइ[1] रुंभइ वित्थरइ।
णवि छिज्जइ भिज्जइ पहरणेहिं। जिह जिणु ससारहों कारणेहिं।
हणुयहों पासेंहि परिभमइ बलु। णं मदल-कोडिहि उयहि-जलु।
घत्ता। धरेंवि ण सक्कइ बलु सयलु 'वि उक्खय-पहरणु।
मारुहें पासेंहि परिभमइ मदरहों णाइ तारायणु ॥६॥
धाइउ पवणणंदणो दणु-विमद्दणो वलहों पुलइ-अगो।
हउ-रहु रह-वरेण गउ गय-वरेण, तुरएण वर-तुरगो॥
सुहडें सुहडु कवंध कवधें। छत्तें छत्तु चिधुहउ चिधें।
बाणें बाणु चाउ वर-चावें। खग्गें खग्गु अणिट्ठिय-गव्वें।
चक्कइँ चक्कु तिसूल तिसूलें। मोग्गर मोग्गरेण हुलिहूलें।
कणएँण कणउ मुसलु वर-मुसलें। कोते कोतु रणगणें कुसलें।
सेल्लें सेल्लु खुरुप्पु खुरुप्पें। फलिहिं फलिहु गयावि गय-रूप्पें।
जतें जतु एनु पडिखलियउ। बलु उज्जाणु जेण दरमलियउ।
णासइ सयलु'ण्णाविय मत्थउ। णिग्गइ दुण्णि तुरगु णिरुत्थउ।
विवरामूहुउ हल्लिय-वयणउ। भग्गमडप्फरु मउलिय-णयणउ।
घत्ता। वियलिय-पहरणु णासतु णिए' वि णिय-साहणु।
रह-वरु वाहेंवि थिउ अग्गएँ, तोयदवाहणु ॥७॥
रावण-राम-किकरा रणे भयकरा, भिडिय विप्फुरता।
विउ सुग्गीव-राहवा विजय-लाह-चाणाइँ हणु भणता॥
वेवि पयड वेवि विज्जा-हर। वेंण्णि'वि अक्खय-तोण-धणुह-कर।
वेंण्णि'वि वियउ-वच्छ पुलइय-भुअ। वेण्णि'वि अजण-मदोयरि-सुअ।

---

[1] परिब्भंभइ

(ख) मेघवाहन और हनूमान्का युद्ध—

एकल्लउ सुभट अनतबलू। प्रप्फुल्ल तोउ तसु मुख-कमलू।
परि-शक्कै थाकै उल्ललई। हक्कारै प्रहरै दनु-दलई।
आ-रोकै ढूकै उल्ललई। परि-रुधै रुधै विस्तरई।
नहि छिद्यै भिद्यै प्रहरणेहिँ। जिमि जिन ससारह कारणेहिँ।
हनुमत्-पासेँहिँ परिभ्रमै बलू। जनु मदर-कोटिहिँ उदधि-जलू।
घत्ता। धरेँव न सक्कै बल सकलहु उक्खाड-प्रहरण।
मारुति-पासेँहिँ परिभमै मदर-कोटि'व तारागण ॥६॥
धायेँउ पवननदनो दनु-विमर्दनो। वलवत् पुलकित-अगो।
हय-रथ रथवरेहिँ गयेँउ गजवरेहिँ तुरगेहिँ वरतुरगा।
सुभटेहिँ सुभट कवध कवधेहिँ। छत्रेँ छत्र चिन्हहऊँ चिन्हा[1]।
वाणेँ वाण चाप वर-चापेँ। खड्गेँ खड्ग अनिष्ठित[2]-गर्वेँ।
चक्रहिँ चक्र त्रिशूल त्रिशूलेँ। मुद्गर मुद्गरेहिँ हुलिहूलेँ।
कनकेहिँ कनक मुसल वर-मुसलेँ। कुतेँ कुत रणगण कुसलेँ।
सेलेँ सेल क्षुरप्र क्षुरप्रेँ। फरिहिँ फरिहु गजाहु गज-रूपेँ।
यत्रेँ यत्र आवत प्रतिस्खलियेँउ। बल उद्यान येन दरमलियेँउ।
नाशै सकल नवाइया मत्थउ। निर्गत दोउ तुरग-निरर्थउ।
विवर-मुखाहू हालिय-वदनहु। भग्न-'भिमान मुकुलिया-नयनहु।
घत्ता। विचलिउ प्रहरण नाशत निजहु निज-साधन।
रथवर वाहहु रहु आगे, तोयदवाहन ॥७॥
रावण-राम-किकरा रण-भयकरा, भिडेँउ विस्फुरता।
सुग्रीव-राघव-विजल लाभवाणा हन भनता ॥
दोउ प्रचड दोउ विद्याधर। दोऊ अक्षय-तुण-धनुष-कर।
दोऊ विकट-वक्ष पुलकित-भुज। दोऊ अजन-मदोदरि-सुत।

---

[1] ध्वज [2] अनंत, असमाप्त

वें'ण्णि'वि पवण-दसाणण-णदण । वेण्णि'वि दुद्दम-दाणव-मद्दण ।
वेण्णि'वि पहरण-परवल-चड्डिय । वेण्णि'वि जय-सिरि-वहुअवरुंडिय ।
वेण्णि'वि राहव-रावण पक्खिय । वेण्णि'वि सुर-वहु-णयण-कडक्खिय ।
वेण्णि'वि समर-सएँहिं जसवंता । वेण्णि'वि पहु-सम्माण-सरंता ।
वेण्णि'वि वीर-धीर भय-चत्ता । वेण्णि'वि परम-जिणिदहों भत्ता ।
वेण्णि'वि अतुल-मल्ल रण-दुद्धर । वेण्णि'वि रत्त-णेत्त-फुरिया-हर ।

घत्ता । विहिमि महाहउ जो असुर-सुरेदहि दीसइ ।
राहव-रावणहों से तेहउ दुक्खरु होसइ ॥८॥

—रामायण ५३।६-८

भिडिअइ वें'वि सेण्णइँ आउ जुज्झु घोरु ।
कुडल-कडय-मउडणिवडत कणय-डोरु ।
हण-हण-हणंकारु महारउद्दु । छण-छण-छणतु गुण-पिछ-सद्द ।
कर-कर-करतु कोयड-पवरु । थर-थर-थरतु णाराय-णियरु ।
खण-खण-खणतु तिक्खग्ग खग्गु । हिलि-हिलि-हिलतु हय-चचलग्गु ।
गुलु-गुलु-गुलंत गयवर विसालु । "हणु-हणु" भणतु णर-वर-विसालु[1] ।
पोप्फस-वसणे गत्तत्त-मालु । धावत कलेवर सव-करालु ।
झल-झल-झलंतु सोणिय-पवाहु । छिज्जत चलण तुट्टत वाहु ।
णिवडंत सीसु णच्चत रुड । ऊणल्ल तुरय-धय-छत्त-दंड ।
तेंहि तेहएँ रणें रण-भर-समत्थु । राहव-किकरु वर-वारणत्थु ।

घत्ता । सीहद्धउ चवल सीह-सदणे चडियउ ।
सतावणु सुहुमारिव्वें अब्भिडिउ ॥३॥

वेण्णि'वि सीह-सदणा वेण्णि'वि सीह-चिंधा ।
वेण्णि'वि चाव-करमला वें'त्रि जगें पसिद्धा ।

---

[1] परवर वमालु

दोऊ पवन-दशानन-नंदन। दोऊ दुर्दम-दानव-मर्दन।
दोऊ प्रहरण • परबल-चढिया। दोऊ जयश्री-वधु आँलिंगिया।
दोऊ राघव-रावण-पक्षिय। दोऊ सुरबधु-नयन-कटाक्षिय।
दोऊ समर-शतेहिं यशवंता। दोऊ प्रभु-सम्मान स्मरंता।
दोऊ वीर-धीर भय-त्यक्ता। दोऊ परम-जिनेंद्रह भक्ता।
दोऊ अतुल-मल्ल रण-दुर्धर। दोऊ रक्तनेत्र स्फुरिताधर।
घत्ता। दोउँहि महाहव जो असुर-सुरेंद्रहिं दीसै।
राघव-रावणँह सो, वैसे दुष्कर होषै[1] ॥८॥

—रामायण ५३।६-८

भिडिया दोऊ सेन आव युद्ध घोर।
कुंडल-कटक मुकुट निपतत कणक-डोर॥
हून-हून-हनकार महा-रउद्र। छन-छन-छनत गुण-पिच्छ-शब्द।
कर-कर-करत कोदंड-प्रवर। थर-थर-थरत नाराच-निकर।
खन-खन-खनंत तीक्ष्णाग्र खड्ग। हिलि-हिलि-हिलत हय-चचलाग्र।
गुलु-गुलु-गुलत गजवर-विशाल। "हन हन" भनंत नरवर-विशाल।
फुप्फुस वसने गात्रात्त-माल। धावत कलेवर शव-कराल।
झल-झल-झलत शोणित-प्रवाह। छिद्यत चरण तुटघत बाँह।
निपतंत शीश नाचत रुंड। फिक्कत तुरग-ध्वज-छत्र-दंड।
तँह तेहि रणे रणधर-समर्थ। राघव-किंकर वर-वारणास्त्र।
घत्ता। सिंहध्वज चपल सिंह-स्यदन चढियउ।
सतापन सुखमारी इव भिडियउ।
दोऊ सिंहस्यदना दोऊ सिंहचिन्हा।
दोऊ चाप-करतला दोऊ जग-प्रसिद्धा।

---

[1] होवै (काशी)

वेण्णिवि[1] जस-लुद्ध विरुद्ध कुद्ध । वेण्णि'वि वंसुज्जल कुल-विसुद्ध ।
वेण्णि'वि सुर-वहु-आणद-जणण । वेण्णि'वि सत्तुत्तम सत्तु-हणण ।
वेण्णि'वि रण-धुर-धोरिय महंत । वेण्णि'वि जिण-सासण-भत्तिवंत ।
वेण्णि'वि दुज्जय जय-सिरि-णिवास । वेण्णि'वि पणई-यण-पूरियास ।
वेण्णि'वि निसियर-णर-वर-वरिट्ठ । वेण्णि'वि रावण-राहवहँ इट्ठ ।
वेण्णि'वि जुज्झंत सिलीमुहेहि । ण गिरि अवरोप्परु सरि मुहेहिँ ।
मारिच्चहों भय भीसावणेण । धणु जीउच्छिणु सतावणेण ।
तेण'वि तहों चिर-पेसिय-सरेहिँ । ससारु'व परम-जिणेसरेहि ।

—रामायण ६३।३-४

(ग) हनूमान्‌का युद्ध

हणुवंत-रणे परिवेढिज्जइ णिमियरेहिँ ।
ण गयण-यले वाल-दिवायरु जलहरेहि ।
पर-बलु अणंतु हणुवंतु एक्कु । गय-जूहहों णाइ इंदु थक्कु ।
आरोक्कइ कोक्कइ समुहुँ धाइ । जहिं जहिं जे थट्ट तहि तहि जे थाइ ।
गय-घड भड-थड भजंतु जाइ । वसत्थलें लग्गु दवग्गि णाइ ।
एक्कू रहु महाँहवें रस-विसट्टु । परिभमइ णाइँ वलें भइय वट्ट ।
सो णवि, भडु जासु ण मलिउ माणु । सो ण धयउ जासु ण लग्गु वाणु । ..
सो णवि तुरगु जस गोंडु ण तुट्टु । सो विण रहु जासु ण रहगु फुट्ट ।
सो णवि भडु जासु ण छिण्णु गत्तु । त णवि विमाणु जहिं सरु ण पत्तु ।
घत्ता । जगडंतु बलु मारुइ हिंडइ जहिँ जें जहिँ ।
संगाम-महिहें रुड णिरंतर तहि जें तहिँ ॥१॥
जं जिणेवि ण सक्किउ वर-भडेहि । बेढाविउ मारुइ गय-घडेहि ।
गिरि-सिहिर-गहिर कुंभत्थलेहिँ । अणवरय-गलिय-गडत्थलेहिँ ।
छप्पए-झंकार-मणोहरेहिँ । घंटा-टंकार-भयंकरेहिँ ।
तडविय कण्ण उद्ध करेहिँ । मुक्क'कुसेहि मय-णिब्भरेहिँ ।...

[1] बे=दो (गुजराती)

दोऊ यशलुब्ध विरुद्ध क्रुद्ध । दोऊ वशोज्वल कुल-विशुद्ध ।
दोऊ सुरबधु-आनद-जनन । दोऊ सत्त्वोत्तम शत्रु-हनन ।
दोऊ रण-धुर-धौरे'य महत । दोऊ जिन-शासन-भक्तिवत ।
दोऊ दुर्जय जयश्री निवास । दोऊ प्रणयीजन-पूरिताश ।
दोऊ निशिचर-नरवर-वीरष्ट । दोऊ रावण-राघवहूँ इष्ट ।
दोऊ युध्यत शिलीमुखेहिँ । जनु गिरि अपरोपर सरि-मुखेहिँ ।
मारीचहु भय-भीषावणेहिँ । धनुज्या उछिन्दु सतापनेहिँ ।
सोऊ तेहि चिर-प्रेषित-शरेहिँ । ससारि'व परम जिनेवरेहिँ ।

—रामायण ६३।३-४

(ग) हनूमान्‌का युद्ध

हनुमत-रणे परिवेठिज्जै निशिचरेहिँ ।
जनु गगनतले वालदिवाकर जलधरेहिँ ।
पर-बल अनत हनुमत एक । गज-यूथहिँ न्याईँ इदु थाक[1]
आरोकइ कोकइ समुँहे धाइ । जहँ जहीँ ठट्ट तहँ तहीँ थाय[2] ।
गज-घट भट-ठट भजत जाइ । वश-स्थलेँ लागि दवाग्नि न्याईँ ।
एको रथ महाहवे रस-विसट्ट । परिभ्रमै न्याईं वलेँ भयावर्त्त ।
सो नहिँ भट जासु न मलेँउ मान । सो नहिँ ध्वज जासु न लागु वाण । . . .
सो नहिँ तुरंग जसु गोँड न टूट । सो नहिँ रथ जसु न रथग फूट ।
सो नहिँ भट जासु न छिन्नु गत्त । सो नहिँ विमान जेहि शर न प्राप्त ।
घत्ता । झगडत वल मारुति हिडइ जहँहि जहँ ।
संग्राम-महिहिँ रुंड निरतर तहँहि तहँ ॥१॥
जो जितव न सक्केउ वर-भटेहिँ । वेष्ठाविउ मारुति गजघटेहिँ ।
गिरि-शिखर-गहिर-कुभस्थलेहिँ । अनवरत-गलित-गडस्थलेहिँ ।
षट्पद-झंकार-मनोहरेहिँ । घटाटकार-भयकरेहिँ ।
ताडविय कर्ण ऊर्ध्व-करेहिँ । मुक्त-आकुशेहिँ मद-निर्भरेहिँ । . .

---

[1] ठहरै (बंगला) [2] रहै (गुजराती)

रण-रसिऍंहि वैहाविद्धएहि। पेल्लिउ पडिवक्खु कइद्धएहि।
णासइ विहडप्फउ गलिय-खग्गु। चूरंतु परप्फरु चलण-भग्गु।

(घ) कुंभकर्णका युद्ध

भज्जतउ पेक्खेंवि णियय-सेण्णु। रावणु जयकारेंवि कुभयण्णु।
धाइउ भय-भीसणु भीम-काउ। ण राम-बलहों खय-कालु आउ।
परिसक्कइ रण-भूमिहि ण माइ। गिरि-मंदरु-थाणहों चलिउ णाइ।
जउ जउ जि समच्छरु देइ दिट्ठि। तउ तउ जें पडइ ण पलय-विट्ठि।
कोंवि वाएँ कोवि भिउडिऍं पणट्ठु। कोंवि ठिउ अवठभेवि धरणि विट्ठु।
कोंवि कहवि कडच्छए णरु णिलुक्कु। कोंवि दूरहोज्जें पाणेहि मुक्कु।
घत्ता। सुग्गीव वले गरुअउ हुअउ हल्लोहलउ।
णं अगरें[1] हत्थि पइट्ठव राउलउ ॥३॥...

इत्यतरे किक्किधाहिवेण। पडिबोहणत्थु आमुक्क तेण।
उम्मोहिउ उट्ठिउ वलु तुरतु। कहि कुभयण्णु वलु वलु भणंतु।
घत्ता। सयडम्मुहु पुणुवि पडीवउ धावियउ।
ण उयहि-जलु महि रेल्लतु पराइयउ ॥५॥

पर-बलु णियेवि समुत्थरंतु। लकाहिवेण थरहर-थरंतु।
करि कड्ढिउ णिम्मल चदहासु। उग्गामिउ णइ दिणयर-सहासु।
रिउ-साहणें भिडइ ण भिडइ जावँ। सोंडीर-वीर-णर तिण्णि तावँ।
इदइ घणवाहण वज्जणक्क। सिर णमिय कियजलि-हत्थ थक्क।
"अम्हेंहि जीवतेंहि किकरेहिँ। तुहु अप्पणु पहरहि कि करेहिँ"।
सामिउ सम्माणेवि वद्ध-कोह। तिण्णेंवि समरगणें भिडिउ जोह।
चंदोयर-तणयहु वज्जणक्कु। घणवाहणु भामडलहों थक्कु।
इदइ सुग्गीवहों समुहु चलिउ। ण मेरु महोयहि पहुं चलिउ।
घत्ता। णरु णरवरहों तुरयहों तुरय समावडिउ।
रहु रहवरहों गयहों महग्गउ आविडिउ ॥६॥

---

[1] अगहरे

रणरसिकेँहिँ वेधा-विद्धएहि । पेल्लेँउ प्रतिपक्ष कपिध्वजेहि ।
नाशइ बिहडप्फल गलित-खड्ग । चूरत परस्पर-चरण-मार्ग ।

(घ) कुंभकर्णका युद्ध

भज्जतउ पेखिय निजय-सैन्य । रावण जयकारहु कुंभकर्ण ।
धायउ भयभीषण भीमकाय । जनु रामबलह् क्षयकाल आय ।
परिष्कसकै न रण-भूमिहि अमाइ । गिरि-मदर-थानहु चलेउ न्याइँ ।
जेँहि जेहि समक्षहु देइ दृष्टि । सोइ सोइ पडै जनु प्रलय-वृष्टि ।
कोइ वाचेँ कोइ भृकुटिहिँ प्रणष्ट । कोइ ठिउ अवथभेहि धराविष्ट ।
कोँइ कोइ कटाक्षहिँ नरउ लूकु । कोइ दूरहीँहि प्राणेहिँ मोचु ।
घत्ता । सुग्रीवहु गरुओ हुयो हल्लाहलउ ।
जनु अग्रहारे पइठउ हस्ति राजुलउ ॥३॥. .
एहि अन्तर किष्किधाधिपेहिँ । प्रतिबोधनार्थ आमोचु तेहिँ ।
उन्मोहेँउ उठेँऊ वल तुरंत । कहँ कुम्भकर्ण-वलवल भनत ।
घत्ता । शकट-मुंह पुनि हि प्रतीपउ धावियउ ।
जनु उदधि-जल मही रेल्लत[1] परायउ ॥५॥
परवल निजेँहु समुत्थरत । लकाधिपेहिँ थर-थर-थरत ।
करेँ काढेँउ निर्मल चद्रहास । उग्गियउ जनू दिनकर-सहस्र ।
रिपु-सेना भिडइ न भिडइ याव । शौडीर-वीर-नर तीन ताव ।
इद्रजि-धनवाहन-वज्रनाक । शिर नमिय कृताजलि-हस्त थाक ।
"हम सब जीवतेहिँ किकरेहिँ । तुहु अपने अहरैं कि करेहि ।"
स्वामिय सम्मानेहु बद्ध-क्रोध । तीनौ समरंगणेँ भिडेँउ योध ।
चद्रोदर-तनयहु वज्रनाक । घनवाहन भामडलहुँ थाक ।
इन्द्रजि सुगीवहि समुह चलिउ । जनु मेरु महोदधि-मथन चलिउ ।
घत्ता । नर नरवरहुँ तुरयहु तुरय समापडिऊ ।
रथ रथवरहुँ गजहुँ महागज आभिडिऊ ॥६॥

---

[1] रेल-पेल

(ङ) सुग्रीव और मेघवाहनका युद्ध—

किक्किंध-णराहिउ धरिउ जाव । घण-वाहण भामंडलहँ ताव ।
अब्भिट्ट परोप्परु जुज्झ घोर । सरि सोत्त स-उत्तरें पहर थोर ।
छिज्जत महग्गय गरुअ-गत्त । णिवडत समुद्धुय-धवल-छत्त ।
लोट्टंत महारह-हय-रहंगु । घुम्मंत-पडत महातुरंगु ।
तुट्टंत कवड तुट्टत खग्गु । णच्चंत कवंधउ असि-कर-ग्गु ।
आयामें वि रणे रोसिय-मणेण । अग्गेउ मुक्कु घणवाहणेण ।
आमेल्लिउ आयउ धगधगंतु । अंगार वरिसु णहें दक्खवंतु ।
वारुणु विमुक्कु भामंडलेण । ण गिरिहि वज्जु आखंडलेण ।
उल्हाविउ जलणु जलेण जं जें । सरु णागवासु पम्मुक्कु तं जें ।

घत्ता । पुप्फवइ-सुउ दीहर-पवर-महासरेहिं ।
परिवेढियउ मलयद्दुव विसहरेहिं ।।६।।

—रामायण ६५।१-६

तार भारिल्व साहण सुसेणाहिवा । सुअपचडालि समुच्छ दहिमुह-णिवा ।

घत्ता । अण्णेकहु मि भवणेक्केक्क पहाणहु ।
किं सक्कियउ णाउँ गणेप्पिणु दाणहु ।।८।।

केणवि कोवि दोच्छिउ "मरु सवडम्मुहु थाहि थाहि ।
केणवि कोवि वुत्तु "समरंगणे रहवरु वाहि वाहि ।।"
केणवि कोवि महासर-जालें । छाइउ जिह सुक्कालु दुकालें ।
केणवि कोवि भिण्णु वच्छत्थलें । पडिउ धुलंतु णवरि महि-मंडलें ।
केणवि कहोंवि सरासणु ताडिउ । ण हेट्ठामुहु हिअव उपाडिउ ।
केणवि कहोंवि कवउ णिव्वाट्टिउ । वलि जिह दस-दिसेहि आवट्टिउ ।
केणवि कहोंवि महद्धउ पाडिउ । ण मउ माणु मडप्फरु साडिउ ।
केणवि दंति-दंतु उप्पाडिउ । णावइ जसु अप्पणउ भमाडिउ ।
केणवि झप दिण्णु रिउ-रहवरें । गरुडें जिह भुयग-भुअणंतरें ।
केणवि कहिं त्रि सीसु अच्छोडिउ । ण अवराह-रुक्ख-फल तोडिउ ।

(ङ) सुग्रीव और मेघवाहनका युद्ध—

किष्किध-नराधिप धरेँउ याव। घनवाहण भामडलहँ ताव।
आभिडेँउ परस्पर युद्ध-घोर। शरस्रोत स्व-उत्तरेँ प्रहर थोर।
छिद्यत महागज गरुअ-गात्र। निपतत समुद्धत-धवल-छत्र।
लोटत महारथ-हय-रथाग। घूमत पडत महातुरग।
टूटत कवच टूटत खड्ग। नाचत कवधउ असि-कराग्र।
आयामेहु रणेँ रोषितमनेहिँ। आग्नेय मोचु घनवाहनेहिँ।
आमेलेँउ आतप धगधगत। अगार वरिसु नभेँ दग्धवत।
वारुण विमोचु भामडलेहिँ। जनु गिरिहिँ वज्र आखडलेहिँ।
बूझायउ ज्वलन जलेहिँ जो हि। शर नागफास प्रम्मोचु सो हि।
घत्ता। पुष्पवती-सुत दीरघ-प्रवर-महाशरेहिँ।
परिवेठेँउ मलयद्रुम'व विषधरेहिँ ॥६॥

—रामायण ६५।१-६

तार मारीच साधन सुसेनाधिपा। सुत प्रचडालि समूछं दधिमुखनृपा।
घत्ता। अन्नेकहुहि भवने एक एक प्रधानहँ।
का सक्किय नाम गनाइव राजहँ।
केहु सँग कोउ दर्शिउ "मर शकटमुँह स्थाहि स्थाहि।
केहु सँग कोउ कह "समरगणे रथवर वाहि वाहि।"
केहु कहँ कोउ महाशर जालेँ। छापेउ जिमि सुक्काल दुकालेँ।
केहु कहँ कोउ भिन्दु वक्षस्थले। पडेँउ घुरत केँवल महिमंडले।
केहु कहँ कोउ शरासन ताडेँउ। जनु हठामुँह हृदय उपाडेँउ।
केहु कहँ कोउ कवच निर्वट्टिउ। वलि जिमि दशदिशेहिँ आवट्टिउ।
केहु कहँ कोउ महाध्वज पातेँउ। जनु मृदु मान'हँकारा साटेँउ।
कोऊ दति-दत उप्पाडेउ। मानोँ यश आपनो अपाडेँउ।
कोउ झप दियेँउ रिपु-रथवरेँ। गरुडेँ जिमि भुजग भुवनतरे।
कोऊ काहुहि शीश आछोडिउ। जनु अपराध वृक्ष फल तोडिउ।

घत्ता। केणवि समरे दिण्णु विबक्खहो हिअउ थिरु।
जीविउ जमहीँ गुरु पहरहोँ सामियहँ सरु ॥६॥

—रामायण ६६।६

(च) रावणका शरीर

दसहिँ कंठेहि दसजेँ कठाइँ दस भालहिँ तिल्य दस।
दस सिरेहिँ दस मउड पज्जलिय।
दहहिमि कुंडल-ज्जुएहि कण्ण-जुयल-मुकउल मुहलिय।
फुरिउ रयण-सघाउ दसाणण रोमुव। अह थिउ स-तारायणु वहल पऊसु'व।
पढम वयणु खय-सूर समप्पहु। सिदुरारुणु मुरहमि दूसहु।
वीयउ वयणु धवल-धवलच्छउ। पुण्णिम-यद-बिब-सारिच्छउ।
तइयउ बयणु भुयण-भय-गारउ। अगारारुणु मुक्कगारउ।
वयणु चउत्थउ बुह-मुह भासुरु। पचमएण सइजेँ ण सुर-गुरु।
छट्ठउ सुक्क सुक्क-सकासउ। दाणव-वक्खिउ सुर-सतासउ।
सत्तमु कसणु सणिच्छरु भीसणु। दतुरु वियडु दाढ़ु दुद्दरिसणु।
अट्ठमु राहु-वयणु विकरालउ। णवमउ धूमकेउ धूमालउ।
दसमउ वयणु दसाणणकेरउ। सव्व-जणहोँ भय-दुक्ख-जणेरउ।

घत्ता। वहु-रूवउ वहु-सिरु वहु-वयणु, वहु-विह-कवोलु वहु-विह-णयणु।
वहु-कठउ वहु-करु वि वहु-पउ, ण णट्ट-पुरिसु रसभाव गउ ॥८॥

ते णिएप्पिणु णिसियरिंदस्स सीसइ णयणइ मुहइँ पहरणाइँ रयणीयर भीसणु।
आहरणइ वच्छयलु राहवेण पुच्छिउ विहीसणु।
"किं तिकूड सेलोवरि दीसइ णव-घणु। देव देव! एँहु रहेँ थिउ रावण।
किं गिरि-सिहरइँ, णहि दीसराइँ। ण ण आयइँ दससिर-सिराइँ।
किं पलय-दिवायर-मडलाइँ। ण ण आयइँ मणि-कुंडलाइँ।
किं कुवलयाइँ माणस-सरहोँ। ण ण णयणइँ लकेसरहोँ।
किं गिरि-कंदरइँ भयाणणाइ। णं ण दह-वयणेँ दसाणणाइँ।
किं सुर-चावइ चाउत्तिमाइ। ण ण कठाहरणइँ इमाइँ।
किं तारा-यणइँ तणुज्जलाइँ। ण ण धवलइँ मुत्ताहलाइँ।

घत्ता । काह्नुहिँ समरे दीन विपक्षहँ हृदय थिर ।
जीवित जमहु पुर प्रहरहु स्वामियहँ शिर ॥६॥

—रामायण ७४।६

(ख) रावणका शरीर

दसहिँ कंठे दसहु कंठा दस भालहिँ तिलक दस ।
दस सिरेहिँ दस मुकुट प्रज्वलिय ।
दसहिँ'पि कुंडल-युगेहिँ कर्ण-युगल-शुक-कुल-मुखरिय ।
स्फुरे'उ रत्नसंघात दशानन रोषि'व ।
अथ थिउ स-तारागण वहल प्रदोषि'व ।
प्रथम वदन क्षय-सूर समर्पहु । सिंदुर-अरुण सुरथउ दुस्सहु ।
दूसर वदन धवल-धवलाक्षउ । पूर्णिम-चंद्रबिंब-सारिक्खउ ।
तीसर वदन भुवन-भयकारउ । अंगारारुण मोचु अँगारउ ।
वदन चतुर्थउ बुध-मुख-भासुर । पंचम स्वयं एंव जनु सुरगुरु ।
छट्ठउ शुक्ल-शुक्र-सकाशक । दानव-पक्षिक सुर-सन्त्रासक ।
सत्तम कृष्ण शनिश्चर भीषण । दंतुर विकट-दाढ दुर्दर्शन ।
अष्टम राहु-वदन विकरालउ । नवमउ धूमकेतु धूमालउ ।
दसमउ वदन दसाननकेरउ । सर्वजनन्ह भय-दुःख-जनेरउ ।

घत्ता । वहु-रूपउ वहु-गिर वहु-वदन, वहु-विध कपोल वहु-विध नयन ।
वहु-कंठउ वहु-करहु वहु-पद, जनु नट्ट-पुरुष रसभाव गयउ ॥८॥

सो निजेही निश्चरेन्द्र कर सीसैं नयनैं मुखैं प्रहरणें रजनीचर भीषण ।
आभरणैं वक्षतल राघवेहिँ पूछे'उ विभीषण ॥
"का त्रिकूट शैलोपरि दीसै नवघन ?" "देव देव ! एहु रथें हौ रावण ।"
"का गिरि-शिखरा नहि दीसराइँ ?" "ना ना अहँ दससिर-सिराइँ ।"
"का प्रलय-दिवाकर-मंडलाइँ । ?" "नाना अहैं मणि-कुंडलाइँ ।"
"का कुवलयाइँ मानससरहू ?" "ना ना दशवदने दस आननहू ।"
"का सुर-चापा चापोत्तमहू ?" "नाना कंठाभरणा एहू ।"
"का तारा-गणइँ तनुज्वलाइँ ?" "ना ना धवलइँ मुक्ता-फलाइँ ।"

किं कसणु विहीसण गयण-पलु । ण ण लंकाहिव वच्छ-यलु ।
किं दिसवे थड-सोंड-पयरो । ण ण दहकधर-कर-णियरो ।

घत्ता । त वयणु सुणेप्पिणु लक्खणेण, लोयणइँ विरिल्लें वि तक्खणेण ।
अवलोइउ रावणु मच्छरेण, ण रासि-गयेण सणिच्छरेण ॥९॥

(छ) लक्ष्मण-रावण युद्ध—

करें केरप्पिणु सायरावत्तु थिउ लक्खणु ।
गरुड-रहे गारुडत्थु गारुड-मद्धउ ।
वलु वज्जावत्तु धरु सीह चिंधु वर-सीह-सदणु ।
गयवि हत्थु गय-रह-वरु पमय महद्धउ ।
विप्फुरतु किक्किधा-हिउ सण्णद्धउ । .. . .

घत्ता । सण्णहे'वि पासु ढुक्कइ वलहों, अक्खोहणि वीससयइँ वलहों ।
विरएवि वूहु सचल्लियइँ, ण उयहि-मुहइ उत्थाल्लियइ ॥१०॥

घुट्टु कलयलु दिण्ण रणभेरि चिधाइ समुब्भियइँ,
लइय कवय-किय-हेड-सगहे ।
गय-घडउ पचोइयउ मुक्क-तुरय-वाहिय-महारहा,
राम-मेण्णु रण-रहसियउ ।
कहिमि ण माइउ जगु गिलेवि,
ण परवलु गिलइ पधाइयउ ।
अब्भिट्टु जुज्झु रोसिय-मणाहुँ । रयणीयर-वाणर-लछणाहुँ ।
उसरिय सख-मय-सघडाहुँ । रण-वहु फंडाविय मुह-वडाहु ।
उद्धंकुस-धाइय गय-घडाहुँ । खर-पवण'दोलिय धय-वडाहुँ ।
कपाविय सयल-वसुधराहुँ । रोसाविय आसीविसहराहुँ ।
मेल्लाविय णयणहु वासणाहुँ । सजलिय दिसामुहु इधणाहुँ ।
जय-लच्छि-वहुअ-गेण्हण-मणाहु । जूराविय सुर-कामिणि-जणाहु ।
उग्गामिय भामिय असि-वराहु । णिव्वट्टिय लोट्टिय हय-वराहु ।
णिद्दलिय कुभ कुभत्थलाहु । उच्छलिय धवल-मुत्ताहलाहु ।

"का कृष्ण विभीषण गगन-तला ?" "ना ना लंकाधिप वक्षतला।"
"का दीसइ चड शौंड प्रकरो ?" "ना ना दसकंधर कर-निकरो।"
घत्ता। सो वचन सुनीयउ लक्ष्मणेहिँ, लोचनहिँ विरक्तेँउ तत्क्षणेहिँ।
अवलोकेँउ रावण मत्सरेहिँ, जनु राशिगतेहिँ शनिश्चरेहिँ ॥९॥

(छ) लक्ष्मण-रावण युद्ध—

करें करवाल सागरावर्त्त ठाढो लक्ष्मणु।
गरुड-रथैं गरुडास्त्र गारुडा-मूर्धंउ।
वल वज्रावर्त्त धरु सिंहचिन्ह वरसिंह-स्यंदनु।
गजहि हस्त गज-रथ-वर प्रमद महाध्वज।
विस्फुरत किष्किधाधिप सन्नद्धउ।..
धत्ता। सन्नाहिँव पार्श्व ढूकैं वलहु, अक्षोहिणि वीस-सौ वलहु।
विरचि व्यूह सचल्लिय, जनु उदधिमुखइ उच्छल्लिय ॥१०॥

घृष्टु कलकल दीनु रणभेरि चिन्हैं उठियाइँ,
लेइ कवच किय-हेति-सग्रहा।
गज-घटउ प्रप्ररियउ मोचु तुरग वाहेँउ महारथा,
रामसैन्य रण-रहसियऊ।
कहिँहु न अमायउ जगें निगलि,
जनु परवल निगलैं धाइयऊ॥
आरब्धु युद्ध रोषितमनाहँ। रजनीचर-वानर-लाछनाहँ।
अपसरिय शख-शत-सघटाहँ। रण-वधु फेँराविय मुख-पटाह।
ऊर्ध्वकुश धाइय गजघटाह। खर-पवनादोलिय ध्वजपटाह।
कपाविय सकल वसुधराह। रोषाविय आशीविषधराह।
मेलाविय नयनहुँ वासनाह। सज्वलिय दिशामुख इक्षनाह।
जय लक्ष्मि-वधुग्र-ग्रहणन-मनाह। भूराविय सुरकामिनि-जनाह।
उड्डाविय आमिय असिवराह। नीवत्तिय लोट्टिय हयवराह।
निर्दलिय कुभ कुभस्थलाह। उच्छलिय धवल-मुक्ताफलाह।

घत्ता । भड-थड गय-घडेहिँ भिडतएहिँ, रह-तुरयहिँ तुरिउ भिडंतएहिँ ।
रयणियरु समुट्ठिउ झत्तिकिह, णिय- कुलु मइलतु दुपुत्तु जिह ॥११॥
—रामायण ७४।८-११

(८) रण-क्षेत्र

जाउ सुट्‌ठु समरंगणु दूसचारउँ । तहिँ मि केवि पहरति स-साहुक्कारउँ ।
केहिमि करि-कुभइ परमट्टइ । ण सगम-सिरिहेँ थण वट्टइँ । ..
केहिमि लइयइ पर-वल-छत्तइँ । ण जयसिरि-लीला-सयवत्तइँ ।
केहिमि चक्खु पसरु अलहतेहिँ । पहरिउ वाला लुचिकरंतेहिँ ।
केण' वि खग्ग-लट्ठि-परियट्टिय । रण-रक्खसहोँ जीँह ण कड्‌ढिय ।
केण'वि करि-कुभत्थलु पाडिउ । ण रण-भवण-वारु उग्घाडिउ ।
कत्थइ सुसुमूरिय असि-धारेहिँ । मोत्तिय-दतुरु हसियउ अहरेहिँ ।
कत्थइ रुहिर-पवाहिणि धावइ । जाउ महाहउ-पाउसु णावइ ।
घत्ता । सोणिय-जल-पहरणग्गिरेहिँव, सुहतराल णह-यल-गएहिँ ।
पज्जलइ वलइ धूमाइ रयणु, ण जुग-खय-काले कालवयणु ॥१२॥
—रामायण ७४।१२

हे णरणाह ! णेह अच्छरियउ । पर-बलु पेक्खु केम जज्जरियउ ।
रुड-णिरतरु सोणिय चच्चिउ । णाणा विह-विहग-परिअचिउ ।
कोवि पयड-वीरु बलवतउ । भमइ कियतु वरिउ जगडतउ ।
गय-घड भड-थड सुहड वहतउ । करि-सिर कमल-सइ तोडतउ ।
गक्कइ कोक्कइ ढुक्कइ थक्कइ । ण खय-कालु समरेँ परिसक्कइ ।
—रामायण २५।१८

घत्ता । तेहएँ समरेँ सूरहँमि भज्जति मइ ।
गय-गिरिवरेँहि ताव समुट्ठिय रुहिर-णइ ॥२॥
गय-वर-गडसेल-सिहरंग्ग-विणिग्गय णइ तुरतिया ।
उद्‌धुव धवल छत्त-डिंडीरु समुव्वहतिया ।
पवरोज्झर-सोणिय-जल-पवाह । करि-मयर-तुरगम-णक्क-गाहु ।
चक्कोहर संदण ससुमार । करवाल मच्छ परिहच्छ चार ।

घत्ता । भटठट-गजघटेहिँ भिडंतएहि, रथ-तुरगहिँ तुरिय भिडंतएहिँ ।
रजनिचर समुट्ठेउ भट्ट किमि, निजकुल मैलत दु-पुत्र जिमि ॥११॥
—रामायण ७४।८-११

(८) रण-क्षेत्र

जाव मुष्टु समरगण दुःसचारा । तहँहि कोइ प्रहरति म-साधुक्कारा ।
कोऊहि करिकुंभें परिमीजै । जनु सग्राम-श्री स्तन-वट्टै ।
कोऊ लेइय पार-बल छत्रहिँ । जनु जयश्री-लीला शतपत्रहिँ ।
कोऊ चक्षु-प्रसर अलभता । प्रहरेउ वाला-लुचि करता ।
कोऊ खड्ग यष्टि परि-काढिय । रण-गाक्षमहँ जीभ जनु काढिय ।
कोऊ करिकुम्भस्थल पाटेउ । जनु रण-भवन-द्वार उग्घाटेउ ।
कहि कहि मुठि काटिय असिधारेहिँ । मौक्तिक-दतुरु हसियउ अधरेहिँ ।
कहिँ कहिँ रुधिर प्रवाहिणि धावै । याव महाहव-पावस आवै ।
घत्ता । शोणित जल-प्रहरणाग्रेहि इव, मुखतराल नभनल गतेहिँ ।
प्रज्वलै बलै धूमै रतन, जनु युगक्षयकाले कालवदन ॥१२॥
—रामायण

हे नरनाथ ! नेह आश्चर्यउ । पर-बल पेखु केम् जर्जरियउ ।
रुड निरतर शोणित-र्चाचत । नानाविध विहग परि-अर्चित ।
कोइ प्रचड वीर-बलवता । भ्रमै कृतात-वरेउ भगडता ।
गज-घट भट-ठट सुभट वहता । करि-शिर-कमलषड-तोडता ।
रोकै कोकै ढूकै थाकै । जनु क्षयकाल ममरें परिमक्कै । . ..
—रामायण २५।१८

घत्ता । तेही समरे सूरहुँहि भज्जन ।
गज-गिरिवरेहिँ तव अर्मुट्ठिय रुधिरनदी ॥२॥
गजवर-गड शैल शिखराग्र-विनिर्गत नदी तुरतिया ।
उद्धुत-धवल-छत्र-डिडीर-समुद्-वहतिया ।
प्रवरोज्झर-शोणित-जलप्रवाह । करि, मकर, तुरगम नाक-ग्राह ।
चक्कोधर स्यदन शिशुमार । करवाल, मच्छ-परिहस्त चार ।

मत्तेभ-कुंभ-भीसण-सिलोह । सिय-चमर-वलाया-पंति सोह ।
तण्णइ¹तरेवि केंवि वावरंति । वुड्डुति केवि केंवि उव्वरंति ।
केंवि रय-धूसर केवि रुहिर-लित्त । केंवि-हत्थ हडएँ-विहुणेंविघित्त ।
केंवि लग्ग पडीवादत-मुसलें । ण धत्तु विलासिणि-सिहिण-जुअलें ।
केंवि णियय विमाणहों झप देंति । णहें णिवडेंवि वइरिहि सिरइ लेंति ।
तहिँ तेहए रणें सोणिय-जलेण । रउ सोसिउ सज्जणु जिह खलेण ।

—रामायण ६६।३

(९) विजयोत्साह

ज राम-सेण्णु णिम्मल-जलेण । सजीवेंउ सजीवणि-वलेण ।
त वीरेंहि वीर-रसाहिएहि । वग्गतेंहि पुलय-पसाहिएहि ।
वज्जतेंहि पडहेंहि मद्दलेहि । गिज्जतेंहि धवलेंहि मंगलेंहि ।
णच्चतेहि खुज्जय-वावणेहि । जज्जरिय पढने बंभणेहि ।
गायतेंहि अहिणव-गायणेहि । वायतेंहि वीणा-वायणेहि ।

—रामायण ६९।२०

तो खर-णहर-पहर-धुव-केसर केसरि-जुत्त-सदणो ।
धवल-महद्धउ समुद्धायउ दसरह-जंदु-णदणो ।।
जस-धवल-धूरि-धूसरिय-अगु । धवलवरु ववला वर-तुरगु ।
धवलाणणु धवल-पलब-वाहु । धवलामल-कोमल-कमल-णाहु ।
धवलउ जें सहावें धवल-वसु । धवलच्छि-मरालिहें राय-हंसु ।
धवलाहँ लवलु धवलायवत्तु । रहु-णदणु दणु-पहरतु पत्तु ।

—रामायण ७५।७

(१०) लक्ष्मणके हाथों रावणकी मृत्यु

तो गहिय चंद-हासाउहेण । हक्कारिउ लक्खणु दह-मुहेण ।
लइ पहरु पहरु किं करहि खेउ । तुहु एक्कें चक्कें सावलेउ ।

---

¹ वं नइ

मत्तेभ-कुंभ-भीषण-शिलोघ। सितचमर वलाकापंक्ति सोह।
सो नदी तरन कोउ व्यापरति। बूडंति कोइ कोँइ ऊवरति।
कोँइ रजधूसर कोँइ रुधिर-लिप्त। कोँउ हाथहरे विहुणेउ-चित्त।
कोँइ लाग प्रतीपा दँत-मुसले। जनु धूर्त विलासिनि-स्तन-युगले।
कोँइ निजह विमानहँ झप देति। नभेँ निपतिय वैरिहि शिरहिँ लेति।
तहँ तेहि रणे शोणित-जलेहिँ। रज सोखेँउ सज्जन जिमि खलेहिँ।

—रामायण ६६।३

(९) विजयोत्साह

जो राम-सैन्य निर्मल-जलेहिँ। सजीवेँउ सजीवनि-बलेहिँ।
सो वीरेहिँ वीररसाधिकेहि। वल्गतेँहि पुलक प्रसाधितेहिँ।
बाजते पटहेँहिँ माँदलेहिँ। गीयतेँहि धवलेँहिँ मंगलेहिँ।
नाचते कुब्जक-वामनेहिँ। चर्चरी पढतेहिँ ब्राह्मणेहिँ।
गायंते अभिनव-गायनेहिँ। बाजतेहिँ वीणावादनेहिँ।

—रामायण ६९।२०

तो खर-नखर-प्रहर धुत केसर केसरियुक्त-स्यंदनेहिँ।
धवल-महाध्वज फहरायेउ दशरथ-ज्येष्ठ-नंदनेहिँ।
यश-धवल-धूरि-धूसरित अंग। धवलावर धवला वरतुरंग।
धवलानन धवल-प्रलंब-बाहु। धवलामल-कोमल-कमल-नाभ।
धवलहुहि स्वभावे धवल-वंश। धवलाक्ष-मरालिहेँ राजहंस।
धवला लवण्य धवलातपत्र। रघुनंदन दनु-प्रहरत प्रप्त।

—रामायण ७५।७

(१०) लक्ष्मणके हाथों रावणकी मृत्यु

तो गहिय चंद्रहासायुधेहिँ। हक्कारेउ[1] लक्ष्मण दशमुखेहिँ।
ले प्रहरु प्रहरु का करहि क्षेप। तुह एको चक्को सावलेप।

---

[1] पुकारेउ (मैथिली, भोजपुरी, मगही)

महु पइ पुणु आय कवणु गण्णु । कि सीह(हि) होइ सहाउ अण्णु ।
त णिसुणेंवि विप्फुरियाहरेण । मेल्लिउ रहंगु लच्छीहरेण ।
घत्ता । उग्गयइरिहें ण अत्थइरि गउ, सूर-बिंबु कर-मंडियउ ।
सइं भुएँहि हणनहों दहमुहहों, मड-उरत्थलु खंडिअउ ॥२२॥

—रामायण ७५।२२

६. विजय

(१) विजयिनी (राम-)सेनाका लंकामें प्रवेश

पइसंतें बल-णारायणेण । ववचालिय णायरिया-णणेण ।
एँहु सुंदर ! सोक्खुप्पायणहो । अहिरामु रामु रामायणहो ।
एँहु लक्खणु लक्खण-लक्ख-धरु । जो रावण-रावण-पलयकरु ।
एँहु भामंडलु भाभूसभुउ । वइदेहि-सहोयरु जणय-सुउ ।
एँहु किक्किधाहिउ दुद्दरिसू । तारा-वइ तारावइ-सरिसू ।
एँहु अगउ जेण मणोहरिहें । केसग्गहु किउ मंदोयरिहें ।
एँहु सुर-वर-करि-कर-पवर-भुउ । णदण-वण-मद्दण पवण-सुउ ।

—रामायण ७८।६

(२) विभीषणद्वारा लंकामें रामका स्वागत—

दहि-दोव-जल-क्खय-गहिअ-करा । गय तहिं जहिं हलहर-चक्कहरा ।
आसीसेंहि सेसहि पणवणेहिं । जय णद बद्ध वद्धावणेहिं ।
उच्छाहेंहिं धवलेंहिं मंगलेहिं । पडु-पडहहिं संखेंहिं मदलेहिं ।
कइ-कहएँहिं णउ-णट्टावएहिं । गायण-वायण-फफावएहिं ।
णर-णायर-वभण-घोसणेहि । अवरेंहिंमि चित्त-परिऊसणेहिं ।

—रामायण ७८।१२

(३) भरत द्वारा अयोध्यामें रामका स्वागत—

रामागमणें भरहु णीसरियउ । हय-गय-रह-णरिंद-परियरिउ ।
अण्णे तहिं सत्तुहणु स-वाहणु । स-रह सु-मालकारु सु-साहणु ।

मम तैं पुनि आहि कवन गण्य। का सिंहहु होइ स्वभाव अन्य।
सो सुनिया विस्फुरिताधरेहिं। मेलेंउ रथाग लक्ष्मीधरेहिं।
घत्ता। उदयगिरिहिं जनु अस्तगिरि गउ, सूरबिंब-कर-मंडियऊ।
स्वयं मृतहिं हनतहु दशमुखहु, मंडउरस्थल खंडियऊ॥२२॥

—रामायण ७५।२२

६. विजय

(१) विजयिनी (राम) सेनाका लंकामें प्रवेश

पइसते बल-नारायणेहि। व्यवचालिय नागरिका-ननेहि।
एँहु सुंदरि ! सौख्य-उपायनहू। अभिराम राम रामायणहू।
एँहु लक्ष्मण लक्षण-लक्ष-धरु। जो रावण रावण प्रलय-करू।
एँहु भामंडल भाभूषभुतू। वैदेहि-सहोदर जनकसुतू।
एँहु किष्किंधाधिप दुर्दर्शू। तारा-पति तारापति-सरिसू।
एँहु अंगद जानें मनोहरिहा। केश-ग्रह किउ मंदोदरिहा।
एँहु सुरवर-करि-कर-प्रवर-भुजू। नंदन-वन-मर्दन पवनसुतू।

—रामायण ७८।६

(२) विभीषण द्वारा लंकामें रामका स्वागत—

दहि-दूबि-जल-आक्षत गहिय-करा। गा तहँ जहँ हलधर-चक्रधरा।
आशीषेहिं शेषहिं प्रनमनहीं। "जय नंद वर्ध" बद्धावनहीं।
ऊल्लाहेहिं धवलेहिं मंगलेहिं। पटु पटहेंहिं शंखेंहिं माँदलेहिं।
कवि-कथनेहिं नट-नट्टावनहीं। गायन-वादन-फप्फावयहीं।
नर-नागर-ब्राह्मण घोषणहीं। औरेंहिउ चित्त-परितोषणहीं।

—रामायण ७८।१२

(३) भरत द्वारा अयोध्यामें रामका स्वागत—

रामागमनें भरत नीसरेंऊ। हय-गज-रथ-नरेन्द्र परिचरेंऊ।
अन्यहु तँह शत्रुहन सवाहना। स-रथ स-स्वालंकार सु-साधना।

छत्त-विमाण-सहासइ धरियइँ। अवरें रवि-किरणइ अतरियइँ।
तूरइ हयइँ कोडि-परिमाणेंहिँ। दुदुहि दिण्ण गयणें गिव्वाणेंहिँ।
जणवउ णिरवसेसु सखुब्भउ। रह-गय-तुरयहिँ मग्गु ण लब्भइ।
णिवडिय एक्कमेक्क भिडमाणेहिँ। पेल्ला-वेल्लि जाय जपाणहिँ।
घत्ता। केक्कय-सुएण णमनएण, सिररुहु चलणतरें कियउ।
दीसइ विहि रत्तुप्पलहँ, णीलुप्पल-मज्झे णाइ थिअउ ॥१॥
जिह रामहों तिह णमिउ कुमारहों। अंतेउरहों पहोलिर हारहों।
वलेंण वलुद्धरेण हक्कारेंवि। सरहस णिय-भुय-दंड पसारेंवि।
अवरुंडिउ मायरु वहु-वारउ। मत्थएँ चुंविउ पुणु सयवारउ।
सय-वारउ उच्छंगें चडाविउ। सय-वारउ भिच्चहु दरिसाविउ।
सय-वारउ दिण्णउ आसीसउ। वरिस सग्गि हरिसमु विमीसउ ॥

—रामायण ७६।१-२

जयजयकारु करतेंहि लोएँहिँ। मगल-धवलु-च्छाह पऊएँहिँ।
अइहव सेसासीस सहासेहिँ। तारय-णिवह-छडा-विण्णासेहिँ।
दहि-दोबा-दप्पण-जल-कलसेंहिँ। मोत्तिय-रगावलि णव-कणिसेंहिँ।
वभण-वयणु'ग्घोसिय वेएँहिँ। कडिअ जज्जरिव्व' सम-भेएहिँ।
णड-कइ-कहय छत्त-फफावेंहि। लक्खिय तागरोंहणु विहावेंहि।
भट्टेंहिँ वयणु'च्छाह पढतेंहि। वायाली स-विमर सुमरतेंहि।
मल्ल-प्फोडण-सरेंहि विचित्तेंहि। इदयाल-उप्पाइय चित्तेंहिँ।
मद फद वदेंहिँ कुदेतेंहि। डोम्वेंहि वसारोंहण करतेंहि।
घत्ता। पुरें पइसनहों राहवहों, णट्ट-कला-विण्णाणइ केवलइँ।
दुदुहि ताडिय सुरेंहि णहों, अच्छरेंहिँमि गीयइ मगलइँ ॥४॥

—रामायण ७६।४

(४) शत्रु-वीरकी प्रशंसा

वीर रावण—

सयल सुरासुर दिण्ण पसमहों। अज्ज अमगलु रक्खस-वसहों।
खल-खुद्दहुँ पिसुणहुँ दुक्कियइढहु। अज्ज मणोरह सुरवर सड्ढहु।

छत्र-विमान-सहस्रैं धरिया। अवरें रविकिरणहँ अन्तरिया।
तूर्यं हनैं (हिँ) कोटि परिमाणा। दुदुभि दियेँउ गगनेँ गीर्वाणा।
जनपद निर्विशेष सक्षुब्धा। रथ-गज-तुरगहिँ मार्ग न लब्धा।
निपतेँउ एकमेक भिडमाना। पेलापेलि जायँ झम्पाणा।
घत्ता। केकयि-सुतहिँ नमतएहिँ, शिररुह चरणतरें कियउ।
दीसैं विधि-रक्तोत्पलहँ, न्याइँ नीलोत्पल माँझे ठियउ ॥१॥
जिमि रामहँ तिमि नमेँउ कुमारहु। अत पुरहु प्रभोलिर हारहु।
वलेँहि वलुद्धरेहिँ हक्कारिय। स-रभस निज-भुजदड पसारिय।
अवलिंगिउ माता वहु वारा। माथे चुवेँउ पुनि शतवारा।
शतवारउ उत्सगेँ चढाइउ। शतवारउ भृत्यहँ दरसाइउ।
शतवारउ दीनेँउ आशीषा। वरिस-सरिस हरि स सुविभीषा।
—रामायण ७६।१-२

जयजयकार करतेहिँ लोगेँहिँ। मगल-धवल-उछाह प्रयोगेँहिँ।
अतिभव शेषाशीष-सहस्रेँहिँ। तारक-निवह-छटा-विन्यासेँहिँ।
दधि-दूर्वा-दर्पण-जलकलशेँहिँ। मौक्तिक रगावलि नवमंजरिहिँ।
ब्राह्मण-वदन-उद्घोषिय वेदहिँ। कडिक चर्चरि इव समभेदहिँ।
नट-कवि कथैँ छत्र फहरावैँ। लखियत तारारुहण विभावेँहिँ।
भाटेँहिँ वचन-उछाह पढतेँहिँ। वैतालिक विसार सुमरतेँहिँ।
मल्ल-स्फोटन-शरेहिँ विचित्रेँहिँ। इंद्रजाल-उत्पादित चित्तेँहिँ।
मद फद वदेँहि कूदतेँहि। डोमेँहिँ वशारोह करतेँहि।
घत्ता। पुरि पइसंतहँ राघवहँ, नाटयकला विज्ञानइँ केँवलइँ।
दुदुभि ताडित सुरेँहिँ नभहु, अप्सरेहि उ गाइय मगलाइँ।
—रामायण ७६।४

(४) शत्रु-वीरकी प्रशंसा

वीर रावण—

सकल-सुरासुर दीनु प्रशहि। आज अमगल राक्षस-वशहिँ।
खल-क्षुद्रहु पिशुनहु दुर्विदग्धहु। आज मनोरथ सुरवर सिद्धहु।

दुदुहीं बज्जहु गज्जइ सायरु। अज्ज तवउ सच्छदु दिवायरु।
अज्जु मियकु होउ पहवतउ। वाउ वाउ जगि अज्जु सइत्तउ।
अज्जु वणउ धणरिद्धि णियच्छउ। अज्जु जलतु जलणु जगें अच्छउ।
अज्जु जमहों णिव्वहउ जमत्तणु। अज्जु करेउ इदु इदत्तणु।
अज्जु धणहु पूरनु मणोरह। अज्जु णिरग्गलु होतु महागह।
अज्जु पफुल्लउ फलउ वणासइ। अज्जु गाउ मोक्कलउ सरासइ।

—रामायण ७६।४

जो भुवणा-हिंदोलणा, वइरि-समुद्द-विरोलणा।
सुर-सिधुर-कर-बधुरा, परिअट्ठिय रणभरधुरा॥
जे थिर थोर पलव-पईहर। सुहि मभीस वीस-पहरण-धर।
जे बालत्तणें बालक्कीलइ। पण्णय-मुहेँहि छूहतउ लीलइ।
जे गधव्व-वावि-आडभण। सुर-सुदरि-वुह-कणय-णिरुमण।
जे वइ सवण-रिद्धि-विब्भाडण। तिजग-विहूसण गय-मय-साडण।
जे जम-दड-चड-उद्दालण। स-वसुधर कइलासु च्चालण।
जे सहास-यर मडफर-भजण। णलकुव्वर[1]-गेहिणि-मण-रजण।
जे अमरिद-दप्प-ऊहट्टण। वरुण-णगाहिव-बल-दल-वट्टण।

—रामायण ७७।१०

७. विलाप

(१) नारी-विलाप

(क) अयोध्याके अन्त:पुरका लक्ष्मणके लिये

रोवतेहें दसरह-णदणेण। धाहाविउ सव्वं परियणेण।
दुक्खाउरु रोवइ सयलु लोउ। ण चप्पिवि चप्पेंवि भरिउ सोउ।

---

[1] कुवेर (वैश्रवण)-पुत्र

दुदुभि वाजै गरजै सागर। आज तपउ स्वच्छद दिवाकर।
आज मृगाक होउ प्रभवता। वायु वाहु जग आज स्वतत्रा।
आज धनप धन-ऋद्धि नियच्छउ[1]। आज ज्वलतु ज्वलन जग अच्छउ।
आज यमहु निर्वहउ यमत्त्वा। आज करेउ इद्र इद्रत्वा।
आज धनहु पूरतु मनोरथ। आज निरर्गल होतु महाग्रह।
आज प्रफुल्लउ फलउ वनस्पति। आज गाउ परिमुक्त सरस्वति।

—रामायण ७६।४

जो भुवना हिंदोलना, वैरिसमुद्र-विरोलना।
सुरसिधुर करवधुर, परिआ-ठिउ रणभरधुरा॥
जो थिर थोर प्रलवपती-हर। सुखि भीडत बीस-प्रहरणधर।
जो बालत्वेंहि बालक्रीडइ। पन्नग-मुखेहिं छवता लीलइ।
जो गधर्व-वापिया-गाहन। सुर-सुदरि बुधकनक निरूपण।
जो वैश्रवण-ऋद्धि-विभ्राटन। त्रिजग-विभूषण गज-मद-शाटन।
जो यमदड-चड-उद्दारण। स-वसुधर कैलाश-उच्चारन।
जो सहस्रकर-गर्व-विभजन। नलकूवर-गेहिनि-मनरजन।
जो अमरेद्र-दर्प-अवघट्टन। वरुण-नराधिप-वल-दल-वंटन।

—रामायण ७७।१०

७. विलाप

(१) नारी-विलाप

(क) अयोध्याके अन्तःपुरका लक्ष्मणके लिए

रोवने दशरथ-नदनहीं। धाहावेउ[1] सर्व परिजनहीं।
दुखाकुल रोवै सकल लोक। जनु चप्पे चप्पे भरेउ शोक।

---

[1] देउ

रोवइ भिच्च-यणु समुद्द-हत्थु । णं कमल-सडु हिम-पवण-घत्थु ।
रोवइ अंतेउरु सोयवुण्णु । ण(स)ज्जमाणु सख-उलु चुण्णु ।
रोवइ अवरा इव रामजणणि । केक्कय दाइय तरु-मूल-खणणि ।
रोवइ भुप्पह विच्छाय जाय । रोवइ सुमित्त सोमित्ति-माय ।
हा पुत्त पुत्त ! केत्तहि गउसि । किह सत्तिएँ वच्छत्थलें हउसि ।
हा पुत्त ! मरतु म जो हउसि । दइवेण केण विच्छो इउसि ।
घत्ता । रोवतिएँ लक्खण-मायरिएँ, सयल लोउ रोवावियउ ।
कारुण्णइ कव्व कहाएँ जिह, कोव ण अंसु मुआवियउ ॥१३॥

—रामायण ६६।१३

(ख) रावण-परिजन-विलाप

घत्ता । ताव दसाणणु आहयणें पडिउ सुणेवि सदोरुं[1] सणेउरु ।
धाइउ मदोयरि-पमुह, धाहावतु सयलु अंतेउरु ॥४॥
दुम्मणु दुक्ख-महण्णवें घित्तउ । पिउ-विऊय जालोलिय-लित्तउ ।
मोक्कल-केस विसठुल-गत्तउ । विहडप्फडु णिवडतु'द्धतउ ।
उद्ध-हत्थु उद्धाहावतउ । अंसु-जलेण वसुह सिंचतउ ।
णेउर-हार-डोर गुप्पतउ । चदण-छड-कद्दमें खुप्पतउ ।
पीण-पऊहर-भारक्कतउ । कज्जल-जल-मल मइलिज्जतउ ।
णं कोइल-कुलु कहिंमि पयट्टउ । ण गणियारि-जूह विच्छुट्टउ ।
णं कमिलिणि वणु थाणहो चुक्कउ । ण हसि-उलु महासर मुक्कउ ।
कलुण-सरेण रसत पधाइउ । णिविसें रण-अरित्ति सपाइउ ।
घत्ता । हय-गय-भड-रुहिरारुणिय, समर-वसुधर सोह ण पावइ ।
रत्तउ परिहवेंवि पगुरेवि, थिय रावणु अणुमरणें णावइ ॥५॥
तहि दहवयणु दिट्ठु वहुवाहउ । कप्पतरुं'व पलोट्टिय साहउ ।
रज्ज-गय-लण-खभु' च्छिण्णउ । . . . .

---

[1] कटि-आभूषण सुवर्ण डोरी

रोवै भृत्यगण उठाइ हाथ। जनु कमल-षड हिमपवन-प्राप्त।
रोवै अन्तपुर शोकपूर्ण। जनु सज्जमान शंख-कुल-चूर्ण।
रोवै औरहिँ इव रामजननि। केकयि दापित तरुमूल-खननि।
रोवै सुप्रभ विच्छाय जाय। रोवै सुमित्राँ सौमित्र-माय।
हा पुत्र पुत्र ! कहँवा गओसि। किमि शक्तिहिँ वक्षस्थलेँ हतोसि।
हा पुत्र ! मरत न जोयोसी। दैवहिँ किमि विच्छोहेँओसी।

घत्ता। रोवती लक्ष्मण-महनारी, सकल लोक रोवावियऊ।
कारुण्यइ काव्यकथाइ जिमि, को ना अश्रु मुचावियऊ॥१३॥

—रामायण ६६।१३

(ख) रावण-परिजन-विलाप

घत्ता। तब्ब दशानन आहवेँ पडेँउ, सुनिय स-डोर स-नूपुर।
धाइउ मदोदरिप्रमुखा, धाहावत सकल-अत.पुर॥४॥

दुर्मन दुःख महार्णव क्षिप्तउ। प्रिय-वियोग-ज्वालोलिय-लिप्तउ।
मुक्तहु केश विसस्थुल[1]-गात्रउ। हडवडत निपतत उद्भ्रांतउ।
ऊर्ध्वहस्त उद्-धाहावतउ[2]। अश्रुजलेँहिँ वसुधा सिचतउ।
नूपुर-हार डोर गोप्यतउ। चदन-छट-कर्दम मेटतउ।
पीन-पयोधर-भाराक्रान्तउ। कज्जल-जल-मल मइलिज्जतउ।
जनु कोकिल-कुल कथा-प्रवृत्तउ। जनु गजियार-यूथ-विच्छुट्टउ।
जनु कमलिनि-वन थानहँ चूकउ। जनु हसीकुल महसर मुचउ।
करुण-स्वरेहिँ रसत प्रधायेँउ। निमिषेँ रणधरित्रि सप्रापेँउ।

घत्ता। हय-गज-भट-रुधिरारुणित, समर-वसुधर सोइ न पावै।
रक्तउ परिभवेहु अकुरेँउ, ठिउ रावण अनुमरणेँ न आवै॥५॥..

तहँ दशवदन दीस बहुबाँहा। कल्पतरू इव लोटिय शाखा।
राज्यगज-लान-खभ[3]च्छिन्नउ। .. . .

---

[1] अस्तव्यस्त [2] धाड मारती [3] हाथी बांधने का खंभा

घत्ता । दह दियहाइ स-रत्तियइँ, ज जुज्भतु ण णिद्दएँ मुत्तउ ।
तेण चक्कु सेज्जहि चडेँवि, रण-वहुअएँ समाणु ण सुत्तउ ।।६।। . . .
घत्ता । णिएँवि अवत्थ दसाणणहोँ, हा हा सामि भणतु सवेयणु ।
अतेउरु मुच्छाविहलु, णिवडिउ महिहि भत्ति णिच्चेयणु ।।७।।

(ग) मंदोदरि-विलाप—

नारा-चक्कु'व थाणहोँ चुक्कउ । 'दुक्खु दुक्खु' मुच्छएँ आमुक्कउ ।
लग्ग रुएँव्वएँ तहि मदोयरि । उव्वसि-रभ-तिलोतिम-सुदरि ।
चदवयण-सिरिक-तणुद्ध(द्द?)रि । कमलाणण-गधारि'व मुदरि ।
मालइ-चपय-माल-मणोहरि । जय-सिरि-चदण-लेह-तणूध(द?)रि ।
लच्छि-वसत-लेह-मिग-लोयण । जोयण-गध गोरि-गोरोयण ।
रयणावलि मयणावलि सुप्पह । काम-लेह काम-लय मइपह ।
मुहय वसत-निलय मलयावइ । कुकुम-लेह-पउम-पउमावइ ।
उप्पल-माल-गुणावलि णिरुवम । कित्ति-बुद्धि-जय-लच्छि-मणोरम ।
घत्ता । आएहिँ सोआरियहिं, अट्ठारह हि'व जुवइ-सहासेँहि ।
णव-घण-मालाडवरेँहिँ, छाइउ विज्जु[1] जेम चउपासेँहि ।।८।।
रोवइ लकापुर-परमेसरि । हा रावण ! तिहुयण-जण-केसरि ।
पइ विणु समर तूरु-कहोँ वज्जइ । पइ विणु बालकील कहोँ छज्जइ ।
पइ विणु णवगह-एक्कीकरणउ । को परिहेसइ कठाहरणउ ।
पइ विणु को विज्जा आराहइ । पइँ विणु चद-हासु को साहइ ।
को गधव्व-वापि आडोहइ । कण्णहोँ छवि-सहासु सखोहइ ।
पइ विणु को कुवेरु भजेसइ । तिजग-विहुसणु कहोँ वसेँ होसइ ।
पइ विणु को जमु विणिवारेसइ । को कइलासुद्धरणु करेसइ ।
सहस-किरणु णलकुव्वर-सक्कहु । को अरि होसइ ससि-वरुणक्कहु ।
को णिहाण रयणइ पालेसइ । को बहुरूविणि विज्जोँ लएँसइ ।

---

[1] विज्जु (?)

घत्ता । दश दिवसाइँ स-रात्रियहिँ, जनु युध्यत न निद्रा प्राप्तउ ।
सो चक्र-शय्यहिँ चढ़िया, रण-वधुयेहिँ सँग सुत्तउ ॥६॥ ..

घत्ता । पेखि अवस्थ दशाननहोँ "हा हा स्वामि" भनत सवेदन ।
अंत:पुर मूर्छाविकल, निपनेउ महिहिँ भट्ट निश्चेतन ॥७॥

(ग) मंदोदरि-विलाप—

नार-चक्र इव थानहिँ चूकउ । दुख दुख मूर्छहिँ आमुचउ ।
लागु रोइबा तहँ मन्दोदरि । उर्व्वशि-रंभ-तिलोत्तम-सुंदरि ।
चंद्रवदनि श्रीकांत तनूदरी । कमलानन गंधारि 'व सुंदरी ।
मालति-चंपक-माल-मनोहरी । जयश्री - चंदन - लेख तनूदरी ।
लक्ष्मि-वसंत-लेख मृगलोचन । योजन-गंधा गोरि गोरोचन ।
रतनावलि मदनावलि सुप्रभ । कामलेख कमलता स्वयंप्रभ ।
सुस्वद-वसंत-तिलक मलयावति । कुंकुम-लेख पद्म-पद्मावति ।
उत्पल-माल-गुणावलि निरुपम । कीर्त्ति बुद्धि जय लक्ष्मि मनोरम ।

घत्ता । आएँहि शोकार्त्तेहिँ, अट्ठारहहिँ वरयुवति-सहस्रेँहिँ ।
नव घनमालाडंवरेहिँ, छाइ विज्जु जेम चौपासेँहिँ ॥८॥

रोवै लंकापुर-परमेश्वरि । "हा रावण ! त्रिभुवन-जन-केसरि ।
तुम विनु समर-तूर्य कहँ वाजै । तुम विनु बालक्रीड कहँ छाजै ।
तुम विनु नवग्रह एकीकरणउ । को पहिरावै कंठाभरणउ ।
तुम विनु को विद्या[1] आराधै । तुम विनु चंद्रहास[2] को साधै ।
को गंधर्व-वापि आडोभै । कर्णहु छवि-सहस्र सखोभै ।
तुम विनु को कुवेर भंजीहैं । त्रिजगविभूष केहि वश होइहैं ।
तुम विनु को यम विनिवारीहैं । को कैलाशोद्धरण करीहैं ।
सहसकिरण-नलकूवर-शक्रहु । को अरि होइहैं शशि-वरुणउ कहँ ।
को निधान रतनहि पालीहैं । को वहुरूपिन विद्या लीहैं ।

---

[1] मंत्रशक्ति   [2] तलवार

घत्ता। सामिय पइँ भविएण विणु, पुप्फविमाणे चडेँवि गुरुभत्तिएँ।
मेरु-सिहरेँ जिण-मंदिरइँ, को मइ णेसइ वंदण-हत्तिए ॥९॥

पुणुवि पुणुवि गयणगण-गोयरि। कलुणाकंदु करइ मंदोयरि।
णंदण-वणेँ दिज्जंति मणोहरि। सुमरमि पारियाय-तरु-मंजरि।

वुड्डुण वाविहेँ थण-परिवट्टणु। सुमरमि ईसि ईसि अवरुंडणु।
सयण-भवणेँ णहणियर-वियारणु। सुमरमि लीला-पकय-ताडणु।

पणय-रोस-समए मएँ वधणु। सुमरिम रसणा-दाम-णिवधणु।
सुमरमि दिज्जमाण दणु-दावणि। धरणेंदहों केरउ चूडामणि।

सुमरमि सामि कुमारहों केरउ। वरहिण पेहुण कण्णेँ ऊरउ।
सुमरमि सुर-करि-मय-मलु मामलु। हारेँ ठविज्जमाणु मुत्ताहलु।

घत्ता। सुमरमि सइ सुरयारुहणु, णेउर-वर-झंकार-विलासु।
तोइ महारउ वज्जमउ, हिअउ ण वेदलु होइ णिरासु ॥१०॥

पुणुवि पुणुवि मंदोयरि जंपइ। उट्ठेँ भडारा कित्तिउ सुप्पइ।
जइ वि णिरारिउ णिद्दएँ भुत्तउ। तो वि ण सोहहि महियलेँ सुत्तउ।

सामिय ! को अवराहु महारउ। सीयहेँ हूई गय-सय-वारउ।
तँहि अकारणिज्जेँ आरुड्ढउ। जेण परिट्ठिउ पाराउद्धउ।

तहिँ अवसरेँ पिउ पेँक्खेवि धाइउ। कावि करेइ अलीअइ-साइउ।
आलिंगेवि ण सव्वायामेँ। कावि णिबधइ रसणा दामेँ।

कावि वरसुएण कवि हारेँ। कावि सुअंध-कुसुम-पब्भारेँ।
कवि उरेँ ताडिवि लीला-कमलेँ। पभणइ मउलिएण मुहकमलेँ।

—रामायण ७६।४-११

(२) बंधु-विलाप

(क) राम-वनवासपर दशरथका विलाप

केणवि कहिउ ताम भरहे सहोँ। गय सोमित्ति राम वण-वासहोँ।
त णिसुणेवि वयणु धुयवाहउ। पडिउ महीहरो व्व वज्जाहउ।

घत्ता । स्वामी ! तुमहि भये विनु, पुष्पविमान चढबि गुरु-भक्तिय ।
मेरु शिखरें जिनमदिरें, को मोहिँ लेइसै वदन हाथिय" ॥६॥

पुनि पुनि गगनगण-गोचरी । करुणाक्रदन कर मदोदरी ।
"नदनवनें दीयत मनोहरि । सुमिरौं पारियात्र-तरु-मजरि ।

ड्व्वन-वापिहिँ स्तन-परिवर्त्तन । सुमिरौं तनिक तनिक आलिगन ।
शयन-भवनें नख-निकर-विदारन । सुमिरौं लीलापंकज-ताडन ।

प्रणय-रोष-समये मम बधन । सुमिरौं रसनादाम-निबधन ।
सुमिरौं दीयमान दनु-दानव । धरणीद्रहु केरहु चूडामणि ।

सुमिरो स्वामि-कुमारहु केरउ । वहिन पिच्छहु कर्णपूरउ ।
सुमिरौं सुर-करि-मदमल श्यामल । हारें ठपीयमान मुक्ताफल ।

घत्ता । सुमिरौं मकृत-सुरत-आरोहण, नूपुर-वरझकार-विलास ।
तौंउ हमारौ वज्र-मय, हृदय न दो-दल होइ निराश" ॥१०॥

पुनिहु पुनिहु मदोदरि जल्पै । "उठु भट्टारक केतक सुत्तै ।
यदिउ अवश्यहि निद्रा भुक्तउ । तऊ न सोहै महितल-सुत्तउ ।

स्वामी ! को अपराध हमारउ । सीतहिँ दूति गई शतवारउ ।
तहँ अकारणीय आरूढउ । जातें परि-स्थित-पारा-उद्धउ" ।

तेंहि अवसरें प्रिय पेखब धाइउ । कोइ करेइ अलीकै साइउ ।
आलिगेबि न सर्वायामे । कोइ निबंधै रसना-दामे ।

कोइ वरशुकेहिँ कोइ हारें । कोंइ मुगध कुसुम-प्राग्भारें ।
कोइ उर ताडबि लीलाकमलेहिँ । प्रभनै मुकुलितेहिँ मुखकमलेहिँ ।

—रामायण ७६।४-११

(२) बंधु-विलाप

(क) राम-वनवासपर दशरथका विलाप

काहुहिँ कहेउ तबहिँ दशरथ सहँ । गये सौमित्रि राम वनवासहँ ।
सो सुनि केहिँ वदन कँपवाँहउ । पडेंउ महीधर इव वज्राहतु ।

घत्ता। जं मुच्छाविउ राउ, सयलु'वि जणु मुह-कायरु।
पलयाणिल-सतत्तु, रसेवि लग्गु ण सायरु ॥६॥

चंदणेण पव्वालिज्जतउ। चमरुक्खेविहिँ विज्जिज्जतउ।
"दुक्खु दुक्खु" आसासिउ राणउँ। जरठ-मियकु'व थिउ उद्धाणउ।
अविरल अंसु-जलोल्लिय-णयणउँ। एम पजंपिउ गग्गिर-वयणउ।
णिवडिय असणि अज्ज आयासहोँ। अज्ज अमगलु दसरह-वंसहोँ।
अज्ज जाउँ हउँ सूडिय-वक्खउ। दुह भायणु पर-मुँह हउँ वेक्खउ।
अज्ज णयरु सिय-सपय-मेँल्लिउ। अज्जु रज्जु परचक्कें पेल्लिउ।
एव पलाउ करोवि सहग्गएँ। राहव-जणणिएँ गउऊ लग्गएँ।
केस-विसठुल दिट्ठ रुअती। अंसु-पवाह धाह मेल्लती।

—रामायण २४।६-७

(ख) लक्ष्मणके लिये रामका विलाप

घत्ता। सोमित्ति-सोय-परिमाणेण, रहुवइ-णदणु मुच्छिअउ।
जलु चदणु चमरुक्खेवएँहिं, दुक्खु दुक्खु उम्मुच्छिअउ ॥२॥

हा लक्खण-कुमार! एक्कोयर[1]। हा भद्दिय उविद दामोदर।
हा माहव! महुमह महुसूयण। हा हरि-कण्ह-विण्हु-णारायण।
हा केसव! अनत-लच्छी-हर। हा गोविद! जणद्दण-महिहर!
हा गभीर-महाणइ-रुभण। हा सीहोयर-दप्पणिसुभण।....
हा हा रुद्द-भुत्ति-विणिवारण। हा हा वालिखिल्ल-सहारण।
हा हा कविल-मरट्ट-विमद्दण। हा वणमाली-णयणाणदण।
हा अरि-दमण! मडप्फर-भजण। हा जिय-पोम सोम-मण-रजण।
हा महरिसि-उवसग्ग-विणासण। हा आरण्ण-हत्थि-सतावण!
हा करवाल-रयण-उद्दालण! सव-कुमार-विलास-णिहालण!
हा खर-दूसण-वलमुसुमूरण! हा सुग्गीव-मणोरह-पूरण!
हा हा कोडिसिला-सचालण! हा हा मयर-हरो उत्तारण!

---

[1] सहोदर, भाई

घत्ता। जो मूर्छायेँउ राव, सकलहु जन मुँह-कातर।
प्रलयानल-सतप्त, बोँलन लागु जनु सागर ॥६॥

चदनेहिँ लेप्पाइज्जतउ। चमर्-उत्क्षेपेहिँ बीजायतउ।
"दुःख दुख" आश्वासैं राणा। जरठ मृगाकि 'व ठिउ उद्धाना।
अविरल-अश्रु-जलोलित-नयना। इमि प्रजल्पेउ गद्गद-वयना।
"निपतिय अशनि आज आकाशहँ। आज अमगल दशरथ-वशहँ।
आज जाउँ हौँ पीटिय वक्षहु। दोँउ भाइन परमुँह हौँ पेखउँ।
आज नगर सिय-संपति मेलेँउ[1]। आज राज्य परचक्रैँ पेलेँउ"।
इमि प्रलाप करेब सहाग्रइ। राघव-जननिएँ आयउ लग्गेँइ।
केश-विसस्थुल दीस रोँवती। अश्रुप्रवाह धाह मेलती[2]।
—रामायण २४।६-७

(ख) लक्षमणके लिए रामका विलाप

घत्ता। सौमित्र शोकपरितापेँहिँ, रघुपतिनदन मूर्छियउ।
जल-चदन-चमर डुलावनहूँ, दुख-दुखउ मूर्छियउ ॥२॥

"हा लक्षमण कुमार एकोदर! हा भद्रिय उपेन्द्र दामोदर!
हा माधव मधुमथ मधुसूदन! हा हरि कृष्ण विष्णु नारायण!
हा केशव अनत लक्ष्मीधर! हा गोविंद जनार्दन महिधर!
हा गभीर-महानदि-रुधन! हा सिहोदर-दर्प-निनाशन!
हा हा रुद्र भुक्ति विनिवारण! हा हा वालिखिल्य-सहारण!
हा हा कपिल-(कु)दर्प-विमर्दन! हा वनमाली नयनानदन!
हा अरिदमन-गर्व-वी-भजन! हा जितपद्म सोम-मन-रजन!
हा महाँ ऋषि-उपसर्ग विनाशन! हा आरण्य-हस्ति-संतापन!
हा करवाल-रतन-उद्धारण! शावकुमार-विलास-निहारण!
हा खर-दूषण-बल-मुसमूरण! हा सुग्रीव-मनोरथ-पूरण!
हा हा कोटिशिला-सचालन! हा हा मकरधरो उत्तारन!

---

[1] त्यागेउ [2] शत्रु शासन

घत्ता। कहि तुहुँ कहि हउँ कह पिअय, कहि जणेरि कहि जणणु गउ।
हय-विहि विछोउ करेप्पिणु, कवण मणोरह पुण्ण तउ ॥३॥

हरि-गुण संभरतु विहाणउ। रुवइ स-दुक्खउ राहव-राणउ।
वरि पहिरउँ पर-णरवर-चक्कएँ। वरि खय-कालु ढुक्कु अत्थक्कएँ।
वरि त कालकूट्टु विसु भक्खिउ। वरि जम-सासणु णयण-कडक्खिउ।
वरि असिपंजरें थिउ थोवतरु। वरि सेविउ कियत-दततरु।
झप दिण्ण वरि जलण जलतएँ। वरि वगला-मुहें भमिउ भमंतएँ।
वरि वज्जासणें सिरें ण पडिच्छिय। वरि ढुक्कंति भवित्ति-समिच्छिय।
वरि विसहिउँ जम-महिस-झडिक्किउ। भीसण-काल-दिट्ठि अहिडकिउँ।
वरि विसहिउ केसरि णह-पजरु। वरि[1] जोयउ कलि-कालु सणिच्छरु।

घत्ता। वरि दति-दतें मुसलग्गेंहि, विणिभिंदाविउ अप्पणउ।
वरि णरय-दुक्खु आयामिउ, णउ विऊउ भाइहिँ तणउ ॥४॥

—रामायण ६७।२-४

(ग) आहत लक्ष्मणके लिये भरतका विलाप

हँउ भामडलु[2] हणुवत एहु। एँहु अगद रहसुच्छलिय देहु।
तिण्णिवि आइय कज्जेण जेण। सुणु अक्खमि कि वहु वित्थरेण।
सीयहि कारणे रोसिय-मणाहँ। रणु वट्टइ राहव-रावणाहँ।
लक्खणु सत्तिएँ विणिभिण्णु तत्थु। दुक्करु जीवइ तें आय इत्थु।
त वयणु सुणिवि परियालयेलु। ण कुलिस-समाहउ पडिउ सेलु।
ण चवण-कालें सग्गहो सुरेदु। उम्मुच्छिउ कहवि कहवि णरेदु।
दुक्खा उरु वाहा वणह लग्गु। पुण्णक्खइ हरि'व मुयतु सग्गु।

घत्ता। हा पइ सोमित्ति! भरतएण, मरइ णिरुत्तउ दासरहि।
भत्तार-विहूणिय णारि जिह, अज्जु अणाहीहूय महि ॥१०॥

---

[1] कलि [2] सीताका भाई

घत्ता। कहँ लुहुँ कहिहौं का पियहिं, कहँ जनेरि कहँ जनक गउ।
हत-विधि ! विछोह कराइय, कवन मनोरथ पूर्ण तव" ॥३॥

हरि-गुण सवदत विद्राणउ। रोँवइ सदुखउ राघव-राणउ।
वरु प्रहरौ पर-नरवर-चक्रउ[1]। वरु क्षयकाल ढुक्कु ग्रत्थक्कउ।
वरु सो कालकूट विष भक्षिउ। वरु यमशासन-नयनकटाक्षउ।
वरु असिपजरेँ ठिउ थोडतर। वरु सेउव कृतांत-दतान्तर।
झप देँउब वरु ज्वलन जलते। वरु वगलामुखेँ अमिव भ्रमते।
वरु वज्रासनेँ शिरेँहिँ प्रतीच्छिब। वरु ढुक्कत भविति समीच्छिब।
वरु विसहब यम-महिष-झडक्कउ। भीषण-काल-दृष्टि अभिडकउ।
वरु विसहब केसरि-नख पजर। वरु जोयब कलिकाल-शनिश्चर।
घत्ता। वरु दतिदतेँ मुसलग्रेँहि विनि-भिदाविउ आपनहुँ।
वरु नरक-दुःख आगामिउ, नहिँ वियोग भाइहिँतनउ ॥४॥

—रामायण ६७।२-४

(ग) आहत लक्ष्मणके लिये भरतका विलाप

हौँ भामडल हनुमत एहु। एहु अगद रभसोच्छलिय-देह।
तीनहुँ आथउँ कार्येहिँ जेहि। सुनु भाखौँ का वहु विस्तरेहि।
सीतहिँ कारणेँ रोषितमनाहँ। रण चल्लै राघव-रावणाहँ।
लक्ष्मण शक्तिहि विनि-भिन्नु तत्र। दुष्कर जीवैं सो आय अत्र"।
सो वचन सुनिय परिपातयेल। जनु कुलिश-समाहत पडेउ शैल।
जनु च्यवन-काल स्वर्गहँ सुरेन्द्र। उन्मूर्छिउ कहब कहब नरेन्द्र।
दुःखाकुल धाहा वनह लग्ग। पुण्य-क्षय हरि इव भरत सर्ग।
घत्ता। हा तव सौमित्रि ! मरंतई, मरैं अवश्यहिँ दाशरथी।
भर्त्तारि-विहूनी नारि जिमि, आज अनाथा भइ मही ॥१०॥

---

[1] शत्रुराज शासन

हा भायर ! ऍक्कसि देहि वाय । हा पइ विणु जइसिरि-विहव जाय ।
हा भायर ! महु सिरि पडिय गयणु । हा हियउ फुट्टु दक्खहि वयणु ।
हा भायर ! महुयर-महुर-वाणि । महु णिवडिऊ-सि दाहिणउ पाणि ।
हा ! कि समुद्दु जल-णिवहु खुट्टु । हा ! किह दिढु कुम्भकडाहु फुट्टु ।
हा ! किह सुरवइ[1] लच्छिएँ विमुक्कु । हा ! किह जमरायहों मरणु ढुक्कु ।
हा ! किह दिणयरु कर-णियरु चत्तु । हा ! किह अणगु दोहग्गु पत्तु ।
हा ! चंचल हूयउ केम मेरु । हा ! केम जाउ णिद्धणु कुवेरु ।

घत्ता । हा ! णिव्विसु किह धरणेदु[2] थिउ, णिप्पहु ससि-सिहि-सीयलउ ।
टलटलि हूई केम महि, केम समीरणु णिब्बलउ ॥११॥

लब्भइ रयणायरें रयण-खाणि । लब्भइ कोइल-कुलें महुर-वाणि ।
लब्भइ चंदणु-सिरि मलय-सिगें । लब्भइ सुहवत्तणु जुवइ-अगें ।
लब्भइ धणुधणएँ धरापवण्णु । लब्भइ कंचणें परवएँ सवण्णु ।
लब्भइ पेसें ण सामिएँ पसाउ । लब्भइ किएँ-विणएँ जणाणुराउ ।
लब्भइ सज्जणें गुण दाणें कित्ति । सिय अभिवरें गुरु-उलें परम-तित्ति ।
लब्भइ वसियरणें कलत्त-रयणु । महकव्वें सुहामिउ सुकइ-वयणु ।
लब्भइउ वयार-मइहि सुमित्तु । मद्दवें हि विलासिणि चारु चित्तु ।
लब्भइ परतीरि महग्घु भडु । वरवेणु-मूलें वेलुज्ज-खडु[3] ।

घत्ता । गय- मोत्तिउ सिंघलदीवें मणि, वइरागरहो वज्ज पउरु ।
आयइ सव्वइ लब्भंति जइ, णवर ण लब्भइ भाइवरु ॥१२॥

—रामायण ६९।१०-१२

(घ) कुंभकर्णके लिये रावणका विलाप

तं णिसुणेवि दसाणण हल्लिउ । ण वच्छत्थलें सल्लें सल्लिउ ।
थिउ हेट्ठामुँहु रावण-राणउ । हिम-हय-सयवत्तु'व विद्दाणउ ।
रुवइ सदुक्खउ गग्गर-वयणउ । वाह भरतु णिरंतर वयणउ ।
हा हा कुंभयण ! एक्कोयर । हा हा मय-मारिच्च-सहोयर ।

---

[1] इन्द्र [2] शेषनाग [3] हरितकांति वैदूर्यमणिका टुकड़ा

हा भायर ! एकहि देँहि वाच । हा तैँ विनु जयश्री विभव जाय ।
हा भ्रातर ! मम श्री पडिय गगन । हा हियहु फूटु डाहैं वदन ।
हा भायर ! मधुकर मधुर-वाणि । मम निपतेँउ तुम दाहिनउ पाणि ।
हा ! का समुद्र-जल-निवह खुट्ट । हा ! का दृढ कुंभकडाह फुट्ट ।
हा ! किमु सुरपति लक्ष्मियेहि मुञ्चु । हा ! किमु यमराजहँ मरन ढुक्कु ।
हा ! किमु दिनकर-कर-निकर-त्यक्त । हा ! किमु अनंग दौर्भाग्य-प्राप्त ।
हा ! चचल होयउ केम मेरु । हा ! केम वनेँउ निर्धन कुबेरु ।
घत्ता । हा ! निर्विष किमु धरणीद्र ठिउ, निष्प्रभ शशि शिखि शीतलउ ।
टलटलि हूइ केम महि, केम समीरण निर्बलउ ॥११॥
लब्भै रतनाकरेँ रतनखानि । लब्भै कोकिल-कुलेँ मधुरवाणि ।
लब्भै चदन श्रीमलयश्रृंगेँ । लब्भै सुखवत्त्वउ युवति-अंगेँ ।
लब्भै धन-धान्य-धरा प्रपन्न । लब्भै कचन-पर्वतेँ सुवर्ण ।
लब्भै दासेहिँ स्वामिय प्रसाद । लब्भै कृतविनये जनऽनुराग ।
लब्भै सज्जनेँ गुण, दानेँ कीर्ति । सित असिवरेँ, गुरुकुलेँ परम तृप्ति ।
लब्भै वशिकरणेँ कलत्र-रतन । महकव्येँ सुभाषित सुकवि-वचन ।
लब्भै उपकार-मइहि सुमित्त । मार्दवेँहिँ विलासिनि चारुचित्त ।
लब्भै परतीरेँ महार्घ भाड । वर-वेणु-मूलेँ वेलुज्ज[1]-खंड ।
घत्ता । गजमोतिउ सिंहलद्वीपेँ मणि, वैरागरहु वज्र ।
आगतेँ सर्वइ लब्भति यदि, पर नहिँ लब्भै भाइवरु" ॥१२॥

—रामायण ६९।१०-१२

(घ) कुंभकर्णके लिये रावणका विलाप

सो सुनिय दशानन हिल्लेउ । जनु वक्षस्थल सूलेंहि सालेउ ।
ठिउ हेट्ठामुँह रावण राणा । हिम-हत-शतपत्रि 'व विद्राणा ।
रोव सदु.खउ गद्गद-वदना । वाह भरत निरंतर वचना ।
"हा हा कुभकर्ण एकोदर ! हा हा मम मारीच-सहोदर !

---

[1] पेस=प्रेष्य (दूत, संदेशवाहक) [1] वंश-रत्न

हा इदइ हा तोयदवाहण। हा जमहट अणिट्ठिय-साहण[1]।
हा केसरि-णियव-दणु-दारण। जबुमालि हा सुअ हा सारण।
दुक्खु दुक्खु पुणु मणु विणिवारिउ। सोय-समुद्दहों अप्प उतारिउ।
—रामायण ६७।९

(इ) रावणके लिये बिभीषणका विलाप

अप्पणु हणइ विहीसणु जावेंहिं। मुच्छइँ णाइ णिवारिउ तावेंहिं।
णिवडिउ धरणि वट्टि णिव्वेयणु। दुक्खु समुट्ठिउ पसरिय वेयणु।
चरण धरेवि रोऍवऍं लग्गउ। हा भायर महँ मुऍवि कहि गउ।
हा हा भायर! ण किउ णिवारिउ। जण-विरुद्धु ववहरिउ णिरारिउ[2]।
हा भायर! सरीरें सुकुमारएँ। केम विआरिउ चक्कएँ धारएँ।
हा भायर! दुण्णिहएँ मुत्तउ। सिज्जें मुऍवि कि महियलें सुत्तउ।

घत्ता। किं अवहेरि करेवि थिउ, सीसें चडाविय चलण तुहारा।
अच्छमि सुट्ठुम्माहियउ, हिअउ फुट्ट आलिंगि भडारा॥२॥

रुअइ विहीसणु सोयक्कमियउ। तुहु ण त्थमिउ वसु अत्थमियउ।
तुहु ण जिऊसि सयलु जिउ तिहुयणु। तुहु ण मुऊमि मुयउ वदिज्जणु।
तुहु पडिऊसि ण पडिउ पुरंदरु। मउडु ण भग्गु भग्गु गिरि-कंदरु।
दिट्ठि ण णट्ठ णट्ठ लंकाउरि। वयण ण णट्ठ णट्ठ मंदोयरि।
हारु ण तुट्टु तुट्टु तारायणु। हियय ण भिण्णु भिण्णु गयणंगणु।
चक्कु ण ढुक्कु ढुक्कु एक्कंतरु। आउ ण खुट्टु खुट्टु रयणायरु।
जीउ ण गउ गउ आसापोट्टल। तुहु ण सुत्तु सुत्तउ महिमंडल।
सीय ण आणिय आणिय जमउरि। हरि-बल कुद्ध कुद्ध ण केसरि।
—रामायण ७६।२-३

---

[1] अपार रण साधन वाले . [2] निरैही

हा इंद्रजि(त्) हा तोयदवाहन ! हा यमघट अनिष्ठित-साधन ।
हा केसरि-नितव-दनु-दारण । जबुमालि हा शुक हा सारण" ।
"दुःख दु.ख" पुनि मन विनिवारिउ । शोक-समुद्रहों आय उतारिउ ।

—रामायण ६७।६

(ङ) रावणके लिये विभीषणका विलाप

आपुहिं हनै विभीषण जब्बे । मूर्छे जनुक निहारिउ तब्बें ।
निपतेंउ धरणि घूमि निर्वेदन । दु ख समुट्ठिउ पसरिउ वेदन ।
चरण धरिय रोअवै लागउ । "हा भायर ! मम मुइय कहाँ गउ ।
हा हा भायर ! न किउ निवारेंउ । जनविरुद्ध व्यवहरिउ निरारिउ ।
हा भायर ! शरीर सुकुमारा । केम विगारेउ चक्रहिं धारा ।
हा भायर ! दुर्निद्रे मुक्तउ । शय्य मुएँउ का महितलें सुत्तउ ।
घत्ता । का अवहेल करेबि ठिय, सीस चढाइव चरण तुहारा ।
रहौं सुठि उन्माथियउ हृदय फूटु आलिगु भट्टारा[1]" ॥२॥
रोवै विभीषण शोक-कमियउ । तुहु न अस्तमिउ वश'स्तमियउ ।
तुहु न जोवसि सकल जिउ त्रिभुवन । तुहु न मुयउ मुयेंउ बंदनिय-जन ।
तुहुँ पडियेउ न पडेंउ पुरदर । मुकुट न भगु भगु गिरिकदर ।
दृष्टि न नष्ट नष्ट लकापुरि । वचन न नष्ट नष्ट मदोदरि ।
हार न टूटु टूटु तारागण । हृदय न भिदु भिदु गगनागण ।
चक्र न ढुक्कु[2] ढुक्कु एकतर । आयु न खुट्टु[3] खुट्ट रतनाकर ।
जीव न गउ गउ आशा-पोट्टल । तुहुँ न सुत्तु सुत्तु महिमडल ।
सीय न आनेंउ आनेंउ यमपुरि । हरि-बल क्रुद्ध क्रुद्ध जनु केसरि ।

—रामायण ७६।२-३

---

[1] महाराजा [2] चीर कर भीतर घुसा [3] खतम हुई

८. कविका संदेश

(१) काया नरक

माणुसु देहु होइ घिणि-विट्टलु । सिरेंहि णिवद्धउ हड्डह पोट्टलु ।
चलु कुजंतु माय-मउ कुहेंडउ । मलहों पुंजु किमि-कीडहु सूडउ ।
पूइगंध[1] रुहिरामिस-भंडउ । चम्म-रुक्खु दुग्गध-करंडउ ।
अंतहों पोट्टलु पक्खिहिँ भोयणु । बाहिहि भवणु मसाणहों भायणु ।
आयहु कलुसियऊ जहि अंगउ । कवण पएसु सरीरहों चंगउ ।
अण्णुइ मुणरूव दुप्पेच्छउ । कंडियलु पच्छाहर-सारिच्छउ ।
जोव्वणु गंडहों अणुहरमाणउ । सिरु णालियर-करक-समाणउ ।

—रामायण ५४।११

एण सरीरें अविणय-थाणें । दिट्ठ णट्ठ जलविंदु-समाणें ।
सुर-चावेण'व अथिर सहावें । तडि फुरणें'ण'व तक्खण-भावें ।
रंभा-गब्भेण'व णीसारें । पक्क-फलेण'व सउणाहारें ।
सुण्णहरेण'व विहडिय-वंधें । पच्छहरेण'व अइदुग्गंधें ।
उक्करुडेण'व कीलावासें । अकुलीणेण'व सुकिय-विणासे ।
परिवाहेण'व किमि-कोट्ठारें । असुइहि भवणं भूमिहि भारें ।
अट्ठिय-पोट्टलेण वस-कुंडे । पूय-तलाये आमिस-उंडे ।
मलकूडेण रुहिर-जलघरणें । लसि-विवरेण पम्म-णिज्झरणे ।
कुहिय-करंडएण घिणिवंतें । चम्ममएण इमेंण कूजंतें ।

—रामायण ७७।४

तं चलणु जुअलु गय-मंथरउ । सउणहि खज्जतु भयंकरउ ।
तं मुरय-णियंव सुहावणउँ । किमि बुडबुडनि घिलसावणउँ ।

---

[1] दुर्गंधि

८. कविका संदेश

(१) काया नरक

मानुष देह होइ घृण-विट्टल[1]। शिराइँ बाँधेउ हाडह पोट्टल।
चलु सडत मायामय-कचरउ। मलहँ पुज कृमि-कीटहु सूडउ।
पूतिगंध रुधिरामिष-भंडा। चर्मवृक्ष दुर्गंध-करंडा।
आँतह पोटल पक्षिहिँ भोजन। काढहिँ भवन मसानेहु भायन।
आयहु कलुषीयहु जहि अगउ। कवन प्रदेश शरीरह चगउ।
अन्यइँ शून्य-रूप दुष्प्रेक्ष्यउ। कटितल पच्छाघर सादृश्यउ।
जोबन गडहु[2] अनुहरमानउ। शिर नारियर-करक-समानउ।

—रामायण ५४।११

एहि शरीरे अविनय-थाने। दृष्ट-नष्ट जलबिंदु-समाने।
सुर-चापा इव अथिर-स्वभावा। तडि-स्फुरणि' इव तत्क्षण भावा।
रंभागर्भ इवा निस्सारा। पक्वफल इव शकुनाहारा।
शून्यघर इव विघटित-बंधा। पच्छा घर[3] इव अतिदुर्गंधा।
कूडापुंजि' इव कीटावासा। अकुलीना इव सुकृत-विनाशा।
परिवाधा इव कृमि-कोट्ठारा। अशुची-भवना भूमिहि भारा।
अस्थिय पोट्टलका वसकुंडा। पूति-तलावा आमिष-कुडा।
मल-कूटऊ रुधिर-जल छरना। लसि-विवरा पीव-निर्झरणा।
कुथित करंडा[4]ऊ घृणवंता। चर्ममया एते कूजता।

—रामायण ७७।४

सो चरण-युगल गजमथरउ। शकुनेहिँ खाद्यत भयकरउ।
सो सुरत-नितंब-सोँहावनऊ। कृमि बुजबुजति चिरसाइनऊ।

---

[1] गंदा विटलाहा (मल्लिका)　[2] फोड़ा　[3] पाखाना　[4] पेटी

तं णाहि-पयेसु किसोयरउ। खज्जतमाणु थिउ भासुरउ।
त जोव्वणु अवरुडणमणउ। सुज्जत नवर भीसावणउ।
तं सुदरुवयणु जियताहुँ। किमि कप्पिउ णवर मरताहुँ।
त अहर-बिंबु वण्णुज्जलउ। लुचतुं सिवेंहिँ घिणि-विट्टलउ।
त णयणु-जुअलु विब्भम-भरिउ। विच्छायउ कायहिँ कप्परिउ।
सो चिहुर-भारु कोडावणउ। उद्धतु णवर भीसावणउ।
घत्ता। त माणुसु त मुहु-कमलु, ते थण त गाढालिंगणउ।
णवरि धरेविणु णा सउडु, बोलिज्जइ धिधि चिलिसावणउ ॥७॥

(२) गर्भवास दुःख

तहिँ तेहइ रस-वस-भूय-भरे। णव मास वसेंव्वउ देहघरे।
णव णाहिकमलु उत्थल्लु जहिँ। पहिलउ जें पिडु सबघु तहिँ।
दस-दिवसु परिट्ठिउ रुहिर-जलु। कणु जेम पईयउ धरणियलु।
विहि दस-रत्तिहि समुट्ठिअउ। ण जलें डिडीर समुट्ठिअउ।
तिहि दस-रत्तिहिँ बुब्बुड घडिउ। णं सिसिर-बिंदु कंकुम पडिउ।
दस-रत्ति चउत्थहें वित्थरिउ। णावइ पवलकुरु णीसरिउ।
पचमें दस-रत्ति जाउ बलिउ। ण सूरण-कदु चउप्पलिउ।
दस-दस-रत्तेंहि कर-चरण-सिरु। वीसहि णिप्पण्णु सरीर थिरु।
णव-मासिउ देहहों णीसरिउ। वट्टतु पडीवउ वीसरिउ।
घत्ता। जेण दुवारें आइयउ, जो त परिहरे ण सक्कइ।
पतिहि जुत्तु वइल्लु जिह, भव-ससारें भमतु ण थक्कइ ॥८॥

(३) आवागमन दुःख

इउ जणें वि धीरहि अप्पणउँ। करें कंकणु जोवहि दप्पणउ।
चउगइ[1] ससार भमतऍण। आवता जत मरतऍण।

---

[1] देव, मानुष, तिर्यंक् (पशु पंछी), नरक

सो नाभिप्रदेश कृशोदरऊ। खाद्यतमान ठिउ भासुरऊ।
सो यौवन अवरुंडन[1]-मनऊ। सुज्जत अती-भीषावणऊ।
सो सुंदर वदन जियतेही। कृमि-काटिय तुरत मरतेही।
सो अधर-बिंब वर्णोज्वलऊ। नोंचत शिवे[2]हिं घृण-विट्टलऊ।
सो नयन-युगल विभ्रमभरिऊ। विच्छायउ[3] कायहँ खप्परिऊ।
सो चिकुर-भार हर्षावणऊ। उड्डुत तुरत भीषावणऊ।
घत्ता। सो मानुष सो मुखकमल, सो स्तन सो गाढालिंगनऊ।
तुरत धरते नासकूटू, बोलिय धिक् चिरसाइनऊ ॥७॥

(२) गर्भवास दुःख

तहँ तेहिंहि रस-वस-भूत-भरे। नव मास वसेयउ देहघरे।
नव नाभिकमल उच्छल्ल जहाँ। पहिलहिंहि पिंड संबंध तहाँ।
दस दिवस परिट्-ठिउ[4] रुधिर-जलू। कण जेम पडेऊ धरणितलू।
दोउ दशरात्रेंहिं सम्-उट्ठियऊ। जनु जलें डिंडीर[5] सुमुट्ठियऊ।
तेंहिदश रात्रे बुद्बुद गडें ऊ। जनु शिशिरबिंदु कुंकुम पडेऊ।
दशरात्रि चउत्थेहिं विस्तरिऊ। न्याई प्रवलाकुर निस्सरिऊ।
पँचयें दशरात्रे जायों वली। जनु सूरन-कंद चऊपहली।
दश दशरात्रेहिं कर-चरण-शिरू। बीसहिं निष्पभ्र शरीर थिरू।
नवमासे देहा नीसरिऊ। वर्त्तन्त प्रतीउ वीसरिऊ।
घत्ता। जेहि दुवारें आयऊ, जो तेहि परि-धारयउ न सक्कै।
पाँतिहि जुतो बइल्ल जिमि, भव-संसार भ्रमत न थाकै ॥८॥

(३) आवागमन दुःख

ऍंहु जानबि धीरेंहि आपनऊ। कर-कंकण जोवै दर्पणऊ।
चउगति संसार भ्रमतएहि। आवत-जात-मरतएहिं।

---

[1] अवरुंडन=आलिंगन [2] सियारों से [3] कुरूप [4] रहेउ [5] कमलनाल

जगें जीवें कोण रुवाविअउ। को गरुय धाह ण मुआवियउ।
को कहिमि णाहि सताविअउ। को कहिमि ण आवइ पावियउ।
को कहि ण ढुक्कु[1] को कहि न मुउ। को कहि ण भमिउ को कहिं ण गउ।
कहि णवि मोयणु कहि णवि सुरऊ। जगें जीवहों किंपि ण वाहिरऊ।
तइलोउ विअसिउ असतएण। महि सयल डज्भद'ड्ढतएण।
घत्ता। सायरु पीयउ पियतएण, अँसुएँहि रुयतेहि भरिउ।
हड्ड-कलेवर-सचएँण, गिरि-मेरु सोवि अतरिउ॥६॥
अह पइ कि वहु चविएण राम। भवें भमिउ भयंकरें तुहुमि ताम।
गडु जिहँ तिहँ वहु रूवतरेहिँ। जर-जम्मण-मरण-परपरेहिँ।
सा सीय'वि जो णिसएहिँ आय। तुहुँ कहिमि बप्पु सा कहिँमि माय।
तुहु कहिमि भाउ सा कहिमि वहिणि। तुहु कहिमि दइउ सा कहिमि घरिणि।
तुहु कहिमि णरएँ सा कहिमि सग्गें। तुहु कहिमि महिहिँ सा गयण-मग्गें।
तुहु कहिमि णारि सा कहिमि जोहु। कि सुइणा-रिद्धिहि करहि मोहु।
उम्मेट्टु विऊअ गइदएसु। जगडतु भमइँ जगु णिरवसेसु।
जइ ण धरिउ जिण-वयणकुसेण। तो खज्जइ माणुस-माणुसेण।
घत्ता। एम भणेप्पिणु वेवि मुणि, गय कहिमि णह-गण-पथें।
रामु परिट्ठिउ किविणु जिह, धणु इक्कु लएवि सहत्थें॥१०॥

—रामायण ३६।९-१०

(४) संसार तुच्छ

को काल-भुयगहों उव्वरइ। जो जगु जें सव्वु उवसहरइ।
तहों जहि जहि कहिमि दिट्ठि रमइ। तहि तहि ण भइय वट्ठु भमइ।
केँवि गिलइ गिलइ केँवि उग्गिलइ। काहिमि जम्मावसाणि मिलइ।
केँवि णरय-विलेहि पइसे विगसइ। काहिवि अणुलग्गउ जे वसइ।

---

[1] ढूकना=प्रवेश करना

जगे ँ जीवहि को न रोँवाइयऊ। कोँ गरुअ घाह न मुवाइयऊ।
को काहिहिँ ना सताविपऊ। को काँहि न आवइ पाबियऊ।
को कहँ न ढुक्कु को कहँ न मूऊ। को कहँ न भ्रमेँउ को कहँ न गऊ।
कहँ नहिँ मोदन कह नहि सुरतू। जगेँ जीवहँ ना किय बाहिरऊ।
तिहु लोक विकसेँउ अशातएहिँ। महि सकल दग्ध दड्ढतएहि।

घत्ता। सागर पियेउ पियत्तएहि, अँसुएहि रोवतेहि भरेँऊ।
हाड-कलेवर-सचयेहि, गिरि-मेरु सोउ अतरिऊ[१] ॥९॥

अथ तोहिँ का वहु वचनेहिँ राम ! भवेँ भ्रमिउ भयकरेँ तुहुज नाम[२]।
नट जहँ तहँ वहु-रूपातरेहिँ। जर-जन्म-मरण-परपरेहिँ।
सो सीतउ योनिशतेहिँ आय। तुहुँ कतहुँ बाप ऊ कतहुँ माय।
तुहुँ कतहुँ भाय ऊ कतहुँ बहिनि। तुहुँ कतहुँ दयित ऊ कतहुँ घरिनि।
तुहुँ कतहुँ नरकेँ ऊ कतहुँ सरगेँ। तुहुँ कतहु महिहिँ ऊ गगन-मगे।
तुहुँ कतहु नारि ऊ कतहु जोध। का स्वपन-ऋद्धिहीँ करहि मोह।
उन्मेँठ[३]-वियुक्त गजेद्रएस। भगडत भ्रमैँ जगेँ निरवशेष।
यदि न धरिय जिन-वचनाकुशहीँ। तो खाइय मानुष मानुषहीँ।

घत्ता। इमि भनिया दोऊ मुनि, गयउ कतहुँ नभगण-पथे।
राम बईठेउ कृपण जिमि, धनु एकलहू स्वहत्थे ॥१०॥

—रामायण ३९।९-१०

(४) संसार तुच्छ

को काल-भुजगतेँ ऊबरई। जो जग सर्वइँ उपसहरई।
तहँ जहँ जहँ कतहुँ दृष्टि रमई। तहँ तहँ जनु भयावर्त्त भ्रमई।
कोइँ गिलइ गिलइ कोइ ऊगिलई। कतहूँ जन्मावसान मिलई।
कोइ नरक-विलेहिँ पइसँ निकसै। केतहँ अनुलग्न एव बसई।

---

[१] ढाँक दिया [२] तहाँ [३] महावत

केंवि कड्ढइ सग्गहों वरि चडेवि । केंवि खय होणेंइ उप्परें चडेवि ।
केवि धारइ थोरइ पाव विसेण । केवि भक्खइ णाणाविहमसेंण ।
घत्ता । तहो कोवि ण चुक्कइ भुक्खियहों, काल-भुयगहों दूसहहो ।
जिण-वयण-रसायणु लहु पियहों, जि अजरामर-पउ लइहो ।।२।।
जइ काल-भुअगु णउब डसइ । तो किं सुर-वइ सग्गहों खसइ ।
—रामायण ७८।२,३

विरहाणल-ज्वाल-पलित्त-तणु । चिंतेवएँ लग्गु विसण्ण-मणु ।
सच्चउ संसारि ण अत्थि सुहु । सच्चउ गिरि-मेरु-समाण दुहु ।
सच्चउ जर-जम्मण-मरण-भउ । सच्चउ जीविउ जलबिंद-सउ ।
कहों घरु कहो परियणु बंधु जणु । कहों माय-वप्पु कहों सुहि-सयणु ।
कहों पुत्तु-मित्तु कहों किर घरिणि । कहों भाय-सहोयरु कहों बहिणि ।
फलु जाव ताव बंधव-सयण । आवासिय पायवि जिह सउण ।
वलु एम भणेप्पिणु णीसरिउ । रोवंतु पडीवउ वीसरिउ ।
घत्ता । णिद्धणु लक्खण-वज्जिअउ, अण्णु वि वहु असणेंहिं भुत्तउ ।
राहउ भमइ भुअगु जिह, वणें "हा हा सीय" भणतउ ।।११।।
हिंडतें मग्ग भडप्फरेण । वणदेवय पुच्छिय हलहरेण ।
"खणे खणे वेयारहिं काइं मइं । कहिं कहिमि दिट्ठ जइ कंतयइं" ।
वलु एम भणेप्पिणु संचलिउ । ता वग्गाएँ वण-गयंदु मिलिउ ।
"हे कुंजर-कामिणि-गइ-गमणा । कहें कहिमि दिट्ठ जइ मिगणयणा" ।
णिय-पडिरवेण वेआरियउ । जाणइ सीयएँ हक्कारिअउ ।
कत्थइ दिट्ठइं इंदीवरइं । जाणइ-घण-णयणइं दीहरइं[1] ।

---

[1] दीरघ

कोँइ निकसि सर्ग ऊपर चढई। कोँइ क्षय-होवन ऊपर चढई।
　　कोइ धारै थूरै पाप विषहिँ। कोइ भख्खै नानाविध मसहिँ।
घत्ता। तहँ कोइ न वाँचै भूखियहीँ, काल-भुजगह दुस्सहहीँ।
　　जिन-वचन-रसायन लघु पियहू, जिमि अजरामर-पद लहहू ॥२॥
यदि काल-भुजग नहीँ डँसई। तो किमि सुरपति स्वर्गहँ खसई।

—रामायण ७८।२,३

विरहानल ज्वाल-प्रलिप्त तनू। चिता इव लागु विषण्ण-मनू।
　　साँचै ससारेँ न अहै सुखू। साँचै गिरि-मेरु-समान दुखू।
साँचै जर-जन्मा-मरण-भवा। साँचै जीवित जलबिंदु-समा।
　　कहँ घर कहँ परिजन बधुजना। कहँ माय-बाप कहँ हित-सजना।
कहँ पुत्र-मित्र कहँ पुनि घरिनी। कहँ भाय-सहोदर कहँ बहिनी।
　　फल जबै तबै बाधव-स्वजना। आवासैँ पादपेँ जिमि शकुना।
बल[1] ऐसेँहि भनिया नीसरेऊ। रोवत पडीयउ बीसरिउ।
घत्ता। निर्धनु लक्ष्मण वर्जितउ, अन्यहु वहुत सनेहि त्यक्तऊ।
　　राघव भ्रमै भुजग जिमि, वने "हा हा सीय" भनतऊ ॥११॥
हिडतो भग्न गर्वएहिँ। वनदेवत पूछिय हलधरेहिँ।
　　"क्षण-क्षण विकारा काह मई। कहिँ कतहुँ दीस यदि कातौँ तईँ।"
बल[2] भनिया ऐसे सचलेऊ। तव आगेँइ वन-गयद मिलेऊ।
　　"हे कुजर कामिनि-गति-गमना। कहिँ कतहुँ दीस यदि मृगनयना।"
निज प्रतिरवेहिँ वीचारियऊ। जानै सीता हक्कारियऊ[3]।
　　कतहूँ दीसैँ इदीवरहीँ। जानै धनि-नयनि-दीवरहीँ।

---

[1] राम पिछला　[2] राम　[3] पुकारा

कत्थइँ असोय-दलु हल्लियउ । जाणइ धण-वाहा डोल्लिअउ ।
वणु सयलु गवेसवि सयल महिँ । पल्लट्टु पडीवउ दासरहि ।
—रामायण ३६।७–१२

(५) कोई किसीका नहीं

जगे जीवहो णाहिँ सहाउ कोवि । रइ वधइ मोह-वसेण तोवि ।
इय घरु इउ परियणु इउ कलत्तु । णउ वुज्झइ जिह सयलेहिँ चित्तु ।
एक्केण कणुव्वउ विहुरकाले । एक्केण सुयेव्वउ जरपयाले ।
एक्केण वसेव्वउँ तहि णिगोएँ । एक्केण रुइव्वउ पिय-विऊएँ ।
एक्केण भमेव्वउ भवसमुद्दे । कमोह मोह जलयर-रउद्दे ।
एक्कहों जे दुक्खु एक्कहों जे सुक्खु । एक्कहों जे वधु एक्कहों जे मोक्खु ।
एक्कहों जे पाउ एक्कहों जे धम्मु । एक्कहो जे मरणु एक्कहों जे जम्म ।
—रामायण ५४।७

(६) सामाजिक भेदभाव धर्म-अधर्मके कारण

मुणिवर कहिवि लग्गु विउलाइँ । किं जणेण णियहि धम्मे फलाइँ ।
धम्मे भड-थड-हय-गय-सदण । पावे मरण-विऊय-क्कदण ।
धम्मे सग्गु भोग्गु सोहग्गु । पावें रोगु सोगु दोहग्गु ।
धम्में रिद्धि-विद्धि सिय-सपय । पावें अत्थहीण णर-विद्दय ।
धम्में कडय-मउड-कडिसुत्ता । पावें णर-दालिद्दें मुत्ता ।
धम्में रज्जु करति णिरुत्ता । पावें परपेसण-सजुत्ता ।
धम्में वर-पल्लकें सुत्ता । पावें तिण-सथारें विभुत्ता ।
धम्में णर देवत्तणु पत्ता । पावें णरय-घोरें सकंता ।
धम्में णर रमति वर-निलयउ । पावें दुह-विऊय दुह-णिलयउ ।
धम्में सुदरु अगु णिवद्धउ । पावें पगुलउ'वि वहिर'धउ ।
—रामायण २८।६

कतहूँ अशोक-दल हिल्लियऊ। जानै धनि-बाहहूँ डोलियऊ।
वन सकल गवेषेंउ सकल मही। पलटेउ पाछूहूँ दाशरथी।
—रामायण ३९।७-१२

(५) कोई किसीका नहीं

जगें जीवहूँ नाहिं सहाय कोंऊ। रति बाँधै मोहवशेहिं तऊ।
एँहु घर एँहु परिजन एँहु कलत्र। ना बूझै जिमि सकलेहिं चित्र।
एँकलेहि कानिबउ विधुर-कालें। एँकलेहि सोंईबउ जरठ-कालें।
एँकलेहि बसीवउ तहँ वियोगें। एँकलेहि रोंइब्बउ प्रिय-वियोगें।
एँकलेहि भ्रमेबउ भव-समुद्रें। कर्मोघ-मोह-जलचर-रउद्रें।
एँकलेहिहि दुख एकलेहिहि सुक्ख। एकलेहिहि बंध एकलेहिहि मोक्ष।
एकलेहिहि पाप्-एकलेहि धर्म। एकलेहिहि मरन एकलेहि जन्म।
—रामायण ५४।७

(६) सामाजिक भेदभाव धर्म-अधर्मके कारण

मुनिवर कहन लागु विपुलाइँ। का जनेहिं निज-धर्म-फलाइँ।
धर्में भट-ठट-हय-गज-स्यंदन। पापें मरन-वियोग-क्रंदन।
धर्में स्वर्ग-भोग-सौभाग्य। पापें रोग-शोक-दौर्भाग्य।
धर्में ऋद्धि-वृद्धि सित-सपन। पापें अर्थहीन नर-विद्रय।
धर्में कटक-मुकुट-कटि-सूत्रा। पापें नर दारिद्र्ये क्षिप्ता।
धर्में राज्य करति निचिंता। पापें पर-प्रेषण-संयुक्ता।
धर्में वर-पर्यंके सुप्ता। पापें तृण-साथरें विमुक्ता।
धर्में नर देवत्त्वहिं प्राप्ता। पापें नरक-घोर-संक्राता।
धर्में नर रमंति वर-निलये। पापें दुख-वियोग-दुख-निलये।
धर्में सुंदर अंग निबंधा। पापें पंगुल अरु वहिरंधा।
—रामायण २८।९

§ ४. भूसुकुपा (शांतिदेव)

काल—८०० ई० (धर्मपाल-देवपाल ७७०-८०६-४१)। देश—नालंदा।

(रहस्यवाद)

(६—राग पटमंजरी)

काहेरि घेणि मेलि अच्छहु कीस। वेठिल हाक पडअ चउदीस।
अप्पण मासे हरिणा बइरी। खणह ण छाडअ भूसुकु अहेरी।
तिण ण छूपइ पिबइ ण पाणी। हरिणा हरिणीर णिलअ ण जाणी।
हरिणी बोलअ सुण हरिणा तों। ए वन छाडि होहु भान्तो॥
तरसंत हरिनार खुर न दीसइ। भूसुकु भणइ मुढ! हिअहिँ ण पइसइ॥६॥

(२१—राग वराडी)

णिशि अंधारी मूसा करअ अचारा। अमिअ-भखअ मूसा करअ अहारा॥
मार रे जोइया! मूसा-पवना। जेण तूटइ अवणा-गवणा॥
भव विदारअ मूसा खणअ गाती। चचल मूसा कलिआँ णामअ थाती॥
काला मूसा उह ण वाण। गअणे उठि करअ अमिअ पाण॥
तब्बे मूसा अचल चचल। सद्गुरु बाहे करहु सो निच्चल॥
जब्बे मूसा अचार तूटअ। भूसुकु भणइ तब्बे बधण फिट्टइ॥२१॥

(२३—राग बडारी)

जइ तुम्ह भूसुकु अहेरी जाइब मरिहसि पच जना।
णलिणीवन पइमन्ते होहिसि एक्कु मणा॥
जीवंत मा विहणि मएल ण अणिहिलि।
णउ विणु मासे भूसुकु पउमवण पइसहिलि॥
माआजाल पसारी बांधेलि माआ हरिणी।
सदगुरु बोहें बूझि रे कासु (काहिणी॥)

§ ४. भूसुकुपा (शांतिदेव)

कुल—राजपुत्र (राउत) भिक्षु, सिद्ध (४१)। कृतियाँ (हिन्दी)—सहज-गीति

(रहस्यवाद)

(६—राग पटमंजरी)

काहे'र भक्ष्य मेलि रहों कईस। वेठिल हाक पड़ै चौदीस॥
अपने मांसे हरिना वैरी। क्षणहु न छाड़ै **भूसुक** अहेरी॥
तृण न छुवै पियै न पानी। हरिना हरिनी-निलय न जानी॥
हरिनी बोलै सुनु हरिना तों। ई वन छाडि होवहू भ्रमन्तो॥
तृषित धावत हरिना खुर ना दीसै। **भूसुक** भनै मुढ! हियहिँ न पइसै॥६॥

(२१—राग वराडी)

निशि अँधियारी मूसा करै सँचारा। अमृत-भक्ष्य मूसा करै अहारा॥
मारु रे जोंगिया! मूसा पवना। जासे टूटै अवना-गवना॥
भव विदारै मूसा खनै गाती। चचल मूसा खाइ नाशै थाती॥
काला मूसा रोम न वर्ण। गगने उठि करै अमिय पान॥
तब्बै मूसा अचल-चचल। सद्गुरु-बोधे करहु सो निश्चल॥
जब्बै मूस-सँचारा टूटै। **भूसुक** भनै तब्वै बधन छूटै॥२१॥

(२३—राग बराडी)

यदि तुम भूसुकु अहेरे जइबा, मरिहो पाँच जना।
नलिनीवन पइठन्ते, होइहा एकमना।
जीवत न हनिहा मरल न अनिहा।
न विनु मास भूसुक पद्मवन पइठिहा॥
माया-जाल पसारी बधिहा माया-हरिनी।
सद्गुरु-बोधें बुझि रे कासु (एहु) कहनी॥

(अप्पण कायें छड्डुवि णउ मइलि खाग्रइ कालाकालें लेइ।
पाणी-वेणी णाहि हरिणा पाणि अवंक्खउ ।।
चचल चचल चलिश्रा सुण्ण माँझे अत्थगऊ ।।)२३।।

(२७—राग कामोद)

अध राति भर कमल विकसिउ, बतिस जोइणी तासु अँग उल्हसिउ।
चालिअउ ससहर मग्ग अवधूई। रअणइ सहज कहेमि ।।
चालिअ ससहर-गउ णिब्वाणें। कमलिनि कमल बहइ पणालें ।।
विरमानद विलक्खण सुद्ध। जो एथु बुज्झइ सो एथु बुद्ध।
भूसुकु भणइ मइँ बूझिय मेलें। सहजाणद महासुह लीलें ।।२७।।

(३०—राग मल्लारी)

करुणामेह निरन्तर फारिश्रा। भावाभाव द्वदल दालिश्रा।
उइउ गश्रण माज्झ श्रदभूश्रा। पेख रे भूसुकु! सहज सरूश्रा ।।
जासु सुणन्ते तुट्टइ इँदश्राल। णिहुए णिज मण देइउ उल्लाल।
विसअ विसुज्झें मइँ बुज्झिउ श्राणदे। गश्रणहँ जिम उजोली चन्दे ।।
ए तिलोए एत बि सारा। जोइ भूसुकु फडइ अँधश्रारा ।।३०।।

(४१—राग कण्हू-गुंजरी)

श्राइएँ अनुअनाएँ जग रे भन्तिएँ सो पडिहाइ।
रज्जु-सप्प देखि जो चमकिउ, साँचे जिम लोअ खाइउ[1] ।।
अकट जोइश्रारे मा कर हाथ लोण्हा। अइस सहावें जइज बुज्झसि तूटइ वासना तोरा ।।
मरु-मरीचि गधब-नश्ररी दापण-पडिबिबु जइसा।
वातावत्तें सो दिढ भइश्रा, श्रायें पाथर जइसा ।।
बाँझिसुश्रा-जिम केलि करई खेलइ बहुविह खेला।
बालुअ-तेले सस-सिंगे श्राकाश फूलिला ।।
राउतु भणइ बढ भूसुकु भणइ बढ सश्रला अइस सहावा।
जइ तो मूढा अच्छसि भान्ती पुच्छहु सदगुरु पावा ।।४१।।

---

[1] साँचे कित बोड़ो खाई J.D.L.

(आपन काये छडिहा ना मैली। खाय कालाकाले लेई।
पानी-वेणी नहिं हरिना पानी चाहेउ।
चचल- चचल चलि शून्य-मध्ये अथयेउ)[1] ।।२३।।

(२७—राग कामोद)

आधीराति भर कमल विकसेँउ। वतिस जोगिनी तासु अँग हुलसेँउ ।।
चालहु शशधर मग अवधूती। रतने सहज कहौं मैं ।।
चालिय शशधर गयेँउ निर्वाणे। कमलिनि कमलहिं बहै प्रणाले।।
विरमानद विलक्षण शुद्ध। जो एहु जानै सो एहिं बुद्ध।
भूसुक भनै मै बूझयों मेला। सहजानद महासुख-लीला ।।२७।।

(३०—राग मल्लारी)

करुणा-मेघ निरन्तर फारी। भावाभाव द्वन्दहीं दारी ।।
उयेँउ गगनमाँझ अदभूता। पेखु रे भूसुकु सहज-स्वरूपा ।।
जासु सुनत टूटै इन्द्रजाल। नि-धुए निजमन देइ उलास ।।
विषय विशुद्धे मैं बूझेँउँ आनदा। गगनहिं जिमि उजाला चदा ।।
एहि तिलोके एहुहि सारा। जोइ भूसुकु फटै अँधियारा ।।३०।।

(४१—राग कण्हू गुजरी)

आदिहिं अजन्मते जग ई भ्रान्ति सों प्रतिभाइ।
रज्जु-सर्प देखि चमकेँउ साँचे जिमि लोग खाइ ।।
अहह जोगिया न कर हाथ लोना। ऐस स्वभाव यदि बूझसि टुटइ वासना तोरा ।।
मरु-मरीचि गधर्व-नगरी दर्पण-प्रतिबिंब जैसा।
वातावर्त्त सो दृढ होई, पानिहिं पाथर जैसा ।।
बाँझसुता जिमि केली करै, खेलै बहुविध खेला।
बालू-तेले शश-शृगें आकाश फुलेला ।।
राउतु भनै मूढ़ भूसुकु भनै मूढ सकल ऐस स्वभावा।
यदि तैं मूढा हवै भ्रान्त पूछह सद्गुरुपावा ।।४१।।

---

[1] अस्त हो गया

(४३—राग बंगाल)

सहज महातरु फरिअइ तिलोए। खमम सहावे वाणते मुक्क कोइ।
जिम जले पाणिअ टलिआ भेउ न जाअ। तिम मण-रअणा समरसे गअण समाअ॥
यासु णाहि अप्पा तासु परेला काहि। आइ-अन्तअ ण, जाममरण भव नाहि।
भूसुकु भणइ बढ[1] राउतु भणइ बढ[1] सअला एह सहाव।
जाइ ण आवइ रे ण तहिँ भावाभाव॥४३॥

(४६—राग मल्लारी)

राअ-नावडी पँउअखँडे बाहिउ। अदअ बंगाल देसह लूटेँउ।
आजि भूसुक बंगाली भइली। णिअ घरिणी चडाली लेली॥
डहिउ जे पँच पाटन इन्दि-विसआ णठा। ण जानमि चिअ मोर कँहि गइ पइठा॥
सोण-रूअ मोर किपि ण थाकिउ। णिअ परिवारे महासुह थाकिउ।
चउकोडि भँडार मोर लइउ असेस। जीवँते मइले णाहि विसेस॥४६॥

—चर्यापद

२ : नवीं सदी

§ ५. लुईपा

काल—८३० ई० (धर्मपाल-देवपाल ७७०-८०६-४६)

देश—मगध। कुल—कायस्थ, सिद्ध (१)

रहस्यवाद

(१—राग पटमंजरी)

काआ तरुवर पंच[1] वि डाल। चचल चीए पइट्ठा काल॥
दिढ करिअ महासुह परिमाण। लुई भणइ गुरु पुच्छिअ जाण॥

---

[1] रहा

(४३—राग बंगाल)

सहज महातरु स्फुरै (फड़ै?) त्रिलोके। ख-सम स्वभावे बँध-मुक्त कोइ॥
जिमि जले पानी डाले भेद न जान। तिमि मन रतन समरस गगन-समान॥
जासु न आपा तासु पराया काह। आदि-अन्त न जन्म-मरण भव नाहि॥
भूसुकु भनै मूढ! राउतु भनै मूढ! सकल एह स्वभाव।
जाइ न आवै रे ना तहँ भावाभाव॥४३॥

(४६—राग मल्लारी)

राजनावडी पदुमखडे चलायेँउ। अ-दय बँगल-देश लूटेउ।
आज भूसुकु बगाली भइली[1]। निज घरनी चडाली लेली॥
डहेँउ पाँच पाटन इन्द्रि-विषया नष्टा। न जानोँ चित्त मोर कँह जाइ पइठा॥
सोना-रूपा मोर किछुअ न रहेँऊ। निज-परिवारे महासुख रहेऊ॥
चौकोटि भँडार मोर लियउ अशेष। जियले मुअले नाहि विशेष॥४६॥

—चर्यापद

२ : नवीँ सदी

§ ५. लुईपा

कृतियाँ—अभिसमय-विभंग, तत्व स्वभाव-दोहा कोष। बुद्धोदय भगवद्-अभिसमय, गीतिका।

रहस्यवाद

(१—राग पटमंजरी)

काया तरुवर पाँचउ डाल। चचल चित्ते पइठा काल॥
दृढ करि महासुख परिमान। लुई भनै गुरु पूछिय जान॥

---

[1] आज भूसुक युद्ध में हरली—भाटे

सअल-समाहिहि काह करिअइ । सुख-दुखेतें निचित मरिअइ ॥
छडिअउ छंद बांधकरण कपटेर आस । सुण्ण-पक्ख भिडि लेहु रे पास ॥
भणइ लुई आम्हे झाणे दिट्ठा । धमण-चमण वेणि उपरि बइट्ठा ॥१॥

(२९—राग पटमंजरी)

भाव ण होइ अभाव ण जाइ । अइस संबोहें को पतिआइ ॥
लुई भणइ बढ़ ! दुलख विणाणा । तिधातुए विलइ ऊह लागेना ।
जाहिर वण्ण-चिन्ह-रूअ ण जाणी । सो कइसे आगम-वेएँ वखाणी ॥
काहे रे किस भणि मइँ दिवि पिच्छा । उदक-चन्द जिम साच न मिच्छा ।
लुई भणइ मइँ भावइँ कीस । जा लेइ अच्छम ताहेर ऊह न दीस ॥२९॥

—चर्यापद[1]

§ ६. विरूपा

काल ८३० ई० (देवपाल ८०९-४९) देश—त्रिउर (मगध ?) । कुल—भिक्षु, सिद्ध (३) । कृतियाँ—अमृतसिद्धि, दोहा-कोष, कर्मचंडालिका-

रहस्यवाद

(३—राग गवडा)

एक से शोंडिनि दुइ घरे साँधअ । चीअ न वाकलअ वारुणी बाँधअ ॥
सहजे थिर करि वारुणि साधअ । जें अजरामर होइ दिढ़ काँधअ ॥
दसमी दुआरते चिन्ह देखइआ । आइल गराहक अपने बहिआ ॥
चउशटि घडिये देल पसारा । पइठल गराहक नाहि निसारा ॥
एक घडुल्ली सरुइ नाल । भणइ विरूआ थिर कर चाल ॥३॥

—चर्यापद

[1] J.S.L. Cal. XXX

सकल समाधिहिँ काह करिज्जै । सुख-दुःखनतेँ निचित मरिज्जै ॥
छाडि छंद-बंध कर ना कपटकी आश । शून्य-पक्ष भीडि लेहु रे पाश ॥
भनै लुई मैँ ध्याने दीठा । धमन-चमन दोँउहि ऊपर बैठा ॥१॥

(२९—राग पटमंजरी)

भाव न होइ अभाव न होइ । ऐस सँबोधिहिँ को पतियाइ ।
लूइ भनै मूढ ! दुर्लख विज्ञाना । त्रिधातुहिँ विलसै ऊह लागै ना ॥
जाहि वर्ण-चिन्ह-रूप न जानी । से कैसे आगम-वेद बखानी ।
काहे रे कैसे भनि मैँ देबोँ पूछा । उदक-चंद जिमि साँच न मिथ्या ॥
लूई भनै मे भावौँ कैसे । जे लेइ रहौ तेहि ऊह न दीसै ॥२९॥

—चर्यापद

§ ६. विरूपा

दोहाकोष, विरूप-गीतिका, विरूप-वज्र-गीतिका, विरूप-पद-चतुरशीति, मार्ग-फलान्विता ववादक, सुनिष्प्रपंचतत्त्वोपदेश ।

रहस्यवाद

(३—राग गवडा)

एक से सूँडिन[1] दुइ घरे साँधै । चीअ न बाकल वारुणी बाँधै ॥
सहजे थिर करि वारुणि साँधा । जे अजरामर होइ (न) दृढ स्कंधा ॥
दशम दुवारे चिन्ह देखि कहँ । आयउ ग्राहक अपन लेन कहँ ॥
चौँसठ-घडिया देल पसारा । पइठु गराहक नाहिँ निसारा ॥
एक घडुल्ली स्वरूपी नाल । भनै विरूपा थिर करु चाल ॥३॥

—चर्यापद

---

[1] शराब बेँचने वाली

§ ७. डोम्बिपा

काल—८४० ई० (देवपाल ८०९-४९ ई०)। देश—मगध कुल—क्षत्रिय,

रहस्यवाद

(राग धनसी)

गंगा-जउँना-माँझे वहइ नाई। तँह बुडिली मातगी पोइआ लीलें पार करेइ।
बाहतु डोम्बी बाहलो डोम्बी, वाट भइल उछारा।
सदगुरु-पाअ-प(सा)ए जाइव पुनु जिनउरा॥
पाँच केडुआल पडन्ते माँगे पीठत काच्छी बाँधी।
गअण-दुखोलें सिञ्चहू पाणी न पइसइ साँधी॥
चद-सूज्ज दुइ चक्का सिठि-सहार-पुलिन्दा।
वाम दहिन दुइ भाग न चेवइ वाहतु छन्दा॥
कवड़ी न लेइ वोडी न लेइ सुच्छडे पार करई।
जो एथे चडिया बाहब न जा(न)इ कूलें कूल बुडाई॥१४॥
—चर्यापद

§ ८. दारिकपा

काल—८४० ई० (देवपाल ८०९-४९ ई०)। देश—सालिपुत्र (उड़ीसा)

रहस्यवाद

(३४—राग बराडी)

सुन-करुण अभिन्ने चारें काअवाअचीओ।
विलसइ दारिक गअणत पारिमकूलें॥
अलक्ख लक्खइ चिए महासुहें।
विलसइ दारिअ गअणत पारिम कूलें॥

§ ७. डोम्बिपा

सिद्ध (४)। कृतियाँ—अक्षरद्विकोपदेश, गीतिका, नाड़ी-बिंदु-द्वारे योग-चर्या।

रहस्यवाद

(राग धनसी)

गंगा-यमुना-माँझे चलै नाई। तँह बूडल मातंगी पुतिया लीलें पार करेइ॥
ले चल डोम्बी लें चल डोम्बी-वाट सोझारा।
सद्गुरु-पाद-प्रसादे जायेब पुनि जिन-पूरा॥
पाँच केडुआल पडत माँगेमें पीठसे कच्छी बघी।
गगन-दुखोलेंहिं सींचहु पानी न पइठै सघी॥
चंद्र-सूर्य दुइ चक्का सृष्टिसंहार-पुलिन्दा।
वाम-दहिन दोउ मार्ग न दीसइ (नाव) चलाव स्वछंदा॥
कौडी न लेइ वौडी न लेइ छूछै पार करेइ।
जो एहिं चढि चलावन न जानै कूलहिं कूल बुडेइ॥१४॥

—चर्यापद

§ ८. दारिकपा

कुल—राजा, सिद्ध (७७)। कृतियाँ—महागुह्य तत्त्वोपदेश, तथताद्दृष्टि, सप्तम सिद्धांत

रहस्यवाद

(३४—राग बराडी)

शून्य करुणा अभिन्न काय-वाक्-चित्ते।
विलसै दारिक गगनतें पारिमकूले॥
अलख लखै चित्त महासुखे।
विलसै दारिक गगनतें पारिमकूले॥

किन्तो मन्तो किन्तो तन्ते किन्तो झाण-बखाणे।
अप्प पइट्ठा महासुह लीलें दुलक्ख परम-निवाणे ॥
दुःखें सुखें एकू करिआ भुञ्जइ इन्दी जानी।
स्वपरापर न चेवइ दारिक सअलानुत्तर मानी।
राआ राआ राआ रे अवर राअ मोहे बाधा।
लुइपाअ-पए दारिक द्वादश भुअणे लाधा ॥३४॥

—चर्यापद

§ ९. गुंडरीपा

काल—८४० ई० (देवपाल ८०९-४९)। देश—डिसुनगर।

रहस्यवाद

(४—राग अरुण)

तिअड्डा चापि जोइनि दे अंकवाली। कमल-कुलिश घोंटि करहु विआली ॥
जोइनि तइँ विनु खनहि न जीवमि। तो मुह चुम्बि कमल-रस पीवमि।
खेपहुँ जोइनि लेप न जाअ। मणि-कुले बहिआ उडिआने समाअ ॥
सासु घरें घालि कोन्चा-ताल। चाँद-सूज बेण्णि पखा फाल।
भणइ **गुन्डरी** अम्हे कुन्दुरें वीरा। नर अ नारी माझे उभिल चीरा ॥४॥

—चर्यागीति

§ १०. कुक्कुरीपा

काल—८४० ई० (देवपाल ८०९-४९)। देश—कपिलवस्तु। कुल—ब्राह्मण

रहस्यवाद

(२—राग गवडा)

दुलि दुहि पिटा धरण न जाइ। रूखेर तेंतुलि कुंभीरे खाइ।
आँगन घर पण सुन हे भोविआती। कानेट चोरी निल अघराती ॥

की तोर मंत्रे की तोर तंत्रे की तोर ध्यान बखाने।
आप पईठा महसुख लीले दुलंख परम-निबाणे ॥
दुःख-सुख एक करी भक्षै इन्द्रजाली।
स्व-परापर न चीन्है बारिक सकल अनुत्तर मानी ॥
राजा राजा राजा अवर राजा मोह बंधाया।
लूईपाद-पद्ये बारिक द्वादश भुवनहिँ पाया ॥३४॥

—चर्यापद

§ ९. गुंडरीपा

कुल—लोहार, सिद्ध (४)। कृतियाँ—गीति।

रहस्यवाद

(४—राग अरुण)

तियड्डा चाँपि जोगिनि दे अँकवारी। कमल-कुलिश घोंटि करहु बियाली ॥
जोगिनि तोहि बिनु क्षणहुँ न जीयौं। तव-मुख चूमि कमल-रस पीयौं ॥
फेंकेहु जोगिनि लेप न जाय। मणि-कुडल बहि उड्याने समाय ॥
सासु घरे डाली कुंजी-ताल। चाँद-सूर्य दोउ पाखहिं फाल ॥
भनै गुंडरी मैं कुन्दुरे वीरा। नर-नारी-माँझे दीनेउँ चीरा ॥४॥

—चर्यागीत

§ १०. कुक्कुरीपा

सिद्ध (३४)। कृतियाँ—योगभावनोपदेश, स्रवपरिच्छेदन।

रहस्यवाद

(२—राग गवड़ा)

कूर्म दूहि पात्र धरन न जाय। वृक्षेर इम्ली कुंभीर खाय।
आँगन घर पुनि सुनु कुविज्ञाती। कानेट चोरि लियेउ अधराती ॥

ससुरा निंद गेल बहुडी जागग्र । कानेट चोरे निल का गइ मागग्र ॥
दिवसइ बहुडी काग-डरे भाग्र । राति भइले कामरू जाग्र ।
ग्रइसन चर्या कुक्कुरिपाए गाइउ । कोडि माझे एकु हिग्रहिँ समाइउ ॥२॥

(२०—राग पटमंजरी)

हँउ निरासी खमन भतारी । मोँहोर विगोग्रा कहण न जाई ।
फिटल गो माए ! ग्रन्तउडि चाहि । जा एथु बाहम सो एथु नाहि ॥
पहिल विग्राण मोर वासना पूडा । नाडि विग्रारन्ते सेव वापुडा ।
जाण जौवण मोर भइले से पूरा । मूलन खलि बाप सघारा ॥
भणथि कुक्कुरीपाए भवथिरा । जो एथु बूझइ सो एथु वीरा ॥२०॥

—चर्यापद

§ ११. कमरि(कंबल्ल)पा

काल ८४० ई० (देवपाल ८०९-४९ ई०) । देश—उडीसा । कुल—राजकुमार

रहस्यवाद

(८—राग देवश्री)

सोने भरिती करुणा नावी ।
रूपा थोइ नाहिक ठावी ॥
वाहनु कामलि गग्रण-उवेसेँ ।
गेला जाम बाहुडइ कइसेँ ॥
खुँटि उपाडी मेलिलि काच्छि ।
वाहतु कामलि सद्गुरु पुच्छि ॥
माँगत चढ़िले चउदिस चाहग्र ।
(नाव-पीठ चढि विलहिँ पडग्र) ।
केडुग्राल नाहि केँ कि (नाविक) बाहब के पारग्र ॥
वाम दाहिण चाँपि मिलि मिलि (चढि) माँगा ।
बाटत मिलिल महासुह साँगा ॥८॥

—चर्यापद

सासु नीदि गइल बहुवा जागैं। कानेट चोरि लिय कागहिं माँगै॥
दिवसहिं बहू काग डर खाय। राति भइले कामरूप जाय॥
ऐसन चर्या कुक्कुरि गाये। कोटि माँझ एक हियहिं समाये॥२॥

(२०—राग पटमंजरी)

हौं निराशी ख-मन भतारी। मोर विज्ञान कहल न जाई।
फूटल रे माई! अन्त मैं देखौं। जो एहिं गिरेउ सो एँहि नाहीं॥
प्रथम विज्ञाने मोरि वासना टूटी। नाडी विचारते सोइ बापुडी॥
नवयौवन मोर भइल से पूरा। मूल निखूटि पाप सहारा॥
भनै कुक्कुरीपा भव थिरा। जो एहि बूझै सो एहिं वीरा॥
—चर्यापद

§ ११. कमरि(कंबल)पा

भिक्षु, सिद्ध (३०)। कृतियाँ—असंबंध-दृष्टि, असंबंध-सर्गदृष्टि, गीतिका।

रहस्यवाद

(८—राग देवश्री)

सोनेंहिं भरती करुणा नावी।
रूपा थापै नाहिक ठाँवी॥
ले चल कामलि गगन-उदेसे।
गैला जन्म बहुरिहै कैसे।
खूँटी उपाडि फेंकल काछी।
ले चल कामलि सद्‌गुरु पूछी॥
माँगे चढल चतुर्दिश देखैं।
(नाव-पीठ चढि बलहीं पड़ई)।
केडुआल नाहीं कैसे चलायब पारैं॥
वाम-दहिन चाँपि मिलि(चढ़ि)माँगा।
वाटेहिं मिलल महासुख-संगा॥८॥
—चर्यापद

§१२. कण्हपा

(कृष्णपाद, चर्यापाद, कृष्णवज्रपाद), काल—८४० (देवपाल ८०६-४६ ई०)। देश—कर्नाटक : निवास—विहार और बंगाल (सोमपुरी)।

(१) पंथ-पंडित-निंदा

लोअह गब्ब समुब्बहइ, हँउ परमत्थेँ पवीण।
कोडिअ-मज्झे एक्कु जइ, होइ णिरंजण-लीण ॥१॥
आगम-वेअ-पुराणे (ही), पण्डिअ माण वहन्ति।
पक्क-सिरीफले अलिअ जिम, बाहेरीअ भमन्ति ॥२॥
खिति-जल-जलण-पवण-गअण बि माणह।
मण्डल-चक्क विसअ-बुद्धि लइ परिमाणह ॥६॥

(२) सहज-मार्ग

णित्तरग-सम सहज-रूअ सअल-कलुस-विरहिए।
पाप-पुण्य-रहिए कुच्छ णाहि काण्ह फुट कहिए ॥१०॥
वहिण् णिक्कालिआ सुण्णासुण्ण पइट्ठ।
सुण्णासुण्ण-वेणि मज्झें रे बढ[1] किम्पि ण दिट्ठ ॥११॥
सहज एक्कु पर अत्थि तहि फुड काण्ह परिजाणइ।
सत्थागम बहु पढइ सुणइ बढ[1] किम्पि ण जाणइ ॥१२॥
अह ण गमइ ऊह ण जाइ। वेण्णि-रहिअ तसु णिच्चल ठाइ।
भणइ काण्ह मण कहवि ण फुट्टइ। णिचल पवण घरिणि-घर वट्टइ ॥१३॥
वरगिरिकन्दर गुहिरे जगु तहिँ सअल' वि तुट्टइ।
विमल सलिल सोँस जाइ, कालग्गि पइट्ठइ ॥१४॥
पह वहन्ते णिअ-मणा, बन्धण किअउ जेण।
तिहुअण सअल' बि फारिआ, पुणु सांरिअ तेण ॥१७॥

---

[1] The Journal of the Department of Letters, Cal. Uni.

§ १२. कण्हपा

कुल—ब्राह्मण-भिक्षु, सिद्ध (१७)। कृतियाँ—गीतिका, महाढुंढन, बसंत तिलक, असंबंध-दृष्टि, वज्रगीति, दोहाकोष[1]।

(१) पंथ-पंडित-निंदा

लोगा गर्व समुद्वहे, हौं परमार्थ-प्रवीण।
कोटी-मध्ये एक यदि, होइ निरंजन-लीन ॥१॥
आगम-वेद-पुराणहीं, पण्डित मान वहन्ति।
पक्व-सिरीफल अलिय जिमि, बाहरहीं हि भ्रमन्ति ॥२॥
क्षिति-जल-ज्वलन-पवन, गगनहु मानहु।
मंडल-चक्र विषय-बुद्धि लेइ परिमाणहु ॥६॥

(२) सहज-मार्ग

निस्तरंग सम सहज रूप, सकल-कलुष-विरहिए।
पाप-पुण्य-रहित किछ नाहि, **काण्हे** फुर कहिये ॥१०॥
बाहर निकालिय शून्याशून्य प्रविष्ट।
शून्याशून्य दोउ मध्ये, मूढा! किछुअ न दृष्ट ॥११॥
सहज एक **पर** अहै तहँ फुर **काण्ह** परि-जानै।
शास्त्रागम बहु पढै सुनै मूढ! किछुउ न जानै ॥१२॥
अधो न जाइ ऊर्ध्व न जाइ। द्वैत-रहित तासु निश्चल ठाइ।
भनै **काण्ह** मन कैसहु न फूटै। निश्चल पवन घरनी-घरे बाटै ॥१३॥
वर-गिरि-कन्दर-कुहरे, जग तँह सकलउ टूटै।
विमल-सलिल सुखि जाइ, काल-अगिन पइट्ठै ॥१४॥
प्रभा वहन्ता निज मन, बंधन कियेऊ जेहिँ।
त्रिभुवन सकलउ फारिया, पुनि संहारिय तेहिँ ॥१७॥

---

[1] Vol. XXVIII, pp. 24-27

सहजे णिच्चल जेण किअ, समरसें णिअ-मण-राअ ।
सिद्धो सो पुण तक्खणे, णउ जरामरणह भाअ ॥१९॥

(३) निर्वाण-साधना

णिच्चल णिब्बिअप्प णिब्बिआर । उअअ-अत्थमण-रहिअ सुसार ।
अइसो सो णिब्बाण भणिज्जइ । जहिँ मण माणस किम्पि ण किज्जइ ॥२०॥
जइ पवण-गमण-दुआरे, दिढ तालाबि दिज्जइ ।
जइ तसु घोरान्धारें, मण दिवहो किज्जइ ॥
जिण-रअण उअरें जइ, सो वरु अम्बरु छुप्पइ ।
भणइ काण्ह भव भुञ्जन्ते, णिब्बाणो'बि सिज्झइ ॥२२॥
वर-गिरि-सिहर उतुग मुणि, सबरें जहिँ किअ वास ।
णउ सो लघिअ पँचाणणेहि, करि-वर दुरिआ आस ॥२५॥
एहु सो गिरिवर कहिअ मँइ, एहु सो महसुह ठाव ।
एक्कु रअणी सहज-खण, लब्भइ महसुह जाव ॥२६॥
सब जगु काअ-वाअ-मण मिलि विफुरइ तहि सो दूरे ।
सो एहु भगे महासुह णिब्बाण एक्कु रे ॥२७॥
एक्कु ण किज्जइ मन्त ण तन्त । णिअ-घरणी लइ केलि करन्त ॥
णिअ-घरे घरणी जाव ण मज्जइ । ताव कि पञ्च वण्ण विहरिज्जइ ॥२८॥
एसो जप-होमे मण्डल कम्मे । अणुदिण अच्छसि काहिउ धम्मे ॥
तो विणु तरुणि णिरन्तर णेहें । बोहि कि लब्भइ एण'बि देहें ॥२९॥
जें किअ णिच्चल मण-रअण, णिअ-घरणी लइ एत्थ ।
सोह वाजिरा-णाहु रे, मयिँ वुत्तो परमत्थ ॥३१॥
जिमि लोण विलिज्जइ पाणिएँहि, तिम घरिणी लइ चित्त ।
समरस जाई तक्खणे, जइ पुणु ते सम णित्त ॥३२॥
—दोहाकोष[1]

---

[1] J.D.L. Cal. vol. XXVIII, pp. 24-27

सहजे निश्चल जेँहिं किय, सम-रस निज-मन राग।
सिद्धा सो पुनि तत्क्षणे, न जरामरणहँ भाग ॥१६॥

(३) निर्वाण-साधना

निश्चल निर्विकल्प निर्विकार। उदय-अस्तमन-रहित सु-सार।
ऐसो सो निर्वाण भनिज्जै। जँह मन-मानस कछुउ न किज्जै ॥२०॥
यदि पवन-गमन-दुआरे, दृढ तालाहू दीजै।
यदि तँह घोर अन्हारे, मन-दीपहु कीजै ॥
जिन-रतन उये यदि, सो वर-अंवर छूवै।
भनै काण्ह भव भोगतहिँ, निर्वाणहु सीझै ॥२२॥
वर-गिरि-शिखर-उतुग मुनि, शवरा[1] जँह किउ वास।
ना सो लाँघेँउ पाच मुख, करिवर दूरेँउ आस ॥२५॥
एहु सो गिरि-वर कहेँउँ मैँ, एहु सो महसुख-ठाँव।
एक रजनि सहज क्षणे, लभै महासुख जाव ॥२६॥
सब जग काय-वाक्-मन मिलि, स्फुरै नाहि सो दूरे।
सो एहि भगेँ महासुख निर्वाण एक रे ॥२७॥
एक न कीजै मन्त्र न तन्त्र। निज घरनी लेइ केलि करन्त।
निज घरे घरनी जौ न मज्जै। तौ की पच वर्ण विहरीजै ॥२८॥
ऐँहु जप-होमे मंडल कर्मे। अनुदिन रहौ काहे धर्मे।
तो विनु तरुणि निरन्तर स्नेहे। बोधि कि लब्भै अन्यहिँ देहे ॥२९॥
जो किउ निश्चल मन-रतन, निज घरनी लेइ एत्थ।
सोँई बज्जरनाथ रे, मैँ बोलेँउँ परमार्थ ॥३१॥
जिमि नोन विलाय पानियहिँ, तिमि घरनी लेइँ चित्त।
सम-रस जाये तत्क्षण, यदि पुनि सो सम नित्य ॥३२॥
—दोहाकोष

---

[1] वज्रधर=निरंजन=परमतत्त्व

(४) रहस्य-गीत

(२) गीतें[1]

(९—राग पटमंजरी)

एवकार दिढ वाखोंड मोड्डिउ । विविह विआपक बाँधन तोडिउ ॥
काण्ह विलसिआ आसव-माता । सहज-नलिनि-वन पइसि निवाता ॥
जिम जिम करिणा करिणिरें रीभअ । तिम तिम तथता-मअगल वरिसअ ॥
छड गइ सअल सहावे सुद्ध । भावाभाव वलाग न छुद्ध ॥
दशबल रअण हरिअ दश दीसें । अविद्यकरिकूँ दम अकिलेसें ॥९॥

(१०—राग वेशारव)

नगर बाहिरे डोम्बि तोहोरि कुडिआ । छाइ छोंड जाइं सो बाम्हण नाडिया ।
आलो डोम्बि तोए सम करिब म सग । निघिण काण्ह कपालि जोई लाँग ॥
एक सो पदुम चौषठि पाखुडी । तहिँ चडि णाचअ डोम्बि वापुडी ॥
हालो डोम्बि तो पूछमि सद्भावे । आइसमि जासि डोम्बि काहरि नावें ॥
ताँति विकणअ डोम्बी अवर न चँगेडा । तोहोर अन्तरे छडि नड पेड़ा ॥
तूँ लो डोम्बी हाँउ कपाली । तोहोर अन्तरे मोए घेणिलि हाडेरि माली ॥
सरवर भाँजिअ डोम्बी खाअ मोंलाण । मारमि डोम्बी लेमि पराण ॥१०॥

(११—राग पटमंजरी)

नाडि शक्ति दिढ धरिआ खाटे । अनहा डमरु बजइ विरनाटे ॥
काण्ह कपाली जोइ पइठ अचारे । देह न अरि विहरइ एककारें ॥
आलि-कलि घटा नेउर चरणे । रवि-शशि-कुडल किउ आभरणे ॥
राग-दोष-मोहे लाइअ छार । परम मोख लवएँ मुत्ताहार ॥
मारिअ सासु नणँद घरें शाली । मा मरिअ काण्ह भइल कपाली ॥११॥

---

[1] J.D.L XXX (115—56)

(४) रहस्य-गीत

(२) गीतें

(९—राग पटमंजरी)

ऐहि विधि दोउ खम्भा मोडी। विविध-व्यापक बधन तोडी।
काण्ह विलासै आसव-माता। सहज नलिन-वन पइठि नि-वाता॥
जिमि जिमि करिणा करिणिहिं रीझै। तिमि तिमि तथता मद-कण बरसै॥
षड्गति सकल स्वभावे शुद्ध। भावाभाव बालाग्र न शुद्ध॥
दशबल-रतन-भरित दश दीसा। अविद्या-करिहिँ दम अक्लेशा॥९॥

(१०—राग देशारव)

नगर-बाहिरे डोम्बी[1] तोहर कुटिका। छुइ छुइ जाइ सो बाभन-लडिका।
अरे डोम्बी तोरे साथ करब न संग। निर्घृण काण्ह कपाल-जोगि नंग।
एकउ पदुम चौसठ पाँखुरी। तेँह चढि नाचै डोम्बि बापुरी।
हे रे डोम्बी! तोहिँ पूँछौँ सद्भावे। आवै जाय डोम्बी! केकरि नावेँ॥
तन्त्री विकिनै डोम्बी और चंगेरा। तोहर कारण छाडी नल पेरा।
तैँ रे डोम्बी मैं कपाली। तोहोँर कारण मैं लेलोँ हाडकै माली॥
सरवर भाँगि डोम्बी खाइ मृणाल। मारहुँ डोम्बि लेई पार॥१०॥

(११—राग पटमंजरी)

नारी शक्ति दृढ धरिके खाटे। अनहद डमरू बजै वीर-नादे॥
काण्ह कपाली जोगी पइठो आचारे। देह-नगरी विहरै एकाकारे॥
आली-काली-घटा-नूपुर चरणे। रवि-शशि-कुडल कियउ आभरणे॥
राग-द्वेष-मोहे लाई छार। परम-मोक्ष लिये मुक्ताहार॥
मारेँ उसासु-ननद घरेँ साली। मातु मारि काण्ह भइल कपाली॥११॥

---

[1] सुरति=चित-एकाग्रता

(१८—राग गउड़ा)

तीन-भुअण मइँ बाहिअ हेलें। हँउ सूतेलि महासुह लीलें ॥
कइसनि डोम्बि तोहोंरि भाभरि आली। अन्तें कुलिण जण माँझें कबाली ॥
तँइ लो डोम्बी सअल बिटालिउ। काज ण कारण ससहर टालिउ।
केहों केहों तोंहोंरे विरुआ बोलइ। विदु जन लोअ तोरे कण्ठ न मेलइ ॥
काण्हे गाइ तू कामचँडाली। डोम्बि तआगलि नाहि छिनाली ॥१८॥

(१९—राग भैरवी)

भव-णिब्बाणे पडइ माँदला। मण-पवण-वेण्णि करँउ कशाला ॥
जअ जअ दुन्दुहि सद्द उछलिला। काण्हे डोम्बि-विवाहे चलिला ॥
डोम्बि विवाहिअ अहारिउ जाम। जउतुके किअ आणूतू धाम ॥
अहणिसि सुरअ-पसगे जाअ। जोइणि जाले रअणि पोंहाअ ॥
डोंबिएँ मगे जोई रत्तो। खणह ण छाडअ सहज-उमत्तो ॥१९॥

(३६—राग पटमंजरी)

सुण्ण वाह तथता पहारी। मोह-भँडार लइ सअल अहारी ॥
घुमइ न चेवइ स-पर-विभागा। सहज-निदालु काण्हिला लाँगा ॥
चेअण ण वेअण भर निद गेला। सअल मुकल करि सुहे सुतेला ॥
सुअने मइँ देखिल तिहुअण सुण्ण। घोलिअ अवनागवण विहूण ॥
साखि करिब जालंधरि-पाए। पाखि न चहइ मोंरि पँडिआचाए ॥३६॥

(४२—राग कामोद)

चिअ सहजे सुण्ण सँपुण्णा। कांधवियोएँ मा होहि विसन्ना ॥
भण कइसे काण्हा नाही। फरइ अणुदिण तिलोएँ समाई ॥

(१८—राग गउडा)

तीन भुवन मैं गयरूँ हेलैं। मैं सूतलि महासुखें लीलैं॥
कैसन डोम्बि! तोर भाभर भाली। अन्त कुलीन जन-मध्ये कपाली॥
तैं रे डोम्बी! सकल बिटालेँउ। कार्य न कारण शशधर टालेँउ॥
केँहु केँहु तोकहँ बरुआ बोलै। बड जन तोँके कठ न मेलै॥
काण्हा गावै तू काम-चडाली। डोम्बी त आगे नाहिँ छिनाली॥

(१९—राग भैरवी)

भव-निर्वाणे पटह माँदला। मन-पवन दोऊ करौँ कशाला॥
'जय' 'जय' दुदुभि शब्द उचरिला। काण्हे डोम्बि-विवाहे चलिला॥
डोम्बि वियाहि अहारेँउ जन्म। जौतुक कियउ अनुत्तर-धर्म॥
अहनिशि सुरत-प्रसगे जाय। जोगिनि-जाले रजनि विताय॥
डोम्बी-सग जोउ रक्त। क्षण ना छाडै सहजुन्मत्त॥१९॥

(३६—राग पटमंजरी)

शून्य वाहे तथता प्रहारिय। मोह-भडार लेँइ सकल अहारी॥
सुतै न चिन्तै स्व-पर-विभगा। सहज-निद्रालु काण्हिला नगा॥
चेतन न वेदन भर-नीँदि गेला। सकल मुक्त करि सुखे सुतेला॥
स्वप्ने मैं देखल त्रिभुवन शून्य। घोरि के अवनागवन-विहून॥
साखि करब जालंधरपाद। पास न देखौं मोँर पडिताचार॥३६॥

(४२—राग कामोद)

चित्त सहजेहिँ शून्य-सँपूर्णा। स्कध-वियोगे ना होहु विषण्णा॥
भनु कैसे काण्हा नाहीँ। फिरै अनुदिन तिलोक-समाई॥

मूढा दिठ नाठ देखि काअर। भाँग तरग कि सोषइ साअर॥
मूढ! अच्छन्ते लोअण पेक्खइ। दूध माँझे लउ अच्छन्ते ण देक्खइ॥
भव जाई ण आवइ ण एथु कोई। अइस भावे विलसइ काण्हिल जोई॥४२॥

(४५—राग मल्लारी)

मण-तरु पाँच इन्दि तसु साहा। आसा-बहल पात फल बाहा॥
वर-गुरु-वअणें कुठारें छिज्जअ। काण्ह भणइ तरु पुण ण उइजअ॥
बढ़इ सो तरु सुभासुभ पाणी। छेवइ विदु-जन गुरु-परिमाणी॥
जो तरु छेवइ भेउ ण जाणइ। सडि पडिआँ मुढ! ता भव माणइ॥
सुण्णा तरुवर गअण-कुठार। छेवइ सो तरु-मूल ण डाल॥४५॥

—चर्यापद[1]

(५) वज्रगीति[2]

कोल्लयि रे ठिअ बोला, मुम्मुणि रे कक्कोला।
घणे किपिट्टहों वज्जइ, करुणेकि अई न रोला॥
तहि बल खज्जइ गाढ़े, मअ णा पिज्जिअई।
हले कलिञ्जल पणिअइ दुद्दुरु बज्जिअई॥
चउसम कस्तुरि सिहला कप्पुर लाइअई॥
मालइ-इधन सलील तहि भरु खाइअई॥
पेखण खेट करन्ते सुद्धासुद्ध ण माणिअइ॥
निरें सुह अङ्ग चडाविअइ जस नावि पणिअइ॥
मलअज कुन्दुरु बट्टइ, डिंडिम तहिं णा वज्जिअइ॥

—चर्यापद[2]

---

[1] J.D.L. Cal. XXX, p 36 [2] J.D.L. Cal. XXVIII, p. 36

मूढ ! दृष्ट नष्ट देखि कातर। भाग तरग कि सोखै सागर ॥
मूढ ! अछतै लोग न पेखै। दूध माँझ घृत अछत न देखै ॥
भव जाइ न आवै न एँहिं कोई। ऐस भावहिं विलसै काण्हिल योगी ॥२४॥

(४५—राग मल्लारी)

मन तरु पाँच इन्द्रि तसु शाखा। आशा-वहुल पत्र-फल-वाहा ॥
वरगुरु-वचन कुठारेँहिं छीजै। काण्ह भनै तरु पुनि न उपजै ॥
बढै सो तरू शुभाशुभ पानी। छेवै विदु-जन गुरु-परिमाणी ॥
जो तरु छेवै भेद न जानै। सड पडेँ उघो मुढ ! न भव मानै ॥
शून्या तरुवर गगन-कुठार। छेवै सो तरु-मूल न डार ॥

—चर्यापद

(५) वज्रगीति[1]

कोल्लयि रे ठिअ बोला, मुम्मुणि रे कक्कोला।
घणे किपिट्टहोँ वज्जइ, करुणेकि अई न रोला ॥
तहि वल खज्जइ गाढे, मअ णा पिज्जिअई।
हले कलिञ्जल पणिअइ दुद्दुर बज्जिअई ॥
चउसम कस्तुरि सिहला कप्पुर लाइअई।
मालइ-इँधन सलील तहि भरु खाइअई ॥
पेखण खेट करन्ते सुद्धासुद्ध ण माणिअइ।
निरँ सुह अङ्ग चडाविअड जस नावि पणिअइ ॥
मलअज कुन्दुरु बट्टइ, डिंडिम तहिँ णा वज्जिअइ ॥

—चर्यापद

---

[1] J.D.L. Cal XXVIII, p. 36

§१३. गोरखनाथ (गोरक्षपा)

काल—८४५ (देवपाल ८०९-४९)। देश—गोरखपुर(?)। कुल····
कृतियाँ—(१) गोरखवानी[1], (२) वायुतत्त्वोपदेश[2]

१. आत्म-परिचय[3]

(१) मछेन्द्र (मत्स्येन्द्र)के शिष्य—

प्यंडे होइ तो मरै न कोई। ब्रह्मंडे देषैं सब लोई।
प्यंड ब्रह्मंड निरतर वास। भणत गोरष मछ्यंद्रका दास॥ (२५।७०)
गुदडी जुग च्यारि तैं आई। गुदडी सिध-साधिका चलाई।
गुदडीमें अतीतका वासा। भणत गोरख मछ्यंद्रका दासा॥ (६६।१९७)[5]

(२) चौरासी सिद्धोंसे संबंध

मन मंछिद्रनाथ पवन ईस्वरनाथ चेतना चौरंगीनाथ।
ग्यान श्रीगोरखनाथ। (पृष्ठ २०४)
नाद हमारै वाहै कवन। नाद बजाया तूटै पवन।
अनहंद सबद बाजत रहै। सिध-सकेत श्रीगोरख कहै॥ (३७।१०६)
नौ नाथा नै चौरासी सिधा, आसणधारी हूव॥ (१३३।५)
आदिनाथ[6] नाती मंछिद्रनाथ पूता। व्यद तोलै राषीले गोरष अवधूता॥ (पृ० ९१)

---

[1] डाक्टर पीतांबरदत्त बडथ्वाल सम्पादित—हिन्दी साहित्य सम्मेलन, प्रयाग (सबत् १९९९) [2] भोट-भाषानुवाद (तनजुर ४८।१५१)
[3] सब उद्धरण गोरखवाणी से पृष्ठ और पद्यांक
[4] ष का उच्चार ख और श दोनों होता है, यहां ख है।
[5] गोरखवानीकी भाषा ९वीं सदी नही पंद्रहवीं-सोलहवीं की है।
[6] जलंधरपाद (दे० पुरातत्त्व-निबंधावली, पृ० १६३)

२. दर्शन (चौरासी सिद्धोंका)

(१) सहजयान

हबकि न बोलिबा ठबकि न चालिबा धीरै धोखा पाँव ।
गरब न करिबा सहजै रहिबा भणत गोरषराव ॥ (११।२७)
गिरही सो जो गिरहै काया । अभि-अंतरकी त्यागै माया ।
सहज-सीलका धरै सरीर । सो गिरही गंगाका नीर ॥ (१७।४५)
निद्रा सुपनै बिन्दु कू हरै । पंथ चलता आतमाँ मरै ।
बैठा षटपट ऊभा उपाधि । गोरख कहै पूता सहज-समाधि ॥ (७०।२१२)
जिहि घर चंद-सूर नहिं ऊगैं, तिहि घरि होसी उजियारा ।
तिहा जे आसण पूरौ तौ सहजका भरौ पियाला मेरे ज्ञानी ॥ (६०।४)
सहज-पलाण पवन करि घोड़ा, लै लगाम चित चबका ।
चेतनि असवार ग्यान गुरू करि, और तजौ सब ढबका ॥ (१०३।३)
सहज गोरखनाथ वणिजे कराई, पंच बलद नौ गाई ।
सहज सुभावं बाषर ल्याई, मोरे मन उडियानी आई ॥ (१०४।१)
भणत गोरखनाथ मछिंद्रका पूता, एद्दा वणिज ना अरथी ।
करणी अपणी पार उतरणा, वचने लेणा साथी । (१०४।३)
काया गढ़ लेबा जुगे-जुग जीवा ।।टेक।।
काया गढ़ भीतरि नौ लष खाई, जंत्र फिरै गढ़ लिया न जाई ।१।
ऊचे नीचे परबत भिलमिल षाई, कोठडीका पाणी पूरण गढ़ जाई ।
इहा नही उहा नही त्रिकुटी-मझारी, सहज-सुंनि मैं रहनि हमारी ।३।
आदिनाथ नाती मछिन्द्रनाथ पूता, कायागढ जीति ले गोरष अवधूता ।४। (१४३।३६)
त्रिभुवन डसती गोरखनाथ डीठी ।।टेक।।
मारौ स्रपणी जगाई ल्यौ भौरा,
जिनि मारी स्रपणी ताकौ कहा करै जौंरा ।१।
स्रपणी कहै मैं अबला बलिया,
ब्रह्मा विस्न महादेव छलिया ।२।

माती माती स्रपनी दसौ दिसि धावै,
गोरखनाथ गारुड़ी पवन वेगि ल्यावै। (१३६।३)

अवधू सहज हंसका षेल भणीजै, सुनि हंसका बास।
सहजैं ही आकार निराकार होइसी, परम-ज्योति हंसका निवास। (१६१।४०)

अवधू सहज-सुनि उतपना आइ। समि सुनि सतगुरु बुझाइ।
अतीत सुनिमें रह्या समाइ। परम-तत्व में कहू समझाइ। (१६३।६०)

बाफ न निकसै बूंद न ढलके, सहजि अगीठी भरि भरि राधै।
सिध-समाधि योग-अभ्यासी, तब गुरु परचै साधै। (२१८।४४)

(२) मध्य-मार्ग

षाये भी मरिये अणषाये भी मरिये। गोरख कहै पूता सजमि ही तरिये।
मधि निरतर कीजै बास। निहचल मनुवा थिर होइ सास। (५१।१४६)

(३) अलख और निरंजन-तत्त्व—

घरबारी सो घरकी जाणै। बाहरि जाता भीतरि आणै।
सरब निरतंरि काटै माया। सो घरबारी कहिये निरजनकी काया। (१६।४४)

पच तत्त ले सिधा मुडाया, तब भेटि ले निरजन-निराकार।
मन मस्त हस्ती मिलाइ अवधू, तब लूटि ले अषै भडार। (२७।७७)

अलेष लेषत अदेष देषत, अरस-परस ते दरस जाणी।
सुनि गरजत बाजत नाद, अलेष लेषत ते निज प्रवाणी। (३२।९१)

उदय न अस्त राति न दिन, सरबे सचराचर भाव न भिन्न।
सोई निरजन डाल न मूल, सर्वव्यापिक सुषम न अस्थूल। (३६।१११)

माता हमारी मनसा बोलिये, पिता बोलिये निरजन-निराकार।
गुरु हमारे अतीत बोलिये, जिन किया पिण्डका उधार। (६७।२०७)

नाद-विन्द गाठि प्रवाना। कवण घटि जोति कवण अस्थाना।
कहा निरजन बासा करही। कहाँ काली नागनी मीडक धरही॥ (१६६।१०)

कहाँ जलधर पवना मेला। उद्र कहाँ बिलइया घेरा।
सींगी नाद कहाँ जोगी पूरा। जीत्या संग्राम पुरिष भया सूरा॥ (१६६।११)

(४) शून्य और आकाशतत्त्व

आकाश-तत सदा-सिव जाण। तसि अभिअंतरि पद-निरबाण।
प्यडें परचानें गुरमुषि जोइ। बाहुडि आवागवन न होइ। (५७।१६८)
जोगी सो जो राषै जोग। जिभ्या यन्द्री न करै भोग।
अंजन छोडि निरंजन रहै। ताकू गोरख योगी कहै॥ (७३।२३०)
सुंनि ज माई सुंनि ज बाप। सुंनि निरंजन आपै आप।
सुंनिकै परचै भया सथीर। निहचल जोगी गहर-गभीर॥ (७३।२३१)
अवधू मनका सुंनि रूप, पवनका निरालंभ आकार।
दमकी अलेख दसा, माधिबा दसवें द्वार॥ (१८७।८)
अवधू हिरदा न होता तब सुंनि रहिता मन।
नाभी न होती तब निराकार रहिता पवन॥
रूप न होता तब अकुलीन रहिता सबद।
गगन न होता तब अंतरष रहिता चंद॥ (१८६।२८)
स्वामी कौण तेज थैं जोति पलटै। कौण सुंनि थे बाबा फुरै।
कौण सुंनि थैं त्रिभुवन सार। कौण सुंनि थैं उतरिबा पार॥ (१६४।६६)
अवधू सुंनें आवै सुंनें जाइ। सुंनें चौया रहे समाइ।
सहज-सुंनि मन-तन थिर रहै। ऐसा विचार मछिंद्र कहै॥ (१६५।७८)
अवधू सबद अनाहद सुरति सोचित। निरति निरालंभ लागै बंध।
दुबध्या मेटि सहजमें रहै। ऐसा विचार मछिंद्र कहै। (१६६।८४)

(५) रहस्यवाद

सिष्टि-उतपती बेली प्रकास, मूल न थी, चढी आकास।
उरध गोढ़ कियौ विसतार, जाणनै जोसी करै विचार। (११६।१)
भणत गोरखनाथ मछिंद्रना पूता, मारचौं मृघ भया अवधूता।
याहि हियाली जे कोई बूझै, ता जोगीको त्रिभुवन सूझै। (११६।५)

गुरु जी ऐसा करम न कीजै, ताथैं अमी-महारस छीजै ॥ टेक ॥

दिवसैं बाघणि मन मोहै राति सरोवर सोषै ।

जाणि बूझि रे मूरिष लोया घरि-घरि बाघणि पोषै ॥

नदी तीरैं विरषा नारी सगैं पुरषा अलप-जीवनकी आशा ।

मनथैं उपजै मेर षिसि पड़ई ताथैं कंध विनासा ॥

गोड भये डगमग पेट भया ढीला, सिर बगुलाकी पँखियाँ ।

अमी-महारस वाघणी सोष्या घोर मथन जैसी अखिया ॥

बाँघिनीको निंदिलै बाघनीको विंदिलै बाघनी हमारी काया ।

बाघनी घोषि घोषि सुंदर षाये भणत गोरखराया ।३।

(१३७।४३)

बाधौ बाघौ वछरा पीओ पीओ षीर । कलि अजरावर होइ सरीर । टेक ।

आकासकी धेन बछा जाया । ता धेनकै पूछ न पाया ।१।

बारह वछा सोलह गाई । धेन दुहावत रैंन बिहाई ।२।

अचरा न चरैं धेन कटरा न षाई । पच ग्वालियाँकी मारण धाई ।

याही धेनक दूध जु मीठा । पीवैं गोरखनाथ गगन बईठा ॥ (१४७।५१।)

साँभलि राजा बोल्या रे अवधू । सुणं अनोपम वाणी जी ।

निरगुण नारी सू नेह करता । झबकै रैणि बिहाणी जी । टेक ।

डाल न मूल पत्र नहि छाया । बिण जल पिंगुला सीचै जी ।

बिणही मढीया मंदला बाजै । यण विधि लोका रीझै जी ।१।

चोटया परबत ढोल्या रे अवधू । गाया बाघ बिडारया जी ।

सुसलै समदा लहरि मनाई । मृघा चीता मारया जी ॥

ऊभडि मारगि जाता रे अवधू । गुर विन नही प्रकासा जी ।

जीत्या गोरष अब नही हारैं । समझि ररालै पासा जी । (१५३।५७।)

गोरष बालड़ा बोलै सतगुरु वाणी रे ।

जीवता न परराया तेन्हूं अगनि न पाणी' रे ॥ टेक ॥

पीलौ दूझै भैंसि बिरोलै, सासूडी पालनडै बहुडी हिंडोलै ।१।

कोयल मोरी आबो वास्यो, गगन मछलडी वगलौ ग्रास्यौ ।२।

करसन पाकू रषवालू षाधू, चरि गया मृघला पारघी वाघू ।३।

सीँगी नादै जोगी पूरा, गोरखनाथ परन्या तिहाँ चद न सूरा । (१५५।६०)

३–साधना और उलटवाँसी

(१) साधना

बैठा अवधू लोकी षूँटी, चलता अवधू पवनकी मूठी ।

सोवता अवधू जीवता मूवा, बोलता अवधू प्यजरै सूवा । (२५।७१)

दृष्टि अग्रं दृष्टि लुकाइबा सुरति लुकाइबा कान ।

नासिका अग्रे पवन लुकाइबा, तब रहि गया पद निर्वान । (२७।७५)

उलटया पवना गगन समोइ, तब बालरूप परतषि होइ ।

उदै अहि अस्त हेम अहि पवन मेला, बँधिलै हस्तिया निज साल भेला ॥ (३१।८८)

अहकार तूटिबा निराकार फूटिबा, सोषीला गग-जमनका पानी ।

चद-सूरज दोऊ सनमुषि राखीला, कहो हो अवधू तहाँकी सहिनाणी ॥

(३६।११३)

अवधू रवि अमावस चद सु पडिवा । अरधका महारस ऊरध ले चढ़िवा ॥

गगन अस्थाने मन उनमन रहै । ऐसा विचार मछिंद्र कहै ॥ (१८८।१८)

परतर पवना रहै निरतरि । महारस सीझै काया अभिअतरि ।

गोरख कहै अम्हे चचल अहिया । सिव-सक्ती ले निज घर रहिया ॥ (४५।१३०)

(२) उलटवाँसी

गगनि-मडलि मे गाय बियाई कागद दही जमाया ।

छाछि छाँडि पिंडता पीनी सिधा माषण खाया ॥ (६६।१६६)

नाथ बोले अमृत वाणी वरिषैगी, कबली भीजैगा पाणी। टेक।

गड़ि पड़रवा बाँधिलै षूंटा, चलै दमामा बाजि ले ऊँटा।१।

कउवाकी डाली पीपल बासै, मूसाकै सबद बिलइया नासै।२।

चले बटावा थाकी बाट, सोवे डुकरिया ठौरे षाट।३।

ढूकि ले कूकुर भूकि ले चोर, काढै धणी पुकारैं ढोर।४।

ऊजड खेडा नगर-मझारी, तलि गागरि ऊपर पनिहारी।५।

मगरी परि चूंल्हा धूधाइ, पोवणहाराको रोटी खाइ।६।

कामिनि जलै अँगीठी तापै, बिच बैसदर थरहर काँपै।७।

एक जु रढिया रढती आई, बहू बिबाई सासू जाई।८।

नगरीकी पाणी कई आवै, उलटी चरचा गोरख गावै। (१४१।४७)

४–गोरखका संदेश

(१) रूढि-खण्डन

अबूझि बूझि लै हो पडिता, अकथ कथिलै कहाणी।

सीसनवावत सतगुरु मिलिया, जागत रैण विहाणी। (७२।२२२)

मेरा गुरु तीनि छद गावै,

ना जाणौं गुर कहाँ गैला, मुझ नींदडी न आवै॥ टेक॥

कुम्हराकै घरि हाँडी आछै, अहीराके घरि साँडी।

बमनाकै घरि राडी आछै, राडी, साँडी हाँडी।१।

राजाकै घरि सेल आछै, जगल-मधें बेल।

तेलीके घरि तेल आछै, तेल-बेल-सेल।२।

अहीरकै घरि महकी आछै, देवल-मध्ये ल्यग।

हाटी-मधे हीगं आछै, हीगं, ल्यग, स्यग।३।

एकै सुत्रै नाना वणियाँ, बहु भाति दिखलावै।

भणत गोरष त्रिगुणी माया, सतगुर होइ लषावै।

(१३६।४२)

सयम चितवो जुगत अहार । न्यंद्रा तजौ जीवनका काल ।
छाड़ौ तंत-मंत वेदत । जत्र गुटिका धात पषड । (१७०।४)

जडी-बूटीका नाव जिनि लेहु । राज-दुवार पाव जिनि देहु ।
थभन मोहन वसिकरन छाडौ औचाट । सुणौ हो जोगेसरो जोगारंभकी बाट । (१७०।५)

नैण महारस फिरी जिनि देस । जटा भार बँधौ जिनि केस ।
रुष-बिरष-बाडी जिनि करो । कूवा-निवाण षोदि जिनि मरौ । (१७६।७)
छोडौ बैद-वणज-व्योपार । पढिवा गुणिबा लोकाचार । (१७०।६)
पूजा-पाठ जपौ जिनि जाप । जोग माहि विटबौ आप ।
जडी-बूटी भूलैं मति कोइ । पहली रॉड वैदकी होइ ।
जडी-बूटी अमर जे करे । तौ वैद धनतर काहे को मरै । (१७७।१७)
सोनैं रूपैं सीझैं काज । तौ कत राजा छोडै राज ।
पसुवा होइ जपै नहिं जाप । सो पसुवा भोषि क्यो जात । (१७७।१८)

(२) राजा-प्रजाको समान देखना—

निसपती जोगी जानिबा कैसा । अगनी पाणी लोहा माने जैसा ।
राजा-परजा सम करि देष । तब जानिबा जोगी निसपतिका भेष । (४८।१३९)

(३) भोगमें योग

भग-मुषि ब्यद अगनि-मुष पारा । जो राखै सो गुरू हमारा । (४९।१४२)
षायें भी मरिये अणषाये भी मरिये । गोरख कहै पूता सजमि ही तरियै ।
मधि निरंतर कीजै बास । निहचल मनुवा थिर होइ साँस । (५१।१४६)
आओ देबी बैसो । द्वादिस अगुल पैसो
पैसत पैसत होइ सुष । तब जनम-मरनका जाइ दुष । (५३।१५५)
स्वामी काची बाई काचा जिद । काची काया काचा बिंद ।
क्यूं करि पाकै क्यूं करि सीझै । काची अगनी नीर न षीजै ॥ (५४।१५६)

§१४. टेंडण(तंति)पा

काल—८४५ (देवपाल-विग्रहपाल ८०९–४९–५४)। देश—अवंतिनगर

(३३—राग पटमंजरी)

टालत (नगरत) भोर घर नाहि पडिवेशी।
हांडीत भात नाहि निति आवेशी॥
वेङ्गस साप बड़्हिल जाअ।
दुहिल दुघु कि वेन्टे समाअ॥
बलद बिआअल गविआ बाँझे।
पिटहु दुहिअइ ए तिनो साँझे॥
जो सो बुधी सोध नि-बुधी।
जो सो चोर सोई साधी।
निति सिआला सिंहे सम जूझअ।
टेण्टण पाएर गीत बिरले बूझअ॥३३॥

§१५. मही(महीधर)पा

काल—८७५ (विग्रहपाल-नारायणपाल ८५०–५४–९०८)। देश—मगध।

(१६—राग भैरवी)

तीनिए पाटें लागेलि अणहअ सन घण गाजइ।
ता मुनि मार भयंकर विसअ-मडल सअल भाजइ॥
मातेल चीअ-गएन्दा धावइ। निरंतर गअणंत तुसे (रवि-ससि) घोलइ॥
पाप-पुण्ण वेण्णि तोडिअ सिंकल मोडिअ खम्भा ठाणा।
गअण-टाकली लागेलि रे चित्त पइट्ठ णिबाणा॥
महरस पाने मातेल रे तिहुअन सअल उएखी।
पच विसअ-नायक रे विपख कोबि न देखी॥
खर रवि-किरण संतापें रे गअणङ्गण जइ पइठा।
भणन्ति **महिआ** मइ एथु बुडन्ते किम्पि न दिठ॥१६॥

—चर्यापद

§ १४. टेंडरण(तंति)पा

(उज्जैन)। कुल—तँतवा (कोरी), सिद्ध (१३)। कृति—चतुर्योग-भावना।

(३३—राग पटमंजरी)

नगर-माँझ मोर घर, नाहि पडोसी।
हाँडीते भात नाही नित्य आवेशी॥
बेंगेहिं साँप बधिल जाय।
कच्छू दूध कि मेंटे समाय॥
बरध बियाइल गैया बाँझी।
मेंटहि दूहिय तीनों साँझी॥
जो सो बुद्धी सोइ निर्बुद्धी।
जो सो चोर सोई साहु॥
नित्य सियारा सिह से जूझै।
टेंटणपा कै गीति बिरलै बूझै॥३३॥

§ १५. मही(महीधर)पा

कुल—शूद्र। कृतियाँ—वायुतत्त्व-दोहागीतिका।

(१६—राग भैरवी)

तीन पाटे लागल अनहद-स्वन घन गाजै।
तेहि सुनि मार भयकर विषय-मडल सकल भाजै॥
मातल चित्त-गयन्दा धावै, निरतर गगनते तुष (रवि-शशि) घोलै।
पाप-पुण्य द्वैत तोडि साँकल मरोडी खम्भा-थान।
गगन टकटकी लागलि रे चित्त पइठ निर्वाण॥
महारस पाने मातल रे त्रिभुवन सकल उपेक्षी।
पच विषय-नायकरे विपख काहु न देखी॥
खर-रवि किरण सतापेहिं गगनागण जाइ पइठा।
भणै महीआ मैं एहिं बूडत किछू न दीठा॥१६॥
—चर्यापद

§ १६. भादे(भद्र)पा

काल—८७५ (विग्रहपाल-नारायणपाल ८५०-५४-९०८)। देश—श्रावस्ती।

(३५—राग मल्लारी)

एत काल हाँउ अच्छिल स्वमोहें।
एवें मइ बूझिल सद्गुरु-बोहें॥
एवें चिअ-राअ मोकू णठा।
गअण-समुद्दे टलिआ पइठा॥
पेखमि दह दिह सर्वइ सुन्न।
चिअविहुन्ने पाप न पुन्न॥
बाजुले दिल मो लक्ख भणिआ।
मइ अहारिल गअणत पणिआ॥
भादे भणइ अभागे लइला।
चिअ-राअ मइ अहार कइला॥३५॥

—चर्यापद

§ १७. धाम(धर्म)पा

काल—८७५ ई० (विग्रहपाल - नारायणपाल ८५०-५४-६०)। देश—विक्रमशिला (भागलपुर)। कुल—ब्राह्मण, भिक्षु, सिद्ध (१६)।

(४७—राग गुर्जरी)

कम-कुलिश मॉझे भमई नली।
समता-जोएँ जलिल चण्डाली॥
डाह डोम्बिघरे लागेलि आग्गी।
ससहर लइ सिंचहु पाणी॥

§ १६. भादे(भद्र)पा

कुल—चित्रकार, सिद्ध (३२)। कृतियाँ—चर्यापद (गीति)

(३५—राग मल्लारी)

एतन काल हौं रलों स्वमोहे।
अब मैं बुझलों सद्गुरु-बोधे ॥
अब चित्त-राग मोरा नष्टा।
गगन-समुद्रे टलिके पइठा ॥
पेखौं दश-दिशि सर्वहि शून्य।
चित्त-विहूने पाप न पुण्य ॥
बाजुल ने दीलो मोहिं लक्ष्य भानी।
मैं आहारिल गगनसें पानी ॥
भादे भनै अभागे लियेउ।
चित्त-राग मैं आहार कियेउ ॥३५॥

—चर्यापद

§ १७. धाम(धर्म)पा

कृतियाँ—कालि-भावना-मार्ग, सुगतदृष्टि-गीतिका, हूंकार-चित्त-बिंदु-भावना-क्रम।

(४७—राग गुंजरी)

कमल-कुलिश माँझे भ्रमई लेली।
समता-योगेंहि ज्वलिल चँडाली ॥
डाह डोम्बि-घरे लागलि आगी।
शशधर लेइ सींचहु पानी ॥

णउ खरे जाला धूम ण दीसइ।
मेरु-सिहर लइ गअण पईसइ ॥
दाढइ हरि-हर-ब्रह्मण नाडा (भट्टा)।
दाढइ नव-गुण-शासन पाडा (पट्टा) ॥
भणइ धाम फुड लेहु रे जाणी।
पञ्चनाले उठे (ऊध) गेल पाणी ॥

—चर्यापद

३ : दसवीं सदी

§ १८. देवसेन

काल—९३३ ई०। देश—धारा (मालवा) में रहे। कुल—जैन साधु।

(१) सदाचार-उपदेश

दुज्जणु सुहियउ होउ जगि, सुयणु पयासिउ जेण।
अमिउ विसे वासस तमिण, जिम मरगउ कच्चेण ॥२॥
मद्दु आसायउ थोडउवि, णासइ पुण्णु बहुत्तु।
वइसाणरहँ तिडिक्कडँड, काणणु डहइ महन्तु ॥२३॥
जूँए धणहु ण हाणि पर, वयहँ मि होइ विणासु।
लग्गउ कट्ठु ण डहइ पर, इयरहँ डहइ हुयासु ॥३८॥
बेसहिं लग्गइ धनिय धणु, तुट्टइ बधउ मित्तु।
मुच्चइ णरु सब्बइँ गुणहँ, बेसाघरि पइसन्तु ॥४४॥
मुक्कइँ कूड-तुलाइयइँ, चोरी मुक्की होइ।
अह न वणिज्जइँ छाडियइँ, दाणु ण मग्गइ कोइ ॥४६॥
मण-वय-कामहि दय करहिँ, जेम ण ढुक्कइ पाउ।
उरि सण्णाहि वद्धइण, अवसि न लग्गइ धाउ ॥६०॥

नहिँ खरे ँ ज्वाल धूम न दीसै।
मेरु-शिखर लेइ गगन पईसै ॥
डाहै हरि-हर-ब्रह्म भट्टा।
डाहै नव-गुण-शासन पट्टा ॥
भनै धाम फुर लेहु रे जानी।
पच नालेहिँ उठि गइल पानी ॥४७॥

—चर्यापद

३ : दसवीँ सदी

§ १८. देवसेन

कृतियाँ—सावयधम्म-दोहा।

(१) सदाचार-उपदेश

दुर्जन सुखियहु होहु जग, सुजन पकासेँउ जेहि।
अमृत विषे वासर तमसि, जिमि मर्कत काचेन ॥२॥
मद-आस्वादन थोडहू, नागइ पुण्य बहुत्त।
वैश्वानर चिगारियउ, कानन डहै महन्त ॥२३॥
जूएँहि धनको हानि पुनि, धर्महु होत विनाश।
लागो काठ न डहइ वरु, अन्यहु डहइ हुताश ॥३८॥
वेश्यहि लागहिँ धनिक-धन, छूटइ बाधव-मित्र।
मुचइ नर सर्वहि गुणहि, वेश्या-घर पइसन्त ॥४०॥
मुँचै कूट-तुलादिते, चोरी-मुक्ती होइ।
अथव वणिज्जहि छाँड तो, दान न माँगइ कोइ ॥४२॥
मन-वच-कर्महि दया करु, जिमिना ढुक्कइ पाप।
उर सन्नाहे बाँधतो, अवशि न लागइ घाव ॥६०॥

भोगहँ करहि पमाणु जिय, इंदिय म करिसि दप्प।
हुंति ण भल्ला पोसिया, दुद्धें काला सप्प ॥६५॥
लोह्‌ लक्ख विसु सणु मयणु, दुट्ठ-भरणु पसु-भार।
कडि अणत्थहं पिडि-पडिइ, किमि तरइहि ससार ॥६७॥
एहु धम्मु जो आयरइ, बभणु सुद्दु वि कोइ।
सो सावउ कि सावयहँ, अण्णु कि सिरिमणि होइ ॥७६॥

(२) दान-महिमा

जइ गिहत्थ दाणेण विणु, जगिव भणिज्जइ कोइ।
ता गिहत्थ पक्खि वि हवइ, जें घरु ताइवि होइ ॥८७॥
धम्म करउँ जइ होइ धणु, इहु दुव्वयणु म बोल्लि।
हक्कारउ जमभटतणउ, आवइ अज्जु कि कल्लि ॥८८॥
काइँ बहुत्तइ सपयइँ, जइ किविणहँ घर होइ।
उयहि-णीरु खारें भरिउ, पाणिउ पियइ न कोइ ॥८९॥

(३) धर्माचरण-महिमा

धम्मे सुहु पावेण दुहु, एक पसिद्धउ लोइ।
तम्हा धम्मु समायरहि, जेहिय इंछिउ होइ ॥१०१॥
काइँ बहुत्तइँ जंपियइँ, ज अप्पह पडिकूल।
काइँ मि परदु ण त करहि, एहजि धम्मह्व मूल ॥१०४॥

(४) धर्माचरण

धम्मु विसुद्धउ तं जि पर, ज किज्जइ काएण।
अहवा तं धणु उज्जलह, जं आवइ णाएण ॥११३॥
रूवहु उप्परि रइ म करि, णयण णिवारइ जत।
रुवासत्त पयगडा, पेक्खइ दीवि पडत ॥१२६॥
गुणवन्तह सइ मंगु करि, भल्लिम पावहि जेम।
सुमण सुगन्न विवज्जियउ, वरतरु वुच्चइ केम ॥१४१॥

भोगहिँ मात्रा करहु जिय, इन्द्रिय ना करु दर्प।
होत भला नहि पोसिया, दूधें काला सर्प ॥६५॥

लोह, लाख, विष-सन, मयन, दुष्ट-भरण पशु-भार।
छाडि अनर्थहि पिंड पडि, किमि तरिहै संसार ॥६७॥

एहि धर्महि जो आचरइ, ब्राह्मण, शूद्रहु कोइ।
सो श्रावक किं श्रावकहिँ, अन्य कि सिर-मणि होइ ॥७६॥

(२) दान-महिमा

यदि गृहस्थ दानहि विना, जगमें भणियत कोइ।
तो गृहस्थ पक्षिहु इवँ, जे घर ताहउ होइ ॥८७॥

धर्म करौ यदि होइ धन, एँहु दुर्वचन न बोल।
हकारउ जम-भटनते, आवइ आज कि कालि ॥८८॥

काह बहूतहिँ संपदहिं, यदि कृपणहिँ घर होइ।
उदधि-नीर खारे भरेँउ, पानिउ पियै न कोइ ॥८९॥

(३) धर्माचरण-महिमा

धर्महि सुख पापहिँ दुख, एह प्रसिद्धउ लोक।
ताते धर्म समाचरहु, जे हिय-वांछित होइ ॥१०१॥

काइ बहूते जल्पने, जो अपने प्रतिकूल।
काहू दुख सो ना करइ, एँहु जे धर्मकोँ मूल ॥१०४॥

(४) धर्माचरण

धर्म विशुद्ध सोइ पर, जो कीजइ कामेन।
अथवा सो धन उज्ज्वल, जो आवइ न्यायेन ॥११६॥

रूपहि ऊपर रति न करु, नयन निवारहु जात।
रूपासक्त पतंगडा, पेखहु दीप पडन्त ॥१२६॥

गुणवानें सह संग करु, भल्लो पावइ जेमु।
सुमन-सुपत्रन-वर्जितउ, तरुवर कहियतु केमु ॥१४१॥

अण्णाएँ आवति जिय, आवइ धरण ण जाइ।
उम्मग्गें चल्लत यहँ, कटइँ मज्जइ पाउ ॥१४५॥
कूड-तुला-माणाइयह, हरि-करि-खर-विस-मेस।
जो णच्चइ णटु पेखणउ, सो गिण्हइ बहु-वेस ॥१६२॥
दुल्लहु लहि मणुयत्तणउ, भोयह पेरिउ जेण।
लोह कजि दुत्तर तरणि, णाव विदारिय तेण ॥२२१॥

§१६. तिलोपा[1]

कालः—९६० ई० (राज्यपाल-गोपाल द्वि०-विग्रहपाल द्वि० ९०८-४०-६०-८०)। देश—भिगुनगर (मगध)। कुल—ब्राह्मण, भिक्षु, सिद्ध (२२)

(१) सहज-मार्ग

सहजें भावाभाव ण पुच्छह। सुण्ण करुण तहि समरस इच्छअ ॥२॥
मारह चित्त णिबाणें हणिआ। तिहुअण सुण्ण णिरंजन पलिआ ॥३॥
आइ-रहिअ एहु अन्तर-हिअ। वर-गुरु-पाअ अद्दअ कहिअ ॥६॥
बढ ! अणें लोअ-अगोअर तत्त, पंडिअ लोअ अगम्म।
जो गुरु पाअ पसण्ण ,तहिं की चित्त अगम्म ॥८॥

(२) निर्वाण-साधना

सअ-संवेअण तत्त-फल, तीलोपाअ भणन्ति।
जो मण-गोअर पइठई, सो परमत्थ ण होन्ति ॥९॥
सहजें चित्त विसोहहु चङ्गा। इह जम्महि सिधि मोक्खा भगा ॥१०॥
अद्दअ-चित्त तरुअरा, गउ तिहुअण वित्थार।
करुणा फुल्लिअ फलधरा, णउ परता उआर ॥१२॥

---

[1] J.D.L. XXVIII, pp. 1—4

अन्यायें आवइ यदि, आवइ घरेँउ न जाइ।
उन्मार्गे चल्लन्त कह, कटक भंजइ पाउ ॥१४५॥
कूट-तुला-मानादि कह, हरि-करि-खर-विष-मेष।
जो नाचइ नट प्रेक्षणउ, सो गृण्हइ बहु-वेष ॥१६२॥
दुर्लभ लहि मनुजत्व कह, भोगेहि प्रेरेँउ येन।
लोह-लाइ दुस्तर तरणि, नाव बिगाडेँउ तेन ॥२२१॥

§ १६. तिलोपा

कृतियाँ—निवृत्तिभावनाक्रम, करुणाभावनाधिष्ठान, दोहा-कोष, महामुद्रोपदेश।

(१) सहज-मार्ग

सहजे भावाभाव न पूछिय। शून्य-करुण तँहं सम-रस इच्छिय ॥२॥
मारहु चित निर्बाणे हनिया। त्रिभुवन शून्य निरजन पेलिया ॥३॥
आदि-रहित एहु अन्त-रहित। वर-गुरु-पाद अद्वय कथित ॥६॥
मूढ-जन-लोग-अगोचर तत्त्व, पंडित लोग-अगम्य।
जो गुरुपाद प्रसन्न (हो), तेहि की चित्त-अगम्य ॥८॥

(२) निर्वाण-साधना

स्वक-सवेदन[1] तत्त्व-फल, **तीलोपाद** भणन्ति।
जो मन-गोचर पइठै, सो परमार्थ न होन्ति ॥९॥
सहजे चित्त विशोधहु चगा। इहँ जन्महि सिद्धि मोक्षा भगा ॥१०॥
अद्वय-चित्त तरुवरा, गउ त्रिभुवन विस्तार।
करुणा फूली फलधरा, नहि परतो उपकार ॥१२॥

---

[1] **स्वकीय अनुभव**

पर अप्पाण म भन्ति करु, सअल णिरन्तर बुद्ध ।

तिहुअण णिम्मल परम-पउ, चित्त सहावें सुद्ध ॥१३॥

(३) निरंजन-तत्त्व

सचल णिचल जो सअलाचार । सुण्ण णिरजन म करु विआर ॥१४॥

एहु से अप्पा एहु जगु जो परिभावइ । णिम्मल चित्त सहाव सो कि बुज्झइ ॥१५॥

हँउ जग हँउ बुद्ध हँउ णिरजण । हँउ अमणसिआर भव-भजण ॥१६॥

मणह भअवा खसम म अवई । दिवाराति सहजे राहीअइ ॥१७॥

जम्म-मरण मा करहु रे भन्ति । णिअ-चिअ तहीं णिरन्तर होन्ति ॥१८॥

(४) तीर्थ-देव-सेवा बेकार

तित्थ तपोवण म करहु सेवा । देह सुचीहि ण सन्ति पावा ॥१९॥

बम्हा-विहणु-महेसुर देवा । बोहिसत्त्व मा करहू सेवा ॥२०॥

देव म पूजहु तित्थ ण जावा । देवपुजाही मोक्ख ण पावा ॥२१॥

बुद्ध अराहहु अविकल-चित्तें । भव णिब्बाणे म करहु थित्तें ॥२२॥

(५) भोग छोड़ना बुरा

जिम विस भक्खइ, विसहि पलुत्ता ।

तिम भव भुञ्जइ भवहि ण जुत्ता ॥२४॥

खण आणद भेउ जो जाणइ । सो इह जम्महि जोइ भणिज्जइ ॥२८॥

हँउ सुण्ण जगु सुण्ण तिहुअण सुण्ण । णिम्मल सहजें ण पाप ण पुण्ण ॥३४॥

जहि इच्छइ तहि जाउ मण, एत्थु ण किज्जइ भन्ति ।

अध उघाडि आलोअणे, झाणें होइ रे थित्ति ॥३५॥

—दोहाकोष[1]

---

[1] J.D.L. Cal. XXVIII, pp. 1—4

पर-आपा न, भ्रान्ति करु, सकल निरन्तर बुद्ध ।
त्रिभुवन निर्मल परम-पद, चित्त स्वभावे शुद्ध ॥१३॥

(३) निरंजन-तत्त्व

सचल निचल जो सकलाचार । शून्य-निरंजन न करु विचार ॥१४॥
ऍहु सो आपा ऍहु जग जो परिभावै । निर्मल चित्त-स्वभाव सो का बूझै ॥१५॥
हौं जग हौं बुद्ध हौं निरंजन । हौं अ-मनसिकार भव-भंजन ॥१६॥
मन भगवान् ख-सम[1] भगवती । दिवा-रात्रे सहजे रहई ॥१७॥
जन्म-मरण न करहु रे भ्रान्ति । निज चित्त तहाँ निरन्तर होन्ति ॥१८॥

(४) तीर्थ-देव-सेवा बेकार

तीर्थ-तपोवन न करहु सेवा । देह शुची ना होवै पापा ॥१९॥
ब्रह्मा-विष्णु-महेश्वर-देवा । बोधिसत्त्व ना करहु रे सेवा ॥२०॥
देव न पूजहु तीर्थ न जावा । देवपूजतें मोक्ष न पावा ॥२१॥
बुद्ध अराधहु अ-विकल चित्ते । भव-निर्वाणे न करहु स्थित्वे ॥२२॥

(५) भोग छोड़ना बुरा

जिमि विष भक्षै विषहिं प्रलुप्ता ।
तिमि भव भोगै भवहिं न युक्ता ॥२४॥
क्षण-आनद भेद जो जानै । सो एहि जन्महिं जोगि भनीजै ॥२८॥
हौं शून्य जग शून्य त्रिभुवन शून्य । निर्मल-सहजे न पाप न पुण्य ॥३४॥
जॅह इच्छै तँह जाउ मन, एहिं न कीजै भ्रान्ति ।
अधो उघारि अवलोकने, ध्याने होइ रे स्थित्ति ॥३५॥

—दोहाकोष

---

[1] शून्य समान

§ २०. पुष्पदंत (पुष्फयंत)

काल—९५९-७२ (राष्ट्रकूट कृष्ण[1] तृतीय खोट्टिग[2] के समकालीन)। देश—अज या यौधेय (दिल्ली) में जन्म, मान्यखेट[3] (मालखेड़, हैदराबाद-दक्खिन) में रचना।

१—आत्म-परिचय

(१) कृष्णराजके स्कंधावार (सेना-केम्प) में

उव्बद्ध-जूड़ु भू-भग-भीसु। तोडेप्पिणु चोडहों तणउ सीसु।
भुवणेक्कराम रायाहिराउ। जहिँ अच्छहि तुडिगु[4] महाणुभाव।
त दीण दिण्ण-धण-कणय-पयरु। महि परिभमन्तु मेपाडि[5]-णयरु।
अवहेरिय-खल-यणु गुण-महतु। दियहेहिँ पराइयु पुप्फयतु।
दुग्गम दीहर-पथेण रीणु। णव-यदु जेम देहेण खीणु।
तरु कुसुम-रेणु-रंजिय-समीरि। मायद-गोंछ-गोंदलिय-कीरि।
णदण-वणि किर वीसमइ जाम। तहिँ बिण्णि पुरिस सपत्त ताम।
पणवेप्पिणु तेहिँ पवुत्तु एँव। "भो खड-गलिय-पावावलेव।
परिभमिर-भमर-रव-गुमगुमति। किकर णिवसहि णिज्जण-वणति।
करि सर वहिरिय-दिच्चक्कवाल। पइसरहि ण कि पुरवरि विसालि?"

---

[1] ९३९ में गद्दी पर बैठा। चोल-युवराज राजादित्यको ९४९ ई० में मार कर कुमारी तक सारे दक्षिण पर प्रभाव। इसके परमार श्रीहर्ष (मालव-राज सीयक), और कलचूरी भी आधीन सामन्त। ९६८ (?) में मृत्यु। अपने समय-का सबसे बड़ा भारतीय राजा।

[2] खोट्टिग, कृष्णका पुत्र, शासनकाल ९६८-७२। ९७२में मालवराज श्रीहर्ष (सीयक ९४९-७२, वाक्पतिराज मुंजका पिता) ने मान्यखेटको ध्वस्त किया। राष्ट्रकूट-शक्ति (५७०-७२) समाप्त।

[3] राष्ट्रकूट-राजधानी ८१५-९७२ ई०

[4] राष्ट्रकूट कृष्ण तृतीय

[5] मेलपाटी (उत्तरी-अर्काट)

§ २०. पुष्पदंत (पुप्फयंत)

कुल—ब्राह्मण, बरारी कवि। कृतियाँ[1]—महापुराण[2] (तिसट्ठि-महापुरिसगुणालंकार), जसहर चरिउ[3] (यशोधर-चरित), नायकुमार-चरिउ[4] (नागकुमार-चरित)।

१—आत्म-परिचय

(१) कृष्णराजके स्कंधावार (सेना-केम्प) में

उद्-बद्ध-जूट भ्रूभग-भीष। तोडे बियउ चोलहिंकेर शीर्ष।

भुवन्-एकराम राजाधिराज। जहँ आछैं तुडिग महानुभाव।

सो दीन दत्त-धन-कनक-प्रवर। महि परिभ्रमत मेपाडि नगर।

अवधीरिय खल-जन गुण-महत। दिवसेहिं तहँ आयेउ पुष्पदन्त।

दुर्गम-दीरघ-पथे 'वतीर्ण। नव-चद्र जिमी देहेहिं क्षीण।

तरु-कुसुम-रेणु-रजित समीर। माकद-गुच्छ गोंदलिय[5] कीर।

नदनवन फुरि विश्रमैं जहाँ। तब दोउ पुरुष आयेउ तहाँ।

प्रणमीया तेहीं कहेउ एम। "हे खड-गलित-पापावलेप।

परिभ्रमत भ्रमर-रव-गुगगुमत। क्योंकर निवसहु निर्जन-वनात?

करि सर वाहिर-दिक् चक्रवाल। पइसहू न क्यों पुर-वर-विशाल?"

---

[1] भरत और नल दोनो पिता पुत्र (राजमंत्री) पुष्पदन्तके आश्रयदाता।

[2] डाक्टर पी० एल्० वैद्य द्वारा माणिकचन्द्र-दिगम्बर-जैन-ग्रंथ-माला (बंबई) में संपादित (१९३७, १९४०, १९४१) तीन जिल्द।

[3] डाक्टर पी० एल्० वैद्य द्वारा करंजा-जैन-ग्रंथ-माला (करंजा, बरार) में संपादित १९३१ ई०

[4] प्रो० हीरालाल जैन द्वारा देवेन्द्र-जैन-ग्रंथ-माला (करंजा, बरार) में सम्पादित १९३३ ई०

[5] है [6] चबाया

तं सुणिवि भणइ अहिमाण-मेरु[1] । "वरि खज्जइ गिरि-कदरि-कसेरु ।
णउ दुज्जण-भउँहा-वंकियाइँ । दीसतु कलुस-भावंकियाइँ ।
घत्ता । वर णरवरु धवलच्छिहे होउ, मा कुच्छिहे मरउ सोणि मुहणिग्गमे ।
खल-कुच्छिय-पहु-वयणइँ भिउडिय णयणइँ म णिहालउ सूरुग्गमे ॥३॥
चमराणिल उड्डाविय-गुणाइ । अहिसेय-धोय-सुयणत्तणाइ ।
अविवेयइ दप्पुत्तालियाइ । मोहंधइ मारण-सीलियाइ ।
विससह जम्मइ जड रत्तियाइ । कि लच्छिइ विउस-विरत्तियाइ ।
सपइ जणु णीरसु णिव्विसेसु । गुणवतउ जहिं सुरगुरु[1] वि वेसु ।
तहिँ अम्हइ काणणु जि सरणु । अहिमाणे सहुँव वरि होउ मरणु ।"
पडिवयणु दिण्णु णायर-णरेहिँ ।

(२) आश्रयदाता मंत्री भरतकी प्रशंसा

घत्ता । "जण-मण-तिमिरोसारण मय-तरु वारण, णिय-कुल-गअण-दिवायर ।
भो भो केसव-तणुरुह[1] णव-सररुहु-मुह कव्व-रयण-रयणाअर ! ।
बंभड-मडवारूढ-कित्ति । अणवरय-रइय-जिणणाह-भत्ति ।
सुहतुंग-देव-कम-कमल-भसलु । णीसेस-सकल-विण्णाण-कुसलु ॥
पायय-कइ-कव्व-रसाव उद्धु । सपीय सरासइ-सुरहि-दुद्धु ।
कमलच्छ अमच्छरु सच्च-सधु । रण-भर-धुर-धरणुग्घुट्ठ-खंधु ॥
सविलास-विलासिणि-हियय-थेणु । सुपसिद्ध-महाकइ-कामधेणु ।
काणीण-दीण-परिपूरियासु । जस-पसर-पसाहिय-दस-दिसासु ॥
पर-रमणि-पर-मुहु सुद्ध-सीलु । उण्णय-मइ सुयणुद्धरण-लीलु ।
गुरु-यण-पय-पणविय-उत्तमगु । सिरिदेवि-यव-गब्भुब्भवगु ॥
अण्णइय-तणय-तणुरुहु पसत्थु । हत्थि'व दाणोल्लिय-दीह-हत्थु ॥
दुव्वसण-सीह-सघाय-सरहु । ण वियाणहि किं णामेण भरहु ॥

---

[1] पुष्पदंतका उपनाम भी शायद

सो सुनिय मनै अभिमान-मेरु[1]। "वरु खाइय गिरि-कदरें कसेरु।
नहिँ दुर्जन-भौँहाँ-वंकिमाइँ। देखहूँ कलुष-भावांकिताइँ।
घत्ता। वरु नरवर धवलक्ष्मि होँउ, न कुक्षिहि, मरौ शोणित मुँह निर्गमेँ।
खल-कुक्षित-प्रभु-वचना भृकुटित-नयना न निहारौँ सूरोद्गमे ॥३॥
चमरानिलही उडेँऊ गुणाइँ। अभिषेक-धोँइ सुजनत्तनाइ[2]।
अविवेकह दर्पोत्तालियाइँ। मोँहाधताँ-मारण-शीलियाइँ।
विषसँग जनमी जड रक्तियाइ। की लक्ष्मी विदुष-विरक्तियाइ।
सप्रति जन नीरस निर्विशेष। गुणवतउ[3] जहँ सुरगुरुहु वेष।
तहँ हमरेँहि काननही शरणा। अभिमान-सहित वरु होँहु मरणा।"
....। प्रतिउत्तर दियेँउ नागर-नरेँहिँ।

(२) आश्रयदाता मंत्री भरतकी प्रशंसा

घत्ता। "जन मन-तिमिर-अपसारण मदतरु-वारण, निज-कुल-कमल-दिवाकर।
हे हे केशव-तनुरुह-नव सररुह मुख काव्य रतन-रतनाकर!
ब्रह्माड-मडपारूढ-कीर्त्ति। अनवरत-रचित-जिननाथ-भक्ति।
शुभतुग-देव-क्रम-कमल-भ्रमर। नि शेष-सकल-विज्ञान-कुशल।
प्राकृत-कवि-काव्य-रसावलुब्ध। सपीय सरस्वति-सुरभि-दुग्ध।
कमलाक्ष अमत्सर सत्यसध। रणभर-धुर-धरण्-उद्घुष्ट-स्कध।
सविलास-विलासिनि-हृदय-स्तेन। सुप्रसिद्ध-महाकवि-कामधेनु।
कानीन-दीन-परिपूरिताश। यशप्रसर-प्रसाधित-दश-दिशास।
पररमणि-पराङ्मुख शुद्धशील। उन्नत-मति सुजनोद्धरण-लील।
गुरुजन-पद-प्रणमित-उत्तमाग। **श्रीदेवि**-अब-गर्भोद्भवाग।
अण्णइय-केर-तनुरुह प्रशस्त। हस्ति 'व दानोल्लित-दीर्घहस्त।
दुर्व्यसन-सिंह-संघात-शरभ। न विजानसि का नामही **भरत**।

---

[1] **पुष्पदंत** [2] **सुजनता** [3] **गणहीनउ**

(३) भरतके घरमें स्वागत

आवंतु दिट्ठु भरहेण केम। वाई-सरि-सरि-कल्लोल जेम।
पुणु तासु तेण विरइउ पहाणु। घर आयहों अब्भागय विहाणु।
संभासणु पिय-वयणेहिँ रम्मु। णिम्मुक्क-डंभु ण परमधम्मु।
"तुहुँ आयउ ण गुण-मणि-णिहाणु। तुहुँ आयउ ण पकयहों भाणु।"
पुण एव भणेप्पिणु मणहराइँ। पहरीण-भीण-तणु-सुहयराइँ।
वर-ण्हाण-विलेवण-भूसणाइँ। दिण्णइँ देवंगइँ णिवसणाइँ।
अच्चत-रसालइँ भोयणाइँ। गलियाइँ जाम कइवय-दिणाइँ।
देवी-सुएण कइ भणिउ ताम। "भो पुप्फयत ! ससिलिहिय-णाम !
णिय-सिरि-विसेस-णिज्जिय-सुरिंदु। गिरि-धीरु-वीरु भइरव-णरिंदु।
पइँ मण्णिउ वण्णिउ वीर-राउ। उप्पण्णउ जो मिच्छत्त-राउ।
पच्छित्त तासु जइ करहि अज्जु। ता घडइ तुज्झु परलोय-कज्जु॥"
...... । ता जपइ वर-वाया-विलासु।
"भो देवी-णंदण जयसिरीह ! किं किज्जइ कव्वु सुपुरुस-सीह।
घत्ता। "णउ महु बुद्धि-परिग्गहु णउ सय-संगहु णउ कासुवि करेउ बलु।
भणु किह करमि कइत्तणु ण लहमि कित्तणु जगु जि पिसुण-सय-संकुलु।"

—आदिपुराण (महापुराण, पृ० ५-६)

कोंडिण्ण-गोत्त-णह-दिणयरासु। **वल्लह**-णरिंद-घर-महयरासु।
णण्णेहो मंदिरि णिवसंतु संतु। अहिमाण-मेरु कइ पुप्फ-यंतु।

—जसहर-चरिउ (पृ० ३)

भणु भणु सिरिपंचमि-फलु गहीरु। आयण्णहिँ णायकुमार-वीरु।
ता **वल्लह**-राय-महंतएण। कलि-विलरिय-दुरिय-कयंतएण।
कोंडिण्ण-गोत्त-णह-ससहरेण। दालिद्द-कंद-कदल-हरेण।
वर-कव्व-रयण-रयणायरेण। लच्छी-पोमिणि-माणस-सरेण।
कुंदव्व-भरह-दिय-तणुरुहेण। . .
णण्णेण पवुत्तु महाणुभाव।

—णायकुमार-चरिउ (पृ० ४)

(३) भरतके घरमें स्वागत

आवत दीस भरतेहिं किमी। वापी-ससि-सर-कल्लोल जिमी।
पुनि तासु तेहिं विरचे प्रधान। घर आयेहु अभ्यागत विहान।
सभाषण प्रिय-वचनेहिं रम्य। निर्मुक्त-दंभ जनु परमधर्म।
"तुहुँ आयउ जनु गुण-मणि-निधान। तुहुँ आयउ जनु पंकजहु भानु।"
पुनि ऐस भनियई मनहराइँ। प्रहरीण क्षीन-तनु-सुखकराइँ।
वर-स्नान-विलेपन-भूषणाइँ। दीनी देवागहिं निवसनाइँ।
अत्यत-रसालइँ भोजनाइँ। बीतेहु जिमि कतिपय-दिनाइँ।
देवी-सुत कविहिं भनेउ तब्ब। "भो पुष्पदंत ! शशि-लिखित नाम।
निज-श्री-विशेष-निर्जित-सुरेन्द्र। गिरि-धीर वीर भैरव-नरेन्द्र।
तैं मानेंउ वर्णेउ वीर-राज। उत्पादेंउ जो मिथ्यात्व-राग।
प्रायश्चित्त तासु यदि करसि आज। तो घटै तोर परलोक-कार्य। "
.... । तो जल्पै वरवाचा-विलास।
"हे देवीनंदन जय-सिरीह ! का कीजै काव्य सुपुरुष-सींह।
घत्ता। ना मम बुद्धि-परिग्रह न सत-संग्रह ना काहु केरेंउ बल।
भनु किमि करौं कवित्वन न लहौं कीर्त्तन, जगहु पिशुन-शत-संकुल ॥"

—आदिपुराण (महापुराण, पृ० ५-६)

कौंडिन्य-गोत्र-नभ-दिनकरास। **वल्लभ**-नरेन्द्र-गृह-मख-करास।
नान्नहु मंदिरें निवसंत संत। अभिमान-मेरु कवि **पुष्पदंत**।

—जसहर-चरिउ (पृ० ३)

भनु भनु श्री-पंचमि-फल गँभीर। आकर्णहिं नागकुमार-वीर।
तो वल्लभराय-महतकेहिं। कलि-विरलिय-दुरित-कृतांत केहिं।
कौंडिन्य-गोत्र-नभ-शशधरेहिं। दारिद्र्य-कंद-कंदल-धरेहिं।
वर-काव्य-रतन-रतनाकरेहिं। लक्ष्मी-पद्मिनि-मानससरेहिं।
कुंदें इव भरत द्विज-तनुरुहेहिं। ....
नान्नेहिं प्रवृत्तु महानुभाव। ....

—णायकुमार-चरिउ (पृ० ४)

२—काल-और ऋतु-वर्णन

(१) संध्या-वर्णन

अत्थमिइ दिणेसरि जिह सउणा । तिह पथिय थिय माणिय-सउणा ।
जिह फुरियउ दीवय-दित्तियउ । तिह कत्ताहरणह-दित्तियउ ।
जिह सभा-राएँ रजियउ । तिह वेसा-राएँ रजियउ ।
जिह भुवणुल्लउ सतावियउ । तिहँ चक्कुल्लुवि[1] सँताबियउ ।
जिह दिसि-विसि तिमिरहँ मिलियाइँ । तिह दिसि-दिसि जारइ मिलियाइँ ।
जिह रयणिहि कमलइँ मउलियाइँ । तिह विरहिणि-वयणइँ मउलियाइँ ।
जिह घरहँ कवाडइँ दिण्णाइँ । तिह वल्लह-सवइँ दिण्णाइँ ।
जिह चदे णिय-कर पसरु किउ । तिह पिय-केसहिँ कर-पसरु किउ ।
जिह कुवलय-कुसुमइँ वियसियइँ । तिह कील्य-मिहुणइँ वियसियइँ ।
जिह पीयइँ पाणइँ महुराइँ । तिह अहरहँ महु-रस-महुराइँ ।
जिह जिह गलति जार्मिणि-पहर । तिह तिह विडण मउरइ पहर ।
जिह णहि सुक्कुग्गमु दरिसियउ । तिह चिडि मुक्कुग्गमु दरिसियउ ।
घत्ता । ता चक्क-उलहँ पकयहँ नव-किरण-पूरिय-भुवणोयरु ।
विरयहँ णर-णारी-यणहँ जीविउ देतु समुग्गउ दिणयरु ॥८॥

—आदिपुराण (पृ० २२८-२९)

(२) पावस-ऋतु-वर्णन

विस-कालिदि-काल-णव-जलहर-पिहिय-णहतरालओ ।
धुय-गय-गड-मडलुड्डाविय-चल-मत्तालि-मेलओ ।
अविरल-मुसल-सरिस-थिरधारा-वरिस-भरत-भूयलो ।
हय-रवियर-पयाव-पसरुग्गय-तरु तण-णील-सद्दलो ।
पडु-तडि[2]-वडण-पडिय-वियडायल-रुजिय-सीह-दारुणो ।
णच्चिय-मत्त-मोर-गलकल-रव-पूरिय-सयल-काणणो ।

---

[1] चकवा-चकई [2] तडित्

२-काल-और ऋतु-वर्णन

(१) संध्या-वर्णन

अस्तमे दिनेश्वरें जिमि शकुना। तिमि पथिक ठिउ माणिक शकुना।
जिमि फुरियेउ दीपक-दीप्तियऊ। तिमि कांताभरणहिँ दीप्तियऊ।
जिमि सध्या-रागें रजियऊ। तिमि वेशा-रागें रजियऊ।
जिमि भुवनल्लउ सतापियऊ। तिमि चक्कुल्लौ संतापियऊ।
जिमि दिशि-दिशि तिमरहिँ मिलियाईं। तिमि दिशि-दिशि जारहि मिलियाइँ।
जिमि रजनिहिँ कमलिनि मुकुलिताइँ। तिमि विरहिनि-वदनइँ मुकुलिताइँ।
जिमि घरह कपाटउ दिन्नाइँ। तिमि वल्लभ-सपति दिन्नाइँ।
जिमि चदें हि निज-कर-प्रसर-कियेंउ। तिमि पिय-केशहिँ कर-प्रसर कियेंउ।
जिमि कुवलय-कुसुमा विकसियऊ। तिमि कीरय-मिथुना विकसियऊ।
जिमि पीयैं पानहिँ मधुराईं। तिमि अधरह मधुरस-मधुराईं।
जिमि जिमि बीतें यामिनि-प्रहरा। तिमि तिमि विकीर्ण मृदु-रति-प्रहरा।
जिमि नहिं शुक्रोदय दरसियऊ। तिमि चिडि शुक्रोद्गम दरसियऊ।
घत्ता। तो चक्कुलहँ पकजहँ ताम्रकिरण-पूरित-भुवनोदर।
विरही नर-नारीजनहू जीवन देत मम्-ऊगेउ दिनकर॥८॥

—आदिपुराण (पृ० २२८-२९)

(२) पावस-ऋतु-वर्णन

विग-कालिंदि-काल-नवजलधर-छादित नभतरालआ।
धुत-गज-गड-मडल-उड्डाविय चल-मत्ता-लि-मेलआ।
अविरल-मुसल-सदृश थिर धारा वर्ष भरत-भूतला।
हत-रविकर-प्रताप-प्रसर-उद्गत-तरु कँह नील शाद्वला।
पटु तड़ि[1]-पतन-पतित-विकट-चल कुपित सिह-दारुणा।
नाचत मत्त-मोर-कलकल-रव-पूरित-सकल-कानना।

---

[1] बिजली

गिरि-सरि-दरि-सरत-सरसर-भय-वाणर-मुक्क-णीसणो ।
महियल-घुलिय-मिलिय-दुदुह-सयवय-सालूर[1]-पोसणो ।
घण-चिक्खल्ल-खोल्ल-खणि-खेइय-हरिण-सिलिव-कय-वहो ।
वियसिय-णव-कलब-कुसुमुग्गय-रय-पिंजरिय-दिसिवहो ।
सुर-वइ-चाव-तोरणालंकिय-घण-करि-भरिय-णहरुहो ।
विवर-मुहोयरत-जल-पवहारोसिय-सविम-विसहरो ॥
"पिय-पिय-पिय"-लवत-बप्पीहय-मग्गिय-तोय-बिंदुओ ।
सर-तीरुल्ललत-हसावलि-भुणि-हल-बोल-सजुओ ॥
चंपय-चूय-वार-चव-चंदण-चिचिणि-पीणियाउसो ।
वुट्ठो झत्ति जस्स कालम्मि जएं सुहयारि पाउसो ॥
मुग्ग-कुलत्थ-कगु-जव-कलव-तिलेसी-वीहि-मासया ।
फलभर-णविय-कणिस-कण-लपड-णिवडिय-सुय-सहासया ॥
ववगय-भोय-भूमि-भव-भूरुह-सिरि-णरवइ-रमा सही ।
जाया विविह-धण्ण-दुम-वेल्ली-गुम्म-पसाहणा मही ।
—आदिपुराण (२६-३०)

खधावारहु उप्परि अहणिसु । ता णायहिँ वेउव्विउ पाउसु ।
मय-उलु तसइ रसइ वरिसइ घणु । पीयलु सामलु विरसइ सुरधणु ।
महि-णीहरिउ हरिउ बड्ढइ तणु । पवसिय-पियहि पियहि तप्पइ मणु ।
फुल्ल-कलब-तंवु दीसइ वणु । तिम्मइ तम्मइ मणि जूरइ जणु ।
तडि तडयडइ पडइ रुजइ हरि । तरु कडयडइ फुडइ विहडइ गिरि ।
जलु परियलइ घुलइ घुम्मइ दरि । अइरय सरइ भरइ पूरें सरि ।
जलु थलु सयलु जलुजि सजायउ । मग्गु अमग्गु ण किंपि वि णायउ ।
सरु कूसुम-सरु णिरग्गिउ मयइ । विरहें पहियय पथिय विधइ ।
—आदिपुराण (पृ० २४०)

---

[1] एक प्रकारका कंद

गिरि-सरि-दरि सरत सरसर-भय-वानर मोचु नि.स्वना ।
महियल घुलेउ-मिलेँउ दुदुभि शतपत्र-शालूर-घोषणा ।
घन-कीचड़-खोल-खन-खेदित हरिन-शिलिब-कदंब-वहा ।
विकसित-नवकदब-कुसुम-ेद्गत-रज-पिजरेउ दिशि-पथा ।
सुर-पति-चाप-तोरणालकृत घन-करि-भरित नभ-थला ।
विवर-मुख-ेदरात-जलप्रवह-नरोमेँउ सविष-विषधरा ।
"पिय पिय पिय" लपत पपीहा माँगेँउ तोय-विदुआ ।
सरतीर-ेल्ललत-हसावलि-ध्वनि-हलहल-सयुना ।
चपक-चूत-चार-चव-चदन-चिचिनि-प्रीणितायुषा ।
उट्ठेँउ झट जासु कालेँहिँ जो सुखकारि पावसा ।
मूँग-कुल्थि-काँगुन-जो-करोंय-तिल-तीसी-धान-माषआ ।
फल-भर नमेँउ मँजरि कण लपट निबडेँउ शुक सहस्रआ ।
व्यपगत-भोग भूमि-भव-भूरुह-श्री-नरपति-रमा-सखी ।
हुई विविव-धान्यद्रुम-वेली-गुल्म-प्रसाधना मही ।
—आदिपुराण (२९-३०)

स्कंधावारँह[1] ऊपर अहनिश । तो नादहिँ विकारिया पावस ।
मृगकुल त्रसै-रसै वरसै घन । पीयल श्यामल विलसै सुर-धनु ।
महि नीखरिउ हरित बाढे तनु । प्रवसित-प्रियहि पियहिँ तप्पै मन ।
फुल्लु कदब ताम्र दीसै वन । तीमैं तामैं मणि भूरै जनु ।
तडि तडतडं पडै रागैं हरि । तरु कडकडं फुटै विहरै गिरि ।
जल परिचलै घुरै घूमै दरि । अतिरय सरै भरै पूरै सरि ।
जल-थल सकल जलहि स-जायेँउ । मार्ग-अमार्ग न कछुअहु जानेँउ ।
शर-कुसुम-सर नितात सँधै । विरहे पथिक पंथिय बिधै ।
—आदिपुराण (पृ० २४०)

---

[1] फौजी पड़ाव

३–भौगोलिक वर्णन

(१) हिमालय-वर्णन

सीयल्ल-बेल्लि-तरुवर-गहणि । हिमवंतहों दाहिण-गिरि-गहणि ।
जहिँ वग्घ-सीह-गय-गइयाइँ । मय-दुग्गह-करि-भल्लू-सयाइँ ।
सवर-बेउल्लइँ रोहियाइँ । एणइँ जहिँ पुल्लिहिँ छोहियाइँ ।
जहिँ सचरति वहु-मुग्गसाइँ । गत्ताइँ जाँह णिरु घग्घुसाइँ ।
जहिँ परडा कोक्कता भमति । भिल्लिरि खच्चेल्लइँ गुमगुमति ।
जहिँ भिल्ल-पुलिदइँ णाहलाइँ । बीणतइँ तरु-बेल्ली-हलाइँ ।
जहिँ कुक्कुरति साहामयाइँ[१] । भुल्लतइँ तरु-साहा-गयाइँ ।
उड्डुणसीला तबोल-लग्ग । जहिँ हरि खज्जता कहिँ 'मि भग्ग ।
जहिँ घुरुहरत दाढा-कराल । सूलच्छहिँ सहुँ जुज्झसि कोल ।
कदुल्ल-गहर-गद्दब्भु जेत्थु । हरि-हुल्लिहिँ जहिँ दूसियउ पथ ।
पचासहिँ थूणइ दारियाइँ । जहिँ भिल्ली हरिणइँ मारियाइँ ।
जहिँ गहिरइँ धारइँ परिभमति । णिरु वायड-उल(ईं) चुमचुमति ।
जहिँ बेल्लिहिँ बेठिय तरुवराइँ । ण कीलहिँ अवरुडण-पराइँ ।
—जसहर-चरिउ (पृ० ४०-४१)

सेणा-सेणाहिय,परियरिय । हिमवतु धरेप्पिणु सचलिय ।
सोहइ गच्छती पुव्वमुह । कुरुवस-णाह-पत्थिव-पमुह ।
दीसइ सेलत्थलि काणणउँ । महिसी-दुद्ध'व साहा-घणउँ
णाणा-महिरुह-फल-रस-हरइँ । कत्थइ किलिगिलियइँ वाणरइँ ।
कत्थइ रइरत्तइँ सारसइँ । कत्थइँ तव-तत्तइँ तावसइँ ।
कत्थइ झरझरियइँ णिज्झरइँ । कत्थइ जल-भरियइँ कदरइँ ।
कत्थइ वीणिय बेल्ली-हलइँ । दिट्ठइँ भज्जतइँ णाहलइँ ।
कत्थइ हरिणइँ उल्ललियाइँ । पुणु गोरी-गेयहु वलियाइँ ।

---

[१] वानर

३—भौगोलिक वर्णन

(१) हिमालय-वर्णन

शीतल्ल-बेलि तरुवर-गहना। हिमवतहु दक्षिण-गिरि-गहना।
जहँ व्याघ्र-सिंह-गज-गैंड ग्राइँ। मृग दुर्ग्रह करि-भालू-शताइँ।
साँभर बेकुल्ला रोहिताइँ। एणी जहँ पुलकित कूँदियाइँ।
जहँ सचरईं बहु मूँगुसाइँ। गर्त्ताइँ जहाँ निर घर्षसाइँ।
जहँ परडा कोक्कता भ्रमति। झिल्ली खच्चेल्लें गुमगुमति।
जहँ भील-पुलिंदा नाहराइँ। बीनता तरु-बल्ली-फलाइँ।
जहँ कुक्करति शाखामृगाइँ। झूलता तरु-शाखा-गताइँ।
उड्डुन-शीला ताबूल-लागु। जहँ हरि खादता कतहुँ भागु।
जहँ घुरघुरति दाठा-कराल। शूलाक्षहिँ सँग जूझति कोल[1]।
कदुल्ल-गहर गर्दभा जहाँ। हरि हुल्लिहिँ जहँ दूषियेँउ पथ।
पचामहु थूनें विदारिताइँ। जहँ भीली हरिनहिँ मारियाइँ।
जहँ गहिरे धारें परिभ्रमति। नित बादल-कुलहीं चुमचुमति।
जहँ बेली-वेष्टित तरुवराइँ। जनु कीडैं अवगुंठन पराइँ।

—जसहर-चरिउ (पृ० ४०-४१)

सेना सेनाधिप-परिचरिता। हिमवंत धरा-वन-सचलिता।
सोहै सो जाती पूर्वमुखा। कुरुवंशनाथ-पार्थिव-प्रमुखा।
दीसै शैल-स्थलि-काननऊ। महिषी दुग्ध इव शाखा-घनऊ।
नाना महिरुह-फल-रस-धरईं। कतहूँ किलकिलहीं वानरहीं।
कतहूँ रसरक्ता सारसईं। कतहूँ तप तप्पैं तापसईं।
कतहूँ झरझरिया निर्झरईं। कतहूँ जल-भरिया कदरईं।
कतहूँ बीनैं बेली-फलईं। दीसैं भाजता नाहरईं।
कतहूँ हरिना उल्ललियाइँ। पुनि गोरी-गेहहु बलियाइँ।

---

[1] सूअर

कत्थइ हरि-णह-रुक्कत्तियइँ। करि-कुभुच्छलियइँ मोत्तियइँ।
कत्थइ सुम्मइ जक्खिणि-झुणिउँ। खयरी-कर-वीणा रणरणिउँ।
कत्थइ भसल-उलहिँ रुणरुणिउँ। कत्थइ सुएण कि कि भणिउँ।
घत्ता। कत्थइ किंणरहिँ गाइज्जइ सवण-पियारउ।
रिसह-णाह-चरिउ फणि-णर-सुर-लोयहु सारउ ॥१॥

—आदिपुराण (पृ० २४४)

(२) देश-विजय

पल्लव-सेधव-कोँकण-कोसल। टक्क-हीर-कीर-खस-केरल।
अंग-कलिंग-गग-जालंधर। वच्छ-जवण-कुरु-गुज्जर-बब्बर।
दविड-गउड-कण्णाड-वराड'वि। पारस-पारियाय-पुणाडवि।
सूर-सुरट्ठ-विदेहा लाड'वि। कोंग-वग-मालव-पचाल'वि।
मागह-जट्ट-भोट्ट णेबाल'वि। उड्ड-पुड-हरिकुरु-भगाल'वि।

—आदिपुराण (पृ० ८८)

सुरसिंधु सरिहिँ देहलिय धरिवि, पइसरणु करिवि।
पुव्वावरेसु परिसंठियाइँ, वइरट्ठियाइँ।
वेयड्ढ गिरिहि ओइल्लयाइँ, सुघणिल्लयाइँ।
चडाइँ मेच्छ-खडाइँ ताइँ, दोसाहियाइँ।
करवाले णिज्जिउ अज्ज-खडु, पट्ठविवि दडु।
मालव-मागह-वग-गगग, कालिग-कोंग।
पारस-बब्बर-गुज्जर-वराड, कण्णाड-लाड।
आहीर-कीर-गधार-गउड, णेवाल-चोड।
चेईस-चेर-मरु-दद्दुरडि, पचाल-पडि।
कोकण-केरल-कुरु-कामरूव, सिंहल पहूय।
जालधर-जायव-पारियाय, णिज्जिणिवि राय।
पच्चत-वासि णीसेस लेवि, णिय-मुद्द देवि।
हेलाइ तिखडावणि हरेवि, असि करि करेवि।

—आदिपुराण (पृ० २३०-३१)

कतहूँ हरि-नख-फारियइँ। करि-कुंभ उच्छरिया मौक्तिकाइँ।
कतहूँ सुनियै यक्षिणि-धुनिऊ। खेचरि-करें वीणा हनहनिऊ।
कतहूँ भ्रमर-कुल रुन-झुनिऊ। कतहूँ शुकेहिँ का का भनिऊ।
घत्ता। कतहुँ किन्नरहिँ गाइऊ, श्रवण-पियारहूँ।
ऋषभनाथ-चरित, फनि-नर-सुर-लोकह सारऊ।

—आदिपुराण (पृ० २४४)

(२) देश-विजय

पल्लव-सैंधव-कोंकण-कोसल। टक्क-अहीर-कीर-खस-केरल।
अंग-कलिंग-गंग-जालंधर। वत्स-यवन-कुरु-गुर्जर-बर्बर।
द्रविड-गौड-कर्नाट-बराडउ। पारस-पारियात्र-पुन्नाडउ।
शूर-सौराष्ट्र-विदेहा लाटउ। कोंग-वंग-मालव-पंचालउ।
मागध-जाट-भोट-नेपालउ। उड्र-पुड्र-हरिकेल-भँगालउ।

--आदिपुराण (पृ० ८८)

सुरसिंधु-सरिहिँ देहलिय धरब, प्रतिसरन करबी।
पूर्वावरेहिँ परिमस्थिताइँ, वैरस्थिताइँ।
वेताढ् गिरिहिँ ओइल्लयाइँ, सुधनिल्लयाइँ।
चडाइँ म्लेच्छ-खडाइँ ताइँ, दुःसाधियाइँ।
करवालें जीतेंउ आर्यखड, प्रस्थापि दड।
मालव-मगध-बग-'ङ्ग-गंग, कालिंग-कोंग।
पारस-बर्बर-गुर्जर, बराड, कर्नाट-लाट।
आभीर-कीर-गंधार-गौड़, नेपाल-चोल।
चेदीश-चेर-मरु-बर्बुरंडि, पञ्चाल-पंडि।
कोंकण-केरल-कुरु-कामरूप, सिंहल प्रभूय।
जालंधर-यादव-पारियात्र, जीतेंहू राय।
प्रत्यतवासि निःशेष लेइ, निज मुद्रा देइ।
हेलहिँ तिरखडावनि हरेइ, असि करें करेइ।

—आदिपुराण (पृ० २३०-३१)

(३) यौधेय-भूमि-वर्णन

वित्थिण्णए जंबुदीवि भरहें। खर-किरण-करावलि-भूरि-भरहें।
जोहेयउ णामि अत्थि देसु। णं धरणिएँ धरियउ दिव्व वेसु।
जहिँ चलइँ जलाइँ स-विब्भमाइँ। ण कामिणि-कुलइँ स-विब्भमाइँ।
भगालइँ ण कुकइत्तणाइँ। जहिँ णील-णेत्त-णिद्धहिँ तणाइँ।
कुसुमिय-फलियइँ जहिँ उववणाइँ। ण महि-कामिणि-णव-जोव्वणाइँ।
गोवाल-मुहालुखिय-फलाइँ। जहिँ महुरइँ ण सुकयहोँ फलाइँ।
मथर-रोमंथण[1]-चलिय-गंड। जहिँ सुहि णिसिण्ण गो-महिसि-संड।
जहँ उच्छु-वणइँ रस-दसिराइँ। ण पवण-वसेउ पणच्चिराइँ।
जहँ कण-भर-पणविय पक्क-सालि। जहिँ दीसइ सयदलु सदलु सालि।
जहिँ कणिसु कीर-रिछोलि चुणइ। गहवइ-सुयाहि पडिवयणु भणइ।
छोक्करण-राव-रंजिय-मणेण। पहि पउ ण दिण्ण पथिय-जणेण।
जहिँ दिण्णु कण्णु वणि मयउलेण। गोवाल-गेय-रंजिय-मणेण।
जहिँ जण-धण-कण-परिपुण्ण गाम। पुर-णयर-सुसीमाराम साम।
घत्ता। रायउरु मणोहरु रयणच्चिय घरु, तहिँ पुरवरु पवणुद्धयहिँ।
चल-चिंधहि मिलियहिँ णहयलि घुलियहिँ, छिवइ'व सग्गु सयंभुअहिँ।
जं छण्णउँ सरसहिँ उववणेहिँ। ण विद्धउँ वम्मह-मग्गणेहिँ।
कय-सद्दहिँ कण्ण-सुहावएहिँ। कणइ'व सुर-हर-पारावएहिँ।
गय-वर-दाणोल्लिय वाहियालि। जहिँ सोहइ चिरु पवसिय पियालि।
सर-हसइँ जहिँ णेउर-रवेण। मउ चिक्कमति जुवई-पहेण।
ज णिय-भुयासि-वर-णिम्मलेण। अण्णुवि दुग्गउ परिहा-जलेण।
पडिखलिय-वइरि-तोमर-भसेण। पड्डुर-पायारि ण जसेण।
ण वेढिउ वहु-सोहग्ग-भारु। ण पुंजीकय-ससार-सारु।
जहिँ विलुलिय-मरगय-तोरणाइँ। चउदारइँ ण पउराणणाइँ।

---

[1] चवितचर्वण (जुगाली करना)

(३) यौधेय-भूमि-वर्णन

विस्तीर्णे जंबुद्वीप-भरते। खरकिरण-करावलि भूरि भरित।
यौधेय नाम है (एक) देश। जनु धरणी धारेउ दिव्य-वेष।
जहँ चलें जलाइं स-विभ्रमाइं। जनु कामिनि-कुलइं स्व-विभ्रमाइं।
भृगाले[1] जनु कुकवित्तनाइं। जहँ नीलनेत्र-स्निगधतनाइं।
कुसुमित-फलितहँ जहँ उपवनाइं। जनु महि कामिनि नवयौवनाइं।
गोपाल-मुग्धा चुनिया फलाइं। जहँ मधुरइं सुकृतहू फलाइं।
मथर-रोमथन-चलित-गड। जहँ सुख-निषण्ण गोमहिष-सड।
जहँ इक्षु-वनइं रस-दर्शिराइं। जनु पवन बसेउ पनच्चिराइं।
जहँ कण[2]-भर-प्रनमी पक्वशालि। जहँ दीसैं शतदल-सदल-शालि।
जहँ मजरि कीर-पक्ती चुनै। गृहपति-सुताहिं प्रतिवचन भनै।
छोक्करन-राज-रजित-मनेहिं। पथ पद न दीन पथिक-जनेहिं।
जहँ दीय कर्ण वनें मृगकुलेहिं। गोपाल-गीत-रजित-मनेहिं।
जहँ जन-धन-कण-परिपूर्ण ग्राम। पुर-नगर-सुषीमाराम श्याम।
घत्ता। राजपुर मनोहर रत्नाञ्चित घर, तहँ पुरवर पवनोद्धतहिं।
चल-चिन्हहिं[3] मिलिया नभतले धुरियहिं, छुवें इव सर्ग स्वयभुजहिं ॥३॥
जो छादित सरसें हिं उपवनेहिं। जनु विद्धेंउ मन्मथ-मार्गणेहिं।
कल-शब्दहिं कर्ण-सुखावहेहिं। क्वणें इव सुरघर-पारावतेहिं।
गज-वर-दानोल्लित-बाँहिय-गलि। जहँ सोहै चिर-प्रवसित-प्रियालि।
सर-हसहँ जहँ नूपुर-रवेहिं। सृग चिक्कमति युवती-प्रभेहिं।
जो निज-भुज-असि-वर-निर्मलेहिं। अन्यउ दुर्गह परिखा-जलेहिं।
प्रतिखलित-वैरि-तोमर-झषेहिं। पाडुर प्राकारा जनु यशेहिं।
जनु बेठेंउ बहु-सौभाग्य-भार! जनु पुजीकृत ससार-सार।
जहँ विलुलित-मरकत-तोरणाइं। चौद्वारहिं जनु पौराननाइं।

---

[1] भृंग-आलय [2] दाना [3] ध्वजा [4] तीर

जहिँ धवल-मगलुच्छव-सराइँ। दु-ति-पच-सत्त-भोमइँ[1] घराइँ।
णव-कुंकुम-रस-छडयारुणाइँ। विक्खित्त-दित्त-मोत्तिय-कणाइँ।
गुरु-देव-पाय-पकय-वसाइँ। जहिँ सव्वइँ दिव्वइँ माणुसाइँ।
सिरिमतइँ सतइँ मुत्थियाइँ। जहिँ कहि 'मि ण दीसहि दुत्थियाइँ।

—जसहर-चरिउ (पृ० ४, ५)

(४) मगधभूमि-वर्णन

खेडाम-गाम-पुरवर-विचित्तु। तहो दाहिणि दिसि थिउ **भरह** खेत्तु।
तहिँ **मगह**-देसु सुपसिद्ध अत्थि। जहिँ कमल-रेणु-पिंजरिय हत्थि।
जहिँ सुरवर-तरु-णदण-वणाइँ। जहिँ पक्क-सालि धण्णइँ तणाइँ।
वय-सय-हसावलि-माणियाइँ। जहिँ खीरसमाणइँ पाणियाइँ।
जहिँ कामधेणु-सम गोहणाइँ। घडदुद्धइँ णेहारोहणाइँ।
जहिँ सयल-जीव-कय-पोसणाइँ। घण-कण-कणि-सालइँ करिसणाइँ
जहिँ दक्खा-मंडवि दुहु मुयति। थलपोमोवरि पंथिय सुयंति।
जहिँ हालिणि-कलरव-मोहियाइँ। पहि पहियइँ-हरिणा इव थियाइँ।
पुडुच्छु-वणइँ चउ-दिसु चलंति। जहिँ महिस-सिंग-हय रस गलंति।
जहिँ मणहर-मरगय-हरिय-पिंछ। मायद-गोच्छि गोदलिय रिंछ।

घत्ता। तहिँ पुरवरु णामें **रायगिहु**, कणय-रयण-कोडिहिँ घडिउ।
वलिवड धरतहो सुरवइहिँ, ण सुर-णयरु गयण-पडिउ ॥६॥

—णायकुमार-चरिउ (पृ० ६)

(५) मालव-ग्राम

एत्थत्थि **अवंती** णाम विसउ। महिवहु भुजाविय जेण'वि सउ।

घत्ता। णंदतहिँ गामहिँ विउलारामहिँ, सरवरकमलहिँ लच्छि-सही।
गलकल-केक्कारहिँ हंसहिँ मोरहिँ, मंडिय जेत्थु सुहाइ मही ॥२०॥

---

[1] दो-तीन-पांच-सात तल्लेवाले (मकान)

जहँ धव-मंगल-ोत्सव-सराइँ। दुइ-पंच-सप्त-भूमिक घराइँ।
नव-कुंकुम-रस-छट-आरुणाइँ। विखरीय-दीप्त-मौक्तिक-कणाइँ।
गुरु-देव-पादपंकज-बशाइँ। जहँ सब्वै दिब्यै मानुषाइँ।
श्रीमन्तहिँ सतहिँ सुस्थिताइँ। जहँ कतहुँ न दीसै दुःस्थिताइँ।
—जसहर-चरिउ (पृ० ४, ५)

(४) मगध भूमि-वर्णन

खेडाउ-ग्राम-पुरवर-विचित्र। तहँ दक्षिणदिशि ठिउ भरत-क्षेत्र।
तहँ मगध-देश सुपसिद्ध अस्ति। जहँ कमल-रेणु-पिंजरित हस्ति।
जहँ सुरवर-तरु-नंदनवनाइँ। जहँ पक्व-शालि धान्यहिँ तनाइँ[1]।
व्रज-शत-हंसावलि-माणिकाइँ। जहँ क्षीरसमाना पानियाइँ।
जहँ कामधेनु-सम गोधनाइँ। धट-दूधी स्नेहारोधनाइँ।
जहँ सकल-जीव-कृत-पोषणाइँ। धन-कण-कणिशालहँ[2] कर्षणाइँ।
जहँ द्राक्षामंडपें दुध-मुचंति। स्थलपद्मोपरि पथिक सोंवंति।
जहँ हालिनि[3]-कल-रव-मोहिताइँ। पथें पथिक हरिना इव ठिताइँ।
पुंड्-इक्षु-वना चौदिशि चलति। जहँ महिष श्रृंग-हत रस गिरति।
जहँ मनहर-मरकत-हरित-पिच्छ। माकंद-गुच्छ चर्विता वृक्ष।
घत्ता। तहँ पुरवर नामे राजगृह, कनक-रतन-कोटिहिँ गढें ऊ।
बलिवंड-धरतह सुरपतिहँ, जनु सुर-नगर गगन पडें ऊ ॥६॥
—णायकुमार-चरिउ (पृ० ६)

(५) मालव-ग्राम

इहँ अहै अवंती नाम विषय। महि बहु भोगें उ जेहिहि सबय।
घत्ता। नंदतें हिँ ग्रामें हिँ विपुलारामें हिँ, सरवर-कमलेहिँ लक्ष्मि-सखी।
कलकल-केकारें हिँ हंसेहिँ मोरें हिँ, मंडित यत्र सुहाइ मही ॥२०॥

---

[1] तनाइ=केरी [2] कल-मंजरी [3] हलवाहेकी बहू

जहिँ चुमचुमति केयार-कीर। वर-कलम-सालि-सुरहिय-समीर।
जहिँ गोउलाइँ पउ बिक्किरति। पुड्डुच्छु[1]-दंड-खडइँ चरति।

जहिँ वसह-मुक्क-ढेक्कार-वीर। जीहा-विलिहिय-णदिणि-सरीर।
जहिँ मथर-गमणइँ माहिसाइँ। दह-रमणुड्डाविय-सारसाइँ।

काहलिय[2]-दस-रव-रत्तियाउ। बहुग्रउ घर कम्मि गुत्तियाउ।
सकेय-कुडुगण-पत्तियाउ। जहिँ झीणउ विरहिँ तत्तियाउ।

जहिँ हालिणि-रूब-णिवद्ध-चक्खु। सीमावडु ण मुग्रइ कोवि जक्खु।
जिम्मइ जहिँ ऍवहि पवासिएहिँ। दहि कूर खीरु घिउ देसिएहिँ।

पव-पालियाइ जहिँ बालियाइ। पाणिउ भिगार-पणालियाइ।
दितिऍ मोहिउ णिरु पहिय-विदु। चगउ दक्खालि वि वयण-चदु।

जहिँ चउपयाइँ तोसिय-मणाइँ। घण्णइ चरति णहु पुणु तिणाइँ।
उज्जेणि णाम तहिँ णयरि अत्थि। जहिँ पाणि पसारइ मत्त-हत्थि।

—जसहर-चरिउ (पृ० १७)

४—सामन्त-समाज

(१) राजत्वके दुर्गुण

रज्जहु कारणि पिउ मारिज्जइ। बधवहू मी सचारिज्जइ।
जिह अलि-गधे गउ सघारहु। तिह रज्जेण जीउ त वारहु।

भड-सामत-मंति-कय-भायउ। चिंतिज्जतउ सव्वु परायउ।
तडुल-पसयहु कारणि राणा। णरइ पडति काइँ अ-वियाणा।

डज्झउ रज्जु जि दुक्खु गुरुक्कउ। जइ सुहु कि ताएँ मुक्कउ।

—आदिपुराण (पृ० २६५)

---

[1] लाल लाल और मोटे गन्ने [2] झांझ (थालीनुमा कांसेका बाजा)

जहँ चुमचुमति केदार-कीर। वर-कलम-शालि-सुरभित-समीर।
जहँ गोकुलाइँ पय विक्षरति। पुड्-ईख-दड खंडहिँ चरति।
जहँ वृषभ मुक्त-हों क्काड-धीर। जीभा-विलिहित-नदिनि-शरीर।
जहँ मथर गमनै माहिषाइँ। ह्रद-रमण्-उड्डायउ सारसाइँ।
काहली वंशि-रव-रक्तियाउ। बधुम्रा घरकर्मे गुप्तियाउ।
सकेत-कुडच-ंगण-पक्तियाउ। जहँ भीनउ विरहे तप्तियाउ।
जहँ हालिनि-रूप-निबद्ध-चक्षु। सीमावट न मुवै कोइ यक्ष।
जेवै जहँ ऐस प्रवासिनेहिँ। दवि-गूड-क्षीर-घिउ-दुस्सए[1]हिँ।
प्रप-पालिकाहिँ[2] जहँ बालिकाहिँ। पानिय-भृगार[3]-प्रणालिकाहिँ।
देतिग्रँ मोहेँउ अति पथिकवृन्द। चगा द्राक्षालि'व वदनचन्द्र।
जहँ चौपदाइँ तोषित-मनाइँ। धान्यै चरति नहि पुनि तृणाइँ।
उज्जेनि नाम तहँ नगरि अस्ति। जहँ पाणि प्रसारै मत्त-हस्ति।

—जसहर-चरिउ (पृ० १७)

४—सामन्त-समाज

(१) राजत्वके दुर्गुण

राज्यहि कारणें पितु मारिज्जै। बाधवहँ (पुनि) सचारिज्जै।
जिमि अलि-गधे गउ सहारा। तिमि राज्येहि जीवितऊँ कारा।
भट-सामत-मत्रि-कृत भायउ। चितीयतउ सब उपरागउ।
तडुल-पमरहँ कारणें राना। नरक पडति काइँ अ-विजाना।
जारहु राज्यहु दु ख-गुरुकउ। यदी सुकूख का तेहीं मूकउ।

—आदिपुराण (पृ० २६५)

---

[1] कपड़ा थान   [2] पौसरेपर पानी पिलानेवाली   [3] जलकी झारी

(२) राज-दर्बार[1]

अत्थाण-भूमि[2] गउ मणि विसण्ण । कणय-मय-रयण-विट्ठरि णिसण्णु ।
दो-वासइँ चमरइँ महु पडंति । बहु-दुक्ख-सहासइँ ण घटंति ।
सह-मडवि खुज्जय-वावणाइ । णच्चतइ णिरु कोड्डावणाइँ ।
वीणा-वसइँ गेयइँ भुणंति । वेयालिय फफावय थुणंति ।
एयाइँ जइवि णिरु सुहयराइँ । महु पुणु सुविरत्तहों दुहयराइँ ।
पोत्थय-वायणु आढत्त सरसु । मण-सवणहँ ज जणि जणइ हरिसु ।
तहिँ अवसरिँ पडिहारि वरेण । कणय-मय-दड-मडिय-करेण ।
पइसारिग्य भड-सामत-मंति । अणवरय भमइ जगि जाँह कित्ति ।
पय-जुयलु णविउ महु णरवरेहि । मउडग्ग-कोडि-चुंबिय-धरेहि ।
अवलोइय णर-वइ मइँ णवंत । पडियावयाइँ णावइ कुमित्त ।
गोविट्ठि-णिविट्ठ णरिंद सब्ब । णिविडत्थवत ण सुकइ-कव्व ।

—जसहर-चरिउ (पृ० ३२)

(३) सामंती भोग

काम-भोय-सुह-रस-वसहों । तहु वसुमइहि काइँ वण्णिज्जइ ।
ज ज चितइ किंपि मणे । त त सयलु वि खणि सपज्जइ ॥
जक्ख-पको दढ वल्लहालिगण । मालई-मालिया कुंकुमालेवण ।
उचओ मचओ चारु-सेज्जा-यल । आवरोहारि सोम्ह थणाण थल ।
उण्हय भोयण तुप्प-धारा-हर । रत्तओ कवलो छण्णरध घर ।
पुव्वपुण्णेण सव्व पि सजुत्तय । सीय-यालम्मि तेणेरिस भुत्तय ।
चदण चदपाया पिया णेहली । मल्लिया-दामय तार-हारावली ।
दाहिणो मथरो मारुओ सीयलो । रुक्ख-कीलाणिओ पल्लवो कोमलो ।
वल्लरी-मडवो पोमजुत्तो सरो । वीयणं दोलणालीणओ सीयरो ।
थद्ध-थद्ध दहि सीयय पाणिय । उण्हयालम्मि तेणेरिस माणिय ।

---

[1] राजकुल [2] राजप्रांगण

(२) राज-दर्बार

आस्थान[1]-भूमि गउ मन-विषण्ण। कनकमय-रतन-विस्तर-निषण्ण।
दो पासेँहि चमरा मुहु पडति। वहु-दु.ख सहसैं जनु घडति।
सभ-मडपें कुब्जा-वामनाइ। नाचतैं अतिकोटावनाइ[2]।
वीणा-वशिहि गीतहि ध्वनति। वैतालिक फफावै स्तुवति।
एताइँ यदपि वहु सुख-कराइँ। मुहु पुनि सुविरक्तहु दुखकराइँ।
पुस्तक-वाचन आरभेँउ सरस। मन-श्रवहँ जनु जनें जनै हरष।
तेँहि अवसर प्रतिहारेँहिँ वरेहिँ। कनकमय-दड-मडित-करेहिँ।
पइसारेउ भट-सामत-मंत्रि। अनवरत भ्रमै जग जाह कीर्त्ति।
पद-युगल नमेँउ मुहु नरवराहिँ। मुकुटाग्र-कोटि-चुवित-धराहिँ।
अवलोकेँउ नरपति मोहिँ नमत। आ-पडिईं न्याइँ कुमित्र।
गोष्ठीहिँ निविष्ट नरेन्द्र सर्व। निविडार्थवत जनु सुकवि-काव्य।

—जसहर-चरिउ (पृ० ३२)

(३) सामंती भोग

कामभोग-सुख-रस-वसहु, तेँहि वसुमतिहिँ किमि वर्णिज्जै।
जो जो चिंतै कछु मने, सो सो सकलहु क्षणें मपज्जै॥
यक्षपको (?) दृढ वल्लभालिगन। मालती-मालिका कुकुमालेपन।
ऊँचओ मचओ चारु-शय्यातल। आवरोहारि सूक्ष्म स्तनाहूँ तल।
उष्णओ भोजना तोपि धाराधर। रक्तओ कवलो वद-रध्र घर।
पूर्वपुण्येहिँ सर्व हि सयुक्तक। शीतकालेहि तेँहि इ दृश भुक्तक।
चदनो चद्रपादा प्रिया स्नेहिली। मल्लिका-दामक तार-हारावली।
दाहिने मथरो मारुतो शीतलो। वृक्षक्रीडानियो पल्लवो कोमलो।
वल्लरी-मडपो पद्म-युक्तो सरो। वीजना-दोलना नीरको शीकरो।
गाढ-गाढ दही शीतल पानिय। उष्णकाले हि तेँहिँ ईदृश मानिय।

---

[1] दर्बार [2] उत्साहनाइँ

फुल्लियासा-कयंबोह-धूलीरओ । मत्त-माऊर-वदस्स केयारओ ।
णीर-धारा मुयतबु-वाहज्झुणी । संगया सूहवा पासि सीमंतिणी ।
णिग्गल मंदिर णिक्किय भूयल । धावमाण रयाल पणाली-जल ।
इट्ठ-गोट्ठी-विसिट्ठेहिँ विण्णायय । दिव्व-गंधव्वय कव्वय पायय ।
विज्जु-माला-फुरंतं णहं दिप्पह । तस्स मेहागमे तपि सोक्खावह ।......

—आदिपुराण (पृ० ४०७)

(क) (वेश्या-बाजार)

वेसा-वाडइं झत्ति पइट्ठउ । मयरकेउ पुरवेसहिँ दिट्ठउ ।
कावि वेस चिंतइ गय-सुण्णा । ए थण एयहों णहहिँ ण भिण्णा ।
कावि वेस चिंतइ किं वड्ढिय । णीलालय एएण ण कड्ढिय ।
कावि वेस चिंतइ किं हारें । कंठु ण छिण्णउ एण कुमारें ।
कावि वेस अहरग्गु समप्पइ । भिज्जइ खिज्जइ तप्पइ कंपइ ।
कावि वेस रइ-सलिलें सिंचिय । वेवइ वलइ घुलइ रोमंचिय ।...

घत्ता । ता वीणा-कलरव-भासिणिए देवदत्तए रायविलासिणिए ।
हिय-उल्लए कामदेउ ठविउ कय-पंजलि-हत्थें विण्णविउ ।।१।।

"परमेसर ! कारुण्णु वियप्पहि । जिह मणु तिह घर-पंगणु चप्पहि ।
तं णिसुणिवि उवयरियउ तेत्तहें । तं तहें रमणिहें मंदिरु जेत्तहें ।
आणु दिण्णु णिसण्णउ रयणिहिं । णिव्वत्तिय-मज्जण-भूमण-विहि ।
भोयणु भुत्तउ मत्ता-जुत्तउ । सरसु कइदें कव्वु'व उत्तउ ।
कामें कामिणि भणिय हसेप्पिणु । ....

—णायकुमार-चरिउ (पृ० ४८-४६)

(ख) विवाह-वर्णन

समवयस-कुयर-सहुँ चलिउ जाव । पारभिय थुइ णग्गुडिहिँ ताव ।
णच्चंति विलासिणि गीउ रम्मु । गायण गायंतिहिँ सुकिय-कम्मु ।
गय णंदण-वणि मंडव-दुवारु । वर-तोरण-मंडिउ रयण-फारु ।
तहिँ किउ जं जोग्गु पुरोहिएण । आयारु कुमग्गणि रोहिएण ।

फूलि-आशा कदंब-घेघ-धूली-रजो । मत्त-मायूर-वृन्दों कों केकारवो ।
नीरधारा मुचंत्-अंबुवाह्-द्-धुनी । संगता सून्द्रवा पास सीमंतिनी ।
नि'र्गल मंदिर निष्क्रियं भूतलं । धावमानं रजालं प्रणाली-जलं ।
इष्ट-गोष्ठी-विशिष्टेहिँ विद्यान्वय । दिव्यगंधर्वकं काविय पायय ।
विज्जुमाला-फुरंतं नभं दिक्प्रभ । तासु मेघागमे सोउ सौख्यावहं ।
—आदिपुराण (पृ० ४०७)

(क) (वेश्या-बाजार)

वेश्यावाटहिँ झट्ट पइट्ठें'उ । मकरकेतु-पुरवेषहिँ देखें'उ ।
कोइ वेश्य चिंतै गति-शून्या । ए थन एतहँ नखें'हिं न भिन्ना ।
कोइ वेश्य चिन्तै का वाढिय । नीलालक एतेहिँ न काढिय ।
कोइ वेश्य चिन्ता की हारें' । कंठ न छिन्दें'उ एहिँ कुमारें' ।
कोइ वेश्य अधराग्र समर्पै । भिज्जै-खीझै-तापै-कपै ।
कोइ वेश्य रति-सलिलें' सीं'चिय । वेपै बलै घुरै रोमाचिय ।
घत्ता । तो वीणा-कल-रव-भाषिणिया देवदत्तआ राज-विलासिनिया ।
हिय-उल्लया कामदेव थापें'उ कृत-प्राजलि-हाथें' विज्ञापिया ॥१॥
"परमेश्वर ! कारुण्य-वियापै । जें'हि मन तें'हि घर-आँगन प्रापै ।"
सो सुनिया उपकारियउ तें'त्तहिँ । सो तें'हि रमणिहिँ मंदिर जें'तहिँ ।
अन्यो दीनु निषण्णउ रजनिहिँ । पूरावें'उ मज्जन-भूषण-विधि ।
भोजन भुक्तउ मात्रायुक्तउ । सरस कवीन्द्रें' काव्य'व उक्तउ ।
कामें' कामिनि भनियो हसिकें । ... .
—णायकुमार-चरिउ (पृ० ४८-४९)

(ख) विवाह-वर्णन

समवयस-कुमर-सँग ले चलें'उ जब्ब । प्रारभंउ स्तुति नग्गुडिहिँ तब्ब ।
नाचति विलासिनि गीत रम्य । गायन गायती सुकृत-कर्म ।
गउ नंदनवन-मंडप-दुवार । वरतोरण-मंडित रतन-स्फार ।
तहँ किउ जो योग्य पुरोहितहीं' । आचार कुमार्ग-निरोधिहहीं' ।

सुपइट्ठउ मंडव-मज्झि जाम। वरु दिट्ठउ सज्जण-जणहिँ ताम।
चउरिइ[1] णिविट्ठ कदप्प-मुत्ति। पासेहि णिवेसिय तासु पत्ति।
अग्गइ पयक्खु किउ धूमकेउ। किउ होमु हुणेप्पिणु तिव्व-तेउ।
अम्मय-मइ पाणि करेण गहिउ। सीयारु पमेल्लिउ ताह अहिउ।
तहोँ दिण्ण कण्ण किरइउ विवाहु। सव्वेहिँ उच्चग्गिउ "साहु साहु"।
णवयारिवि मायरि कण्ण सहिउ। णिग्गउ वरु एहु विवाहु कहिउ।

—जसहर-चरिउ (पृ० २१)

(ग) रानियोंका जीवन

क'वि अलय-तिलय देविंहि करइ। क'वि आदसणु अग्गइ धरइ।
क'वि अप्पइ वर-रयणाहरणु। क'वि लिप्पइ कुकुमेण चरणु।
क'वि णच्चइ गायइ महुर-सरु। क'वि पारभइ विणोउ अवरु।
क'वि परिरक्खइ णिसियासि करी। क'वि वारि परिट्ठिय दडधरी।
अक्खाणउ कावि किपि कहइ। दिण्णउँ कणइल्लु कावि वहइ।
क'वि वार वार विणएँ णवइ। क'वि सुरसरि-सर-सलिलहिँ ण्हवइ।
क'वि मालउ चेलिउ उज्जलउ। ढोयइ सब-लहणु सुपरिमलउ।

—आदिपुराण (पृ० ३९)

(घ) नारी-सौंदर्य-वर्णन

ताहि घरणि मरुएवि भडारी। जाहि रूव-सिरि अइ-गरुयारी।
अमरहँ पतिइ पय-पणवतिइ। लघियाइँ अम्हइँ णहयतिइ।
कमयलराएँ काइँ गविट्ठउ। एम णाइँ णेउरहिँ पघुट्ठउ।
पण्हिहि रत्तउ चित्तु पदसिउँ। अगुलियहिँ सरलत्तु पयासिउँ।
अगुट्ठुण्णईइ ज गूढइँ। गुप्फइँ त किर पिसुणइँ मूढइँ।
णीरोमउ विसिरिउ वट्टुलियउ। मसिणउ सोहियाउ उज्जलियउ।
जंघउ कमहाणिइ ओहरियउ। दिट्ठउ ण खल-मित्तहँ किरियउ।

---

[1] कबूतरेपर

मु-पईठेउ मंडप-माँझ जब्ब । वर देखेँउ सज्जन-जनेँहिँ तब्ब ।
चउरेँ निविष्ट कंदर्प-मूर्त्ति । पासेहिँ निवेसेउ तासु पत्नि ।
आगेँहिँ प्रदक्षणेँउ धूमकेतु । किउ होम होँमावन तीव्र-तेज ।
अमृतमय-पाणि करेहिँ गहेँउ । शीत्कार प्रमेलत[1] स ाहि अहिउ ।
तहँ दियउ कन्याँ विरचेँउ विवाह । सर्वेहिँ उच्चरेँउ "साधु साधु" ।
नवकारिहु मायेर कन्याँ-सहित । निर्-गउ वर एहु विबाह कथित ।

—जसहर-चरिउ (पृ० २१)

(ग) रानियोंका जीवन

कोँइ मलय-तिलक देविहिँ करई । कोँइ आरसिहीँ आगे धरेँई ।
कोँइ अर्पै वर-रतनाभरना । कोँइ लेपै कुंकुमहीँ चरणा ।
कोँइ नाचै गावै मधुर-स्वरा । कोँइ प्रारभैं विनोद अपरा ।
कोँइ परि-रक्षै निशित-ासि करी । कोँइ द्वारेँ परिट्-ठिउ दडधरी ।
आख्यानहु कोँइ किछू कहई । दीनेँउ कनइल्लु[2] कोँइ बहई ।
कोँइ बार बार विनये नमई । कोँइ सुरसरि-सर-सलिलेँहिँ स्नपई ।
कोँइ मालउ चोलिउ उज्ज्वलऊ । धोवै सब लहण[3] सुपरिमलऊ ।

—आदिपुराण (पृ० ३६)

(घ) नारी-सौंदर्य-वर्णन

ताहि घरनि मरुदेवि भटारी[4] । जाहि रूपश्री अति गुरुकारी ।
अमरन् पक्तिहिँ पद-प्रणमतिइ । लघायऊ हमरो नख-पक्तिइ ।
कमतल राये काह गवेषिउ । एँहि न्याईँ नूपुरेहि प्रघोषिउ ।
पर्ष्णिहिँ रक्तउ चित्त प्रदर्शेउ । अगुलियहिँ सरलत्त्व प्रकाशिउ ।
अगुठ-उन्नति ही जिमि गूढा । गुल्फउ सो फुर पिशुना मूढा ।
नी-रोमउ विसिरिउ वर्त्तुलियउ । मसृणउ सोहियाउ अगुलियउ ।
जघउ अमहानी अव-धरियऊ । दीसेँउ जनु खल-मित्रहँ किरियउ ।

---

[1] ओढ़ती [2] कर्ण-फूल [3] लहँगा (१) [4] भट्टारिका=महारानी

गूढइँ णरवइ-मता भासइँ। वायरणाइँ व रइय-समासइँ।
णिविड-संधि-बंधइँ णं कव्वइँ। देविहि जण्हुयाइँ[1] भइभव्वइँ।
ऊरुय-खंभ-णराहिव-दमणहु। तोरण खभाइँ'व रइ-भवणहु।
जेण स-सुर-णरु तिहुयणु जित्तउ। कामतच्चु ज देवहिँ वुत्तउ।
दिण्ण थत्ति तहु सोणी बिंबहु। किं वण्णमि गरुयत्तु नियं बहु।
घत्ता। गभीर णाहि तहि मज्झु किसु, उयरु स-तुच्छउ दिट्ठु मइँ।
संसग्गवसे गुणु कामु हुउ, जो णवि जायउ जम्मि सइँ ॥१५॥
तिवली-सोवाणेहिँ चडेप्पिणु। रोमावलि-कुहिणी लँघेप्पिणु।
सिहिण-गिरिदारोहण-दोरइ। लग्गहु बम्महु मोत्तिय-हारइ।
पिय-वसियरणु वसइ भुय-मूलइ। सुइ-सोहग्गु जाहि हत्थयलइ।
णेह-बधु मणि-बंधि परिट्ठिउ। लायण्णें समुद्दु ण सठिउ।
जाहि तणउँ तं जणिय-वियारउँ। महुरउ इयरउ केरउ खारउ।
कठलीह णउ कबु पावइ। पर-सास-ऊरिउ कहँ जीवइ।
णियउ णिविट्ठउ जिय-ससि-कतिहि। धोयहि धवलहि णाइँ पवालउ।
अहर-बिंबु रेहइ रायाल्लउ। मुक्तावलियहि णाइँ पवालउ।
अम्हहँ ठाइ कयाइ ण समुहु। उज्जुहु णासावसु वि दुम्मुहु।
भउँहउँ वक्कत्तणु'वि ण सहियउ। णयणहिँ जपि'व कण्णहुँ कहियउ।
णिसि-दिणि ससि रवि गयण विलंबिय। विण्णि'वि गडयलइ पडिबिंबिय।
कुंडल-सिरि वहति धवल-च्छिहि। जिण-जणणियहि सलक्खण-कुच्छिहि।
कुंडलालय भाल-यलि णिरतर। मुह-कमलहु घुलंति णं महुयर।
अवरु'वि ताहँ भारु विवरेरउ। मुह-ससहर-भएण ण तमरउ।
तरुणिहे पिट्ठि पइट्ठउ दीसइ। कुसुम-रिक्ख-मीसियउ विहासइ।

—आदिपुराण (पृ० ३१-३२)

---

[1] जाह्नवी (गंगा)

गूढा नरपति-मंत्रा भाषा । व्याकरणहिँ इव रचित-समासा ।
निविड-संधि[1]-बंध जनु काव्या । देवि जाह्नवी इव अतिभव्या ।
ऊरू-खंभ नराधिप-दमनहँ । तोरण-खंभा इव रति-भवनहँ ।
जाते ँ स-सुर-नर-त्रिभुवन जीतउ । कामतत्त्व जो देवे ँहिँ उक्तउ ।
दीन थाप ने ँहि श्रोणीबिंबहु । का वरनौ गरुअत्त्व नितंबहु ।

घत्ता । गभीर नाभि तहि माँझ कृश, उदर स-तुच्छउ देखु मई ँ ।
ससर्ग वशे गुण कासु हुयेउ, जो नहि जायेउ जन्मते ँई ँ ॥१५॥

त्रिवली-सोपानेहि चढेविय । रोमावलि केँहुनी लघेविय ।
स्तनक-गिरीन्द्रारोहण-डोरा । लागहु मन्मथ मौक्तिकहारा ।
प्रिय-वशिकरण वसै भुज-मूलहिँ । शुचि सौभाग्य जाहि हत्थतलहिँ ।
स्नेहबंध मणिबंध परिट्-ठिउ । लावण्ये समुद्र ना स-ठिउ ।
जाहिकेर सो जनित-विकारा । मधुरउ इतरहु-केरउ खारा ।
कठलीहिँ नहिँ कबू पावै । पर-श्वासा-पूरित किमि जीवै ।
निकट-निविष्टउ जित-शशि-कान्तिहिँ । धोवै धवलहि न्याइ प्रवालहिँ ।
अधर-बिंब रोचै रागालउ । मुक्तावलियहिँ न्याइँ प्रवालउ ।
हमरे ठहर कदाचि न समुख । ऋज्जुहु नासा-वशउ दुर्मुख ।
भौँहउँ वकपनहु नहि सहियउ । नयनहिँ जल्पिय कर्णहँ कहियउ ।
निशि-दिन रवि-शशि गगने लंबिउ । दोऊ गंड-तलै ँ प्रतिबिंबउ ।
कुंडल-श्री वहत धवलाक्षिहिँ । जिन-जननियहि स-लक्षण-कुक्षिहिँ ।
कुटिलालक भालतले निरतर । मुखकमलहु घुरंति जनु मधुकर ।
अवरउ ताहँ भार विवरेरउ । मुख-शशधरभरेहिँ जन तमसउ[2] ।
तरुणिहिँ पृष्ठ पईठेउ दीसै । कुसम-ऋक्ष-मिश्रितउ विभासै ।

—आदिपुराण (पृ० ३१-३२)

---

[1] सर्ग (अपभ्रंश काव्योंमें संधि और कडवका क्रम होता है) [2] अंधकार

राएँ गउ णिय-सिविरहु तरलु । .. । पत्तउ सुरसरि-जल-मज्झ-ठाणु ।
जोयवि गंगहि सारसहँ जुयलु । जोयइ कतहि थण-कलस-जुयलु ।
जोयवि गंगहि सुललिय-तरंग । जोयइ कतहि तिवली-तरंग ।
जोयवि गंगहि आवत्त-भवँणु । जोयइ कतहि वर-णाहि-रमणु ।
जोयवि गंगहि पप्फुल्ल-कमलु । जोयइ कतहि पिउ-वयण-कमलु ।
जोयवि गंगहि वियरंत मच्छ । जोयइ कतहि चल-दीहरच्छ ।
जोयवि गंगहि मोत्तियहु पंति । जोयइ कंतिहि सिय-दसण-पंति ।
जोयवि गंगहि मत्तालि-माल । जोयइ कतहि धम्मेल्ल णील ।

घत्ता । णिय-गेहिणि वम्मह-वाहिणि, देवि सुलोयण जेही ।
मंदाइणि जण-सुह-दाइणि, दीसइ राएँ तेही ॥७॥

—आदिपुराण (पृ० ४६)

(क) नारी-नख-शिख—

णिय वणिणा कणय-उरहों मयच्छि । दिट्ठा वरेण ण मयणलच्छि ।
जो कतह णह-यलि दिट्ठु राउ । मुहु भावइ सो णह-यर-णिहाउ ।
चारत्तु णहहँ एए कहति । अगुट्ठय परमुण्णय वहंति ।
गुप्फइँ गूढत्तणु ज धरंति । ण भुअणु जिणहु मतु'व करंति ।
जघा-जुयलउ णेउर-दुएण । वण्णिज्जइ ण घोसेँ हुएण ।
वग्गइ वम्महु बहु-विग्गहेण । जणहुय सधाएँ परिग्गहेण ।
ऊरू-थभहिँ रइघरु अणेण । रेहइ मणि-रसणा[1] तोरणेण ।
कडियल-गरुयत्तणु त पहाणु । ज धरिया मयण-णिहाण-ठाणु ।
मणि चितवतु सय-खडु जाहि । तुच्छोयरि किह गभीर-णाहि ।
सो सिय ससि-वयणहेँ तिवलि-भग । लायण्ण-जलहों णावइ तरंग ।
थण-थड उत्तणु परमाण णासु । भुय-जुयलउ कामुय-कंठ-पासु ।
गीवहेँ गइवेयउ हियय-हारि । बद्धउ चोरु'व रूवावहारि ।
अहरुल्लउ वम्मह-रस-णिवासु । दंतहि णिज्जिउ मोत्तिय-विलासु ।

---

[1] कांची (करधनी)=कटिका आभूषण

राय गऊ निज शिविरेहिँ तुरत। . . . । . पायउ सुरसरि-जल-मांझ थान।
जोयउ गंगहिँ सारसहँ युगल। जोवैं कांता-स्तन-कलश-युगल
जोयउ गंगहिँ सुललित-तरंग। जोवैं कांता-त्रिवली-तरंग।
जोयउ गंगहिँ आवर्त्त-भ्रमण। जोवैं कांता-वर-नाभि-रमण।
जोयउ गंगहीं प्रफुल्ल कमल। जोवैं कांता-प्रियवदन-कमल।
जोयउ गंगहिँ विचरत मच्छ। जोवैं कान्ता-चल-दीर्घ-अक्ष।
जोयउ गंगहिँ मोतियहु पाँति। जोवैं कान्ता-सित-दशन-पाँति।
जोयउ गंगहिँ मत्तालिमाल। जोवैं कान्ता-धम्मिल्ल[1]-नील।

घत्ता। निज-गेहिनि मन्मथ-वाहिनि, देवि सुलोचन जैसी।
मंदाकिनि जन-सुख-दायिनि, दीसैं राजहिँ तैसी ॥७॥

—आदिपुराण (पृ० २६)

(क) नारी-नख-शिख—

निज वर्ण कनक-उरहों मृगाक्षि। दीसनि वरेंहि जिमि मदन-लक्ष्मि।
जो कंतह नभ-तल देखु राव। मुहु भावैं सो नभचर-निभाव।
चारुत्व नभहँ ईंहैं कहँति। अगुष्ठक-परमुन्नत वहँति।
गुल्फा गूढत्तन जो धरति। जनु भुवन-विजय मंत्र इव करति।
जंघा-युगलउ नूपुर-द्वयेहिँ। वणिज्जै जनु घोषें हुयेंहिँ।
वलगैं मन्मथ बहु-विग्रहेहिँ। जानू संधान-परिग्रहेहिँ।
ऊरू-थंभहिँ रतिघर एँहीहिँ। राजैं मणि-रसना-तोरणेहिँ।
कटितल गरुत्तन सो प्रधान। जनु धरिय मदन-निधान-थान।
मणि चिंतवत शतखंड जाहु। तुच्छोदरि कहँ गभीर नाभि।
शोषिय शशिवदनहँ त्रिवलि-भंग। लावण्य जलहँ नदिही तरंग।
स्तन-कठिनत्वहु परमान-नाश। भुज-जुगलउ कामुक-कंठपाश।
ग्रीवहें गतिबेगउ हृदयहारि। बद्धउ चोर इव रूपापहारि।
अधरुल्लउ मन्मथ-रस-निवास। दंतेहिँ जीतेंउ मौक्तिक-विलास।

---

[1] केशपाश

घत्ता। जइ भउहाँ-कुडिलत्तणेण, णर सुरधणुरुहेण पहयमय।
तो पुणु वि काइँ कुडिलत्तणहो, सुदरि-सिरि धम्मिल्ल-गय ॥१७॥
—णायकुमार-चरिउ (पृ० १२)

(च) कुपिता नायिका—

हेट्ठामुह[1] बहु वरेण भणिया। कि हुइ तुहुँ मलिणाणणिया।
घणु सोहइ एक्कइ विज्जुलइ। वणु सोहइ एक्कइ कोइलइ।
इह सोहमि हउँ एक्काइ पइँ। गुरु-वयणु करेवउ तोवि मइँ।
सा रूसहि सज्जण-वच्छलिइ। अलि-णील-कुडिल-भउँ-कोतलिइ।
तें वयणें रोस-णियत्तणउँ। जायउँ तहि रम्मु पेम्मु घणउँ।
वप्पिल सपाइउ रमण-वसा। तडि-रय-तडि-वेयहु तणिय ससा।
चल-णयण-जुयल-णिज्जिय-हरिणि। रइकंता मयणवई तरुणि।
—आदिपुराण (पृ० ५६१)

(छ) नारी-विलाप—

ते णव बंधव सहुँ परिवारें। सोउ करंति दुक्ख-वित्थारें। . .
सा सिवएवि रुयइ परमेसरि। "हा देवर! पर-भड-गय-केसरि।
हा कि जीविउँ तिणु परिगणियउँ। कोमल-वउ हुय-वहि कि हुणियउँ।
हा पयाइ कि किउँ पेसुण्णउँ। हा कि पुरि-परिभमहुँ ण दिण्णउँ।
हा कुल-धवल केव विद्धंसिउ। हा जय-सिरि विलासु कि णिरसिउ।
हा पइँ विणु सोहइ ण घरंगणु। चंद-विवज्जिउँ ण गयणगणु।
हा पइँ विणु दुक्खें पुरु रण्णउँ। हा पइँ विणु माणिणि-मणु सुण्णउँ।
हा पइँ विणु को हारु थणंतरि। को कीलइ सरहसु व सरवरि।
पइँ विणु को जण-दिट्ठिउ पीणइ। कदुय-कील देव को जाणइ।
हा पइँ विणु को एवहिं सूहउ। पइँ अपेक्खवि मयणु वि दूहउ।

---

[1] निम्नमुख, नतमुख

घत्ता। यदि भौहाँ-कुटिलत्तनेहिँ, नर सु-धनु रुहेहिँ प्रभामय।
तो पुनिहु काइँ कुटिलत्तनहीँ, सुंदरि श्री-धम्मिल्ल-गत ॥१७॥

—णायकुमार-चरिउ (पृ० १२)

(च) कुपिता नायिका—

हेट्ठामुँह बधु वरेहिँ भनियाँ। "का हुइ तुहँ मलिनाननिया।
धन सोहै एकइ विज्जुलई। वन सोहै एकइ कोइलई।
एँहिँ सोहीँ मै एकइ तुहईँ। गुरुवचन करेबउ तोउ मईँ।
ना रूसहु सज्जन-वत्सलिई। अलि-नील-कुटिल-भौँ-कुन्तलिई।
तव वदने रोषयित्तनऊ। जायउ तहँ रम्य-प्रेम-धनऊ।
बप्पिल स-पायेउ रमण-वशा। तडि-रज-तडि-वेगहँकेर श्वसा।
चल-नयन-युगल-निर्जित-हरिनी। रतिकता मदनवती तरुणी।"

—आदिपुराण (पृ० ५६१)

(छ) नारी-विलाप—

सो नव-वाधव-सँग परिवारेँ। सोउ करति दुख विस्तारेँ।
सा शिवदेवि रोँवै परमेश्वरि। "हा देवर ! परभट-गज-केसरि।
हा का जीवित तृण परिगणियउ। कोमल-वय हुतवहेँ का होँमियउ।
हा प्र-जाइ का किउ पैशुन्यउ। हा का पुरि-परिभ्रमउ न दीनेँउ।
हा कुल-धवल कैस विध्वसेँउ। हा जयश्री विलास का निरसेँउ।
हा तैँ विनु सोहै न घरागन। चद्र-विवर्जित जनु गगनांगन।
हा तैँ विनु दुखे पुर रुन्नउ[1]। हाँ तैँ विनु मानिनि-मन सुन्नउ।
हा तैँ विनु को हार थनतरेँ। को क्रीडै सरहस'व सरवरेँ।
तैँ विनु को जनदृष्टिहिँ प्रीणै। कदुक-क्रीड देव ! को जानै।
हा तैँ विनु को ऐसो सूखउ। तैँ आपेक्षिय मदनउ दूखउ।

---

[1] रोयेउ

हा पइँ विणु णिय-गोत्त-ससकहु । को भुय-वलु समुद्द-विजय -कहु ।
हा पइँ विणु सुण्णउँ हियउल्लउँ । को रक्खइ मेरउ कडउल्लउँ ।
छार-रासि हूयउ पविलोयउ । एव वधुवग्गें सो सोइउ ।
पजलीहिँ मीणावलि-माणिउँ । ण्हाइवि सव्वहिँ दिण्णउँ पाणिउँ ।

—उत्तरपुराण (पृ० ३४)

(५) युद्ध

छुडु गज्जिय गुरु-सगाम-भेरि । ण भुक्खिय तिहु-यण गिलिबि मारि ।
छुडु णिग्गउ भुय-वलि साहिमाणि । छुडु एत्तहि पत्तउ चक्कपाणि ।
छुडु कालें णीणिय दीह-जीह । पसरिय माणुस-मसासणीह ।
थिय लोयबाल जीविय-णिरीह । डोल्लिय गिरि रुजिय गहणि सीह ।
छुडु भड-भारें ढलहलिय धरणि । छुडु पहरण-फुरणें हरिउ तरणि ।
छुडु चदबलाइँ पलोइयाइँ । छुडु उहयवलाइँ पधावियाइँ ।
छुडु मच्छर-चरियइँ बड्ढियाइँ । छुडु कोसहु खग्गहिँ कड्ढियाइँ ।
छुडु चक्कइँ हत्थुग्गमियाइँ । छुडु सेल्लइँ भिच्चहिँ भीमयाइँ ।
छुडु कौतइँ धरियइँ समुहाइँ । धूमधइँ जायइँ दिम्मुहाइँ ।
छुडु मुट्ठि-णिवेसिय लउडि-दड । छुडु पुखुज्ज-गुणि णिहिय कड ।
छुडु गय कायर थरहरिय-प्राण । छुडु ढोइय सदण ण विमाण ।
छुडु मेठ-चरण-चोइय-मयग । छुडु आसवार-वाहिय-तुरग ।

घत्ता । छुडु छुडु कारणि वसुमइहि सेण्णइँ जाम हणति परोप्परु ।

—आदिपुराण (पृ० २८८)

जयसिरि[1]-रामालिंगण-लुद्धहँ । एक्कमेक्क पहरतहँ कुद्धहँ ।
असि-सघट्टणि उट्ठिउ हुयवहु । कढकढतु सोसिउ सोणिय-दहु ।
दसवि दिसा सइँ तेण पलित्तइँ । पक्खर-चमरइँ चिंधइँ छत्तइँ ।
ता पडिवक्ख-पहर-भय-तट्ठउँ । महुमहवलु दस-दिसि वह णट्ठउँ ।

---

[1] कृष्ण-जरासंधका युद्ध

हा तैं विनु निजगोत्र-शशाकहु । को भुज-बल-समुद्र-विजयाकहु ।
हा तैं विनु सुन्नउ हृदयुल्लउ । को राखै मेरो कडयल्लउ ।
क्षार-राशि होयउ प्र-विलोकउ । इमि वधू-वर्गे सो सोयउ ।
प्राजलीहिँ मीनावलि-मानिउ । स्नाइब सबँहिँ दिन्नउ पानिउ ।

—उत्तरपुराण (पृ० ३४)

(५) युद्ध

यदि गर्जिय गुरु-सग्राम-भेरि । जनु भुक्खिय त्रिभुवन गिलबि मारि ।
यदि निर्-गउ भुजबलें साभिमान । यदि एतहिँ आयउ चक्रपाणि ।
यदि कालें लेलिय दीर्घ-जीह् । पसरिय मानुष-मामाश[1]नीह् ।
ठिय लोकपाल जीवित-निरीह । डोलिय गिरि गर्जिय गहनें सीँह ।
यदि भटभारें दलदलिय धरणि । यदि प्रहरणु-फुरणे हरें उ तरणि ।
यदि चद्र-बलाइँ प्रलोकिताइँ । यदि उभय-बलाइँ प्रधाविताइँ ।
यद्रि मत्सर-चरितहँ बद्वियाइँ । यदि कोपहँ खड्गहु कड्ढियाइँ ।
यदि चक्रैं हाथ्-उट्ठाइयाइँ । यदि सेलइँ भृत्येहिँ भ्रमियाइँ ।
यदि कुन्तइँ धरियइँ सँमुखाइँ । धूमधा जावैं दिग्मुखाइँ ।
यदि मुष्टि-निवेशिय लउरि-दड । यदि पुख्-उज्-ज्यागुणें निहित-काड ।
यदि गज कायर थरहरिय प्राण । यदि ढोइय स्यदन जनु विमान ।
यदि मेठ[2]-चरण-चोदित-मतग । यदि आसवार-चालिय-तुरग ।

घत्ता । यदि यदि कारणे वसुमतिहि, सेनइ जब्ब हनति परस्पर ।

—आदिपुराण (पृ० २८८)

जय-श्री-रामा-'लिगन-लुब्धहँ । एक-एक प्रहरतँह क्रुद्धहँ ।
असि-सघट्टनें उट्ठें उ हुतवह । कडकडत शोषें उ शोणित-दह ।
दसउ दिशाग्इँ तेहिँ प्रलिप्तहँ । पक्खर-चमरैं चिन्हैं छत्रहँ ।
सो प्रतिपक्ष-प्रहर-भय-त्रस्तउ । मधुमथ-बल दशदिशि पथ नष्टउ ।

---

[1] नरमांसभक्षी [2] महावत

पोरिस-गुण-विभाविय-वासउ। "हणु" भणतु सइँ धाइउ केसउ।
नरहरि तुरय-रहिण सचूरइ। सारइ दारइ मारइ जूरइ।
धीरइ हक्कारइ पच्चारइ। हणइ वणइ विहुणइ विणियारइ।
दमइ रमइ परिभमइ पयट्टइ। सघट्टइ लोट्टइ आवट्टइ।
सरइ धरइ अवहरइ ण सचइ। खचइ कुचइ लुचइ वचइ।
उल्लालइ बालइ अप्फालइ। रूसइ दूसइ पीलइ हूलइ।
ईहइ सखोहइ आवाहइ। रोहइ मोहइ जोहइ साहइ।
अत ललतइँ गाढइँ ताडइ। रुड-मुड-खडोहइँ[१] पाडइ।
वेढइ उव्वेढइ सदाणइ। रक्खइ भुक्खारीणइँ पीणइ।
वग्गइ रग्गइ णिग्गइ पविसइ। दलइ मलइ उल्ललइ ण दीसइ।
घत्ता। कुस-पास-विलुचइ हय-वरहँ, गल-गिज्जउँ तोडइ गयवरहँ।
वर-वीर रणगणि पडिखलइ। मडलियहँ रयण-मउड दलइ ॥८॥

—उत्तरपुराण (पृ० १०८)

उद्धवत वहुमच्छरा भडा। हत्थि-खभ-हत्थो महाभडो।
चरण-चार-चालिय-धरायलो। धाइयो भुया-तुलिय-मयगलो।
ता कयतेहि तेण दारुण। परियलत-वण-रुहिर-सारुण।
मलिय-दलिय-पडिखलिय-सदण। णिविड-गय-घडा-बीढ-मद्दण।
अरिदमणु पधायउ साहिमाणु। "हणु हणु" भणतु कड्ढिवि किवाणु।

—णायकुमार-चरिउ (पृ० ४७-४८)

संगाम-भेरीहिँ, ण पलयमारीहिँ। भुअण गसंतीहिँ, गहिर रसतीहिँ।
सण्णद्ध-कुद्धाइँ; उद्धुद्ध-चिंधाइँ। उववद्ध-तोणाइँ, गुण-णिहिय-वाणाइँ
करि-चडिय-जोहाइँ, चल-चाभरोहाइँ। छत्तंधयाराइँ, पसरिय-वियाराइँ।
वाहिय-तुरगाइँ, चोइय-मयगाइँ। चल-धूलि-कविलाइँ, कप्पूर-धवलाइँ।
मयणाहि-कसणाइँ, कय-वइरि-वसणाइँ। भड-दुण्णिवाराइँ, रह-दिण्ण-धाराइँ।
रोसाव उण्णाइँ, चलियाइँ सेण्णाइँ। तिहुअण-रईसस्स, अतर-णरिन्दस्स।

---

[१] टुकड़े-टुकड़े करता है

पौरुष-गुण-दीभावित-वासव। "हन" भनंत स्व धायेउ केशव।
नरहरि तुरग-रथेहिं स-चूरै। सारै धारै मारै जूरै।
धीरै हक्कारै प्रचू-चारै। हनै वनै विधुनै विनिवारै।
दमै रमै परिभ्रमै-प्रवर्तै। सघट्टै लोटै आवर्तै।
सरै धरै अपहरै न सचै। खचै कुचै नोचै वचै।
उल्लालै बालै आस्फालै। रूषै दूषै पीडै हूलै।
ईहै सक्षोभै आबाधै। रोधै मोहै जोधै साधै।
अत ललतै गाढे ताडै। रुड-मुड-खडोधै पाटै।
वेठै[1] उद्वेठै सदानै[2]। रक्खै भूखापीडिय प्रीणै।
वल्गै रगै निर्-गै प्रविशै। दलै मलै उल्ललै न दीसै।

घत्ता। कुशपाशउ नोचै हयवरहँ, गलगिज्जउँ तोडै गजवरहँ।
वरवीर-रणगने प्रतिस्खलै। मण्डलिकहँ रत्नमुकुट दलै।।८।।

—उत्तरपुराण (पृ० १०८)

उद्-धावत बहुमत्सरा भटा। हस्ति-खभ-हस्ता महाभटा।
चरन-चार-चालित-धरातला। धायऊ भुजा-तुलित-मदकला।
तो कृतान्तेहिं तेहि दारुण। परिचलत-व्रण-रुधिर-सारुण।
मलिय दलिय प्रति-स्खलिय स्यदन। निविड-गजघटा-पीठ-मर्दनं।
अरिदमन प्रधायउ साभिमान। "हन हन" भनत काढे कृपाण।

—णायकुमार-चरिउ (पृ० ४७-४८)

सग्राम-भेरिहिं जनु प्रलय-मारीहिं। भुवनहँ ग्रसतीहिं, गभिर-रसतीहिं।
सन्नद्ध-क्रुद्धाइँ उर्ध्वोर्ध्व चिन्हाइँ[3]। उपबद्ध-तूणाइँ, गुण-निहित-बाणाइँ।
करि-चढिय-योधाइँ चल-चामरोघाइँ। छत्र-धकाराहिँ, प्रसरिय विकाराहिँ।
चालिय तुरगाइँ, चोदिय मतगाइँ। चूल-धूलि-कपिलाइँ, कर्पूर-धवलाइँ।
मृगनाभि-कृष्णाइँ, कृत-वैरि-वसनाइँ। भट-दुर्निवाराइँ, रथे दीय-धाराइँ।
रोषावपूर्णाइँ, चलिताइँ सेनाइँ। त्रिभुवन-रतीशाह, अन्तर-नरेन्दाह।

---

[1] घेरै [2] चढ़ाई करै [3] पताका

दुग्गावहारेण, जण-पाय-भारेण। धरणी'वि सचलइ, मदरु'वि टलटलइ।
जलणिहि'व झलझलइ, विसहरुवि चलचलइ।
जिगि-जिगिय खग्गाइँ, णिद्दलिय मग्गाइँ।
समरेक्क-चित्ताइँ, गिरि-णयरु-पत्ताइँ। मुकयाइँ फलियाइँ, मित्ताइँ मिलियाइँ।..
घत्ता। आयउ चडप-पजोउ, अरिवम्मु'वि सण्णज्झइ।
धीय ण देइ महतु, बलवतें सहु जुज्झइ ॥५॥
सण्णज्झतु भणइ भडु वच्चमि। अज्जु वइरि-सीसें रणु अच्चमि।
कड्ढिवि अज्जु वइरि-वण-सोणिउ। बड्ढउ असिवरें मेरउ[1] पाणिउ।
कोवि भणइ उज्जुय-पय देप्पिणु। पिसुण-कव्वु पहु-पुरउ लुणेप्पिणु।
कोवि भणइ लइ सत्थइँ सिक्खिउ। अज्जु वराणणें हउँ रणें दिक्खिउ।
कोवि भणइ खल वेसावाडउ[2]। खाउ अज्जु मिव हियउ महारउ।
सामिहें केरउ रिणु आवग्गउ। कोवि भणइ महुँ वट्टइ लग्गउ।
खट्टा-मरणे काइँ करेसिमि। कोवि भणइ सर-मयणें मरेसमि।
भड-मुह-मुक्क-हक्क-लल्लक्कइँ। भोमिय-सुक्क-सक्क-चदक्कहिं।
वज्ज-मुट्ठि-चूरिय-सीसक्कइँ। उर-यल-भरिय-फुरिय-चल-चक्कइँ।
सुरकामिणि-यण-णयण-णिरिक्कइँ। विजयलच्छि-मुर-गणिय-मिग्किकइँ।
—णायकुमार-चरिउ (पृ० ७४-७५)

(६) हस्ति-युद्ध-क्रीड़ा

दावतु दत करु करि घिवइँ। आलिगइ सव्वगइँ छिवइ।
मणु रक्खइ मेलेप्पिणु दमइ। पुणु ढुक्कइ चउपासहिँ भमइ।
स-रयणु-बहु-रयण-विहूसणहु। अणुहरइ हत्थि कामिणि जणहु।
चलु चतु-चरणतरि पइसरइ। हक्कइ हुकारइ णीसरइ।
लंघइ आसघइ कुभयलु। पावइ पुच्छुप्पलु वच्छयलु।
दस-दिसिहिँ 'बि हिडइ कुजरहु। पहु विज्जु-पुजु ण जलहरहु।

---

[1] मेलउ [2] वेशवाट (नगरका प्रधान पथ)

दुर्गा-'पहारेहिँ, जन पाद-भारेहिँ। धरणीउ संचलै, मंदरहु टलटलै।
जलनिधिउ झलझलै, विषधरउ चलचलै।
जिगजिगिय खड्गाइँ, निर्दलिय मार्गाइँ।
समर-एक-चित्ताइँ गिरि-नगर प्राप्ताइँ। मुक्ताइँ फलिताइँ मित्राइँ मिलिताइँ।..

घत्ता। आयउ चडप्रजोत, अरिवर्मउ सन्नद्धई।
धीयाँ न देइ महत, बलवतेँ सँग जुज्झई ॥५॥

"सन्नद्धहहु" भनत भट वचौँ। आज वैरि-शीशे रण अर्चौँ।
काढ़ब आज वैरि-व्रण-शोणित। बाढ़हु असिवर मेरहु पाणिउ।
कोइ भनै "ऋज्जुश्र पद देइय। पिशुन-काव्य प्रभु-पुरब लुनेविय।"
कोइ भनै "लेइ शस्त्रइँ सीखेउ। आज वराननेँ हौँ रणेँ देखेँउ।"
कोइ भनै "खल वेश्या-वाटउ। खाउ आज मोँइ हृदय हमारउ।
स्वामिहिँ केरउ ऋण आवग्गउ"। कोइ भनै "मैँ वाटे लग्गउ।
खाटे मरने काइँ करीहौँ"। कोइ भनै "शर-शयन मरीहौँ।"....
भट-मुँह मुच हाँक-ललकारइँ। भीषित शुक्र-शक्र-चन्द्रार्कइँ।
वज्र-मुष्टि चूरिय शीशक्कइँ। उर-तल भरिय फुरिय चल-चक्कइँ।
सुर-कामिनि-जन-नयन-निरीक्षैँ। विजय-लक्ष्मि सुर गनिय पुलक्कैँ[1]।

—णायकुमार-चरिउ (पृ० ७४-७५)

(६) हस्ति-युद्ध-क्रीड़ा

दाबल दत कर करि देवई। आलिंगै सर्वांगहँ छुवई।
मन राखै मेलियई दमई। पुनि ढूकै चौपासे भ्रमई।
स-रचन-बहुरतन-विभूषणहीँ। अनुहरे हस्ति कामिनि जनहीँ।
चलु चतु-चरणातर पइसरई। हक्कै हुकारै नि सरई।
लघै आसघै कुम्भ-तलू। पावै पुच्छोत्पल-वक्षतलू।
दशदिशहिँहु हिंडै कुजरहू। प्रभु-विज्जु-पुज जनु जलधरहू।

---

[1] मुस्कराये

णिम्महइ गहीर-सरेण सरु। रगतु धरेइ करेण करु।
आकुंचिय-तणु वंचण-कुसलु। अक्कमिं वि कमेण दसण-मुसलु।
बलिणा बलेण णिब्बूढ-बलु। जुज्झेप्पिणु मुइरु महत-बलु।
—आदिपुराण (पृ० ३६)

५–धार्मिक आचार

(१) श्रोत्रिय कौन ?

वणि-वाणिज्जारउ जाणियउँ। किसियरु हलधारउ भाणियउ।....
सो सोत्तिउ जो ण दुट्ठु भणइ। सो सोत्तिउ जो णउ पसु हणइ।
सो सोत्तिउ जो हियएण सुइ। सो सोत्तिउ जो परमत्थ-रुइ।
सो सोत्तिउ जों ण मास गसइ। सो सोत्तिउ जो ण सुयणि भमइ।
सो सोत्तिउ जो जणु पहिं थवइ। सो सोत्तिउ जो सुतवें तवइ।
सो सोत्तिउ जो सतहुँ णवइ। सो सोत्तिउ जो ण मिच्छु चवइ।
सो सोत्तिउ जो ण मज्जु पियइ। सो सोत्तिउ जो वारइ कुणइ।
सो सोत्तिउ जो जिण-देसियउ। पण्णा-सतिकिरियहिं भूसियउ।
घत्ता। जो तिल-कप्पासइँ दव्वविसेसइँ, हुणिवि देव गह पीणइ।
पसु-जीव ण मारइ माग्ग वारइ, परु अप्पु'बि भमु जाणइ ॥६॥
—उत्तरपुराण (पृ० ३०९-१०)

(२) कापालिकोंका धर्म-कर्म

तहि जगह भयाउल अलिय-रासि। भइरउ-अहिणामि सव्वगासि।
तहि भमइ भिक्ख अरु देइ सिक्ख। अणुगयहं जणहं कुल-मग्ग-दिक्ख।
बहु-सिक्खहिं सहियउ डभधारि। घरि घरि हिंडइ हुकारकारि।
सिरि टोप्पी दिण्णर वण्ण-वण्ण। सा झंपबि सठिय दोण्णि कण्ण।
अगुल-दुतीस-परिमाणु दंडु। हत्थें उप्फालिबि गहइ चडु।
गलि जोग-वट्टु सज्जिउ विचित्तु। पाउडिय जुम्मु पइँ दिण्णु दित्तु।

निर्मथैं गँभीर स्वरेहिँ सरा। रंगंत धरेइ करेहिँ करा।
आकुंचित-तनु वंचन-कुशला। आक्रमेउ क्रमेँहिँ दशन-मुसला।
बलिना बलेन निर्व्यूढ-बला। जुज्झेबिउ स्वरै महंत-बला।

—आदिपुराण (पृ० ३६)

५—धार्मिक आचार

(१) श्रोत्रिय कौन?

बनिय-बनिजारउ जानियऊँ। कृषिकर-हलधारउ भानियऊँ।
सो श्रोत्रिय जो न दुष्ट भनई। सो श्रोत्रिय जो ना पशु हनई।
सो श्रोत्रिय जो हृदयेहिँ शुची। सो श्रोत्रिय जो परमार्थ-रुची।
सो श्रोत्रिय जो न मास ग्रसई। सो श्रोत्रिय जो न सुजनेँ भषई।
सो श्रोत्रिय जो जन पथेँ थपई। सो श्रोत्रिय जो सुतपेँ तपई।
सो श्रोत्रिय जो सन्तहँ नमई। सो श्रोत्रिय जोँ न मिथ्य बोँलइ।
सो श्रोत्रिय जोँ न मद्य पिवइ। सो श्रोत्रिय जो वारै कुगती।
सो श्रोत्रिय जो जिन-देशितऊ। प्रज्ञा-सत्किरियहिँ भूषितऊ।
घत्ता। जो तिल-कप्पासैँ द्रव्य-विशेषैँ, हुतिय देव-ग्रह प्रीणई।
पशु-जीव न मारै मारत वारै, पर-आपन सम जानई ॥६॥

—उत्तरपुराण

(२) कापालिकोंका धर्म-कर्म

तहँ जगहँ भयाकुल अलिक-राशि। भैरव अभि-नामी सर्वग्रासि।
तहँ भ्रमै भिक्ष अरु देइ शिक्ष। अनुगतहँ जनहँ कुल-मार्ग-दीक्ष।
बहु-शिक्षहिँ सहितउ दंभधारि। घर-घर हिंडै हुकार-कारि।
शिरेँ टोपी दीनेहु वर्ण-वर्ण। तहि झपेँउ स-ठिय दोउ कर्ण।
अंगुल-बत्तिस-परिमाण दंड। हाथे उत्कालिबि गहेँउ चंड।
गलेँ योगपट्ट साजेँउ विचित्र। पावडी-युग्म पद दियोँ दीप्त।

तड-तड-तड-तड-तडतडिय सिगु । सिगग्गु छेवि किउ तेण चगु ।
अप्पि अप्पहों माहप्पु दप्पु । अण-उच्छिउ जपइ थुणइ अप्पु ।
"महु पुरउ पसप्पिय जुय चयारि । हँउ जरइँ ण घिप्पमि कप्प-धारि ।
णल-णहुस-वेणु-मधाय जेत्रि । महि भुजिबि अवरइँ गयइँ तेवि ।
मइँ दिट्ठु राम-रावण-भिडत । सगाम-रगि णिसियर पडत ।
मइँ दिट्ठु जुहिट्ठिलु बधु-सहिउ । दुज्जोहणु ण करइ विण्हु[1]-कहिउ ।
हँउ चिरजीविउ मा करहु भति । हँउ सयलहँ लोयहँ करमि मति ।
हँउ थभमि रविहि विमाण जतु । चदस्स जोण्ह छायमि तुरत ।
सव्वउ विज्जउ महु विप्फुरति । वहु तत-मत अग्गइ सरति ।"
पेसियउ महल्लउ गुण-वरिट्ठु । गउ तेण भइरवाणंदु दिट्ठु ।
"आएसु करेबिणु" भणइ मति । "तुह दसणि रायहों होइ सति" ।
सिग्घउ गउ जहिँ ठिउ णरवरिदु । सह-मज्झि परिट्ठिउ ण उविदु ।
दिट्ठउ जोईसरु णरवरेण । सीहासणु मेल्लिर हामिरेण ।
संमुहु जाएविणु धरणि पडिउ । दडुव्व दडपडिवाइ पाडिउ ।
आसीसिउ णरवइ भइरवेण । "हँउ भइरव तुट्ठउ णियमणेण ।"
उच्चासणि वइसाविबि तुरतु । सलहणहँ लग्गु नहों पइ पडतु ।
"तुहुँ देव ! सिट्ठि-सहार-कारि । तुहुँ जोईसरु कुल-मग्ग-चारि ।
तुहुँ चिरजीविउ ज हुवउ किंपि । पयउहि ज होसइ कज्जु तपि ।
तुहुँ महु उप्परि साणद भाउ । वियरहि हो सामि महापसाउ ।"
घत्ता । जोईसरु मणि तुट्ठउ चितइ, "दुट्ठउ इदिय-सुहु महु पुज्जइ ।
ज ज उद्देसमि त भुजेसमि 'आएसहु सपज्जइ ॥६॥
ता चवइ जोइ "महु सयल रिद्धि । विप्फुरइ खणतरि विज्ज-सिद्धि ।
हउँ हरण-करण-कारण-समत्थु । हउँ पथडु धरायलि गुण-पसत्थु ।
ज ज तुहुँ मग्गहि किंपि वत्थु । त त हउँ देमि महापयत्थु ।"
पप्फुल्ल वयणु ता चवइ राउ । "महु खेयरत्त करिवि हिय-च्छाउ ।"

---

[1] कृष्ण

तड-तड़-तड़-तड़-तडतडिय शृग। शृगाग्र छेदि किउ तेन चग।
आपुहिँ आपन माहात्म्य-दर्प। अन-पूँछेँउ जल्पै स्तुवै आप।
"मम सँमुहो बीतेँउ युग चतारि हौँ जरौँ न, ठहरौँ कल्पधारि।
नल-नहुष-वेणु-मधात जोउ। महि भुजिय औरेउ गयउ सोउ।
मैँ दीखु गम-रावण-भिडत। सग्राम-रगेँ निशिचर पडत।
मैँ दीखु युधिष्ठिर बधु-सहित। दुर्योधन न करै विष्णु-कथित।
हौँ चिरजीवी ना करहु भ्रानि। हौँ सकलहँ लोकहँ करौँ शाति।
हौँ थाम्हौँ रविहि विमान-यत्र। चद्रह ज्योत्स्ना छादौँ तुरत।
सर्वा विद्या[1] मम विस्फुरति। बहु तत्र-मत्र आगे सरति।" ..
प्रेषेँऊ महल्लक गुण-गरिष्ट। गउ सोउ भैरवानद दृष्ट।
"आयसु करेबी" भनै मत्रि। "तव दर्शनेँ राजह होइ शाति।"
शीघ्रै गउ जहँ ठिउ नर-वरेन्द्र। सभ-माँझ वईठो जनु उपेन्द्र।
दीखेँउ योगीश्वर नरवरहीँ। सिंहासन मेलेँउ[2] रभसरहीँ।
समुख जाईय धरणि पडेँउ। दड 'व दड-प्रतिपात नटेँउ।
आशीषेँउ नरपति भैरवेहिँ। "हौँ भैरव तुष्टउँ निज-मनेहिँ।"
उच्चासनेँ वैसायो तुरत। श्लाघहीँ लागु तहँ पद-पडत।
"तुहँ देव! सृष्टि-सहार-कारि। तुहुँ योगीश्वर कुलमार्ग-चारि।
तुहुँ चिरजीवी जो हुम्रो किछुउ। प्रकटहु जो होइहि कार्य सोउ।"
तुहुँ मम ऊपर सानद भाव। विचरहु हौँहु स्वामि-महाप्रसाद।"

घत्ता। योगीश्वर मनेँ तुष्टउ चितै, दुष्टउ इद्रियसुख मोँहिँ पूज्यइ।
जो जोँ उदेसौ सोँ भोगेबौँ, आदेशहु सपद्यइ ॥६॥

तब बदै योगि "मोहिँ सकल ऋद्धि। विस्फुरै क्षणतरेँ विद्याँसिद्धि।
हौँ हरन-करन-कारन-समर्थ। हौँ प्रथित धरातलेँ गुण-प्रशस्त।
जो जो तू माँगै कोइ वस्तु। सो सो हौ देउँ महापदार्थ।"
प्रफुल्ल-वदन तब वदै राव। "मम खेचरत्व करब हिये छाव।"

---

[1] मंत्र-विद्या [2] छोडेँउ

"तुइ खेयरत्तु[1] हउँ करमि वप्प ! परमोवएसु जइ णिव्वियप्प ।
भो भो णिव-कुल-कुवलय-मयक ! दुव्वार-वइरि-वारण असंक ।
मा णिसुणहि णिय-परिवार-वयणु । णिस्सके लब्भइ गयण-गमणु ।
जइ देवि पुज्ज आगमिण उत्त । जइ जुयल-जुयल जीवेंहिँ जुत्त ।
णहयर थलयर जलयर अणेय । पसु-पक्खि-मिहुण वहु-वण्ण-भेय ।
जइ णर-मिहुणुल्लउ अवय-पुण्णु । देवी-मडउ तुहुँ करहि पुण्णु ।
तुह एम करतहों वलिविहाणु । हउँ तूस मित्तु चडियसमाणु ।
ता तुज्झ होइ खेयरिय-सत्ति । विज्जाहर सेविहिँ अतुल-सत्ति ।
तुह खग्गि वसइ जयसिरि सछाय । अमरत्तु होइ तह अजर काय ।" ..
छेल-मिहुण-सूयरा । रोझ-हरिण-कुजरा ।
वाल-वसह-गमहा । मेम-महिस-रोसहा ।
घोड-करह-भल्लुया । सीह-सरह-गडया ।
वग्घ-ससय-चित्तया । एवं वहु-चउप्पया ।
कक-कुरर-मोरया । हस-वलय-चउरया ।
घूय-सरढ-काउला । कोडि - पूस - कोइला
कुम्म-मयर-गोहया । गाझ-झसय-रोहया ।
जीव सयल जाणिया । तीएँ पुरउ आणिया । ..
कडिवद्ध-चल-चीरिया-चिंध-जालाइँ । कर-धग्गि-विप्फुरिय-कत्तिय-कवालाइँ ।
पायडिय-णिय-गुरुकमारूढ-लिंगाइँ । कुल-घोसमय चम्म-पच्छाइ अगाइँ ।
मुद्दा विसेसेण दूर णमताइँ । पय-घग्घरोलीहिँ घव-घव-घवताइँ ।
कह-कह-कहंताइँ सवियार-वेसाइँ । मुक्कट्ट हासाइँ झपडिय-केसाइँ ।
जहिँ विविह-भेयाइँ कउलाइँ मिलियाइँ । कीलति ढड्ढरइँ अट्ठग-वलियाइँ ।
जहिँ करड-पटहाइँ वज्जति वज्जाइँ । इट्ठाइँ मिट्ठाइँ पिज्जंति मज्जाइँ ।
छिज्जति सीसाइँ णिवडंति भीसाइँ । रस-वस-विमीसाइँ खज्जति माँसाइँ ।
गिज्जति गेयाइँ चामुड-चडाइँ । गहिऊण तुडेण रुंडस्स खडाइँ ।

---

[1] आकाशगामिता

तोंहि खेचरत्व हौं करौं बाबु। परमोपदेश यदि निर्विकल्प।
हे हे निजकुल-कुवलय-मृगाक। दुर्वार-वैरि-वारन-अशक।
मति सुनिहौ निज-परिवार-वचन। निःशके लब्भै गगन-गमन।
यदि देवि पूजु आगमे उक्त। यदि युगल-युगल-जीवेहिं युक्त।
नभचर-थलचर-जलचर अनेक। पशु-पक्षि-मिथुन वहु-वर्णभेद।
यदि नर-मिथुनुल्लौ वयव'-पूर्ण। देवी-मडप तुहुँ करहि पूर्ण।
तुहुँ ऐस करंतह बलि-विधान। हौ तूष मित्र! चडी-समान।
तब तोहिं होइ खेचरी-शक्ति। विद्याधर सेवहिं अतुल-शक्ति।
तव खड्गें बसै जयश्री सच्छात्। अमरत्व होइ तिमि अजर-काय।"......
छेरि-मिथुन-शूकरा। रोज[1]-हरिन-कुजरा।
बाल-वृषभ-रासभा। मेष-महिष-रोसहा।
घोड-करभ-भल्लुआ। सिह-शरभ-मैंडआ।
बाघ-शशक-चित्तआ। एहि विध चतुष्पदा।
कक-कुरर-मोरआ। हस-वलक-चतुरका।
घूच-शरट-काउला। कोटि-पूस-कोइला।
कूर्म-मकर-गोहआ। गाभ-झषक-रोहआ।
जीव सकल जानिया। तेहिं सँमुख आनिया।...
कटिबद्ध-चल-चीरिया-चिन्ह-जालाइँ। कर धरिय विस्फुरित-कृत्तिक-कपालाइँ।
प्राकटिय निज गुरु-क्रमारूढ लिगाइँ। कुल-घोष-मद-चर्म प्रच्छादि अगाइँ।
मुद्रा-विशेषेहिं दूर नमताइँ। पद-घर्घरोलीहिं घव-घव-घवताइँ।
कह-कह-कहताइँ सविकार-वेषाइँ। मुक्त-ट्टहासाइँ झपडिय केशाइँ।
जहँ विविध-भेदाइँ कौलाइँ मिलिनाइँ। क्रीडति ढड्ढरैं अष्टांग-बलियाइँ।
जहँ करड-पटहाइँ बाजति वाद्याइँ। इष्टाइँ मिष्टाइँ पीयति मद्याइँ।
छिद्यन्त शीशाइँ निपतति भीषाइँ। रस-वश-विमिश्राइँ खावंत मांसाइँ।
गीयत गीताइँ चामुड-चडाइँ। गहियाउ तुडेहिं रुंडाइ खंडाइँ।

---

[1] घोडरोज (नीलगाय)

दुप्पेच्छ-रत्तच्छ-विच्छोह-दाइणिउ । णच्चंति जोइणिउ साइणिउ डाइणिउ ।
पसु-रुहिर-जल-सित्त-पगण-पएसम्मि । पसु-दीह-जीहा-दल'च्चण-विसेसम्मि ।
पसु-अट्ठि-कय-पिट्ठ-रगावलिल्लम्मि । पसु-तेल्ल-पज्जलिय-दीवय-जुइल्लम्मि ।
—जसहर-चरिउ (पृ० ६-१३)

६—कृष्ण-लीला

(१) गोपियोंके साथ

दुवई । धूलीधूसरेण वर-मुक्क-सरेण तिणा मुरारिणा ।
कीला-रस-वसेण गोवालय-गोवी-हियय-हारिणा ॥
रगतेण रमत-रमते । मथउ धरिउ भमतु अणते ।
मंदीरउ तोडिवि आ-वट्टिउँ । अद्धविरोलिउँ दहिउँ पलोट्टिउँ ।
कावि गोवि गोविंदहु लग्गी । एण महारी मथणि भग्गी ।
एयहि मोल्लु देउ आलिगणु । ण तो मा मेल्लहु मे प्रगणु ।
काहिंवि गोविहि पड्डुरु चेलउँ । हरि-तणु तेएँ जायउँ कालउँ ।
मूढ जलेण काइँ पक्खालइ । णिय-जडत्तु सहियहिँ दक्खालइ ।
थण्णरसिच्छिरु छायावतउ । मायहिँ समुहुँ परिधावतउ ।
महिस-सिलवउ हरिणा-धरियउ । ण कर-णिवधणाउ णीसरियउ ।
दोहउ दोहण-हत्थु समीरइ । मुइ मुइ माहव कीलिउँ पूरइ ।
कत्थइ अगण-भवणा-लुद्धउ । वालवच्छु वालेण णिरुद्धउ ।
गुजा-भेदुय-रइय-पओएँ । मेल्लाविउ दुक्खेहिँ जसोएँ ।
कत्थइ लोणिय-पिंडु[१] णिरिक्खिउ । कण्हें कसहु ण जमु भक्खिउँ ।
घत्ता । पसरिय-कर-यलेहिँ सद्दतिहिँ सुइ-सुहकारिणिहिँ ।
भंदिइ णियडि थिए धग्यम्मु ण लग्गइ णारिहिँ ॥६॥..
—उत्तरपुराण (पृ० ६४-६५)

---

[१] नवनीत-पिंड

दुष्प्रेक्ष्य-रक्ताक्ष-विच्छोभ-दायिनिउ । नाचंति योगिनिउ शाकिनिउ डाइनिउ ।
पशु-रुधिर-जल-सिक्त-प्रागण-प्रदेशेहिँ । पशु-दीर्घजिह्वा-दलार्चन-विशेषेहिँ ।
पशु-अस्थि-कृत-पिष्ट-रगावलिल्लहि । पशु-तैल-प्रज्वलित-दीपक-द्युतिल्लहि ।...

—जसहर-चरिउ (पृ० ६-१३)

६—कृष्ण-लीला

(१) गोपियोंके साथ

द्विपदी । धूली-धूसरेहिँ वर-मुक्त-गरेहिँ तेँहि मुरारिहीँ ।
क्रीडा-रस-वशेहिँ गोपालक-गोपी-हृदय-हारिहीँ ॥
रगंतेहिँ रमत-रमते । पथम धरिउ भ्रमत अनते ।
मदीरउ[1] तोडिय आ-वट्टिउँ । अर्ध-विलोनिय दधिय पलोट्टिउँ ।
कोइ गोपि गोविदहँ लागी । "इनहिँ हमारी मथनि भाँगी ।
एतहँ मोल देउ आलिगन । ना तो न आवहु मम आँगन ।"
कोइहु गोपिहि पाडुरु चोली । हरि तनु तेँही जायउ काली ।
मूढ जलेहिँ काइँ प्रक्षालै । निज-जडत्व सखियन देक्खावै ।
स्तन्य-रसि-स्थिर आयावतउ । मातहिँ समुख परिधावतउ ।
महिष-शृगहू हरिहीँ धरियउ । न कर-निबधनाउ नीसरियउ ।
दोहहु दोहन-हाथ समीरै । मुदि मुदि माधव क्रीडिउ पूरै ।
कतहूँ आँगन-भवन-लुब्धउ । बाल-वत्स वाल्नेहिँ निरुद्धउ ।
गुजा-गुच्छक-रचित प्रयोगेँ । मेल्लाबिउ दु खेहिँ यशोदेँ ।
कतहूँ नैनू-पिड निरेखेँउ । कृष्णेँ कसहु जनु यश भक्षेउ ।
घत्ता । प्रसरित करतलेहिँ शब्दतिहिँ शुचि-सुखकारिणिहीँ ।
भद्रिइ निकट स्त्री धरइ न लागै नारिहीँ ॥६॥

—उत्तरपुराण (पृ० ६४-६५)

---

[1] मथानी

(२) पूतना-लीला

जाणिइ अरिवरि, ता तहिँ अवसरि। कसाएसें, माया-वेसें।
वल मायाविणि, धाइय जोइणि। वच्छर-वाउलु, गय त गोउलु।
जयसिरि-तण्हहु, णव-महु कण्हहु। पासि पवण्णी, भत्ति णिसण्णी।
पभणइ **पूयण**, "हे महुसूयण। पिय-गरुडद्धय, आउ थणद्धय।
दुद्ध-रसिल्लउ, पियहि थणुल्लउ।" त आयण्णिवि, चगउ मण्णिवि।
चुय-पय-पड्डुर, वयणु पयोहरि। हरिणा णिहियउँ, राहु गहियउँ।
ण ससि-मंडलु, सोहइ थणयलु। सुरहिय परिमलु, ण णीलुप्पलु।
सिय-कलसुप्परि, विंभिउ मणि हरि। कडुएँ खीरें, जाणिय वीरें।
"जणणि ण मेरी, विप्पियगारी। जीविय-हारिणि, रक्खसि वइरिणि।
अज्जु'जि मारमि, पलउ समारमि।" इय चिंतंतें, रोसु वहंत।
माण महंतें, भिउडि करंते। लच्छीकंतें, देवि अणंतें।
दंतहिँ पीडिय मुट्ठिहि ताडिय। दिट्ठिइ तज्जिय, थामें णिज्जिय।
अणुवि ण मुक्की, णहहिँ विलुक्की। खलहि रसंतहि, सुण्णु हसंतहि।
भीमें बालें, कयकल्लोलें। लोहिउँ सोसिउँ, पलु आकरिसिउँ।
दाणव-सारी, भणइ भडारी। "हिय-रुहिरासव, मुइ मुइ केसव।
णंदाणंदण, मेल्लि जणद्दण। कंसु ण सेवमि, रोसुण दावमि।
जहिँ तुहुँ अच्छहि, कील-समिच्छहि। तहिँ णउ पइसमि, छलु ण गवेसमि।"
घत्ता। इय रुयंति कलुणु कह[१], कहव गोविंदें मुक्की।
गय देवय कहिँमि, पणु णंद-णिवासि ण ढुक्की ॥६॥

(३) ओखल-बंधन

दुवइ। वर-काहलिय-वंस-रव-वहिरए, गाइय गेय-रस-सए।
रोमंथंत - थक्क - गो - महिसि - उल - सोहिय - पएसए ॥

---

[१] सुन कर

(२) पूतना-लीला

जानिय अरिवर, सो तेहि अवसर। कसादेशे, मायावेषें।
वल-मायाविनि, धाइय जोगिनि। वत्सर बावल, गउ सो गोकुल।
जयश्री-तृष्णहँ, नवमधु कृष्णहँ। पास प्रवर्णी, भद्र निषण्णी।
प्रभनै पूतन, "हे मधुसूदन! प्रिय गरुडध्वज, आउ थनध्वज।
दूध-रसिल्लउ, पियहु स्तनुल्लउ।" . . सो आकर्णिय, चगा मानिय।
चुव-पय-पाडुर, बदन-पयोधर। हरिहीँ निहितउ, राहुँहि गहियउ।
जनु शशि-मडल, सोहँ स्तनतल। सुरभित परिमल, जनु नीलोत्पल।
सित-कलशोपरि, विस्मेउ भनें हरि। कड़ुये क्षीरें, जानिय वीरें।
जननि न मेरी, विप्रियकारी। जीवित-हारिणि, राक्षसि वैरिणि।
आजुहि मारौं, प्रलय समारौं।" इमि नितता, रोष वहता।
मान महता, भृकुटि करता। लक्ष्मीकता, देव अनता।
दाँतहिँ पीडिय, मुट्ठिहिँ ताडिय। दृष्टिइँ तर्जिय, स्थामें[१] जीतिय।
भनहु न मुक्की[२], नभहिँ वि-लुक्की। खलहिँ रसतहिँ, शून्य हसतहिँ।
भीमा बाला, किउ कल्लोला। लोहिउ शोषेँउ, बल आकर्षेँउ।
दानव सारी, भनै भटारी। "हिय-रुधिरासव, मुइ मुइ केशव।
नदानदन, छोड़ु जनार्दन। कस न सेवौं, रोष न देवौं।
जहँ तुहँ आछहि[३], क्रीडा-इच्छहि। तहँ ना पइसौं, छल न गवेषौं।"
घत्ता। इमि रोवति करुण कथ, कहव गोविंदें मुक्की[४]।
गइ देवत कहँहि, पुनि नंद-निवास न ढुक्की॥६॥

(३) ओखल-बंधन

द्विपदी। वर-काहलिय-वशि-रव-बधिरए, गाइय गीत-रस-सए।
रोमथत थाक[५] गो-माहिषि-कुल-शोभित-प्रदेशए॥

---

[१] बलसे [२] छूटी [३] रहो [४] छोड़ी [५] रहे

अण्णहिँ पुणु दिणि, तहिँ णिय-पगणि । जण-मणहारी, रमइ मुरारी ।
घोट्टइ खीर, लोट्टइ णीर । भंजइ कुंभ, पेल्लइ डिंभ ।
छडइ महियं, चक्खइ दहिय । कड्ढइ चिच्चि, धरइ चलच्चि ।
इच्छइ केलि, करइ दुवालि । तहिँ अवसरए, कीलाणिरए ।
दुवइ । मरु-हय-महीरुहेहिँ पहि चप्पिउ गद्दह-तुरय चूरिओ ।
अवरु उइहलम्मि पइँ बद्धउ जाणहुँ बालु मारिओ ॥
धाइय तासु जसोय विसठुल । कर-यल-जुयल-पिहिय-चल-थण-यल ।
बद्धउ उक्खलु मेल्लिवि घल्लिउ । महु जीविएण जियहि सिसु वोल्लिउ ।
फणि-णर-सुरहँमि अइ सइयउ । हरि-मुहि चुंबिवि कडियल लइयउ ।
कि खरेण कि तुरएँ दट्ठउ । मायइ सयलु अगु परिमट्ठउँ ।

(४) देवकी पुत्र देखने नंद घर गई

महुरापुरि घरि घरि वण्णिज्जइ । णद-गोट्ठि पत्थिवहु कहिज्जइ ।
तहु **देवइ** मायरि उक्कठिय । पुत्तसिणेहेँ खणु विणु सठिय ।
गो मुह-कूवउ सहउ चउत्थी । लोयहु मिसु मडिवि वीसत्थी ।
चलिय णद-गोँउलि सहुँ णाहेँ । सहुँ रोहिणि-सुएण चदाहेँ ।
घत्ता । मायइ महु-महणु वहु गोवहँ मज्झि णिरिक्खिउ ।
वय-परिवेढियउ कलहसु जेम ओलक्खिउ ॥१२॥
भायउ सिसु कीला-रय-रगिउ । हलहरेण दिट्ठिइ आलिगिउ ।
भुय-जुयलउँ पसरतु णिरुद्धउँ । जायउँ हरिसे अगु सिणिद्धउँ ।
चिंतिवि तेण कस-पेसुण्णउँ । आलिगणु देतेण ण दिण्णउँ ।
गाढ-सिणेह-वसेण णवंतइ । आणाविय रसोइ गुणवतइ ।
णव-फुल्ल-दीवउँ सजोइउ । भोयणु मिट्ठउँ मायइ ढोइउँ ।
अल्लय-दल-दहि-ओल्लिय-कूरहिँ । मडय-पूरणेहिँ घियपूर[1]हिँ ।
णाणा-भक्ख-विसेसहिँ जुत्तउँ । सरसु भावि भूणाहेँ भुत्तउँ ।....

---

[1] घेवर

अन्यहि पुनि दिन, तहँ निज प्रांगने । जन-मन-हारी, रमै मुरारी ।
घोट्टै क्षीर, लोट्टै नीर । भगै कुंभ, पेल्लै डिंभ ।
छाडै महियं, चाखै दहिय । काढै चीँचीँ, धरै चल-चिंचि ।
इच्छै केलि, करै दुवारि । तेँहि अवसरए, क्रीडा निरते ।

द्विपदी । मरुहत-महिरुहेहिँ पथि चाँपेउ गद्दह तुरग चूरिया ।
अवर ओखलिहिँ तँ बाँधेउ, जानहु बाल मारिया ।।

धाइय ताहँ यशोद विसस्थुल[1] । करतल-युगल-ढाँकि चल-स्तनतल ।
"बाँधेउ ओखलि मेल्लिय घालेउ । मम जीवनहिँ जियै शिशु" बोलेउ ।
फणि-नर-सुरहँहु अतिशय यउ । हरि-मुख चुंबी कटितल लइयउ ।
की खरेँहिँ की तुरगेँ देखेउ । मातइ सकल-अंग परिमर्षेउ । ..

(४) देवकी पुत्र देखने नंद घर गईं

मथुरापुरि घर घर वर्णिज्जै । नंद-गोष्ठेँ पार्थिवहँ कहिज्जै ।
तहँ देवकि माता उत्कंठिय । पुत्र सिनेहेँ क्षण विनु स-ठिय ।
गोमुख-कूप उत्सवइ चतुर्थी । लोकहँ भिस मंडिय विश्वस्ती ।
चलिय नंद-गोकुल-सँग नाथे । सँग रोहिणि-सुतेहिँ चंद्राभेँ ।

घत्ता । मायइ मधुमथन वहु गोपहँ माँभ निरेखियऊ ।
वन परिवेठियउ, कलहंस-जिमि ओलक्ख्-खियऊ ।।१३।।

आइय शिशु क्रीडा-रज-रंगिउ । हलधरेहिँ देखिय आलिंगउ ।
भुज-युगलउ पसरत निरुद्धउ । जायउ हर्षे अंग सिनिग्धउ ।
चिंतिय सोइ कंस-पैशुन्यउँ । आलिंगन देतऊ न दिन्नउँ ।
गाढ - सिनेह - वशेहिँ नमंतै । ले आइय रसोइ गुणवंतै ।
गंध-फूल-दीपउँ सजोयउ । भोजन मिट्ठउँ मायेँ देयउ ।
अल्लयदल-दधि ओल्लिय गूडहिँ । मंडा-पूरणेहिँ घृतपूरहिँ ।
नाना भक्ष्य-विशेषेहिँ युक्तउ । सरस भावेँ भू-नाथेँ भुक्तउ ।

---

[1] अस्तव्यस्त

(५) गोवर्धन-धारण

जलु गलइ, झलझलइ। दरि भरइ, सरि सरइ।
तडयडइ, तडि पडइ। गिरि फुडइ, सिहि णडइ।
मरु चलइ, तरु घुलइ। जलु थलु'वि, गोउलु'वि।
णिरु रसिउ, भय-तसिउ। थरहरइ, किरमरइ।
जाव ताव, थिर भाव–। धीरेण, वीरेण।
सर - लच्छि - जयलच्छि - तण्हेण, कण्हेण।
सुर थुइण, भुय-जुइण। वित्थरिउ, उद्धरिउ।
महिहरउ, दिहियरउ। तम जडिउँ, पायडिउँ।
महि-विवरु, फणि-णियरु। फुप्फुवइ, विसु मुयइ।
परिघुलइ, चलवलइ। तरुणाँइ, हरिणाइँ।
तट्ठाइँ, णट्ठाइँ। कायरइँ, वणयरइँ।
हिसाल - चडाल - चढाइँ, कढाइँ।
तावसइँ, परवसइँ। दरियाइँ जरियाइँ।
घत्ता। गो-वद्धण-परेण गो-गोमि-णिभारु व जोइउ।
गिरि गोवद्धणउ गोवद्धणेण उच्चाइयउ ॥१६॥

(६) कालिय-दमन

वइरि जसोयहि पुत्तु, इय कंसें मणि परिछिण्णउ।
कमलाहरणु रउद्दु तें, णदहु पेसणु दिण्णउँ ॥ ध्रुवक ॥
सिहि-चुरुलि-मूउ, गउ राय-दूउ। तें भणिउ णदु, मा होहि मदु।
जहिँ गरल-गाहि, णिवसइ महाहि। जउणा सरतु, त तुहुँ तुरतु।
आयवि जपेण, कय-जण-रवेण। आणहि वराइँ, इन्दीवराइँ।
ता णदु कणइ, सिर-कमलु धुणइ। जहिँ दीण-सरणु, तहिँ ढुक्कु[1] मरणु।

---

[1] प्रविष्ट हुआ

(५.) गोवर्धन-धारण

जल गलै झलझलै। दरि भरै, सरि सरै।
तडतडै तडि पडै। गिरि फुटे शिखि नटै।
मरु चलै तरु घुरै। जल-थलहु, गोकुलहु।
अतिरसित भय-त्रसित। थरथरै किलमिलै।
जाव ताव स्थिर भाव, धीरेहिँ वीरेहिँ।
सर - लक्ष्मि - जयलक्ष्मि - तृष्णेहिँ कृष्णेहिँ।
सुर-स्तुतिहिँ भुजयुगहिँ, विस्तारेउ उद्धारेउ।
महिधरउ दिशिचरउ, तम जडेँउ प्राकटेँउ।
महि-विवर फणि-निकर, फुफ्फुवै विष मुचै।
परि-घुरैँ चलवलैँ, तरुणाइँ हरिनाइँ।
तत्-स्थाइँ नष्टाइँ, कातरइँ वनचरइँ।
पडियाइँ रडियाइँ, क्षिप्ताइँ त्यक्ताइँ। हिसाल-चडाल-चडाइँ कॉण्डाइँ।
तापसैँ परवशैँ, दारिताइँ जीर्णाइँ।
घत्ता। गो-बर्धन परेहिं गो-गोपिणि[1] भार इव-जोयउ।
गिरि गोबर्धनउ गोवर्धनेहिँ ऊँचाइयउ ॥६॥

(६) कालिय-दमन

वैरि यशोदापुत्र, ऍहु कसह मनेँ परि-आइयउ।
कमलाहरण रउद्र तैँ, नदह प्रेषण दीनेऊ ॥ ध्रुवक ॥
शिखि चुरुकि भूत, गउ राजदूत। सो भनेउ "नद ! ना होहु मद।
जहँ गरले-आहि, निवसै महा'हि। जमुना सरत तहँ तुहुँ तुरंत।
जायवि जवेहिँ कृत-जन-रवेहिँ। आनहि वराइँ इन्दीवराइँ।
तब नंद कँदै, शिरकमल धुनै। जहँ दीन शरण, तहँ ढुक्कु मरन।

---

[1] गोपाल

जहिँ राउ हणइ, अण्णाउ कुणइ । कि घरइ अण्णु, तहिँ विगय-मण्णु ।

हउँ काइँ करमि, लइ जामि मरमि । फणि सुट्ठु चडु, त कमल-संडु ।

को करिण छिवइ, को झंँप घिवइ । धगधगधगति, हुयवहि जलति ।

उप्पण्ण-सोय, कदइ जसोय । "महु एक्कु पुत्तु, अहिमुहि गिहित्त ।

मा मरउ बालु, मइँ गिलउँ कालु ।" इय जा तसति, दीहर ससति ।

पियरइँ रसति, ता विहिय सति । अलिकाय-कति, रणधीरु मति ।

पभणइ उविंदु[1], "णिहणवि फणिदु । णलिणाइँ हरमि, जलकील करमि ।"

घत्ता। इय भाणिबि कण्हु सप्राइउ जउणा सग्वरु ।

उब्भड-फड-वियडगु यम-पासु वाव धाइउ विसहरु ॥१॥

ण कस-कोव-हुयवहहु धूमु । ण णइ-तरुणी-कडि-सुत्त-दाम ।

ण ताहि जि केरउ जल-तरगु । ण कालमहु दीही कयगु ।

सिय-दाढा-विज्जुलियहिँ फुरतु । चल-जमल-जीहु विस-लव मुयतु ।

हरि सउहुँ फडगुलि रयण णक्खु । पसरिउ जमेण करु धाय-दक्खु ।

ण दड-दाणु सर-मिरिइ मुक्कु । गइ-वेयउ कण्हहु पासि ढुक्कु ।

फणि फुप्फुयतु चल जुज्झ-लोलु । ण निमिग्गहु मिलियउ निमिर-लोलु ।

दीसइ हरि दहि भसलउल-कालु । ण अजण-गिरिवगि णव-नमालु ।

तणु-कति-पगज्जिय-घण-नमासु । णक्खइँ फुग्नि पुरिसोत्तमासु ।

सिरि माणिक्कइँ विसहर-वरासु । दीसनइँ देनि 'व देहणासु ।

तवँहिँ कुसुम-मणि-यरहिँ तबु । ण सगि वेल्लिहि पल्लउ पलबु ।

अहि घुलिउ अगि महुसूयणासु । ण कत्थूरी-रेहा-विलासु ।

घत्ता। विसहर-घोलिर-देहु, सरि भमतु रेहइ हरि ।

कच्छालकिउ तुगु, ण मयमत्तउ दिस-करि ॥२॥. . . .

---

[1] **विष्णु, कृष्ण**

जहँ राव हनै, अन्याय करै। की धरै अन्य तहँ विगत-मन्यु।
हौँ काहँ करौँ, लेइँ जाउँ मरौँ। फणि अतिव चड, सो कमल-षड।
को करेँहिँ छुवै, को झप देँवै। धगधगधगत हुतवह ज्वलंत।
उत्पन्न-शोक रुदै यशोद। "मम एकपुत्र अहिमुख नि-क्षिप्त।
ना मरउ बाल, मैँ गिरौँ काल।" इमि त्रसति दीरघ श्वमति।
पियरहिँ रमति तो बिहित-शाति। अलिकाय-काति रणधीर मति।
प्रभनै उपेन्द्र निहनब फणींद्र। नलिनाइँ हरौँ, जलक्रीड करौँ।

घत्ता। इमि भनिय कृष्ण (तहँ) गयऊ यमुना-सरिवर।
उद्भट-फण-विकटाग यमपाश इव धायेँउ विषधर ॥१॥

जनु कस-कोप-हुतवहह धूम। जनु नदि-तरुणी-कटि-सूत्रदाम।
जनु नाह्यि केरउ जलतरग। जनु कालमेघ दीर्घीकृतराग।
सित-दाढा विज्जुलियहिँ फुरत। चल-यम-जीभ विषलव मुचत।
हरि सँमुहँ फणागुलि-रतन-नक्ख। पसरेँउ जमहीँ कर घात-दक्ष।
जनु दडदात सर-श्रीहि मुक्क। जा वेगहिँ कृष्णहँ पास ढुक्क।
फण फुफ्फुवत चल युद्धलोल। जनु तिमिरहँ मिलियौ तिमिर लोल।
दीसै हरि तहँ भसल[1]-कुल-काल। जनु अजन-गिरिवरेँ नवन-माल।
तनु-काति-पराजिय घन-त भास। नक्खैँ फुरति पुरुषोत्तमास. ।
शिर माणिक्यहिँ विषधर-वगाहँ। दीसतै देति'व देह-नाश।
ताम्रेहिँ कुसुम-मणि-करहिँ ताम्र। जनु सरेँ वेल्लिहि प्रलब।
अहि घूरेँउ अग मधुसूदनाहँ। जनु कस्तूरी-रोवा-विलास।

घत्ता। विषधर-घोलिर देह, शिर भ्रमत राजै हरि।
कक्षालकृत तुग-जनु मदमत्तउ दिश-करि ॥२॥

---

[1] भ्रमर

(७) कृष्ण-महिमा

कण्हेण समाणउ कोवि पुत्तु। सजणउ जणणि विद्दविय-सत्तु।
दुर्धर-भर-रण-धुर-दिण्ण-खध। उद्धरिय जेण णिवडत वधु।
भजिवि नियलइँ गय-वर-गईह। सहुँ माणिणीइ पोमावईह।
कइवय दियहहिँ रइ-कीलिरीहिँ। बोल्लाविउ पहु गोवालिणीहिँ।

७–कविका संदेश

"सगुत्तउँ पइँ माहव सुहिल्लु। कालिंदितीरि मेरउँ कडिल्लु।
एवहिँ महुरा-कामिणिहिँ रत्तु। महुँ उप्परि दीसहि अथिर चित्तु।"
क'वि भणइ "दहिउ मथतियाइ। तुहुँ मइँ धरियउ उब्भतियाइ।
लवणीय-लित्तु करु तुज्झ लग्गु। क'वि भणइ पलोयइ मज्झु मग्गु।
"तुहुँ णिसि णारायण सुयहिँ णाहिँ। आलिंगिउ अवरहिँ गोवियाहिँ।
सो सुयरहि कि ण पउण्ण-वधु। सकेय-कुडगुड्डीणु रिछु।"
घत्ता। कावि भणइ "णासतु उद्धरिवि खीर-भिगारउ।
कि वीसरियउ अज्जु ज मइँ सित्तु भडारउ॥१०॥
इय गोवी-यण-वयणाइँ सुणतु। कीलइ परमेसरु दरहसतु।
सभासिउ मेल्लिवि गव्व-भाउ। "इह जम्महु महुँ तुहुँ ताय ताउ।
परिपालिउ थण-थण्णेण[1] जाइ। वीसरमि ण खणु मि जसोय माइ।.. ...
—उत्तरपुराण (पृ० ६४-८६)

(१) गरीबी

बक्कल-णिवसणु कदर-मदिरु। वण-हल-भोयणु वर त सुदरु।
वर दालिद्दु सरीरहु दडणु। णउ पुरिसह अहिमाण-विहडणु।
पर-पय-रय-धूसर किंकर-सरि। असुहाविणि ण पाउस-सिरि-हरि।
णिव-पडिहार-दड-सघट्टणु। को विसहइ केरण उर-लोट्टणु।

---

[1] स्तन्य=दूध

(७) कृष्ण-महिमा

कृष्णेहिँ समानो कोइ पुत्र। सजनेँउ जननि विद्रविय शत्रु।
दुर्धर-भर-रणघुर दीनु खध। उद्धरिय जेहिँ निपतत बधु।
भजवि नियरैँ गजवर-गईइह। सँम्मननीहि पद्मावतीह।
कतिपय-दिवसैँ रति क्रीडिरीहिँ। बोलावेड प्रभु गोपालिनीहि।

७—कविका संदेश

"-मगुप्तउ तैँ माधव सुहिल्ल। कालदि तीरेँ मेरउ करिल्ल[1]।
अब्बहिँ मथुरा कामिनिहिँ रक्त। मम ऊपर दीसै अथिर-चित्त।"
कोँइ भनै "दही मथतियाई। तुहुँ मोहिँ धरियउ उद्भ्रतियाइ।
नवनीत-लिप्त कर तोहिँ लाग।" कोँइ भनै विलोकै मध्य मार्ग।
"तुहुँ निशि नारायण सुतहि नाहिँ। आलिगेँउ अपरहिँ गोपियाहिँ।
सो-सुकरहि की न प्रद्युम्न-वधु। सकेत-कुडग[2]-उड्डीन ग्द्धि[3]।
घत्ता। कोइ भनै "नाशत उद्धरिव क्षीर-भृगारउ।
की विसरियउ आज, जो मैँ सिचु भटारउ[4]॥१०॥
एहु गोपीजन वचनइँ सुनत। क्रीडै परमेश्वर दर हसत।
सभावेँउ मेलिय गर्वभाव। "एँहि जन्महुँ मम तव ताप नाउ।
परिपालेँउ स्तन-स्तन्येहिँ जाहिँ। विसरौँ न क्षणहुँ यशोद माइ।"

—उत्तरपुराण (पृ० २६७-६८)

(७) गरीबी

वल्कल निवसन कदर मदिर। वन-फल भोजन वर सो सुदर।
वर दारिद्र शरीरह दडन। नहिँ पुरुषह अभिमान-विखडन।
परपद-रज-धूसर-किकर-सर। अ-सोँहावनि जनु पावस-श्री-धर।
नृप-प्रतिहार-दड-संघट्टन। को विसहै करेहिँ उर-लोट्टन।

---

[1] उत्सव उत्कर्ष　[2] एक खेल　[3] कल्लोलना　[4] भट्टारक

को जोयइ मुँहु भूभगालउ। कि हरिसिउ कि रोसें कालउ।
पहु आसण्णु लहइ धिट्टत्तणु। पविरल-दसणु णिण्णेहत्तणु।
मोणें जडु भडु लतिइ कायरु। अज्जवु वसु पडियउ पलाविरु।

—उत्तरपुराण (पृ० २६७-६८)

(२) नीति-वचन

जो रसतु वरिसइ सो णव-घणु। ज वकउँ दीसइ त सुग्धणु।
जो गिरि दलइ चलइ साविज्जुल। चचरीय-चुंविय कोमलदल।

—आदिपुराण (पृ० ३०)

अंधे वट्ट बहिरे गीय। ऊसर-छेत्ते वविय बीय।
सढे[1] लग्ग तरुणि-कडक्ख। लवण-विहीण विविह भक्ख।
अण्णाँणें तिव्व तव चरण। वल-सामत्थ-विहीणे सरण।
असमाहिल्ले सल्लेहणय। णिद्धण-मणुए णव-जोव्वणय।
णिक्भोइल्ले[2] सचिय-दविण। णिण्णेहे वर-माणिणि-रमण।
अविय अपत्ते दिण्ण दाण। मोह-रयधे धम्म-क्खाण।

—जसहर-चरिउ (पृ० १६)

(३) सोहै

सोहइ जलहरु सुर-धणु-छायएँ। सोहइ णर-वरु सच्चएँ वायएँ।
सोहइ कइ-यणु कहएँ सुबद्धएँ। सोहइ साहउ विज्जएँ सिद्धएँ।
सोहइ मुणि-वरिंदु मण-सुद्धिएँ। सोहइ महि-वइ णिम्मल-बुद्धिएँ।
सोहइ मति मतविहि दिट्ठिएँ। सोहइ किंकरु असि-वर-लट्ठिएँ।
सोहइ पाउसु सास-समिद्धएँ। सोहइ विहउ स-परियण-रिद्धिएँ।
सोहइ माणुसु गुण-सपत्तिएँ। सोहइ कज्जारभु समत्तिएँ।
सोहइ महिरुह कुसुमिय-साहए। सोहइ सुहडु सुपोरिस-राहएँ।

—आदिपुराण (पृ० ४०७)

---

[1] नपुंसक [2] कंजूस

को जोवै मुख भ्रूभगलऊ। की हर्षेउ की रोषे कालउ।
प्रभु आसन्न लहै धृष्टत्त्वन। प्रविरल दर्शन नि स्नेहत्वन।
मौने जड भट क्षतिहँ कायर। आर्जव पशु पंडितउ पलाथिर।
—उत्तरपुराण (पृ० ६४-८६)

(२) नीति-वचन

जो ग्मत बरिसइ सो नवघन। जो वकउ दीसै मो सुरधनु।
जो गिरि दलै चलै मो विज्जुल। चञ्चरीक-चुंवित कोमल-दल।
—आदिपुराण (पृ० ३०)

अधे वाटउ वहिरे गीत। ऊसर खेत्ते वीजव बीज।
षढे लग्गा तरुणि-कटाक्ष। लवण-विहीना विविधा भक्ष।
अज्ञाने तीव्र तपचरन। बल-सामर्थ्य-विहीनें शरण।
असमाधिल्ले सल्लेखनय[1]। निर्धनमनुजे नवयौवनय।
निर्भोगिल्ले सचित-द्रविण। निर्नेहे वर-मानिनि-रमण।
अपि अपात्रे दिन्न दान। मोह-रजाधे धर्माख्यान।
—जसहर-चरिउ (पृ० १६)

(३) सोहै

सोहै जलधर सुरधनु-छायएँ। सोहै नरवर साँचहि वाचएँ।
सोहै कवि-जन कथइ सुबद्धइ। सोहै साधक विद्याहिं सिद्धए।
सोहै मुनिवरेन्द्र मन-शुद्धिएँ। सोहै महिपति निर्मल-बुद्धिएँ।
सोहै मंत्रि मन्त्रविधि दृष्टिएँ। सोहै किंकर असिवर-लट्ठिएँ।
सोहै पावस सस्य-समृद्धिएँ। सोहै विभव स्वपरिजन-ऋद्धिएँ।
सोहै मानुष गुण-सपत्तिएँ। सोहै कार्यारंभ समाप्तिएँ।
सोहै महिरुह कुसुमित-शाखैं। सोहै सुभट सु-पौरुष-राखएँ।
—आदिपुराण (पृ० ४०७)

---

[1] भूखे मरना

(४) दर्शन-वेदान्त

"किं खण-विणासि किं णिच्चु एक्कु । कि देहत्थु वि कम्मेण मुक्कु ।
कि णिच्चेयणु चेयण-सरूउ । किं चउभूयहँ संजोय-भूउ ।
किं णिग्गुणु णिक्कलु णिव्वियारि । कि कम्महँ कारउ किं अकारि ।
ईसर-वेसण किं रय-वसेण । ससरइ देव[1] ससारिकेण ।
परमाणु-मेत्तु किं सव्वगामि । अप्पउ कहेँउ भणु भुवण-सामि ।"
.... । "जइ' खण-विणासि अप्पउ णिरुत्त ।
तो किं जाणइ णिहियउँ णिहाणु । वरिसहँ मएवि णिहिदव्वठाणु ।
णिच्चहु किर कहिँ उप्पत्ति मच्चु । जपइ जणु रइ-लपडु, असच्चु ।
जइ एक्कु जि तइ को सग्गि सोक्खु । अणुहुंजइ णरइ महंतु दुक्ख ।
जइ भूय-वियारु भणंति भाउ । तो फिर कि लब्भइ मइ-विहाव ।
णिक्किरियहु कहिँ करणइँ हवंति । कहि पयइ-वधु जुत्ति'वि थवंति ।
जइ सिव-वसु हिंडइ भूय-सत्थु । तो कम्म-कडु सयलु'वि णिरत्थु ।
घत्ता । जइ अणुमेत्तउ जीवो एहउ । तो सज्जीवउ किह करि देहउ ॥७॥

—उत्तरपुराण (पृ० १२७)

(५) काया नरक

माणुस-सरीरु दुह-पोट्टलउ । धोयेउ धोयेउ अइ-विट्टलउ ।
वासिउ वासिउ णउ सुरहि मलु । पोसिउ पोसिउ णउ धरइ बलु ।
तोसिउ तोसिउ णउ अप्पणउ । मोसिउ मोसिउ धरभायणउ ।
भूसिउ भुसिउ ण सुहावणउ । मंडिउ मंडिउ भीसावणउ ।
बोल्लिउ बोल्लिउ दुक्खावणउ । चच्चिउ चच्चिउ चिलिसावणउ ।
मतिउ मतिउ मरणहों तपइ । दिक्खिउ दिक्खिउ साहहुँ भसइ ।
सिक्खिउ सिक्खिउ 'वि ण गुणि रमइ । दुक्खिउ दुक्खिउ 'वि ण उवसमइ ।
वारिउ वारिउ 'वि पाउ करइ । पेरिउ पेरिउ 'वि ण धम्मि चरइ ।

---

[1] बौद्ध दर्शनके क्षणिकवादकी आलोचना

(४) दर्शन-वेदान्त

"की[1] क्षण-विनाशि की नित्य एक। की देहस्थउ कर्महिँ मुक्त।
की निश्चेतन चेतन-स्वरूप। की चतु-भूतहँ सयोग-भूत।
की निर्गुण निष्कल निर्विकार। की कर्महँ कारक की अ-कार।
ईश्वर-वसेहिँ की रज-वशेहिँ। ससरै देव ! ससारिकेहिँ।
परमाणु-मात्र की सर्वगामि। आत्मा कहेँउ, भनु भुवन-स्वामि ?"
.... । "यदि क्षण-विनाशि आत्मा कहिय।
तो की जानै निहितउँ निधान। वर्षह शतेउ निधि द्रव्य थान।
नित्यहु फुर कहँ उत्पत्ति-मृत्यु। जल्पै यदि रज-लपट असत्य।
यदि एकै ता को सर्ग[2] सौख्य। अनुभोगै नरकेँ महंत दुःख।
यदि भूत-विकार भनत भाव। तो फुर की लब्भै मनि-विभाव।
निष्क्रियहू कहँ करणेहि[2] भवति। कहँ प्रजावंधु युक्तिउ थपति।
यदि शिव-वश हिंडै भूत-सत्त्य। तो कर्मकाड सकलहु निरर्थ।
घत्ता। यदि अणुमात्रे जीव एहो। तो सज्जीवउ कहँ करेँ देहो ॥७॥

—आदिपुराण (पृ० १२७)

(५) काया नरक

मानुष-शरीर दुख-पोट्टलऊ। धोयो धोयो अति विट्टलऊ[3]।
वासेँउ वासेँउ ना सुरभि मलू। पोसेँउ पोसेँउ ना धरै बलू।
तोषेउ तोषेउ ना आपनऊ। मोषेँउ मोषेँउ धर भायनऊ।
भूषेउ भूषेउ न सोँहावनऊ। मडेउ मडेउ भीषावनऊ।
बोलेँउ बोलेँउ दुखावनऊ। चर्चेँउ चर्चेँउ चिरियावनऊ।
मत्रेँउ मत्रेँउ मरणहँ भसई। दीक्षेँउ दीक्षेँउ साधुहिँ भषई।
शिक्षेँउ शिक्षेँउ न गुणे रमई। दुखेँउ दुखेँउ ना उपशमई।
वारेँउ वारेँउ ह्न पाप करै। प्रेरेँउ प्रेरेँउ हु न धर्म चरै।

---

[1] क्या [2] उपचार [3] मलिन

अब्भंगिउ[1] अब्भंगिउ फरिसु। रक्खिउ रक्खिउ आमइ-सरिसु।
मलियउँ मलियउँ वाएँ घुलइ। सिंचिउ सिंचिउ पित्ति जलइ।
सोसिउ सोसिउ सिंभि गलइ। पच्छिउ पच्छिउ कुट्ठहँ मिलइ।
चम्मे बद्धु वि कालि सडइ। रक्खिउ रक्खिउ जममुहि पडइ।
—जसहर-चरिउ (पृ० ३०-३१)

(६) संसार तुच्छ

अंतेउरु अंतेउरु हणइ। खय-कालहों आयहों कि कुणइ।
सण्णाहु-कवय नहो कि करइ। छत्तें छायहु कि उवयरइ।
णउ कहिं मि मरण-दिणें उव्वरइ। चमरानिलु सासानिलु धरइ।
सुहु राय-पट्ट-बंधे वसइ। कि आउ-णिबंधणु णउ ल्हसई।
ण रहेहिं रहिज्जइ जमहु बहु। कि मणुयहँ लग्गउ रज्जगहु।
होइवि जाइवि महसत्ति किह। गयत्तणु सब्भाराउ जिह।
—णायकुमार-चरिउ (पृ० ६०)

(७) भाग्य और पूर्वकर्मवाद

बाहिल्ल ते भिल्ल ते मूअ ते लल्ल। ते पगु ते कुट बहिरंध ते मट।
ते काण काणीण धण-हीण ते दीण। दुहरीण बल-खीण।
णिक्काम णिद्धाम णिच्छाम णिण्णाम। णित्तेय णिप्पाण चडाल ते पाण।
ते डोंब कल्लाल मच्छंधि णीवाल। दाढाल ते कोल ते सीह-सद्दूल।
ते सिंगि वियराल ते णह-पहराल। ते पक्खि पिंछाल।
ते सप्प रत्तच्छ मसासिणो मच्छ। छिंधणइँ रुंधणइँ बंधणइँ वंचणइँ।
लुंचणइँ खंचणइँ कुंचणइँ लुट्टणइँ। कुट्टणइँ घट्टणइँ वट्टणइँ।
पउलणइँ पीलणइँ हूलणइँ चालणइँ। तलणाइँ दलणाइँ मलणाइँ गिलणाइँ।
णिरएसु णरएसु मणुएसु रुक्खेसु। दुक्खाइँ भुंजंति सग्गं कह जंति।
—जसहर-चरिउ (पृ० ३४)

---

[1] मालिश

अभ्यंगे॑ँउ अभ्यगे॑ँउ परुषा । रोके॑ँउ रोके॑ँउ आम्रइ-सरिसा ।
मलिये॑ँउँ मलिये॑ँउँ वाते॑ँ घुलई । सिचे॑ँउ सिचे॑ँउ पित्ते॑ँ जलई ।
शोषे॑ँउ शोषे॑ँउ श्लेष्महिँ गलई । पाछे॑ँउ पाछे॑ँउ कुष्टहँ मिलई ।
चर्मे बद्धउ काले सडई । रक्षिय रक्षिय यम-मुखे॑ँ पड़ई ।

—जसहर-चरिउ (पृ० ३०-३१)

(६) संसार तुच्छ

अंतपुर अंत उर हनई । क्षय-कालह आयउ की करई ।
सन्नाहकृत नहु की करई । छत्ते छायउ की उपकरई ।
ना कतहुँ मरन-दिन ऊबरइ । चमरानिल श्वासानिल धरइ ।
मुख राजपट्ट-बधे वसई । की आयु निबंधन ना ह्रसई ।
न रथेहिँ रहिज्जै यमहुँ वहू । की मनुजहँ लागउ राज्य-ग्रहू ।
होइब जाइब महमाहि किमि । राजत्वन सध्यारागा-जिमि ।

—णायकुमार-चरिउ (पृ० ६०)

(७) भाग्य और पूर्वकर्मवाद

वहेल्ल[1] ते भिल्ल ते मूक सो लल्ल[2] । ते पगु ते कुट वधिर न्ध ते मट ।
ते कानाँ कनीन धन-हीन ते दीन । दुखगीन बलहीन ।
निकाम निधाम नि-छाम नि-नाम । नि-तेज नि-प्राण चँडाल ते प्राण ।
ते डोम कलाल मछधि नि-वाल[3] । दढाल ते॑ँ कोल ते सीँह-शदूल ।
ते शृँगी विकराल ते नभ-पभराल । ते पक्षि पिछाल ।
ते सर्प रक्ताक्ष मामाशिन माच्छ । छिन्दनै॑ँ रुधनै॑ँ वधनै॑ँ वचनै॑ँ ।
लुचनै॑ँ खचनै॑ँ कूचनै॑ँ लुट्टनै॑ँ । कुट्टनै॑ँ घट्टनै॑ँ वट्टनै॑ँ ।
प्रोलनै॑ँ पीडनै॑ँ हूलनै॑ँ चालनै॑ँ । तलनाइँ दलनाइँ मलनाइँ गिलनाइँ ।
तिर्यकेनारके मनुजे औ वृक्षे । दुखाइँ भुजति स्वर्ग कहाँ जाति ।

—जसहर-चरिउ (पृ० ३४)

---

[1] बहेलिया [2] लोलुप, सतृष्ण [3] मछलीमार बच्चे

(८) साम्यवादी उत्तर-कुरु[1] द्वीप

घत्ता। णिच्चु जि उच्छवु णिच्च दिहि, णिच्चु जि तणु तारुण्णु णवल्लउ।
भोय-भूमिरुह-माणुसहँ, ज ज दीसइ त त भल्लउ।
ण दुज्जणु दूसिय सज्जण-वासु। ण खासु ण सोसु ण रोसु ण दोसु।
ण छिक्क ण जिंभणु णालसु दिट्ठु। ण णिद्द ण णेत्त-णिमीलणु सुट्ठु।
ण रत्ति ण वासरु धतु ण घम्मु। ण इट्ठ-विओउ ण कुच्छिय कम्म।
अयालि ण मच्चु ण चितु ण दीणु। कयाइ कहिपि सरीरु ण झीणु।
पुरीस-विसग्गु ण मुत्त-पवाहु। ण लालु ण सिंभु ण पित्ति वि डाहु।
ण रोउ ण सोउ ण सेउ विसाउ। किलेसु ण दासु ण कोइवि राउ।
सुरूव सुलक्खण माणव दिव्व। अगव्व सुभव्व समाण जि सव्व।
सुहाउ विणीसिउ सासु सुयधु। कलेवरि वज्ज समट्ठिय-बधु।
ति-पल्ल-पमाणु थिराउ-णिबधु। करीसर केसरि तेविहु बधु।
ण चोरु ण मारि ण घोरु वसग्गु। अहो कुरु-भूमि निससइ सग्गु।

—उत्तरपुराण (पृ० ४०९-१०)

§२१. शान्तिपा

(कलिकाल-सर्वज्ञ रत्नाकरशान्ति)। काल—१००० ई०
(विग्रहपाल-महीपाल ९६०-८८-१०३८)।

(रहस्यवाद)

(राग रामक्रीं)

सअ-सवेअण-सरूअ विआरें अलक्ख लक्ख ण जाइ।
जे जे उजुवाटे गेला[2] अणण वाटे भइला सोइ॥

---

[1] आर्योका पूर्वनिवास [2] मैथिली

(८) साम्यवादी उत्तर-कुरु द्वीप

घत्ता । निच्चहिँ उत्सव नित्य देहि, नित्यहि तनु तारुण्य नवल्ल ।
भोग-भूमि रुह मानुषहँ, जो जो दीसै सो सो भल्ल ।

न दुर्जन-दूषित सज्जन-वास । न खाँस न शोष न रोष न दोष ।
न छींक न जम्भा न आलस दृष्ट । न निद्र न नेत्र निमीलन सुष्ट ।

न राति न वासर धद न घाम । न इष्ट-वियोग न कुक्षिय काम ।
भयासि न मृत्यु न चित न दीन । कदापि कहूँहु शरीर न झीन[1] ।

पुरीष-विसर्ग न मूत्रप्रवाह । न लाल न श्लेष्म न पित्तह डाह ।
न रोग न शोक न सेतु विषाद । किलेश न दाश न कोउह राज ।

सुरूप सुलक्षण मान दिव्य । अगर्व सुभव्य समानहिँ सर्व ।
मुखाह विनीसै श्वास सुगंध । कलेवरे वज्र समस्थिय बंध ।

त्रिपल्ल प्रमाण थिरायु-निबंध । करीश्वर केसरि तेहुअउ बंधु ।
न चोर न मार न घोर उपसर्ग[2] । अहो कुरु भूमि निसशय स्वर्ग ।

—उत्तरपुराण (पृ० ४०६-१०)

§ २१. शान्तिपा

देश—मगध । कुल—ब्राह्मण, भिक्षु, सिद्ध (१२), राजगुरु ।
कृति—सुखदुःखद्वय-परित्यागदृष्टि ।

(रहस्यवाद)

(१५—राग रामक्री)

स्वसंवेदन स्वरूप विचारे । अलख लख्यो ना जाई ।
जो जो ऋजुवाटे गइला, अन्यवाटे भइला सोई ।।

---

[1] क्षीण [2] उपद्रव, खुराफात

काअरूअ ण बुज्झिअ मूढहि उजुवाट ससारा।
(महुअरेहि एक्क अअ राजहि कणकधारा।)
माआ मोह समुद्द अन्त बुज्झसि ताहा।
आगे णाव नभेला दीसइ भन्ति न पुच्छसि णाहा॥
सूनापान्तर ऊह न दीसइ, भान्ति न वासने जान्ते।
एषा अट्ठ महासिज्झि सिज्झइ उजुवाटे जाअन्ते॥
वाम दाहिण दो बाटा छाडी शान्ति बोलथेउ संकेलिउ।
घाट ण शुवक खडतडि ण होइ आँखे बुज्झिअ वाट जाइउ॥१५॥

(२६—राग शबरी)

तुला धुणि धुणि अशूहि अशू। अशू धुणि धुणि णिरवर सेस।
तउ से हेतुअ ण पाविअइ। सान्ति भणइ कि स भाविअइ॥
तुला धुणि धुणि सुण्णे आहारिउ। पुण लइअ अप्पण चटारिउ।
बहल बढ[1] दुइ भाग ण दीशअ। शान्ति भणइ वालग्ग ण पइसइ।
काज ण कारण ण एहु जुग्ती। सअ-सवेअण बोलथि सान्ती॥२६॥
—चर्यापद

§२२. योगीन्दु (जोइंदु)

काल १०००। देश—राजस्थान (?)। कुल—जैन साधु। कृतियाँ—

(१) ज्ञान-समाधि

जो जाया झाणग्गिएँ, कम्म-कलक डहेवि।
णिच्च-णिरजण-णाणमय ते परमप्प णवेवि॥१॥
ते हउँ वदउँ सिद्ध-गण, अच्छहिँ जे वि हवत।
परम-समाहि-महग्गियएँ, कम्मि-धणइँ हुणत॥३॥

---

[1] मगही क्रियापद

कायरूप ना बूझै मूढहिं ऋजु वाटा संसारा।
　　　　मधु-करहि एक भक्ष्य „ राजहि कनकवारा ॥
मायामोह समुद्रहि अन्त न बूझसि थाहा।
　　　　आगे (न) नाव नभेला दीसै, भ्रान्तिहिं पूछसि न नाथा ॥
शून्य-प्रान्तर ऊह न दीसै भ्रान्ति न वासने जाये।
　　　　एही अष्ट महासिद्धि सिद्धै, ऋजुवाटेहीँ जाये ॥
वायेँ दहिन दो बाट छाडी शान्ति बोलेउ सकेरिय।
　　　　घाटे न शुल्क खरतरी न होइ, आँखि बुयझिबाट जाइय ॥१५॥

(२६—राग शबरी)

तुला धुनि धुनि रेशहि रेशा। धुनि धुनि निरवर शेषू।
　　　　तउ सो हेतु न पाइयइ। शान्ति भनै की सो भवियइ।
तुल धुनि धुनि शून्ये धारेउ। पुनि लेइय आपन चट्टारिउ।
　　　　बहुत मूढ़ ! दुइ भाग न दीसै। शान्ति भनै बालाग्र न पइसै।
कार्य न कारण न एह जुगती। स्वक-संवेदन बोलै शान्ती ॥२६॥

—चर्यापद

§ २२. योगीन्दु (जोइंदु)

परमात्म-प्रकाश दोहा, योगसार-दोहा[1]।

(१) ज्ञान-समाधि

जे जायेँउ ध्यानाग्नियेहिं, कर्म-कलक डहाइ।
　　　　नित्य-निरजन-ज्ञानमय, ते परमात्म नमामि ॥१॥
तिन हौँ वन्दौ सिद्धगण, रहेँ जोउ होवन्त।
　　　　परम-समाधि महाग्नियेहिं, कर्मेन्धनहिं होमन्त ॥३॥

---

[1] ए० एन्० उपाध्ये सम्पादित (श्री रायचंद्र जैन-शास्त्र-माला १०, बम्बई १९३०)

भाविं पणविवि पचगुरु, सिरि-जोइंदु-जिणाउ।
भट्टपहायरि विण्णविउ, विमलु करे विणु भाउ ॥८॥
गउ ससारि वसतहँ, सामिय काल अणतु।
पर मइँ किंपि ण पत्तु सुहु, दुक्खुजि पत्तु महतु ॥९॥

(२) अलख निरंजन

तिहुयण-वंदिउ सिद्धि-गउ, हरि-हर झायहिँ जोजि।
लक्ख, अलक्खें धरिवि थिरु, मुणि परमप्पउ सोजि ॥१६॥
णिच्चु णिरंजणु णाणमउ, परमाणद-सहाउ।
जो एहउ सो संतु सिउ, तासु मुणिज्जहि भाउ ॥१७॥
जो णिय-भाउ ण परिहरइ, जो पर-भाउ ण लेइ।
जाणइ सयलुवि णिच्चु पर, सो सिउ संतु हवेइ ॥१८॥
जासु ण वण्णु ण गधु रसु, जासु ण सद्दु ण फासु।
जासु ण जम्मणु मरणु णवि, णाउ णिरजणु तासु ॥१९॥
जासु ण कोहु ण मोहु मउ, जासु ण माय ण माणु।
जासु ण ठाणु ण झाणु जिय, सोजि णिरजणु जाणु ॥२०॥
अत्थि ण पुण्णु ण पाउ जसु, अत्थि ण हरिसु विसाउ।
अत्थि ण एक्कुवि दोसु जसु, सोजि णिरजणु भाउ ॥२१॥
जासु ण धारणु धेउ णवि, जासु ण जतु ण मतु।
जासु ण मडलु मुद्द णवि, सो मुणि देउँ अणतु ॥२२॥

(३) आत्मा

हउँ गोरउ हउँ सामलउ, हउँजि विभिण्णउ वण्णु।
हउँ तणु-अगउँ थूलु हउँ, एहउँ मूढउ मण्णु ॥८०॥
हउँ वरु बंभणु वइसु हउँ, हउँ खत्तिउ हउँ सेसु।
पुरिसु णउसउ इत्थि हउँ, मण्णइ मूढु विसेसु ॥८१॥
अप्पा गोरउ किण्हु णवि, अप्पा रत्त ण होइ।
अप्पा सुहुमु वि थूलु णवि, णाणिउ जाणें जोइ ॥८६॥

भावहिँ प्रणवो पंचगुरु, श्री योगीन्दु जिनाव।
भट्टप्रभाकर वीनवेँउ, निर्मल करिके भाव ॥८॥
गयउ संसार वसंतहीँ, स्वामी काल अनन्त।
पर मै किछु पायउँ न सुख, दुखइ पायउँ महन्त ॥९॥

(२) अलख-निरंजन

त्रिभुवन-वंदित सिद्धिगत, हरि-हर ध्यावे जेहि।
लक्ष्य अलक्ष्ये धरिवि थिर, मुनि परमात्मा सोइ ॥१६॥
नित्य निरजन ज्ञानमय, परमानद स्वभाव।
जो ऐसो सो शान्त शिव, तासु मनिज्जे भाव ॥१७॥
जो निज भाव न परिहरै, जो परभाव न लेइ।
जानै सकलउ नित्य पर, सो शिव शान्त हवेइ ॥१८॥
जासु न वर्ण न गंध रस, जासु न शब्द न स्पर्श।
जासु न जन्म न मरणहू, नाम निरजन तासु ॥१९॥
जासु न क्रोध न मोह मद, जासु न माय न मान।
जासु न थान न ध्यान जिय, सोइ निरजन जान ॥२०॥
अहै न पुण्य न पाप जसु, अहै न हर्ष विषाद।
अहै न एकहु दोष जसु, सोइ निरजन भाव ॥२१॥
जासु न धारण ध्येय नहिँ, जासु न यंत्र न मंत्र।
जासु न मंडल मुद्र नहिँ, सो माँनु देव अनन्त ॥२२॥

(३) आत्मा

हौँ गोरो हौँ सामलो, हौँ हि विभिन्नउ वर्ण।
हौँ तनु-अंगो स्थूल हौँ, ऐसो मूढै मन्व ॥८०॥
हौँ वर-ब्राह्मण वैश्य हौँ, हौँ क्षत्रिय हौँ शेष।
पुरुष नपुंसक इस्त्रि हौँ, मानै मूढ विशेष ॥८१॥
आत्मा गोरा कृष्ण नहि, आत्मा रक्त न होइ।
आत्मा सूक्ष्महु स्थूल नहिँ, ज्ञानी ज्ञाने जोइ ॥८६॥

अप्पा पंडिउ मुक्खु णवि, णवि ईसरु णवि णीसु ।
तरुणउ बूढउ बालु णवि, अण्णुवि कम्म-विसेसु ॥६१॥

पुण्णु वि पाउ वि कालु णहु, धम्माधम्मु वि काउ ।
एक्कुवि अप्पा होइ णवि, मेल्लिवि चेयण-भाउ ॥६२॥

अण्णु जि तित्थु म जाहि जिय, अण्णु जि गुरुउ म सेवि ।
अण्णुजि देउ म चिंति तुहुँ, अप्पा विमलु मएवि ॥६५॥

अप्पा णिय-मण णिम्मलउ, णियमे वसइ ण जासु ।
सत्थ-पुराणइँ तव-चरणु, मुक्खुवि करहिँ कि तासु ॥६८॥

(४) परमात्म-तत्त्व

जे दिट्ठें तुट्टंति लहु, कम्मइँ पुव्व कियाइँ ।
सो परु जाणहि जोइया, देहि वसतु ण काइँ ॥२७॥

देहा-देवलि जो वसइ, देउ अणाइ-अणंतु ।
केवल णाण-फुरत-तणु, सो परमप्पु णिभतु ॥३३॥

देहें वसतुवि णवि छिवइ, णियमें देहुवि जोजि ।
देहें छिप्पइ जोवि णवि, मुणि परमप्पउ सोजि ॥३४॥

जसु अब्भतरि जगु वसइ, जग-अब्भंतरि जोजि ।
जगिजि वसंतुवि जगु जिणवि, मुणि परमप्पउ सोजि ॥४१॥

जसु परमत्थें बधु णवि, जोइय णवि ससारु ।
सो परमप्पउ जाणि तुहुँ, मणि मिल्लिवि ववहारु ॥४६॥

णवि उप्पज्जइ णवि मरइ बधु ण मोक्खु करेइ ।
जिउ परमत्थें जोइया, जिणवरु एउँ भणेइ ॥६८॥

छिज्जउ भिज्जउ जाउ खउ, जोइय एहु सरीरु ।
अप्पा भावहि णिम्मलउ, जिं पावहि भवतीरु ॥७२॥

जोइय अप्पें जाणिएँण, जगु जाणियउ हवेइ ।
अप्पहँ केरइ भावडइ, बिंबिउ जेण वसेइ ॥६६॥

आत्मा पंडित मूर्ख नहिं, नहि ईश्वर न अनीश।
　　तरुण बूढ बालहु नही, अन्यहु कर्मविशेष ॥९१॥

पुण्यउ पापउ काल नभ, धर्माधर्मंहु काय।
　　एकहु आत्मा होइ नहिं, छडि ऐंक चेतनभाव ॥९२॥

अन्यहि तीर्थ न जाहि जिय, अन्यहिँ गुरुहिं न सेव।
　　अन्यहिँ देव न चित तुहुँ, छाँडि एक विमलात्माहिँ ॥९५॥

आत्मा निजमन निर्मले, नियमेहिँ वसै न जासु।
　　शास्त्र-पुराणहु तप-चरण, मोक्ष कि करिहै तासु ॥९८॥

(४) परमात्म-तत्त्व

जेहि देखे टूटैं तुरत, कर्म्म पूर्वकृताइँ।
　　सो पर जानहि जोगिया, देह वसत कि नाहिँ ॥२७॥

देह-देवले जो वसै, देव अनादि अनन्त।
　　केवल ज्ञान-फुरत-तनु, स परमात्म निर्भ्रान्त ॥३३॥

देह वसतहु नहि छुवै, नियमेहिँ देहैं जोइ।
　　देहे छिप्यो जोइ नहिँ, मॉनु परमात्मा सोइ ॥३४॥

जासु भीतरे जग वसै, जगत्-भीतरे जोइ।
　　जगहिँ वसतहु जग जोँ नहिँ, मॉनु परमात्मा सोइ ॥४१॥

जसु परमार्थे बंध नहिँ, जोगी ! नहिँ संसार।
　　तहि परमात्मा जान तुम, मन छाडी व्यवहार ॥४६॥

नहि उपजै नाही मरै, बंध न मोक्ष करेइ।
　　जिउ परमार्थे जोगिया, जिनवर ऐस भनंति ॥६८॥

छीजहु भीजहु जाहु क्षय, जोगी एहु शरीर।
　　आपा भावै निर्मलहिं, जेहिं पावे भवतीर ॥७२॥

जोगी ! आपा जानिये, जग जानियत हवेइ।
　　आत्मा केरी भावनहि, बिंबित येन वसेइ ॥९९॥

अप्पु पयासइ अप्पु परु, जिम अबरि रवि-राउ ।
जोइय एत्थु म भंति करि, एहउ वत्थु-सहाव ॥१०१॥

तारा-यणु जलि बिंबियउ, णिम्मलि दीसइ जेम ।
अप्पएँ णिम्मलि बिंबियउ, लोयालोउ वि तेम ॥१०२॥

सो पर बुज्झइ लोउ परु, जसु मइ तित्थु वसेइ ।
जहिँ मइ तहिँ गइ जीवहँजि, णियमेँ जेण हवेइ ॥१११॥

जहिँ मइ तहिँ गइ जीव तुहुँ, मरणु वि जेण लहेहि ।
तेँ परबंभु मुए वि मॅह, मा पर-दव्वि करेहि ॥११२॥

जइ णिविसद्धुवि कुवि करइ, परमप्पइ अणुराउ ।
अग्गि-कणी जिम कट्ठगिरि, डहइ असेसु वि पाउ ॥११४॥

(५) निरंजन-योग

मेल्लिवि सयल अवक्खडी, जिय णिच्चितउ होइ ।
चित्तु णिवेसहि परमपएँ, देउ णिरंजणु जोइ ॥११५॥

जोइय णिय-मणि णिम्मलएँ, पर दीसइ सिउ संतु ।
अबरि णिम्मलि घण-रहिएँ, भाणु जिजेम फुरंतु ॥११६॥

जसु हरिणच्छी हियवडएँ, तसु णवि बंभु वियारि ।
एक्कहिँ केम समंति बढ, बे खंडा पडियारि ॥१२१॥

णिय-मणि णिम्मलि णाणियहँ, णिवसइ देउ अणाइ ।
हंसा सरवरि लीणु जिम, महु एहउ पडिहाइ ॥१२२॥

देउ ण देउलेँ णवि सिलएँ, णवि लिप्पइ णवि चित्ति ।
अखउ णिरंजणु णाणमउ, सिउ संठिउ सम-चित्ति ॥१२३॥

हरि-हर बंभुवि जिणवरवि, मुणि-वर-विंदवि भव्व ।
परम-णिरंजणि मणु धरिवि, मुक्खुजि झायहिँ सव्व ॥१३१॥

मुत्ति-विहूणउ णाणमउ, परमाणंदु-सहाउ ।
णियमि जोइय अप्पु मुणि, णिच्चु णिरंजणु भाउ ॥१४१॥

जो णवि मण्णइ जीउ समु, पुण्णुवि पाउवि दोइ ।
सो चिरु दुक्खु सहंतु जिय, मोहहिँ हिंडइ लोइ ॥१७८॥

आत्म प्रकाशै आत्म पर, जिमि अंबरे रवि-राग।
जोगी ! इहाँ न भ्रान्ति करु, एही वस्तु-स्वभाव ॥१०१॥
तारागण जलें बिंबित, निर्मल दीसै जेमि।
आत्महिँ निर्मल बिंबितं, लोकालोकउ तेमि ॥१०२॥
सो पर कहियत लोक पर, जसु मति तहाँ बसेइ।
जहँ मति तहँ गति जीव की, नियमें हि क्योंकि हवेइ ॥१११॥
जहँ मति तहँ गति जीव तुहुँ, मरणउ क्योंकि लभेइ।
ता परब्रह्महिँ छांडि जनि, मति परद्रव्य करेइ ॥११२॥
यदि निमिषार्द्धउ कोंइ करै, परमात्महिँ अनुराग।
अग्नि कणी जिमि काठें गिरि, डहें अशेषहिँ पाप ॥११४॥

(५) निरंजन-योग

मेली सकल अपेक्षडी, जिव निश्चिन्ता होइ।
चित्त निवेशै परमपदें, देव निरजन जोइ ॥११५॥
जोगी ! निजमन निर्मले, पर दीसै शिव शान्त।
अंबरें निर्मल घनरहित, भानू जेमि फुरन्त ॥११६॥
जसु हरिणाक्षी हृदयमे, तासु न ब्रह्म विचार।
एकहिँ मूढ ! समाप किमि, दो खड्गा प्रतिकारि ॥१२१॥
निजमन निर्मलें ज्ञानि के, निवसै देव अनादि।
हंसा सरवर लीन जिमि, मोहिँ ऐसहि प्रतिभाति ॥१२२॥
देव न देवलें नहि शिलहिँ, नहि लेप्य नहि चित्र।
अक्षय निरजन ज्ञानमय, शिव समचित्ते थित्त ॥१२३॥
हरि-हर ब्रह्महु जिनवरहु, मुनिवर वृन्दहु-भव्य।
परम-निरंजनें मन धरी, मोक्षहि ध्यावैं सर्व ॥१३१॥
मूर्तिविहीना ज्ञानमय, परमानद स्वभाव।
नियमेहिँ जोगी ! आप मनु, नित्य निरजन भाव ॥१४१॥
जो नहिँ मानै जीव सम, पुण्यहु पापहुँ दोय।
सो चिर दुःख सहत जिव, मोहेहिँ हिडै लोक ॥१७८॥

(६) पंथ-पोथी-पत्राकी निंदा

देवहँ सत्थहँ मुणिवरहँ, भत्तिएँ पुण्णु हवेइ।
कम्म-क्खउ पुणि होइ णवि, अज्जउ संति भणेइ ॥१८४॥

देउ णिरंजणु इँउ भणइ, णाणि मुक्खु ण भंति।
णाणविहीणा जीवडा, चिरु संसारु भमंति ॥१९६॥

सत्थ पढंतुवि होइ जडु, जो ण हणेइ वियप्पु।
देहि वसंतुवि णिम्मलउ, णवि मण्णइ परमप्पु ॥२०६॥

तित्थइँ तित्थु भमंत्तहँ, मूढहँ मोक्खु ण होइ।
णाण-विवज्जिउ जेण जिय, मुणिवरु होइ ण सोइ ॥२०८॥

चेल्ला-चेल्ली-पुत्थियहिँ, तूसइ मूढु णिभंतु।
एयहिँ लज्जइ णाणियउ, बंधहँ हेउ मुणंतु ॥२११॥

भल्लाहँवि णासंति गुण, जहँ संसग्ग खलेहिँ।
वइसाणरु लोहहँ मिलिउ, तें पिट्टियइ घणेहिँ ॥२३३॥

रूवि पयंगा सद्दि मय, गय फासहि णासंति।
अलि-उल गंधहिँ मच्छ रसि, किम अणुराउ करंति ॥२३५॥

देउलु देउवि सत्थु गुरु, तित्थुवि वेउ वि कव्वु।
वच्छु जु दीसै कुसुमियउ, इंधणु होसइ सव्वु ॥२५३॥

(७) शून्य-ध्यान

पँचहँ णायकु वसि करहु, जेण होंति वसि अण्ण।
मूल विणट्ठइ तरुवरहँ, अवसइँ सुक्कहिँ पण्ण ॥२६३॥

सुण्णउँ पउँ झायंतहँ, वलि वलि जोइय जाहँ।
समरसि-भाउ परेण सहु, पुण्णुवि पाउ ण जाहँ ॥२८२॥

उव्वस बसिय जो करइ, वसिया करइ जु सुण्ण।
वलि किज्जउँ तसु जोइयहिँ, जासु ण पाउ ण पुण्ण ॥२८३॥

(६) पंथ-पोथी-पत्राकी निंदा

देव-शास्त्र-मुनिवरन की, भक्तिहिं पुण्य हवेइ।
कर्मक्षय पुनि होइ नहिं, आरज शान्ति भनेइ ॥१८४॥

देव निरजन यों भनै, ज्ञानेंहि मोक्ष न भ्रान्ति।
ज्ञानविहीना जीवडा, चिर ससार भ्रमति ॥१९६॥

शास्त्र पढतौ होइ जड, जो न हनेइ विकल्प।
देह वसतउ निर्मलउ, नहि मानै परमात्म ॥२०६॥

तीर्थहिं तीर्थ भ्रमन्तकहिं, मूढहिं मोक्ष न होइ।
ज्ञानविवर्जित जो कि जिव, मुनिवर होइ न सोइ ॥२०८॥

चेला-चेली-पोथियहिं, तूषै मूढ निभ्रान्त।
एतहिं लज्जै ज्ञानियउ, वधन हेतु बुझन्त ॥२११॥

भलन केरहू नशैं गुण, जहँ ससर्ग खलेहिं।
वैश्वानर लोहहिं मिल्लेउ, तेहि पिट्टियइ घनेहिं ॥२३३॥

रूपें पतगा शब्दें मृग, गज स्पर्शे नाशति।
अलिकुल गन्धे, मत्स्य रसें, किमि अनुराग करति ॥२३५॥

देवल देवउ शास्त्र गुरु, तीर्थहु वेदहु काव्य।
वृक्ष जों दीसै कुसुमित, इधन होइहै सर्व ॥२५३॥

(७) शून्य-ध्यान

पच नायकन वश करहु, जेन होहिं वश अन्य।
मूल विनष्टे तरुवरहि, अवशि सूखिहै पर्ण ॥२६३॥

शून्य पदहिं ध्यायन्तहँ, बलि बलि जोगिय जावँ।
समरसभाव परेन सहँ, पुण्य पाप ना जाहि ॥२८२॥

उवसः वसिया जो करै, वसिया करै जों शून्य।
बलि जाऊँ तेहि जोगियहिं, जासु न पाप न पुण्य ॥२८३॥

णास-विणिग्गउ साँसडा, अवरि जेत्थु विलाइ।
तुट्टइ मोह तडत्ति तहिँ, मणु अत्थवणहँ जाइ ॥२८५॥
मोहु विलिज्जइ मणु मरइ, तुट्टइ सासु-णिसासु।
केवल-णाणु वि परिणमइ, अवरि जाहँ णिवासु ॥२८६॥
घोरु करतु'वि तव-चरण, सयल'वि सत्थ मुणतु।
परम समाहि विवज्जियउ, णवि देक्खइ सिउ सतु ॥३१४॥
जो परमप्पउ परम-पउ, हरि-हर-बभुवि बुद्धु।
परम-पयासु भणति मुणि, सो जिण-देउ विसुद्धु ॥३२३॥
—परमात्मप्रकाश[1]

(८) योग-भावना

ससारहँ भयभीयहँ, मोक्खहँ लालसयाहँ।
अप्पा-सबोहण-कयइ, दोहा एक्कमणाहँ ॥३॥
णिम्मलु णिक्कलु सुद्ध जिणु, विण्हु बुद्धु सिव सतु।
सो परमप्पा जिण भणिउ, एहउ जाणि णिभतु ॥६॥
जो परमप्पा सो जि हउँ, जो हउँ सो परमप्पु।
इउ जाणे विणु जोइया, अण्णु म करहु वियप्पु ॥२२॥
जाव ण भवहि जीव तुहुँ, णिम्मल अप्प-सहाउ।
ताव ण लब्भइ सिव-गमणु, जहिँ भावइ तहि जाउ ॥२७॥
मूढा देवलि देउ णवि, णवि सिलि लिप्पइ चित्ति।
देहा देवलि देउ जिणि, सो बुज्झहि समचित्ति ॥४४॥
धम्मु ण पढियइँ होइ, धम्मु ण पोत्था-पिच्छियइँ।
धम्मु ण मढिय-पएसि, धम्मु ण मत्थालुचियइँ ॥४७॥
जेहइ मण विसयहँ रमइ, तिमि जइ अप्प मुणेइ।
जोइ भणइ हो जोइयहु, लहु णिव्वाणु लहेइ ॥५०॥

---

[1] ए० एन्० उपाध्ये सम्पादित रायचंद्र जैन-शास्त्र-माला, बम्बई १९३७ ई०

नासहिं निकस्या साँसडा[1], अवर जहाँ बिलाइ।
टूटै मोह तुरंत तहँ, मन अस्तमने जाइ ॥२८५॥
मोह विलाये मन मरै, टूटै श्वास-निश्वास।
केवल ज्ञानहु परिणमै, अवर जासु निवास ॥२८६॥
घोर करन्ते तपचरण, सकलहु शास्त्र जाँनन्त।
परम समाधि विवर्जित, नहि देखै शिव-शान्त ॥३१४॥
जो परमात्मा परम-पद, हरि-हर-ब्रह्मा-बुद्ध।
परमप्रकाश भनति मुनि, सो जिन-देव विशुद्ध ॥३२३॥

—परमात्मप्रकाश

(८) योग-भावना

संसारहँ भयभीत जे, मोक्ष लालसा जाहि।
आत्मा-सबोधन कियउ, दोहा एकमनाहि ॥३॥
निर्मल निष्कल शुद्ध जिन, विष्णु बुद्ध शिव शान्त।
सो परमात्मा जिन भन्यो, एहउ जानु निभ्रान्त ॥९॥
जो परमात्मा सोइ हौं, जो हौं सो परमात्म।
एह जाने किनु जोगिया, अन्य न करहु विकल्प ॥२२॥
जौ न भावै जीव तुहुँ, निर्मल आत्मस्वभाव।
तौ न लहै शिवगमनहिं, जहँ भावै तहँ जाव ॥२७॥
मूढ ! देवले देव नहिं, शिलहिं लेप्य नहि चित्रे।
देह देवले देव जिन, सो बूझै समचित्त ॥४४॥
धर्म न पढिया होइ, धर्म न पोथा पिच्छियहिं।
धर्म न मठप्रवेश, धर्म न माथा-लुंचियहिं ॥४७॥
जैसे मन विषयहिं रमै, तिमि यदि आत्म लगेइ।
योगि भनै हे योगियो, तुरत निबाण लहेइ ॥५०॥

---

[1] श्वास

णासग्गिँ अभिन्तरहँ, जे जोवहिँ असरीरु।
बहुडि[1] जम्मि ण संभवहिँ, पिवहिँ ण जणणी-खीरु ॥६०॥

जो जिण सो हउँ सोजि हँउ, एहउ भाउ णिभतु।
मोक्खहँ कारण जोइया, अण्णु ण ततु ण मतु ॥७५॥

जो सम-सुक्ख-णिलीणु बहु, पुण पुण अप्पु मुणेइ।
कम्मक्खउ करि सोवि फुडु, लहु णिब्बाणु लहेइ ॥६३॥

(९) सभी देव सम्माननीय

सो सिउसकरु विण्हु सो, सो रुद्दवि सो बुद्ध।
सो जिणु ईसरु बभु सो, सो अणतु सो सिद्धु ॥१०५॥

एवँहि लक्खण-लक्खियउ, जो पर णिक्कलु देउ।
देहहँ मज्झहिँ सो वसइ, तासु ण विज्जइ भेउ ॥१०६॥

—योगसार

§ २३. रामसिंह

काल—१००० ई० (?)। देश—राजपूताना (?)। कुल—जैन साधु।

(१) जग तुच्छ (वैराग्य)

अप्पायत्तउ जोजि सुहु, तेण जि करि सतोसु।
पर सुह बढ[1] चिततह, हियइ ण फिट्टइ सोसु ॥२॥

ज सुहु विसय परंमुहउ, णिय अप्पा झायंतु।
तं सुहु इदु वि णउक लहइ, देविहिँ कोडि रमतु ॥३॥

घर वासउ मा जाणि जिय, दुक्किय वासुउ ऐहु।
पासु कपते मडिमउ, अविचल णवि सदेहु ॥१२॥

---

[1] फिर

नासाग्रे अभ्यन्तरहिं, जे जावैं अशरीर।
बहुरि जन्म ना सभवै, पिवै न जननी-क्षीर ॥६०॥
जो जिन सो हौं सोइहौं, एही भाव निभ्रान्त।
मोक्षडँ कारण जोगिया, अन्य न तंत्र न मत्र ॥७५॥
जो शम-सुक्ख-निलीन वहु, पुनि पुनि आत्म मनेइ।
कर्मक्षय करि सोइ फुर, तुरत निवाण लहंइ ॥६३॥

(९) सभी देव सम्माननीय

सो शिव-शकर विष्णु सो, सो रुद्रउ सो बुद्ध।
सो जिन ईश्वर ब्रह्म सो, सो अनत-सो सिद्ध ॥१०५॥
ऐसे लक्षण-लक्षितउ, जो पर निष्कल देव।
देह-मध्यही सो वसै, तासु नहीं है भेद ॥१०६॥
—योगसार

§ २३. रामसिंह

कृति—पाहुड-दोहा[1]

(१) जग तुच्छ (वैराग्य)

आत्मायत्तउ जोहि सुख, तेनहि करु सन्तोष।
पर सुख चिन्तत मूढ रे, हृदय न छूटइ सोच ॥२॥
जो सुख विषय-पराङ्मुख, निज आत्मा ध्यायन्त।
जो सुख इन्दुहु ना लहइ, देवन् कोटि रमन्त ॥३॥
घरवास हु न जानु जिय, दुष्कृत-वासहु एहु।
पाश कृतांतेहि फेकियउ, अविचल नहि संदेह ॥१२॥

---

[1] करंजा जैन-ग्रंथमाला, करंजा (बरार)

सप्पि मुक्की कंचुलिय, ज विसु त ण मुएइ ।
भोय न भाउ न परिहरइ, लिंगग्गहणु करेइ ॥१५॥

अथिरेण थिरा मइलेण णिम्मला णिग्गुणेण गुणसारा ।
काएण जा विढप्पइ सा किरिया किण कायव्वा ॥१६॥

वर विसु विसहरु वरु जलणु, वरु सोविउ वणवासु ।
णउ जिणधम्म-परम्मुहउ मित्थत्तिय सहवासु ॥२०॥

हउ गोरउ हउ सामलउ हउ मि विभिण्णउ वण्णि ।
हउँ तणु-अंगउ थूलु हउँ एहउ जीव म मण्णि ॥२६॥

(२) निरंजन-साधना

वण्ण-विहूणउ णाणमउ, जो भावइ सब्भाउ ।
संतु णिरंजणु सो जि सिउ तहि किज्जइ अणुराउ ॥३८॥

उपलाणहि जोइय करहुलउ, दावणु छोडहि जिम चरइ ।
जसु अखइ णिरामइँ गयउ, मणु सो किम बुहु जगिंइ करइ ॥४२॥

पंच वलद्दण रक्खियइँ, णंदणवणु ण गओसि ।
अप्पु ण जाणिउ ण वि परु वि, एमइ पव्व इओसि ॥४४॥

पंचहि बाहिरु णेहडउ, हलि सहि लग्गु पियस्स ।
तासु न दीसइ आगमणु, जो खलु मिलिउ परस्स ॥४५॥

मणु जाणइ उवएसडउ, जहिँ सोवेइ अचिंतु ।
अचितहो चित्तु जो मेलवइ, सो पुणु होइ णिचिंतु॥४६॥

वट्टडिया अणुलग्गयहँ, अग्गड़ जोयताहँ ।
कंटउ भग्गइ पाउ जइ, भज्जउ दोसु ण ताह ॥४७॥

मणु मिलियउ परमेसरहो, परमेसर जि मणस्स ।
विण्णि वि समरसि हुइ रहिय, पुज चडावउँ कस्स ॥४६॥

देहादेवलि जो वसइ, सत्तिहि सहियउ देउ ।
को तहिँ जोइय सत्तसिउ, सिग्घु गवेसहिँ भेउ ॥५३॥

सर्पहिँ मोची केंचुली, जो बिष सो न मुंचेइ।
भोगहिं भाव न परिहरइ, भेस-ग्रहण करेइ ॥१५॥

अथिरेहिँ थिरा मइलेहि निर्मला निर्गुणहिँ गुणसारा।
कायेहि जा वढइ मा क्रिया कीन कर्तव्या ॥१६॥

वरु विष, विषधर वरु ज्वलन, वरु सेबिब वनपास।
ना जिन-धर्म-पराङ्मुख, मिथ्याइय-सहवास ॥२०॥

हौ गोरा, हौ श्यामला, हौंहि विभिन्नो वर्ण —।
हौ तनु-अगो, स्थूल हौ, एहउ जीव न मान ॥२६॥

(२) निरंजन-साधना

वर्ण-विहूनहिँ ज्ञानमय, जो भावइ सद्भाव।
सत निरजन सोइ शिव, तहिँ कीजइ अनुराग ॥३८॥

उत्पला नहीं जोइ करि कला दामहिँ छोडी जिमि चरइ।
जस अक्षय निरामहिँ गयउमन, सो किमि वह जगरति करइ ॥४२॥

पाँच वरहन राखियउ, नन्दन-वन न गयोसि।
आत्म न जानेंउ नापि पर, एवँइँ प्रव्रज्योसि ॥४४॥

पचहिँ बहिर नेहडा, हे सखि लगेंउ पियेहिँ।
तासु न दीसइ आगमन, जो खल मिलेंउ परेहि ॥४५॥

मन जानइ उपदेसडहिँ, जहँ सोवई अचिन्त।
अचिते चित्त जो मेलवइ, सो पुनि होइ निचिन्त ॥४६॥

वटियाँ अनुसरतन्तहेँ, आगे जोयन्ताहँ।
काँटा लागइ पाय यदि, लागहु दोष न ताह ॥४७॥

मन मिलिया परमेश्वरहिँ, परमेश्वरहु मनाहिँ।
दोऊ समरस ह्वै रहेंउ, पूज चढाउँ काहिँ। ॥४६॥

देह-देवले जो बसइ, शक्ति सहितो देव।
को तहँ जोगी ! शक्ति-शिव, शीघ्र गवेसहु भेद ॥५३॥

सिव विणु सत्ति ण वावरइ, सिउ पुणु सत्ति-विहीणु ।
दोहिँ मि जाणहिँ सयलु जगु, बुज्झइ मोह-विलीणु ॥५५॥

अब्भिन्तर चित्ति वे मइलियइ, बाहिरि काइ तवेण ।
चित्ति णिरंजणु कोवि धरि, मुच्चहि जेम मलेण ॥६१॥

देह महेली एह वढ ! तउ सत्ता वइ नाम ।
चित्तु णिरंजणु परिणसिहु, समरसि होइण जाम ॥६४॥

सइ मिलिया सइ विहडिया जोइय, कम्मणि भंति ।
तरल सहावहिँ पंथियहिँ, अण्णु कि गाम वसंति ॥७३॥

(३) पाखंड-खंडन

वक्खाणडा करंतु बुहु, अप्पि ण दिण्णुणु चित्तु ।
कणहिँ जि रहिउ पयालु जिम, पर सगहिउ बहुत्तु ॥८४॥

पंडिय पंडिय पडिया, कणु छडिवि तुस कंडिया ।
अत्थे गथे तुट्ठोसि, परमत्थु ण जाणहि मूढोसि ॥८५॥

अक्खरडेंहि जि गव्विया, कारणु तेण मुणंति ।
वस-विहत्था डोम जिम, परहत्थडा धुणंति ॥८६॥

बहुयइ पढियइ मूढपर, तालू सुक्कइ जेण ।
एक्कुजि अक्खरु त पढहु, सिवपुरि गम्मइ जेण ॥९७॥

हउँ सगुणी पिउ णिग्गुणउ, णिल्लक्खणु णीसगु ।
एकहिँ अंगि वसतयहँ, मिलिउ ण अगहिँ अगु ॥१००॥

मूलु छडि जो डाल चडि, कहँ तह जोयाभासि ।
चीरुणु वुणणह जाइ वढ ! विणु उडियइँ कपासि ॥१०९॥

छह दंसण धंधइ पडिय, मणह ण फिट्टिय भंति ।
एक्कु देउ छह भेउ किउ, तेण ण मोक्खह जंति ॥११६॥

हलि सहि काइ करइ सो दप्पणु । जहिँ पडिबिंबु ण दीसइ अप्पणु ॥
धंधवालु मो जगु पडिहासइ । धरि अच्छंतु ण घरवइ दीसइ ॥१२२॥

शिव बिनु शक्ति न व्यापरइ, शिव पुनि शक्ति-विहीन ।
दोउहिँ जानें सकल जग, बूझिय मोह-विलीन ॥५५॥

अन्तहि चित्तहि मइलियहि, बाहिर काह तपेहिँ ।
चित्ते निरंजन कोँइ धरु, मुचहि जिमी मलेहि ॥६१॥

देह मेहरिया एह मूढ, तोहिँ सतावइ ताव ।
चित्त निरंजन परहिँ सो, समरस होइ न जाव ॥६४॥

स्वय मिल्लेँउ, स्वय बीछुडेँउ, योगी ! कर्म न भ्रान्ति ।
तरल स्वभावहि पथिकही, अन्य कि गाँव वसन्ति ॥७३॥

(३) पाखंड-खंडन

व्याख्यानडा करन्त वहु, आत्महि दियउ न चित्त ।
कणहिउँ रहित पुआल जिमि, पर मग्रहँउ बहुत्त ॥८४॥

पडित पडिन पडिता, कण छाडेँउ तुष कूटिया ।
अर्थहिँ ग्रथहिँ तुष्टोसि, परमार्थ न जानइ मूढोसि ॥८५॥

अक्खरडेहिँ जे गर्विया, कारण ते न जॉनत ।
बास-विहूनो डोम जिमि, पर हाथडा धुनत ॥८६॥

बहुतहि पढिया मूढ पर, तालू सूखइ जेहिँ ।
एकइ अक्षर सो पढहु, शिवपुर जावे जेहिँ ॥९७॥

हौँ सगुणी प्रिय निर्गुण, निर्लक्षण, निस्सग ।
एकहि अक वसतहुँ, मिलेँउ न अगहि अग ॥१००॥

मूल छोडि जो डाल चढि, कहँ तेहि योगाभ्यास ।
चीर न बीनेँउ जाइ मुढ, विनु ओटिया कपास ॥१०९॥

सटदर्शन घघे पडी, मतहिँ न टूटी भ्रान्ति ।
एक देव छ भेद किय, ताते मोक्ष न यान्ति ॥११६॥

हे सखि ! काह करिय सो दर्पण । जहँ प्रतिबिंब न दीसइ आपन ॥
धधवाल मोहि जग प्रतिभासइ । घर अछते णा घरपति दीसइ ॥१२२॥

जसु जीवंतहँ मणु मुवउ, पचेन्दियहिँ समाणु ।
सो जाणिज्जइ मोक्कलउ, लद्धउ पहु णिव्वाणु ॥१२३॥

मुंडिय मुंडिय मुंडिया । सिरु मुंडिउ चित्तु ण मुंडिया ।
चित्तहँ मुंडण जि कियउ । संसारह खंडणु तिं कियउ ॥१३५॥

पोत्था पढणिं मोक्खु कहँ, मणुवि असुद्धउ जासु ।
बहुयारउ लुद्धउ णवइ, मूलट्ठिउ हरिणासु ॥१४५॥

भल्ला णवि णासंति गुण, जहिँ सहु संगु खलेहिँ ।
वइसाणरु लोहहँ मिलिउ, पिट्टिज्जइ सघणेहिँ ॥१४८॥

मुंडु मुंडाइवि सिक्ख धरि, धम्महँ वद्धी आस ।
णवरि कुडुंबउ मेलियउ, छुडु मिल्लिया परास ॥१५३॥

जे पढिया जे पंडिया, जाहिँ मि माण मरट्टु ।
ते महिलाणहिं पिंडि-पडिय, भमियइँ जेम घरट्टु ॥१५६॥

देवलि पाहणु तित्थि जलु, पुत्थइँ सव्वइँ कव्वु ।
वत्थुज दीसइ कुसुमियउ, इंधणु होसइ सव्वु ॥१६१॥

तित्थइँ तित्थ भमंतयहँ, किण्णेहा फल हूव ।
बाहिरु सुद्धउ पाणियहँ, अब्भितरु किम हूव ॥१६२॥

तित्थइँ तित्थ भमेहि वढ ! धोयउ चम्मु जलेण ।
एहु मणु किम धोएसि तुहुँ, मइलउ पाव-मलेण ॥१६३॥

(४) गुरु-महिमा

ज लिहिउ ण पुच्छिउ कहव जाइ । कहियउ कासु वि णउ चित्ति ठाइ ।
अह गुरु उवएसे चित्ति ठाइ । त तेम धरंतिहि कहिँ मि ठाइ ॥१६६॥

वे भंजेविणु एक्कु किउ, मणह ण चारिय विल्लि ।
तहि गुरुवहि हउँ सिस्सिणी, अण्णहि करमि ण लल्लि ॥१७४॥

अग्गइँ पच्छइँ दहदिहिहिं, जहिं जोवउ तहिं सोइ ।
ता महु फिट्टिय भंतडी, अवसणु पुच्छइ कोइ ॥१७५॥

जासु जीवनहि मनु मुयो, पचेन्द्रियहिँ समान।
सो जानीयइ मोचलउ, लाहेँउ पथनिर्वाण ॥१२३॥

मुँडिया-मुँडिया-मुडिया, सिर मूँडेउ चित्त न मूडिया।
चित्तहि मुडन जिन कियउ, ससारहि खडन तिन कियो ॥१३५॥

पोथा पढनी मोक्षकहँ मनहि असुद्धउ जास।
बधकारक लुब्धक नवै, मूले ठिय हरिणास ॥१४६॥

भल न काहु नाशइ गुण, जहँ लह मग खलेहि।
वैश्वानर लोहहिँ मिलेँउ, पिट्टीयत सुघनेहिँ ॥१४८॥

मूँड मुँडाइवि सीख धरि, धर्महि बाँधी आस।
न निक कुटुंबहि छोडियह, छोड फेँकान पराश ॥१५३॥

जे पढिया, जे पडिया, जेहि कि मान मर्याद।
ते मेहरी पिडहि पडी, भ्रमियत जेम घरट्ट ॥१५६॥

देवल पाहन तीर्थ जल, पोथिहि सर्वहि काव्य।
वस्तु जो दीसइ कुसुमित, इधन होइहै सर्व ॥१६१॥

तीर्थहि तीर्थ भ्रमतयहँ, किछू नाही फल होत।
वाहिर सुद्धो पानियहँ, अभ्यन्तर किमि होत ॥१६२॥

तित्थइँ तित्थ भ्रमेँउ मूढ, धोयेँउ चाम जलेहि।
एहु मन किमि धोयेमि तुहूँ, मइलउ पाप-मलेहि ॥१६३॥

(४) गुरु-महिमा

जो लिखेँउ न पूछेँउ कहु पि जाइ, कहियउ काहुपि न चित्त ठाइ।
अथ गुरु-उपदेसे चितु ठाइ, सो तिमि धारतोहि कहुँपि ठाइ ॥१६६॥

दो भजाविय एक किय, मनहिं न चारी वेलि।
तेहि गुरुवहि हउँ शिष्यणी, अन्यहि करउँ न लाल ॥१७४॥

आगेहिं, पाछेहिं, दसदिसिहिं, जहँ जोवउँ तहँ सोइ ॥
सो मम काटी भ्रांतडी, अवश न पूछिय कोइ ॥१७५॥

मूढा जोवइ देवलइँ, लोयहिं जाइँ कियाइँ।

देह ण पिच्छइ अप्पणिय, जहिं सिउ-सतु ठियाइँ ॥१८०॥

वामिय किय अरु दाहिणिय, मज्झइँ वहइँ णिराम।

तहिं गामडा[1] जु जोगवइ, अवर वसाइव गाम ॥१८१॥

अप्पा परहँ ण मेलयउ, आवागमणु ण भग्गु।

तुस कडतहँ कालु गउ, तडुलु हत्थि ण लग्गु ॥१८५॥

उव्वस वसिया जो करइ, वसिया करइ न सुण्णु।

बलि किज्जइ तसु जोइयहि, जासु ण पाउ ण पुण्णु ॥१६२॥

(५) मंत्रतंत्र-ध्यान आदि बेकार

मंतु ण ततु ण धेउ ण धारणु। ण'वि उच्छासह किज्जइ कारणु ॥

एमइ परम सुक्खु मुणि सुव्वइ। एही गलगल कासु ण रुच्चइ ॥२०६॥

वे पथेहि ण गम्मइ बे-मुह सूई ण सिज्जए कथा।

बिण्णि ण हुति अयाणा इदिय मोक्ख च मोक्खच ॥२१३॥

वादविवादा जे करहि, जाहि ण फिट्टिय भति।

जे रत्ता गउ पावियइँ, ते गुप्पति भमति ॥२१७॥

कालहिं पवणहि रवि, ससिहिं-चहु एक्कटइँ वासु।

हउँ तुहि पुच्छउँ जोइया, पहिले कासु विणासु ॥२१६॥

—पाहुड-दोहा

§ २४. धनपाल

काल—१००० ई० (?)। देश—माएसर (गुजरात ?)। कुल—धाकड़

१—कवि-परिचय

वसिवि धरासमि हल्लुत्तालि। विरइउ एउ चरिउ धणवालि।

बिहि खंडहि बावीसहिं सन्धिहिं। परिचितिय निय हेउनिबधिहिं।

---

[1] राजस्थानी और गुजराती

मूढा ! जोवइ देवलहँ, लोर्गाहि जाहि कियाह ।
देह न पेखइ आपणी, जहँ शिव-संत थिताह ॥१८०॥

वामे कियेँउ अरु दाहिने, माँझिय वहइ निराभ ।
तहँ गामएँ जो जोगपति ! अवर बसावइ ग्राम ॥१८१॥

आत्मा परहि न मेलियउ, आवागमन न भाग ।
तुष कूटते काल गउ, तंदुल हाथ न लाग ॥१८५॥

उज्जड बसिया जो करइ, बसिया करइ जो सुन्न ।
बलिहारी तेहि जोगियहि, जासु न पाप न पुन्न ॥१९२॥

(५) मंत्रतंत्र-ध्यान आदि बेकार

मंत्र न तंत्र न ध्येय न धारण । नापि उछासहि कीजिय कारण ॥
इमिहि परम-सुख मुनि सोवइ । एही गडबड कासु न रूचइ ॥२०६॥

दो पथहि न गमियइ पथा, दो मुँह सुई न सीइय कथा ।
दोउ न होहि अजाना ! इन्द्रिय-सुख अरु मोक्षहू ॥२१३॥

वाद-विवाद जे करहि, जाह न फाटी भ्रान्ति ।
जे रक्ता गोपायित, ते गोप्यन्त भ्रमन्ति ॥२१७॥

कालहि पवनहि रविशशिहि, चहु एकट्ठइ वास ।
हउँ तोहि पूँछउ जोगिया, पहिले कासु विनाश ॥२१९॥

—पाहुड-दोहा

§ २४. धनपाल

वैश्य। कृति—भविसयत्त कहा[1] (भविष्यदत्त-कथा)

१—कवि-परिचय

वसिय गृहाश्रमें हल्लुत्ताले, विरचेँउ एउ चरित धनपालेइँ ।
दुइ खंड वईसहिँ संधिहिँ, परिचिंतिय निजहेतु-निबंधहिँ ।

---

[1] गायकवाड ओरियंटल सिरीज़, बड़ोदा, १९२३

घत्ता । धक्कड वणिवंसि माएसरहों समुब्भविण ।
धणसिरिदेवि-सुएण,विरइउ सरसइ-सभविण ।

—भविसयत्त-कहा पृ० १४८

२–भौगोलिक वर्णन

(१) कुरु-जांगल[1] देश

एह भरहखित्ति सुन्दर पएसु । कुरु-जगल नामि मही विसेसु ।
वण्णिज्जइ सपय काइँ नासु । जहिँ निवसइ जणु अमुणिय पयासु ।
आरामच्छित्तघरवित्ति विद्धु । पग्गिपक्ककलमि - गोहण - समिद्धु ।
जहिँ पुरइ पवड्ढिय कलयलाइँ । धम्मत्थ-काम सचिय फलाइँ ।
जहिँ मिहुणइँ मयण-परव्वसाइँ । अदतुप्प तुपरिवडिया रसाइँ ।
उवभोय भोय-सुह संवयाइँ । गामइँ कुक्कुड सडे बयाइँ ।
जहि जलइँ कयावि न सुसियाइँ । मयरद-रेणुवामीसियाइँ ।
जहिँ सरइँ कमल-पह-तबिराइँ । कारड-हस-चय-चुबिराइँ ।
जहिँ पथिय तत्तु छायहिँ भमति । जत्थत्थमियइँ तहिँ णिसि गमति ।
पामर वियड्ढि वयणइँ णियति । पुडुच्छु-रसइँ लीलइँ पियति ।

—वहीं पृ० २,३

(२) गज (हस्तिना)-पुर

घत्ता । तहिँ गयउरु णाउँ पट्टणु, जणजणियच्छरिऊ ।
णं गयणु मुएवि सग्गखडु महि अवयरिऊ ।।
त गयउरु को वण्णणहँसमत्थु । ज वुहइह मडलु ण पसत्थु ।
ज भुत्तु मउड-कुडलधरेहिँ । मेहे सराइ वहु-णरवरेहिँ ।
अहवा चक्केसतु जित्थु आसि । जें भुत्त वसुधरि जेम दासि ।
पुणु सणकुमातु णिहिरयणवालु । छवखंडवसुह सुह सायिसालु ।

---

[1] कुरु देश

घत्ता। धक्कड वनिक-वंशें माएसरहँ समुद्भवेहिँ।
धनश्रीदेवि सुतेहिँ विरचेउ सरस्वतिसभवेँहिँ॥

—भविसयत्तकहा पृ० १४८

२—भौगोलिक वर्णन

(१) कुरु-जांगल देश

एहु भरत-क्षेत्रें सुदर प्रदेश। कुरुजगल नामे महि-विशेष।
वानिज्जै सपत्ति काइँ तासु। जहँ निवसैं जन अमुनिय-प्रयास।
आराम-क्षेत्र - घरवित्त - वृद्ध। परिपक्वकलम - गोधन - समृद्ध।
जहँ पुरैं प्रवर्द्धिय कलकलाइँ। धर्मार्थ-काम-संचित-फलाइँ।
जहँ मिथुनैं मदन-परब्बशाइँ। अवतृप्तेउ पाकरके रसाइँ।
उपभोग - भोग - सुख - सेवयाइँ। ग्रामो कुक्कुट - संसेवयाइँ।
जहँ जलैं कदापि न शोषियाइँ। मकरंद-रेणुवा-मिश्रिताइँ।
जहँ सरहिँ कमल-प्रभ-ताम्रकाइँ। कारड-हस-चय-चुविताइँ।
जहँ पथिक तप्त छायहिँ भ्रमति। यत्र अस्त मिया तहँ निशि गमंति।
पामर विदग्धें वचनैं नियति। पुंड्र-इक्षु-रसैं लीलैं पिवंति।

—वहीं पृ० २,३

(२) गज पुर[1]

घत्ता। तहँ गजपुर[1] नामे पट्टन, जन-जनिता'श्चरिऊ।
जनु गगन मुँचिय स्वर्ग-खड, महि अवतरिऊ॥
सो गजपुर को वर्णन-समर्थ। जो पुहुमिह मडन जनु प्रशस्त।
जो भुक्तु मुकुट-कुडल-धरेहिँ। मेघेश्वरादि-वहु-नरवरेहिँ।
मघवा चक्रेशत यत्र आसि[2]। जेहि भुक्तु वसुधर जेम दासि।
पुनि सनकुमार निशिरतन-पाल। छौ खड वसुध शुभ स्वामिसाल।

---

[1] हस्तिनापुर [2] थे

जहँ अण्णवि णर णरवइ महत । सग्गापवग्गवर सुहइँ पत्त ।
जसु कारणि णिय-सुहि तडवेहिँ । कुरुखेत्ति भिडिउ कुरु-पडवेहिँ ।
घत्ता । जहिँ तुग तवगि सठिउ सख-कुद-धवलू ।
जणु सुतुवि उद्धु देखइ गगाणहिँ जलु ॥

—वहीं पृ० ३

३—वाणिज्य-सार्थ

(१) बंधुदत्तके सार्थकी तैयारी

तुरिउ गमण-सामग्गि पयासिय । मुइ-सत्थत्थवत सभासिय ।
जाणाविउ भूवाल-णरिदहोँ । समउ परिट्ठिउ सण्णणविदहोँ ।
हट्ट-मग्गि कुल-सील-णिउत्तहँ । घोसण[1] दिण्ण पुरउ वणिउत्तहँ ।
"चल्लउ जो चल्लइ कयविज्जेँ । बधुअत्तु सचलिउ वणिज्जेँ ।
साहुमाणि वणिउत्तहँ चाहइ । अधणहँ भडुल्लइ सबाहइ ।"
त णिसुणेवि पमाय-पउत्तहँ । मतिउ थोव-विहव-वणिउत्तहँ ।
"अहोँ पुर-जण-मण-णयणाणदणु । मेवहोँ धणवइ-सेट्ठिहिँ णदणु ।
पइसहुँ अतरेउ सहुँआएँ । अवसि लच्छि होइ ववसाएँ ।
वणि-तणुरुह-रहसेण समागय । सज्जिय करह-वसह-महिसह सय ।"

—वहीं पृ० १६-१७

(२) भविष्यदत्तकी माँका विरोध

माइ महल्ल महुज्जम विज्जेँ । बधुअत्तु सचलिउ वणिज्जेँ ।
तेण समाण मइँमि जाइव्वउ । त वोहित्थु तीरि लाइव्वउ ।
देसंतर-पवासु माणिव्वउ । णियपुण्णहँ पमाणु जाणिव्वउ ।
दयिवायत्तु जइवि विलसिव्वउ । तो पुरिसि ववसाउ करिव्वउ ।
त णिसुणेवि सगग्गिर-वयणी । भणइ जणेरि जलद्दिय-णयणी ।
हा इउ पुत्त ! काइँ पइँ जपिउ । सिविणतरिवि णाहिँ मइ जपिउ ।

---

[1] डुगडुगी पिटवाई—घोषणा की

जहँ अन्यउ नर नरपति महंत। स्वर्गापवर्ग वर सुखहिं प्राप्त।
जसु कारणे निज-सुखें ताडवेहिं। कुरुक्षेत्र भिडेंउ कुरु-पांडवेहिं।
घत्ता। जहँ तुंग तपांगें स-ठिउ, शंख-कुन्द-धवलू।
जनु सूती ऊर्ध्व देवइ, गंगानदिह जल॥

—वहीं पृ० ३

३—वाणिज्य-सार्थ

(१) बंधुदत्तके सार्थकी तैयारी

तुरत गमन-सामग्रि प्रकाशिय। शुचि-सार्थ-नर्थवत्त सभाषिय।
जनवायउ भूपाल-नरेन्द्रहँ। समयहँ पूछेंउ सज्जन-वृन्दहँ।
हाट-मार्ग-कुल-शील-नियुक्तहँ। घोषण दीन पुरहँ वणि-पुत्रहँ।
"चल्लो, जो चल्लै क्रय-वेंचे। बंधुदत्त संचलेउ वनिज्जे।
साधु मानि वणिपुत्तहँ चाहै। अ—धनहँ भंडुल्लइ[1] स-वाहै[2]।"
सो सुनियाहि प्रमाद-प्रयुक्तहँ। मत्रेउँ थोड़-विभव-वणिपुत्रहँ।
"अहो पुर-जन-मन-नयन-नंदना। सेवहु धनपति-श्रेष्ठिहिं नंदन।
पइसहु अतरेउ सहुआयें। अवशि लक्ष्मि होई व्यवसायें।
वणि-तनुरुह रभसेहिं[3] समा-गउ। साजेंउ करभ-वृषभ-महिषइ सौ।

—वहीं पृ० १६-१७

(२) भविष्यदत्तकी माँका विरोध

"भाइ! महल्ल-महोद्यम-विद्यें। बंधुदत्त स-चलेउ वनिज्जें।
तेही संगें हमहूँ जाइब्बो। सो वोहित-तीरें लाइब्बो।
देशांतर-प्रवास मानिब्बो। निज-पुण्यहँ प्रमाण जानिब्बो।
दैवायत्त यदपि विलसिब्बउ। तहूँ पुरु व्यवसाय करिब्बउ।"
सो सुनियाहि सगद्गद-वदनी। भनै जनेरि[4] जलार्दित-नयनी।
हा ई पुत्र! काह तैं जल्पेउ। स्वप्नतरेउ नाहिं मोहिं जल्पेउ।

---

[1] सौदा [2] वेचें [3] तुरंत [4] माता

एक्क अकारणि कुविय-वियप्पें। दिण्णु अणनु दाहु तउ वप्पें।

अण्णुवि पइँ देसतरु जतहों। को महु सरणु हियइ पजलतहों।

अण्णुवि तेण समउ तउ जतहों। णिव्वुइ खणु'वि णाहिँ महुचित्तहों।

घत्ता। को जाणइ कण्ण महाविसइ, अणुदिणु दुम्मइ मोहियइँ।

सम-विसम-सहावहिँ अतरइँ, दुट्ठसवत्ति[1]हि दोहियइँ॥

एक्कुमिक्कु ववसाउ करंतहँ। समसाहिट्ठिउ भडु भरंतहँ।

विहि पडिकूलु अम्ह पडिसक्कइ। अत्थहँ छेउ करिबि को सक्कइ।

एक-दव्व-अहिलास-विचित्तइ। को जाणइँ दाइयहँ चरित्तइ।

जइ सरूव दुट्ठत्तणु भासइ। बधुअत्तु खल वयणहिँ वासइ।

जो तउ करइ अमगलु जतहों। मूल[2]वि जाइ लाहु चिततहों।"

जपइ मामहु महुरकलाएँ। "चगउ वुत्तु पुत्त। कमलाएँ।

अम्हह एत्थु-वसंतहों तेहउ। को'वि ण मित्तु पहाणु सणेहउ।

बधुअत्तु पुरमज्झि सइत्तउ। राउलि सण्णमाणु वणयत्तउ।

घत्ता। जइ-जणणि-वयण विस-विस-मगइ, दाइय-मच्छरु मणि वहई।

तो तुम्हहँ अम्हहँ सयणहमि, वचिबि कुलि परिहउ करई॥"

भविसयत्तु विहसेविणु जपइ। "तुम्हहँ भीरत्तणिण समप्पइ।

अइयारि वामोहु ण किज्जइ। समवय-जणि पोढत्तणु हिज्जइ।

अइणएण जणि कायरु वुच्चइ। अइभएण जइ-लच्छिएँ मुच्चइ।

अइमएण दप्पुब्भडु णावइ। अइघिएण भोयणु'वि ण भावइ।

अइरूवि तिय-रयणु विणासइ। अइयारि सव्वहों गुणु णासइ।

जइ ववसाइ दाउ णउ दिज्जइ। तो णायरहँ मज्झि लज्जिज्जइ।

जइ सो कहव सवत्तिहि जायउ। तो'वि तॉयहों सरीरि सभूयउ।

एक्कु सरीरु जाउ विहि भायहिँ। तहिँ किर काइँ राय-वेयारहिँ।

---

[1] सौत [2] पूंजी

एक अकारण कुपित विकल्पे। दीन अनत-दाह तव बापें।
अन्यउ तैं देशान्तर जातह। को मम शरण हृदय-प्रज्वलंतह।
अन्यउ तेहिं सग तव जातह। निर्वृति[1] क्षणहु नाहि ममचित्तह।
घत्ता। को जानै कर्ण महाविषइँ, अनुदिन दुर्मति-मोहितइँ।
सम-विषम स्वभावहिं अतरइँ, दुष्ट सौतियह दोहितइँ॥
एकमेक व्यवसाय करतहँ। सम-साझेहीं भाड भरतहँ।
विधि-प्रतिकूल समर-प्रतिमक्कै। अर्थहँ छेद करबि को सक्कै।
एक द्रव्य-अभिलाष-विचित्रा। को जानै दैवयहँ चरित्रा।
यदि स्वरूप दुष्टत्वउ भासैं। वधुदत्त खल-वचनहिं वासैं।
जो तव करै अमगल जातह। मूलउ जाइ लाभ चिततहँ।"
जपै मामहँ मधुरकलायें। "चगउ उक्त पुत्र! कमलायें।
हमरे इहाँ वसतह तेही। कोउ न मित्र प्रधान सिनेही।
वधुदत्त पुर-माँझ स्वयत्तउ। राउले[2] सव्वंमान धनदत्तउ।
घत्ता। यदि जननि-वचन-विष-विषमगति, दर्शित मत्सर मनें वहई।
तो तुम्हहँ हम्महँ स्वजनहउ, वचिय कुलें परिभव करई।"
भविषदत्त विहसि जल्पियई। "तुम्हहँही भीरुता-समर्पियई।
अतिचारे व्यामोह न किज्जै। सम-वय-जनें प्रौढत्व हीज्जै[3]।
अतिगमने जनें कायर उच्चै। अतिभयेहिं जयलक्ष्मी मुचै।
अतिमदेहिं दर्पोद्भट नावै। अतिधिवेहिं भोजनउ न भावै।
अतिरूपें तिय-रतन विनाशै। अतिचारें सव्वंउ गुण नाशै।
यदि व्यवसाय दाव ना दिज्जै। तो नागरहँ माँझ लज्जिज्जै।
यदि सो कहब सौतीको जायो। तोपि तातहँ शरीर-संभूतो।
एक शरीर जाउ दोउ भाई। तहँ फुर काईं राग-विचारी।

[1] चैन [2] राजकुल (=दर्बार) [3] कम होना

अण्णु'वि तहिँ कुल-सील-निउत्तहँ। होसहिँ पच-सयइँ वणिउत्तहँ। . . .
अण्णुवि अम्हह तेण समाणु। किपि ण पुव्व-विरोह-विहाणु।
घत्ता। म माइ चित्तु कायरु करहि, फुडु कम्मइँ कम्मह कारणु।
खुट्टइ जीविज्जइ जेम णवि, तेम अखुट्टइ नउ मरणु।"

—वहीं पृ० १७-१८

(३) माताका उपदेश

घत्ता। जोव्वण-वियार-रस-वस-पसरि, सो सूरउ सो पडियउ।
चल-मम्मणवयणुल्लावणहिँ, जो परतियहिँ ण खडियउ ॥१८॥
पुरिसि पुरिसिव्वउ पालिव्वउ। परधणु परकलत्तु णउ लिव्वउ।
त धणु ज अविणासिय-धम्मेँ। लब्भइ पुव्वक्किय-सुह-कम्मेँ।
त कलत्तु परिओमिय-गत्तउ। ज सुहि पाणिग्गहणि विढत्तउ।
णिय-मणि जेण सक उप्पज्जइ। मरणति'वि ण कम्मु त किज्जइ।
अण्णु-'वि भणमि पुत्त! परमत्थेँ। जइवि होहि परिपुण्ण महत्थेँ।
तरुणि तरल लोयण मणि भाविउ। पहु-सम्माण-दाण गुण गाविउ।
तहिँमि कालि अम्हहिँ सुमरिज्जहि। एक्कवार महु दसणु दिज्जहि।
पर-धणु पायधूलि भणिज्जहि। परकलत्तु मइँ समउ गणिज्जहि।

—वहीं पृ० २०

(४) सार्थ (कारवाँ)की यात्रा

अग्गेय दिसइँ मल्हति जति। कुरुजंगलु महिमडलु मुअति।
लघंति वियण-काणण-पलब। पुर - गाम-खेड - कव्वड - मडब।
जउणानइ सलिलु समुत्तरेवि। जल-दुग्गइँ थल-दुग्गइँ मरेवि।
अन्नन्न-देस-भासइँ नियत। रयणायरेँ वेला-उलइ पत्त।
लक्खिउ समुद्दु जल-लव-गहीरु। सप्पुरिसु'व थिरु गभीरु धीरु।
आसीविसो[1]'व्व विस-विसम-सीलु। वेला-महल्ल कल्लोल-लीलु।

---

[1] साँप

अन्यउ तहँ कुल-शील-संयुक्ता। होइहैं पंचशता वणिपुत्रा।....
अन्यउ हम्मउ तेहि समाना। किछुउ न पूर्व-विरोध-विधाना।
घत्ता। मति मा ! चित्त कातर करहि, फुर कर्मइ कर्महँ कारण।
खुट्टइ[1] जीविज्जै जेम नहिं, तेम अखुट्टइ ना मरण।"

—वहीं पृ० १७-१८

(३) माताका उपदेश

घत्ता। "यौवन-विकार-रस-वश- प्रसर, सो शूरा सो पंडित।
चल-मन्मथ-वचनोल्लापएहिं, जो परतियहिं न खंडित ॥१॥
पुरुषें पुरुषत्त्वउँ पालिब्बउ। परधन-कलत्र नाहीं लिब्बउ।
सो धन जो अविनाशिय धर्मैं। लब्भै पूर्वकृत-शुभकर्मैं।
सो कलत्र परि-पोषित-गात्रउ। जो सुखें पाणिग्रहण विहित्तउ।
निज मनें जातें शंक उत्पज्जै। मरतेहूँ न कर्म सो किज्जै।
अन्यउ भनउँ पुत्र ! परमार्था। यदपि होइ परिपूर्ण महार्था।
तरुणि-तरल-लोचन मनें भाविउ। प्रभु-सम्मान-दान-गुण गाविउ।
तेंहउ काल मोहिहि सुमरिज्जै। एक वार मोहिं दर्शन दिज्जै।
परधन पाद-धूलि भन्निज्जै। परलत्र मोंहिं सम गण्णिज्जै।

—वहीं पृ० २०

(४) सार्थ (कारवाँ)की यात्रा

आग्नेय दिशहिं छोडति जाति। कुरुजंगल महिमंडल मुंचति।
लघति विजन-कानन-प्रलंब। पुर-ग्राम-खेड-कब्बड-मडंप।
यमुना नदि सलिल सम्-उत्तरेउ। जल-दुर्गहिं थल-दुर्गहिं सरेउ।
अन्यान्य-देश-भाषहिं नियत्त। रत्नाकर-वेलाकुलहिं प्राप्त।
लक्खेउ समुद्र जल-लव-गंभीर। सत्पुरुष 'व थिर गभीर धीर।
आशीविष इव विष-विषम-शील। वेला-महल्ल-कल्लोल-लील।

---

[1] आयु घटनेपर

दिट्ठइँ विउलइँ वेलाचलाइँ। कय-विक्कय-रय-वयणाउलाइँ।
धम्मत्थ-कामकखिर सुहाइँ। सुवियड्ढ-वयण विलयामुहाइँ।
तहि थाइवि जलजतइँ कियाइँ। परिहरिवि वसह-महिसय-सयाइँ।
जलजता कम्मंतरु करेवि। करणइह पियवयणहिँ सवरेवि।
वहणहिं[१] आरूढ महापहाण। वणिवरहँ सयइँ पचहिँ समाण।
—वहीं पृ० २१-२२

(५) बंधुदत्तके साथ समुद्र-यात्रा

घत्ता। णिज्जावयवयणुज्जुअमुहइँ, किखवइँ णण भडइँ।
सचल्लइ रयणायरहों जलि, खरपवणाहय-धय-वडइँ॥

दिढ-बधइँ जिह मल्लर-गणाइँ। णिल्लोहइँ जिह मुणिवर-मणाइँ।
णिब्भिण्णइँ जिह सज्जण-हियाइँ। अकियत्थइँ जिह दुज्जण-कियाइँ।
वहणइं वहति जलहर-रउद्दि। दुत्तरि अत्थाहि महासमुद्दि।
लंघतइँ दीवतर-थलाइँ। पिक्खति विविह कोऊहलाइँ।
इय लीलइँ वच्चताहँ ताहँ। उच्छाह-सत्ति-विक्कम पराहँ।
दुप्पवणें घणतरुवर-समीवें। वहणइँ लग्गइँ मयणाय-दीवें।
कल्लोल-बोल-जलरव वमालें। असगाह-गाह गहणतरालें।
नीरतरें ज सघट्ट पोय। उत्तरिय तरिव पमुहाइ लोय॥

घत्ता। त वयणु सुणिवि णायर-जणहु, न सिरि वज्जदडु पडिऊ।
बोहित्थइँ लेवि दुरास खलु, गहिर महासमुद्दि चडिऊ॥२५॥

पमुक्के कुमारे दुरायारिएहिँ। अमोहे जलोहे वहतेहिँ तेहिँ।
थिय विभिय त वणिदाण विद। वियप्पाउर करयलुग्गिण्ण-मुद्द।
अहो सुदर होइ एयाण कज्ज। अगम्मपि गतूण खद्ध अखज्ज।
गय णिप्फल ताम सव्व वणिज्जं। छुव अम्ह गोत्तम्मि लज्जावणिज्ज।

---

[१] बड़ी नाव, महापोत (बजरा)

दीसैं विपुलैं वेलाकुलाइँ। क्रय-विक्रय-रत-वचनाकुलाइँ।
धर्मार्थ-काम-काक्षी सुखाइँ। सुविदग्ध-वचन वनिता-मुखाइँ।
तहँ थायेँउ[1] जलपोतहिँ केताहिँ। परिहरेउ वृषभ-माहिष-शताहिँ।
जलपोता कर्मातिर करेउ। करनै प्रियवचनहिँ सवरेउ।
वहनहिँ आरूढ महाप्रधान। वणि-वरहँ शतहँ-पचहि समान[4]।

—वहीँ पृ० २१-२२

(५) बंधुदत्तके साथ समुद्र-यात्रा

घत्ता। विद्या-वय-वचन ऋजुकमुखा, की खला, नाना भटई।
सचल्लै रत्नाकर जले, खर-पवनाहत-ध्वज-पटई॥
दृढ बधाइँ जिमि मल्लर[5]-गणाइँ। निर्लोभी जिमि मुनिवर-मनाइँ।
निर-भिन्ना जिमि सज्जन-हियाइ। अकृतार्था जिमि दुर्जन-क्रियाइँ।
वहनैं वहति जलधर-रुद्र। दुस्तर अथाह महासमुद्र।
लघता द्वीपांतर-थलाइँ। पेखता विविध कुतूहलाइँ।
इमि लीलैं वाँचत ताँह ताँह। उत्साह-शक्ति-विक्रम-पराह।
दुप्-पवने घन-तरुवर-समीपेँ। प्रवहण लागेँउ मैनाकद्वीपेँ।
कल्लोल-बोल-जल-रव-भ्रमरे। असख ग्राह ग्राह गहन-तरालेँ।
तीरतरे जो सघट्ट पोत। उत्तरेँउ तरी-प्रमुखादि लोग।
घत्ता। सो वचन सुनिय सागरजनहु, जनु शिरेँ वज्रदड पडेँऊ।
वोहितेहिँ लेइ दुराश खल, गहिर महासमुद्र चढेँऊ॥२५॥
प्रमुचे कुमारे दुराचारियेहि। अमोघे जलोघे वहतेहि तेहि।
ठिआ विस्मिता सो वणीन्द्रान-वृन्दा। विकल्पातुरा करतलो दृगीर्ण-मुद्रा।
"अहो सुदरो होइ एहू न काजा। अगम्याहु गन्तु अखद्याउ खाद्या।
गओ निष्फला एह सव्वी वनिज्या। छुयो अम्ह गोत्रेहु लज्जावनीया।

---

[1] रहेउ [2] प्रवहण (जहाज) [3] सहित [4] पहलवान

ण अत्ता ण वित्त ण मित्त ण गेह। ण धम्म ण कम्म ण जीय ण देह।

ण पुत्त कलत्त ण इट्ठं पि दिट्ठं। गयं गयउरे[1] दूरदेसे पइट्ठं।

खय जाइ नूण अहम्मेण धम्म। विणट्ठेण धम्मेण सव्व अकम्म।

कयं दुक्किय दोहएण हएण। सुहायारभट्ठेण दुट्ठेण एणं।

अणिट्ठ कणिट्ठं भुअ सप्पहाये। समुद्दे रउद्दे खय तुम्ह जाये।

—वही पृ० २२, २३

४—सामंती वणिक्समाज

(१) वसंत-वर्णन

घत्ता। एत्तहि महुमासहो आगमणु, एत्तहि पियपुत्त-समागमणु।

परमोच्छवि रोमंचिय भुवहो, महु वियसिउ धणयत्तहो सुवहो ॥८॥

जिम तित्थु तेम पचहि सएहि। किय भवण सोह निव्वइ गएहि।

घरि-घरि मंगलइ पघोसियाइँ। घरिघरि मिहुणइ परिओसियाइँ।

घरिघरि तोरणइँ पसाहियाइँ। घरिघरि सयणइ अप्पाहियाइँ।

घरिघरि बहुचंदण-छडय दिन्न। मरु-कुंद-वणय-दवणय-पइन्न।

घरिघरि सरेणु-रइ-पिंजरीउ। सोहंति चूयतरु-मंजरीउ।

घरिघरि चच्चरि कोऊहलाइँ। घरिघरि अंदोलय सोहलाइँ।

घरिघरि कय-वत्थाहरण सोह। घरिघरि आरद्धन्महाजसोह।

घरिघरि सरूव-रंजिय-मणाइ। जुवइहि जोइयइ सदप्पणाइ।

घत्ता। घरिघरि जलमंगलकलस किय, घरिघरि घरदेवय अवयरिया।

घरिघरि सिंगार-वेसु धरिवि, नच्चिउ वर-जुवइहि उत्थरिवि ॥९॥

तं गयउरु सो पउर-समागमु। सो सियपक्खु वसंतहो आगमु।

ताइ निरंतराइँ चुअ वणइँ। ताइ धवलपुंजवियइ भवणइँ।

---

[1] हस्तिनापुर

न यात्रा न वित्तो न मित्रो न गेहो। न धर्मो न कर्मो न जीवो न देहो।
न पुत्रो कलत्रो न इष्टोउ दृष्टो। गयउ गजपुरे दूरदेशे पइट्ठो।
क्षयो होइ निश्चय अधर्मेहि धर्मो। विनष्टेहि धर्मेहि सर्वो अकर्मो।
करेँउ दुष्कृत दोहकेहि हतेहि। शुभाचारभ्रष्टेहि दुष्टेहि एहि।
अनिष्टो कनिष्टो भुजो सप्रहाइ। समुद्र रउद्रे क्षयो तुम्ह जाइ।

—वही पृ० २, २३

४—सामंती वणिक्समाज

(१) वसंत-वर्णन

घत्ता। इनहू मधुमासह आगमनू। इतहू प्रियपुत्र-समागमनू।
परमोत्सवें रोमांचित-भुजहू। मुह विकसिउ धनदत्तह सुतहू ॥८॥

जिम तीर्थ तेभि पचहु गतेहिँ। कियउ भवन सोह निर्वृति-गतेहिँ।
घरघर मंगलइ प्रघोषिताइँ। घरघर मिथुनैं परितोषिताइ।
घरघर तोरणै प्रसाधिताइँ। घरघर स्वजनै अल्पाविकाइँ।
घरघर वहुचंदन-छटा दीन। मरु-कुन्द-वनय-दवना-प्रकीर्ण।
घरघर स-रेणु[१]-रज-पिंजरीउ। सोहंति चूत तरु-मंजरीउ।
घरघर चर्चरि कौतूहलाइँ। घरघर अदोलं सोहलाइँ।
घरघर कृत-वास्त्राभरण सोह। घरघर आरब्ध महायशोघ।
घरघर स्वरूप-रंजित-मनाइँ। युवती जोवँ (मुंह) दर्पणाइँ।

घत्ता। घरघल जल-मंगल-कलश किय, घरघर देवय अवतंदिणा।
घरघर शृंगारवेष धरेँऊ, नाचेउ वरयुवतिहिँ उच्छलिया ॥९॥

सो गजपुर सो पौरसमागम। सो सित-पक्ष वसंतहँ आगम।
सोहइँ निरंतराइँ चूत-वनइँ। सोइ धवलपुजवियइँ भवनइँ।

---

[१] पटवास, सौगंधिक चूर्ण

सो बहु परिमलट्ठु वण-तूरउ । पिय-सुह-सीयलु दाहिण मारुउ ।
सो पुर-सोह कासु उवमिज्जइ । जा पिक्खवि सुर हमिरइ दिज्जइ ।
जहिँ उज्जाण-पुरइ सुहसचिय । दाहिणपवन पहय-कुसुमंचिय ।
जहिँ मरुकुद-कुसुम सचलियउ । दवणय-मंजरीउ नव हरियउ ।
जहिँ आयंबिर फुल्लप लासउ । सोहइ नाइ पलित्तु हुवासउ ।
जहिँ वहु रस-विसेस-वस-कमलइ । बहु-कुसुमइ धुणति भमर-उलइ ।

घत्ता । जहिँ मालइ-कुसुमामोयरउ, चुबतु भमइ वणि महुअरऊ ।
अइमुत्तए'वि जहि रइ करइ, सो वरवसतु को न सरई ॥१०॥

—वही पृ० ५६-५७

(२) नारी-सौन्दर्य

दिट्ठि कुमारि वियणि सोवणघरि । लच्छि नाइँ नव-कमल-दलतरि ।
जिण-सासणि छज्जीव दया इव । पडिय-मरणि सुगइ वरिसाइव ।
महुमारुइण मलय-वणराइव । सिहलदीवि रयणविख्याइव ।
सोहइ दप्पणि कील करती । चिहुर-तरग-भग विवरती ।
सो फलिहतरेण सा पिक्खइ । सावि तासु आगमणु न लक्खइ ।

घत्ता । नं वम्मह भल्लि विंधण-सील जुवाण-जणि ।
तहि पिक्खिवि कति, विंभिउ झत्ति कुमारमणि ॥८॥

उप्पल दल-दीहर-पायहिँ । नह-मणि-किरण-करबिय-छायहिँ ।
जघोरुय गुज्झतर पासइँ । सुणियत्थइँ णिभीण परिवासइँ ।
पीततर उब्भिन्न पयासइँ । त विहसति पिहिय परिहासइँ ।
वियडु नियब-बिंबु सोहिल्लउ । रेहइ अद्धाइल्ल कडिल्लउ ।
रोमावलि वलि अगि विहावइ । थिय पिपीलि-रिंछोलि'व नावइ ।
रसणादाम निबधणु सोहइ । किंकिणरणझणतु मणु खोहइ ।
समचक्कलु कडियलु किसु मज्झइ । नज्जइ करयल मुट्ठिहि गिज्झउ ।
तिवलि-तरगइँ नाही-मडलु । न आवत्ता-इद्धु महाजलु ।

सो वहुपरिमलाढ्य-वन-तूर्यंउ । प्रिय-सुख-शीतल-दक्षिणमारुतु ।
सो पुर-शोभाँ कासु 'पमिज्जै । जा पेखिय सुर अचरज दिज्जै ।
जहँ उद्यानपुरँ सुख-संचित । दक्षिण-पवन-प्रहत-कुसुमंचित ।
जहँ मरु-कुंद-कुसुम सचलियउ । दवना-मंजरीउ नव-हिलियउ ।
जहँ आताम्रहु फुल्लपलाशउ । सोहँ न्याइँ प्रदीप्त-हुताशउ ।
जहँ-वहुरस विशेष-शव कमलइँ । वहुकुसुमैं धुनति भ्रमरकुलइँ ।

घत्ता । जहँ मालति-कुसुमामोदरत, चुवत भ्रमैं वनें मधुकरऊ ।
अतिमुक्तएउ जहँ रति करई, सो वर-वसंत को न स्मरई ।।१०।।

—वही पृ० ५६-५७

(२) नारी-सौन्दर्य

दीख कुमारि विजनें सोवनघरें । लक्ष्मि न्याइँ नवकमल-दलतरें ।
जिन-शासने छै जीव-दया इव । पंडित मरनें सुगति-वरिमा इव ।
मुख-मारुतें मलय-वन-राजि'व । सिंहलद्वीपें रतन-विख्याति'व ।
सोहै दर्पणें क्रीडाँ करती । चिकुर - तरंग - भंग विवरती ।
मो स्फटिकांतरेहिँ तहिँ पेखइ । सापि तासु आगमन न लक्खई ।

घत्ता । जनु मन्मथ-भल्ल-बिधानशील युवान-जनें ।
ताहि पेखिय कांति, विस्मेउ भट्ट कुमार मनें ।।८।।

उत्पलदल-दीरघ-पायहिँ । नख-मणि-किरण-करंबित-छायहिँ ।
जंघ-उरू-गुह्यान्तर-पासइँ । सुनिवसितें भीन परिवासइँ ।
पीतांतर-उद्भिन्न-प्रयासइँ । तेहिँ वह सति पिहित-परिहासें ।
विकट - नितंब-बिंब सोहिल्लउ । राजैं अर्द्धोभर्द्ध कटिल्लउ ।
रोमावलि वलि अगें विभावै । थिउ पिपीलि-रेखा इव नावै ।
रसना-दाम-निबंधन सोहै । किंकिणि रण-झणत मन क्षोभै ।
सम-चक्कर कटितट कृश-मध्यउ । आवे करतल-मुष्टिहु ग्राह्यउ ।
त्रिवलि-तरंगइ नाभीमंडल । ननु आवर्ता ऋद्धि-महाजल ।

पीणुन्नय-निबिडइँ थणवट्टइँ। निब्भिदइँ हारावलि थट्टइँ।
मालइ-माला कोमल-बाहउ। रयण-कडय-केऊर-सणाहउ।
सरलंगुलि सुरेह कोमल कर। सभा-वयव नाइँ नहतबिर।
रयणाहरण विहूसिय कंठि। वेलासिरि'व उयहि-उवकंठि।
किउ अपमाणु णिउत्तु मुहुल्लउ। अहरउ नावइ दाडिम-हुल्लउ।
उत्तुगि तिक्खग्गें नासि। पच्छन्नेण'व अमुणिय सासें।
कन्निहिँ कुडल-जुअ-गडयलिहिँ। नयणिहिँ दीह-कसण-चलधवलिहिँ।
भउहा-जुअलएण सुविहत्तें। भालयलेण अद्ध-ससिपत्तें।
महुपिय-पेसल महुरालावि। सिरु आवंचिय केस-कलावि।
सो पिक्खेबि अणोवमरूवें। अच्छेरइँ विब्भम सभूवें।
बोल्लाविय नायइ-परिहासइँ। मणहर-कामुक्कोवण-भासइँ।
"हे मालूर[1]-पवर-पीवर-थणि। अच्छहिँ काइँ इत्थु वज्जिय जणि।
कारणु काइँ नयरु ज सुन्नउँ। मढ-विहार-देहुरहिँ रवन्नउँ।
राणउ कवणु आसि इह राउलि। धय-तोरण-मणि-खंभ-ग्गमाउलि।"
त निसुणेबि सलज्जिय-वयणी। थिय हिट्ठामुह पगलिय-नयणी।
मइल-कवोल कज्जला मीसिय। नियकुल-देवयाइँ म भीसिय।
घत्ता। वरइत्तु पुत्तियहु तउतणउ, मुहकमलु निहालहिँ करि विणउ।
लइ जलु पक्खालहि लोयणइँ, म चिरु करि दुक्खुक्कोयणइँ॥

—वही पृ० ३२-३३

(३) आभूषण-सज्जा

निय-पुत्त-विढत्तु पिक्खिवि अतुलु महाविहउ।
वट्टिउ सिंगारु पइ परिहरिउ, परिहरिबिगउ॥
कमलइँ पुत्त-पयाव फुरतिएँ। लइउ दिव्वु आहरणु तुरंतिए।
बद्धु कडिल्लि अलक्खिय नामउ। उप्परि पीडिउँ रसणादामउ।

---

[1] कपित्थ (कैथ)

पीनोन्नत-निविडइँ स्तनवट्टैं। निर्भिदैं हारावलि ठट्टैं।

मालति-माला - कोमल - बाहुउ। रतन - कटक - केयूर - सनाथउ।

सरलागुलि-सुरेख कोमल कर। सव्यात्[1]'वयव न्याइँ नभ-तामर।

रतनाभरण - विभूषित कठे। बेलाश्री'व उदधि - उपकंठे।

किउ अपमान अनूप-मुखल्लउ। अधरउ नावइ दाडिम-फुल्लउ।

उत्तुगे तीक्ष्णाग्रे नासें। प्रच्छन्नेंहिं 'व अज्ञात श्वासें।

कर्णं कुडल-युग गण्ड-स्थले। नयनेहिँ दीर्घ-कृष्ण-चल-धवले।

भौँहा युगलएहिँ सुविभक्ते। भाल-तलेहिँ अर्ध-शशि-पत्रे।

मधु-प्रिय-पेशल-मधुरालापें। शिर आच्छादिय केश-कलापें।

सो पेखिया अनूपमरूपा। अप्सराइँ विभ्रमस-भूता।

वोलेरू नागर-परिहासइँ। मनहर-कामु-त्कोपन-भाषइँ।

"हे मालूर प्रवर-पीवर-थनि[2] आछेहिँ काह इहाँ वर्जित-जनें।

कारन काइँ नगर जो सूना। मठ-विहार-देवलहिँ रमन्ना।

राना कवन आसिं एहि राउलें। ध्वज-तोरण-मणिखभ समाकुले।"

सो सुनियाउ सलज्जिय-वदनी। थिउ हेट्ठामुख पघरिय-नयनी।

मइल-कपोल कज्जला-मिश्रिय। निजकुलदेवताइँ जनु भीषिय।

घत्ता। वरयात पुत्रियह तवकेरउ, मुखकमल-निहारहिँ करि विनय।

लेइँ जल पक्खारें लोचनइँ, जनु चिर करि दुखुत्कोचनइ॥

—वहीं पृ० ३२-३३

(३) आभूषण-सज्जा

निज पुत्र विदग्धता पेखि, अतुल महाविभव।

वाटेँउ शृंगार पति परिहरेँउ गउ॥

कमला पुत्र-प्रताप स्फुरतिएँ। लयेँउ दिव्य-आभरण तुरतिएँ।

बाँधु कटिल्लि अलक्षित-नामउ। ऊपर पीडेँउ रसनादामउ।

---

[1] रमणीय [2] हो

मुक्कउ किंकिणीउ नउ सकिउ। भरिबि रयण-कंचुकउ तडक्किउ।
मुद्ध मराल-जुयलि किउ छन्नउँ। कंबुकंठ कंदलिए रवन्नउँ।
पीण-घणत्थण-मंडल-हारि। सिरु धम्मिल्ल-कुसुम-पब्भारि।
कन्नहिँ कुंडलाइँ आइद्धइँ। उप्परि वेढियाइँ पहचिंधइँ।
पूरिउ रयण-चूडु मणि-वलयहो। दिन्नइँ केँउरइँ बाहु-लयहो।
अंगुलीय मणि मुज्जावत्तउ। बीसहिँ अंगुलीहिँ पक्खित्तउ।
पय-मणिवद्धय नेउर-जुयलउ। सुह-सजनिय महुर-रव-मुहलउ।
जंघाजुयलि रयण पज्जत्तउ। कडियलि[1] रसण-कणय-कडि-सुत्तउ।
मुहि मणि-चूडहोँ कंकण जुयलउ। सोहिउ अद्धहारि वच्छयलउ।
एमाहरणु लेबि सविसेसि। थिय नंदणहोँ बियडि परिओसि।
—वहीँ पृ० ६७-६८

(४) विरह-वर्णन

घत्ता। तो वुच्चइ अहरु पुरतियइँ णिवसतिहि तउतणइँ घरि।
उप्पाइय केणवि भंति पहु, जा सा कहि म हियइ धरि ॥७॥
तुहुँ पुरवरहोँ सव्व-साहारणु। जाणहिँ कज्जाकज्ज-वियारणु।
णवर णिरारिउ विप्पियगारउ। सुहियउ होइ संगु तुम्हारउ।
सेविज्जंति विचित्त सणेहउ। मंछुडु तुहुँ जिण जम्मिबि एहउ।
तो वरइत्ति वुत्तु अवंकउ[2]। को सक्कइ तउ करिबि कलंकउ।
हउमि णाहि तउ विप्पिय-गारउ। जाणहिँ तुहुँ जि संगु अम्हारउ।
णवर ण जाणमि काइमि कारणु। जाउ असत्थ पियम्म निवारणु।
केम कंतिपइँ मणिण कलंकमि। खणमित्तु'बि देक्खणहँ न सक्कमि।
मउ-चलंति णिघंतहोँ णयणइँ। अणगमऊ करंति तव वयणइं।
घत्ता। अच्छतु ताम पियविप्पियइँ, एक्कगणिबि म रइ करहि।
परियाणिबि एही कज्जइँ, ज जाणहिँ त मणि धरहि ॥८॥

---

[1] कटितल [2] अ-कुटिल

मुक्तउ किंणीउ ना शकेँउ। भरिउ रतन-कंचुकउ तडक्कउ।
मूर्घं मराल-युगलेँ किउ छन्नउ। कंबुकंठ-कदलिएँ रमन्नउ[1]।
पीन-घन-स्तनमंडल-हारेँ। शिर-धम्मिल-कुसुम-प्रब्-भारेँ।
कर्णहिँ कुंडलाइँ आबद्धँ। ऊपर बेठियाइँ प्रभ-चिन्हँ।
पूरेँउ रतन-चूड मणि-वलयहोँ। दीनी केयूरइँ वाहुलतहोँ।
अंगुलीय-मणि मुजावर्त्तउ। वीसहिँ अंगुलीहि प्रक्षिप्तउ।
पद-मणि-वद्धेउ नूपुर-युगलउ। सुख-संजनित मधुर-रव-मुखरउ।
जंघा-युगलेँ रतन-प्रज्-जुत्तउ। कटितलेँ रसन-कनक-कटिसूत्रउ।
मुखेँ मणि-चूडहोँ कंकण-युगलउ। सोहेँउ अर्धहार वक्षतलउ।
ए आभरण लेइ सविशेषेँ। ठिय नंदनहोँ विकट परितोषेँ।

—वहीँ पृ० ६७-६८

(४) विरह-वर्णन

घत्ता। तो बोले अधरफुरतियइँ, निवसंतिहि तवकेर घरे।
उत्पादिय कँसेँहुँ भ्रान्ति प्रभु, या सा काहि न हृदय धरे॥७॥
तव पुरवरहोँ सर्व-साधारण। जानैँ कार्याकार्य-विचारन।
केवल अत्यन्त विप्रिय-कारउ। सुहृदउ होइ सग तुम्हारउ।
सेविज्जइँ विचित्र-सनेहउ। मत्सर तोहि न जन्मेँउ एहउ।
तो वरयालो बोल अवकउ। को सक्कै तव करव कलकउ।
हौँहु नाहि तव विप्रिय-कारउ। जानैं तुहुँहु सग हम्मारउ।
केँवल न जानौँ काहुउ कारण। जाउ अस्वस्थ प्रियम्म्[2]-निवारण।
केम कांति तेइँ मनेहिँ कलकउँ। क्षणमात्रउ देखवहु न सक्कउँ।
मद चलति देखते नयनइँ। अनरामउ[3] करंति तव वदनइँ।
घत्तो। रहै तोँह प्रिय-विप्रियइँ, एकागनेहु न रति करहि।
परि-जानिय ऍहि कार्यगती, जो जानहि सो मनेँ घरहि॥८॥

---

[1] था [2] प्रेम, प्रियतम [3] अनभीष्ट

णिसुणिवि तासु परम्मुह वयणइँ । मुहुँ मउलिउ जलभरियइँ णयणइँ ।
हियवइ निब्भरु मणु सम्मारिउ । "दुक्खु दुक्खु" पुणु मणु साहारिउ ।
थिय गरुयाहिमाणि मणु लाइवि । भच्छरु माणु मरट्टु पमाइवि ।
णउ पहसइ णउ तणुसिगारइ ।
णउ केणवि सहु णयण-कडक्खइ । णउ कासुवि गुणदोसइँ अक्खइँ ।
तोबि ताहँ घरवइ ण सुहावइ । अवखेरतु पुणुवि बोल्लावइ ।
अच्छहिँ काइँ एत्थु दुक्कदिरि । णीसरु कति जाहि पियमदिरि ।
त दुव्वयण वासु अमहती । णिग्गय परिमणु आउच्छती ।
—वहीं पृ० १०-११

५—सामन्त-समाज

(१) राजद्वार, राजांगण

रायगणगणि पयडिबि दुद्धहों दुच्चरिउ ।
त निसुणहु जेम भविसयत्ति-जसु बित्थरिउ ।
दाइय दुप्पपचु आयन्निवि । माण-कसाय-सल्लु मणिमन्निवि ।
हरियत्तहों मकेउ समासिवि । कमलदलच्छि लच्छि मवासिवि ।
नियय जणेरि वयण सपेसिवि । पुव्वावर मकेउ गवेसिवि ।
बहु नवल्ल पाहुडइँ समारिवि । चदप्पहुँ जिणवरु जयकारिवि ।
निग्गउ वणिवरिंदु पहुवारहों । भडथड-निवह-विसम-सचारहों ।
जहिँ गय गुलगुलति पिहु जगम । हिलिहिलति तुक्खार-तुरंगम ।
जहिँ मंडलिय सक्क-सामतहँ । निवडिय कणयदडु पइसतहँ ।
गलइ माणु अहिमाणु न पुज्जइ । निय-सच्छद-लील नउ जुज्जइ ।
जहिँ अब्-भोट्ट[1] जट्ट जालंधर । मारुअ-टक्क-कीर-खस-बब्बर ।
मरु-वेयंग-कुंग-वेराडवि । गुज्जर-गोड-लाड-कण्णाडवि ।
इय एमाइ अउव्व-वसुधर । अवसरु पडिवालति महानर ।

---

[1] देशोंके नाम

मुनिया तासु परामुख-वचनैं। मुख मुकुलेँउ जल भरियउ नयनैं।
हियवइ निर्भर मन सभारेँउ। "दु:ख दु:ख" पुनि मन संवारेँउ।
ठिउ गरुआभिमान मन लाइय। मत्सर-मान-दर्प प्र-माजेँउ।
ना प्रहसै ना तनु शृगारै। ... . ।
ना काहुहिँ सँग नयन कटाक्षै। नहि कासुउँ गुण-दोषै आखै[1]।
तोहु ताहँ घरपति न मोँहावै। अपमानँत पुनिहू बोलावै।
"अछहि काहँ इहाँ दुष्-कदिरेँ। नीसरु कात ! जाहि प्रियमदिरेँ।"
सो दुर्वचन-वास असहती। निर्-गउ परिजन आ-पूछंनी।
—वहीँ पृ० १०-११

५—सामन्त-समाज

(१) राजद्वार राजांगण

राजागण जाई प्रकटिउ दुष्टहँ दुश्चरितू।
सो मुनहु जिमि भविषदत्त-यश विस्तरिउ॥
दर्शिय दुष्प्रपंच आकर्णिय। मान-कषाय-शल्य मनेँ मानिय।
हरिदत्तहोँ सकेत समासेँउ। कमलदलाक्षि-लक्ष्मि सवासेँउ।
निजहिँ जनेरि-वचन सप्रेषिय। पूर्वापर सकेत गवेषिय।
बहु नवल्ल पाहुरइँ[2] सँभारिय। चद्रप्रभ-जिनवर जयकारिय।
निर्-गउ वणि-वरेंद्र प्रभु-द्वारहोँ। भट-ठट-निवह-विषम-सचारहोँ।
जहँ गज गुलगुलनि पृथु जगम। हिल्हिलंति तूषार-तुरगम।
जहँ मडलियेँ शक्र-सामन्तहँ। वारेउ कनकदड पडसतहँ।
गलै मान अभिमान न पुज्जै। निज-स्वच्छंद लील ना जुज्जै।
जहँवाँ भोट-जट्ट-जालंधर। मारुव-टक्क-कीर-खस-बर्बर।
मरुवे - अंग - कुग - वैराटउ। गुर्जर - गौड - लाट - कर्नाटउ।
ई एताइं अपूर्व-वसुधर। अवसर प्रतिपालति महानर।

---

[1] बोलै [2] प्राभृत (=भेंट)

घत्ता । सामंत-सएँहिँ ज सेविज्जइ रत्तिदिणु ।
तं रायदुवारु पिक्खिवि कासु न खुट्टइ मणु ॥

—वहीं पृ० ७१

(२) सामन्ती युगकी शिक्षा

घत्ता । विन्हइँ दरिसतु महत्तरइँ, सज्जण-जण-हियवउ भरइ ।
आणद णदि-कलयल-रवेण, उज्झासाल पईसरइ ॥
तहिवि तेण गुतु वयण णिउत्ति । परमागम-कल-गुण-सजुत्ति ।
पुणि अक्खर सकेय-कयत्थेँ । बहु वायरण-सद्द-सत्थ-त्थेँ ।
सयलकला-कलाव-परियाणिय । अवगाहण-सत्तिए लहु जाणिय ।
जोइस-मत-तत बहु-भेयइँ । धणु-विन्नाण बाण-गुण-छेयइँ ।
विविहाउहइँ विविह-सवरणइँ । रणि हत्थापहत्थ-वावरणइँ ।
दिण्ण पहर पडिपहर पमुक्कइ । लक्खण-चलण-चचला ढुक्कइँ ।
मल्लजुज्झ आवगण-सवइ । ढोक्कर-कत्तरि करण पवचइँ ।
गय-तुरग-परिवाहण सन्नइँ । सारासार-परिक्खण [1]गन्नइँ ।
घत्ता । एमाइ विसिट्ठइँ अण्णहिँमि अगउ गुणिहिँ तासु वग्गिउ ।
जिण महिम पुज्ज दाणोच्छविण उज्झासालहिँ णीसरउ ॥२॥
उज्झासाल मुएँवि घरु आयहोँ । थिर-गभीर-गुणिहिँ विक्खायहोँ ।

—वहीं पृ० ८

(३) युद्ध (भविषदत्तका)

पढमउँ पहरताएँ सामिसालि । परिभमिय विसम-भडण-करालि ।
भडथडु अप्पं परिहोइ जाम । पाइक्कहोँ पसरु न होइ ताम ।
त मतिहु वयण सुणेवि तेण । अवलोइय नर हरिसियभुएण ।
दिट्ठइँ सम्माणइँ जोह जाम । पाइक्कहोँ पसरु न होइ ताम ।

---

[1] ग्रहण करते हैं

घत्ता । सामत शतेँहिँ जो सेविज्जै रात्रिदिन ।
सो राजदुवारहँ पेखि कासु न खुट्टै मन ॥

—वहीं पृ० ७१

(२) सामन्ती युगकी शिक्षा

घत्ता । चिन्हें दर्शन्त महत्तरहिँ, सज्जन-जन-हृदयउ भरै ।
आनंदनदि-कलकल-रवेहिँ, पाध्या-शाला[1] पईसरै ॥
तहीँ तेहिँ गुरुवचन-नियुक्ते । परमागम-कलाँ-गुण-सयुक्ते ।
पुनि अक्षर-सकेन-कृतार्थे । बहु व्याकरण-शब्द-शास्त्रार्थे ।
सकल-कला-कलाप-परिजानिय । अवगाहन शक्तिएँ वहु जानिय ।
ज्योतिष-मत्र-तत्र बहुभेदइँ । धनु-विज्ञान वाण-गुण-छेदइँ ।
विविध-आयुधइँ विविध-सवरणैं । रणें हस्त-पहस्त व्यापरणैं ।
दीनु प्रहर प्रतिप्रहर प्रमुचइँ । लक्षण-चलन-वचला-हुक्कइँ ।
मल्लयुद्ध आवलगन सचइँ । ठोक्कर-कर्तरि-करन प्रपचइँ ।
गज-तुरग-परिवाहन संज्ञइँ । सारासार-परीक्षण गिन्नइँ ।
घत्ता । एताइँ विशिष्टइँ, अन्यहँउ अगउ, गुणेहिँ तासु वरिऊ ।
जिन-महिम-पूज-दानोत्सवेँहिँ, पाध्याशालहिँ नीसरिऊ ।
पाध्याशाल मुचि घर आयउ । थिर-गभीर-गुणेँहिँ विख्यायउ ।

—वहीं पृ० ८

(३) युद्ध (भविषदत्तका)

प्रथमउँ प्रहरतउ स्वामिशाल । परिभ्रमिय विषम-भडन कराल ।
भट-ठट आपा-परिहोइ जाहँ । पायक्कहोँ पसर न होइ ताहँ ।
सो मत्रिहु वचन सुनीय तेहिँ । अवलोकेँउ नर हर्षित-भुजेहिँ ।
दृष्टैं सम्मानैं योध जाहँ । पाइक्कहोँ प्रसर न होइ ताहँ ।

---

[1] उपाध्यायशाला, पाठशाला

पसरइ साकेय-नरिंद-सिन्नु । रोमंच उच्च कंचुग्र पवन्नु ।
हरि-खर-खुर-रवि खोणी खणतु । गयपय पहारि धरदरमलतु ।
"हणु मारि मारि" कलयलु करालु । सन्नद्ध वद्ध भड-थडव मालु ।
त निएँवि सधणु अहिमुहुँ चलतु । धाइउ कुरु साहणु पडिखलंतु ।

घत्ता । कलयल-गभीरइँ दिन्नसरीरइँ, हय-रणभेरि-भयकरइँ ।
कुरुपोयणवल्लहँ अणिहय-मल्लहँ भिडियइँ बलइँ समच्छरइँ ॥

दुवई । सो हरि-खर-खुरग्ग-सघट्ट छाइउ रणु अतोरणे ।
ण भड-मच्छरग्गि-पधुक्कण धूमतमधयारणे ॥

धूलीरउ गयणगणु भरतु । उट्ठिउ जगु अधारउ करतु ।
नउ दीसइ अप्पु न परु स-खग्गु । न गइदु न तुरउ न गयणमग्गु ।
तेहवि काले अविसट्ट-मोह । हुंकारहु पहरु मुअति जोह ।
किवि आहणति दिसि बहु भणेवि । गय-गज्जिउ हय-हिंसिउ सुणेवि ।
किवि कोक्किवि पडिसद्दहों चलति । असि-मुट्ठिए निय-लोयण मलति ।
वावनु कोवि अहियाहिमाणु । गयदतहिँ भिन्नु अपिच्छमाणु ।
कत्थइ पहराउर[1] प्रयममोह । गयघड पयट्ट निहणति जोह ।
रउ नट्ठु विहिडिउ भडबलेण । महि मुद्दिय वण-सोणिय-जलेण ।

घत्ता । तो गय-घड पिल्लिउ सुहडहिँ मिल्लिउ अवरुप्परि कप्परियतणु ।
सरजालो मालिउ पहर करालिउ, भमरावत्ति भमिउ रणु ॥

दुवई । तो इक्कवयकन्न-नगुरणहिँ सुहडहिँ नारसिंहहिँ ।
दढ-दाढा-कराल-मुह-भासुर लोललत जीहाहिँ ॥१॥

खज्जतु भमिउँ करवट्ट सिन्नु । ओसारु निविड गयघडहिँ दिन्नु ।
तेहइ वि कालि सोंडीर-धीर । पहरति सुहड सगाम-धीर ।
केणवि कासुवि असिधाउ दिन्नु । उरु सिरु स-खग्गु भुग्र-दडु छिन्नु ।
असि वाहइ कोवि गलद्ध सेसु । हत्थेण धरेंवि पडतु सीसु ।

---

[1] प्रहार से पीडित

पसरै साकेत-नरेन्द्र शीर्ण । रोमाच उच्च-कंचुक प्रॉवरण ।
हरि-खर-खुर-रवें क्षोणी खनंत । गजपदप्रहरें धर दरदरंत ।
"हन, मार,मार" कलकल-कराल । सन्नद्ध बद्ध भटठटहँ माल ।
सो निजहु स-धनु अभिमुख चलत । धायें उ कुरु-साधन[1] प्रतिखलंत ।

घत्ता । कलकल-गभीरइँ, दीर्णशरीरइँ, हत-रणभेरि-भयकरई ।
कुरुउनवल्लभ, अनिहत-मल्लहँ, भिडियँ वलइँ समत्सरई ॥

द्विपदी । तो हरि-खॉर-खुराग्र-सघट्टें, छाइउ रणअतोरणे ।
जनु भट-मत्सर-'ग्नि-सधुक्षण धूमतम'न्धया रणे ॥

धूली-रज गगनागणें भरत । उट्ठेउ जग-अधारउ करत ।
ना दीसै आपु न पर स-खड्ग । न गयद न तुरग न गगन-मार्ग ।
तेहिइ काले अ-विसृष्ट-मोह । हुकारहु "प्रहरु" मुँचति योध ।
केउ आ-हनंति दिशि-बधु मानेइ । गज-गर्जन हय-हिन्हिन सुनेइ ।
केउ कोक्किउ प्रतिशब्दहु वदनि । असि-मुष्टिहिं निज-लोचन मलति ।
धावत कोंड अधिकाभिमान । गजदनहिं भिन्दु आपृच्छमान ।
कतहूँ प्रहरातुर अयग-मोह । गजघट-प्रवृत्त नि-हनंति योध ।
रज नष्टउ हिंडिउ भटवलेहिं । महि मुद्रिय व्रण-शोणित-जलेहिं ।

घत्ता । गजघट पेंल्लेंउ सुभदेहिं मिल्लेंउ, अपरोपरि कपरिय तनू ।
शरजालो मालेउ, प्रहर करालेउ, अमरावर्त्तें भ्रमेंउ रणू ॥

द्विपदी । तो एकहिँ एक प्रागुरणहि सुभटहिँ नरसिंहहिं ।
दृढ दष्ट्रा-कराल मुख-भासुर लोललत जीभहिं ॥

खाद्यत अमिउ कर-वाहँ-शीर्ण । ओसार निविड गजघटहिं दिन्न ।
तेहिई काल शौडीर-प्रवीर । प्रहरति सुभट सग्राम-धीर ।
केहुउ काहुहिँ असिघाउ दिन्न । उरु-शिर स-खड्ग भुजदड छिन्न ।
असि वाहैं कोउ गलार्ध-शेष । हाथेंहिं धरेउ पडंत-शीश ।

---

[1] सेना

केणवि आरोडिउ लवकसु । वचेवि फरसु कुतेण भिन्नु ।
केणवि रणि तज्जिउ एक्कवाउ । विज्जाहर करणि दिन्नु घाउ ।
केणवि ढुक्कतु ललंतु जीहु । दोखडिवि पाडिउ नारसीहु ।
कत्थइ कड्डु आविय गयहँ पंति । परिभमिय सुहड सीसइँ दलंति ।
कत्थइ पहराउर दुन्निवार । हिंडिय[1] तुरग पडि आसवार ।
कत्थइ सरोहु वण सोणियघु । सुरहिउ करि नरकेसरिहि खघु ।
एहइ वट्टंतए रणि असक्कि । मतणउँ जाउ महिवाल चक्कि ।
"अहो ! अच्छइ हु काइँ निरावसन्न । कुरुवइहि ओसारिय लवकन्न ।
मच्छुडु दुज्जउ भूवाल राउ । दीसइ घणपइ-सुउ बहु-पसाउ" ।
त मतिवयणु हियवइ धरेवि । उट्ठिय सयलवि समहरु करेवि ।

घत्ता । महिवइ सामंतिहिँ समरि भिडंतिहिँ कुरुवइ साहणु ओसरिउ ।
दिढ पहर करालिउ समरस-जालिउ, रणमहि मिल्लिवि नीसरिउ ॥१५॥

दुवई । भग्गइ सामि सिन्नि पइसतए पसरिबि नियमडले ।
निरु खलभलिय गाम-पुर-पट्टण, तहिँ कुरुभूमि-जगले ॥

—वही पृ० १०२-१०३

४ : ग्यारहवीं सदी

§ २५. अज्ञात कवि

काल—१०१० (**भोज-काल १००६-४२**) ।

१—तैलप-पराजित मुंजकी विपदा

(१) मुंजका पश्चात्ताप

इणि राजिइँ नहु काजु, भोज-गुणागर तूह विणु ।
काठ दिवारउ आज, जिम जरई भोजह मिलूँ ॥

[1] भटका फिरता है

काहुहि आलोड़ेॅउ लवकर्ण। वचाइ परशु-कुतेहिँ भिन्न।
काहुहिँ रणेॅ तर्जेॅउ एक बाव। विद्याधर-कर्ण दिन्न घाव।
काहुहि ढुक्कत ललत जीभ। दोखड्ड पातेॅउ नारसीह।
कतहूँ कउ आवी गजहँ पक्ति। परिभमिय सुभट शीशँ दलति।
कतहूँ प्रहरातुर दुर्निवार। हिंडिय तुरग, पडिया सवार।
कतहूँ सरोष व्रण-शोणित'न्ध। सुरभिउ करि नरकेसरिहि् खध।
ऐसेॅइँ होवंते रणेॅ असक्केॅ। मत्रण हुई महिपाल-चक्र।
"अहोॅ! आछै काइँ निरावसन्न। कुरुपतिहि् ओसारेॅउ लवकर्ण।
निश्चय दुर्जय भूपाल राव। दीसँ धनपति-सुत वहु-प्रसाद।"
सो मंत्रिवचन हृदयहिँ धरेइ। उट्ठिय सकलउ समहर करेइ।

घत्ता। महिपति सामनहिँ समर-भिडतहिँ, कुरुपति-साधन अपसरॅऊ।
दृढ-प्रहरकरालउ, समर-सज्वालेॅउ, रण-महि, मेलिय नीसरेॅऊ ॥१५॥

द्विपदी। भागँ स्वामि शीर्ण पइसतएँ पसरेॅइ निजय-मंडले।
अति-खलबलिय ग्राम-पुर-ट्टपन, तहँ कुरुभूमि-जगले ॥

—वही पृ० १०२-१०३

४ : ग्यारहवीँ सदी

§ २५. अज्ञात कवि

काल—१०१० (भोज-काल १००६-४२)।

१—तैलप[1]-पराजित मुंजकी विपदा

(१) मुंजका पश्चात्ताप

एहि राजहिँ नहिँ काज, भोज गुणागर ताहि विनु।
काठ दिवारउ आज, जिमि जाई भोजहँ मिलौँ ॥

---

[1] चालुक्यराज तैलप

सामिय अतिहिं अजाणु, ज इण परिबोलइ हियइ ।
जाण्या एहु प्रमाणु, कीअउँ जं न कयत्थियइ ॥
—[1]प्रबंध चितामृणि, पृ० २२

(२) रुद्रादित्यकी तैलप पर न चढ़नेकी सलाह

देव ! अम्हारी सीष, कीजइ अवगणिअइ नहीं ।
तूं चालती भीष , इणि मंत्रिहिं हुस्यइ सही ॥
हलियउं रायह राजु, तइं बडठइ मइं लघियइ ।
ए पुणि वडउँ अकाजु, तूं जाणे मालव-धणी ॥
सामी मुह तउ वीनवइ, ए छेहलउ जुहारु ।
अम्ह आइसु हिय सीसि, तुह पडतउँ देषूँ छारु ॥
—प्र० चि० पृ० २२

(३) मुंजसे तैलपका भीख मँगवाना

झोली तुट्टवि कि न मुअ, किं हुउ न छारह पुंजु !
हिण्डइ दोरी दोरियउ, जिम मकडु तिम मुंज ॥
चित्ति विसाउ न चिंतियइ, रयणायर गुण-पुंजु ।
जिम जिम वायइ विहिपडहु, तिम नाचिजइ मुंजु ।
सायरु षाईं लकगढु, गढवइ दसशिरु राउ ।
भग्ग षई सो भंजि गउ, मुंज म करिसि विसाउ ॥
गय गय रह गय तुरयगय, पायक्कडानि भिच्च ।
सग्गट्ठिय करि मतणउं, महता रुद्दाइच्च ॥
—प्र० चि०, पृ० २३

---

[1] प्रबंध-चिंतामणि, विश्व-भारती, शांति-निकेतन (संवत् १९८९)

स्वामिय अतिहि अजान, जो इन पर बोलै हिय।
जान्या एहु प्रमाण, कीधौं जो न कर्दथियइ ॥
—प्रबध चिंतामणि, पृ० २२

(२) रुद्रादित्यकी तैलप पर न चढ़नेकी सलाह

देव ! हमारी सीख कीजै औगनियै नहीं।
तू चालती भीख, इन मंत्रिहिं होइह सखी ॥
रुलियउ राजहँ राज, तैं बइठै मैं लघियइ।
ए पुनि बडो अकाज, तू जाने मालव-धनी ॥
स्वामी मुखतें वीनवैं, यह पाछिउ जुहार।
मोहिं आयसु हिय शीश तुह, पडतो देखूं छार ॥
—प्र० चि०, पृ० २२

(३) मुंजसे तैलपका भीख मँगवाना

झोली टुट्टी की न मुअ, कि हुअ न छारह पुंज।
हिंडै[1] डोरी डोरियउ, जिमि मर्कट तिमि मुंज ॥
चित्तें विषाद न चिंतियइ, रतनाकर गुण-पुंज।
जिमि जिमि बाजै विधि-पटह, तिमि ना चिर्ज्जै मुंज ॥
सागर खाईं लंक-गढ, गढपति दश-शिर राव।
भाग्य क्षयी सो भजि गउ, मुंज ! न करहि विषाद ॥
गयें गज रथ गयें तुरग गयें पायकडानउ भृत्य।
सर्गे ठिउ करि मंत्रणा, महता रुद्रादित्य ॥
—प्र० चि०, पृ० २३

[1] घूमता है, भटकता है

२—सुखी कुटुंब

भोली मुन्धि म गव्वु करि, पिक्खवि पहु-रुवाईं।
चउदह-सईं छहुत्तरईं, मुजह गयह् गयाईं॥
च्यारि बइल्ला धेनु दुइ, मिट्ठा-बुल्ली नारि।
काहू मुज कुडबियहँ, गयवर बज्झइँ बारि॥
—प्र० चि०, पृ० २४

३—दासीं-प्रेम-निंदा

दासिहिँ नेह न होइ, नाना निरर्हां जाणियइ।
राउ मुंजेभरु जोइ, घरिघरि भिक्खु भमाडियइ॥[२]
बेसा छडि वडाथती, जे दासिहिँ रच्चति।
ते नर मुजनरिन्द-जिम, परिभव घणा सहंति॥
—प्र० चि०, पृ० २४

४—नीति-वाक्य

जे थक्का गोला नई, हूँ बाल कीजूं ताह्।
मुज न दिट्ठउ विहलिऊ, रिद्धि न दिट्ठ खलाहँ॥
जा मति पच्छइ सम्पजइ, सा मति पहिली होइ।
मुज भणइ मुणालवइ, विघन न बेढइ कोइ॥
—प्र० चि०, पृ० २४

५—वैराग्य

कसु करु रे पुत्त कलत्त धी कसु करु रे करसण वाडी।
एकला आइवो एकला जाइबो हाथ-पग बेहु झाडी॥
—प्रबंधचिंतामणि, पृ० ५१

---

[१] मृणालवती [२] घुमाती है

२–सुखी कुटुंब

भोली मुग्धे ! न गर्व करु, पेखें वि प्रति-रूपाइँ ।
चौदहसै छेहत्तरा, मुजह गजह गताइँ ।।
चारि बइल्ला धेनु दुइ, मिट्ठा-बोली नारि ।
काह मुज ! कुटुंबियइँ, गज-वर बाँधे द्वारि ।।
—प्र० चि०, पृ० २४

३–दासी-प्रेम-निंदा

दासिहिँ स्नेह न होइ, नाना निरखी जानियइ ।
राव मुंजेश्वर जोइ, घर-घर भीख भ्रमावई ।।
वेस्या छाडि बडायती, जे दासिहिँ रजंति ।
ते नर मुंज-नरेन्द्र जिमि, परिभव घना सहंति ।।
—प्र० चि०, पृ० २४

४–नीति-वाक्य

जे थाके[1] गोदा नदी, हौं वलि कीजौं ताह ।
मुज न देखंउ विहरियउ, ऋद्धि न दीसु खलाहँ ।।
जा मति पाछे ऊपजै, सा मति पहिले होइ ।
मुज भनै मृणालवति, विघन न वाढै कोइ ।।
—प्र० चि०, पृ० २४

५–वैराग्य

कासुकर रे पुत्र-कलत्र-धी कासुकर रे कर्षण-वाडी ।
एकले आइब एकले जाइब हाथ-पग दोनों झाडी ।।
—प्रबंध चितामणि, पृ० ५१

---

[1] ठैर रह्यो, ठहर जाय

§२६. अब्दुर्रह्मान[1]

काल—१०१० ई०। देश—मुल्तान। कुल-जुलाहा (मीरसेन। मीरहसन)

१-परिचय

अणुराइयरयिहरु कामिय-मणहरु, मयण मणह-पह-दीवयरो।
विरहिणिमइरद्धउ मुणह विमुद्धउ, रसियह रस-सजीवयरो ॥२२॥
अइणेहिण भासिउ रइमइवासिउ, सवणसकुलियह अमिय सरो।
लइ लिहइ वियक्खणु अत्थह लक्खणु, सुरइ-सगि जु विअड्ढ-नरो ॥२३॥

२-प्रोषितपतिकाका संदेश

(प्रोषितपतिका पथिकको रोकती है)

धम्मिलउ मुक्कमुह, विज्जभइ अरु अगु मोडई।
विरहानग्गि सतविअ, ससइ दीह कर-साह तोडई॥
इम मुद्धह विलवंतियह महि चलणेहि छिहंतु।
अद्धुड्डीणउ तिणि पहिउ पहि जोयउ पवहंतु ॥२२॥
त जि पहिय पिक्खेविणु पिअ-उक्कंखिरिया,
मथर-गय सरलाइवि उत्तावलि चलिया।
तह मणहर चल्लतिय चचलरमणभरि,
छुडवि खिसिय रसणावलि किंकिणि-रव पसरी ॥२६॥
त ज मेहल ठवइ गंठि णिट्ठुर मुहय,
तुडिय ताव थूलावलि णवसर-हारलय।
सा तिवि किवि मवागिवि चइवि किवि सचरिया,
णेउर चरण-विलग्गिवि तह पहि पखुडिया ॥२७॥

---

[1] पच्चाए सि पहूओ पुव्वपसिद्धो य मिच्छदेसो त्थि।
तह विसए संभूओ आरद्दो मीरसेणस्स ॥३॥

§ २६. अब्दुर्रह्मान

पुत्त अद्दहमाण) (आरद्द) । कृति—संनेह-रासय (संदेश-रासक), शृंगारी कवि ।

१—परिचय

अनुरागी-रतिघर कामी-मनहर, मदनमना पथ-दीपकरो ।
विरहिणि-मकरध्वज सुनहु विशुद्धउ रसिकन रस संजीवकरो ॥२२॥
अतिस्नेहहिँ भाषेँउ रतिमनिवासित, श्रवण-शष्कुलिहिँ अमृतसरो ।
लये लिखै विचक्षण अर्थहिँ लक्षण, सुरति-सगेँ जोँ विदग्ध-नरो ॥२३॥

२—प्रोषितपतिकाका संदेश

(प्रोषितपतिका पथिक को रोकती है)

केशमुक्तमुख जँभाये अरु अग मोडई ।
विरहानलेँ सतपिय, ग्वमै दीर्घ-कर-शाख तोडई ॥
इमि मुग्धा विलपंती महिहिँ चरणेहिँ छुवन्ती ।
अर्धोद्विग्ना सा पथिक पथेँ जोयउ चलती ॥२५॥
नहि पथिकहिँ पेखिया प्रियहिँ उत्कंठिनिका,
मथर-गति भरलाढ्य उत्तावलि चलिया ।
तिमि मनहर चल्लन्ती चचलरसणभरी,
छूटी ग्विसकि रसनावलि, किंकिणि-रव पसरी ॥२६॥
ना मेखलहिँ राखि गांठेँ निष्ठुर सुभगा,
टूटी तबहिँ स्थूलावलि नव-सर-हार-लता ।
वह तेहिँ किछुक उठाइ किछुक तजि मचलिता,
नूपुर चरण लपटिया इमि पथि आ-पडिया ॥२७॥

तह तणयो कुलकमलो पाइय कव्वेसु गीय विसयेसु ।
अद्दहमाण पसिद्धो संनेहय रासयं रइयं ॥४॥

—सदेशरासक (भारतीय विद्या (बंबई) मार्च १९४२ ई०)

पडिउट्ठिय सविलक्ख-सलज्जिर सभ्भसिया,
तउ सय सच्छ णियसण मुद्धहवि वलसिया।
तं संवरि अणुसरिय पहिय पावयणमणा,
फुडवि णित्त कुप्पास विलग्गिय दर सिहणा ॥२८॥
छायंती कह कह व सलज्जिर णिय करहीँ,
कणय-कलस झपंती ण इंदीवरहीँ।
तो आसन्न पहुत्त सगग्गिर-गिरवयणी,
कियउ सद्दु सविलासु करुण दीहरनयणी ॥२९॥
ठाहि ठाहि णिमिसद्धु सुथिरु अवहारि मणु,
पिसुणि किंपि ज जपउँ हियइ पसिज्जि खणु।
एय वयण आयन्नि पहिउ कोऊहलिउ,
णेय णिअत्तउ तासु कमद्धु'वि णहु चलियउ ॥३०॥
गाहा तं निसुणेविणु राय-मराल-गइ,
चलणगुट्ठि धरत्ति सलज्जिर उल्लिहइ।
तउ पंथिउ कणयगि तत्थ बोलावियउ,
"कहि जाइसि हिव पहिय कहँ व तुह आइयउ" ॥४१॥
"णयरणामु सामोरु सरोरुहदलनयणी,
णायर-जन-सपुन्नु हरिस ससिहरवयणी।
धवल-तुंग-पायारिहिँ तिउरिहि मडियउ,
णहु दीसइ कुइ मुक्खु सयलु जणु पडियउ ॥४२॥
तवण-तित्थु चाउद्दिसि मियच्छि वखाणियइ,
मूलत्थाणु[१] सुपसिद्धउ महियलि जाणियइ।
तिह हुंतउ हउँ इक्किण लेहउ पेसियउ,
खभाइत्तइँ वच्चउँ पहु-आएसियउ" ॥६५॥

---

[१] मूलतान (मूलस्थान=मूलत्राण ?)

पडि उट्ठी सविलक्ष सलज्जिल सभ्रमिया,
तब सित-स्वच्छ-वसन मूर्धहिं खसिया।
ढाँकि ताहि अनुसरी पथिक-मिल्लन-मनसा,
फटी कचुकी क्षुद्र-छिद्र तहँ झलक कुचा ॥२८॥
ढाँकती कैसहूँ सलज्जिल निज-करहीं,
कनक-कलश झाँपती मनहुँ इदीवरहीं।
नियरे पुन. पहुँचि सगद्गद-गिर-वदनी,
कहेँउ शब्द सविलास करुण-दीरघ-नयनी ॥२६॥
"ठहर ठहर निमिषार्वे सुथिर अवधारु मने,
सुनु जो किछ् मैं भाखौं हियहिं पसीजु क्षणे।"
एह वचन सुनि पुनि पथिक कौतूहलियउ,
तुरतहिं लौटेंउ तासु पदार्थउ ना चलियउ ॥३०॥
गाथा ताहि सुनाइय, राज़-मराल-गती,
चरणांगुष्ठहिं भूमि सलज्जिलसौं खनती।
इमि पथिकहिं कनकांगि वहाँ बोलाइयऊ,
"कइँ जाइस हे पथिक! कहाँसे आइयऊ" ॥४१॥
"नगर नाम सामोरु[1] सरोरुहदलनयनी!
नागरजनसपूर्ण अहै शशिधरवदनी!
धवल-तुग-प्राकारेँहिं त्रिपुरेँहिं मडितऊ,
नहिं दीसै कोइ मूर्ख सकल जन पंडितऊ ॥४२॥
तपन-तीर्थ चौदिसहिं मृगाक्षि! बखानियई,
मूलतान सुप्रसिद्धउ महितलें जानियई।
तहँते मोहिं केहु लेख देइ भेजावियऊ,
खंभातहिं मैं जाउँ प्रभूप्रेषियत हुउँ" ॥६५॥

---

[1] शाम्बपुर=मुल्तान

एय वयण आयन्नवि सिधुब्भववयणी,
ससिवि सासु दीहुन्हउ सलिलुब्भवनयणी।
तोडि करंगुलि करुण सगग्गिर-गिर पसरु,
जालधरि व समीरिण मूध थरहरिय चिरु ॥६६॥
रुइवि खणद्धु फुसावि नयण पुण वज्जरिउ,
"खभाइत्तहँ णामि पहिय तणु जज्जरिउ।
तह मह अच्छइ णाहु विरह-उन्हावयरु,
अहिय कालु गम्मियउ ण आयउ णिद्दयरु ॥६७॥
पउ मोड़वि निमिसिद्धु पहिय जइ दय करही,
कहउँ किपि मदेसउ पिय तुच्छक्खरही"।
पहिउ भणइ "कणयगि ! कहह कि रुन्नयण,
झिज्जनी णिरु दीसहि उव्विन्नमियनयण" ॥६८॥
"जसु णिग्गमि रेणुक्करडि, कीअ ण विरहदवेण।
किम दिज्जइ सदेसडउ, तसु णिट्ठुरड मणेण ॥६९॥
जंसु पवसत ण पवसिआ, मुइअ विओइ ण जासु,
लज्जिजज्जउँ सदेसडउ, दिती पहिय पियासु" ॥७०॥
लज्जवि पथिय जइ रहउँ, हिअउ न धरणउ जाइ।
गाह पढिज्जसु इक्क पिय, कर लेविणु मन्नाइ ॥७१॥
तुह विरहपहर सचूरिआइँ, विहडति ज न अगाइँ।
न अज्ज-कल्ल-सघडण-ओसहे णाह तग्गंति ॥७२॥
कहवि इय गाह पथिय ! मन्नाएवि पिउ।
दोहा पचकहिज्जसु, गुरुविणएण संउ ॥७४॥
पिअ-विरहानल सतविउ, जइ वच्चइ सुरलोइ।
तुअ छड्डिवि हिय अट्ठियह, तं परिवाडि ण होइ ॥७५॥
कंत जु तइ हिअयट्ठियह, विरह विडवइ काउ।
सप्पुरिसह मरणाअहिउ, परपरिहव-संताउ ॥७६॥

एह वयन काने सुनि सिंधूद्भववदनी,
लेइ दीर्घोष्ण-निश्वास सलिलसंभववदनी।
फोडि करांगुलि करुण सगद्गद-गिरा कही,
मुग्धा वातेंहिं कदली जिमि थहराय रही ॥६६॥
रोइ क्षणार्द्धहिं पोंछि नयन पुनि बोलियऊ,
"खम्भातहि को नाम पथिक ! तनु जर्जरिऊ।
तहँ मम आछै नाथ विरह-उल्लासकर,
अधिक काल चलि गयउ, न आयउ निर्दयर ॥६७॥
पद मोडहु निमिषार्ध पथिक ! यदि दया करी,
कहौं किमपि संदेश प्रियहिं तुच्छाक्षरहीं।"
पथिक भनै "कनकांगि ! कहहु किमि रुद्रियनी,
खिन्ना दीसै बहु उद्विग्निल मृगनयनी" ॥६८॥
"जेहि निकसे भस्मोत्कर, कीय न विरहदवेंहिं,
किमि दीजै संदेसडा, तासु निष्ठुरहि सनेहिं ॥६९॥
जासु प्रवास न प्रवसिया, मुई वियोग न जेहि।
लज्जीअउँ संदेसडउ, देनी पथिक ! प्रियेहिं ॥७०॥
लज्जिय पथिक ! यदि रहौं, हियहु न धारिय जाइ।
गाथा पढियहु एक प्रिय, कर गहि लेहु मनाइ ॥७१॥
'तव विरहचोटहिं चूरचूर" नष्ट जो ना अंग हुये।
सो आजकल-मिलन-उत्सहेंहिं नाथ ठहरे हुये ॥७२॥
कहियउ एँह गाथा पथिक, मनायो प्रिय।
दोहा पाँच कहीजो, बहुविनयेहिं सह ॥७४॥
प्रिय-विरहानल संतपित, यदि जाओं सुर-लोक।
तोंहि छाडी हृदयस्थितहें, सो पुनि नीक न होइ ॥७५॥
कन्त ! जों तोंहिं हृदयस्थितहिं, विरह पराजै काहु।
सत्पुरुषहिं मारणाधिक, पर-परिभव-संताप ॥७६॥

गरुअउ परिहवु कि न सहउ, पइ पोरिस-निलएण ।
जिहि अंगिहिं तू विलसियउ, ते दद्धा विरहेण ॥७७॥
विरह-परिग्गह छावडइ, पहराविउ निरवक्खि ।
तुट्टी देह ण हउ हियउ, तुअ संमाणिय पिक्खि ॥७८॥
मह ण समत्थिम विरहसउ, ता अच्छहु विलवंति ।
पालीरूअ पमाण पर, धण सामिहि घुम्मति ॥७९॥
सदेसडउ सवित्थरउ, पर मइ कहण न जाइ ।
जो काणगुलि मूंदडउ, सो बाहडी समाइ ॥८१॥
ल्हसिउ अंसु उद्धसिउ, अंगु विलुलिय अलय,
हुय उब्बिर वयण खलिय विवरीय गय ।
कुकुम कणय-सरिच्छ कति कासिणा वरिया,
हुइय मुध तुय विरहि णिसायर णिसियरिया" ॥८७॥
पहिउ भणइ "पडिउंजि जाउ ससिहरवयणी,
अहवा किंवि कहणिज्जसु मह्नु कहु मियनयणी" ।
"कहउ पहिय ! कि ण कहउ कहिसु कि कहिययण,
जिण किय एह अवत्थ णेहरइ-रहिय-यण ॥९१॥
जिणि हउ विरहह कुहरि एव करि धल्लिया,
अत्थलोहि अकयत्थि इकल्लिय मिल्हिया ।
सदेसडउ सवित्थरु तुहु उत्तावलउ,
कहिय पहिय" पिय गाह वत्थु तह डोमिलउ ॥९२॥
पिअ-विरह-विओए संगमसोए, दिवस-रयणि झूरंत मणे,
णिरु अंगु सुसंतह बाह फुसंतह, अप्पह णिद्दय किंपि भणे ।
तसु सुयण निवेसिय भाइण पेसिय, मोहवसण बोलत खणे,
मह साइम वक्खरु हरि गउ तक्खरु, जाउ सरणि कसु पहिय ! भणे" ।
इह्नु डोमिलउ भणेविणु निसितम-हरवयणी,
हुइय णिमिस णिप्फंद सरोरुहदलनयणी ।

गरुओ परिभव किन सहौं, तौं हिं पौरुष-निलयँहिं।
जेहि अंगेंहिं तु विलासियौ, सो डाहेंउ विरहेंहिं ॥७७॥

विरह-परिग्रह देहरिहिं, प्रहरेउ निरपेक्षि।
टूटी देह न हनेंउ हृदय- तुव संमानहिं पेखि ॥७८॥

मैं न समर्था विरह-सँग, सो रहऊँ बिलपन्ति।
पालिय रूप प्रमाण पुनि, घनि स्वामीहिं घुमन्ति ॥७९॥

संदेसडो सविस्तरो, पर मोहिं कहेंउ न जाइ।
जो कनगुरिया मूँदडी, सो बाँहडी समाइ ॥८१॥

हसेंउ तेज उद्दसेंउ अग विखरिय अलकें,
हुअ फिक्कफिक वदन स्खलित-विपरीत-गती।
कुकुम-कनक-सदृश कान्ति कलुषावृतिया,
हुइ मुग्धा तुव विरहें निशाचर निशिचरिया" ॥८७॥

पथिक भनै "तैं भेजु जाउँ शशिधरवदनी,
अथवा किछु कथनीय सों मोंहिं कहु मृगनयनी" ॥८८॥

"कहौं पथिक ! कि न कहौं, कह्यु की कहँकहिया,
जिन्न किय एहु अवस्थ नेहरतिरहितैया ॥९१॥

जिन हौं विरहकुहरें इमि करि छडिया,
अर्थलोभि अकृतार्थ इकल्ली मुचड़िया ॥

संदेसडो सविस्तर, तुहुँ उतावलऊ,
कहेंहु पथिक प्रिय गाथाँ वस्तु तहँ डोमिलऊ ॥९२॥

प्रिय-विरह-वियोगे संगम-शोके, दिवस-रजनि भूरंत मने,
अति-अंग सुखन्तहँ वाष्पाश्रु वहतहँ आपुहिं निर्दय किमपि भने।
तसु सुजन निवेशिय, भावहिं पेखिय मोहवशेन वोंलत क्षणे,
मम स्वामिय वक्तरु हरि गज तस्कर, जाउँ शरण कासु पथिक! भने" ॥९५॥

एहु डोमिलउ भनी पुनि निशितम-हरवदनी,
हुई निमिष निष्पन्द सरोरुहदलनयनी।

णहु किहु कहइ ण पिक्खइ ज पुणु अवरु जणु,
चित्ति भित्ति ण लिहिय मुध सच्चविय खणु ॥९६॥
पहिउ भणइ थिरु होहि "धीरु, आभासि खणु,
नइवि वग्विकय ससिसउन्न फसहि वयणु"।
तस्स वयणु आयन्नि, विरहभर-भज्जरिया,
लइ अचलु मुहु पुछिउ, तह व सलज्जरिया ॥९८॥
"जइ अंबरु उग्गिलइ राय पुणि रगियइ,
अह निव्वहउ अगु, होइ आभगियइ।
अह हारिज्जइ दविणु, जिणिवि पुणु भिट्टियइ,
पिय विरत्तु हुइ चित्त, पहिय ! किम वट्टियइ ॥१०१॥
कहि ण सवित्थरु सक्कउँ मयणाउहवहिया,
इय अवत्थ अम्हारिय कतइ सिँव कहिया।
अंगभगि णिरु अणरइ, उज्जगउ णिसिहि,
विहलघलगय मग्ग, चलतिहि आलसिहि ॥१०५॥
धम्मिल्लइ संवरणु न घणु कुसुमहिँ रइउ,
कज्जलु गलइ कवोलिहि, ज नयणिहि धरिउं।
ज णिया आसा मग्गिहि अग्गिहिँ पलु चडइ,
विरह-हुयासि झलक्किउ न पडिलिउ झडइ ॥१०६॥
सुआरह जिम मह हियउ, पिय-उक्कखि करेइ।
विरह-हुयासि दहेवि करि, आसाजलि सिंचेइ" ॥१०८॥
पहिउ भणइ "पहि जत अमगलु मह म करि,
रुयवि रुयवि पुणरुत्त वाह संवरिवि धरि"।
"पहिय ! होउ तुह इच्छ अज्ज सिज्झउ गमणु,
मइ न रुन्नु विरहग्गि धूम लोयण सवणु ॥१०९॥
सधउ दुवइ सुणेवि अगु रोमंचियउ,
णेय पिम्म परिखडिउ पहिउ मणि रंजियउ।

ना किछु कहै न पेखै जो पुनि अवर जनहीं,
चित्र-भित्ति जिमि लिखित मुग्धौं सच्चाइय क्षणहीं ॥९६॥
पथिक भनै "थिर होहि धीर आश्वासु क्षणहिं,
लाउँ लेइ वराकिय शशिसँपूर्ण पोँछहु वदना।"
तासु वचन आकर्णि विरह-भर-भजलिया,
लेँइ अचल मुख पोँछु तहँहि सलज्जिलिया ॥९८॥
"यदि अबर छोडहि रग किन् रगिअई,
जो निम्नेहउ अग होइ अभ्यगिअई।
जो हारिज्जइ धनहिं, जितबि पुनि भेंटिअई,
प्रिय विरक्त ह्वै चित्त पथिक! किमि फरियई ॥१०१॥
कहि न सविस्तर सकौं मदनाग्नि-वक्षितहु,
एँह अवस्थ हम्मारिय कतहिं सब कहियहु।
अग-भग वहु अरती, उज्जग्गौं निशिहीं,
विविलघिनगति मगहिं, चलन्ती आलसहीं ॥१०४॥
केशनकर सवरण न धन-कुसुमहिं रचउँ,
काजल बहै कपोलहिं जों नयनहिं धरऊँ।
जो प्रिय-आशा मगंहिं अगं मांम वटै,
विरहहुताशें भलक्केंउ सो दुगुनोउ फटै ॥१०६॥
सोनारहि जिमि मम हृदय, प्रिय-उत्कंठि करेइ।
विरहहुताशे दहन लगि, आशाजल सिचेइ" ॥१०८॥
पथिक भनै "पथि जात अमगल मम न करु,
रोइ रोइ पुनि रुदन-अश्रु लेंहु रोकि धरु।"
"पथिक! होहु तव इष्ट आज सिद्धहु गमनू,
मैं न रोयों विरहाग्नि-धूम लोचनस्रवणू" ॥१०९॥
सखहु दुखौ सुनीइ, अग रोमाञ्चितऊ,
नहीं प्रेम परि-पडेउ पथिक मनें रंजितऊ।

तह जंपइ मियनयणि सुणिहि धीरयसु खणु,
किहु पुच्छहु ससिवयणि । पयासहि फुड वयणु ॥१२१॥
णव-घणरिहु-वि-णग्गय निम्मल फुरइ करु,
सरयरयणि पच्चक्खु झरंतउ अमिय-भरु ।
तह चदह जिण णत्थ पियह सजणिय सुहु,
कइथलग्गि विरहग्गिधूमि झपियउ मुहु ॥१२२॥

३—ऋतु-वर्णन

(१) ग्रीष्म-वर्णन

"णव गिम्हागमि पहिय । णाहु ज पविमयउ,
करवि करजुलि सुहसमूह मह णिवसियउ ।
तसु अणु-अचि पलुट्टि विरह हवि तविय तणु,
वलिवि पत्त णिय-भुयणि विसठलु-विहल-मणु ॥१३०॥
तह अणरइ रणरणउ असुह असहतियहँ,
दुम्सहु मलय-समीरणु मयणा-कतियहँ ।
विसमझाल झलकत जलतिय तिव्वयंर,
महियलि वण-तिण-दहण तवतिय तरणि-कर ॥१३१॥
जम-जीहड ण चचलु णहयलु लहलहइ,
तडतडयड धर तिडइ ण तेयह भरु सहइ ।
अइउन्हउ वोमयलि पहजणु ज वहइ,
त झखरु विरहिणिहि अगु फरिसिउ दहइ ॥१३२॥
हरियदणु सिसिरत्थु उवरि ज लेवियउ,
त सिहणह परितवइ अहिउ अहिसेवियउ ।
ठविय विविह विलवतिय अह तह हारलय,
कुसुम माल तिवि मुयइ, झाल तड हुइ सभय ॥१३५॥

सब बोलै "मृगनयनि ! सुनहु धीरयहु क्षण,
किछु पूछउँ शशिवदनि ! प्रकाशहिँ स्फुट वचन ॥१२१॥
नव-घन-रेख-विनिर्गत निर्मल फुरे करो,
शरद-रजनि प्रत्यक्ष झरतउ अमृत-भरो।
तेँहि चन्दहिँ जयनार्थ प्रियहिँ सजनित सुखो,
कवहिँ लागि विरहाग्नि-धूम झाँपियउ मुखो" ॥१२२॥

३–ऋतु-वर्णन

(१) ग्रीष्म-वर्णन

"नव-ग्रीष्मागमेँ पथिक ! नाथ जब प्रवासितऊ,
करव करांजलि मुख-समूह मम निवसितऊ।
तसु पाछहीँ लउट्टि विरह-अगि-तपित-तना,
तबहिँ आइ निजभवन विसस्थुल-विकल-मना"।
तिमि अनरति-रणरणक-असुख असह्यतियहीँ,
दुस्सह मलय-समीरण मदनाक्रान्तियहीँ।
विषमज्वाल झलकत ज्वलतिय तीव्रतरा,
महियल वन-तृण-दहन तपते तरणिकरा ॥१३१॥
यमजिह्वा जिमि चचल नभतल लहलहई,
तडतडतड धरा करै न तेजोभर सहई।
अतिउष्णउ व्योमतलेँ प्रभजन जो बहई,
सो झखण विरहिहिँ अग परसेँउ दहई ॥१३२॥
हरिचंदन शीतार्थ उपरि जो लेपितऊ,
सो स्तनकहिँ परितपै अहेउ अहि-सेवितऊ।
थपी विविधि विलपतिय जो तहँ हार-लता,
कुसुममाल तेँउ मुँचै ज्वाल तब हुइ सभया" ॥१३५॥

(२) वर्षा-वर्णन

इम तवियउ वहु गिंभु कहवि मइ बोलियउ,
पहिय ! पत्तु पुण पाउसु धिट्ठु ण पत्तु पिउ।
चउदिसि धोरधारु पवन्नउ गरुयभरु,
गयणि गुहिर घुरहुरइ, सरोसउ अंबुहरु ॥१३९॥

वगु मिल्हवि सलिलद्दहु, तरु-सिहरहि चडिउ,
नड्व कोरवि सिहंडिहि, वरसिहरिहि रडिउ।
सलिलिहि वर सालूरिहि, फरसिउ रसिउ मोर,
कलयलु किउ कलयंठिहि, चडि चूयह-सिहरि ॥१४४॥

मच्छरमय सचडिउ रन्नि गोयगणहि,
मणहर रसियइ नाहु रंगि गोयंगणिहि।
हरियाउलु धरवलउ कयविण महमहिउ,
कियउ भगु अंगंगि अणंगिण मह अहिउ ॥१४६॥

झंपवि तम वद्दलिण दसह दिसि छायउ अंवरु
उन्नवियउ घुरहुरइ घोरु घण-किसणाडंबुरु।
णहह मग्गि णहवल्लिय तरल तडयडवि तडक्कइ,
दद्दुर-रडणु रउद्दु सद्दु कुवि सहवि ण सक्कइ।
निवड-निरंतर नीरहर दुद्धर धर धारोहभर,
कि सहउं पहिय-सिहरट्ठियइ दुसहउ कोइल रसइ सरु ॥१४८॥

जामिणि ज वयणिज्ज तुअ, त तिहुयणि णहु माइ।
दुक्खिवहि तोइ चउग्गुणी, भिज्जइ मुहसगाइ ॥१५६॥

(३) शरद्-वर्णन

इम विलवती कहव दिण पाइउ,
गेउ गिरन्त पढतह पाइउ।
पिय-अणुराइ रयणिअ रमणीयव,
गिज्जइ पहिय ! मुणिय अरमणीयव ॥१५७॥

(२) वर्षा-वर्णन

"इमि तपिअउ वहु ग्रीष्म सकों कस बोलियऊ,
पथिक ! आव पुनि पावस ढीठ न आँव पियऊ।
चौदिसि घोरधार छाय गउ गरुअ-भरो,
गगन-कुहर घुरघुरै सरोषउ अबुधरो ॥१३९॥
वक छाडिय सलिलह्लद तरु-शिखरहिँ चढेँऊ,
ताडव करिय शिखडिहि बरशिखरे रटेँऊ।
सलिलेहिँ वर शालूरेँहि परसेँउ रमेँउ स्वरेँहि,
कलकल किउ कलकठहिँ चढि आमहि शिखरे ॥१४४॥
मच्छरभय आ-पडेँउ ठाँव गाई-गणहीँ,
मनहर रमिअइ नाथ रगँ गोपागनहीँ।
हरियावल धरॉवलय कदम्बन महमहिऊ,
कियउ भग अगाग अनगेहिँ मम अतिहू ॥१४६॥
झाँपी तम-वद्दली दसहु दिशि छाई अबर,
उट्ठविउ घुरघुरा घोर घन कृष्णाडबर।
नभहि मार्ग नभवल्ली तरल तडतडै तडक्कै,
दर्दुर रटन कठोर शब्द कोइ सहउ न सक्कै।
निपट निरतर नीरधर दुर्धर धर धारौघभर,
किमि सहौँ पथिक ! शिखरस्थितहुँ कोइल रसै स्वर ॥१४८॥
यामिनि ! जो वचनीय तुव, सो त्रिभुवन न अमाइ।
दुक्खिहिँ होई चौगुनी, छीजै सुख-सगाहिँ ॥१५६॥

(३) शरद-वर्णन

इमि विलपति पछिम दिन पायउ,
गीति गयत पढतहु प्राकृत।
प्रिय-अनुरागि रजनि रमणीया,
गीयइ पथिक ! जानि अरमणीया ॥१५७॥

दक्खिण-मग्गु णियतइ भत्तिहिँ,
दिट्ठु अइत्थिरि सिउ मइ झत्तिहि।
मुणियउ पाउसु परिगमिअउ,
पिउ परएँसि रहिउ णहु रमिअउ ॥१५६॥
गय विद्दरवि बलाहय गयणिहि,
मणहर रिक्ख पलोइय रयणिहि।
हुयउ वासु छम्मयलि फणिदह,
फुरिय जुन्ह निसि निम्मल चदह ॥१६०॥
सोहइ सलिलु सरिहिँ मयवत्तिहि,
विविह तरग तरगिणि जनिहि।
ज हुय हीय गिभि णवसरयह,
त पुण सोह चडी णव-सरयह ॥१६१॥
धवपिलय धवल मख-सकासिहि,
सोहइ सरह तीर मकासिहि।
णिम्मलणीर सरिहिँ पवहतिहिँ,
नड रेहति विहगम-पतिहिँ ॥१६३॥
पडिबिबउ दरसिज्जइ विमलहिँ,
कद्दमभारु पमुक्किउ सलिलहिँ।
सहमि ण कुज सद्दु सरयागमि,
मरमि मरालगामि णहु तगमि ॥१६४॥
अच्छइ जिह नारिहिँ नर रमिरइ,
सोहइ तरह तीर तिह भमिरइ।
बालय वर जुवाण खिल्लतय,
दीसइ घरिघरि पडह वजतय ॥१७४॥
दारय कुडवाल तडव करि,
भमहि रच्छि वामतय सुदर।

दक्षिण-मार्ग देंखन्ती भक्तिहिं,
देखें अगस्त्य ऋषी मैं झट्टिहिं।
जानेंउ सो पावसहिं गमायउ,
प्रिय परदेश रहेंउ ना रमियउ ॥१५९॥
गउ फाटियइ बलाहक गगनेहिं,
मनहर तारक लोकिय रजनिहिं।
हुयो वास भूमितलें फणीन्द्रा,
फुरिय जुन्ह निशि निर्मल चन्द्रा ॥१६०॥
मोहैं सलिल सरन शतपत्रेंहिं,
विविध तरग तरंगिहिं जातेंहिं।
जो हत हती ग्रीष्में नवसरसहि,
सा पुनि शोभा चढ़ी नवसरसहि ॥१६१॥
धवलित धवल-शख-सकाशेहिं,
मोहैं सरहि तीर सकाशेहिं।
निर्मलनीर सरित प्रवहन्नेहिं,
तट शोभन्त विहगम-पाँतिहिं ॥१६३॥
प्रतिबिबउ दरसीयत विमले,
कर्दमभार - प्रमुचित सलिले।
महों न क्रौंच-शब्द शरदागमें,
मरों मगलागम नहिं ताकों ॥१६४॥
आछै जहँ नारिहिं नर रमिया,
मोहैं सरहिँ तीर तेहि भमिया।
वालक-वर-युवान खेंल्लन्ते,
दीसै घर - घर पटह वजन्ते ॥१७४॥
दारक कुडवाल ताडव करि,
भ्रमहिँ रथ्यें वादता सुदर।

सोहइ सिज्ज तरुणि जण सत्थिहि,
घरि-घरि समियइ रेह परित्थिहि ॥१७५॥
दितिय णिसि दीवालिय दीवय,
णवससिरेह-सरिस करि लीग्रय ।
मडिय भुवण तरुण जोइक्खहिँ,
महिलिय दिति सलाइय अक्खिहिँ ॥

(४) हेमन्त-वर्णन

तह कखिरि अणियत्ति, णियती दिसि पसरु,
लइ तुक्कउ कोमिल्लि हिमतु नुसारभरु ।
हुइय अणायर सीयल, भुवणिहि पहिय जल,
ऊमारिय सत्थरहु सयल कदुट्टदल ॥१८६॥
सेरधिहिँ घणसारु ण चदणु पीसयइ,
अहरक ओला लकिहिँ मयणु समीसियइ ।
सीहडिहि वज्जियउ घुसिणु तणि लविवयइ,
चपएलु मियणाहिण सरिसउ सेवियइ ॥१८७॥
वूइज्जइ तह अगरु घुसिणु तणि लाइयइ,
गाढउ निवडालिगणु अगि मुहाइयइ ।
अब्भह दिवसह मज्झिहि अगुलमत्त हुय,
मह इक्कह परि पहिय ! णिवेहिय बह्म-जुय ॥१८६॥
हेमति कत विलवतियह, जइ पलुट्टि नासासिहमि ।
त तइय मुक्क खल पाइ मइ, मुइय विज्ज कि आविहसि ॥१९१॥

(५) शिशिर-वर्णन

इम कट्ठिहिँ मइ गमिउ पहिय ! हेमत-रिउ,
सिसिरु पहुत्तउ धुत्तु णाहु दूरत्तरिउ ।
उट्ठिउ भखड गयणि खरफरसु पवणिहय,
तिणि सूडिय भडि करि ओरस तहि रुय गय ॥१९२॥

सोहै शय्य तरुणि-जन साथे,
घर - घर सोहै रेख प्रलिप्ते ॥१७५॥
दीयत निशिहिं दिवाली दीये,
नव-शिखि-रेख-सदश कर लीये।
मंडित भुवन तरुण ज्योतिष्कहिं,
महिला देहिं सलाई आँखिहिं ॥१७६॥

(४) हेमन्त-वर्णन

तिमि उत्कंठि निरन्तर पेखै दिशि पसरी,
ले ढूकेंउ चातुरिहिं हिमतु तुषारभरो।
हुयउ अनादर-शीतल भुवने पथिक ! जल,
अंपसारिय सत्थरेहिं सकल पद्मनउ दल ॥१८६॥
सैरंध्री घनसार न चंदन पीसैहीं
अधर कपोलालकृत मदन समिश्रैहीं।
श्रीखंडेंहिं विवर्जित कुंकुम लेपियहीं,
चम्प-तैल मृगनाभि सह सेवियहीं ॥१८७॥
धूंइज्जै तहं अगर कुंकुम तन लाइयई,
गाढउ निपटालिगन अंगें सुहाइयई।
अन्यहिं दिवसहिं सन्निधि अंगुलिमात्र हुआ,
मैं एक्कै पर पथिक ! निवेशिय ब्रह्मयुगा ॥१८९॥
हेमंते कन्त ! विलपतिय, यदि न लवटि आश्वासिही।
तालेहीं मूर्ख ! खल ! पापि ! मोही, मरे वैद्य कि आइयही ॥१९१॥

(५) शिशिर-वर्णन

इमि कष्टेंहिं मम गयउ, पथिक ! हेमन्त-ऋतू,
शिशिर पहूँचेउ धूर्त्त, नाथ दुरन्तरितू।
उठेंउ भखड गगनें, खर-परुष पवन-हतेउ,
जेहिं छूटेंउ भरि करि अशेष तहं रूप मिटेंउ ॥१९२॥

छाय-फुल्ल-फल-रहिय असेविय सउणियण,
तिमिरतरिय दिसाय तुहिण धूइण भरिण।
मग्ग भग्ग पथियह ण पविसिहि हिमडरिण,
उज्जाणहँ ढखर छुअ सोसिय कुसुमवण ॥१६३॥
मत्तमुक्क सठविउ'वि वहुगंधक्करिसु,
पिज्जइ अद्धावट्टउ रसियहि इक्ख-रसु।
कुद चउत्थि वरच्छणि पीणुन्नय-थणिया,
णियसत्थरि पलुटति केवि सीमंतिणिया ॥१६५॥
केवि दिति रिउणाहह उप्पत्तिहि दिणहि,
णियवल्लह करि केलि जंति सिज्जासणिहि।
इत्यतरि पुण पहिय ! सिज्ज इक्कल्लियइ,
पिउ पेसिउ मण दूअउ, पिम्म-गहिल्लियइ ॥१६६॥
मइ घणु दुक्खु सहप्पि मुणवि मणु पेसिउ दूअउ,
णाहु ण आणिउ तेण सु पुणु तत्थव रय हूअउ।
एम भमलह सुन्नहियय ज रयणि विहाणिय,
अणिरइ कीयइ कम्मि अवसु मणि पच्छुत्ताणिय।
मइ दिन्नु हियउ णहु पत्तुपिउ, हुई उवम इहु कहु कवण।
सिगत्थि गइय उवाइयणि, पिक्ख हराविय णिअ सवण ॥१६६॥

(६) वसंत-वर्णन

गयउ सिसिरु वणतिण दहतु, महुमास मणोहरु इत्थ पत्तु।
गिरि-मलय-समीरणु णिरु सरतु, मयणग्गि-विऊयह विप्फुरतु ॥२००॥
वहु विविहराइ वण-मणहरेहिँ, सिय सावरत्त-पुप्फवरेहि।
पगुरणिहिँ चच्चिउ तणु विचित्तु, मिलि सहियहि गेउ गिरति णित्तु ॥२०२॥
महमहिउ अगि वहु-गधमोउ, ण तरणि पमुक्कउ सिसिर-सोउ।
तं पिक्खिवि मइ मज्झहि सहीण, लंकोँडउ पढिउ नववल्लहीण ॥२०३॥

छाय-फूल-फल-रहित असेवित शकुनि-जनेंहिं,
तिमिरान्तरित दिशाहिं तुहिन - धूँआ - भरिया।
मार्ग भागु पथिकन न प्रवसहिं हिमडरिया,
उद्यानहु ढखर - सम सूखेंउ कुसुम-वन ॥१९३॥
मात्रमुक्त सथपेंउ वहुत - गधोत्कर्ष,
पीवैं अर्धोच्छिष्ट रसिक(जन) इक्षु-रस।
कुन्द - चतुर्थि महोत्सवें पीनोन्नत - थनिया,
निज सेजहिं पलोंटति कोइ सीमन्तनिया ॥१९५॥
कोइ देहिं ऋतुनाथहँ उत्पत्तिहि दिनहीं,
निज-वल्लभ करि केलि जाइँ शय्यासनहीं।
ऍहि समये पुनि पथिक ! सेज एकल्लियई,
प्रियँ पठयेंउ मन - दूतउ, प्रेम-गहिल्लयई ॥१९६॥
मैं घनि दुख-सहाप समुझि मन प्रेषेंउँ दूतहँ,
नाथ न आनेउ तिनि सो पुनि तहँवें रत हूओ।
इमिहिं भ्रमन्तहिं शून्यहृदय जो रजनि विहानी,
अनसोचे किय कर्म अवशि मन पच्छतानी।
मैं दियउ हृदय ना प्राप्त प्रिय, हुइ उपमा ऍहु कहु कवन।
शृंगार्थ गई गदही (सो पुनि), पेखु हराई निज श्रवण ॥१९९॥

(६) वसंत-वर्णन

गउ शिशिर वन-तृण-दहत, मधुमास मनोहर इहाँ प्राप्त।
गिरिमलय-समीरण वहु वहत, मदनाग्नि वियोगिहिं विस्फुरंत ॥२००॥
वहु विविध-राग-घन-मनहरेहिं, सित-सर्वरक्त-पुष्पावरेहिं।
पगुरणेहिं चर्चित तनु विचित्र, मिलि सखियाँ गावैं गीत नित्य।२०२॥
महमहेंउ अगें वहु गधमोद, जिमि तरणि प्रमूचें उ शिशिर-शोक।
सो पेखिय मैं मध्ये सखीन, लकोडउ पढेंउ नव-वल्लभीन ॥२०३॥

किसुयइ-कसिण घणरत्तवास, पञ्चक्ख पलासइ धुय-पलास[1]।
सवि दुस्सह हूय पहजणेण, सजणिउ असुहुवि सुहंजणेण ॥२०९॥

निवडत्त रेणु धर पिजरीहि, अहियर तविय णवमजरीहि।
मरु सियलु वाइ महि सीयलतु, णहु जणइ मीउ ण खिवइ ततु ॥२१०॥

जसु नामु अलिक्कउ कहइ लोउ, णहु हरइ खणद्धु असोउ सोउ।
कदप्पदप्पि सनविय अगि, सहिरइ णाहु ण आसहर अगि ॥२११॥

खणु मुणिउ दुसहु जम-कालपासु, वर-कुसुमिहि सोहिउ दस दिसासु।
गय णिवउ णिरतर गयणि चूय, णवमजरि तत्थ वसत हूय ॥२१५॥

जल-रहिय मेह सतविअ काइ, किम कोइल कलरउ सहण जाइ।
रमणी-यण रत्थिहि परिभमति, नूरा-रवि तिहुयण वाहिरति ॥२१८॥

चच्चिरिहि गेउ हुणि करिवि तालु, नच्चीयइ अउव्व वसत-कालु।
घण-निविड-हार परिखिल्लरीहिं, रुणझुण-रउ मेहल-किकिणीहिं ॥२१९॥

जइ अणक्खरु कहिउ मइ पहिय !
घणदुक्खाउन्नियह मयण-अग्गि विरहिणि पलित्तिहि,
त फरसउ मिल्हि तुहु विणय-मग्गि पभणिज्ज झत्तिहि।
तिम जपिय जिम कुवइ णहु, त पभणिय ज जुत्तु।
आसीसिवि वर-कामिणिहि, उवट्टाऊ पडिउत्त" ॥२२२॥

त पहुजिवि चलिय दीहच्छि, अइ-तुरिय,
इत्थतरिय दिसि दक्खिण तिणि जाम दरसिय,
आसन्न पहाउरिउ दिट्ठु णाहु तिणि झत्ति हरसिय।
जेम अचितिउ कज्जु तसु, सिद्धु खणद्धि महतु।
तेम पढत सुणंतयह, जयउ अणाइ-अणंतु ॥२२३॥

---

[1] "धुतपलाश पलाशवन पुरः"—माघ कवि

किंशुकहि कृष्ण घनरक्तवर्ण, प्रत्यक्ष परासैं धुत परास।
सब दुःसह हुआ प्रभजनेहिं, सजनेउ असुख हि मुहजनेहिं ॥२०९॥

भुइँ पडती रेणू पिंजरीहिं, अधिकतर तपी नवमंजरीहिं।
मरु शितल वहै महि शीतलत, न होइ शीत न नशै ताप ॥२१०॥

जसु नाम अलीकैं कहै लोक, ना हरे क्षणार्द्ध अशोक शोक।
कदर्प-दर्प-संतपित अंग, माहाँरै नाथान सहकार अंग ॥२११॥

क्षण बुझेंउ दुसह यम-कालपाश, वरकुसुमहिँ मोहै दश-दिशासु।
गयें निविड-निरंतर-गगनें चूत, नवमंजरि तहाँ वसन्त हूअ ॥२१५॥

जल-रहित मेघ सन्तपैं काय, किमि कोइल कल-रव सहेंउ जाय।
रमणी-गण रथ्येंहिं परिभ्रमति, तूरी-रव त्रिभुवन बधिरयति ॥२१८॥

चाचरिहिं गीत-ध्वनि करिय ताल, नाचीय अपूर्व-वसंत-काल।
घन-निविड-हार परिवेष्टितेहि, झणझण-रव मेखल-किंकिणीहिं ॥२१९॥

यदि अनक्षर कहेंउँ पथिक [1] मैं।
घनदुःखपूर्ण मदनाग्नि विरहेहिं प्रलिप्ता,
सो परुष छोडि विनयमार्ग-मत भणियहु।
तिमि बोलेहु जिमि कोपु नाहि सो बोलेहु जो युक्त।"
आशीषिय वरकामनिहिं, बटोही विनियुक्त ॥२२२॥

तेहिं पठाइ चली दीर्घाक्षि अति तुरंतैं,
ऐंहि विचित्र दिश दक्षिण तेहि याम दरसी,
पास रोकि पथ दीठेंउ नाथ, (तिय) झट हर्षिय।
जिमि अचिंतहू कार्य तसु सिझेंउ क्षणार्ध महन्त।
तैस पढत सुनन्तयहँ, जयतु अनादि अनन्त ॥२२३॥

---

[1] राक्षस

§ २७. बब्बर

काल—१०५० ई० (कर्ण कलचूरी १०४०–७० ई०)। देश—त्रिपुरी

१–जनताका जीवन और आशा

(१) गरीबीका जीवन

सिअ विट्ठी किज्जइ, जीआ लिज्जइ, बाला बुड्ढा कंपता।
बह पच्छा वाअह, लग्गे काअह, सव्वा दीसा झंपता।
जइ जड्डा रूसइ, चित्ता हासइ, पेटे अग्गी थप्पीआ।
कर पाआ सभरि, किज्जे भित्तरि, अप्पा-अप्पी लुक्कीआ ॥१९५॥ (५४५)

ताव बुद्धि ताव सुद्धि, ताव दाण ताव माण, ताव गव्व,
जाव जाव हत्थ णच्च, विज्जु-रेह-रंग णाइ, एक दव्व।
एत्थ अंत अप्प-दोस, देव रोस होइ णट्ठ, सोइ सव्व;
कोइ बुद्धि कोइ सुद्धि, कोइ दाण कोइ माण, कोइ गव्व ॥११९॥ (५५४)

(२) सुखी जीवन

पुत्त पवित्त बहुत्त धणा, भत्ति कटुंबिणि सुद्ध मणा।
हक्क तरासइ भिच्च-गणा, को कर **बब्बर** सग्ग मणा ॥९५॥ (४०५)

सुधम्म-चित्ता गुणवन्त-पुत्ता, सुकम्म-रत्ता विणआ कलत्ता।
विसुद्ध-देहा धणवत-गेहा कुणति के बब्बर सग्ग-णेहा ॥११७॥ (४३०)

सो माणिअ पुणवन्त, जासु भत्त पंडिअ तणय।
जासु घरिणि गुणवंति, सोवि पुहवि सग्गह णिलअ ॥१७१॥ (२७९)

उच्चउ छाअण विमल घरा, तरुणी घरिणि विणअपरा।
वित्तक पूरल मुद्दहरा, वरिसा समआ सुक्खकरा ॥१७४॥ (२८३)

---

[१] "प्राकृत पैंगल" चन्द्रमोहन घोष द्वारा Bibleo thica Indica (1902) में संपादित। जिन कविताओंमें बब्बरका नाम नहीं, वह बब्बरकी है, इसमें

§ २७. बब्बर

(चेदी)। कुल—(कर्णका दर्बारी कवि)। कृतियाँ—स्फुट कवितायें[1]

१–जनताका जीवन और आशा

(१) गरीबीका जीवन

शीत वृष्टी कीजिय, जीवा लीजिय, बाला-बूढ़ा कपता।
　　वह पछुवा वाता, लागे कायहँ, सर्वा दिशा झाँपता।
यदि जाडा रूसै, चित्ता ह्रासै, पेटे अग्नी थप्पीया।
　　कर-पादा सहरि, कीजै भीतरि, आपा-अप्पी लुक्कीया ॥१६५॥
तौ लों बुद्धी तौलों शुद्धी, तौ लों दाना तौलों माना, तौलों गर्वा।
　　जौलों जौलों हाथे नाचै, विज्जूरेखारंगा न्याईं, एका द्रव्या।
एही बीच आत्मदोषें, दैव-रोषें होइ नष्ट, सोइ सर्व।
　　कोई बुद्धि कोई शुद्धि, कोई दान कोई मान, कोई गर्व ॥१६६॥

(२) सुखी जीवन

पुत्र पवित्र बहूत धना, भक्ता कुटुंबिनि[2] शुद्ध-मना।
　　हाँकि त्रसई भृत्य-गणा, को करें बब्बर स्वर्गें मना ॥६५॥
स्वधर्म-चित्ता गुणवन्त पुत्रा, सुकर्म-रक्ता विनता कलत्रा।
　　विशुद्ध-देहा धनवत-गेहा, करति के बब्बर स्वर्ग-नेहा ॥११७॥
सो मानिय पुणवत, जासु भक्त-पंडित तनय।
　　जासु घरनि गुणवति, सोउ पुहुमि स्वर्गह निलय ॥१७१॥
ऊँची छाजन वि-मल घरा, तरुणी घरनी विनयपरा।
　　वित्तकें पूरल मुंदधरा, वर्षा समया सुक्खकरा ॥१७४॥

---

[1] सन्देह है, मगर कर्ण-कालीन जरूर है　　[2] भार्या

पिअ-भत्ति पिआ, गुणवत सुआ।
धण-जुत्त घरा, वहु-सुक्ख-करा ॥४४॥ (३६२)

गुणा जासु सुद्धा, बहू रूअमुद्धा।
घरे वित्त जग्गा, मही तासु मग्गा ॥५३॥ (३६८)

कमल-णअणि, अमिअ-वअणि।
तरुणि घरणि, मिलइ सुपुणि ॥५७॥ (३७१)

गुरुजण-भत्तउ, वहुगुण-जुत्तउ।
जसु जिअ पुत्तउ, सउ पुणवत्तउ ॥६१॥ (३७४)

ओग्गर-भत्ता रम्भअ-पत्ता, गाइक घित्ता दुध्ध-संजुत्ता।
मोइल-मच्छा नालिय-गच्छा, दिज्जइ कंता खा पुणवन्ता॥६३॥(४०३)

२–सामन्ती समाज

(१) कुलच्छणा[1] स्त्री

भौंहा कविला उच्चा निअला, मज्झा पिअला णेत्ता जुअला।
रुक्खा वअणा दंता विरला, केमे जिविला ताका पिअला ॥६७॥ (४०८)

(२) नारी-सौंदर्य

रे धणि ! मत्त-मअगज-गामिणि, खजण-लोअणि चदमुही।
चचल जोंव्वण जात ण जाणहि, छइल समप्पहि काइ णही ॥१३२॥ (२२७)

सुदरि गुज्जरि णारि, लोअण दीह-विसारि।
पीण-पओहर-भार, लोलिअ मोत्तिअ-हार ॥१७८॥ (२८६)

हरिण-सरिस्सा णअणा, कमल-सरिस्सा वअणा।
जुवअण-चित्ता-हरिणी, पिय-सहि दिट्ठा तरुणी ॥७६॥ (३८६)

चल-कमल-णअणिआ, खलिअ-थण-वसणिआ।
हसइ पर-णिअलिआ, असइ धुअ वहुलिआ ॥८३॥ (३१३)

---

[1] कुरूप भी

प्रिय-भक्त प्रिया गुणवत सुता।
धनवत घरा, बहु सुक्ख-करा ॥४४॥
गुणा जासु शुद्धा, वधू रूप-मुग्धा।
घरे वित्त जग्गा, मही तासु स्वर्गा ॥५३॥
कमल - नयनि, अमिय - वयनि।
तरुणि घरनि, मिलै सुपुणि ॥५७॥
गुरुजन - भक्तउ, बहुगुण - युक्तउ।
जसु जिय पुत्तउ, सोंइ गुणवतउ ॥१६॥
ओगर[1]-भत्ता रंभा-पत्ता, गायके धीवा दुग्ध-सँयुक्ता।
मॉगुर-मच्छा नालिय-शाका, दीजै काता खाँइ पुणवता ॥६३॥

२–सामन्ती समाज

(१) कुलच्छना स्त्री

भौंहा कपिला ऊँच लिलाग। मॉझे पियरा नेत्रा-युगला।
रुक्षा वदना दंताविरला। कैसे जीविय ताका प्रियला ॥६७॥

(२) नारी-सौंदर्य

रे धनि ! मत्त-मतंगज-गामिनि, खंजन-लोचनि चंद्रमुखी।
चंचल-यौवन जात न जानै, छैल समर्पै काहे नहीं ॥१३२॥
सुंदरि गुर्जरि नारि, लोचन दीर्घ-विसारि[2]।
पीन-पयोधर-भार, लोलिय मौक्तिक-हार ॥१७८॥
हरिन-सरीखा नयना, कमल-सरीखा वदना।
युवजन-चित्ता-हरणी, प्रिय सखि ! दृष्टा तरुणी ॥७६॥
चल-कमल-नयनिया, स्खलित-थन-वसनिया।
हसै पर-नियरिया, अमति ध्रुव बहुरिया ॥८३॥

---

[1] वासमती (?)　[2] विस्तारी

महामत्त-माअग-पाए ठवीआ, महातिक्ख-वाणा कडक्खे धरीआ।
भुआ पास भोँहा धणूहा समाणा, अहो णाअरी कामराअस्स सेणा ॥२६॥ (४४३)
तुह्म जाहि सुंदरि ! अप्पणा, परितेज्जि दुज्जण थप्पणा।
विअसंत केअइ-सपुडा, णिहु एहु आविह वप्पुडा ॥६१॥ (४०१)
खंजण-जुअल णअण-वर-उपमा, चारु-कणअ-लइ भुअ-जुअ सुसमा।
फुल्ल-कमल-मुहि गअ-वर-गमणी, कासु सुकिअ-फल विहि गढु तरुणी।१५३।(४७७)
तरल-कमल-दल-सरि-जुअ-णअणा, सरअ-समअ-ससि-सुअरिस-वअणा।
मअगल-करि-वर-सअलस-गमणी, कवण सुकिअ-फल विहि गठ रमणी।१६७।(४६६)
पाअ-णेउर[1] झंझणक्कइ, हंस-सद्द-सुसोहणा,
थोर-थोर-थणग्ग णच्चइ, मोँत्ति-दाम-मणोहरा।
वाम-दाहिण-धारि धावइ, तिक्ख-चक्खु-कडीक्खआ,
काहु णाअर-गेह-मंडिणि, एहु सुंदरि पेक्खिआ ॥१८५॥ (५२३)

(३) ऋतु-वर्णन

(क) ग्रीष्म

तरुण-तरणि तवइ धरणि, पवण वहइ खरा,
लग्ग णाहि जल वड मरुथल, जण-जिअण-हरा।
दिसइ चलइ हिअअ दुलइ, हम इकलि वहू,
घर णहि पिअ सुणहि पहिअ ! मण इच्छइ कहू ॥१६३॥ (५४१)

(ख) पावस

वरिस जल भमइ घण गअण सिअल पवण मणहरण,
कणअ-पिअरि णचइ विजुरि फुल्लिआ णीवा।
पत्थर वित्थर हिअला पिअला णिअल ण आवेइ ॥१६६॥ (२७३)
णच्चइ चंचल विज्जुलिआ सहि ! जाणएँ,
मम्मह खग्ग किणीसइ जलहर-साणएँ।

---

[1] नूपुर

महामत्त-मातंग-पादे थपीया, तथा तीक्ष्ण-बाणा कटाक्षे धरीया।
भुजापाश भौँहा धनूहा-समाना, अहो नागरी कामराजाहँ सेना ॥१२६॥

तुहुँ जाहु सुंदरि आपना, परित्यजिय दुर्जन स्थापना[1]।
विकसत-केतकि-सपुटा, चुप एहु आयहु वापुरा ॥६१॥

खंजन-युगल नयनवर-उपमा, चारु-कनक-लत भुज-युग-सुषमा।
फुल्लकमल-मुखि गजवर-गमनी, कासु सुकृत-फल विधि गढ़ तरुणी ॥१५३॥

तरल-कमलदल-सर-युगनयना, शरद-समय-शशि-सुसदृश-वदना।
मदगल-करिवर-स-अलस-गमनी, कवन सुकृत-फल विधि गढ रमणी ॥१६७॥

पाद-नूपुर झंझनक्कै, हंस शब्द-सुसोहना।
थोर-थोर-थनाग्र नच्चै, मोति-दाम-मनोहरा।
वाम-दाहिन-धारे धावै, तीक्ष्ण-चक्षु-कटाक्षिया।
काहु नागर-गेह-मंडनि, एहु सुंदरि पेखिया ॥१८५॥

(३) ऋतु-वर्णन

(क) ग्रीष्म

तरुण-तरणि तपै धरणि, पवन वहै खरा।
लाग नाहिं जल बड मरुथल, जन-जीवन-हरा।
दिश चलै हृदय डुलै, हम एकली बधू।
घरे नहिं पिय सुनहि पथिक ! मन-इच्छै कहू ॥१९३॥

(ख) पावस

वरिस जल भ्रमै घन गगन, शीतल-पवन मन-हरन।
कनक-पियरि नचै बिजुरि, फूलिया निवा।
पत्थर-विस्तर-हियरा पियरा, नियर न आवई ॥१६॥

नाचै चचल विज्जुरिया सखि ! जाइ,
मन्मथ - खड्गहँ घरसै जलधर - शानै।

---

[1] मत

फुल्ल कम्रबम्र अवर डबर दीसएँ,
पाउस पाउ घणाघण सुमुहि ! वरीसएँ ॥१८८॥ (३००)

फुल्ला णीबा भम भमरा, दिट्ठा मेहा जल समला ।
णच्चे विज्जू पिअ-सहिआ, आवे कंता कहु कहिआ ॥८१॥ (३६१)

ज णच्चे विज्जू मेहंधारा, पप्फुल्ला णीबा सद्दे मोरा ।
वाअंता मंदा सीआ वाआ कंपंता काआ कंता णाआ ॥८६॥ (३६६)

(ग) शरद्-वर्णन

णंत्ताणंदा उग्गो चंदा, धवल-चमर-सम-सिअ-अरविंदा,
उग्गे तारा तेआ-सारा, विअसु कुमुअ - वण - परिमल - कंदा ।
भासे कासा सव्वा आसा, महुर-पवण लहु-लहिअ करंता,
हंसा सद्दे फुल्ला बंधू, सरअ-समअ सहि ! हिअ अहरंता ।२०५। (५६६)

(घ) शिशिर-वर्णन

ज फुल्लु कमल-वण वहइ लहु पवण, भमइ भमरकुल दिसिविदिस,
झंकार पलइ वण रवइ कुहिल-गण, विरहिअ हिअ हुअ दर-विरस ।
आणंदिअ जुअजण उलसु उठिअ मण, सरस, णलिणि-दल किअ सअणा,
पलट सिसिररिउ दिअस दिहर भउ, कुसुम-समअ अवतरिअ वणा ॥२१३॥ (५८१)

(ङ) वसंत-वर्णन

भमइ महुअर फुल्ल-अरविंद, नवकेसु काणण जुलिअ,
सव्वदेस पिक-राव चुल्लिअ, सिअल-पवण लहु वहइ,
मलअ-कुहर णव-वल्लि पेल्लिअ । .
चित्त मणोभव सर हणइ, दूर-दिगंतर कंत ।
किम परि अप्पउ धारिहउ, एँम परिपलिअ दुरंत ॥१३५॥ (२३३)

फुल्लिअ महु भमर बहु रअणि पहु किरण लहु अवअरु वसंत ।
मलअ गिरि कुसुम धरि पवण वह, सहब कत सुणु सहि ! णिअल णहि कंत ।१६३।(२७०)

चडि चूअ कोइल-साव, महु-मास पंचम गाव ।
मण-मज्झ वम्मह ताव, णहु कंत अज्जवि आव ॥८७॥ (३६७)

फुल्ल-कदंबक अवर-डंबर दीसै,
　　　　पावस आउ घनाघन सुमुखि ! वरीसै ॥१८८॥
फुल्ला निबा भम भमरा, दिट्ठा मेघा जल-श्यामला।
　　　　नाचै विज्जू प्रिय-सखिया ! आवे कंता कहु कहिया ॥८१॥
जो नाचै विज्जू मेघधारा, प्रप्फुल्ला निबा शब्दइ मोरा।
　　　　बीजंता मंदा शीता वाता, कंपंता काया कंत न आया ॥८६॥

(ग) शरद्-वर्णन

नंदआनंदा ऊगो चंद्रा, धवल-चमर-सम सित-अरविंदा।
　　　　ऊगे तारा तेजसुसारा, विकसु कुमुद-वन-परिमल-कंदा ॥
भासै कासा सर्वा आशा, मधुर पवन लहलहिय करंता।
　　　　हंसा शब्दै फूला बंधू, शरद-समय सखि ! हिय हरंता ॥२०५॥

(घ) शिशिर-वर्णन

जो फूलु कमल-वन वहै लघु पवन, भमै भमर-कुल दिशिविदिश।
　　　　झंकार परै वन रवै कोइल-गण, विरहिय-हिय हुओं डर-विरस ॥
आनंदिय युवजन उलस उठिय भन, सरस-नलिनि-दल कृत-शयना।
　　　　बीतउ शिशिरउ दिवस दिरघ भउ, कुसुम-समय अवतरिय वना ॥२१३॥

(ङ) वसंत-वर्णन

भमै मधुकर फुल्ल-अरविंद, नव-किंशु-कानन ज्वलिया।
　　　　सर्वदेश पिक-राव चुल्लिय, शीतल-पवन लघु बहै ॥
मलय-कुहर नव-बेलि पेरिय।
　　　　चित्तें मनोभव-शर हनै, दूर-दिगंतर कंत।
　　　　किमि परि अपहिँ धारिहउ, इमि परि-पडिय दुरंत ॥१३५॥
फुल्ल मधु, भमर बहु, रजनि-प्रभु-किरण लघु अवतरु वसंत।
मलयगिरि-कुसुम धरि पवन वह, सहब कंत सुनु सखि ! नियर नहिँ कंत ॥१६३॥
चढ़ि चूतें कोइल-शाव मधु-मास पंचम गाव।
　　　　मन-माँझ मन्मथ-ताप, नहिँ कंत आजउ आंव ॥८७॥

कआा भउ दुव्वरि तेज्जि गरास, खणे खण जाणिअ दीह णिसास।
कुहू-रव-ताव दुरत वसत, कि णिहृअ काम कि णिद्दअ कन्त ॥१३४॥ (४५३)
वहइ दक्खिण-मारुअ सीअला, रवइ पचम-कोमल कोइला।

महुअरा महु-पाण महूसवा, भमइ सुदरि ! माहव संमरा ॥१४०॥ (४६०)
णव-मजरि लिज्जिअ चूअह गाछें, परिफुल्लिअ केसु णआ वण आछे।
जइ एत्थि दिगंतर जाइहि कता, किअ वम्मह णत्थि कि णत्थि वसता ।१४४।(४६५)
जहि फुल्ल-किंसु-असोअ-चपअ-मजुला, सहआर-केसर-गध लुद्धउ भम्मरा।
वहु-दक्ख दक्खिण-वाउ माणह भंजणा, महु-मास आविअ लोअ-लोअण-रजणा
॥१६३(४९१)॥
वहइ मलअ-वाआ हत ! कपत काआ,
हणइ सवण-रधा कोइला-लाव-बधा।

सुणिअ दहदिहासु भिग-झकार-भारा,
हणिअ हणइ हञ्जे ! चड-चडाल-मारा ॥१६५॥ (४९३)

वहइ मलआणिला विरहि-चेउ-सतावणा,
रअइ पिक-पचमा विअसु किसु-फुल्ला वणा।

तरुण-तरु-पल्लवा मउलु माहवी वल्लिआ,
वितर सहि ! णेत्तआ समअ माहवा[1] पत्त आ॥१७९॥ (५१३)

अमिअ-कर-किरण धरु फुल्ल णव-कुसुम-वण,
कुविअ भइ सर ठवइ काम णिअ धणु धरइ।

खइ पिक समअ णिअ कत तुअ थिर हिअलु,
गमिअ दिण पुणु ण मिलु जाहि सहि ! पिअ-णिअलु ॥१९१॥ (५३७)

जह फुल्ल केअइ चारु-चपअ-चूअ-मजरि-वजुला,
सव दीसदीसइ केसु-काणण पाण बाउल भम्मरा।

वह पोम्म गध विबधु वधुर मद मद समीरणा,
णिअ केलि-कोलुक-लास-लगिम लग्गिआ तरुणी जणा ॥१९७॥ (५५०)

---

[1] चैत्रमास

काँया-भउ दूबरि तेज्जिय ग्रास । क्षणे-क्षण जानिय दीर्घ-निश्वास ।
कुहू-रव ताप दुरंत वसंत । कि निर्दय काम कि निर्दय कंत ॥१३४॥

बहइ दक्खिन मारुत शीतला, रवइ पंचम कोमल कोइला ।
मधुकरा मधुपान-महोत्सवा, भ्रमइ सुंदरि ! माधव सम्भरा ॥१४०॥

नवमंजरि लिज्जिय चूतह गाछें, परिफुल्लित किंशु नवा वन आछें[1] ।
यदि आहि दिगनर जाइब कंता, किश्र मन्मथ नाहिँ कि नाहि वसंता ॥१४४॥

जहँ फुल्ल किंशु-अशोक-चंपक-मंजुला, सहकार-केसर-गंध-लुब्धउ भ्रम्मरा ।
बहुदक्ष दक्षिण-वात मानहुँ भंजना, मधुमास आयउ लोक-लोचन-रंजना ॥१६३॥

वहइ मलय-वाता हंत कंपंत काया ।
हनइ श्रवण-रंध्रा कोकिलालाप-बंधा ।
सुनिय दशदिशासु भृङ्ग-झंकार-भारा ।
हनिय हनै ओरे ! चंड-चंडाल मारा ॥१६५॥

वहै मलियानिला विरहि-चेत-संतापना,
रवै पिक पंचमा विकसु किंशु फुल्ला वना ।
तरुण-तरु-पल्लवा मुकुलु माधवी-वल्लिया,
वितर सखि ! नेत्रवा समय माधवा आइया ॥१७९॥

अमियकर किरण धरु फुल्लु नवकुसुम वन,
कुपित भइ शर थवइ काम निज धनु धरै ।
रवइ पिक समय निज कंत तव थिर हृदय,
गयउ दिन पुनि न मिलु, जाहि सखि ! पिय-नियर ॥१६१॥

जहँ फुल्ल केतकि चारु-चंपक-चूत-मंजरि-वंजुला,
सब दीस दीसै किंशु कानन प्राण व्याकुल भ्रम्मरा ।
वहैँ पद्म गंध-विबंध-बंधुर मंद-मंद समीरणा,
निज केलि-कौतुक-लास-भंगिम लागिया तरुणी जना ॥१६७॥

---

[1] है

फुल्लिअ केसु चद तह विअसिय, मजरि तेज्जइ चूआ;
दक्खिण-वाउ सीअ भइ पवहइ, कप विओइणि हीआ।
केअइ-धूलि सब्व दिस पसरइ, पीअर सव्वउ भासे,
आउ वसत काह सहि[1] करिअइ, कत ण थाकइ पासे ॥२०३॥ (५६३)

(४) वीर-प्रशंसा

सुरअरु सुरही परसमणि, णहि वीरेस समाण।
ओ वक्कल अरु कठिण तणु, ओ पसु ओ पासाण ॥७६॥ (१३६)

(५) कर्ण (कलचूरि) राजाकी प्रशंसा

चल गुज्जर कुजर तेज्जि मही, तुअ बब्बर जीवण अज्जु णही,
जइ कुप्पिअ कण्ण-णरेंदवरा, रण को हरि को हर वज्जहरा ॥१३०॥ (४४८)
कण्ण चलते कुम्म चलइ पुहवि[1] असरणा,
कुम्म चलते महि चलइ भुअण-भअ-करणा।
महिअ चलते महिहरु तह असुरअणा,
चक्कवइ चलंत चलइ चक्क तह तिहुअणा ॥१६॥ (१६५)
जें गजिअ गोलाहिवइ राउ, उद्दड ओड्ड जसु भअ पलाउ।
गुरु विक्कम विक्कम जिणिअ जुज्झ, ता कण्ण परक्कम कोइ बुज्झ ॥१२६॥ (२१६)
जिहि आसावरि देसा दिण्हउ, सुत्थिर डाहर रज्जा लिण्हउ।
कालंजर जिणि कित्ती थप्पिअ, धणु आवज्जिअ धम्मक अप्पिअ ॥१२८॥ (२२२)
हणु उज्जर-गुज्जर-राअ-कुल, दल-दलिअ चलिअ मरहट्ठ-बल।
बल मोडिअ मालव-राअ-कुला, कुल उज्जल कलचुलि कण्ण फुला ॥१८५॥ (२६६)
धिक्क दलण थोग-दलण तक्क-दलण रिंगए,
णंग-ण-णुकट दिग दुकट रगल तुरंगए।

---

[1] पृथिवी

फुल्लिअ किंशु चद्र तिमि विकसिय मजरि त्याजै चूता।
दक्षिण-वायु शीत-भय प्रवहै, कप वियोगिनि हीया।
केतकि-धूलि सर्व दिशि प्रसरै, पीयर सर्वउ भासै।
आउ वसत काह सखि[1] करिये, कन न थाकै[1] पासे ॥२०३॥

(४) वीर-प्रशंसा

सुर-तरु सुरभी परस-मणि, नहिँ बीरेश-समान।
त्रह वल्कल अरु कठिन-तनु, वह पशु वह पाषाण ॥९७॥

(५) कर्ण (कलचूरि) राजाकी प्रशंसा

चलु गुर्जर! कुजर त्याजि, मही, तव बर्बर जीवन आज नहीँ।
यदि कोपिय कर्ण-नरेन्द्रवरा, रणे को हरि को हर-वज्रधरा ॥१३०॥

कर्ण चलते कूर्म चलै पुहुवि अशरणा,
कूर्म चलते महि चलै भुवन-भय-करणा।
मही चलते महिधर नहँ असुरजना,
चक्रवर्त्ति चलते चलै चक्र तिमि तिभुवना ॥९६॥

जे गजिअ गौडाधिपति राउ, उद्दंड ओड़ जसु भय पलाउ।
गरु-विक्रम विक्रम जिनिहि जुज्झ, तो कर्ण-पराक्रम कोइ बुज्झ ॥२१९॥

जिनि आसावरि देशा दीनेँउ, सुस्थिर डाहर रज्जा लीनेँउ।
कालजर जिति कीर्त्ति थापिय, धन आवर्जिय धर्महँ अर्पिय ॥१२८॥

हनु उज्वल गुर्जर-राजकुल, दरदारिय चलिय मरहट्ठ-वल।
वल मोडिय मालव, राजकुला, कुल-उज्वल कलचुरि कर्ण-फुला ॥१८५॥

धिक्क दलन थोंग दलन तक्क दलन रेगए,
न-न्नतु-कट दिग-दुकट रग त्रल तुरगए।

---

[1] रहै

धूलि धवल हक्क सबल पक्खिपवल पसिए,
कण्ण चलइ कुम्म ललइ भुम्मि भरइ कित्तिए ॥२०१॥ (३२२)

जुज्झ भट भूमि पैड, उट्ठि पुणु लग्गिआ,
सग्ग-मण खग्ग हण कोइ णहि भग्गिआ।
बीस सर तिक्ख कर कण्ण गुण अप्पिआ,
पत्थ नह जोलि दह चाउ मह कप्पिआ ॥१६१॥ (४८८)

सज्जिअ जोह विवड्ढिअ कोह चलाउ धणू,
पक्खर वाह चलू रणणाह कुरत तणू।
पत्ति चलत करे धरि कुत सुखग्गकरा,
कण्ण-णरेंद सुसज्जिअ विद चलंति वरा ॥१७१॥ (५०२)

कण्ण पत्थ ढुक्कु लुक्कु मूरवाण सहूएण,
घाउ जासु तासु लग्गु अधआर सहूएण।
एन्थ पत्थ सट्ठि वाण कण्ण पूरि छड्डुएण,
पंक्खि कण्ण कित्ति धण्ण वाण सव्व कट्टिएण ॥१७३॥ (५०४)

३—कविका संदेश

(अगत् तुच्छ—)

अइचल जोव्वण देह धणा, सिविणअ सोअर बंधु-अणा।
अवसउ कालपुरी गमणा, परिहर बब्बर पाप-मणा ॥१०३॥ (४१४)

ए अत्थीरा देक्खु सरीरा धरु जाया,
वित्ता, पित्ता, सोअर, मित्ता, सवु माया।
काहे लागी बब्बर बेलावसि[1] मुज्झे,
एक्का कित्ती किज्जहि जुत्ती, जइ सुज्झे ॥१४२॥ (४६३)

---

[1] बेलावसि=बाहर निकालते हो (मैथिली क्रि० बेलाएब)

धूलि धवल हाँक सबल पक्षि-प्रबल पत्तिए[1],
कर्ण चलै कूर्म ललै भूमि भरै कीत्तिए ॥२०१॥

जूझ भट भूमि पड़ु उट्ठि पुनि लग्गिया,
स्वर्ग-मन खड्ग हन कोइ नाहि भग्गिया।
वीस-शर तक्षिण कर **कर्ण** गुणें अप्पिया,
पार्थ तहँ जोरि दश चाप-सह कप्पिया[2] ॥१६१॥

सज्जित योध विवर्द्धित-क्रोध चलाउ धनू,
पक्खर-वाह[3] चलो रणनाथ फुरत तनू।
पत्ति[1] चलत करे धरि कुत सु-खड्ग कगा,
कर्ण-नरेन्द्रें सु-सज्जित-वृन्दें चलति धरा ॥१७१॥

कर्ण-पार्थ ढुक्कु लुक्कु सूर-वाण-सहतेहिं,
घाव जासु तासु लागु अंधकार संहतेहिं।
अत्र पार्थ साठ वाण कर्ण पूरि छाडतेहिं,
पेखि कर्ण-कीर्त्तिधन्य वाण सर्व काटियेहिं ॥१६३॥

३–कविका संदेश

(जगत् तुच्छ—)

अतिचल-यौवन-देह-धना, स्वप्नए सोदर-बधु-जना।
अवसए काल-पुरी-गमना, परिहर **बब्बर** पाप मना ॥१०३॥

ए अस्थीरा देक्खु शरीरा, घरु जाया,
वित्ता, पित्ता, सोदर, मित्ता, सब माया।
काहे लागी **बब्बर** बेलावसि मुज्झे,
एक्का कीर्त्ती किज्जइ युक्ती, यदि सुज्झे ॥१४२॥

---

[1] प्यादा [2] काटा [3] बख्तरवार घोड़ा

§२८. कनकामर मुनि

काल—१०६० ई०(?)। देश—बुंदेलखंड(?)। कुल—ब्राह्मण, दिगंबर

१–भौगोलिक वर्णन

(१) अंग-देश-वर्णन

दीवाण पहाणहिँ दीव-दिवे। जबू-दुम लछिएँ जबुदिवेँ।
वेढिय लवणण्णव वलयमाणेँ। जोयण सय-सहस परिप्पभाणेँ।
वित्थिण्णउ इह मिरि भरह-छेत्तु। गंगाणइ सिंधुहु विप्फुरन्तु।
छक्खड भूमि रयणहँ णिहाणु। रयणायरोव्व सोहायमाणु।
एत्थत्थि रवण्णउ अंगदेसु। महि-महिलइँ ण किउ दिव्ववेसु।
जहिँ सरवरि उग्गय पकयाइँ। ण धरणि वयणि णयणुल्लयाइँ।
जहिँ हालिणि' रूवणि वद्धणेह। सचल्लहिँ जक्खण दिव्वदेह।
जहिँ बालहिँ रक्खिय सालिखेत्त। मोहेविणु गीयएँ हरिणखेत।
जहिँ दक्खडँ भुंजिवि दुहु मुयंति। थल-कमलहिँ पथिय सुहु सुयंति।
जहिँ सारणि सलिल सरोय-पंति। अइरेहइ मेइणि ण हँसति।

(२) चंपानगरी

धत्ता। तहँ देसि रवण्णइँ धण-कण-पुण्णइँ अत्थि णयरि सुमणोहरिया।
जण-णयण-पियारी महियलि सारी, **चंपा** णामइँ गुणभरिया॥
जा वेढिय परिहा-जलभरेण। ण मेइणि रेहइ सायरेण।
उत्तुंग-धवल कउ सीसएहिँ। णं सग्गु छिवइ बाहू-सएहिँ।
जिण-मदिर रेहहिँ जाहिँ तुंग। ण पुण्णपुंज णिम्मल अहंग।
कोसेय पडायउ घरि लुलंति। णं सेय-सप्प णहि सलवलंति।

'देखो स्वयंभू (पृ० ३२), और पुष्पदंत (पृ० १९२ और १९४)

§ २८. कनकामर मुनि

साधु। कृति—करकंड-चरिउ[1]

१–भौगोलिक वर्णन

(१) अंग-देश-वर्णन

द्वीपन कों प्रधानो द्वीप-दीप। जबुद्रुम-लाछिन जबुद्वीप।
वेठिय लवणार्णव वलयमान। योजन-शत-सहस-परिप्रमाण।
विस्तीर्णउ इह श्रीभरत-छेत्र। गगानदि-सिधुउ विस्फुरत।
छै खंड भूमि रतनहँ निधान। रत्नाकर इवँ शोभायमान।
एहिँ अहै रम्य (ऐँहु) अंग-देश। महि-महिलैँ जनु किउ दिव्यवेष।
जहँ सरवरैँ उगैँ पकजाइँ। जनु धरनि-वदनैँ नयनुल्लयाइँ।
जहँ हालिनि[2] रूप-निबद्ध-नेह। सचल्लैँ यक्ष न दिव्यदेह।
जहँ बाला राखिय शालि-खेत। मोहेविय गीतहिँ हरिन खेत।
जहँ द्राक्षइँ भुजिय बुधु मुँचनि। स्थलकमलहँ पथिक सुख सोँवति।
जहँ सरवर-सलिलैँ सरोज-पवित। अनिराजै मेदिनि जनु हसंति।

(२) चंपानगरी

घत्ता। तहँ देशैँ रमणयइँ, धन-कण-पूर्णइ, आहि नगरि सुमनोहरिया।
जननयन-पियारी, महियल-सारी, चंपा नामइँ गुण-भरिया॥
जा वेठिय परिखा-जल-भरेहिँ। जनु मेदिनि राजै सागरेहिँ।
उत्तुग-धवल कपि-शीशएहिँ। जनु स्वर्ग छुवै बाहूशतेहिँ।
जिनमंदिर राजैँ जाहँ तुग। जनु पुण्य-पुज निर्मल अभंग।
कौषेय-पताकउ घरेँ लुलति। जनु श्वेत-सर्प नभेँ सरसरति।

---

[1] कारंजा जैन-ग्रंथमाला (कारंजा, बरार) में प्रो० हीरालाल जैन द्वारा संपादित (१९३४)

[2] हलवाह-वधू

जा पचवण्ण-मणि-किरण-दित्त। कुसुमजलि ण भयणेण धित्त।
चित्तलियहिँ जा सोहइ घरेहिँ। णं अमर-विमाणहिँ मणहरेहिँ।
णव-कुकुम-छडयहि जा सहेइ। भमरगणु मयणहो ँ ण कहेइ।
रत्तुप्पलाइँ भूमिहि गयाइँ। ण कहइ धरनी फलसयाइँ।
जिण-वास पुण्ण-माहप्पएण। ण वि कामुय जित्ता कामएण।
घत्ता। तहिँ अरिविद्दारणु, मयतरु-वारणु, धाडी वाहणु पहु हुयउ।
जो कवगुणजुत्तउ, गुरुयणभत्तउ, विज्जासायर पारगउ।

—करकड-चरिउ, पृ० ४, ५

(३) सिहल-द्वीप-वर्णन

ता एक्कहिँ दिणि करकंडएण। पुणु दिण्णु पयाणउ तूरियएण।[1]
गउ सिहलदीवहो ँ णिवसमाणु। करकडु णराहिउ णरपहाणु।
जहि पाउल पिल्लइँ मणुहरति। सुर-खेयर-किंणर जहिँ रमति।
गयलीलइँ महिलउ जहिँ चलति। णियरूवे ँ रइरूउवि खलति।
जहि देक्खिवि लोयहँतणउ भोउ। वीसरियउ देवहँ देवलोउ।
आवासिउ णयरहो ँ बहिय एसें। अरिसक पवड्ढिय तहिँ जि देसें।
आवासु मुएँवि सहयरसमेउ। करकडु गयउ रमणिहिँ अमेउ।
तहिँ गरुवउ सवणसएँहिँ भरिउ। ण कप्पवच्छु देवेहिँ धरिउ।
दलवंतहि पत्तहिँ परियरिउ। वडु विट्ठु राएँ समु वित्थरिउ।
घत्ता। करकडें पेक्खववि तहो ँ वडहो ँ, दीहइँ सुट्ठु सुकोमलइँ।
ता लेविणु गुलिया घणहडिया विद्धाइँ असेसइँ सद्दलइँ॥

—वहीं पृ० ६४

---

[1] तूर्य=नगाड़ा

जा पंचवर्ण-मणि-किरण-दीप्त । कुसुमांजलि जनु भगणेहिं[1] क्षिप्त ।
चित्तलियहिं जा सोहै घरेहिं । जनु अमर-विमानहिं मनहरेहिं ।
नवकुकुम-छटयेहिं जा सहेइ । समरांगण मदनहों जनु कहेइ ।
रक्तोत्पलाइं भूमिहिं गताइं । जनु कथै धरित्री-फल-शताइं ।
जिन-वास-पूजा-माहात्म्यएहिं । नहि कामुक चिंता कामणहिं ।

घत्ता । तहँ अरिविद्दारन, मदतरु-वारन, धाडीवाहन प्रभु हुअऊ ।
जो कविगुण-युक्तउ, गुरुजन-भक्तउ, विद्यासागर-पारगऊ ॥

—करकंड चरिउ, (पृ० ४ ५

(३) सिंहल-द्वीप-वर्णन

ता एकहिं दिन करकंडएहिं । पुनि दिन्न प्रयाणहिं तूर्ययेहिं ।
गउ सिंहलद्वीपहु निवसमान । करकंड नराधिप नरप्रधान ।
जहँ पावस पिल्लइ मनहरंति । सुर-खेचर-किन्नर जहँ रमंति ।
गजलीलहिं महिलउ जहँ चलंति । निजरूपे रतिरूपहं खलंति ।
जहँ देखिय लोकहँ केर भोग । वीसरियउ देवहँ देवलोक ।
आवासेँउ नगरहँ वहिप्रदेशेँ । अरि-शंका बाढी ताहि देशेँ ।
आवास छांडि सहचर-समेत । करकंड गयेँउ रमणिहिं अमेय ।
तहँ गरुअउ स्रवण शतेँहिं भरिउ । जनु कल्पवृक्ष देवेँहिं धरिउ ।
दलवंतहिं पत्रहिं परिचरिऊ । वट देखु राव सम-विस्तरिऊ ।

घत्ता । करकंडेहिं दीसेँउ सो वट, दीरघ सुष्ट सुकोमलइ ।
तो लेडय गोली धनुहडिया, वेँधेँउ अशेषइं शाद्वलइ ॥५॥

—वही पृ० ६४

---

[1] नक्षत्रमंडल [2] पक्षी कोई

२—सामन्त-समाज

(१) राज-दर्शन

अवरेहिँ 'वि लोयहिँ कलियमाणु । गउ मुन्दरु पुरवरें जणसमाणु ।

घत्ता । सो पुरवरणारिहि गुणणिलउ पइसतउ दिट्ठउ णयरे कह ।

ण दसरहणदणु तेयणिहिँ उज्झहिँ सुरणारीहि जहँ ॥

तहँ पुरवरें खुहियउ रमणियाउ । झाणट्ठिय मुणि-मण-दमणियाउ ।

कवि रहसइँ तरलिय चलिय णारि । विहडप्फड सठिय कावि वारि ।

कवि धावइ णव-णिव णेहलुद्ध । परिहाणु ण गलयउ गणइ मुद्ध ।

कवि कज्जलु बहलउ अहरें देइ । णयणुल्लयें[1] लक्खारसु करेइ ।

णिग्गथ-वित्ति कवि अणुसरेइ । विवरीउ डिभु कवि कडिहिँ लेइ ।

कवि णेउरु करयलि करइ बाल । सिरु छड्डिवि कडियले धरइ माल ।

णियणदणु मण्णिवि कवि वगाय । मज्जारु ण मेल्लइ माणुराय ।

कवि धावइ णवणिउ मणें धरति । विहलधल मोहइ धर सरंति ।

घत्ता । कवि माण-महल्ली मयण-भर, करकडहों समुहिय चलिय ।

थिर थोरय ओहरि मयणयण उत्तत्त-कणय-छवि उज्जलिय ॥

णवरज्जलभ रजिय हिएण । करकडड पुरें पइसतएण ।

गयखधें चडण्णिय जतएण । णिउ-राउलु लीलए पत्तएण ।

तं दिट्ठउ राय-णिकेउ तुगु । अइमणहरु ण **हिमवंत**-सिगु ।

मुक्ता-हल-माला-तोरणेहि । ण विहसइ सियदतहिँ घणेहि ।

किंकिणि रणंतु धयवडउ मालु । ण णच्चइ पणयणि बिहिय-तालु ।

चामीय-रमणि-रयणेहिँ घडिउ । ण सग्गहों अमर-विमाणु पडिउ ।

तहिँ पइसइ णवणिउ विमलबुद्धि । पारंभिय गुरुण्यणु मण-विसुद्धि ।

कर हेमकुभु मगलु करति । कवि माणिणि णिग्गयता तुरति ।

---

[1] नयन=नयनुल्ला

२—सामन्त समाज

(१) राज-दर्शन

अवरेहिँ हु लोकहिँ कलितमान[1]। गयो सुन्दर पुरवरे जनसमान[2]।

घत्ता। सो पुरवरनारिहिँ गुणनिलय पइसता दीठेँउ नगरेँ किमि।

जनु दशरथनदन तेजरिधि 'योध्या सुरनारीहि जिमि॥

तहँ पुरवरेँ क्षुभ्यउ रमणियाउ। ध्यान स्थित-मुनि-मन-दमनियाउ।

कोँइ रहसेँ नरलिय चलिय नारि। हडफड म-ठिय कोई दुवारि।

कोँइ धावै नव-नृप-नेह-लुब्ध। परिधान न गनियउ गनै मुग्धा।

कोँइ कज्जल बहुतो अधर देइ। नयनुल्लेँ लाक्षारस करेइ।

निर्ग्रन्थ-वृत्ति[3] कोँइ अनुसरेइ। विपरीत बाल कोँइ कटिहिँ लेइ।

कोँइ नूपुर करतलेँ करै बाल। शिर छाडी कटितलेँ धरै माल।

निजनंदन मानिय कोँइ वराकि। मार्जार न फेँकै सानुराग।

कोइ धावै नवनृप मनेँ धरति। विह्वलधर मोहै धरा स्मरति।

घत्ता। कोँइ मान-महल्ली मदन-भरा, करकडह सम्मुख चलिया।

स्थिर थोडा अपहरि मदनथना, उत्तप्त-कनक-छवि-उज्ज्वलिया॥

नव-राज्य-लाभ-रंजित-हियेहिँ। करकडहिँ पुरेँ पइसतएहिँ।

गज - कधे चढिया जतएहिँ। नृप-राजुल - लीला - प्राप्तएहिँ।

सो देखउ राज-निकेत तुग। अतिमनहर जनु हिमवत-शृंग।

मुक्ताफल-माला-तोरणेहिँ। जनु विहसै सित-दर्ताहिँ घनेहिँ।

किंकिणि रणंत ध्वजपटि व माल[4]। जनु नाचै प्रणयिनि विहित-ताल।

चामीकर-मणि-रतनेहिँ गढेँउ। जनु सर्गहँ अमर-विमान पडेँउ।

तहँ पइसै नव-नृप विमल-बुद्धि। प्रारंभिय गुरु-जन मन-विशुद्धि।

केँ हेम-कुंभ मंगल करति। कोइ मानिनि नीसरि गइ तुरति।

---

[1] सम्मान कृत [2] जनों सहित [3] नंगापन [4] महल

परिमंगलु किउ वर-दीवएहि। जयकारिउ पुणु णारी-सएहि।
सोवण्ण-कलस-कय उच्छवम्मि। पइसारिउ सो णिव-मंदिरम्मि।
घत्ता। सो सयल-गुणायरु सीलणिहि, विणयभाव-संजुत्तउ।
सामत-मति-जण-परियरिउ, पुरि अच्छइ[1] रज्जु करतउ।

—वहीं पृ० २३, २४

(२) राजकुमार-शिक्षा

करकरुहहों उप्परि खेयरासु। अइपउरु पवड्ढिउ णेहु तासु।
पाढाविउ सो णीतिएँ जुयाइँ। वायरण-तक्क-णाडय-सयाइँ।
कविविरइय कव्वइँ बहुरसाइँ। वच्छायण-गणियइँ णवरसाइँ।
मताइँ असेसइँ ततयाइँ। वसियरण सुसोहइँ जतयाइँ॥
असिचक्क-कुत-छुरियउ वराउ। धणुवेय—सत्ति-दिढ-तोमराउ।
मल्लाण जुज्झ तणुघट्टणाइँ। उल्ललणइँ वलणइँ लोट्टणाइँ।
फल-फुल्ल-पत्त-छेयतराइँ। जाणाविउ सयलइँ सुहयराइँ।
पडु-पडह-मुरय-वीणाइ वसु। विज्जाइँ असेसइँ कलिउएसु।
घत्ता। ज किंपि पसिद्धउ भुवणयले, खेयरइँ जणाविउ सो सुरइ।
लोहेण विडविउ सयलु जणु, भणु कि कर चोज्जइँ णउ करइ॥

—वहीं पृ० १६, १७

(३) पति-विरह

घत्ता। हल्लोहलि हूयउ सयलुजणि अपरपरि जाणइ सव्वलहि।
हा-हा-रउ उट्ठिउ करुण-सरु, नहों मोए णरवर-सलवलहि॥
जा णर-पचाणणु वियमिय-आणणु जलि पडिउ।
ता सयलहिँ लोयहिँ पसरिय सोयहिँ अइडरिउ॥
रइवेय सुभामिणि ण फणि-कामिणि विमणभया।
सव्वगे कपिय चित्तें चमक्किय मुच्छगया॥

---

[1] रहता है, है

परि-मंगल किउ वर-दीपकेहिं। जयकारेंउ पुनि नारी-शतेहिं।
सौवर्ण-कलश-कृत उत्सवहीं। पइसारेंउ सो निजमंदिरहीं।
घत्ता। सो सकल-गुणाकर शील-निधि, विनय-भाव-संयुक्तऊ।
सामंत-मंत्रि-जन-परिवरिय, पुरि आछे राज्यकरतऊ॥

—वहीं पृ० २३, २४

(२) राजकुमार-शिक्षा

करकंडह-ऊपर खेचराहु। अतिप्रवर प्रवाढेंउ नेह तासु।
पढयउ सो नीतिय जुताइं। व्याकरण-तर्क-नाटक-शताइं।
कवि-विरचित-काव्यइं बहु-रसाइं। वात्स्यायन-भनितइं नवरसाइं।
मंत्राइं अशेषइं तंत्रयाइं। वशिकरण सु-सोहैं मंत्रयाइं।
असि-चक्र-कुंत-छुरियउ वराउ। धनु-वेद-शक्ति दृढ तोमराउ।
मल्लाहं युद्ध तनु घट्टनाइं। उल्ललनैं वलनैं लोट्टनाइं।
फल-फूल-पत्र-छेकन्तराइं। जानावेंउ सकलैं शुभकराइं।
पटु-पटह-मुरज वीणाइं वशि। विद्याइं अशेषइं कपिटएसु[1]।
घत्ता। जो किछुउ प्रसिद्धउ भुवनतले, खेचरइं जनायेउ सो सुरति।
लोभेहिं विडविउ सकल जन, भन की कर प्रेरणे न करइ॥

—वहीं पृ० १६, १७

(३) पति-विरह

घत्ता। हल्लाहल हुयो सकल जन, अपरापर जानै सचलही।
"हा हा" रव उठेंउ करुण-स्वर, पुनि-शोके नरवर कलबलहीं॥
जो नर-पंचानन विकसित-आनन जलें पडेंऊ।
तो सकलहिं लोकहिं प्रसरित-शोकहिं अति डरेंऊ॥
रति-वेग सुभामिनि जनु फणि-कामिनि विमन-मथा।
सर्वांगे कंपिय चित्तें चमक्किय मूर्छगता॥

---

[1] मुकुट

किय-चमर-सुवाएँ सलिल-सहाएँ गुणभरिया।
उट्ठाविय रमणिहि मुणि-मण-दमणिहि मणहरिया[1] ॥
सा करयल-कमलहिँ सुललिय-सरलहिँ उरु हणइ।
उव्वा-लउणयणी गग्गिर-वयणी पुणु भणइ ॥
"हा वइरिय वइवस पावमलीमस कि कियउ।
मई आसिव रायउ रमणु परायउ कि हियउ ॥
हा दइव परम्मुह दुण्णय-दुम्मुहु तुहुँ हुयउ।
हा मामि ! स-लक्खण सुट्ठु वियक्खण कहिँ गयउ।
महो उपरि भडारा णरवर सारा करुण करि।
दुह-जलहिँ पडती पलयहो जती णाह धरि ॥
हउँ णारि वराइय आवइँ आइय को सरउँ।
परछंडिय तुम्हहिँ जीवमि एवहिँ कि मरउँ" ॥
इय सोय-विमुद्धइँ लवियउ सद्धइँ ज हियइ।
हउ बोल्लिसु तइयहु। मिलिहइ जइयहु मज्झु पइ।
वहीं पृ० ६७

(४) पत्नि-विरह

आवसहो आवइ जाव राउ। मयणावलि णउ पेच्छइ वि ताउ ॥
जोइयइ चउद्दिसु हिययहीणु। उव्वेविरु हिडइ महिहिँ दीणु ॥
ता सकिउ णरवइ गलिय-गव्वु। "कहिँ गउ कलत्तु सव्वग-भव्वु ॥
मयणावलि जा आणद-भूअ। सा एवहिँ कि विपरीय हूअ" ॥
ता पेसिय किंकर वर-णिवंण। अवलोयहु सामिणि दिसिवहेण ॥
जोएवि दिसिहिँ आगयवलेवि। पुक्कारहिँ उब्भा-कर करेवि ॥
ता राए देक्खिवि ते सुपत। परिमुक्क असु णयणहिँ तुरत ॥
"हे पयवइ तुहुँ सवणाणुबधु। महु अक्खहि सुदर-णेह-बधु ॥

---

[1] मण हरिया (=मनहरिया)

कृत-चमर-सुवातें सलिल-सहायें गुण-भरिया।
उट्ठाइय रमणिहिँ मुनिमन-दमनिहि मणहरिया ॥
सा करतल-कमलहिँ सुललित-सरलहिँ उर हनई।
उद्-व्याकुल-नयनी गद्गद-वदनी पुनि भनई ॥
"हा वैरी बीबस पाप-मलीमस की कियऊ।
मम ग्रहेँउ बराकिउ रमण परायउ की हियऊ ॥
हा दैव ! पराङ्मुख दुर्नय दुर्मुख तुहुँ भयऊ।
हा स्वामि ! सलक्षण सुष्ट विचक्षण कहँ गयऊ ॥
मम उपर भटारा[1] नरवर सारा करुण करो।
दुख-जलधि-पडती प्रलयहँ जाती नाथ धरो ॥
हौं नारि वराकी ग्रापति ग्राये को सुमिरऊँ।
पर छाडिय तुम्हहिँ जीवौं एव की मरऊँ ॥"
इमि शोक-विमुग्धइँ लपियउ क्षुब्धहिँ जो हियइँ।
हौं बोलसु तडयहुँ मिलिहै जइहउँ मोर पती ॥
वहीं पृ० ६७

(४) पत्नि-विरह

ग्रावासहों ग्रावई जाव राव। मदनावलि ना पेखेउ ताव ॥
जोइयै चतुर्दिश हृदयहीन। उद्वेगिर हिंडै महिहें दीन ॥
तो शकेँउ नरवरें गलित-गर्व। कहँ गउ कलत्र सर्वांग-भव्य ॥
मदनावलि जा ग्रानदभूग्र। सा एव की विपरीत हूग्र ॥
तब प्रेषेउ किंकर वर-नृपेंहिं। "ग्रवलोकहु स्वामिनि दिशि-पथेंहिं ॥"
जोयउ दिसीहिँ ग्रागत-वलेइ। पुक्कारहिँ ऊँचा कर करेइ।
तब राय देखियउ ते सोँवत। परि-मुच ग्रश्रु नयनहिँ तुरत।
"हे प्रजाँपति तुहुँ श्रवणानुबध। मोहि ग्राखहु सुंदर-नेह-बंधु।

---

[1] भट्टारक=राजा

हा मुद्धि मुद्धि तुहुँ केण णीय। कि एवहिँ ल्हिक्किवि कहिमि ठीय ॥
हा कुजर कि तुहुँ जमहोँ दूउ। कि दोसडँ महोँ पडिकूलु हूउ ॥
घत्ता। चिरु मोहु बहतउ कोवि हियइँ, लडह-रूउ अग्गइँ हुयउ।
विज्जाहरु आयउ सोवि तहिँ, विज्जासायर पारु गउ ॥

—वहीँ पृ० ५१

(५) दिग्विजय-वर्णन

ध्रुवकं। करकंडइ साहिवि महि-सयल, परिपुच्छिउ मइवरु विमलमइ।
भणु सम्मइ मइवर को 'वि णिरु, जो अज्जु'वि दुट्ठउ णवि णवइ ॥
सो मइवरु पभणइ "देव देव। तुह महियलु सयलु'वि करइ सेव।
परि विविड-देसेँ णिव अत्थि धिट्ट। ते णमहि ण कामुवि हियइँ दुट्ठ।
सिरि चोडि पंडि णामेण चेर। णउ करहिँ तुहारी देवकेर" ॥
आयण्णि'वि त चंपाहिवेण। सपेसउ दूयउ तहोँ खणेण।
"तेँ जाइवि ते चोडाइ राय। इउ भणिय णवहु करकंड-पाय।"
[1]णिब्भत्थिउ दूयउ तेहिँ सोवि। "जिणु मेल्लिवि अण्णु ण णवहु कोवि।"
करकंडहोँ आइवि कहिउ तेण। "णउ करहिं सेव तुह कि परेण।"
त सुणिवि वयणु करकंडु राउ। "जइ देमि ण तहोँ सिर णियय पाउ।
तो महियल पुत्त इदिय मुहासु। महोँ अत्थि णिवित्ति परिग्गहासु।"
एँह पइज करिवि करकंडएण। लहु दिण्णु पयाणउ कुद्धएण।
घत्ता। चंपाहिउ चल्लिउ तहोँ उवरि, गय चडिवि विणिग्गउ पुरवरहो।
चउरगइँ सेण्णइँ संजुयउ. सो लीला धरइ सुरेसरहो ॥
तहोँ जतहोँ महि हय-खुरहिँ भिण्ण। गयणगणि गय-रय-धूम-वण्ण।
पसरंतहि तेहिँ दिग्गाणणाहँ। ण मुहवइ किउ दिसिवारणाहँ।
महि हल्लिय चल्लिय गिरिवरिंद। कपत पणट्ठा खे सुरिंद।
दक्खिण-वहे गउ तेरापुरम्मि। तहोँ दक्खिण-दिसिहि महावणम्मि।

---

[1] डाँटा, फटकारा

हा मुग्धें मुग्धें तुहुँ केहिँ नीउ। की एव लुक्किय कतहुँ ठीय।
हा कुंजर[1] की तुहुँ यमहँ दूत। की दोषहिँ मोहि प्रतिकूल हूअ।
घत्ता। चिर मोह वहतउ कोउ हियहिँ, सुंदर रूप अग्रे हुयउ।
विद्याधर आयउ सोउ तहिँ, विद्यासागर पार गउ॥
—वहीँ पृ० ५१

(५) दिग्विजय-वर्णन

ध्रुवक। करकंडहिँ साधिउ महि-सकल, परिपूछेँउ मति वर विमलमति।
"भणु सम्यक् मतिवर कोँउ निश्चय, जो आजउ दुष्टउ नहि नवइ।"
सो मतिवर प्र-भणै "देवदेव। तुहँ महियल सकलहु करै सेव।
पर द्रविड-देशेँ नृप अहै धृष्ट। सो नमै न काहुहिँ हृदय-दुष्ट।
श्री **चोल पांड्य** नामेन **चेर**। ना करै तुहारी देवकेर।"
सुनि केहू सो चपाधिपेहिँ। **सप्रेषेँ**उ दूतहिँ तहँ क्षणेहिँ।
"तैँ जाइबि तेहि **चोला**धिराज। इमि भनिबि 'नमहु करकंडपाद'।"
निर्भर्त्स्येँउ दूतउ तेहिँ सोउ। "जिन छाडि अन्य ना नमहुँ काहु।"
करकंडहिँ आई कहेँउ तेन। "ना करै सेव तव की परेन।"
सो सुनिय वचन करकंडु राव। "यदि देउँ न तेहि शिर निजहि पाव॥
तो महितल-पुत्र-इन्द्रिय-सुहाम। मम अहै निवृत्ति-परिग्रहास।"
एँहु पइज[1] करेँउ करकंडएहिँ। लघु[2] दीन प्रयाणउ क्रुद्धएहिँ।
घत्ता। चंपाधिप चल्लेँउ तेहि उपरि, गज चढिय नीसरेँउ पुरवरहँ।
चतुरंगइँ सैन्यइँ सयुतउ, सो लीला धरै सुरेश्वरहँ॥
तहँ जातेँउ महि हय-खुरेहिँ भिन्न। गगनागने[3] गजरज धूमवर्ण।
पसरता ते दिश-आननाहँ। जनु मुख-बंधु किउ दिश-वारणाहँ।
महि हल्लिय चल्लिय गिरिवरेंद्र। कपंत प्रनष्ट रवै सुरेंद्र।
दक्षिणपथेँ गउ **तेरापुरेंद्र**। ताँहु दक्षिण-दिशी महावनेइ।

---

[1] प्रतिज्ञा [2] तुरंत [3] आकाश में

आवासिउ तहिँ बलु चाउरगु। खणे सीह पुलिंदहँ हुयउ भगु।
संताडिय दूसय पचवण्ण। ण अमरगेह - भूमिहि पवण्ण।
गय करिवर लेविणु जलहों मेट्ठु। रासहियहिँ धाविय खर पहिट्ठु।
लोलाविय धय णिव-णरवरेहिँ। महि णज्जइ णं उब्भिय करेहिँ।
घत्ता। आवासिउ अच्छइ जाव तहिँ, करकड-णराहिउ पउर-बलु।
पडिहारु पराइउ तहो पुरउ, दूराउ णमतउ हरियमलु॥

——वही पृ० ३५, ३६

(६) युद्ध-वर्णन

तं सुणिवि वयणु चपाहिराउ। मण्णज्झइ ता किर बद्धराउ।
तावेत्तहि दंतीपुरि-णिवेण। कपाविय मेइणि मंदरेण।
णिण्णासिय अरि-यण-जीवएण। उड्डाविय दहदिसि रय रणेण।
णहु छायउ [1]खलियउ रविवएण। लहु दिण्णु पयाणउ कुद्धएण।
गंगापएसु सपत्तएणु। गंगाणइ दिट्ठी जतएण।
सा सोहइ सिय-जल कुडिलयति। ण सेयभुजगहो महिल जति।
दूराउ वहंती अइविहाइ। हिमवन्त-गिरिन्दहों कित्ति-णाइँ।
बिहिँ कूलहिँ लोयहिँ ण्हतएहि। आडच्चहो जलु परिदितएहि।
दब्भकिय उड्ढहि करयलेहिँ। णइ भणइ णाइँ एयहिँ छलेहि।
"हउँ सुद्धिय णिय-मग्गेण जामि। मा रूसहि अम्हहो उवरि सामि"।
णइ पेक्खिवि णिउ करकडु णामु। गउ जणण-णयरु गुण-गणिय-धामु।
घत्ता। जे सगरि सुरवर-खेयरहँ, भउ जणियउ धणुहर-सुअस-रही।
त वेढिउ पट्टणु चउदिसिहिँ, गय-तुरय णरिंदहिँ दुद्धरही॥
ता हयइँ तूराइँ, भुवणयल पूराइँ।
वज्जति वज्जाइँ, आणाए घडियाइँ, परबलइँ भिडियाइँ।

---

[1] स्खलित, खंडित

आवासेँउ तहँ बल-चातुरंग । क्षणें सिंह पुलिदहँ भयेँउ भग ।
सताडिय दुस्सह[1] पंचवर्ण । जनु अमरगेह-भूमिहि प्रपन्न ।
गय करिवर लेइय जलहों मेँठ[2] । रासभियहिँ धाइय खर प्रहृष्ट ।
लोलाइय ध्वज नृपनरवरेहिँ । महि नाचै जनु उत्थित-करेहिँ ।
घत्ता । आवासेँउ अच्छइ जब्ब तहँ, करकंड-नराधिप पौरबल ।
प्रतिहार पर्-आयेँउ तेँहि पुरउ, दूराउ नमंतउ हरियमल ॥

—वहीं पृ० ३५, ३६

(६) युद्ध-वर्णन

सो सुनिय वचन चंपाधिराज । सन्नाहें तो फुरि बद्ध-राग ।
तब्बै तहँ दंतीपुर-नृपेहिँ । कपाइय मेदिनि मंदरेहिँ ।
निर्-नाशिय अग्गिजन-जीवितेहिँ । उड्डाविय दश-दिशि रज रणेहिँ ।
नभ छायउ खलियउ रविपदेहिँ । लघु दीन प्रयाणउ क्रुद्धएहिँ ।
गंगा-प्रदेश सम्प्राप्तएहिँ । गंगानदी देखेँउ जातएहिँ ।
सो सोहै सित-जल-कुटिल-पंक्ति । जनु श्वेतभुजगह महिलों जति ।
दूराउ वहती अति-विभाड । हिमवन्त-गिरीन्द्रह कीर्त्ति-न्याइँ ।
दोँउ कूलहँ लोगहि न्हातएहिँ । आदित्यहँ जल परि-देतएहिँ ।
दर्भांकित उट्ठा-करतलेहिँ । नदि भनै न्याइँ एतहिँ छलेहिँ ।
"हउँ केवल निजमार्गेहिँ जाउँ । ना रूसहु हम्महँ उपर स्वामि" ।
नदि पेखिय नृप करकंड-नाम । गउ जनन-नगर गुण-गणिय धाम ।
घत्ता । जो संगर सुरवर-खेचरहँ, भय जनियउ धनुधर-मुक्त-शरहीँ ।
सो बेढेँउ पाटन चउदिशिहिँ, गज-तुरग नरिंद्रेहिँ दुर्धरहीँ ॥
तब हयइँ तूराइँ, भुवन-तल-पूराइँ ।
वाजंति बाजाइँ, आनाद-घटिताइँ । पर-बलहिँ भिडियाइँ ।

---

[1] दुशाले [2] महावत

कुंताइँ भज्जंति, कुजरइ गज्जंति। रहसेण वग्गंति, करि-दसेण लग्गंति।
गत्ताइँ तुट्टंति, मुडाइँ फुट्टंति। सुडाइँ धावंति, अट्ठिाणु पावंति।
अताइँ गुप्पंति, रुहिरेण थिप्पंति। हड्डाइँ मोडंति, गीवाइँ तोडंति।
घत्ता। केवि भग्गा कायर जेवि णर, केवि भिडिय केवि पुणु।
खग्गुग्गामिय केवि भड, मंडेविणु थक्का केवि रणु॥

—वहीं पृ० २८-३१

३—कविका संदेश

(१) मुनिका दर्शन

घत्ता। करकंड सुणेविणु त वयणु, अत्थाणहों उट्ठिउ तक्खणिण।
गउ[1] सत्तपयइँ मउलेवि कर, सुमरंतउ मुणिवरपय मणिण॥
ता आणदभेरि तुरतएण। देवाविय तुट्ठइँ राणएण।
तहे णट्ठु सुणेविणु लद्धभोय। परिमिलिय खणद्धें भविय लोय।
कवि माणिणि चल्लिय ललिय देह। मुणि-चरण-सरोयहँ बद्धणेह।
कवि णेउर सद्दें रणझणति। संचल्लिय मुणि-गुण ण थुणति।
कवि रमणु ण जतउ परिगणेइ। मुणि-दसणु हियवएँ सइँ मुणइ।
कवि अक्खयधूव भरेवि थालु। अइरहसइँ चल्लिय लेवि बालु।
कवि परिमलु बहलु वहंति जाइ। विज्जाहरि ण महियलि विहाइ।
घत्ता। काइवि छण ससहर-आणणिया, करें कमलकरती सचलिया।
आणंदिय भेरिहे सुणिवि सुरु, लहु भवियण सयलवि तहिँ मिलिया।
जिणिंद-धम्म-रत्तओ, मुणिद - पाय - भत्तओ।
सुवण्णकंति - दित्तओ, सरोय - पत्त - णेत्तओ।
पलंब - पीण - हत्थओ, विबुद्ध - सव्व - सत्थओ।
विसुद्ध-सन्धि-गत्तओ, खणेण जाव पत्तओ।

---

[1] गयेउ

कुंताइँ भज्जति । कुजरइ गर्जेन्ति । रथसेन वल्गंति । करि-दशन लग्गंति ।
गात्राइँ टूटंति । मुडाइँ फूटंति । रुडाइँ धावति । अरि-थान पावंति ।
अंत्राइँ गोपंति । रुधिरेहिँ थप्पंति । हड्डाइँ मोडंति । ग्रीवाइँ तोडंति ।
घत्ता । केँऊ भग्ग कायर जेउ नर, केँउ भिड़िया केउ पुनि ।
खड्ग उट्ठाइय कोउ भट, मँडियउ थाकेँउ केउ रणेँ ॥

—वहीँ पृ० २८-३१

३—कविका संदेश

(१) मुनिका दर्शन

घत्ता । करकडू सुनीया सो वचन । आस्था[१]नहँ उट्ठेँउ तत्-क्षणहीँ ।
गउ सप्तपदे मुकुलित-कर, सुमिरंतउ मुनिवर-पद मनहीँ ॥
तब आनँदभेरि तुरतएहिँ । देवायउ तुष्टहिँ राणएहिँ ।
तहँ नष्ट सुनीया लब्ध-भोग । परिमिलेउ क्षणार्धे भाँवुक लोग[२] ।
कोँइ मानिनि चल्लिय ललित-देह । मुनि-चरण-सरोजहँ बद्ध-नेह ।
कोँइ नुपुर-शब्दे रुनझुनति । सं-चल्लिय मुनि-गुण जनु स्तुवंति ।
कोँइ रमण न जातउ परि-गनेइ । मुनि-दर्शन-हिय पद स्वयँ जनेइ ।
कोँइ अक्षय-धूप भरीय थाल । अति रभसेँ चल्लिय लेइ बाल ।
कोँइ परिमल-बहुल बहंति जाइ । विद्याधरि जनु महितलेँ विहारि ।
घत्ता । काहुउ क्षण गशधर-आननिया, करेँ कमल करती सचलिया ।
आनंदिय भेरिहि सुनिय स्वर, लघु भविजन[३]सकलउ तहँ मिलिया ॥
जितेंद्र-धर्म-रक्तओ । मुनींद्रपाद-भक्तओ ।
सुवर्ण-कांति-दीप्तओ । सरोजपत्र-नेत्रओ ।
प्रलंब-पीन-हस्तओ । विबुद्ध-सर्व-शास्त्रओ ।
विशुद्धि-सधि-गात्रओ । क्षणेहिँ जाव प्राप्तओ ।

---

[१] दर्बार　　[२] जैन भक्त　　[३] भक्त

तहिं पि ताव दिट्ठिया, भणंति हा पमूठिया।
पुरंधि[1] कावि दुक्खिया, हणति दोवि कुक्खिया।
रुवंति अंसु वाहुल, जणाण दुख-संकुलं।
कुणति चित्तु आउलं, धरंति वेसु वाउलं।
घुलंति जावि मुच्छए, पडंति भू-पएसए।
सुणेवि त णरेसरो, सुवारणि-द्धणीसरो।

घत्ता। करकंडइ पुच्छिउ कोवि णरु, एँह णारि वराई कि रुवइ।
विलवती हियवडँ मुहु करइ, अप्पाणउ विहलघल मुअइ॥

—वहीँ पृ० ८१-८२

(२) संसार तुच्छ

त सुणिवि वयणु रायाहिराउ। ससारहो उवरि विरत्त-भाउ।
धी धी असुहावउ मच्च-लोउ। दुहु कारणु मणुरहँ अग-भोउ।
रयणायर-तुल्लउ जेत्थु दुक्खु। महुबिंदु-समाणउ भोय-सुक्खु।

घत्ता। हा माणउ दुक्खइ तड्ढ-त्तणु, विरसु रसतउ जहि मरइ।
भणु णिग्धिणु विसयासत्त-मणु, सो छंडिवि को तहिँ रइ करइ॥

कम्मेण परिट्ठिउ जो उवरे। जम-रायए सोणिउ णियपुरे।
जो बालउ बालहि लावियउ। सो विहिणा णियपुरि चालियउ।
णव-जोव्वणि चडियउ जो पवरु। जमु जाइ लएविणु सोजि णरु।
जो बूढउ वाहि-सएहि कलिउ। जमदूयहिँ सो पुणु परिमलिउ।
वहलद्दएं सहु हरि अतुलबलु। सो विहिणा णीयउ करिवि छलु।
छक्खड वसुन्धर जेहि जिया। चक्केसर[2] ते कालेण णिया।
विज्जाहर किणर जे खयरा। बलवंता जम-मुहे पडिय सुरा।
फणिणाहइ सरिसउ अमर-वइ। जमु लिंतउ कवणु वि णउ मुअइ।

---

[1] स्त्री [2] चक्रवर्ती

तहाँउ तब्ब दिट्ठिया। भनंति "हा" प्रमुड्ढिया।
पुरंधि काउ दु.खिया। हनंति दोउ कुक्षिया।
रोवंति अश्रु-वाहुलं। जनाइ दुख सकुल।
करेइँ चित्त आकुलं। धरंति वेष बाउरं।
घुरंति जा विमूढिया। पडंति भू-प्रदेशए।
सुनीय सो नरेश्वरो। सुवारुणी धनीश्वरो।

घत्ता। करकंडइ पूछेउ कोइ नर, एहु नारी वराकी का रोवै।
विलपंती हियइँ दुहू करहिँ, अप्पानउ विह्वलता मुचै॥

—वहीं पृ० ८१-८२

(२) संसार तुच्छ

सो सुनिय वचन राजाधिराव। ससारहँ उपर विरक्त-भाव।
[1]धिक धिक 'असों'हावउ मर्त्यलोक। दुख-कारण मनो'रथ-अग-भोग।
रतनाकर-तुल्यउ यत्र दुख। मधुविंदु-समानो भोग-सुक्ख।

घत्ता। हा मानव दुखइँ स्तब्ध-तन, विरस हसतउ जहँ मरै।
भन निर्घृण विषयासक्त मन, मो छाडिय को तहँ रति करै॥

कर्मेहिँ परिट्-ठिउ जो उबरे। यमराजेहिँ सो लेउ निजय-पुरे।
जो बाल्येहिँ बालउ लालियऊ। सो विधिना निजपुरें चालियऊ।
नवयौवन चढियउ जो प्रवरू। यम जाइ लिवावन सोउ नरू।
जो बूढउ व्याधिशतेहिँ कलिऊ। यमदूतहिँ सो पुनि परिमर्दिऊ।
वलभद्रहु सम हरि अतुल-बलू। सो विधिना लीयउ करिय छलू।
छै-खंड वसुन्धर जेउ जिया। चक्रेश्वर ते कालेहिँ लिया।
विद्याधर किन्नर जे खचरा। बलवंता यम-मुखें पडेउ सुरा।
फणिनाथें सरिसउ अमर-पती। यम लेतउ कवन नु ना मुवई।

---

[1] अशुभावह या असभाव

घत्ता। णउ मोल्लिउ बंभणु परिहरइ, णउ छंडइ तवसिउ ताव-ठियउ।
घणवंतु ण छुट्टइ णवि णिहणु, जह काणणे जलणु समुट्ठियउ।
दइवेण विणिम्मिउ देहु जंपि। लायण्णउ मणुवहं थिरु ण तंपि।
णव-जोव्वणु मणहरु ज चडेइ। देवहि वि ण जाणिउ कहिं पडेइ।
जे अवर सरीरहिं गुण वसनि। णवि जाणहुं केण पहेण जंति।
ते कायहो जइगुण अचल होंति। ससारहं विरइं ण मुणि करंति।
करि-कण्ण जेम थिर कहिं ण थाइ। पेक्खतहं सिरि णिण्णासु जाइ।
जह सूयउ करयलि थिउ गलेइ। तह णारि विरत्ती खणि चलेइ।
भू-णयण-वयण-गइ कुडिल जाहं। को मरल करेवइं सक्कु ताहं।
मेल्लती ण गणइ सयण इट्ठु। सा दुज्जण-मेत्ति'व चल णिकिट्ठु।
घत्ता। णिज्झायइ जो अणुवेक्ख चल, वइरायभाव संपत्तउ।
सो सुरहरमंडणु होइ णरु, सुललिय-मणहर-गत्तउ॥
ससार भमंतहं कवणु सोक्खु। असुहावउ पावइ विविह दुक्खु।
णरयालइं णाणा णारएहिं। चिरकियहिं णिहम्मइ वइरएहिं।
हियएण'वि चितहुं सक्कियाइं। तहिं भुत्तइं पवरइं दुक्कियाइं।
अवरुप्परु जाइ विरुद्धएहि। तिरियाण मज्झे उप्पण्णएहि।
मुहबंधण-छेयण-ताडणाइं। पावीयहिं तेहिं तणु-फाडणाइं।
मणुयत्तणे माणउ परिमलतु। परिभिज्जइ णियमणे सलवलतु[1]।
सुरलोएं पवण्णउ णट्ठबुद्धि। मणि भिज्जइ देक्खिवि परहो रिद्धि।
णउणारि जेम रूवइं करेइ। तिम जीउ-कलेवर सइं धरेइ।
घत्ता। ससारहं उवरि णिहालणउ, किउ जेण णरेण कयायरेण।
भणु काइं ण लद्धउ तेण जइ, पवर रयण रयणायरेण॥
जीवहो सुसहाउ ण अत्थि कोवि। णरयम्मि पडतउ धरइ जोवि।
सुहि सज्जण-णदण इट्ठ-भाव। णवि जीवहो जंतहो ए सहाय।

---

[1] हड़बड़ाता

घत्ता। ना श्रोत्रिय-ब्राह्मण परिहरई। ना छाड़ै तपसिउ तपें थितऊ।
धनवंत न छुट्टइ ना निधनू, जिमि काननें ज्वलन समुत्थितऊ॥

दैवेन विनिर्मेउ देह जोउ। लावण्यउ मनुजहँ थिर न सोउ।
नवयौवन मनहर जो चढेइ। देवहुँउ न जानेँउ कहँ पडेइ।
जो अवर शरीरहिँ गुण वसति। ना जानहु केन पथेन जंति।
सो कायहु यदि गुण अचल होति। ससारहु विरति न मुनि करंति।
करि-कर्ण जेम थिर कहुँ न थाइ[1]। पेखंतहँ श्री निर्-नाश जाइ।
जिमि सूतउ[2] करतलें ठिउ गलेइ। तिमि नारि-विरक्ती क्षणें चलेइ।
भ्रू-नयन-वदन-गति-कुटिल जाहु। को सरल करावन सक्क ताहु।
छोडती न गनै स्वजन-इष्ट। सा दुर्जन मैत्रि'व चल निकृष्ट।

घत्ता। निज्-भखै जो अनुपेख चल, वैराग्य-भाव-सप्राप्तऊ।
सो सुरघर-मडन होइ नर, सुललिय-मनहर-गात्रऊ।

ससार भ्रमतहु कवन सुक्ख। असुहावउ पावै विविध-दुःख।
नरकालय नाना नारकेहिँ। चिरकृतहिँ निहन्यै वैरएहिँ।
हृदयेउ न चितन सक्कियाइँ। तहँ भोगैं प्रवरइँ दुःखियाइँ।
अपरापर जाति विरुद्धएहि। तिर्यञ्च - माँझ उत्पन्नएहि।
मुख-बधन-छेदन-ताडनाइँ। पावीयहिँ तहँ तन-फाडनाइँ।
मनुजत्तने मानव परि-मलत। परि-भखै निजमनें खलबलंत।
सुरलोकें प्रवर्णउँ नष्ट-बुद्धि। मनें खीझै देखि पराइ ऋद्धि।
नवनारि जेम रूपइँ करेइ। तिमि जीव कलेवर-शत धरेइ।

घत्ता। ससारहु उपर निहारनउ, किउ ओँउ नरेंउ कृतादरहीं।
भन काइँ न लब्धउ सोइ यदी, प्रवर-रतन रतनाकरहीं।

जीवहु सुस्वभाव न अहै कोँउ। नरक काहँ पडत धरै जोउ।
सुखि सज्जन नदन इष्ट भाय। ना जीवहँ जाते होँइ सहाय।

---

[1] रहै [2] पारा

णिय जणणि जणणु रोवंतयाइँ। जीवेँ महुँ ताइँ ण पउ-गयाइँ।
धणु ण चलइ गेहहों एक्कुपाउ। एक्कल्लउ भुजइ धम्मु पाउ।
तणु जलणि जलतइ परिवडेइ। एक्कल्लउ वइवस धरि चडेइ।
जहिँ णयण-णिमेसु ण सुहु हवेइ। एक्कल्लउ तहिँ दुहुँ अणुहवेइ।
अहि-णउल-सीह-वणयरहँ मज्झे। उप्पज्जइ एक्कुवि जिउ असज्झे।
सुर-खेयर-किणर-मुहयगाम। तहिँ भुजइ एक्कुवि जियइ जाम।

—वहीँ पृ० ८२-८५

§ २९. जिनदत्त सूरि

काल—११०० (१०७५–११५४) ई०। देश—धवलक (धोलका) गुजरात। कुल—

१–जिन-वंदना

पणमह पास-वीर-जिण भाविण। तुम्हि सब्वि जिव मुच्चह पाविण।
घर-ववहारि म लग्गा अच्छह। खणि-खणि आउ गलतउ पिच्छह ॥[1]

—उवएस-रसायण[1]

२–गुरु (जिन-वल्लभ)-महिमा

नमिवि जिणेसर-धम्मह, तिहुयण-सामियह।
पायकमलु ससिनिम्मलु, सिवगयगामियह ॥
करिमि जइट्ठिय गुणथुइ, सिरि जिणवल्लहह।
जुग-पवरागम-सूरिहि, गुणगण-दुल्लहह ॥१॥

(१) दर्शन-व्याकरण आदि विद्याके निधान

जो अपमाणु पमाणइ, छद्दरिसण-तणइ।
जाणइ जिव नियनामु, न तिण जिव कुवि घणइ ॥

---

[1] वहीँ

निज जननि-जनक रोवतयाइँ। जीवे॑ सँग ताहु न पद-गयाइँ।
धन न चलै गेहहँ एक पाव। एकल्लै भोगै धर्म्म-पाप।
तनु ज्वलने॑ ज्वलतइ परि-पडेइ। एकल्लै बरबंस धरि चढेइ।
जहँ नयन-निमेष न सुख हवेइ। एकल्लै तहँ दुख अनुभवेइ।
अहि-नकुल-सिंह-वनचरहँ माँझ। उप्पज्जै एकइ जिव अ-साझ।
सुर-खेचर-किन्नर सुखद-ग्राम। तहँ भोगै एकै जियँ जाम[1]।

—वहीं पृ० ८२-८५

§ २९. जिनदत्त सूरि

हुंडव-वणिक्, जैन साधु। कृतियाँ—चाचरि[2], उवएसरसायण[2], कालस्वरूप-कुलक[2]।

१—जिन-वंदना

प्रणमहु पार्श्व-वीर-जिन भावे॑हिँ। तुम्म सर्वजिव मोचहु पापे॑हिँ।
घर-व्यवहार न लागे रहा। क्षण क्षण आयु गलतउ पेखा। ।१।।

—उपदेश-रसायन

२—गुरु (जिन-वल्लभ)-महिमा

नमवि जिनेश्वर-धर्महँ, त्रिभुवन-स्वामियहा।
पाद-कमल शशि-निर्मल, शिवगति-गामियहा।।
करउँ यथा स्थिति गुण-'थुति, श्री जिनबल्लभहा।
युग-प्रवर-गम-सूरिह, गुण-गण दुर्लभहा।।१।।

(१) दर्शन-व्याकरण आदि विद्याके निधान

जो अप्रमाण प्रमाणै, छै दर्शन-तनई।[3]
जानै जिव निज नाम, न ते॑न जिव कोँइ हनई।।

---

[1] अब लोँ [2] Gaikwad's Oriental Series 1927, Vol. XXXVII "प्राचीन-गुर्जर-काव्य-संग्रह" [3] तन=केर, का

पर - परिवाइ - गइंद - वियारण - पचमुहु ।
तसु गुणवन्नणु करण, कु सक्कइ इक्कमुहु ॥२॥
जो वायरणु वियाणइ, सुहलक्खण-निलउ ।
सद्दु असद्दु वियारइ, सुवियक्खण-तिलउ ॥
सुच्छंदिण वक्खाणइ, छंदु जु सुजइमउ ।
गुरु लहु लहि पइठावइ, नरहिउ विजयमउ ॥३॥
कव्वु अउव्वु जु विरयइ, नव-रस-भर-सहिउ ।
लद्धपसिद्धिहिँ सुकइहिँ, सायरु जो महिउ ॥
सुकइ **माह**'ति पससहिँ, जे तसु सुहगुरुहु ।
साहु न मणहि अयाणुय, मइ जियसुरगुरुहु ॥४॥
कालियासु कइ आसि, जु लोइहिँ वन्नियइ ।
ताव जाव **जिणवल्लह**, कइ ना अन्नियइ ॥
अप्पु चित्तु परियाणहि, तपि विसुद्धनय ।
तेवि चित्तकइराय, भणिज्जहि मुद्धनय ॥५॥
सुकइ विसेसिय वयणु, जु [1]**वप्पइराउकइ** ।
सुवि **जिणवल्लह** पुरउ, न पावइ कित्ति कइ ॥
अवरि अणेय विणेयहि, सुकइ-पमसिययहिँ ।
नक्कव्वामयलुद्धिहिँ, निच्चु नमसयिहिँ ॥६॥

(२) गुरु-दर्शनका महाफल

जिण कय नाणा चित्तइँ, चित्त हरति लहु ।
तसु दसणु विणु पुन्निहिँ, कउ लब्भइ दुलहु ।
सारइँ बहु थुइ-थुत्तइ, चित्तइँ जेण कय ।
तसु पयकमलु जि पणमहि, ते जण कय-सुकय ॥७॥

---

[1] "गउडवहो" (प्राकृत महाकाव्य) के रचयिता

पर - परिवाद - गयद - विदारण पच - मुखू ।
तासु गुण वर्णन करण, कों सक्कै एक-मुखू ॥२॥
जो व्याकरण वि-जानै शुभलक्षण-निलयू ।
शब्द-अशब्द विचारै सु-विचक्षण-तिलकू ॥
सुच्छदेन बखानै, छद जों सुयति-मयू ।
गुरु लघु लेंड पइठावै, नर-हिय विजय-मयू ॥३॥
काव्य अपूर्व जों विरचै, नव-रस-भर-सहितो ।
लब्ध-प्रसिद्धिहिँ सुकविहँ, सागर जो मथितो ॥
सुकवि **माघ**'ति प्रशसैं, जे तासु शुभ-गुरुहो ।
साधु न मनहि अजानय, मैं जित-सुरगुर-हो ॥४॥
कालिदास कवि अहेंउ, जों लोकेहि वर्णियऊ ।
सो जितनो **जिनवल्लभ**- कवि ना अन्ययऊ ॥
आपु चित्त परि-जानै, सोउ विशुद्ध-नय ।
तोउ चित्र कविराय भनिज्जै मूर्द्धनय ॥५॥
सुकवि-विशेषित-वचन, जों **वाक्पतिराज** कवी ।
सोंउ जिनवल्लभ समुँह, न पावै कीर्त्ति कवी ॥
अवर अनेकानेक. . .हि. सुकवि प्रशसियही ।
तत्काव्यामृतलुब्धेहिँ, नित्य नमसियही ॥६॥

(२) गुरु-दर्शनका महाफल

जो कृत-नाना - चित्रइँ, चित्त-हरति लघू[1] ।
तासु दर्शन विनु पुण्यहिँ, को लब्भै दुलभू ॥
सारइँ वहु-'थुति-'थुत्तै, चित्तै जेहिँ कृत ॥
तासु पदकमल जे प्रणमैं, ते जन कृत-सुकृता ॥७॥

---

[1] तुरंत

(३) गुरुकी शिक्षाका फल

जहि सावय त बोल् न भक्खहि, लिति नय।
जहि पाण-हिय धरति, न सावय-सुद्धनय ॥
जहि भोयणु न सयणु, न अणुचिउ बइसणउ।
सह पहरणि न पवेसु न दुट्ठउ बुल्लणउ ॥२१॥
जहि न हासु नवि हुड्डु, न खिड्डु न रूसणउ।
किति निमित्तु न दिज्जइ, जहिं धण अप्पणउ ॥
करहि जि बहु आमायण, जहिं निन मेलियहिं।
मिलिय ति-केलि करति, समाणु महेलियहिं[1] ॥२२॥
जहिं सकति न गहणु, न माहि न मडलउ।
जहं सावयसिरि दीसइ, कियउ न विटलउ ॥
ण्हवणयार जण मिल्लिवि, जहि न विभूसणउ।
सावयजणिहि न कीरइ, जहि गिह-चित्तणउ ॥२३॥
जहिं न अप्पु वन्निज्जइ, परु वि न दूसियइ।
जहि सग्गुणु वन्निज्जइ, विगुणु उवेहियइ ॥
जहि किर वत्थु-वियारणि, कसु वि न बीहियइ।
जहि जिणवयणुत्तिन्नु, न कहवि पयपियइ ॥२७॥....
इह अणुसोय पयट्टह, मग्व न कुवि करइ।
भवसायररिति पडंत, न इक्कु'वि उत्तरइ ॥
जे पडिसोय पयट्टहि, अप्पवि जिय धरइ।
अवसय सामिय हुति ति, निव्वुइ पुरवरइ ॥३१॥
तसु पयपकउ पुन्निहि, पाविउ जण-भमरु।
सुद्ध नाण-महुपाणु, करतउ हुइ अमरु ॥

---

[1] मेहरी, महिला

(३) गुरुकी शिक्षाका फल

जाँसु श्रावक[1] सो बोल न भावै, लिप्तन या ।
जाँसु प्राण हित धरति, न श्रावक शुद्ध-नया ॥
जाँसु भोजन न शयन, न अनुचित वइसनऊ ।
सँग प्रहरणे न प्रवेश, न दुष्टउ बोलनऊ ॥२१॥
जहँ न हास ना हुड्डु, न खेल न रूसनऊ ।
कीत्ति-निमित्त न दीजै, जहँ धन आपनऊ ॥
करैं भि बहु-आस्वादन, जहँ तृण मेलियई[2] ।
मिलिया केलि करति, सहित्त महेलियहीं[3] ॥२२॥
जहिँ सङ्क्रान्ति न ग्रहण, न मास न मंडलऊ ।
जहँ श्रावक-श्री दीसैं, कियउ न विट्टलऊ[4] ॥
स्नानचार जन मेलवि, जहँ न विभूषणऊ ।
श्रावकजनेहिं न करियै, जहँ गृह-चिन्तनऊ ॥२३॥
जहँ न आपु वर्णिज्जै, परउ न दूषियई ॥
जहँ सद्गुण वर्णिज्जै, वि-गुण उपेक्षियई ॥
जहँ पुनि वस्तु-विचारणे, कासुउ न बींधियई ।
जहँ जिन-वचन-उत्तीर्ण, न कथा प्रजल्पियई ॥२७॥
एँहि अनुशोच प्रवृत्तह, शकाँ न कोउ करई ।
भवसागरेँति पडत, न एकउ ऊतरई ॥
जे प्रतिशोच प्रवृत्तहिँ, आपुउ जिय धरई ।
अवशिय स्वामी होति तें, निर्वृतिपुर-वरई[6] ॥३१॥
ताँसु पदपकज पुण्यहिँ, पायेउ जनभ्रमरु ।
शुद्ध-ज्ञान-मधुपान, करंतउ होइ अमरु ॥

---

[1] शिष्य [2] छोड़ कर [3] महिला, मेहरी
[4] विटलाहा (मल्लिका)=गदा, पतित [5] छोड़ [6] निर्वाण-पुर०

सत्थु हतु सो जाणइ, सत्थपसत्थ सहि।
कहि अणुवमु उवमिज्जइ, केण समाण सहि ॥४३॥
इय जुग-पवरह सूरिहि, सिरि **जिणवल्लहह**।
नाय समय परमत्थह, बहुजण-दुल्लहह ॥
तसु गुण थुइ बहुमाणिण, सिरि **जिणदत्त**-गुरु।
करइ सु निरुवम, पावइ, पइ जिणदत्तगुरु ॥४७॥
—चाचरि[1]

३–वेश्या-निंदा

जोव्वणत्थ जा नच्चइ दारी। सा लग्गइ सावयह वियारी।
तिहि निमित्तु सावयसुय-फट्टहिँ। जंतिहिँ दिवसिहिँ धम्मह फिट्टहिँ ॥३॥
बहुय लोय रायंध सपिच्छहि। जिण-मुह-पंकउ विरला बच्छहि।
जणु जिणभवणि मुहत्थ जु आयउ। मरइ सु तिक्ख-कडक्खिहिँ घायउ ॥३४॥

४–कविका संदेश

(१) जात-पाँत मजबूत करो

बेट्टा-बेट्टी परिणाविज्जहिँ। तेवि समाण धम्म-घरि दिज्जहिँ।
विसमधम्म-घरि जइ वीवाहइ। तो सम्मत्तु सु निच्छइ बाहइ ॥६३॥
इय **जिणदत्तुवएस-रसायणु**। इह-परलोयह सुक्खह भायणु।
कण्णजलिहिँ पियति जि भव्वइँ। ते हवति अजरामर सव्वइँ ॥८०॥
—उवएसरसायणु

(२) धर्मोपदेश

विक्कम सवच्छरि सय-बारह। हुयइ पणट्ठउ सुहु घरवारह।
इय समारि महाविण सनिहि। वत्तहि सुम्मइ सुक्खु वसतिहि ॥३॥

---

[1] बिरहा गीत

शास्त्रहूँते सो जानै, शास्त्र प्रशस्त सही।
किमि अनुपम उपमिज्जै, केन समान सही ॥४३॥
इति युग-प्रवरह सूरिहि, सिरि **जिनवल्लभहा**।
न्याय[1]-समय-परमार्थह, बहुजन-दुर्लभहा ॥
ताँसु गुण-थुनि बहुमानें, सिरि **जिणदत्तगुरु**।
करै सो निरुपम पावै, पद जिन-दत्त-गुरू ॥४७॥
—चार्चरि

३—वेश्या-निंदा

यौवनार्थ जो नाचै दारी[2]। सा लागै श्रावकहँ पियारी।
तेंहि निमित्त श्रावक श्रुत-फाडें। जाते दिवसें धर्महिं फोडें ॥३३॥
बहुत लोग रागाध मों पेखहिं। जिन-मुख-पंकज विरला वाछहिं।
जन जिनभवनें शुभार्थ जों आयउ। मरै मों तीक्ष्ण-कटाक्षें घायलु ॥३४॥

४—कविका संदेश

(१) जात-पाँत मजबूत करो

बेटा-बेटी परनावीजै[3]। सोउ समानधर्म[4]-घरें दीजै।
विषम-धर्म-घरें यदि वीवाहै। तो सम्यक्त्व[5] मों निश्चय वाहै[6] ॥६३॥
इति **जिनदत्तु**-'पदेश-रसायन। इह-परलोकह सुक्खह-भाजन।
कर्णांजलिहिं पियति जे भव्यहँ। ते भवति अजरामर सर्वै ॥८०॥
—उवएसरसायण

(२) धर्मोपदेश

विक्रम-संवत्सर शत-बारह। होई प्रनष्टउ सुख-घरबारह।
इति ससारें स्वभावें गातेंहि। वर्त्तै सुम्मति सुक्खु वसंतेंहि ॥३॥

---

[1] नात=ज्ञातृ (-पुत्र) महावीर [2] गणिका, वारिका [3] बियाहिज्जै [4] एकधर्मी [5] जैनीपन [6] बहाना, फेंकना

तह वि वत्त नवि पुच्छहि धम्मह । जिण गुरु मिल्लहि कज्जिण दम्मह ।
फलु नवि पावहिं माणुस-जम्मह । दूरे होंति तिज्जि सिव-सम्मह ॥४॥
मोह-निद्द जणु सुत्तु न जग्गइ । तिण उट्ठिवि सिव-मग्गि न लग्गइ ।
जइ सुहत्थु कुवि गुरु जग्गावइ । तुवि तव्वयणु तासु नवि भावइ ॥५॥
परमत्थिण ते सुत्तवि जग्गहिं । सुगुरु-वयणि जे उट्ठेंवि लग्गहिं ।
राग-दोस-मोह 'वि जे गजहि । सिद्धि-पुरंधि ति निच्छइ भुजहि ॥६॥
बहुय लोय लुंचियसिर दीसहिं । पर रागद्दोसिहिं सहुं विलसहिं ।
पढहिं गुणहिं सत्थइ वक्खाणहि । परि परमत्थु तित्थु सु न जाणहिं ॥७॥
दुद्धु होइ गो-यक्किहि धवलउ । पर पेज्जतइ अंतरु बहलउ ।
एक्कु सरीरि सुक्खु संपाडइ । अवरु पियउ पुणु मसु 'त्ति साडइ ॥१०॥
ईसर धम्म-पमत्त जि अच्छहि । पाउ करेवि ति कुगइहिं गच्छहिं ।
धम्मिय धम्मु करंति जि मरिसहि । ते सुहु सयलु मणिच्छिउ लहिसहि ॥२३॥
कज्जउ करइ बुहारी बुद्धी । सोहइ गेहु करेइ समिद्धी ।
जइ पुण सावि जयजुय किज्जइ । ता कि कज्जा नाएँ सहिज्जइ ॥२७॥
इय जिणदत्तुवएसु जि निसुणहि । पढहि गुणहि परियाणवि जि कुणहि ।
ते निव्वाण-रमणि सहुँ विलसहि । बलिउ न संसारिण सहुँ मिलिसहि ॥३२॥
काव्यस्वरूपकुलक[1]

(३) दुर्लभ मानुष-जन्म

लद्धउ माणुस-जम्मु महारहु । अप्पा भवसमुद्दि गउ तारहु ।
अप्पु म अप्पहु रायह रोसह । करहु निहाणु म सव्वह दोसह ॥२॥

(४) गुरु सब कुछ

दुलहउ मणुय-जम्मु जो पत्तउ । सह लहु करहु तुम्हि मुनिरुत्तउ ।
सुह-गुरु-दसण विणु सो महलउ । होइ न कीवइ बहलउ बहलउ ॥३॥

---

[1] **अपभ्रंश-काव्य-त्रय,** Gaikwad's Oriental Series. Vol. XXXVII, 1927

तँहाँ बात ना पूछैं धर्महँ। जिन-गुरु मीलहिँ कार्यें दामहँ।
फल ना पावैं मानुष-जन्मह। दूरे होति त्याग शिव-शर्महँ ॥४॥
मोह-निद्र जनु सुत्तु न जागै। सो उट्ठिउ शिव-मार्ग न लागै।
यदि शुभार्थ कोँइ गुरु जगावै। तोँउ तद्वचन तासु ना भावै ॥५॥
परमार्थे ते सूतउ जागैं। सुगुरु-वचनें जे उठिया लागै।
राग-द्वेष-मोँहउ जे गजैं। सिद्धि-पुरंध्रि तें निश्चय भुजैं ॥६॥
बहुत लोग लुंचित-शिर दीसैं। पर राग-द्वेषहिँ सँग विलसैं।
पढैं गुनैं शास्त्रहिं वक्खानैं। पर परमार्थ-तीर्थ सोँ न जानैं ॥७॥. . .
दुग्ध होइ गो-यक्कतउ धवलउ। पर पीवतै अंतर बहुलउ।
एक शरीर सुक्खु स-पातै। अवर प्रियउ पुनि मासउ स्वादै ॥१०॥
ईश्वर-धर्म प्रमत्त जे आछहिँ[1]। पाप करिय ते कुगतिहिँ गच्छहिँ।
धार्म्मिक धर्म करत जें मर्षहिँ। ते सुख सकल मनोच्छित लभिहैं ॥२३॥
कार्य करै (जोँ) बुहारी[3] बुद्धी। सोहै गेह करेइ समृद्धी।
यदि पुनि मोउ युगयुग कीजै। ना का कार्य तीय साधीजै ॥२७॥
इति जिनदत्त-उपदेश जं सुनहीँ। पढैं गुनैं परि-ज्ञान जें करहीँ।
ते निर्वाण-रमणि-सँग विलसहिँ। बलेँउ न ससारे सँग मिलिसहिँ[4] ॥३२॥

——काव्यस्वरूपकुलक

(३) दुर्लभ मानुष-जन्म

लाभेँउ मानुष-जन्म महारघु। आपें भव-समुद्रतें तारहु।
आपु न अर्पहु रागहँ रोषहँ। करहु निधान न सर्वहँ दोषहँ ॥२॥

(४) गुरु सब कुछ

दुर्लभ मानुष-जन्म जोँ पायउ। सह लघु करहु तुम्म सु-निरुक्तउ।
शुभ-गुरु-दर्शन बिनु सो सहलउ। होइ न करतें बहलउं[5] बहुलउ ॥३॥

---

[1] है　　[2] जावेंगे　　[3] बधू (गढवाली)　　[4] मिलिहैं　　[5] बहुत

सुगुरु सु वुच्चइ सच्चउ भासइ । पर-परिवायि-नियरु जसु नासइ ।
सव्वि जीव जिव अप्पउ रक्खइ । मुक्ख-मग्गु पुच्छियउ जु अक्खइ ॥४॥
इह विसमी गुरुगिरिहिँ समुट्ठिय । लोय-पवाह-सरिय कु पइट्ठिय ।
जसु गुरुपाउ नत्थि सोँ निज्जइ । तसु पवाहि पडियउ परिखिज्जइ ॥६॥
पर न मुणइ तयत्थु जो अच्छइ । लोय-पवाहि पडिउ सुँवि गच्छइ ।
जइ गीयत्थु कोवि त वारइ । ता त उट्ठिवि लउडइ मारइ ॥१६॥
तिव तिव धम्मु कहिति सयाणा । जिव ते मरिवि हुति सुर-राणा ।
चिन्तामोय करत टृाहिय । जण तहिँ कय हवलि नट्ठाहिय ॥३१॥

—उवएस-रसायण

५ : बारहवीं सदी

§ ३०. हेमचंद्र सूरि

(कलिकाल-सर्वज्ञ) काल—१०८८-११७९[1], देश—धवक्कलपुर (गुजरात) में जन्म, अनहिलवाडा पाटन (गुजरात) में साहित्यिक कार्य। कुल—मोढ

१—सामन्त-समाज

(१) राज-प्रशंसा

खीर-समुद्दिण लवण-जलहि, कुवलय-कुमुयहिँ ।
कालिंदी सुर-सिंधु जलिण, महु-महणु हरिण ॥

[1] **सोलंकी (चालुक्य) अनहिलवाडा (गुजरात) के राजा कर्ण (१०७४-९१), जयसिंह सिद्ध-राज (१०९३-११४२), कुमारपाल (११४२-७३), अजयपाल (११७२-७४), मूलराज द्वितीय (११७६-७८) और भीमदेव भोला (११७८-१२२४) के समकालीन। कुमारपालके गुरु।**

सु-गुरु सोँ उच्चै सच्चैं भाषै । पर-परिवादि-निकर जसु नाशै ।
सर्व जीव जिव आपउ राखैं । मुख्यमार्ग पूछियउ जोँ आखैं ॥८॥
इह विषमी गुरु गिरहिँ सम्-उट्ठिय । लोकप्रवाह-सरित कोँ पइट्ठिय ।
जाँसु गुरु-पाद नाहि श्रवणिज्जैं । तासु प्रवाहेँ पडिय परि-खिद्यैं ॥९॥
पर न मानैं तदर्थ जो अच्छै । लोक-प्रवाह पडिय सोँउ गच्छैं ।
यदि गेयार्थ कोउ तेहिँ वारै । सो तेहिँ उट्ठिय लगुडहिँ मारै ॥१९॥
जिमि तिमि धर्म कहति सयाना । जिमि ते मग्गिय होहि सुर-राना ।
चित्ताशोक करता थाइय[1] । जन तहँ कृत भवति नष्टाहित ॥३१॥
—उवदेश-रसायन

५ : बारहवीँ सदी

§ ३०. हेमचंद्र सूरि

वणिक्, जैनसाधु-आचार्य । अपभ्रंश-कृतियाँ—प्राकृतव्याकरण[2], छन्दोनुशासन[3], देशीनाममाला (कोश)

१—सामन्त-समाज[4]

(१) राज-प्रशंसा

क्षीरसमुद्रेँहिँ लवण-जलधि, कुवलय-कुमुदहिँ ।
कालिंदी सुर-सिंधु-जलेँहिँ, मधु-मथन हरिन ॥

---

[1] ठहरा [2] डाक्टर पी. एल्. वैद्य द्वारा संपादित, मोतीलाल-लाधाजी (पूना) द्वारा प्रकाशित १९२८ । अपभ्रंश के सभी उद्धरण हेमचंद्रके रचे नहीं है

[3] देवकरण मूलचंद्र (बंबई) द्वारा प्रकाशित, १९१२

[4] सभी उद्धरण हेमचन्द्र की रचना नहीं हैं । ये पद्य हेमचंद्र-संगृहीत हैं, शायद कोई उनके अपने रचित भी हों

कइलासिण सरिसउ हू किरि, सो अजण-गिरि।
इह तुहु जस-सिरि धवलिओ, पहु कि पडरु नहुरि ॥१२॥
जे तुह पिच्छहि वयण-कमलु, ससहर-मडल-निम्मलु।
जे विहु पालहिँ भिच्च-कम्मु, थुणहिँ जि निरुवमु विक्कमु ॥
जे विहु सासण धरहिँ. पायकमलु जे पणमहि।
ता हत लच्छी-विमुह, पहु-जस-धवलिय दिसि-मुह ॥१३॥
उक्करडा-खल-चउ-गज्जउ, चिरु जुज्झमणु।
उब्भामउ सिर-कमरु म लज्जओं, थक्क महब्भर तुह कट्टहिँ।
अन्नन्न ति-हुअणि कित्ति-धवल विसाओ तुह वट्टइ ॥१४॥
पहु ! तुह वेरि अरण्णि गय, निच्चु'वि निवसहिँ जिव ससय।
घण-कटय-दुस्सचरणि, तहिँ झवडइ करीर-वणि ॥१६॥
जइ जाहि सुर-सरिअ जइ गिरि-निज्झर मेत्रहि जइ पइसहि काणण-तरु-सडय।
रिउ-निव तुवि नवि छुट्टहिँ पहु ! तुज्झ पयावहु, कालहु अइदीहि-हर-भुअ-दडय ॥५५॥
—छन्दोनुशासन[1]

(२) वीर-रस

भल्ला हुआ जों मारिआ, बहिणि ! महारा कनु।
लज्जेज्जतु वयसियहु, जइ भग्गा घरु एन्त ॥३५१॥
जहिँ कप्पिज्जइ सरिण सरु, छिज्जइ खग्गिण खग्गु।
तहिँ तेहइ भड-घड-निवहि, कतु पयासइ मग्गु ॥३५७॥
कंतु महारउ हलि सहिऐं ! निच्छइँ रूसइ जासु।
अत्थिहिँ सत्थिहिँ हत्थिहिँ वि, ठाउ'वि फेडइ तासु ॥३५८॥
अम्हे थोवा रिउ वहुअ, कायर एव भणति।
मुद्धि निहालहि गयण-यलु, कइ जण जोण्ह करति ॥३७६॥
खग्ग-विसाहिउ जहिँ लहहु, पिय ! तहिँ देसहिँ जाहुँ।
रण-दुब्भिक्खें भग्गइ, विणु जुज्झें न वलाहुँ ॥३८६॥

---

[1] पृ० ३७ ख, ३८ क, ४१ क, ४५ ख

कैलाशेंहि मदृशउहुफुर, सो अजन-गिरि।
इह तव यश-श्री धवलियउ, प्रभु का पाडुरु नभ ॥१२॥

जो नव पंखै वदन-कमल, शशधर-मडल-निर्मल।
जो विधि पालैं भृत्यकर्म, थुवैं[1] जें निरुपम विक्रम ॥

जं विध शासन धरैं पाद-कमल जे प्रणमैं।
तो हत! लक्ष्मी-विमुख, प्रभु-यश-धवलिय दिशिमुख ॥१३॥

उत्करटां-आखल चउ गर्जेउ, चिर-युद्धमना।
उन्नामित-शिर-कायर ना लज्जउ, थाक भतिभर तव निकटे।
अन्योन्य त्रिभुवनें कीर्ति-धवल, विषादो तव वाटे ॥१४॥

प्रभु तव वैरि अरण्य-गज, नित्यउ निवसे जिमि मर्कट।
घन-कटक-दुसचरणें, तहँ भवडे करीर-वनें[2] ॥१६॥

यदि जावें सुर-सरित यदि गिरि-निर्झर सेवैंहिं, यदि पइसैं[3] कानन-तरु-खडें।
रिपु-नृप तउ नहि छूटैं प्रभु! तुम्ह प्रतापहँ, कालह अति-दीर्घ-हर-भुज-दडें ॥५५॥

—छन्दोनुशासन (पृ० ३७, ३८, ४१, ४५)

(२) वीर-रस

भल्ला हुआ जों मारिया बहिनि! हमारा कत।
लज्जिज्जेहु वयस्ययहिं, यदि भागा घर एँन्त ॥५३१॥

जहँ काटिज्जै शरहिं शर, छिद्यै खड्गहिं खड्ग।
तहँ तेही भट-घट-निवहें, कत प्रकाशै मग्ग ॥३५७॥

कन्त हमारो रे सखिय, निश्चै रूसै जासु।
अस्त्रहिं शस्त्रहिं हाथियहिं, ठावहिं फोड़ै तासु ॥३५८॥

हम हैं थोडे रिपु बहुत, कायर एम भनति।
मूढ निहारैं गगन-तल, कवि जन जोन्हँ[5] करंति ॥३७६॥

खड्ग बेसाहिब जहँ लहउ, प्रिय! तहँ देशहिं जाहु।
रण-दुर्भिक्षें भागई, विनु युद्धेहिं बलाहुँ ॥३८६॥

---

[1] स्तवें [2] हाथी [3] पइठें [4] आता [5] ज्योत्स्ना [6] सेना

अब्भउ-वंचिउ बे पयइँ, पेम्मु निअत्तइ जाँव।
सव्वासण-रिउ-सभवहों, कर परिअत्ता ताँव॥
हिअइ खुडुक्कइ गोरडी, गयणि घुडुक्कइ मेहु।
वासा-रत्ति पवासुअहँ, विसमा सकडु एहु॥
अम्मि! पओहर वज्ज मा, निच्चु जें समुह थति।
महु कतहों समरगणइँ, गय-घड भज्जिउ जति॥
पुत्तें जाएँ कवण गुणु, अवगुणु कवणु मुएण।
जा बप्पी की भूंहडी,[1] चपिज्जइ अवरेण॥
ए तेत्तिउ जलु सायरहों, सो तेवडु वित्थारु।
तिसहें निवारण पलुवि नवि, पर घुट्ठुअइ असारु॥३९५॥
महु कन्तहों गुट्ठ-ट्ठिअहों, कउ झुपडा वलति।
अह रिउ-रुहिरें उल्हवइ, अह अप्पणें न भंति॥४१६॥
जइ भग्गा पारक्कडा, तो सहि! मज्झु पियेण।
अह भग्गा अम्हहँ तणा, तो तें मारिअ देण॥४१७॥
सामि-पसाउ सलज्जु पिउ, सीमा-सधिहिँ वासु।
पेक्खिवि बाहु-बलुक्कडा, धण मेल्लइ नीसासु॥४३०॥
—प्राकृतव्याकरण (पृ० १५०-५२, १५६, १५८, १६० १६५, १७१)

कर-हय-थणहर-गलिअ-लोल-मणोहर-हारय।
गडत्थल - लुलिअ - मइल-जडिल - कुतल - भारय।
अणवरय-वाहणि-वड-पसूण सोण-विलोअण।
तुह हुअ नर-वइ-तिलय मपय वेरि वहू-यण॥६॥
जेत्थु गज्जहिँ मत्त-करि-णिवह, रखोलहिँ जत्थु हय।
जेत्थु भिउडि-भीसण भमति भड,
तहिँ तेहइ रणि वरइ विजय-लच्छि, पइँ पर समरोब्भउ॥२९॥
जसु भुअ-बलु हेलुद्धरिअ-धरणि,
निम्मुणिवि वणयर - गण - उवगीउ - सुविक्कमु।

---

[1] पितृभूमि

'लिगन-वंचित दो पदैं, प्रेम निवर्त्तै जब्ब।
सर्वासन रिपु सभवहु, कर परिवर्त्तै तब्ब ॥
हृदय खुडुक्कै गोरडी, गगन घुडक्कै मेह।
वर्षा-रात्रि प्रवासुकहँ, विषमा सकट एह ॥
अम्म! पयोधर वज्र ना, नित्य जे सम्मुख थंति[1]।
मम कतह समरागणे, गज-घट भाजेंउ जाति ॥
पुत्रे जायें कवन गुण, अवगुण कवन मुएहिँ।
जो वापेकी भूमिडी, चाँपिज्जै अपरेहिँ ॥
सो तेत्तउ जल सागरहँ, सो तेवड[2] विस्तार।
तृषह निवारण चिलुव ना, पर घूँटनो असार ॥३६५॥
मम कतह गोष्ठ-स्थितह, केँत झोंपडा ज्वलति।
चहें रिपु-रुधिरें बूझवै, चहें आपने न भ्रान्ति ॥४१६॥
यदि भागा परकेरआ, तो सखि! मोर प्रियेहिँ।
औ भागा हमकेरका, तो तें मारिय तेहि ॥४१७॥
स्वामि-प्रसाद सलज्ज प्रिय, सीमा-सधिहिँ वास।
पेखिय बाहू-बलक्कडा, धनि मेलै निश्वास ॥४३०॥
—प्राकृतव्याकरण (पृ० १५०-२, १५६, १५८, १६०, १६५, १७१)
करहत-स्तन-धर गलिय लोल मनोहर हारय।
गडस्थले लुलित मडल-जटिल-कुतल भारय ॥
अनवरत-वाहनि-वट-प्रसून शोण-विलोचन।
तव हुअ नरपति-तिलक सप्रति वैरि-वधू-जन ॥६॥
यत्र गर्जे मत्त-करि-निवह, (औ) कूदैं यत्र हय।
यत्र भृकुटि-भीषण भ्रमति भट।
तहँ तेही रणें वरै विजय-लक्ष्मि तें पर-समरोद्भवउ ॥२१॥
जाँसु भुजबले हेला उद्धरेउ धरणि,
मुनिया वनचर-गण-उपगीत-सुविक्रम।

---

[1] रहते [2] उतना (गढ़वाली)

अज्जवि हरिसिअ नव-दब्भकुर-दभिण,

पयडहिँ कुल-महिहर पुलउग्गमु ॥४४॥

——छन्दोनुशासन[1]

(३) कु-नारी

जासु अग्गहिँ घणु नसा-जालु- जमु पिंगल-नयण-जुओ ।

जमु दंत परिरत्ल-विअड्डुन्नय,

न धरिज्जइ दुह-कारिणी मत्तकरिणि जिंव घरिणि दुन्नय ॥२७॥

गाँवि पट्टणि हट्टि चउहट्टि, राउलि देउलि पुरि ज दीसइ ।

लडह-अंगिअ विरहिद-जालएण, न मा एक्कवि कय-बहु-रूव-कलिअ ॥३०॥

—छन्दोनुशासन (पृ० ३६ख)

(४) शृंगार-रस

विप्पिअ-आरउ जइवि पिउ, तोवि तं आणहि अज्जु ।

अग्गिण दड्ढा जइवि घरु, तो तें अग्गि कज्जु ॥३४३॥

जिंव जिंव वंकिम लोअणहँ, णिरु सामलि सिक्खेइ ।

तिंव तिंव वम्महु निअय-सर, खर-पत्थरि तिक्खेइ ॥३४४॥

तुच्छ-मज्झहे तुच्छ-जम्पिरहे,

तुच्छच्छ-रोमावलिहे तुच्छ-राय-तुच्छयर-हासहे ।

पिय-वयणु अलहंतिअहे, तुच्छकाय-वम्मह-निवासहे ।

अन्नु जु तुच्छउं तहे धणहे, न अक्खणउं न जाइ ।

कटरि थणतरु मुद्धडहे, जें मणु विच्चि ण माइ ॥३५०॥

फोडेंति जे हियडउँ अप्पणउं, ताहँ पराई कवण घण ।

रक्खेज्जहु लोअहो अप्पणा, वालहे जाया विसम-थण ॥३५०॥

---

[1] पृ० ३५ख, ३६ख, ४५क

आजउ हर्षिय नव-दर्भांकुरके मिस,
प्रकटैं कुल-महिधर पुलकोद्गम ॥४४॥
—छन्दोनुशासन (पृ० ३५, ३६, ४५)

(३) कु-नारी

जसु अंगहिं घन नसा-जाल, जसु पिंगल-नयन-युग।
जसु दंत प्रविरल-विकटोन्नत,
न धरीजै दुख-करिणि मत्त-करिणि इव घरिणि दुर्नय ॥२७॥

गाँव पाटन हाट चौहट, रावल देवल पुर जो दीसै।
मदनागी विरहेंद्रजालकें हिं, तेहिं मा एकउ कृत-बहुरूप-कलिता ॥३०॥
—वही (पृ० ३६)

(४) शृंगार-रस

विप्रियकारक यदपि पिउ, तउ तेहिं आनहु आज।
आगिहिं दाहा यदपि घर तउ तेहिं आगी काज ॥३४३॥

जिमि जिमि बंकिम लोचनहिं, बहु-साँवरि सीखाय।
तिमि तिमि मन्मथ विजयशर, खर-पाथर तीखाय ॥३४४॥

तुच्छ मध्ये तुच्छ जल्पनें,
तुच्छ¹-अच्छ रोमावलिहें, तुच्छ-राग तुच्छतर हासे,
प्रियवचन अलभनियहें, तुच्छकाय मन्मथ निवसहें।
अन्य जों तुच्छउ तेंहि धनिहि, सो भाषनउ न जाइ।
कटरि थनतर मुधडहिं, जो मन-बीच न माइ² ॥३५०॥

फोडहिं जे हियडा आपनउँ, ताँह पराई कवन घृण।
राखीजहु लोगो! आपना बाला जाया विषम थन ॥३५०॥

---

¹ अल्प ² समाइ

एक्कहिँ अक्खिहिँ सावणु अन्नहिँ भद्दवउ,
माहउ महिअल-सत्थरि गण्ड-स्थलें सरउ ।
अंगिहिँ गिम्ह सुहच्छी-तिल-वणि मग्गसिरु,
तहे मुद्धहे मुह-पंकइ आवासिउ सिसिरु ।
हिअडा फुट्टि तडत्ति करि, काल-क्खेवें काइँ ।
देक्खउँ हय-विहि कहिँ ठवइ, पइँ विणु दुक्ख-सयाइँ ।।३५७।।
जइ न सु आवइ दूइ [1] घरु, काइँ अहो-मुहु तुज्झु ।
वयणु जु खण्डइ तउ सहिएँ, सो पिउ होइ न मज्झु ।।
भमरु म रुण-झुणि रण्णडइ, सा दिसि जोइ म रोइ ।
सा मालइ देसन्तरिअ, जसु तुहुँ मरहि विओइ ।।३६८।।
मुह-कबरि-बन्ध तहे सोह धरहिँ, न मल्ल-जुज्झु ससि-राहु करहिँ ।
तहे सहहिँ कुरल भमर-उल-तुलिअ, न तिमिर-डिम्भ खेल्लन्ति मिलिअ ।।३८२।।
बप्पीहा पिउ-पिउ भणवि कित्तिउ रुअहि हयास ।
तुह जलि महु पुण वल्लहइ, बिहुँ वि न पूरिअ आस ।।
बप्पीहा कइँ बोल्लिएण, निग्घिण वार-इ-वार ।
सायरि भरिअइ विमल-जलि, लहहि न एक्कइ धार ।।३८३।।
भमरा [1] एत्थु वि लिम्बडइ, के वि दियहडा विलम्बु ।
घण-पत्तलु छाया-बहुलु, फुल्लइ जाम कयम्बु ।।३८७।।
केम समप्पउ दुट्ठु दिण, किध रयणी छुडु होइ ।
नव-वहु-दंसण-लालसउ, वहइ मणोरह सोइ ।
ओ गोरी-मुह-णिज्जिअउ, वद्दलि लुक्कु मियंकु ।
अन्नु वि जो परिहविय-तणु, किह ठिउ सिरि-आणंद ।।
निरुपम-रसु पिएँ पिअवि जणु, सेसहो दिण्णी मुद्द ।
भण सहि निहुअउँ तेँव मइँ, जइ पिउ दिट्ठु सदोसु ।।४०१।।

---

[1] जूड़ा

एकहिँ आँखें सावन, अन्यहिँ भादों,
माधव महियल-साथरें गडस्थलें शरदो।
अगहिँ ग्रीष्म शुभाक्षी तिल-वनें मार्गसिरू,
तेहि मुग्धहें मुख-पकजे आवासिउ शिशिरू।
हियडा फूट तडक्क करि, कालक्षेपे काइँ।
देखउँ हत-विधि कहँ थपै, तैं बिनु दुःख शताइँ ॥३५७॥
यदि न मों आवै दूति ! घर, काइँ अधोमुख तोर।
वचन न खडै तव सखी, सो पिउ होइ न मोर ॥
भ्रमर ! न रुनझुन रणरणै, सो दिशि जोय न रोउ।
सा मालनि देशातरिय, जसु तुहु मरै वियोग ॥३६८॥
मुख कबरि-बन्ध तहँ सोह धरहिँ। जनु मल्ल-युद्ध शशि-राहु करहिँ।
तहि सोभै कुरल[1]-भ्रमर-कुल तुलिय। जनु तिमिर डिभ खेलति मिलिय ॥३८२॥
पप्पीहा पिउ-पिउ भनबि केतिक रोवै हताश।
तव जलें मम पुनि वल्लभें, दोहूँ न पूरिय आश ॥
पप्पीह का बोलियेंइ, निर्घृण वारवार।
सागरें भरियड विमल जल, लहै न एकहु धार ॥३८३॥
भ्रमरा ! ईंहे लिपटिया, किछु दीवसें बिलबु।
घनपत्ता छाया-बहुल, फूलै जब्ब कदब ॥३८७॥
केमि समर्पउ दुष्ट दिन, किमि रजनी यदि होइ।
नव - बधु - दर्शन - लालसउ, वहै मनोरथ सोइ ॥
ओ गोरी-मुख-निर्जितउ, बादल लुक्कु मृगाक।
अन्यउ जो परिभविय तनु, किमि ठिउ श्री आनद ॥
निरुपम-रस पिउ पियबि जनु, शेषहों दीनी मुद्र।
भन सखि ! निभृतउ तिमि मइँ, यदि पिउ दीस सदोस ॥४०१॥

---

[1] सशब्द

अन्नें ते दीहर-लोअण, अन्नु तं भुअ-जुअलु ।
अन्नु सु घण-थण-हारु तें, अन्नु जि मुह-कमलु ॥
अन्नु जि केस-कलावु, सुअन्नु जु पाउ विहि ।
जेण णिअविणि घडिअ स, गुण-लायण्ण-णिहि ॥
एसी पिउ रूसेउ हउँ, रुट्ठी मइँ अणुणेइ ।
पग्गिँव एइ मणोरहइँ, दुक्करु दइउ करेइ ॥४१४॥

—प्राकृतव्याकरण (पृ० १४६-१५२, १५४, १५७, १५८, १६१-६२)

गयणप्परि कि न चडहिँ, कि नरि विक्खरहिँ दिसिहि वसु,
भुवण-त्तय-सतावु हरहि, कि न किरबि मुहारसु ।
अधयारु कि न दलहिँ, पयडि उज्जोँउ गहिउल्लओँ,
कि न धरिज्जहिँ देवि सिरहँ, सइँ हरि मोहिल्लओँ ।
कि न तणउ होहि रयणारहु, होहि कि न सिरि-भायरु ।
तुवि चद निअवि मुहु गोरिअहि, कवि न करइ तुह आयरु ॥५॥
परहुअ-पचम-सवण-सभय मन्नउँ सो किर,
ति भणि भणइ न किपि मुद्ध-कलहस-गिर ।
चदु न दिक्खण सक्कइ ज सा ससि-वयणि,
दप्पणि पमहु न पलोअइ नि भणि मय-नयणि ।
वइरिउ मणि मन्नवि कुसुम-सरु, खणि खणि सा वहु उत्तसइ ।
अच्छरिउ रूव-निहि कुसुम-सरु, तुह दमणु ज अहिलसइ ॥६॥
जइ अज्झलक्कहिँ नयण दीह-नयणि अहि-खणु,
केअइ-कुसुम-दलम्मि भसलु विलसइ त जणु ।
जइ तीए मुहि हावि मद्दु हासउ चडइ,
ना जणु हीरय-पउमराय-मचओँ भडइ ।
जइ तीएँ महुर-मिउ-भासिणिहि, वयण-गुफ निसुनिज्जइ ।
तावह करेप्पि जणु अमय-रसु, कण्ण-पण्ण-पुडि पिज्जइ ॥७॥
सवण-निहिअ-हीरय-हसत-कुडल-जुअल,
थूलामल-मुत्तावलि-मडिअ-थण-कमल ।

अन्य सों दीरघ-लोचन, अन्य सों भुज-युगल।
अन्य सों घन-थनहार त, अन्यउ मुख-कमल ॥
अन्यउ केश-कलाप सों, अन्य जों पाव विधि।
जेहिं नितबिनि गढ़िय सों, गुण-लावण्य-निधि ॥
ऐसी पीउ रुषेउ हउँ, रूठी मोंहिं अनुनेइ।
प्राय् इव एहि मनोरथहिं, दुष्कर दैव करेइ ॥४१४॥

—प्राकृतव्याकरण (पृ० १४६-५२, १५४, १५७, १५८, १६१, १६२)

गगनोपरि किं न चढै कि नरे बीखरै दिशहिं वस।
भुवनत्रय सताप हरै, कि न किरबि सुधारस।
अधकार कि न दलै, प्रकटि उज्जोंत ग्रहियुल्लउ।
की न धरिज्जै देवि-सिरहें स्वय हरि सोहिल्लउ।
कि न तनय होहि रतनाकरइ, होहि चाहे श्रीभ्रातर।
तउ चद्र देखि मुख गोरियहि, कोंउ न करै तव आदर ॥५॥
परभृत-पंचम श्रवण सभय मानउ सों फुर।
तो भनि भनै न किछुग्र, मुग्ध कलहस-गिरि।
चद्र न देखन सक्कै जो सा शशिवदनि।
दर्पन मुंह न प्रलोकै कि मने मृगनयनि।
वैरिउ मने मानिय कुसुम-शर, क्षण-क्षण सा वह्नु उत्त्रसै।
आश्चर्य रूपनिधि कुसुम-शर, तव दर्शन जो अभिलषै ॥६॥
यदि आ-झलकें नयन दीर्घनयनि अभि-क्षण,
केतकि-कुसुमदलेहिं भ्रमर विलसै तो जनु।
यदि तेंही मुखें भावें मद हासउ चढई,
तो जनु हीरक-पदुमराग-संचय झडई।
यदि तेहि मधुर मृदु भाषिणिहि वचन-गुफ नि-सुनीजै।
तो बध करीय जन् अमृत-रस कर्ण-पर्ण-पुटें पीजै ॥७॥
श्रवण-निहित-हीरक-हसत कुडल-युगल।
स्थूलामल-मुक्तावलि-मडित-थनकमल।

सेअं-'सअ-पगुरण वहल-सिरिहड-रसु-ज्जल,
वहु-पहुल्ल-विअइल्ल-फुल्ल-फुल्लाविअ-कुतल ।
तो पयड़ धाइ दसण-जणिय-खल-यण-उर-भर-भारिअ,
अहिसरइ चद-सुदर निसिहिँ, पइँ पिअयम-अहिसारिआ ॥११॥

जइ तुह मुह करयलु उ मोडवि । चल्लिअ चीरंचलु अच्छोडवि ।
माणिणि ! तुवि पसाओँ-करि सुम्मउ । पइँ पिड उत्तावलिअ म गम्मउ ।
जइ किं वइवि सवह-पय-जुयलु, इह विहि वसिण विहट्टइ ।
ता तुज्भ मज्भु खीणतु सरउ, किं न खामोअरि ! तुट्टइ ॥१३॥

गोवी-अण-दिज्जत-रासय निसुणतहँ,
वासा-रत्ति पहुच्चइ पहिअहँ पवसंतहँ ।
निअ-वल्लह तिँव किंवइ हिअयतरि निवडिअ,
जिँव जनह न वहति चलण नावइ निअडिअ ॥३॥

अहरुट्ठ दलइ जवापसूण दत-कुद,
पाणि-चरण-नयण-वयण विअसि-आरविंद ।
कुसुम परु पच्चक्खु'वि सुदरि ! तुज्भ देहु,
तुह तनु-मज्भ-देसु वहसि विवरीउ एहु ॥५॥

हंसि तहारओँ गइ-विलासु पडिहासइ रित्तओँ,
कोइल-रमणिइ तुहवि कंठु कुठत्तणु पत्तओँ ।
विरहय ककेल्लिह दोहल सपइ पूरतिअ,
जं किर कुवलय-नयण एह हिडइ गायतिअ ॥८॥

भ्रू-वल्लि-चावयं मणोहवस्स ससितुल्लं वयणं,
अग सामीअरप्पहँ अहिणव-कमल-दल-नयणं ।
तीए हीरावलिव दंतपंति विद्दुमं अहर,
पेच्छताणं पुणो पुणो, काण न हवइ मणं विहुर ॥११॥

निच्छिउ करिबि चंदु दोण्णि खंड । तहि निम्मिय मय-नयणाइ गंड ।
वर-कुसुमंडेविणु गंध-चंगु । कोमलु तह विरइओँ एहु अंगु ॥१४॥

श्वेतांशुक-प्रावरण-बहुल, श्रीखंड-रसोज्वल ।
बहुप्रफुल्ल बिकचिल्ल-फुलन फुल्लाविय कुंतल ।
तो प्रकट धाइ दर्शन-जनित खल-जन उर-भर-भारिया ।
अभिसरै चंद्र-सुंदर निशिहिं, तैं प्रियतम अभिसारिया ॥११॥

यदि तुहँ मुख-करतल उ मोडवि । चल्लिय चीरांचले आ-छोड़वि ।
मानिनि ! तव प्रसाद करि सुनऊ । तैं प्रिय उत्तावलिय न जावउ ।
यदि कि पलिउ सवह पदयुगल, इहँ विधि-वशें हि बाटई ।
तो तव मध्य क्षीणतउ खरउ, किं न क्षामोदरि ! टूटई ॥१३॥

गोपी-जन दीजत राशक नि-सुनतहँ ।
वासर-रात्रि पहूँचै पथिकहँ प्रवसतहँ ।
निज-वल्लभ तिमि किमिवहि हृदयंतरें निवडिय ।
जिमि जनह न वहंति चरण नावै निगडिय ॥३॥

अधरोष्ठ दलं जवाप्रसून दंत कुंद,
पाणि-चरण-नयन-वदन विकसित-अरविंद ।
कुसुम पर प्रत्यक्षउ सुंदरि ! तव देह,
तव तनु-मध्यदेश बहहु विपरीत एह ॥५॥

हंसि तुहारउ गति-विलासें प्रतिभासै रिक्तउ,
कोकिल-रमणिहि तोर कंठें कंठत्वहिं प्राप्तउ ।
विरहइ कंकेली दोहल संप्रति पूरतिअ,
जो पुनि कुवलय-नयने ! एह हिंडै गायंतिअ ॥८॥

भ्रूवल्लि-चापक मनोभवहँ शशि-तुल्यवदनं,
अंगे चामीकर-प्रभं अभिनव-कमलदल-नयनं ।
ताही हीरावली'व दंतपंक्ति विद्रुम अधरं ।
पेखतेहिं पुनी पुनि , काह न होई मन विधुरं ॥११॥

निश्चय करवि चंद दो'इ खंड । तहि निर्मित मदनयनइँ गंड ।
वरकुसुम लेपियउ गंध चंग । कोमल तिमि विरचिय एहु अंग ॥१४॥

कुमुअ-कमलहँ एक्क उप्पत्ति मउलेइ तुवि,

कमल-वणु कुमुअ-सडु निव्वुवि विग्रासइ

स-च्छद-विग्रारिणिअ चंद-जोण्ह कि मत्त-वालिग्रा ॥१६॥

मणहरु तुह मुह-सरुरुह, रयणीअर-विब्भमु धरइ ।

कामिणि हास-विलासु'वि, जोण्हा-पसरहु अणुहरइ ॥४४॥

कवणु सु धन्नउ जिण विणु, कामिणि ककण हत्थओ विअलहिँ ।

अनु कि एँवइ ससि-मुहि, हिडइ उत्तमिहहिँ कर-कमलहिँ ॥५१॥

जइ गगा-जलि धवलि, कालइ जउणा-जलि जइ खित्तअउ ।

राय-हंसि नहु वहु न तुट्टु, सुज्झत्तणु तुवि तेत्तउ ॥१०७॥

वयणु सरोजु नयण कुवलय-दल, हासु नव-फुल्लिअ मल्लि ।

कर-पाय असोअ-पल्लव-च्छाय, सहजि कुसुमाउह भल्लि ॥१०८॥

तुहुँ उज्जाणि म वच्चसु जइविहु, विलसइ मयणूसवु पवलु ।

गइ-नयणहिँ लज्जीहइ तुह हंसीउलु सहि तह हरिण-उलु ॥८॥

पिउ आइउ निवडिउ पइहिँ, सपणय-वयणिहिँ, अणुणिवि माणु मुआविआ ।

इअ सिविणयभरि आलिंगिमि जांवहिँ तांवहिँ सहि ! हय कुक्कुडि रडिआ ॥२८॥

—छन्दोनुशासन (पृ० ३४क ख, ३६क, ४-क ख, ४७क ८३ ख, ४४ख)

(५) ऋतु-वर्णन

(क) पावस

रेहइ अरुण-कंति धरणी-ग्राल इदगोवया[1],

पाउस-सिरि नाइ पय जावय-विंदु लग्गय

एहवि विज्जु-लेह कलकंतिअ बहल-कंतिआ,

लक्खिज्जइ जायरूव-निम्मिअव्व कठिआ ॥१॥

मत्तंबुवाह वरसतिण पड समहिओ,

आयण्णसु सपय महिअलि ज विरइअं

[1] बीरबहूटी

कुमुद-कमलह एक उत्पत्ति मुकुले तउ,
कमल-वन कुमुद-षड नित्यहिं विकासै।
स्वच्छद-विहारिणिय चंद्र-ज्योत्स्न कि मत्त-बालिका ॥१९॥
मनहर तव मुख-सररुह, रजनीकर-विभ्रम धरइ।
कामिनि ! हास-विलासउ, ज्योत्स्ना-प्रसरह अनुहरइ ॥४४॥
कवन मों धन्यउ जिन बिनु, कामिनि कंकण हस्तहँ विगलै।
अन्य कि एव शशिमुखि, हिंडै उन्नमितइं कर-कमलैं ॥५१॥
यदि गंगा-जलें धवली, कालइ यमुना-जलें यदि क्षिप्तऊ।
राजहंसि नभ बहु न टूटु, शुद्धत्वें तव तेत्तऊ ॥१०७॥
वदन-सरोज नयन कुवलय-दल, हास नव-फुल्लिय मल्ली।
कर-पाद अशोक-पल्लव-छाय, सहजे कुसुमायुध भल्ली[1] ॥१०८॥
तुहँ उज्जेनि न अजहु जडबिहु, विलसै मदनोत्सव प्रबल।
गति-नयनेंहिं लज्जीहै तुहु हंसीकुल सखि तिमि हरिण-कुल ॥८॥
पिय आयउ नि-पडेंउ पदहिं, स-प्रणय-वचनेंहिं अनुनइ मान सों आविया।
इमि स्वपने भरि आलिंगउँ जौ लों, तौ लों सखि ! हत कुक्कुटि रटिया ॥२७॥
— छन्दो० (पृ० २४ ३६, ४०, ४२, ४३, ४४)

(५) ऋतु-वर्णन

(क) पावस

राजै अरुण-कांति धरणीतलें इन्द्रगोपका,
पावस-श्री न्याइँ पद यावक-विन्दु लगया।
ईहउ विज्जु-लेख कल-कंतिय बहुल-कंतिया,
लक्खीजै जातरूप - निर्मितव्य कंठिया ॥७॥
मत्त-म्बुवाह वर्षतेहिं पति समधिका,
आकर्णहु संप्रति महितलें जो विरचिया।

---

[1] भाला

हंस-हंकल-सद्दिण ज आसि णोहरु, दद्दूर-रडिआउलु निम्मिओ तं सरवरु ॥ ६ ॥

गहिरु गज्जइ धरइ मय-वारि, विहलं-घुलु नहु कमइ।
दुन्निवारु दिसि-दिमि पलोट्टइ! ओ मत्त-वालिय-सरिसु विसम-चेट्टु पाउसु पयट्टइ॥ १८॥

गज्जइ घण-माला घणघणाट्टु । न मयण-निवइणो कुजर:-घड ॥६१॥

कुसुमग्गमु अज्जुण-केअइ-कुडयह । पेच्छिवि कहबि हु न हु रइ-मडहिँ ।
नव-पाउसि पइसतइ ओ जाइ । निम्रंत भमर दुओ हिंडहिँ ॥३७॥

वज्जहिँ गज्जिर-घण-मद्दल, नच्चहिँ नह-यल-अगणि नव-चचल-विज्जुल ।
गायहिँ सिहि इह सगीअउ, पाउस-लच्छिहिँ करइ जुआणह मण-आउल ॥४३॥

—छन्दोनुशासन[1]

(ख) शरद्-वर्णन

तरुणी किलकिंचिअइँ विसट्टहिँ, ससि-जोण्ह-समुज्जल रत्तडी ।
मल्लिअ पुल्लइँ परिमल-सारइँ, जउ तउ गय मग्गहु वत्तडी ॥११३॥
तुह मुहलायन्न-तरंगिणिएँ, झलकतउ कलि-करविअओ ।
सोहइ निम्मल-वट्टुल-मडलु, जल-मज्झिनाइ ससि-बिंबिओ ॥११४॥

—छन्दो० (पृ० ३५ख, ३६ख, ४१क, ४५क)

(ग) हेमन्त-वर्णन

महु-रसु घुटिउ जेहिँ जहिच्छइ, ते अलि दीसंत भमत ।
मालइ-ओहुल्लणउँ करतिण, कि सोहिओ पइँ हेमंत ॥१११॥

—छन्दो०[2]

(घ) वसंत-वर्णन

किं न फुल्लइ पाडल पर-परिमल । महमहेइ किं न माहवि अविरल ।
नवमल्लिअ कि न दलइ पहल्लिय । कि उत्थरइ कुसुम-भरि मल्लिय ।

---

[1] पृ० ३५ख, ३६ख, ४१क, ४५क [2] पृ० ४२ ख

हंस-हंकल-शब्देँहिँ जो अहेँउ नोहर, दर्दुर-रटनाकुल निर्मित सो सरवर ॥ ६ ॥

गँभिर गर्जे धरै मद-वारि, विहूल नभ भ्रमई,
दुर्निवार दिशि-दिशि प्र-लोटै, ओ मत्त-वालिक-सदृश विषम-चेट पावस प्रवर्त्तै ॥१८॥

गर्जै घनमाला घनघनाइ, जनु मदन-नृपतिकर कुंजर-घट ॥ ६१ ॥

कुसुमोद्गम अर्जुन-केतकि-कुटजहँ। पेखिय कइविउ नहि रति-मंडहिँ।
नव-पावसेँ पइसंतइ ओ जाइ, देखंत भ्रमर दूत हिंडहिँ ॥३७॥

वाजैँ गज्जर-घन-मर्दल, नाचैँ नभतल-आंगनेँ नव-चंचल-विज्जुल।
गावैँ शिखि इहँ संगीतउ, पावस-लक्ष्मिहि करै युवानह मन-आकुल ॥४३॥

—छन्दो० (पृ० ३५, ३६, ४१, ४५)

(ख) शरद्-वर्णन

तरुणी किलकिंचितैँ विसट्टैँ, शशि ज्योत्स्न-समुज्ज्वल-रातड़ी।
मल्ली फूलै परिमल सारैँ, जो तो गय मागहु वातडी ॥११३॥
तव मुख-लावण्य-तरंगिणिएँ, झलकतउ कांति करवितओ[1]।
सोहँ निर्मल-वर्त्तुल-मडल, जल-माँझ न्याइँ शशि-बिंबओ ॥११४॥

—छन्दो० (पृ० ३५, ३६, ४१, ४५)

(ग) हेमन्त-वर्णन

मधु-रस घोँटिउ जेहि यथेच्छहँ, ते अलि दिसत भ्रमत।
मालति-ओलहनउ करति, की साधिउ तैँ हेमत ॥१११॥

—छन्दो० (पृ० ४)

(घ) वसंत-वर्णन

की न फूलै पाटल पर-परिमल। महमहै की न माधवि अविरल ॥
नव-मल्लिक की न दलै पहँषिया। की उच्छलै कुसुम-भरेँ मल्लिय।

---

[1] पृष्ट

दीहिय-तलाय-सर-सल्लडिहिँ। कि न पसाहि पउमिणि फुडइ।
तुवि जाइ जाय-गुण-संभरणु झाणु। कि भसलुहु मणि खुडइ ॥१२॥

सुणिवि वसंति पुर-पोढ-पुरविहिँ रासु।
सुमरि विलडहि हूओ तक्खणि पहिउ निरासु ॥१५॥

मत्त-कोइल-नाय णदीइ सिगार-रसोग्गमिण, नच्चमाण-मायद-पत्तहि।
अहिणिज्जइ मयण-जय-नाडउव्व, सपइ वसतिण ॥१६॥

लुट्टिद्दु चंदण-वल्लि-पल्लकि सम्मिलिदु लवग-वणि खलिदु वत्थु-रमणीय-कयलिहिँ।
उच्छलिदु फणि-लयहिँ घुलिदु सरल-कक्कोल-लवलिहिँ, चुविदु माहवि-वल्लरहिँ।
पुलइद-काम-सरीरु भमर-सरिच्छउ सचरइ, रड्डउ मलय-समीरु ॥३१॥

माणु म मेल्हि 'गहिल्लिएँ निहुई होहि खणु,
उभयओँ चंदु पयट्टओँ गसावलय खणु।
दिक्खिसु एंहिवि नयणिहिँ, पइ हलि मयण-हय,
वल्लह पयह पडति, भणतिय वयण-सय ॥३॥

आमूलु वि वहु-पकिण सँवलिअ सव्व-वार-पडिबोह सोहर-हिय।
कंटय-सय-ससेविअ-जल-सयण, जिण उववयणु न सोहहिँ कमल-वण ॥७॥

कोइल-कल-रवु चदणु, चदुज्जोअ-विलासु।
वल्लह-सगमि अमय-रसु, विरहिय जलिउ हुआसु ॥२६॥

ज सहि[1] कोइल कलु पुक्कारइ, फुल्लु निलओ।
त पत्तु वसतु मासु, कामहु नीलालओ ॥६८॥

दीसइ उववणि, फुल्लिओ नाय-केसरो।
न माहविण वण-सिरिहि दिण्ण-सेहरो ॥७२॥

कर असोअ-दलु मुहु-कमलु हसिउ नव-मल्लिअ।
अहिणव-वसत-सिरि एह, मोहण-इल्लिअ ॥८६॥

पत्तउ एहु वसतउ, कुसुमाउल-महुअरु।
माणिणि[1] माणु मलतउ, कुसुमाउह-सहयरु ॥६४॥

---

[1] छोटेसे घरमें, छोटी उमरकी घरवाली (गृहिणिके!)

दीघी-तलाव-सर-तालडिहिँ। की न प्रसाधि पद्मिनि फूटई।
तहु जाति ! जात-गुण-सभरण ध्यान। की भ्रमरहु मणि खूटई ॥१२॥
सुनिय वसते पुर-प्रौढ-पुरंध्रिय रास।
सुमिरि विलटहि हुयउ तत्क्षण पथिक निराश ॥१५॥
मत्त-कोकिल-नाद-नदी शृंगार-रसोद्‌गम्यें हि नृत्यमान माकंद-पक्तिहिँ।
अभिनीजे मदन-जयनाटकहँ, सप्रति वसंतेँही ॥१६॥
लोटिय चदन-वल्लि-पर्यंके सम्मिलिय लवग-वने स्खलिय वस्तु-रमणीय-कदलिहिँ।
उच्छलिय फणि-लतहिँ घूरिय सरल-ककोल-लवलिहिँ, चुंबिय माधवि-वल्लरिहिँ।
पुलकित काम-शरीर भ्रमर-सरीसउ सचरै, रोयउ[1] मलय-समीर ॥३१॥
मान न मेलि गृहिल्लिएँ, निभृता होहि क्षण,
उभयउ चद्र प्रकटेउ, रासा-वलय[2] क्षण।
देखिहु एहिहि नयनहिँ, तैँ री मदन-हत,
वल्लभ-पदहँ पडति, भनतिय वचन-शत ॥३॥
आमूलउ वहु-पकेँहिँ सँवरिय, सर्व-द्वार-प्रतिवोध सोहर-हिय।
कटक-शत-ससेविय जल-शयन, जिन उपवचन न सोहै कमल-वन ॥७॥
कोकिल-कलरव चदन, चद-उदोत-विलास।
वल्लभ-सगमेँ अमृत-रस, विरहे जलेँउ हुताश ॥२६॥
जो सखि ! कोकिल कल-पुक्कारै, फुलेँउ निलभ्रो।
सो आउ वसत मास, कामहँ लीला-लयो ॥६८॥
दीसै उपवनेँ, फुल्लिय नागकेसरो।
जनु माधवेँ वन-श्रीहिँ दियेँउ शेखरो ॥७१॥
कर अशोक-दल मुख कमल हसित नव-मल्लिय।
अभिनव-वसत-श्री एह, मोहनइल्लिय[3] ॥८६॥
आयउ गहु वसंतउ, कुसुमाकुल-मधुकर।
मानिनि ! मान मलंतउ, कुसुमायुध-सहचर ॥६४॥

---

[1] चिल्लाया [2] रश्मिवलय [3] मोहिनी

घोलिर-नवपल्लवु, परिफुल्लिओँ रेहइ असोअ-तरु।
विरइओँ रम्मु नाइ, महु-मासिण कुसुमा-उहु-सेहरु ॥६८॥
—छन्दो०[1]

(४) विरह-वर्णन

जे महु दिण्णा दिअहड़ा, दइएँ पवसतेण।
ताण गणतिएँ अंगुलिउ, जज्जरिआउ नहेण ॥३३३॥

विरहानल-जाल-करालिअउ, पहिउ कोवि वुड्डिबि ठिअओ।
अनु सिसिर-कालि सअल-जलहु, धूमु कहन्तिहु उट्ठिअओ ॥४१५॥

पिय-सगमि कउ निद्दडी, पिअहोँ परोक्खहोँ केव।
मइँ विन्नि'वि विन्नासिआ, निद्द न एँव न तेँव ॥४१८॥

हिअडा पइ एँहु बोल्लिअओँ, महु अगगइ सय-वार।
फुट्टिसु पिएँ पवसतिहउँ, भडय ढक्करि-सार ॥४२२॥

सुमरिज्जइ त वल्लहउँ, ज वीसरइ मणाउँ।
जहिँ पुणु सुमरणु जाउँ गउ, तहोँ नेहहोँ कइँ नाउँ ॥४२६॥

हिअडा जइ वेरिअ घणा, तो कि अब्भि चडाहुँ।
अम्हाहीँ बे हत्थडा, जइ पुणु मारि मराहुँ ॥

रक्खइ सा विस-हारिणी, बे कर चुबिवि जीउ।
पडि विबिअ-मुंजालु जलु, जेहिँ अहाडिउ पीउ ॥

बाह-विछोडबि जाहि तुंह, हउँ तेवइँ को दोसु।
हिअय-ट्ठिउ जइ नीसरहि, जाणउँ मुंज स रोसु ॥४३९॥
--प्राकृतव्याकरण (१४७, १६५, १६६, १७०, १७३)

निक्कंदल-किय-कच्छ, नलिणि-वज्जिय-किय सरसरि,
निच्चदण किय मलओँ, तुहिण-वज्जिय किय हिमगिरि।

---

[1] ३४ख, ३५ख, ३६क-ख, ३७क, ३९ख, ४१क-ख, ४२क, ४५क

डोलिलय नवपल्लव, परिफुल्लिय राजै अशोक-तरु।
विरचेंउ रम्य न्याइँ, मधुमासेंहिँ कुसुमायुध-शेखरु ॥६८॥
—छन्दो० (पृ० ३४-३७, ३६, ४१, ४२. ४५)

(४) विरह-वर्णन

जो मोंहिं दिन्ना दिवसड़ा, दयितें प्रवसतेहँ।
ताह गनतिउ अंगुलिउ, जर्जरियाउ नखेहँ ॥३३३॥
विरहानल-ज्वाल-करालियउ, पथिक कोउ बूडिय ठियउ।
अनु शिशिर-कालें सकल-जलहु, धूम कहतिउ उट्ठियउ ॥४१५॥
प्रिय-संगमें कहँ नींदडी, प्रियह परोक्षहु केमि।
मैं दोउहि विन्यासिया, निद्र न एम तेमि ॥४१८॥
हियड़ा तै एँहु बोल्लियउ, मम आगे शतबार।
फूटेंसु प्रिय प्रवसतही, भडक[1] ठिक्करि-सार ॥४२२॥
सुमिरज्जै तेंहिँ बल्लभउँ, जो बीसरै मनाउ।
जहँ पुनि सुमिरन चलि गउ, तह नेहह की नाउँ ॥४२६॥
हियरा यदि वैरी घना, तो की नभहिँ चढाउँ।
हमरो ही दो हाथडा, यदि पुनि मारि मराउँ ॥
राखै सा विष-धारिणी, दोउ कर चुंबिय जीउ।
प्रतिबिंबित-मुंजाल जल, जेंहिँ ले लीयउ पीउ ॥
वाँह विछोडिय जाहि तुहुँ, हउँ तेवइँ को दोष।
हृदय-स्थित यदि नीसरै, जानउँ मुंज सरोष ॥४३९॥
—प्राकृत-व्या० (पृ० १४७, १६५, १६६, १७०, १७३)

निर्-कंदल किय कच्छ, नलिनि-र्वाजत किय सुरसरि।
निश्चदन किय मलय, तुहिन-र्वाजत किय हिमगिरि ॥

---

[1] भांडा वर्त्तन।

निप्पल्लव किय करि पयत्तु-ककेल्लि-विडवि-सय,
पत्त-चत्त किय वाल-कयलि, अकुसुम किय तरु-लय ।
सिसिरोवयार किहिँ परियणिहिँ, णिम्मुत्तावलि किय भुवण ।
तो विहु न तीइ विरह-तुह भरि, खसइ दाह-दारुण-विअ्रण ।।४।।
तरुणि - हूण - गइ-प्पहु - पुछिअ्र - तिमिर - मसि,
उक्क - झलुक्का[1] - वडणु दुसहु मा करउ ससि ।
मलयानिलु मय-नयणि धुणिअ्र-कप्पूर-कयलि-वणु,
सधुक्किय-मयण-'गि सहि[1] इमा तुज्झ तवउ तणु ।
तणु-अगि[1] म खडहडि पडहि तुह, मयण-वाण-वेयण-कलह ।
चयमाणु माणि वलहिण महुँ, चडि म जीव समय-तुलह ।।१०।।
लायण्ण-विब्भम तरगंतिहिँ । निद्दड्ढ-वम्म जिअ्रावंतिहिँ ।
प्रेमि प्रियाहिँ जो पुलोइज्जइँ । ता मत्तलोइ सग्गु पाविज्जइ ।।१३।।
मत्त-महुअ्रर-तार-झंकार-कलयठि-कलयलिहिँ, मयण-धणु-हुडुकार-ससिहिँ ।
कह जीवहुँ विरहिणिउ, दूर - देस - पवसत - रमणिउ ।।२१।।
कुविदो मयणो महाभडो, वण-लच्छी अ्र वमत-देहिअ्रा ।
कह जीवउँ सामि[1] विरहिणि, मिउ-मलयानिल-फस-मोहिअ्रा ।।५४।।
जलइ जइवि कुसुम-लया-हरु, तवइ चदु जह गिम्हि दिवायरु ।
तुवि ईसा-भर-तरलिअ्र, पिअ्र-सहि वयणु न मन्नइ बालिअ्र ।।५७।।
जलइ सरोवरि नीलुप्पल-वणु[1] वणि लय फुल्लिअ्र नहयलि हिम-किरणु ।
विरह-रहक्कइँ तुह तणु-अगिहिँ, मुद्धय[1] विणिम्मिअ्रो जलु थलु नहु जलणु ।।३२।।
सइ विज्जुल-अविउत्तउ तुहुँ जल-हर-कारि, गुदलु निट्ठु न जाणसि विरहिअ्रहँ ।
इअ्र भणि चितवि किंपि अमगलु, दइअ्रहुँ असु-पवाहु पलुट्टउ पंथिअ्रहँ ।।४५।।
विरह रहक्कइँ सुहय न जपइ, न हसइ जीवइ केवलु पिअ्र-पच्चासइ ।
अहवा किंति उरत्थावण्णणु, करिसहुँ निच्छइँ मरिसहुँ तुह जसु नासइ ।।४६।।

---

[1] उल्काकी तरह भकसे बलनेवाला, ऊक भरकानेवाला

निष्पल्लव किय करि प्रयत्न कंकेलि - विटप - शत ।
पत्र-त्यक्त किय बाल-कदलि, अ-कुसुम किय तरु-लत ।।
शिशिरोपचार किउ परिजनिहिँ, निर्मुक्तावलि किय भुवन ।
तोपिउ न ताहि विरह तुह भरें, खसै दाह-दारुण-विजन ।।४।।

तरुणि हूण-गंड-प्रभ पोंछिय तिमिर-मसि,
उल्क-झलुक्का वलन दुसह ना करउ शशि ।
मलयानिल मृग-नयनि घूर्णि कर्पूर-कदलि-वन,
संधुक्षिय मदनाग्नि सखि ! ऐंह तोर तपउ तनु ।
तनु-अंगि ! न खडहडि पहि तुहँ, मदन-बाण-वेदन-कलह ।
त्यजमान मान बल्लभेंहिँ सँग, चढि न जीउ संशय-तुलहँ[1] ।।१०।।

लावण्य-विभ्रम-तरंगतिहिँ । निदृढ मन्मथ जियावतिहिँ ।
प्रेमें प्रियाहि जो पुलकिज्जै । तो मर्त्यलोकें स्वर्ग पाइज्जै ।।१३।।

मत्त-मधुकरि तार-झंकार कलकंठि-कलकलहिँ, मदनधनु-टंकार-सरिसहिँ ।
किमि जीवहु विरहिनिउ, दूर-देश प्रवसत रमणेंउ ।।२१।।

कुपितउ मदन-महाभटउ, वन-लक्ष्मीउ वसंत-रंखिता ।
किमि जीवउ स्वामि ! विरहिणी, मृदु-मलयानिल-स्पर्श-मोहिता ।।५४।।

ज्वलै यदपि कुसुमलता-घर, तपै चंद्र जिमि ग्रीष्म-दिवाकर ।
तउ ईर्ष्या-भर-तरलिय, प्रिय-सखि-वचन न मानै बालिका ।।५७।।

ज्वलै सरोवरें नीलोत्पल-वन । वनें लतां फूलिय नभतलें हिमकिरण ।
विरह-धधक्कें तुह तनु-अंगिहिँ, सुभग ! विनिर्मेउ जल थल नभ ज्वलन ।।३२।।

स्वयं विज्जुल अवियुक्तउ तुहँ जलधर करि, गुदल[2] निष्टाँ न जानसि विरहियहँ ।
इमि भनि चितै किंछुअ अमगल दयितहँ, अश्रु-प्रवाह प्रलोटउ पथिकहँ ।।४५।।

विरह धधक्कें सुभग न जल्पै, न हसै जीवै केवल प्रिय-प्रत्याशै ।
अथवा काउ अवस्था-वर्णन, करिहउँ निश्चय मरिहहुँ तव यश नाशै ।।४६।।

---

[1] तराजू　　[2] मस्त

उण्हय अमयमऊह्-मऊह विदूसहु, चंदण-पकुवि जलइ लयाहरु वि ।
इय तुह विरहिण तहि तणु-अगिहि सुहय, सुहाइ न किपि'दि पसिअहि दय करिवि ॥५०॥
—छन्दो०[1]

३–नीति-वाक्य

सायर उप्परि तणु धरइ, तलि घल्लइ रयणाइँ ।
सामि सुभिच्चु 'वि परिहरइ, सम्माणेइ खलाइँ ॥३३४॥

गुणहिँ न सपइ कित्ति पर, फल लिहिआ भजति ।
केसरि न लहइ बोड्डिअवि, गय लक्खेहिँ घेप्पति ॥३३५॥

जीविउ कासु न वल्लहउँ, धणु पुणु कासु न इट्ठु ।
दोण्णिवि अवसर-निवडिअइँ, तिण-सम गणइ विसिट्ठु ॥३५८॥

वासु महारिसि एँउ भणइ, जइ सुइ-सत्थु पमाणु ।
मायहँ चलण नवन्तहँ, दिवि-दिवि गंगा-ण्हाणु ॥३९९॥

वम्भ तेँ विरला केवि नर, जे सव्वग-छइल्ल ।
जे वका ते वचयर, जे उज्जुअ तेँ बइल्ल ॥४१२॥

गयउ सु केसरि पिअहु जलु, निच्चितइँ हरिणाइँ ।
जसुकेरएँ हुकारडएँ, मुहहुँ पडति तृणाइँ ॥४२२॥

सिरि चडिआ खति प्फलइँ, पुणु डालइँ मोडति ।
तोवि महद्दुम सउणहँ, अवराहिउ न करति ॥४४५॥
—प्राकृतव्याकरण[2]

जे निअहिँ न पर-दोस । गुणिहिँ जि पयडिअ तोस ।
ते जगि महाणुभावा । विरला सरल-सहावा ॥१२४॥

पर-गुण-गहणु स-दोस पयासणु । महु महुरक्खरहि अमिअ-भासणु ।
उवयारिण पडिकिओ वेरिअणह, इअ पद्धडी मणोहर सुअणहँ ॥१२८॥
—छंदोनुशासन (पृ० ४३क)

---

[1] पृ० ३४क, ३५ख, ३६क, ४०ख, ४४ख, ४५क-ख

[2] पृ० १४७, १५२, १६१, १६६, १६९, १७५

उष्णइ अमृतमयूख मयूखउ दुस्सह, चंदन-पकउ ज्वलै लताधर भी ।
ऐंहु तव विरहें तस तनु-अगिहि सुभग ! सोंहाइ न किछुउ प्रियसखि दयाँ करबि ।५०।

—छन्दो० (पृ० ३४-३६, ४०, ४४, ४५)

३- नीति-वाक्य

सागर ऊपर तन धरै, तलें घालैं[1] रतनाइँ ।
स्वामि सुभृत्यहँ परिहरै, सम्मानेइ खलाइँ ॥३३४॥
गुणहिँ न सपति कीर्त्ति पर, फल लिखिया भजति ।
केसरि न लहै कौडियउ, गज लक्षहँ घेंप्पति[2] ॥३३५॥
जीविबु कासु न वल्लभउ, धन पुनि कासु न इष्ट ।
दोउहिँ अवसर आपडे, तृण-सम गनै विशिष्ट ॥३५८॥
व्यास महाऋषि इमि भनै, यदि श्रुति-शास्त्र-प्रमाण ।
मातहु चरण नमन्तहँ, दिनें-दिनें गंग-न्हान ॥३६६॥
ब्रह्म ! सों विरला कोउ नर, जो सर्वांग छइल्ल ।
जो वका सो वचकर, जो ऋजुका सों बइल्ल ॥४१२॥
गयउ सों केसरि पियहु जल, निश्चिंतें हरिनाइँ ।
जासुकेर दहुाडयें, मुखइँ पडति तृणाइँ ॥४२२॥
शिर चढिया खावइँ फलहिँ, पुनि डालिहिँ मोडति[3] ।
तऊ महाद्रुम शकुनहीँ, अपराधी न करंति ॥४४५॥

—प्राकृत० (पृ० १४७, १५२, १६१, १६६, १६६, १७५)

जे देखहिँ न पर-दोष । गुणें हिँ जें प्रकटें तोष ।
ते जगें महानुभावा । विरला सरल-स्वभावा ॥१२५॥
पर-गुण-ग्रहण स्वदोष-प्रकाशन । मधु-मधुराक्षरें अमृत-भाषण ।
उपकारेंहिँ प्रतिकरिय वैरिजन, ऍउ पद्धती मनोहर सुजन ॥१२८॥

—छन्दो० (पृ० ४३)

---

[1] डारै [2] लेते [3] तोड़ते

§३१. हरिभद्र सूरि

(चंद्रसूरि-शिष्य)। काल—११५६ ई० (जयसिंह-कुमारपाल १०९३-११४२-७३)। देश—गुजरात (अनहिलवाड़ा पाटणमें निवास) कुल—

१—प्रकृति-वर्णन

(१) प्रात: वर्णन

तपणु वियलिर तिमिर धम्मिलु परिल्हसिर तारय वसण-कलयलत तरुसिहर पक्खिय।
परिसंदिर कुसुम-महु-विंदु-मिसिणएँ पइ वड्डुक्खिय।
जस मइ कुमरिहेँ दुक्खेण वडरेण रयणि-विलीण,
पडिवक्खिय खयरिंद सुहबुद्धि'व कुमुदणि की।
कुमर-रयणह पहु पयासेँउ मिव-वियसइँ विसिमुहइँ, उदयगिरिहिँ आरुहिउ दिणयरु।
सपावियउ वडनिरु रायहस कमलोह-सुहयरु।
पत्तावसर समुल्लसिय सभगय सिगार।
न कुकुम कोसुभ वरवत्य-कयालंकार।
सत चक्कहँ विहिय मनोस पविगयइ पुव्वदिसि अवहरत तम-वल्लि-लज्जेण।
पसरत रायारुणेण नववहु'व्व रवि-दइय-सगेण।
उदयते पयरवि निवेण गजतेण पडिवक्खु।
कमलकोसेँ विणिहित करवट्ठु गुरुत्तणेँ लक्खु।
हरिय तारय-रेणु-नियरमिअइ निप्पहेँ दोसयरेँ, निम्मलं मि गयणयलेँ चड्डिउ।
रवि रेहइ कणयमउ-मगलज्जुनं कलसु मडिउ।
भमरा धावहिँ कुमुइणिउ उब्भित्रि कमलवणेसु,
कस्सव कहि पडिवघु जगेँ चिरपरिचिय-गणेसु।

---

*प्रो० हर्मान् याकोबी द्वारा संपादित—देखो पृ० ३८५ पर

§ ३१. हरिभद्रसूरि

जैन साधु, महामंत्री पृथ्वीपालके अनुगृहीत। कृति—नेमिनाथ-चरित्र* (८०३ श्लोक)

१–प्रकृति-वर्णन

(१) प्रातः वर्णन

तपन-विदलिय तिमिर-वम्मिल्ल[1] परि-खसिय तारक-वसन, कलकलत तरुशिखर पक्षिय।
परिस्यंदित कुसुम-मधुबिंदु-मिश्रण[2] तैं बहु-रक्षिय।

जमु मैं कुमरिहि दुःखें वैरें रजनि-विलीन।
प्रति-पक्षिय खचरेंद्र सुख-बुद्धि व कुमुदिनि की।

कुमर-रतनह प्रभ प्रकाशें उ मृदु विकसै विमि-मुखै, उदयगिरिहिं आरुहें उ दिनकर।
स-पायें उ अतिशय राजहस कमलोघ-सुखकर।

प्राप्तावसर समुल्लसिय शांब-राज[3]-शृंगार।
जनु कुंकुम - कौसुम्भ - वरवस्त्र - कृतालंकार।

शात-चक्रहं विहित-सतोष प्रविराजें पूर्व दिनें अपहरत तम-वल्लि-लज्जहिं।
प्रसरत रागारुणेहिं नवबधु इव रवि-दयित-संगेहिं।

उदयते नव-रवि नृपेहिं गर्जन्तेहिं प्रतिपक्ष।
कमलकोशें विनिहित कर-वर्त्त[4] गुरुत्वे लक्खु[5]।

हरित तारक-रेणु निकुरंविय निष्प्रभें दोषाकरें, निर्मले गगनतलें चढें उ।
रवि राजै कनकमय-मंगलार्जुन-कलश-मंडें उ।

भ्रमरा धावें कुमुदिनिउ खिलें उ कमलवनहं।
केहि इव कहं प्रतिबध जगें चिरपरिचित-गणहं।

---

[1] केश [2] कमल [3] कामदेव [4] किरण समूह [5] लख्यो

२५

विरह-विहुरिय चक्कमिहुणाइं मिलिऊण साणंद, हुय तुट्ठ भमहिं पहियण महियलें।
कोसिय[1]-कुलु एँक्कु परिदुहिउ रविहिं आरुढें नहयलें।
——णेमिणाह-चरिउ ७

(२) वसंत-वर्णन

पाणि सठिय मजु सिंजत भमरावलि सामलियदलि कुसुम-सहयार-मजरि।
पसरत हरिसुल्ल सिय पुलय भरें ण रेहत सिरुवरि।
विरइवि करसपुट्ठु भणहिं, उज्जाणिय आगतु।
जह पहु हरिसिय भुवण-जणु, सपइ पत्तु वसतु।
जमिह पसरिउ दइय-सगु व्व मलयानिलु अगमुहु पत्तविहवु पुणु कुसुम-परिमलु।
चारिज्जय तूर-रव-रम्मु फुरिउ कलयवि-कलयलु।
पउमारुण ककेल्लि-तरु-कुसुमइं नयणसुहाइं।
तवणिज्जउज्जल कुसुम-भरु हूय कोरिंट-वणाइं।
जत्थ माहवि लइय तो मरिय सेहालिय कुतलिय जालईय लहु सुरहि लइयवि।
भूयद्दुम मजरिय बहुगुलुब पायव असोयवि।
आलिगिज्जहिं पूगफलें, तरु कामुय सव्वगु।
नागवल्लि तरुणिहिं जणहं, उज्जीविरिहि अणगु॥
जहिं पवालकुरेंहिं कयसोह डिभाइं व तिलयकय गरुयमहिम कामिणि मुहाइं व।
बहुलक्खण चित्त-सय मणहराइं नर-वइ-गिहाइं व।
उत्तिम जाइ प्पसवकय-महिमडणाइं वणाइं।
विलसहिं भुवणाणदयर, न नरनाहकुलाइं॥
जहिय विज्ज सियकुसुम कणियार-वणराइ कचणमयव कुणइ पहिय हिययाण विब्भमु।
अहिकखहिं भुवणयले सयल-मिहुण निय-दइय-संगमु।
गिज्जहिं रासहिं चच्चरिउ, पेज्जहिं वरमहराउ।
माणिज्जहिं तुगत्थणिउ, किज्जहिं जल-कीलाउ॥
—णेमिणाह-चरिउ[2]

---

[1] कौशिक=उल्लू [2] संधि ४

विरहविधुरित चक्रमिथुनाइँ मिलियउ सानंद, हुये तुष्ट भ्रमँ पँथिजन महितलें।
कौशिक-कुल एक परि-दुखित रविहिं आरूढे नभतलें।
—नेमिनाथ-चरित ७

(२) वसंत-वर्णन

पाणि-स-ठिय मंजु सिंजत भ्रमरावलि श्यामलिय,दलें कूसुम सहकार-मंजरि।
पसरत हर्षिल सित-पुलक-भरें राजत शिखरें।
विरचिय कर-संपुट भनैं उद्-जानिय आगत।
जिमि प्रभु हर्षिय भुवन-जन, संप्रति आउ वसंत।
जो एँहि पसरें उ दयित-संग इव मलयानिल अंग-सुख प्राप्तविभव पुनि कुसुम-परिमल।
संचारिय तूर्य-रव रम्य फुरें उ कलकंपि-कलकल।
पद्मारुण कंकेलि[1]-तरु-कुसुमा नयन-सुखाइँ।
तपनीय ज्वल कुसुँभ-भर हुअ कोंरिट-वनाइँ।
यत्र माधवि लतिक तोमरिय[2]-शेफालिक कुतलिय जालकित लघु सुरभि लइयउ।
भुर्जद्रुम मंजरिय बहु-गुल्म-पादप अशोकउ।
आलिंगिज्जैं पूग-फलें, तरु कामुक सर्वांग।
नागवल्लि-तरुणिहिं जनहँ, उज्जीवियहि अनंग॥
जिमि प्रवालांकुरेंहिं कृतशोभ डिंभा इव,तिलककृत गरुव-महिम कामिनि-सुखाइव।
बहुलक्षण-चित्रशत-मनहरा नरपति-गृहा इव।
उत्तम-जाति-प्रसवकृत, महिमंडना वनाइँ।
विलसैं भुवनानंदकर, जनु नरनाथ-कुलाइँ॥
जाहि फुटिय सित-कुसुम कर्णिकार-वन-राजि कंचनमृदउ,करै पथिक-हृदयाहँ विभ्रम।
अभिकाक्षैं भुवनतलें सकल-मिथुन निज-दयित-संगम।
गाइज्जै रासहिँ चर्चरिउ, पीइज्जै वर-मंदिराव।
मानिज्जै तुंग-स्तनिउ, किज्जै जल-क्रीडाव॥
—नेमिनाथ-चरित संधि ४

---

[1] अशोक [2] फैला हुआ

२—सामन्त-समाज

(१) नारी-सौंदर्य-वर्णन

जीऍं रयणिहिँ नियय तणु किरणमालच्चिय दीव सिव सोह मेतु मगल-पईवय ।
सवणाण विहुमणइँ नयणकमल विइ मेत्त मेवय ।
गंडयलच्चिय तिमिर-हर, जगें पहु ससि-रवि-सख ।
सवण जें अंदोलय ललिय, विहल महुहु आकख ।।
जणु सुहावहिँ मुहह निमास कि मलयानिल भरेण,दतकिरण धवलहिँ कि चदेण ।
अहरो विहुर जवइ जगु विकइण कि अगरागेण ।
रसण पउच्चिय मिउफरि, मूनपा-मयण सयणेज्ज ।
नह-मणि-किरणच्चिय कुणहिँ, कुसुम वयारह कज्जु ।।
तरल-नयणेहिँ कुडिल-केसेहिँ थण-जुयलेण, पुणु कठिण तुज्झ म्व मज्झपएमेण ।
अच्चंत वाउलिय देवपूय गुरु विणय हरिसेण ।
इय मा सयलुवि जगु जिणइ, निय-गुण-दोस-सएण ।।
—णेमिणाह-चरिउ[1]

(२) पुरुष (कृष्ण)-सौदर्य

नील-कुतल कमल-नयणिल्लु विवाहरु सियदसणु, कबुगीवु पुर-अररि उरयलु ।
जुय दीहर-भुय-जुयल वयण ससि जिय कमल-उप्पल ।
पउमदलारुण करचलणु, तविय-कणय-गोरगु ।
अट्ठ वरिस वउ पहु हुयउ, समहिय विजिय अणगु ।।
—वही

(३) विवाह-महोत्सव

ता पहुत्तइ लग्ग समयं मिलिएहिँ सुहि-सज्जणेहितेसि, कुमरकुमरीण दोण्हवि ।
पारद्ध विवाह-विहि तयणु-खयर पहु दुहिय अन्नवि ।

---

[1] संधि ७

२--सामन्त-समाज

(१) नारी-सौंदर्य-वर्णन

जेहि रजनिहिं निजय तनुकिरण-मालार्चित दीप शिव सोह मात्र मगलप्रदीपय ।
श्रवणाइँ विभूषणैं नयन-कमल द्वे मित्र एवय ॥
गडतल-अर्ची तिमिरहर, जग प्रभ शशि-रवि-शख ।
श्रवण जें आदोलं ललित, विफल न होहु आकंक्ष ॥
जनु स्वभावें मुखनिःश्वास की मलयानिल भरेंहिं, दंतकिरण धवलहिं की चदेहिं ।
अधराहु-हु रजवै जग विकचें की अगरागेहिं ॥
रसन प्र-उच्चिय मृदुफलें, मून मदन शयनिज्ज ।
नख-मणि-किरणार्चिय करै, कुसुम-बिारहँ काज ॥
तरलनयनेहिं कुटिल-केशेंहिं स्तन-युगलेहिं, पुनि कठिन तोर रूप मध्यप्रदेशेंहिं ।
अत्यंत व्याकुलित देंव-,पूजों गुरु-विनय हर्षेहिं ।
इमि सा सकलउ जग जितै, निज गुण-दोष-शतेहिं ॥ ॥

--नेमिनाथ-चरित संधि ७

(२) पुरुष (कृष्ण)-सौदर्य

नीलकुतल कमल-नयनिल्ल बिबाधर सित-दशन, कंबुग्रीव पुर-अरर[1] उरतल ।
युग-दीरघ-भुज-युगल वदन सीस जिमि कमल-उत्पल ।
पद्मदलारुण कर - चरण, तप्तकनक - गोरंग ।
आठ वर्ष वय प्रभु हुयेंउ, समधिक-विजित-अनग ॥

—वही

(३) विवाह-महोत्सव

तव प्रभूतइ लग्न समये भिलितेहिं सुहृद्-साजनहितैंषि, कुमर कुमरीहु दोनउ ।
प्रारब्ध विवाह-विधि तपनः-खचर-[2]प्रभ दुहित अत्यउ ।

---

[1] अरर=कपाट [2] विद्याधर

नियनियय जणयाणुग्गहिणु, कयसायर सिंगार।
लग्ग कुमारह पाणितलें, फुरिय मलय-पब्भार॥

ता कुमारह वित्ति विवाहें पसरत्त महूसवेण नयरलोउ सयलोवि सहरिसु।
आसीसहँ सय-सहस देइ कुणइ मंगलिय पगरेसें।

अह नरनाहें ण वित्थरें ण, नियनयरंमि असेसें।
पारद्धउ वद्धावणउँ, नमि विवाह विसेसें॥

वज्जंत गज्जत वहुभेय-तूर। लभिज्जत दिज्जत कप्पूर-पूर।
पणच्चत णच्चत वेसा-समूहं। दसिज्जत हिंडत वावणयतूह।

एत गच्छत चिट्ठत वहुसज्जण। लेत वियरत सुयसत जण-रंजण।
खत पिज्जत दिज्जत वहुभक्खय। लोय उल्लसिय वहुभेय मणसुक्खय।

धावत कीलत वग्गत खुज्जयगण। वत उट्ठत निवटत वालयजण।

—णेमिणाह-चरिउ[1]

(४) नारी-विलाप

हरिण-णयणिय चपयच्छाय ससि-सोमवयणवुरुह, कुद-कलिय-सम-दत्त-पतिया।
परिदेविय रव-भरिय धरणि गयण अंतरमय विय॥

कुट्टहिं सिरु कर-मुग्गरिहिं, पीडहिं उरु वादाहिं।
ताडहिं वच्छोरुहवियउ, निय - करसाहाहिं॥

रुयहिं गायहिं ललहिं मुच्छहिं सिक्कारहिं पुक्कारिहिं, सहिहि गहियउ उरें हारतोडहिं।
उल्लूरहिं चिहुर-भर कणय-रयण-वलयालि मोडहिं॥

सरिवि सरिवि निय-पियय महु, गुणगणु तहिं विलवति।
जह स विहट्टिय तरु विहय, नियरु वि रोयावंति॥

—णेमिणाह-चरिउ[2]

---

[1] संधि ७ [2] संधि ६

निज निज जनकानुग्रहेँउ, कृत - सादर - शृंगार ।
लाग कुमारह पाणितलेँ, फुरिय मलय पहूहार ॥

तो कुमार-कृत-विवाहेँ पसरंत महोत्सवेँ, नगर लोग सकलऊ सँहर्षेंउ ।
आशीषहँ शत-सहस देँइ करै मंगलिय प्रकर्षेंउ ।

अथ नरनाथेँ विस्तरेँ, निज नगर ही अशेषेँ ।
प्रारभेउ बधावनउ, तेहिँ विवाह - विशेषेँ ॥

वाजत गाजत बहुभेद-तूर । लभिजत दीयत कर्पूर-पूर ।
प्र-नाचत नाचत वेश्या-समूहं । दर्शिज्जत हिंडंत वामन-समूहं ।

जात आवत तिट्ठंत वहुसज्जन । लेत वितरत सुप्रशात जनरंजन ।
खात पीयत दीयत बहु-भक्षण । लोक उल्लसिय बहुभेद मनसुक्खयं ।

धावत क्रीडत वल्गंत कुब्जक-गण । वांत उट्ठत निपतंत वालकजन ॥

—वहीँ

(४) नारी-विलाप

हरिन-नयनिय चम्पक-छाय शशि-सौम्य वदनाबुरुह, कुंदकलिय-सित-दंत-पंक्तिया ।
परिदेवेँउ रव-भरिय धरणि-गगन-अंतरमय इव ॥

कूटेँ शिर कर - मुद्गरिहिँ, पीडेँ उरु - पादाहँ ।
ताडेँ वक्षोरुह विकट, निज (निज) कर-शाखाहिँ ॥

रोवेँ गावैँ ललैँ मूर्छैँ सीत्कारेँ पुक्कारेँ, सखिहि गहिउ उर-हार तोडहीँ ।
उल्लूरेँ[१] चिकुर-भर कनक-रतन-वलयालि मोडहीँ ।

सुमिर सुमिर निज-प्रियह महाँ,-गुण-गण तहँ विलपंति ।
जिमि स-तिरस्कृत-तरु विहग, नितरुउ रोआपंति ॥

—वहीँ संधि ६

---

[१] नोचें

३–कविका संदेश

(सब तुच्छ)

तरलु तारुण्णु जल'व चवल सपयवि।
इच्छ आयास मदुलह पुणु वंचियवि ॥
सप्पु विणस्सरु सयण नियय कज्जट्ठिया।
विसम-परिणामु'वि हि कामिणि 'वि दुट्ठिया ॥
पिसुणवल पिच्छिणो महि दुराराहया।
मणुवि मक्कड, मयच्छीउ तव्वाहया ॥

—वहीं

६३२. अज्ञात कवि

(वीसल-देव काल ११५३–६४)

(१) जगडू साहुके दानकी प्रशंसा

नउ करवाली मणियडा, ते अग्गीला च्यारि।
दानसाल जगडू-तणी, दीसइ पुहवि मंझारि ॥११८॥
वीसलदे विरुग्र करइ-जगडु कहावइ जी।
नु(उ) परीसइ फालिसिउँ, एउ परीसइ घी ॥११६॥

—उपदेशतरगिणी, पृ० ४१-४२

(२) अकालमें दुर्दशा

कल्लिहिं बोर जि वीणती, अज्ज न जाणइ खल्ल।
पुणरवि अडविहिं करि सुघर, न सहुँ एह अणक्ल ॥१३७॥
भूमी गुणेण जइ कहवि तुंगिमा तुज्झ होइ ता होउ।
तह तुह फलाण रिद्धी होही वीआणुसारेण ॥१३८॥

—उ० त०, पृ० ४६

३—कविका संदेश

(सब तुच्छ)

तरल तारुण्य जल इव चपल सपदउ।
इच्छि आकाश मृदुलह पुनि वंचियउ॥
ताप विनश्वर शयन निजय कार्य-ट्ठिया।
विषम-परिणामउ हि कामिनिउ दुट्ट-ठ्ठिया॥
पिशुन-बल प्रेक्षका महि दुराराधग्रा।
मनउ मर्कट, मृगाक्षीउ तद्-बाधग्रा॥

—वहीं

§ ३२. अज्ञात कवि

कृति—स्फुट

(१) जगडू साहुके दानकी प्रशंसा

ना करवाली मनियरा ते आगिल्ला चारि।
दानशाल जगडूकेरी, दीसै पुहवि-मँझारि॥११८॥
वीसलदे विरुद करै, जगड़ु कहावै जीव।
तू(तो) परसै फालसैं, एह परीसैं घीव॥११६॥

—उपदेशतरंगिणी, पृ० ४१-४२

(२) अकालमें दुर्दशा

कालहिं वोर जो वीनती, आज न जानैं कक्ख।
पुनरपि अटविहिं करिसु घर, ना संग एह अनक्ख॥१३७॥
भूमि गुणेहीं यदि कहवि तुंगिमा तुज्झ होउ ता होउ।
तिमि तव फलाहं ऋद्धी होही वीजानुसारेहीं॥१३८॥

—उपदेशतरंगिणी, पृ० ४१, ४२, ४६

§३३. आम भट्ट

काल, (जयसिंह—कुमारपाल १०६३-११४२-७३)। देश—अनहिलवाड़ा-

सामन्त-प्रशंसा

(१) जयसिंह (सिद्धराज)-प्रशंसा

डरि गइंद डगमगिअ चन्द करमिलिय दिवायर,
डुल्लिय महिं हल्लियहि मेरु जलझपइ सायर।
सुहडकोडि थरहरिय कूरकूरभ कडक्किअ,
अतल वितल धसमसिअ, पुहवि सहु प्रलय पलट्टिय ॥
गज्जति गयण कवि **आम** भणि, सुरमणि फणिमणि इक्कहूअ।
मागहि हिमगहि मम गहि मगहि मुच मुछ **जयसिह** तुह ॥२०२॥

(२) कुमारपाल-प्रशंसा

रे रक्खइ लहजीव वडवि रणि मयगल मारइ,
न पिइ अणग्गलनीर हेलि रायह संहाइ।
अवर न बंधइ कोइ सघर रयणायर बधइ,
परनारी परिहरइ लच्छि पररायह रुधइ।
कुमरपाल कोपिं चडिउ फोडइ सत्तकडाहि जिमि,
जे जिणधम्म न मन्निसइँ तीहवि चाडिसु तेम-तिम ॥२०४॥

—वहीं उ० त०, पृ० ६५

§ ३३. आम भट्ट

पाटन (गुजरात) । **कुल—ब्राह्मण, राज-कवि । कृतियाँ—स्फुट**

सामन्त-प्रशंसा

(१) जयसिंह (सिद्धराज)-प्रशंसा

डरि गयंद डगमगिय चन्द करमिलिय दिवाकर,
डोलिय महि हल्लियह मेरु जल जंपै सागर ।
गुभट-कोटि थरथरिय कूर-कूरम्भ कडक्किय,
अतल वितल धसमसिय पुहवि संग प्रलय पलट्टिय ।
गर्जति गगन कवि **आम** भन, सुर-मणि फणि-मणि एक हुअ ।
मागहि हिम गहि मम गहि मर्गाहि मुच मुछ **जयसिंह** तुव ॥२०२॥

(२) कुमारपाल-प्रशंसा

रे राखैं लघुजीव वडउ रणें मदकगल मारे,
न पिउ अनर्गल नीर हेरि राजहं संहारैं ।
अवर न बाँधै कोइ स-घर रतनाकर बाँधै,
परनारी परिहरैं लक्ष्मि पर-राजहँ हंधै ।
कुमरपाल कोपी चढेउ फोडै सप्तकडाहि जिमि ।
जो जिनधर्म न मानिहै, तेहहिं चाढिसु ताम तिमि ॥२०४॥

—उपदेशतरंगिणी (पृ० ६४, ६५)

§ ३४: विद्याधर

काल—११८० (जयचंद ११७०-६४)। देश—कन्नौज। कुल—ब्राह्मण,

(सामन्तोंकी प्रशंसा)

जयचंद-महिमा[1]

(वीर-रस)

चंदा कुंदा कासा, हारा हीरा तिलोअणा केलासा।
जेत्ता जेत्ता सेत्ता, तेत्ता **कासीस** जिण्णिआ ते कित्ती ॥७७॥ (१३७)
विसुह चलिअ रण अचलु, परिहरिअ हअ-गअ-वलु।
हलहलिअ **मलअ** णिवइ, जमु जस तिहुअण पिअइ।
वरणसि-णरवइ लुलिअ, सअल उवरि जस फरिअ ॥८७॥ (१४८)
भअ भंजिअ **वङ्गा** भग्गु **कलिंगा**, **तेलंगा** रण मुक्कि चले।
मरहट्टा ढिट्टा लग्गिअ कट्ठा[2], **सोरट्ठा** भअ पाअ पले।
चंपारण कंपा पव्वअ झंपा, ओत्था ओत्थी जीवहरे।
कासीसर राआ किअउ पआणा, विज्जाहर भण मतिवरे ॥१४५॥ (२४४)
राअह भग्गंता दिगलग्गंता, परिहर हअ-गअ-घर-घरिणी।
लोरहिं[3] भर सरवरु पअ अरु परिकरु, लोट्टइ पिट्टइ तणु धरणी।
पुणु उट्ठइ संभलि कर दंतंगुलि वाल तनअ कर जमल करे।
कासीसरु राआ णहलु काआ, करु माआ पुणु थप्पि धरे ॥१८०॥ (२८९)
जे किज्जिअ धाला जिण्णु णिवाला, **भोट्टंता** पिट्टंत चले।
भजाविअ **चीणा** दप्पहि हीणा, लोहावल हाकंद पले।

---

[1] "The King's (Jaichandra's) minister Vidyadhara" the Hist. of Rashtrakuta, p. 128. [2] दिशा
[3] **लोर (मल्लिका) आंसू**

§ ३४. विद्याधर

राज महामंत्री।[1] कृतियाँ—स्फुट कवितायें[2]।

(सामन्तोंकी प्रशंसा)

जयचंद-महिमा

(वीर-रस)

चदा कुदा काशा हारा हीरा त्रिलोचना कैलाशा।
जेत्ता जेत्ता श्वेता, तेत्ता काशीश जीतिया तव कीर्त्ति ॥७७॥
विमुख चलिय रणें अचल, परिहरिय हय-गज-बल।
हलहलिय मलय नृपति, याँसु यश त्रिभवन पिवई।
वनरसि-नरपति लुलिय सकल-उपरि यश फुरिया ॥८७॥
भय भाजिय बंगा भागु कलिंगा, तेलगा रण मुचि चले।
मरहट्ठा दिट्ठा लागिय काष्टा, सौराष्ट्रा भय पाद पडे।
चंपारन कपा पर्वत भपा, उट्ठी उट्ठी जीवहरे।
काशीश्वर राना कियेंउ पयाना, विद्याधर, भन् मंत्रिवरे ॥१४५॥
राजा भागता दिश-लागता, परिहरि हय-गज-घर-घरनी।
लोरहिँ भरु सरवर पद पर-परिकर, लोटैं-पीटै तनु धरणी।
पुनि उट्ठै सभलि कै दतागुलि, बाल-तनय कर यमल करैं।
काशीश्वर-राजा स्नेहल-काया, करु मायां, पुनि थापि धरै ॥१८०॥
जेहिँ कीजिय धारा जित्तु नेपाला, भोट्टता पिट्टत चले।
भजावेंउ चीना दर्पहिँ हीना, लोहाबलें 'हा'क्रदि पडे ॥

---

[1] "सर्वाधिकार-भार-धुरंधरः।...चतुर्दशविद्याधरो विद्याधरः...।" प्रबंध-चिन्तामणि (मेरुतुंगाचार्य १३०४ ई०) पृष्ठ ११३-१४ (सिंघी जैन-ग्रंथ माला १, शांतिनिकेतन १९३२ ई०) The king's (Jaichanda's) minister Vidyādhara. Hist. of the Rashtrakutas (Altekar) p. 128

[2] "प्राकृत-पैंगल" (Biblio thica Indica) में संगृहीत। जिनमें कविका नाम नहीं, उनका कृतृंत्व संदिग्ध है।

ओड्डा उड्डाविअ कित्ती पाविअ, मोलिअ मालव-राअ-बले ।
तैलंगा भग्गिअ पुणवि ण लग्गिअ, कासीराआ जखण चले ॥१८६॥ (३१८)

झत्ति पत्ति पाअ भूमि कपिआ, टप्पु खुदि खेह सूर झपिआ ।
गोलराअ-जिण्णि माण मोलिआ, कामरूअ-राअ बदि छोलिआ ॥१११॥ (४२३)

भंजिआ मालवा गजिआ [1]कण्णला, जिण्णिआ गुज्जरा लुठिआ कुजरा ।
बंगला-[2]भंगला-ओड्डिआ मोड्डिआ, मेच्छआ कपिआ कित्तिआ थप्पिआ ॥१२८॥(४४६)

रे गोड [1] थक्कति ते हत्थि-जूहाइ, पल्लट्टि जुज्झतु पाइक्क-बूहाइ ।
कासीसु राआ सरासार अग्गे ण, की हत्थि की पत्ति की वीर-वग्गेण ॥१३२॥(४५०)

§३५: शालिभद्र सूरि

काल—११८४ ई० । देश—गुजरात । कुल—...जैन साधु ।

सामन्त समाज

(१) सिंहासनासीन राजा

पेखवि पुरह प्रवेसु, दूत पहूतउ रायहरें ।
सिउँ प्रतिहार प्रवेसु, पामिय नरवर-पय नमइ ॥६८॥

चउकिय माणिक-थभ-, माहि बईठउ बाहुबलें ।
रूपिहिं जीसिय रभ. चमरहारि चालइं चमर ॥६९॥

मंडिय मणिमइ दड. मेघाडबर सिर धरिय ।
जस पयडे भुयदंडि, जयवती जयसिरि वसइं ॥७०॥

जिम उदयाचल सूर, तिम सिरि सोहइ मणिमुकुटों ।
कस्तुरि कुसुम कपूर, कूचुंबरि महमह(मह)ए ॥७१॥

---

[1] कर्नाटक [2] भंगल—अंगदेश (भागलपुर प्रदेश)

घोड़ा उड्डापेँउ कीर्त्ती पायेँउ, मोडिय **मालव**-राज बले।
तेलंगा भागेँउ पुनहु न लागेँउ, **काशी**-राजा जखन चले ॥१९८॥
भट्ट पत्ति[1]-पाद भूमि कंपिया, टाप खूँदि खेह सूर भँपिया।
गौड-राज जित्तु मान मोड़िया, **कामरूप**-राज बंदि छोड़िया ॥१११॥
भजिया **मालवा** गजिया **कन्नडा**, जित्तिया **गुर्जरा** लूटिया कुजरा।
बंगला भंगला ओडिया मोडिया, म्लेच्छया कपिया कीर्तिया थापिया।१२८।
रे **गौड** ! थाकति ते हस्ति-यूथाइँ, पल्लट्टि जूभति पाइक्क इयूहाइँ।
काशीश राजा सरासार आगेंहिँ, की हस्ति की पत्ति की वीर-वग्गेंहिँ ॥१३२॥

§३५: शालिभद्र सूरि

कृति—बाहुबलिरास[2]

सामन्त-समाज

(१) सिंहासनासीन राजा

पेखेँ उपुरहँ प्रवेश, दूत वहूतउ राजघरेँ।
स्वयँ प्रतिहार प्रवेशु, पाइय नरवर-पद नमैँ ॥६८॥
चउकी माणिक-थंभ-, माँझ बईठउ बाहुबलि।
रूपे जैसी रंभ, चमरधारि चालँ चमर ॥६९॥
मंडित मणिमय दंड, मेघाडंबर पशर धरिय।
जसु प्रकटे भुजदंडेँ, जयवती जयश्री वसिय ॥७०॥
जिमि उदयाचलेँ सूर, तिमि शिर सोहै मणि-मुकुट।
कस्तुरि-कुसुम कपूर-, कच्चूमर महमह-महइ ॥७१॥

---

[1] प्यादा, पदाति [2] "भारतीय-विद्या" (वर्ष २, अंक १) में मुनि जिनविजय जी द्वारा पंद्रहवीं-सोलहवीं सदीके हस्तलेखके आधार पर सम्पादित

झलकइ कुंडल कानि, रवि शशि मंडिय किर अवर ।
गंगाजल गजदानि, गाढिय गुण गज गुडउडइँ ॥७२॥
उरवरि मोतियहार, वीरवलय करि झलहलइ ।
नवल अंग सिणगार, खलकए टोडर वामए ॥७३॥
पहिरणि जादर चीर, कलइ करि माल करें ।
गुरुऊ गुण गभीर, दीठउ अवर कि चक्कधर ॥७४॥

(२) सेना-यात्रा

ठवणि ॥ अहि उग्गमि पूरवदिसिहिँ, पहिलउँ चालिय चक्क ।
धूजिय धरयल थरहराएँ, चलिय कुलाचल-चक्क ॥१८॥
पूठि पियाणु नउ दियएँ, भयबलि भरह-नरिंदु तु[1] ।
पिंडि पचायण परदलहँ, हलियालि अवर सुरिंदु ॥१९॥
वज्जिय समहरि सचरिय, सेनापति सामंत ।
मिलिय महाधर मंडलिय, गाढिम गुण गज्जंत ॥२०॥
गडयडतू गयवर गुडिय, जंगम जिमि गिरि-शृंग ।
सुंड-दंड चिर चालवइँ, वेलइँ अंगिहिँ अंग ॥२१॥
गंजइ फिरि फिरि गिरि-सिहरि, भजइँ तरुअर डालि ।
अकस वसि आवइँ नहीं, करइँ अपार अणालि ॥२२॥
हीसइँ हसमिसि हणहणइँ, तरवर तार तोषार ।
खदइँ खुरलइँ खेडविय, मन मानइँ असुवार ॥२३॥
पाखर पखि कि पंखरुय, ऊडाऊडिहिँ जाइ ।
हुफइँ तलपइँ ससइँ धसइँ, जडइँ जकारिय धाइ ॥२४॥
फिरइँ फेंकारइँ फोरणइँ, फुड फणाउलि फार ।
तरणि-तुरंगम समतुलइँ, तेजिय तरल ततार ॥२५॥

---

[1] तु हर जगह अलापनेके लिये जोड़ा हुआ है, जिसे हमने आगे छोड़ दिया ।

झलकै कुंडल कान, रवि-शशि-मंडित जनु अवर।
गगा-जल गजदान, ग्रथित गुण-गज गुडगुडै ॥७२॥

उरवरें मोतीहार, वीर वलय करें झलझलै।
नवल अग शृगार खलकतो टोडर¹ वामए ॥७३॥

पहिरनि चादर चीर, ककोलह करि माल करें।
गुरुग्रो गुण-गभीर, दीसेंउ अपर कि चक्रधर ॥७४॥

(२) सेना-यात्रा

ठवनि ॥ रवि-उद्गमें पूरवदिशहिं, पहिलेंइ चालिय चक्र।
धूनिय धरतल थरथरै, चलिय कुलाचल-चक्र ॥१८॥

पीछें प्रयाणा तब दियो, भुजबलि भरत नरेंद्र।
पिडि पचानन परदलहं, धर-तल अपर सुरेंद्र ॥१९॥

वाजिय समभेंरि संचरिय, सेनापति सामत।
मिलिय महाधर-मडलिय, ग्रथित गुण गजंत ॥२०॥

गडगडतो गजवर गुडिय, जगम जिमि गिरिशृग।
शुड-दड चिर चालवैं, मोडैं अगें अंग ॥२१॥

गजैं फिरि फिर गिरि-शिखर, भजैं तरुवर-डालि।
अकुश-वश आवैं नहीं, करैं अपार अनाडि ॥२२॥

हींसें घसमस हिनहिनें, तरवर तार तुखार।
स्कंदैं खुरलैं खेलइय, मनमाना असवार ॥२३॥

पाखर² पख इव पाखेंरु, ऊड़ाऊड़ी जाइ।
हाँफैं तडफैं श्वस-धसैं, जडैं जकारिय धाइ ॥२४॥

फिरैं फेंकारै स्फोरणैं, फुर फेनावलि फार।
तरल-तुरंगम समतुलैं, ताजिक तरल ततार ॥२५॥

---

¹ आभूषण ² झोन

धडहडंत घर द्रम-द्रमिय, रह रुंधइं रहवाट।
रव-भरि गणइँ न गिरि-गहण, थिर थोभइँ रहथाट ॥२६॥
चमर-चिन्ध-धज लहलहइँ, मिल्हइँ, मयगल माग।
वेगि वहता तिहँतणइ, पायल न लहइँ लाग ॥२७॥
दडयडंत दह-दिसि दुसह, (प)सरिय पायक-चक्क।
अंगोअंगिहिं अगमडँ, अरियणि असणि अणंत ॥२८॥
ताकइँ तलपइँ तलिमिलिइँ, हणि हणि हणि पभणत।
आगलि कोइ न अछइ भलु, जे साहसु जूभंत ॥२६॥
दिसि दिसि दारक सचरिय, वेसर बहइँ अपार।
सष न लाभइँ सेनतणि, कोँइ न लहइँ सुधि सार ॥३०॥
बधव बंधवि नवि मिलइँ, बेटा मिलइँ न बाप।
सामि न सेवक सारवइँ, आपिहिँ आप विथाप ॥३१॥
गयवडि चडिऊ चक्कधरोँ, पिडि पयंड भुयदड।
चालिय चहुँदिसि चलचलिय दिइँ देसाहिव दड ॥३२॥
बज्जिय समहरि द्रमद्रमिय, घण नीनाद निसाण।
सकिय सुरवरि सग्ग सवेँ, अवरहँ कवण पमाण ॥३३॥
ढाक ढूक् त्रवकतणइँ, गाजिय गयण निहाण।
षट् षंडह षडाहिवहँ, चालतु चमकिय भाण ॥३४॥
भेरिय-रव-भर तिहुँ-भुयणि, साहित किमइँ न माइ।
कपिय पय-भरि शेष रहु, विण साहीउ न जाइ ॥३५॥
सिर डोलावइ धरणिहिँ, टकु टोल गिरिश्रृग।
सायर सयलवि झलझलिय, गहलिय गंग-तरंग ॥३६॥
खर-रवि षुंदिय[१] मेहरवि, महियलि मेहधार।
उजु-आलइ आउध तणइँ, चलइँ राय खधार ॥३७॥

---

[१] उच्चारण ख

घडघडंत धर द्रमद्रमिय, रथ रुंधैं रथवाट।
रव-भरे गनैं न गिरि-गहन, थिर स्तोभैं रथ ठाट ॥२६॥

चमर-चिन्ह-ध्वज लहलहैं, छोडैं मदगल मार्ग।
वेग वहता तेहिकर, पायल न लहैं लाग ॥२७॥

दडदडंत दशदिशि दुसह, पसरिय पायक[1]-चक्र।
अगा-अंगी अगमैं, अरिजनैं अशनि अनंत ॥२८॥

ताकैं तडपैं तिलमिलैं, "हन हन हन" प्र-भनंत।
आगे कोइ न अहै भल, जे साहस जूझत ॥२९॥

दिशिदिशि दारक संचरिय, वेसर[2] बहैं अपार।
शक न लावै सेनते, कोंइ न लहैं सुधि सार ॥३०॥

बाधव बांधवें ना मिलैं, बेटा मिलैं न बाप।
स्वामि न सेवक सारखैं, आपुहिं आपउ थाप ॥३१॥

गजपति चढेऊ चक्रधर, पीडि प्रचंड भुजदंड।
चालिय चहुँदिशि चलचलिय, देँइ देशाधिप दंड ॥३२॥

बाजिय भेरी द्रमद्रमिय, घनो निनाद निसान।
शकित सुरवर स्वर्ग सब, अपरहँ कवन प्रमाण ॥३३॥

ढाक-ढूक[3] अवकतनइँ, गाजिय गगन निधान।
षट् खडहँ खडाधिपहँ, चालत चमकिय भान ॥३४॥

भेरी-रव-भर तिहु भुवन, समुहा कतहुँ न माइ[5]।
कंपित पदभरें शेष रहु, विन साधेंऊ न जाइ ॥३५॥

शिरें डोलावैं धरणिहीं, टुक डोल गिरिशृंग।
सागर सकलउ झलझलिय उछलिय गंग-तरंग ॥३६॥

खर रवें खुदिय मेघ रवि, महितल मेघ'न्धार[4]।
ऋजुकाले आयुधन कर, चले राज-खंधार[6] ॥३७॥

•

---

[1]प्यादा [2]खच्चर [3]आवाज [4]अंधककेरा [5]समाइ [6]स्कंधावार-सेना-कैम्प

मंडिय मंडलवइ न मुहें, ससि न कवई सामत।
राउत राउत-वट रहिय, भनि मुझइं मतिवंत ॥३८॥
कटक न कवणिहिं भरतणूं, भाजइ भेडि भडत।
रेलइं रयणायर जमलें, राणोराणि नमत ॥३९॥

ठवणि १०। तउ कोपिहिं कलकलिउ कालके(र)य कालानल,
ककोरइ कोरवियऊ करमाल महाबल।
काहल कलयलि कलगलत मउडाधा मिलिया,
कलह नणइ कारणि कराल कोपिहिं पर जलिया ॥१२०॥
हुउअ कोंलाहल गहगहारि, गयणगणि गज्जिय,
सचरिया सामत सुहड सामहणिय सज्जिय।
गडगडत गय गडिय गेलि गिरिवर सिर ढालइं,
गूगलीय गुलणई चलत करिय ऊलालइं ॥१२१॥
जुडइं भिडइं भडहडइं खेदि खडखडइं खडाखडि,
घणिय घुणिय धोसवइं दतु दो त (डातडात)डि।
खुरतलि खोणि खणति खेदि तेजिय तरवरिया,
समइं धसइं धसमसइं सादि[1] पय सइं पाषरिया ॥१२२॥
कंधग्गल केकाण कवी करडइं कडियाला,
गणणइं रवि रण बखर सखर घण घाघरियाला।
सीचाणा वरि सरइं फिरइं सेलइं फोकारइं,
ऊडइं आडइं अगि रगि असवार विचारइं ॥१२३॥
धसि धामइं धडहडइं धरणि रवि-सारथि गाढा;
जडिय जोध जडजोड जरद सन्नाहि सनाढा।
पसरिय पायल पूर कि पुण रलिया रयणायर,
लोह लहर वरवीर वयर वहवटिइं अवायर ॥१२४॥

---

[1] सवार

मंडित मंडलपतिन मुखें, शशि न ऋवइं सामत ।
राउत[1] राउतपन-रहिय, भनें मोहें मतिवंत ॥३८॥
कटकम कीनेंहि भरतको, भागें भीडिभडत ।
रेलें रतनाकर युग, रानारान नमंत ॥३९॥

ठवनि १० । तब कोपेहिं कलकलेंउ कालकेरइ कालानल,
ककोलइ कोरबिउ करमाल महाबल ।
काहल कलकलें कलकलत मुकुटाधर मिलिया,
कलहकेर कारण कराल कोपेहिं पर ज्वलिया ॥१२०॥
भयेंउ कोंलाहल ·गडगडाट, गगनंगण गंजिय,
सचरिया सामंत सुभट साधनिय सज्जिय ।
गडगडत गज गुडिय गेल गिरिवर-शिर ढारें,
गुग्गलीय हस्तिनि चलत करिय उल्लालै ॥१२१॥
जुडें भिडें भट-भटहिं खेदि खडखडें खडाखड,
धनियधुनिय धूसवैं दत दोऊ(त) तड़ातड ।
खुरतर क्षोणि खनत खेदि त्याजिय तरवरिया,
शमैं धसइं धसमसैं सादि पदसंग पाखरिया ॥१२२॥
स्कधाग्रेछल लगाम-करडै कडियाली,
रणणैं रवि रण बखर सखर घन घाघरियाला ।
सिचाना[2] वरसरइं फिरैं सेलैं फुक्कारैं,
ऊडें आडें अगें रग असवार विचारैं ॥१२३॥
धसि धामें घड़धड़ें धरणि रवि-सारथि गड्ढा,
जटित जोध जटजूट जरद सन्नाह सनद्धा ।
प्रसरिय पायल पूर कि पुनि रलिया रतनाकर,
लोह लहर वरवीर वैर वधवटें आया कर ॥१२४॥

---

[1] राजपुत्र [2] बाज

रणणिय रवि रण-तूर तार त्रंबक ग्रहग्रहिया,
ढाक-ढूक-ढम-ढमिय ढोल राउत रह रहिया ।
तेच निसाण निनादि (निनी) नीभरण निरभिय,
रणभेरी भुकारि भारि भुयबलिहिँ वियंभिय ॥१२५॥
चल चमाल करिमाल कुत कडतल कोदंड(उ),
भलकइँ साबल सबल सेल हुल मसल पयंड(उ) ।
सिंगिणि गुण टंकार सहित वाणावलि ताणइँ,
परशु उलालइँ करि धरइँ भाला ऊलालइँ ॥१२६॥
तीरिय तोमर भिंडपाल डबतर कसबंधा,
साँगि सकति तरुआरि छुरिय अनु नागतिबंधा ।
हय खर रवि ऊछलिय खेह छाइय रविमडल,
धर घूजइ कलकलिय कोल कोपिउ काहुल[1] ॥१२७॥
टलटलिया गिरि टक टोल खेचर खलभलिया,
कडडिय कूरम कध-संधि सायर भलहलिया ।
चल्लिय समहरि सेस सीसु सलसलिय न सक्कइ,
कचणगिरि कधार भारि कमकमिय कसक्कइ ॥१२८॥
कपिय किन्नर कोडि पडिय हरगण हडहडिया,
सकिय सुरवर सग्गि सयल दाणव दडवडिया ।
अतिप्रलंब लहकइं प्रलब वलंचिध चहूँ दिसि,
सचरिया सामत-सीस सीकिरिहिँ कसाकसि ॥१२९॥
जोइय भरह-नरिंद कटक मूँछह बल घल्लइ,
कुण बाहूबलि जेउ बरब मइँ सिउँ बलबुल्लइ ।
जइ गिरि कंदरि विवरि वीर पइसंतु न छूटइ,
जइ थलि जगलि जाइ किम्हइ तु मरइ अपूटइ ॥१३०॥

---

[1] सन्दिग्ध

रणणिय रवि रण-तूर्य तार त्र्यंबक त्रहत्रहिया,
ढाक-ढूक ढमढमिय ढोल राउत[1] रथ रहिया।
नेजाँ निशान निनाद (निनी) निर्झरन् प्ररंभिय,
रणभेरी हुंकार भार भुजवलेँहि विजृम्भिय ।।१२५।।
चम-चमाल[2] करवाल कुत कडतल कोदंडउ,
झलकैँ सावर सबल शेल हल मुशल प्रचंडउ।
शारंग गुण टंकार-सहित वाणावलि तानैँ,
परशु उलाले करधरैँ भाला ऊलालैँ ।।१२६।।
तीरिय तोमर भिंदपाल डबतर कसबधा,
साँगि शक्ति तरुवार छुरी अरु नाग त्रिबंधा।
हय खर रवैँ ऊछलिय, खेह छाइय रविमडल,
धराँ कपै कलकलिय कोल कोपेँउ काहहुल ।।१२७।।
टलटलिया गिरि टक टोल खेचर खलबलिया,
कडडिय कूरम स्कंध-सधि सागर झलझलिया।
चालिय समरा शेष-सीस सलसलेँउ न सक्कै,
कंचनगिरि कधार भार कपकपिय कसक्कै ।।१२८।।
कंपिय किन्नर-कोटि पडिय हर-गण हडहडिया,
शकिय सुरवर स्वर्गँ सकल दानव दडवडिया।
अतिप्रलंब लहकै प्रलब बल-चिन्ह चहूँ दिशि,
सचरिया सामंत-शीर्ष सीकरेँहिं कसाकसि ।।१२९।।
जोयेँउ भरत नरेन्द्र कटक मूँछहँ बल डालै,
को बहुबलि जो गरव मोँहिं सँगे बल बोलै।
यदि गिरिकंदर-विवरेँ वीर पइठंत न छूटै,
यदि थल जगल जाइ कैसहु तो मरे अखूटै ।।१३०।।....

---

[1] राजपुत्र [2] चमकते

गय आगलिया गलगलत दीजइं हय लास-ग,
हुइं हसमस.......[1]भरहराय केरा आवास-ग।
एक निरंतर वहइं नीर एकि ईंधण आणईं,
एक आलसिइं पर-तणुं पंगु आणिउं तृण ताणइं ॥१३३॥
एकि उतारा करिय तुरय तलसारे बाँधइं,
एँक मरडइं केकाण खाण इकि चारे राँधइं।
ऐंक भीलिय नयनीरि तीरि तेतिय बोलावइं,
एक वारू असवार सार साहण वेलावइं ॥१३४॥
ऐंक आकुलिया तापि तरल तडि चडिय झँपावइं,
ऍक गूडर साबाण सुहड चउरा दिवरावइं।
—भरतेश्वर बाहुबली-रास

§३६. सोमप्रभ

काल—११६५। देश—अनहिलवाडा (गुजरात)। कुल—पोरवाल

१-नीति-वाक्य

वसइ कमलि कल-हंसी जीवदया जसु चित्ति।
तसु-पक्खालण-जलिण होसइ असिव-निवित्ति ॥ प्रस्ताव १(२६)
आभरण-किरण दिप्पंत देह। अहरीकय सुरबहु-रूवरेह।
घण-कुंकुम-कद्दम घर-दुवारि। खुप्पंत-चलण नच्चंति नारि ॥ (३२)
तीयह तिन्नि पियारईं, कलि-कज्जलु-सिंदूर।
अन्नइ तिन्नि पियारइं, दुद्धु जंवाइउ तूर ॥ (३२)
वेस विसिट्ठइ वारियइ, जइवि मणोहर-गत्त।
गंगाजल-पक्खालियवि, सुणिहि कि होइ पवित्त ॥

---

[1] खंडित

गज आगड़िया गलगलंत दीजै हय लास-ा,
हूं घसमस ... भरतराय केरा आवासा।
एक निरंतर लाव नीर ऍक ईंधन आनै,
एक आलसें हिं पर तनु पग आनें उ तृण तानै ॥१३३॥
एक उतारा करिय तुरग हयसारे बाँधै,
ऍक रगड घोडा हूँ खान ऍक चारा राँधै।
ऍक पकड नदनीर तीर सो स्त्रिय बोलावै,
एक वार असवार सार साधन[1] वेलावैं ॥१३४॥
ऍक आकुलिया तापें तरल तडि-चढिय झँपावैं,
ऍक गूदर[2], सावान[3] सुभट चौरा देवरावैं।
—बाहुबलीरास

§ ३६. सोमप्रभ

वंश्य—जैन साधु (महन्त)। कृतियाँ—कुमारपाल-प्रतिबोध[4]

१-नीति-वाक्य

वसइ कमल कलहसी, जीव-दया जसु चित्त।
तसु प्रक्षालन जलहीं, होइह अशिव-निवृत्ति ॥ (पृ० २६)
आभरण-किरण दीप्यंत देह। अधरीकृत सुरवधु-रूपरेख।
घन कुंकुम-कर्दम घर-दुवार। लिपटंत चरण नाचति नारि ॥ (३२)
तीयहँ तीन पियारई, कलि-काजल-सिंदूर।
अन्यउ तीन पियारई, दूध-जमाई-तूर्यं ॥ (३२)
वेशविशिष्ट'हिं वारियत, यदपि मनोहर गात्र।
गंगाजल प्रक्षालियउ, सुनह कि होइ पवित्र ॥

---

[1] हायन [2] बिदा करें। [3] तंबू [4] Gaikwad's Oriental Series; XIV, 1920. १४०२ ई० की हस्तलिखित (उत्तरी भारतकी अन्तिम) ताल-पोथी

नयणिहि रोयइ मणि हसइ, जणु जाणइ सउ तत्तु।
वेस विसिट्ठह तं करइ, जं कट्ठह करवत्तु॥ (८६)
पडिवज्जिवि दय देव गुरु, देवि सुपत्तिहि दाणु।
विरइवि दीण-जणुद्धरणु, करि सकलउँ अप्पाणु॥ (१०७)
पुत्तु जु रंजइ जणय-मणु, थी आराहइ कंतु।
भिच्चु पसन्नु करइ पहु, इहु भल्लिम पज्जंतु॥
मरगय वन्नह पियह उरि, पिय चपय-पह-देह।
कसवट्टइ दिन्निय सहइ, नाइ सुवन्नह रेह॥ (१०८)
हियडा संकुडि मिरिय जिम, इंदिय-पसरु निवारि।
जित्तिउ पुज्जइ पंगुरणु, तित्तिउ पाउ पसारि॥ (१११)
संसय-तुलहि चडावियउँ, जीविउ जान जणेण।
ताव कि संपइ पावियइ, जा चितविय मणेण॥ (२४६)
रिद्धि विहूणह माणुसह, न कुणइ कुवि सम्माणु।
सउणिहि मुच्चइ फलरहिउ, तरुवरु इत्थु पमाणु॥
जइविहु सूरु सुरूवु विअक्खणु। तहवि न सेवइ लच्छि पइक्खणु।
पुरिस गुणागुण-मुणण-परम्मुह। महिलह बुद्धि पयंपहिँ जंबुह॥ (३३१)
रावणु जायउ जहिँ दियहि, दह-मुह एक्क-सरीरु।
चिंताविय तइयहिँ जणणि, कवणु पियावउँ खीरु॥ (३९०)

२ सामन्त-समाज

(१) मंत्रि-पुत्र स्थूलभद्र

पुरि चिट्ठइ पाडलियुत्त नामु। धण-कण-सुवन्न-रयणाभिरामु।
तहिँ नवमु नंद पालेइ रज्जु। पडिवक्ख-महीहर-हलण-वज्जु॥१॥
मुणि पत्त-कप्प-जल-सित्तु गत्तु। बालत्तणि जसु रोगेहि चत्तु।
तसु कप्पय मंतिहि वंसि हुओं। सगडालु[1] मंति निवक्खु भूओं॥२॥

---

[1] शकटारि नन्द राजाका मंत्री

नयने रोवै मने हँसै, अनु जानै सब तत्त्व।
बेश[1] विशिष्टहँ सो करै, जो काठहँ करपत्र ॥ (८६)

प्रतिपादन दयाँ देव गुरु, देब सुपात्रहँ दान।
विरचिब दीन-जनोद्धरन, करि सकलउँ अप्पान ॥ (१०७)

पुत्र जो रंजै जनक-मन, स्त्री आराधै कंत।
भत्य प्रसन्न करै प्रभू, यही भला परि-अन्त ॥

मर्कत-वर्ण प्रियह उरे, प्रिय चंपक-प्रभ देह।
कसौटियहँ दीनी सोहै, नारि सुवर्णह रेख ॥ (१०८)

हियरा संकुचि कच्छु जिमि, इन्द्रिय-प्रसर निवारि।
जेतै पूरै प्रावरण, तेतै पाव पसार ॥ (१११)

संशय-तुलहिँ चढावियउ, जीवित जान जनेहिँ।
तब का सपत् पाइहै, जो चिंतविय मनेहिँ ॥ (२४६)

ऋद्धि-विहूनहँ मानुषहँ, न करै कोइ सम्मान।
शकुना मुचै फल-रहित, तरुवर इहाँ प्रमाण ॥

यद्यपि शूर सुरूप विचक्षण। तदपि सेवै लक्ष्मि प्रतिक्षण।
पुरुष गुणागुण-मनन-पराङ्मुख। महिलहँ बुद्धि प्रजल्पै जो बुध ॥ (३३१)

रावण जायेउ जसु दिनहिँ, दशमुख एक शरीर।
चिंतविया तहिया जननि, कौन पियाअउँ क्षीर ॥ (३६०)

२—सामन्त-समाज

(१) मंत्रि-पुत्र स्थूलिभद्र

पूरि आहै पाटलिपुत्र नाम। धन-कन-सुवर्ण-रतनाभिराम।
तहँ नवम नंद पालेइ रज्ज। प्रतिपक्ष-महीधर-दलन-वज्र ॥१॥

मुनिपात्र-कल्प जल-सिक्त गात्र। बालत्वे जसु रोगेहिँ त्यक्त।
तसु कल्पक मंत्रिहि वंश हूअ। शकटारि मंत्रि नृप-चक्षु-भूत ॥२॥

---

[1] वेश्या

तसु **थूलभद्दु** सुओं आसु पढमु । मयणुव्व मणोहर रूव परमु ।
जो जम्म दियहि देवयहिँ वुत्तु । इह होही चउदह-पुव्व-जुत्तु ॥३॥
सिरिउत्ति विइज्जउ आसि पुत्तु । नय-विणय-परक्कम-बुद्धि-जुत्तु ।
तह जक्खा-पमुह पसिद्ध पत्त । मेहाइ गुणिहिँ भइणीउ सत्त ॥४॥

(२) नारी-सौंदर्य

कचण कलसिहि जणि फलिय, सहइ लच्छिलय चित्त ।
कोसा वेसा पुव्वकय, सुकय जलिण जँ एँव सित्त ॥६॥
रयणालकिय सयल-तणु, उज्जल-वेस-विसिट्ठ ।
न सुर-रमणि विमाण-गय, लोयण-विसइ-पविट्ठ ॥७॥
जसु वयण विणिज्जिउ न ससकु । अप्पाणु निसिहिँ दसइ स-सकु ।
जसु नयण-कंति-जिय-लज्ज-भरिण । वणवासु पवन्नय नाइ हरिण ॥८॥
जसु सहहिँ केस-घण-कसण-वन्न । न छप्पय मुह-पकय-पवन्न ।
भुवणिक्क-वीर-कदप्प-धणुह । सदरिम विडबहि जासु भमुह ॥९॥
जसु अहर हरिय-सोहग्ग-सारु । न विद्दुम[1] सेवइ जलहि खारु ।
जसु दत-पति सुदेरु रुदु । नहु सीओसहँ तुवि लहइ कदु ॥१०॥
असणंगुलि पल्लव नह पसूण । जसु सरल-भुयउ लयाउ नूण ।
घण-पीण-तुग-थण-भार-सत्तु । जसु मज्झु तणुत्तणु न पवत्तु ॥११॥

(३) वसन्त

अह पत्तु कयाइ वसत समओं । सजणिय-सयल-जण-चित्त-पमओं ।
उल्लासिय-रुक्ख-पवाल-जालु । पसरत-चारु-चच्चरिव्व मालु ॥१॥
जहिँ वण-लय-पयडिय कुसुम-वरिस । महु-कत समागय जणिय हरिस ।
पवमाण-चलिर-नवपल्लवेहिँ । नच्चंति नाइ कोमल-करेहिँ ॥२॥

---

[1] मूंगा, प्रवाल

तसु **स्थूलिभद्र** सुत रहेँउ प्रथम । मदन इव मनोहर रूप परम ।
जेहिं जन्मदिवस देवतहिं उक्त । ई होइहै चौदह **पूर्व**[1] युक्त ॥३॥
श्री सिरिय दुतियो अहेँउ पुत्र । नय-विनय-पराक्रम-बुद्धि-युक्त ।
तिमि **यक्षा**-प्रमुख प्रसिद्धि प्राप्त । मेधादि गुणेँहि भगिनीउ सप्त ॥४॥

(२) नारी-सौंदर्य[2]

कचन कलशेहिं जनु फटिक, सोँहै लक्ष्मिलय चित्र ।
कोशा वेश्या पर्वकृत, सुकृत जलेँहीँ सिक्त ॥६॥
रतनालकृत सकल ननु, उज्ज्वल वेश-विशिष्ट ।
जनु सु-रमणि विमान-गत, लोचन-विषय प्रविष्ट ॥७॥
जसु वदन विनिर्जित जनु शशांक । अप्पान निंशिहिं दर्शँ स-शक ।
जसु नयनकाति जित लज्ज भरेँहिं । वनवास सिधारेँउ मनहु हरिन ॥८॥
जसु सोँहैँ केश घन-कृष्ण-वर्ण । जनु षट्पद मुखपकज-प्रपन्न[3] ।
भुवनैकवीर कदर्प धनुह । सुंदरिभ विडबै जासु भउँह ॥९॥
जसु अधर धरिय सौभाग्य-सार । जनु विद्रुम सेवै जलधि खार ।
जसु दंत-पंक्ति सुदेर रुदं[4] । नख शीतोषध[5]-तोउ लहै कंद ॥१०॥
हस्तागुलि-पल्लव नखप्रसून । जसु सरल भुजउ लताउ नून[6] ।
घन-पीन-तुग-थनभार-सक्त । जसु मध्य[7] तनुत्वहँ जनु प्रवृत्त ॥११॥

(३) वसन्त

पुनि आव कदाचि वसत-समय । सजनिय सकल जन चित्त प्रमद ।
उल्लासिय वृक्ष-प्रवाल-जाल । प्रसरत चारु चर्चरिँव माल ॥१॥
जहँ वनलताँ प्रकटिय कुसुम-वर्ष । मधुकात समागत जनित-हर्ष ।
पवमान चलिय नवपल्लवेहिं । नाचंति न्याइँ कोमलकरेहिं ॥२॥

---

[1] धर्म-ग्रंथ [2] मंत्रि पुत्र स्थूलिभद्रकी प्रेयसी वेश्या कोशा [3] प्राप्त
[4] विस्तृत [5] चंद्र [6] निश्चय [7] कटि

नव-पल्लव-रत्त-असोअ-विडवि । महुलच्छिहि सउँ परिणयणु घडवि ।
जहिँ रेहहिँ नाइ कुसुभ-रत्त । वत्थेहिँ नियसिय सयल-गत्त ॥३॥
हसइ व्व फुल्ल-मल्लिय-गणेहिँ । नच्चइ'व पवण वेविर-वणेहिँ ।
गायइ भमरावलि रविण नाइ । जो सयमवि मयणुम्मत्तु भाइ ॥४॥
घण मयण-महूसवि, पिज्जतासवि, तहि वसति जणचित्तहरि ।
कय-विसय-पससिहिँ नीओँ वय सिहिँ, **थूलभद्दु कोसाहि[1] घरि** ॥५॥. .

(४) (वेश्या-) प्रेम

अवरुप्परु अणुराय गुणु, दोहिँहिँ पयडतीहिँ ।
थूलभद्द कोसहँ पढमु, किउ दूहत्तणु तीहिँ ॥१२॥
निम्मल-मुत्तिय-हारमिसि, रइय चउक्कि पहिट्ठ ।
पढमु पविट्ठहु हिय तसु पच्छा भवणि पविट्ठु ॥१३॥
चंदणु दंसिउ हसिय मिसि, इय कोसहिँ असमाणु ।
घरि पविसतह तासु किउ, निय अगिहि सम्माणु ॥१४॥
अक्ख-विणोइण ते गमहिँ, जा दुन्निवि दिण-सेसु ।
ता पच्छिम-दिसि कामिणिहि, झकि निविट्ठु दिणेस ॥२३॥
सव्व-कला-सपन्नु रसिय, - जण - सतोसु कुणतु ।
अमयमयइ कर-फसि-सुहि, तहि कुमुइणि वियसंतु ॥२४॥
पारद्धु सगीउ तहिँ, कोस वेस नच्चिय वियक्खणि ।
रंजिय-मणु घणु दविणु, थूलभद्दु तसु देइ तक्खणि ॥
तयणंतरु अणुरत्तमण, मयण-पलकि निसन्न ।
माणिय-मयण-विलास-सुह, दुन्नि'वि निद्द-पवन्न ॥२५॥

---

[1] कोशा गणिका

नवपल्लव-रक्त-अशोक विटप। मधु लक्ष्मिहिं सँग परिणयहँ करब।
जहँ राजैं नारि [1]कुसुभ-रक्त। वस्त्रेहिं आच्छादिय सकल-गात्र ॥ ३॥

हँसई इव फुल्ल-मल्लीगणेहिं। नाचइ'व पवन-कपिर-वनेहिं।
गावैं भ्रमरावलि-रवेंहिं न्याइं। जो स्वयमपि मदनोन्मत्ता भाइ ॥४॥

घन मदन-महोत्सवें पीयत'सव, तहँ वसतें जनचित्तहरे।
किय विषय प्रशसें, निजहिं वयस्यहिं, थूलभद्र कोशाकें घरे ॥५॥

(४) (वेश्या-) प्रेम

अपरापर अनुराग गुण, दोउहिं प्रकटतेहिं।
थूलभद्र-कोशाँहँ प्रथम, किउ दूतीत्वहँ तेहिं ॥१२॥

निर्मल मोतिय हार-मिस, रचित चतुष्क प्रहृष्ट।
प्रथम वईठेउँ हिय तसु, पाछे भवन प्रविष्ट ॥१३॥

चंदन दर्शेंउ हसित-मिस, ई कोशहिं अ-समान।
घर प्रविशतहँ तासु किउ, निज अगहिं सम्मान ॥१४॥....

अक्षविनोदेंहि वीतवैं, जौं दोऊ दिन शेष।
तो पश्चिम दिश-कामिनिहिं, अर्के निविष्ट दिनेश ॥२३॥

सर्वकला-सपन्न रसिक, -जन-सतोष करत।
अमृतमयइ कर-पर्श सुखें, तह कुमुदिनि विकसत ॥२४॥

प्रारभेउ सगीत तहँ, कोश वेश नाचै विचक्षणी।
रजित मन घन द्रविण, स्थूलभद्र तेंहिं देइ तत्क्षणी ॥

तदनतर अनुरक्त मन, मदन पलग निषण्ण।
माणिक मदनविलास-सुख, दोऊ निद्रापन्न ॥२५॥

---

[1] बम्पई या केसरिया (कुसुंभी) रंगमें रँगे

(५) विरह-वर्णन

पिय ! हउँ थक्किय सयलु दिणु, तुह विरहग्गि किलंत ।
थोडइ जलि जिम मच्छलिय, तल्लोविल्लि करंत ॥
मईं जाणिउँ पिय-विरहियह, कवि धर होइ वियालि ।
न वरि मयंकु वि तह तवइ, जह दिणयरु खयकालि[1] ॥ (८६)

३—कविका संदेश

(१) जग तुच्छ

एवंति भणिय तो थूलभद्दु । चिंतेइ तत्थ परमत्थ भद्दु ।
मणुयत्तह सारु ति-वग्ग-सिद्धि । तिहि विग्घ-हेउ अहिगार-रिद्धि ॥४७॥
जं तत्थ राय-चित्ताणुकूल । आरंभ कणतह पावमूल ।
कउ मंतिहि जायइ विमलधम्मु । जिणि लब्भइ सासउ सिद्ध-सम्मु ॥४८॥
पर-पीड-करेविणु ज पभूअ । गिन्हहिं निउ गिरुहि रूव जलूअ ।
नरनाहिण घिप्पइ नपि दव्वु । निप्पीलिवि सहुँ पाणेहिं सव्वु ॥४९॥
पर-वसहं सव्वु भय-भिभलाहँ । अन्नन्न-पओअण वाउलाहँ ।
अहिगार-जणह (पुणि) कामभोअ । सभवहिं वियभिय गुरु-पमोय ॥५०॥
कोसा-घर वारस-वच्छरेहिं । विसइहि न तित्तु लोउत्तरेहिं ।
बहु रज्ज-कज्ज-वक्खित्त-चित्तु । किं सपइ होहिसि मूढ-चित्तु ॥५१॥
पइ जम्म-मरणु कल्लोलमत्तु । भवजलहि भमिवि मणुअत्तु पत्तु ।
परिहरिवि विसय-फलु तासु लेहि । किं कोडी कवडिइँ हारवेहि ॥५२॥
इम विसय-विरत्तउ, पसमपसत्तउ, थूलभद्दु सविग्गमणु ।
सिव-सुक्ख-कयायरु, भवभयकायरु, महइ चित्ति दुच्चर चरणु ॥५७॥

× × ×

---

[1] प्रलयकाल

(५) विरह-वर्णन

पिय ! हउँ रहिया सकल दिन, तव विरहाग्नि किलॉन्त ।
थोडइ जलें जिमि माछरी, तल्लोबिल्ल करंत ॥
मैं जानेउँ पिय विरहियह, कोंइ घरों होइ विकाल[1] ।
नतरु मयंकउ तिमि तपै, जिमि दिनकर क्षयकाल ॥ (८६)

३—कविका संदेश

(१) जग तुच्छ

ऐसोइ भनिय तब थूलभद्र । चितेइ तहाँ परमार्थ भद्र ।
मनुजत्वहु सार त्रिवर्ग-सिद्धि । तें हि विघ्नहेतु अधिकार-ऋद्धि ॥४७॥
जो तहाँ राज-चित्तानुकूल । आरंभ करतहु पापमूल ।
को मंत्रिहिँ उपजै विमलधर्म । जेंहिँ लब्भै शाश्वत सिद्ध-शर्म ॥४८॥
परपीड करेइय जो बहुत । ग्रहणें निज गिरही रूप जलौक ।
नरनाहेंहिँ दीजे जोउ द्रव्य । निष्पीडिब सँग प्राणीहिँ सर्व ॥४९॥
परबशा सर्व-भय-विह्वलाहु । अन्यान्य-प्रयोजन-व्याकुलाहु ।
अधिकार जनहुँ (पुनि) काम-भोग । सभवैं विजु भिय गुरु-प्रमोद ॥५०॥
कोशा-घर बारह वत्सरेहिँ । विषयहिँ न तृप्ति लोकोत्तरेहिँ ।
वहुराज्य-कार्य-प्रक्षिप्त-चित्त । का सम्प्रति होइसि मूढ-चित्त ॥५१॥
तैं जनम-मरण-कल्लोल मत्त । भवजलधि भ्रमिय मनुजत्व प्राप्त ।
परिहरिय विषय-फल तासु लेहि । का कोटी कौंडिहिँ हारबेहि ॥५२॥
इमि विषय-विरक्तउ-प्रशम-प्रसक्तउ, स्थूलभद्र सविग्नमना ।
शिव-सुक्ख-कृतादर, भवभय कातर, चहै चित्तें दुश्चर-चरना ॥५७॥

× × ×

---

[1] विकारी

(२) चलु जीवउ जुव्वणु धणु सरीरु। जिम कमलदलग्ग-विलग्ग नीरु।
अथवा इहत्थि ज किंपि वत्थु। त सव्वु अणिच्चु हहा धिरत्थु ॥
पिइ माय भाय सुकलत्तु पुत्तु। पहु परियणु मित्तु सिणेह-जुत्तु।
पहवतु न रक्खइ कोवि मरणु। विणु धम्मह अन्नु न अत्थि सरणु ॥
रायावि रकु सयणो वि सत्तु। जणओ तणऊ जणणि वि कलत्तु।
इह होइ नडव्व कुकम्मवतु। ससार-रंगि वहुरूव्वु जतु ॥
एक्कल्लउ पावइ जीवु जम्मु। एक्कल्लउ मरइ विढत्त-कम्मु।
एक्कल्लउ परभवि सहइ दुक्खु। एक्कल्लउ धम्मिण लहइ मुक्खु ॥
जहँ जीवह एडवि अन्नु देहु। तहिँ किं न अन्नु धणु सयणु गेहु।
ज पुण अणन्नु त एक्कचित्त। अज्जेसु नाणु दसणु चरित्तु ॥
वस-मस-रुहिर-चम्मट्ठि-बद्ध। नउ-छिड्डु-झरत-मलावणद्ध।
असुइ-स्सरुव-नर-थी-सरीर। मुइ बुद्धि कहवि मा कुणसु धीर ॥....
जह मंदिरि रेणु तलाइ वारि। पविसइ न किंचि ढक्किय दुवारि।
पिहियासवि जीवि तहा न पावु। इय जिणिहि कहिउ सवरु पहाव ॥
जहिँ जम्मणु मरणु न जीवि पत्तु। त नत्थि ठाणु [1]वालग्ग-मत्तु ॥ (३११). ..

(२) इन्द्रिय भावना

नहु गम्मु अगम्मु व किंपि गणइ। अब्बभ कलुस अहिलास कुणइ।
सकलत्ति वि हुतइ महइवेस। पररमणि गमणि पयडइ किलेस ॥१२॥
सिसिरम्मि निवाय घरग्गिसयडि। घण-घुसिण-तेल्ल-वहुवत्थ-सवडि।
चदण-रस-कुसुम-जलावगाह। धारागिहि गिंभि महेइ नाह ॥१३॥
पाउसि पय-पक-पसंग तद्दु। वछइ अच्छिद्द भवणयलु लद्धु।
जइ कुणइ विविह-विसयाणुवित्ति। तेँह विहु न एहु पावेइ तित्ति ॥१४॥
एक्कवि फासिंदिउ वुहयण निंदिउ, करइ किंपि दुच्चरिउ तिहि।
नानाविहु जम्मिहि, पीडिओँ कम्मिहि, सहसि विडबण सामि जिह ॥१५॥

---

[1] बालकी नोकके बराबर भी

(२) चल जीवन यौवन धन शरीर। जिमि कमलदलाग्र-विलग्न नीर।
अथवा इहाँह जो किछुव वस्तु। सो सर्व अनित्य "हहाधिग्" अर्थ ॥
पितु भाय भाय सुकलत्र पुत्र। प्रभु परिजन मित्रसितेह-युक्त।
सक्कं ना रोकिय केहु मरन। विनु धर्मह अहै न अन्य शरण ॥
राजाउ रक स्वजनऊ शत्रु। जनकउ तनयउ जननी कलत्र।
इह होइ नटव्व कुकर्मवन्त। संसार-रंगें वहुरूप जंतु ॥
एकल्लै पावै जीव जन्म। एकल्लै मरै करीय कर्म।
एकल्लै परभवें सहै दुख। एकल्लै धर्मेंहिं लहै मूर्ख ॥
जहँ जीवह ईहउ अन्य देह। तहँ का न अन्य धन स्वजन गेह?
जो पुनि अनन्य सो एक चित्त। आयाहिं ज्ञान-दर्शन-चरित्र ॥
वशॉ-मास-रुधिर-चर्म-अस्थि-वद्ध। नौ छिद्र भरत मलावनद्ध।
अशुचि स्वरूप नर-तिय-शरीर। शुचि बुद्धि कहव ना करसु धीर ॥...
जिमि मदिरें रेणु तलायें वारि। प्रविशै न किछू ढाँकि दुवारि।
ढँकि आस्रव[1] जीवें तथा न पाप। इमि जिनहिं कहिउ सवर[2]-प्रभाव ॥
जहँ जन्म न मरण न जीव पाय। सो नाहि थान वालाग्र-मात्र ॥ (पृ० ३११)

(२) इन्द्रिय शत्रु

ना गम्य अगम्यउ किछउ गनै। अब्रह्म[3] कलुष अभिलाष करै।
सकलत्रहु होतेंउ चहै वेश। पररमणि-गमन प्रकटेंउ किलेश[4] ॥१२॥
शिशिरेंहिं नि-वात घरेऽग्नि सिगडि। घन-घुसृण-तेल वहुवस्त्र सँपडि।
चदन-रस-कुसुम-जलावगाह। धारागृहें[5] ग्रीष्मे चहै न्हाय ॥१३॥
पावस पदपक प्रसग स्तव्ध। वाछै अच्छिद्र भवनतल लव्ध।
जो करै विविध-विषयानुवृत्ति। तेंहि विनु न एहु पावही तृप्ति ॥१४॥
एकउ फरसेंद्रिय बुधजन निंदिय करै केतक दुश्चरित तेंही।
नानाविध जन्मेंहिं पीडिय कर्मेंहिं सहस विडवन स्वामि जेंही ॥

---

[1] चित्तमल [2] संयम [3] व्यभिचार [4] चित्त-मालिन्य [5] फौवारा-घर

तह भक्खाभक्ख-विवेय-मूढु । रस-विसय-गिद्धि-दोलाधिरूढु ।
अविभाविय पेयापेय वत्थु । रसणुवि कुणेइ बहुविहु अणत्थु ॥१६॥
जं हरिण-ससय-सबर-वराह । वणि सचरत अकयावराह ।
तण-सलिल-मत्त-सतुट्ठ चित्त । मम्मर-रव-सवणुब्भंत-नेत्त ॥१७॥
हिंसति केवि मिगया पयट्ट । पसरत - निरतर - तुरयघट्ट ।
कर-कलिय-कुत-कोदड-बाण । ससय-तुल-रोविय-नियय-पाण ॥१८॥
जं गहिरि सलिल वियरत मीण निक्करुण केवि निहणहिँ निहीण । (४२६)
ज लावय-तित्तिरि-दह्यि-मोर । मारेति अदोसवि केवि घोर ॥१९॥
त रसणह विलसिउ, दुक्कय कलुसिउ, तुम्हहँ कित्तिउ कित्तियइ ।
ज वरिस-सएणवि, अइनिउणेणवि, कहवि न जपिउ सक्कियइ ॥२१॥[1]

(३) नरक-भय

तह नरयवासि ज परवसेण । मइँ नरयवाल-मुग्गुर-हएण ।
अवगूढु वज्ज-कटय-सणाहु । सिबलितरु-जणिय-सरीर-बाहु ॥६८॥
कंदंतु कलुणु ज ह्लढिण धरवि । खाविय नियमसु भडित्तु करिवि ।
जं वेयण-विहुरिय-सव्व-गत्तु । हउँ पायउँ तउयउँ तबु तत्तु ॥६९॥
ज पूय - रुहिर - वस - वाहिणीइ । मज्जाविउ वेयरणी - नईं ।
ज तत्त-पुलिणि चलउव्व भुग्गु । जं सूलवेह दुहु पत्तु दुग्गु ॥७०॥ (४३२)
ज वज्ज-जलण-जालोलि-तत्त । मइँ लोहमइय महिलावसत्त ।
ज महि हिमु कुसईं खडु करवि । उद्दिग्रोँ खणेण पारउव्व मिलिवि ॥७१॥
ज कुंभिपाकि पक्कओँ परद्धु । ज चड-तुड-पक्खीहि खद्धु ।
ज तिलु'व निपीलिउ लोहजति । ज वसहि'व वाहिउ भरि महंति ॥७२॥
अच्छोडिओँ ज सिचउव्व सिलहिँ । करवत्ति भित्तु ज कँठ कयलहिँ ।
ज तलेँउ कठल्लिहिँ पप्पडु'व्व । सत्थेहि छिन्नु ज चिब्भडुव्व ॥७३॥

—कुमारपाल-प्रतिबोध[2]

---

[1] वही पृष्ठ ४२७ [2] पृ० ४३३

तिमि भक्ष्या-भक्ष्य-विवेक-मूढ । रस-विषय-गृद्धि-दोलाधिरूढ ।
विनु सोचे पेयापेय वस्तु । रसनउ करेइ वहुविध अनर्थ ।।१६।।
जो हरिन-शशक-साँभर-वराह । वनें सचरत अकृतापराध ।
तृण-सलिल-मात्र सतुष्ट चित्त । मर्मर रव-श्रवण-उद्भ्रांत-नेत्र ।।१७।।
हिंसंति केउ मृगया-प्रवृत्त । प्रसरत निरतर तुरग घट्ट ।
करकलित कुत कोदड वाण । सशयतुलाँ रोपिय निजय प्राण ।।१८।।
जो गहिर-सलिल विचरंत मीन । निष्करुण केउ निहनैं निहीन ।। (४२६)
जो लावक तित्तिर दधिक मोर । मारति अदोषउ केउ घोर ।।१९।।
सो रसनह्-विलसिय दुष्कृत-कल्षित तुम्हहँ कीत्तिउ कीत्तियई ।
जो वर्ष शतेहूँ, अतिनिपुणेहूँ, कतहुँ न जल्पन शक्कियई ।।२१।। (पृ० ४२७)

(३) नरक-भय

तहँ नरकवासेँ जो परवशेहिं । मैं नरकपाल-मुद्गर-हतेहिं ।
लिपटिया वज्रकटक-सँनाह[1] । सेमलतरु जनित शरीर-बाध ।।६८।।
क्रदत करुण जो हठेंहिं धरवि । खाइय निजमास भत्ता करवि ।
जो वेदन-विफुरिय सर्व गात्र । ह्रीं पादेउँ तडपेंउँ ताम्र तप्त ।।६९।।
जो पूत रुधिरवश वाहिनीइ । मज्जावेंउ वैतरणी-नदीइ ।
जो तप्तपुलिनें चलताहु भोगू । जो शूलवेध दुख पाव दुर्गं ।।७०।। (४३२)
जो वज्र ज्वलन ज्वालालितप्त । मैं लोहमयी महिलावसक्त ।
जो महि हिम कुशईं खड करवी । उड्डिय क्षणेंहिं पारउ मिलबी ।।७१।।
जो कुभिपाके पाकेंउ परार्ध । जो चड-तुड-पक्षीहिं खाध ।
जो तिल'व निपीडेंउ लोहयंत्रें । जो वृषभ'व वाहेंउ भरें महत ।।७२।।
आ-छोडेंउ जो पटइव शिलहिं । करपत्रें भिद्यउ जो कठ तलहिं ।
जो तलेंउँ कडाहिहिं पापडें'व । शस्त्रेंहिं छिदेंउँ जो ककडि इव ।।७३।।(४३३)

—कुमारपाल-प्रतिबोध

---

[1] कवच

§ ३७. जिनपद्म सूरि

काल—१२०० ई०। देश—गुजरात। कुल—जैन साधु।

१—ऋतु-वर्णन

पावस—

झिरिमिरि झिरिमिरि झिरिमिरि ए मेहा वरिसति।
खलहल खलहल खलहल ए वादला वहंति।
झबझब झबझब झबझब ए वीजुलिय झक्कइ।
थरहर थरहर थरहर ए विरहिणि मणु कंपइ ॥६॥
महुर गंभीर सरेण मेह जिमि जिमि गाजंते।
पचबाण निय-कुसुम-बाण तिम तिम साजते।
जिम जिम केतकि महमहत परिमल विहसावइ।
तिम तिम कामिय चरण लग्गि निय रमणि मनावइ ॥७॥
सीयल कोमल सुरहि वाय जिम जिम वायते।
माण-मडफ्फर माणणिय तिम तिम नाचंते।
जिम जिम जलभर भरिय मेह गयणगणि मलिया।
तिम तिम कामीतणा नयण नीरहि झलहलिया ॥८॥
भास। मेहारव भर रुलटिय, जिमि जिमि नाचइ मोर।
तिम तिम माणिणि खलभलइ, माहोता जिमि चोर ॥९॥

—थूलिभद्द-फागु[1]

---

[1] पृष्ठ ३८-३९

§ ३७. जिनपद्म सूरि

कृति—थूलिभद्द-फाग।

१—ऋतु-वर्णन

पावस—

झिरझिर झिरझिर झिरझिर ए, मेघा वरसति।
खलखल खलखल खलखल ए, वादला वहंति॥
झबझब झबझब झबझब ए, वीजुली झबक्कै।
थरथर थरथर थरथर ए, विरहिनि मन कंपइ॥
मधुर गभीर स्वरें मेघ जिमि जिमि गाजते।
पचबाण निज-कुसुम-बाण तिमि तिमि साजंते॥
जिमि जिमि केतकि महमहत परिमल, विहसावै।
तिमि तिमि कामिय चरण लागि निज रमणि मनावै॥७॥
शीतल कोमल सुरभि वायु, जिमि जिमि वायते।
मान-मडफ्फर[1] माननिय, तिमि तिमि नाचते॥
जिमि जिमि जलभर भरिय, मेघ गगनागनें मिलिया।
तिमि तिमि कामीकेर नयन, नीरहिं झलझलिया॥८॥
भास। मेघारव भर उलसिय, जिमि जिमि नाचैं मोर।
तिमि तिमि माननि खलवलै, साहीता[2] जिमि चोर॥९॥

—थूलिभद्द-फागु (पृ० ३८-३९)

---

[1] गर्व   [2] पकड़ा

२—सामन्त-समाज

(१) शृङ्गार-सजाव

अह सिंगारु करेइ वेस मोटड मन ऊलटि।
रइयरंगि बहुरंगि चंगि[1] चदणरस ऊगटि।
चंपय केतकि जाइ कुसुम सिरि षुप भरेइ।
अति आछउ सुकुमाल चीरु पहिरणि पहिरेइ ॥१०॥

लहलह लहलह लहलह एँ उरि मोतियहारो।
रणरण रणरण रणरणएँ पगि नेउर सारो।
गमग गमग गमग ए कानिहि वरकुडल।
झलझल झलझल झलझल ए आभरणहँ मडल ॥११॥

मयण-खग्ग जिम लहलहत जसु वेणी दण्डो।
सरलउ तरलउ सामलउ रोमावलि दण्डो।
तुंग पयोहर उल्लसइ सिंगार थपक्का।
कुसुमबाणि निय अमियकुभ किर थापणि मुक्का ॥१२॥

भास। काजलि अजिवि नयणजुय, सिरि सथउ फाडेई।
बोंरियावडि कांचुलिय पुण, उरमडलि ताडेई ॥१३॥

कन्नजुयल जसु लहलहंत किर मयण हिंडोला।
चंचल चपल तरग चग जसु नयणकचोला।
सोहइ जासु कपोल पालि जणु गालि मसूरा।
कोमलु विमलु सुकंठ जासु वाजइ सँखतूरा ॥१४॥

लवणिम-रसभर कूवडीय जसु नाहिय रेहइ।
मयणराइ किर विजयखंभ जसु ऊरू सोहइ।

---

[1] अच्छा

२—सामन्त-समाज

(१) शृंगार-सजाव

अति शृंगार करेइ वेष मोटै मन ऊलटि,
रचितरंग बहुरंग चंग चंदन रस ऊबटि[1]।
चंपक-केतकि-जाति-कुसुम शिर-खोप भरेई,
अति-आछउ सुकुमार चीर पहिरन्न पहिरेई ॥१०॥
लहलह लहलह लहलहए उर मोतिय हारो,
रणरण रणरण रणरणइ पग नूपुर सारो।
जगमग जगमग जगमगै कानहिँ वर-कुंडल,
झलमल झलमल झलमलै आभरणहँ मंडल ॥११॥
मदन खड्ग जिमि लहलहत जसु वेणी-दंडो,
सरलउ तरलउ श्यामलउ रोमावलि-दंडो।
तुंग पयोधर उल्लसै शृंगार स्तवक्का,
कुसुम-बाण निज अमृतकुंभ जनु थापन रक्खा ॥१२॥
भास[2]। काजल अंजिय नयन युग, सिर सैंथौ[3] फाडेइ।
बोरिपट्टी[4] कंचुकिय पुनि, उरमंडल ताडेइ ॥१३॥
कर्ण-युगल जसु लहलहत जनु मदन हिंडोला,
चंचल चपल तरंग चंग जसु नयन-कचोला[5]।
सोहँ जासु कपोल-पालि जनु गरल मसूरा,[6]
कोमल विमल सुकंठु जासु बाजै शंख-तूरा ॥१४॥
लवणिम रसभर कूपडीय[7] जसु नाभिय राजै,
मदनराय कर विजय खंभ जसु ऊरू सोहै।

---

[1] उबटन [2] छन्द विशेष [3] माँग [4] लिलारी [5] कटोरा [6] फूला [7] कुईं

जसु नह-पल्लव कामदेव-अंकुसु जिम राजइ।
रिमझिमि रिमझिमि पायकमलि घाघरिय सुवाजइ ॥१५॥
नवजोवन विलसत देह नवनेह गहिल्ली।
परिमल लहरिहि मदमयत रइ-केलि पहिल्ली।
अहरबिंब परवाल खण्ड वर-चपावन्नी।
नयन सलूणिय हावभाव बहुगुण सपुन्नी ॥१६॥
इय सिणगार करेवि वर, जब आवी मुणिपासि।
जो एवा कउतिगि मिलिय, सुर-किंनर आकासि ॥१७॥
—वही पृ० ३९-४०

(२) हाव-भाव

नयणकडक्खिय आहणऐं वांकड जोवन्ती।
हावभाव सिणगार भगि नवनविय करती।
तहवि न भीजइ मुणि-पवरो तडवेस बोंलावइ।
"तवणु तुल्लु तुह देह नाह! महतणु सतावइ ॥१०॥
बारह वरिसहँ तणउ नेहु किणि कारणि छाडिउ।
एवडु निठुरपणउ कइ मूंसिउ तुम्ही मडिउ।
थूलिभद्द पभणेइ वेस! अह खेदु न कीजइ।
लोहिहि घडिथउ हियउ मज्झ तुह वयणि न थीजइ ॥१९॥
मह विलवंतिय उवरि नाह अणुराग धरीजइ।
रिसु पावसु-कालु सयलु मूसिउ माणीजइ।
मुणि-वइ जपइ वेस! सिद्धि रमणी परिणेवा।
मणु लीणउ सजम सिरी सु भोग रमेवा ॥२०॥
—वही[1]

---

[1] पृष्ठ ४०

असु नख-पल्लव कामदेव-अंकुश जिमि राजै,
रिमझिम रिमझिम पादकमल घाघरिय सुबाजै ॥१५॥
नवयौवन विलसत देह नवनेह-गहिल्ली,[1]
परिमल लहरेंहि मदमदत रतिकेलि पहिल्ली।
अधरबिंब परवाल-खंड वर-चंपा-वर्णी,
नयन सलोनिय हावभाव बहुगुण-संपुर्णी ॥१६॥
इमि शृंगार करीय वर, जब आई मुनि पास।
जोयेबा कौतुक मिलेंउ, सुर-किन्नर आकास ॥१७॥

—वही पृ० ३९–४०

(२) हाव-भाव

नयन-कटाक्षहँ आहनई वाको जोयती,
हाव-भाव शृंगार-भंगि नव-नविय करती।
तबउ न बींधै मुनि-प्रवरो तब वेश बोंलावे,
"तपन तुल्य तुव देह नाथ! मम तनु संतापै ॥१८॥
बारह वर्षहँ केर नेह केहि कारण छंडिउ,
एवड[2] निठुरपनइ का मोसें तुम मंडिउ[3]।"
थूलिभद्र प्र-भनेइ "वेश[4]! इह खेद न कीजै,
लोहेंहि गढियउ हृदय मोर तुव बचन न बिंधै ॥१९॥"
"मम विलपतिय उपर नाथ! अनुराग धरीजै,
ऐसो पावस-काल सकल मोसो मानीजै।"
मुनिपति जल्पै "वेश! सिद्धि-रमणी परिणेबा।
मन लीनउ संयम श्री सौं भोग रमेवा ॥२०॥"

—थूलिभद्द-फाग पृ० ४०

---

[1] ग्रहण किये [2] इतना [3] शुरू किया [4] वेश्या

§ ३८: विनयचंद्र सूरि

काल—१२०० ई० (?)। देश—गुजरात। कुल—...जैन साधु।

विरह-वर्णन

(बारहमासा)

नेमि कुमरु सुमरवि गिरनारि। सिद्धी राजल कन्न-कुमारि।
श्रावणि सरवणि कडुय मेहु। गज्जइ विरहिनि भिज्जइ देहु।
विज्जु झबक्कइ रक्खसि जेव। नेमिहि विणु सहि सहियइ केम ॥२॥
सखी भणइ सामिणि मन झूरि। दुज्जण-तणा म वछिति पूरि।
गयउ नेमि तउ विणठउ काइ। अछइ अनेरा वरह सयाइ ॥३॥
बोलइ राजल तउ इहु वयणु। नत्थी नेमी सम वर-रयणु।
धरइ तेजु गहगण सविताव। गयणु न उग्गइ दिणयरु जाव ॥४॥
भाद्रवि भरिया सर पिक्खेवि। सकरुण रोअइ राजलदेवि।
हा एकलडी मइ निरधार। किम उवेषिसि करुणासार ॥५॥
भणइ सखी राजल मन रोइ। नीठुरु नेमि न अप्पणु होइ।
सिंचिय तरुवर पारि पलवति। गिरिवर पुणि कड-डेरा हुंति ॥६॥
साँचउ सखि वरि गिरि भिज्जति। किमइ न भिज्जइ सामलकंति।
धण वरिसतइ सर फुट्टन्ति। सायरु पुण धण ओह डुलिति ॥१७॥
आसोमासह असु-पवाह। राजल मिल्हइ विणु नमि नाह।
दहइ चद चदण हिम सीउ। विणु भत्तारह सउ विवरीउ ॥८॥
—चतुष्पादिका[१]

सखि नवि खीना नेमि हिरेसि। मन आपणपउ तउ खय नेसि।
जिणि दिक्खाड़िउ पहिलउ छोहु। न गणिउ अट्ठ भवंतर-नेहु ॥९॥
नेमि दयाल सखि निरदोसु। कीजइ उग्रसिण पर रोसु।
पसुय भराविउ मूकउ वाडु। मझु प्रिय सरिसउ कियउ विहाडु ॥१०॥

---

[१] प्राचीन-गुर्जर-काव्य-संग्रह

§ ३८: विनयचंद्र सूरि

कृति—नेमिनाथ-चतुष्पादिका[1]

विरह-वर्णन

(बारहमासा)

नेमि कुमर सुमिरिय गिरनार। सिद्धी राजल कन्य-कुमारि।
श्रावण श्रवणे कडुआ मेह। गर्जै विरहिन छीजै देह।
विज्जु झमक्कै राक्षसि जेम। नेमि बिना सखि ! सहियै केम ॥२॥
सखी भनै "स्वामिनि ! मन झूर। दुर्जन करे न वाँछित पूर।
गयेँउ नेमि तब विवशेँउ काइ। आछै अन्यहुँ बरहुँ शताइँ ॥३॥"
बोलै राजल "तव एँहु वयन। नाही नेमि सम वर-रत्न।
धरै तेज ग्रह-गण सब ताउ। गगन न ऊगै दिनकर जाउ ॥४॥"
भादौं भरिया सर पेखेइ। सकरुण रोवै राजल-देइ।
"हा एकँलडी मै निराधार। का उद्वेजिस करुणासार ॥५॥
भनै सखी राजल मन रोइ। "नीठुर नेमि न आपन होइ।
सिंचिय तरुवर परि प्लवति। गिरिवर पुनि करडेरा होंति ॥६॥
सॉचउ सखि ! वारि गिरि भिद्यति। काह न भिद्यै श्यामल काति।
घन वर्षन्तं सर फूटति। सागर पुनि घन-ओघ डुलंति ॥७॥"
आश्विन मासहँ आँसु-प्रवाह। राजल मेलै[2] विन नेँमि नाह।
दहै चद चदन हिम शीत। विनु भर्त्तारिहँ सँगउ विपरीत ॥८॥
—चतुष्पादिका
"सखि ! ना क्षीणा नेमि हृदेश। मन आपनयौ तउ क्षय लेस।
जिन देखाडेँउ पहिलउ छेह[3]। न गणेँउ आठ भवातर[4]-नेह ॥९॥
नेमि दयालू सखि ! निर्दोष। कीजै उग्रसेन पर रोष।
पशू भरायेँउ मूकेँउ बाड। मम प्रिय सरिसउ कियउ बिगाड ॥१०॥

---

[1] "प्राचीन-गुर्जर-काव्य-संग्रह', G.O.S. Vol. XIII (बड़ोबा) 1920
[2] छोड़े [3] आशा-भंग [4] जन्मांतर

कात्तिग खित्तिग उग्गइ सभ्भ। रजमति भिज्झिझउ हुइ अतिझझ[1]।
रातिदिवसु आछइ विलपत। बलिबलि दय करि दयकरि कत ॥११॥
नेमितणी सखि मूकि न आस। कायरु थग्गउ मो घरवास।
इमइ ईसि सनेहल नारि। जाइ कोइ छाडवि गिरिनारि ॥१२॥
कायरु किमि सखि नेमि जिणिदु। जिमि रिणि जित्तउ लक्खु नरिदु।
फुरइ मासु जा अग्गलि नास। ताव न भिल्लउ नेमिहिं आस ॥१३॥
मग्गसिरि मग्गु पलोअइ बाल। इणपरि पभणइ नयण विसाल।
जो मइ मेलइ नेमि कुमार। तसुणी वेल वहुउ सवि वार ॥१४॥
एहु कयाग्रहु तउ सखि मिल्हि। करमु काइ तिणि नेमिहि हिल्लि।
मडि चडाविउ जो किर मालि। हे हे कु करइ रोहणि कालि ॥१५॥
अठभव सेविड सखि मइ नेमि। तासु समाहउ किम न करेमि।
अवगन्नेसइ जइ मइ सामि। लग्गी आछिसु तोइ तसु नामि ॥१५॥
पोसि रोस सवि छोडिबि नाह। राखि राखि भइ मयणह पाह।
पडइ सीउ नवि रयणि विहाइ। लहिय छिद्द सवि दुक्ख अभाइ ॥१७॥
नेमि नेमि तू करती मुद्धि। जुव्वणु जाइ न जाणिसि सुद्धि।
पुरिस-रयण भरियउ ससारु। परणु अनेरउ कुइ भत्तारु ॥१८॥
भोली तउ सखि खरी गमारि। वारि अछतइ नेमि कुमारि।
अन्न पुरिसु कुइ अप्पणु नडइ। गइवरु लहिउ कु रासभि चडइ ॥१९॥
माहमासि माचइ हिम रासि। देवि भणइ मइ प्रिय लइ पासि।
तइ विणु सामिय दहइ तुसारु। नवनव मारिहि मारइ मारु ॥२०॥
इहु सखि रोइसि सहू अरन्नि। हत्थि कि जामइ धरणउ कन्नि।
तउ न पती जिसि माहरि माइ। सिद्धि रमणि रत्तउ नमि जाइ ॥२१॥
कंति वसतइ हियडामाहि। वाति पहीजउ किमहि लसाइं।
सिद्धि जाइ तउ काइ त बीह। सरसी जाउल उगसेँण-धीय ॥२२॥
फागुण वागुणि पन्न पडति। राजल दुक्खि कि तरु रोयति।
गब्भि गलिवि हउ काइ न मूय[2]। भणइ विहगल धारणि धूय ॥२३॥

---

[1] दुर्बल [2] मृत

कातिक क्षितिग ऊगै साँझ। रजमति छीजेउ होइ अति झाँझ।
 राति-दिवस आछै विलपत। "बलि बलि दयाँ करु दयाँ करु कंत" ॥११॥
नेमि केर सखि मुचउ आश। कायर भागेँउ सो घर-वास।
 एँहु ऐसीहि सनेहल नारि। जाइ कोइ छाडिय **गिरिनार**" ॥१२॥
"कायर का सखि! नेमि जिनेंद्र। जिन रणेँ जीतेँउ लाख नरेन्द्र।
 फुरै श्वास जौ आगल नास। तौ मोँ न छोडउँ नेमिहि आश ॥१३॥"
मगसिर मार्ग प्रलोकै बाल। ऐसो प्रभनै नयन-विशाल।
 "जो मोँहि मिलवै नेमिकुमार। तसु उपकार बहुउ सब वार" ॥१४॥
"एहु कुआग्रह तव सखि! मेलु[1]। करसि काह तिन नेमिहिँ हिल्ल।
 मडेँ चढ़ायेँउ जो पुनि माल। हे हे को करै टोअन[2]-काल" ॥१५॥
अठ भव सेवेँउँ सखि! मै नेमि। तसु ऊमाड[3] किमि न करेमि।
 अवश छिजीहि जो मोँहिँ स्वामि। लागी रहोँ तऊ तसु नाम" ॥१६॥
"**पूस** रोष सब छाडहु नाह। राखु राखु मोहिँ पद-नह-पाँह।
 पडै शीत ना रजनि विहाइ। लहिय छिद्र सब दु:ख अमाइ" ॥१७॥
"नेमि नेमि नू करती मुग्धेँ। यौवन जाइ न जानसि शुद्ध।
 पुरुष-रतन भरियउ ससार। परनहु अन्य कोँई भर्तार" ॥१८॥
"भोली तैँ सखि! खरी गँवारि। वर अच्छते नेमिकुमार।
 अन्य पुरुष कोँइ आपन नहई। गज-वर तहे कोँ रासभ चढ़ई" ॥१९॥
माघ मास मातै हिम-राशि। देवि भनै "मोहि प्रिय लेउँ पास।
 तव विनु स्वामिय! दहै तुषार। नवनव मारहि मारै मार" ॥२०॥
"एँहु सखि रोवसि जिमि आरण्येँ। हाथ कि जोये धरियोँ कर्णेँ।
 तौ न पतीजसि हम्मर माइ। सिद्धि-रमणि-रातो नेँमि जाइ" ॥२१॥
कत वसतै हियरा-माँहि। बात पहीजौ किमिहि लसाइ।
 सिद्धि जाइ तोहि काई भीय[4]। ओहि सँग जाऊ उगसेँन-धीय[5]" ॥२२॥
फागुन पवना पर्ण पडति। राजल दुःख कि तरु रोवति।
 "गर्भ गलिय हौँ काह न मूय।" भनै विह्वल धारणि-धूय" ॥२३॥

[1] छोड़ [2] रक्षा, पहरा [3] वांछा [4] भय [5] पुत्री

अजिउ भगिउ करि सखि विम्भासि। अछइ भला वर नेमिहि पास।
अनुसखि मोदक जउ नवि हुति। छुहिय सुहाली किन रुच्चंति ॥२४॥
मणह पासि जइ वहिलउ होइ। नेमिहि पासि ततलउ ना कोइ।
जइ सखि वरउँ त सामल-धीरु। घण विणु पियइ कि चातक नीरु ॥२५॥
चैत्र मासि वणसइ पगुरइ। वणि वणि कोयल टहका[1] करइ।
पंचबाणि करि धनुष धरेवि। वेभइ मांडी राजल देवि ॥२६॥
जुइ सखि! मातउ मासु वसतु। इणि खिल्लिज्जइ जइ हुइ कतु।
रमियइ नवनव करि सिणगारु। लिज्जइ जीविय जुब्वण-सारु ॥२७॥
सुणि सखि मानिउ मुझु परिणयणु। नवि ऊपरि थिउ बधव-वयणु।
जइ पडवन्नइ चुक्कइ नेमि। जीविय जुब्वणु जलणि जलेमि ॥२८॥
वइसाहह विहसिय वणराइ। मयणमित्तु मलयानिलु वाइ।
फुट्टिरि हियडा माझि वसतु। विलपइ राजल पिक्खउ कतु ॥२९॥
सखी दुक्ख वीसरिबा भणइ। "सभलि भमरउ किम रुणझुणइ।
दीस पचथिरु जोव्वणु होइ। खाउ पियउ विलसउ सहु कोइ ॥३०॥
रमणि पससिय राजल-कन्न। जीह कतु वसि ते पर धन्न।
जसु पउ न करइ किमइ मुहाडि। सा हउँ इक्क ज भुडनि लाडि ॥३१॥
जिट्ठ विरहु जिमि तप्पइ सूरु। छण वियोगि सुसिय नइ पूरु।
पिक्खिउ फुल्लिउ चपइ विल्लि। राजल मूछी नेह गहिल्लि ॥३२॥
मूछी राणी हा सखि वाउ। पडियउ खडइ जेवडु घाउ।
हरि मूछा चदण पवणेहि। सखि आसासइ प्रिय-वयणेहि ॥३३॥
भणइ देवि विरती ससार। पडिक्खि पडिखि मइ जाउव सार।
नियपडिवन्नउ प्रभु सभारि। भइ लइ सरिसी गढि गिरिनारि ॥३४॥
आसाढह दिठु हियँउ करेवि। गज्जु विज्जु सवि अवगन्नेवि।
भणइ वयणु उगसेणह जाय। करिसि धम्मु सेविसु प्रिय पाय ॥३५॥
मिलिउ सखी राजल पभणति। चिणय जेम नमिरिय लक्खणंति।
अउगी अच्छि सखि! झखि मन आल। तपु दोहिल्लउ तउँ सुकुमार ॥३६॥

—नेमिनाथ-चतुष्पदिका[2]

---

[1] टहका आधुनिक शब्दानुकरण [2] पृष्ठ ९-१०

अजउ भनेँउ कर सखी विमर्ष। अछै भलो बर नेमिहु-पास।
"पुनि सखि। मोदक यदि ना होंति। छुधिते सोँ हारी किन रुच्चंति ॥२४॥
"मनहु पास यदि जल्दी होइ। नेमिहिँ पास तेँतनउ ना कोइ।
यदि सखि ! वरौ त श्यामल-वीर। घन विनु पियै कि चातक नीर" ॥२५॥
चैत्र मास वनसपती अँकुरै। वन-वन कोयल टहुक। करै।
पंच-वान केँर धनुष धरेबि। वेवै लक्षिय राजल-देवि ॥२६॥
"जोँउ सखि ! मातेँउ मास वसत। इमि खेलीजै यदि होँइ कत।
रमियै नव नव कर शृगार। लीजै जीवित यौवन-सार" ॥२७॥
"सुनु सखि ! मानेँहु मम परिणयन। ना ऊपर ठिय वाघव-बयन।
यदि प्रतिपन्ना चूकै नेमि। जीवित यौवन ज्वलनेँ जलेमि ॥२८॥
बैशाखहु विहसिय वनराजि। सदनमित्र मलयानिल वाइ।
फुट्टिय हियरा माँझ वसत। विलपै राजल पेखिय कत ॥२९॥
सखी दु.ख बीसरिबा भनई। "सुनु सुनु भ्रमरउ का रुनझुनई।
"दिवस पच थिर यौवन होइ। खाहु पियहु विलसहु सब कोइ" ॥३०॥
रमण प्रशंसिय राजल-कन्य। "जाहि कत वशेँ ते पर धन्य।
जसु पिय न करै किछुउ पुछारी। सो हौँ एकइ फूट-लिलारी" ॥३१॥
जेठ विरह तप्पै जिमि सूर। घन-वियोगेँ सुखियो नदि-पूर।
पेखेँउ फुल्लिय चपक-बेल्लि। राजल मूर्छी नेह-गहिल्लि ॥३२॥
"मूर्छी रानी हा सखि ! धाव ! पडियउ खडहु जेवड घाव।"
हरि मूर्छा चदन पवनेहिँ। सखि आश्वासै प्रिय-वचनेहिँ ॥३३॥
भनै "देवि ! विरती-संसार। परिख परिख मैं जानेँउ सार।
निज प्रपन्नउ[1] प्रभु सम्हारि[2]। मोँहि लइ साथे गढ गिरनार ॥३४॥
आषाढ़हु दृढ हियइँ करेबि। गर्जै विज्जु सब अवगण नेवि।
भनै वचन उगसेनहँ जाय। करिसि. धर्म सेविसि प्रिय-पाय ॥३४॥
"मिलिउ सखी !" राजल प्रभनति। चना जेम न मिरिच खार्यति।
एकली अच्छ[3] सखि ! झँख मन आल[4]। तप-दोहिल्लउ[5] तूँ सुकुमार ॥३५॥
—नेमि-चौपाई (पृ० ९-१०)

[1] होनेवाला पति [2] याद करके [3] हूँ [4] मिथ्या [5] दुर्लभ

§ ३९. चन्दबरदाई

चंदबरदाई। काल—१२०० ई०। देश—लाहौर-दिल्ली। कुल—भाट। कृति—पृथिवीराज-रासो[1]

१—हिमालय-वर्णन

सकल भूमि को भेद गज जानै ए भग्गं।
अति सु-बिकट बन-जूह चढै सग्राम न होई॥
अश्व-पाय गज-पाय चढन किहि ठौर न कोई।
बनबिकट जूह परबत गुहा बरबेहर बकम बिषम॥
दारु भयानक अति सरल बर प्रस्तर जल नहि सुषम।
भरै भरनि भोर-सु आघात सोर जिने सद्द या मद्द ता अग मोर
ह्य तज्जि राज चलै हत्थ डोर इथ इक्क पच्छो बिय जन जोर।
बजै सद्द-सद्द परच्छद उट्ठं सुने कन मोर सुधीरज्ज छुट्टं
इक होइ राज पथ सन्त रुधं दियं हत्थ नारी तिन को न बुधं।

२—सामन्त-समाज

(१) राजा बीसलदेवकी प्रशंसा

धर्माधिराज रति जोग भोग षट षुट गिनि पग्गह सु-भोग
जग दुष्ष बीर बीसल नरिंद महापाप रत द्रव्यान अध

[1] वर्तमान रूप १६वीं सदीसे पहिलेका नहीं है।

क्रत अक्रित काम क्रितह सु कीन जिन असुर घोर षनि द्रव्य लीन
ससार थागि पुनि द्रव्य काज उपजाई मति अजमेर राज

कोडी सु मोल गज क्यौ एक लीयो न किनह किरि सहर नेक
कामध अध सुज्झ्यो न काल हक अहक ओरि गिरि इक्क भाल

चलल्यौ न राज नीतिह प्रमान आनीत बधि नृप थान थान
सुज्झ्यौ न ध्रम्म चलल्यौ प्रमान मुकजो निगम्म करि अगम-मान

अब लोह छोह छांडिय सु-किति मुक्कयो ध्रम आध्रम जिति
दरबार अतिथि दीसै न कोइ अप्प-सुह किति संभरै लोइ

चौसठि वरस बर राज कीन पायौ न पुण वर सुयष हीन

—पृथ्वी०रासो—पृ० ७८-७९

आनन्द अग्ग पर इन्द्र सम ध्रम्म नंद जस उब्बरै।
अजमेर नयर अरिजेर कारि विमल राज बीसल करै ।।

वर पट्टन अट्टन अमित समित वेद फुनि राज।
समय अत बीसल सिरह धयौं छत्र सम साज ।।

—पृ० रा०—पृ० ९१

(२) शृंगार-रस

रतिराज ह जोवन राजत जोर, चँप्यो सिसिर उर सैसव-कोर।
उनी मवि मङखि मधू धुनि होइ, तिन उपमा बरनी कवि कोइ।

सुनी बर आगम जुव्वन बैन, नव्यो कबहू न सुउद्दिय मैन।
कबहूँ ढुरि क्रन्न न पुच्छत नैन, कहो किन अव्व ढुरी ढुरि बैन।

ससि रोरन सैसव दुंदुभि बज्जि, उथै रतिराज सजोवन सज्जि।

कही बर श्रोन सुरंगिय रज्जि, भये नर दोउ बनबन भज्जि।

इय मीन नलीन भये रत रज्जि,

भय विभ्रम भाइ परी नहि नजि।

सुनि प्रथम बालिय रूप, बरबाल लच्छिन रूप।

अहिसधि सैसव-याल, अजु अरक राका हाल।

सैसव सुसूर समान, वयचद चढन प्रमान।

सैसव्व जोबन एल, ज्यों पथ पथी मेल।

परि भौंह भवर प्रमान, वै बुद्धि अच्छरि आन।

द्रिग स्याम सेत सुभाग, सावक्क मृग छुटि बाग।

बिय दृगन ओपम कोउ, सिसभ्रग षजन होउ।

बरबरन नासिक राज, मनि जोति दीपक लाज।

गतिसिषों पतग नसाव, ओपम दे कवि आव।

नासिक्क दीपन्न साल, भँप दत षजन-बाल।

बिय बरल जोवन सेव, ज्यों दपती हथलेव।

वैसधि सधिय चिद, ज्यों मत्त जुरहि गुविद।

तुछ रोमराज विसाल, मनो अग्गि उग्गिय बाल।

कुच तुच्छ तुच्छ समूर, मनों कामफल-अकूर।

बयरूप ओपम एह, जा जनक नृप कर देह।

बर छिन्न थक्कत तेह, मनों काम द्रप्पन देह।

वै सधि कविबर बंध, ज्यों वृद्ध वाल विबध।

वै सधि सधि प्रामन, ज्यों सूर ग्रहन प्रमान।

बैं राह ससि गिलि सूर, नव ग्रह (प्र)मत्त करूर।
　　　　बरबाल वैं सधि एह, सिक्कार काम करेह।
लसकरे लसलसि छडि, चितरक दीन समडि।
　　　　कर्‌यो सुह्लान कामिनी, दिपत मेघ दामिनी।
सिगार षोडस करे, सुहस्त दर्पन धरे।
　　　　वसन्न वासि वासन, तिलक्क भाल भासनं।
दुनैन अैन अजए, चल चलत षजए।
　　　　सुहत श्रोन कुडलं, ससी रवी कि मडल।
मुमुत्ति नास सोभई, दसन द्रुत्ति लोभई।
　　　　अनेक जाति जालित, धरंत पुप्फ मालितं।
झँकार हार नोपुर, घमकि घुघर धुर।
　　　　विलेपि लेपचदन, कसी सु कंचुकी घनं।
सुछुद्र घटि घटिका, तमोल आय अटिका।
　　　　कनक्क नग्ग कक्न, जरे जराइ अंकनं।
बिसाल बानि चातुरी, दिषन रभ आतुरी।
　　　　अनेक दुत्ति अंगकी, कहंत जीभ भंगकी।
निसि थट्टिय-फट्टिय तिमिर, दिसि रत्ती धवलाइ।
　　　　सैसव में जुव्वन कछ, तुच्छ तुच्छ दरसाइ।
दक्षिन वृत्त सुनाभि, तुग नासा गजगमनी।
　　　　सासनि गंध रुषं जु चारु, कुटिल केस रतिरमनी।
बरजंघन मृदुपयु सुरंग, कुरंग लज्जे छविहीन।

(३) युद्ध

(क) बीर-रस

हत्थ हत्थ सुज्झै न, मेघ डभरि मडि रज्जी।
निसि निसीथ अतरो, भान उत्तरि सथ सज्जी ॥
बिज्ज बीर झलकत, पवन पच्छिम दिसि बज्जै।
मोर सोर पप्पीह, अवनि सञ्चित घन गज्जै ॥
बटी जु सिलह निसि सत्तमिलि, सधिय पग दरबार दिसि।
चामडराय दाहर ननँ, लरन लोह कड्ढे तिरसि ॥
पच्छें भौं सग्राम, अग्ग अपछर बिच्चारिय।
पुछै रभ मेनिका, अज्ज चित्त किमि भारिय ॥
तब उत्तर दिय फेरि, अज्ज पहुनाई आइय।
रथ्थ बैठिऔ थान, सोभ तह कज न पाइय ॥
भर सुभर परे भारत्थभिरि, ठाम ठाम चुप जीन संधि।
उथकीय पथ हल्लै चल्यो, सुथिर सभी देखिय नभ ॥

(ख) रण-यात्रा

ढलकत ढाल तरवर प्रमान, हलके हलत गज नग-समान।
अपसकुन सकुन चितहि न चित्त, निरिमान वन्न गुन धरत तत्त।
कदवति सलिल जहाँ सलिलपक, चितचित्त ड्वंक जे करे कक।
चल्ले नरिद अरि पुब्बै गाव, भुमिया ससक सब लगत पाव।
गढ घेरि पग किन्न अप्रमान, मानों कि मेरि पारस्स भान।

पंगह सुबीर गढ करि गिरद्द, जनु सवँगि परस चदा सरद्द ।

गोरी नरिंद हय-गय-सुभर, सजि आयौ उप्पर सुभय ।

चैत मास रवि तीज, संत पष्षह कल चदह ।

भयौ सुदिन मध्यान, चढचो प्रथिराज नरिंदह ॥

कटक सबर हिल्लोर, भार सेमह करि भग्गिय ।

चढि सामंत मकज्ज, नद्द सुर अमर जग्गिय ॥

गज रोर सोर बधे घटा, सिलह बीज सिल काबलिय ।

पप्पीह चीह सह नाइ सुर, नदि घग्घर मैलान दिय ॥

(ग) युद्ध-वर्णन

पग जग षुल । कूह मच्ची हूल ॥ सार तुट्टे पल । षग्ग मच्चे षल ॥

हाल हालाहल । मोप्व वित्थौ तल ॥ गिद्ध कोलाहल । अंत दंती रुल ॥

उद्ध पीय छल । चर्म अस्ति तल ॥ बीर निद्धी चल । सिद्ध ठट्टे रुल ॥

संभु माल गल । ब्रम्ह चिता चल ॥ भूत वित्ता तल । पत्थ पारथ्थल ॥

देव देवानल । फट्टि फारक्कल ॥ धाय बज्जे घल । सूर घुम्मै रुल ॥

तार चौसट्ठिल । बाइ भूत तल ॥ रीति पच्छी षिन । तार आयासन ॥

सूर उग्यौ नन । कोट चड्ढे फन ॥

जहाँ उत्तरचो साहि चिन्हाव मीर । तहाँ नेज गड्यो ढढुक्के पुंडीर ॥

करी आन साहाब सार्बंधि गोरी । धकी धींग धिग धकावै सजोरी ॥

दोऊ दीन दीन कढी बंक अस्सि । किधौं मेघमं बीजु कोटि निकस्सि ॥

किए सिग्घर कोग्ता मल अग्गी । किधौं बद्दर कोर नागि न नग्गी ॥

हबक्के जु मेछ भ्रमत ज छुट्टै । मनो घेरनी घुम्मि पारेव तुट्टै ॥

उर फुट्टि बरछी बर छब्बि नासी । मनो जालमे मीन अद्धी निकासी ॥

लटक्के जुरं नं उडै हंस हल्लै। रसं भीजि सूरं चवग्गान खिल्लै ॥
लगे सीस नजा भ्रमें भेजि तथ्थें। भषे बाइसं मात दीपत्ति सथ्थें ॥
करै मार मारं महाबीर धीरं। भए मेघधारा बरष्षत तीरं ॥
परे पंच पुंडीर सा चंद कढ्यो। तबै साहि गोरी स चन्हाब चढ्यो ॥
धर धरकि धाहर करवि काइर रससिसू रस कूरय ॥
गजघंट घनकिय, रुद्र भनकिय, षनकि सकर उट्टयो।
रनतकि भेरिय कन्ह हेरिय, दति दान धनदयौ ॥
धर बंबरं चोर माही ति साई। हले छत्र पोत वले यार घाई ॥
बुले सूर दुक्के दहक्के पचार। घले बथ्थ दोऊ घर जा अषार ॥
उतंभंग तुट्टै परै श्रोन धारी। मनो दण्ड मुक्की अगीवाइ वारी ॥
नचै कथबध दकै सीम भारी। तहाँ जोग-माया जकी सो बिचारी ॥
सोलंकी माधव नरिंद, षान षिलजी मुग्ख लग्गा।
सबर बीररस बीर, बीर बीरा रस पग्गा ॥
दुअन वुड्ड जुध तेग, दुहुँ हत्थन उब्भारिय।
तेग तुट्टि चालुक्क, बथ्थ पग्किड्ढि कटारिय ॥
लइ बग्ग कैमास वीर अमान। धमके धरा गोम गण्णे गुमान ॥
उते उप्परी बाग तत्तार षान। मिले हिंदु मीर दोऊ दीन मान ॥
बजे राज सिंधू सु मारूअ बज्जै। गजे सूर मूर असूर सुभज्जै ॥
चढे व्योम बिम्मान देषत देव। बढे स्वामि-कज्जै सुसज्जै उभेव ॥
छुटे नाल गोला हवाई उछंगं। नछत्र मनों जानि तुट्टें निहंग ॥
करष्षै चलै बान बान कमान। भई अंध-धुध न सुज्झै सु भान ॥
मिले सेल भेलं समेलं अपार। सनाह फटै हीय होवंत पार ॥
मदं मत्त दंतं उषारै मसंदं। मनो मिल्लिया पब्ब उष्षालि कंदं।

मचै हूक हूकं वहै सार-धारं। चमक्के चमक्के करार करारं ॥
भभक्कै भभक्कै वहै रत्तधार। सनक्कै सनक्कै वहै बान-भारं ॥
हबक्कै हबक्कै वहै सेल भेल। कुके कूक फूटी सुरत्तान ढाल ॥
बकी जोगमाया सुरं अप्पथान। वहै चट्ट-पट्ट उघट्टं उलट्ट ॥
कुलट्टा धरै अप्प-अप्प उहट्ठं। दडक्क बजै सेन सेना सुघट्ट ॥

(घ) युद्धमें छल

छल तक्यौ श्रीराम, सेत साइर नव बध्यौ।
छल तक्यौ सुग्रीव, बालिजिउ ताउह सध्यौ ॥
छल तक्यो लछिमना, सूरमडल अलि बेध्यौ।
छल तक्यो नरसिंध, अगगकस नष उर छेद्यौ ॥
छलबल करंत दूषन न कोइ, किस्न कलह् कसह् करिय।
सोमेस राज तकि अप्प बिधि, रत्तिवाह् छलमन धरिय ॥

३–कविका संदेश

(भाग्यवाद)

नर करनी कछु और, करै करता कछू औरै।
अनचिंतन करै ईस, जीय सुनर औरै दौरै ॥
रचे रचन नर कोरि, जोरि जम पाइ बस्त सह।
छिनक मध्य हरि हरै, केलि किरतव्य कम्मइह ॥
प्रथिराज गमन देवास दिसि, ब्याह विनोद सुमंडिजिय।
अनचिंति जग्गि गज्जन बलिय, आनि उतग सु कंक किय ॥
जु कछू लिष्यो लिलाट, सुष्ष अरु दु:ष समंतह।
धन विद्या सुन्दरी, अंग आधार अनतह ॥
कलप कोटि टरि जाहिं, मिटै न न घटै प्रमानह।
जतन जोर जो करै, रंच न न मिटै बिनानह ॥

तेरहवीं सदी

§४०: लक्खण

काल—१२५७ ई०। देश—रायवड्डिय (रायभा, आगरा) कुल—वैश्य,

१–आत्म-परिचय

(१) काव्य-महिमा

त सुणेंवि भणिउ साहुल-सुएण। जिण-चरणच्चण-पसरिय-भुएण ॥
भो लब-कचु[1] कुल-कमल-सूर। कुलमाणव चित्तासा पऊर ॥
घत्ता। तुहुँ कइ-यण-मण-रजणु पाव-विहजणु गुणु-गण-मणि-रयणायरऊ।
उच्छट्टि अवट्टिउ सुणयो मट्टिउ(?)णिहिल-कला-मलणायरऊ ॥
तुहुँ धण्णु जासु एरिसिउ चित्तु, तिपयत्थ रसुज्जलु मइ पवित्तु।
सयणासण तवेरम तुरग, धयछत्त चमर बालावरग ॥
धण-कण-कचण घण-दविण-कोस, जपाण जाण भूसण सँतोस।
घरपुर णयरायर देस-गाम, पट्टोलबर पट्टण समाण ॥
मसार-सारु पयवन्थु भावु, जज दीसइ णाणा सहाउ।
तत सुहेण पावियइ सव्वु, लहियइ ण कव्वु माणिक्कु भव्वु ॥

(२) आत्म-परिचय

एक्कहि दिणें सुकइ पसण्ण चित्तु, णिसि सेज्जायलें झायइ सइत्तु।
महुवोह-रयणु धडगरुय मरिसु, बुहयण-भव्वयणह जणिय हरिसु ॥
करकठकण्ण पहिरण असक्कु, णरहरमई तेण सजोरु थक्कु।
भइ सुकइत्तणु विज्जा विलासु, बुहयण-मुह-मडणु साहिलासु ॥
आणद लयाहरु अमिय रोइ, णवि याणइ मूण-इण इत्थ कोवि।

---

[1] बड़े बालवाला

तेरहवीँ सदी

§ ४०: लक्खण

जैन-गृहस्थ । कृति—अणुवयरयण पईव (अनुव्रत-रत्नप्रदीप)[1]

१—आत्मपरिचय

(१) काव्य-महिमा

सो सुनिय भनेँउ साहुल-सुतेहिँ । जिन-चारणार्चन-प्रसरिय-भुजेहिँ ॥
"हे लबकचु-कुल-कमल-मृर । कुल मानव चिन्ताशा-प्रपूर ॥
घत्ता । तुहुँ कवि-मन-रंजन, पाप-विभंजन, गुण-गण-मणि-रतनाकरऊ ।
उच्छेदि कुवर्त्तन-सुनयउ मार्जउ, निखिल-कलामल-नागरऊ ॥
तुहुँ धन्य जासु ऐसहू चित्त । त्रिपदार्थ रसोज्ज्वल मति-पवित्र ॥
शयनासना स्तवेरम तुरंग । ध्वज छत्र चमर बालावरंग ॥
धन-कण-कंचन-धन द्रविण-कोश । भपान-यान-भूषण संतोष ॥
धर पुर नगरागर देश ग्राम । पट्टोल[2]-अंबर-पट्टन समान ॥
संसारसार पद-वस्तु[3] भाव । जो जो दीसैं नाना स्वभाव ॥
सो सो सुखेहिँ पाइयै सर्व । लभियै न काव्य-माणिक्य भव्य ॥

(२) आत्म-परिचय

एकै दिन सुकवि प्रसन्न चित्त । निशि शय्यानलें[4] ध्यावै स्वपित्त ।
"मम बोधरतन घड[4] गरुव सरिम । बुधजन भाविकजन[5] जगिय हरष ॥
करकटकर्ण पहिरन असक्क । नरहरमति तेन सँजोर थक्क[6] ।
मैं सुकवित्वहँ विद्याविलास । बुधजन मुखमंडन साभिलाष ॥
आनंद लताघर अमृत रोपि । ना जानै मूनै न इहाँ कोइ ।

---

[1] १५१८ (१५७५ संवत्) की हस्तलिखित प्रति—अप्रकाशित
[2] रेशमी [3] पदार्थ [4] तन [5] जैन-भक्त [6] रहना

(३) कविका दीनता-प्रकाश

मइ अमुणते अक्खर विसेमु, न मुणमि पबंधु न छंद-लेसु ।
पद्धडिया बंधे सुप्पसणउ, अवगमउ अत्थु भव्वयणु तण्णु ।
हीणक्खउ मुणेंवि इयरु तत्थु, मभवउ अण्णु वज्जेंवि अणत्थु ।

२–सामन्त-समाज

(१) राजधानी-वर्णन

इह-जउणा-णइ-उत्तर-तडित्थ । मह-णयरि रायवड्डिय[१] पसत्थ ।
धण-कण-कंचण-वण-सग्गि-समिद्ध । वाणुण्णयकर-जण-रिद्धि-रिद्ध ॥
किम्मीर-कम्म णिम्मिय रवण्ण । सट्टल सत्तोरण विविह-वण्ण ।
पडुर पायारुण्णइ समेय । जहि सहहि णिरंतर सिरिनिकेय ॥
चउहट्ट चच्चरू दाम जत्थ । मग्गण-गण-कोलाहल समत्थ ।
जहिं विवणे विपणं घण कुप्पभंड । जहि कंसिअहिं णिच्च पिसाडि खंड ॥
णिच्चिच्च-याण-समाल-सोह । जहिं वसहि महायण सुद्धबोह ।
ववहार चार सिरि मुद्ध लोय । विहरहिं पसण्ण चउवण्ण लोय ॥
जहिं कणयचूड मंडण विसेस । सिंगार-सार-कय निरवसेस ।
सोहग्ग लग्ग जिणधम्म सील । माणिणि-णिय-पइ-वय-वहण-लील ॥
जहि पण्ण पऊरिय पण्ण साल । णायर-णरेहि भूसिय विसाल ।
थिय जिण बिंबुज्जल जणियसम्म । कूडग्ग धयावलि-रुद्ध-धम्म ॥
चउ सालुण्णय-तोरण-सहार । जहिं सहहिं सेय सोहण-विहार ।
जहिं दविणगण बहि पेम छित्त । लावण्ण-पुण्ण-धण लोलचित्त ॥
जहि चरउ चाउ कुसुमाल भेउ । दुज्जण सखुद्द खल पिसुण एउ ।
ण वियभहिं कहिमि न धणविहीण । दविणड्ढ णिहिल णर धम्मलीण ॥
पेम्माणुरत्त परिगलिय गव्व । जहिं वसहिं वियक्खण मणुवसव्व ।
वावार सव्व जहिं सहहिं णिच्च । कणयबर भूसिय राय-भिच्च ॥
तंबोल-रंग-रंगिय 'धरग्ग । जहि रेहहिं सारुण सयल मग्ग ।

---

[१] रायभा गाँव

(३) कविका दीनता-प्रकाश

मैं अबुझता अक्षर-विशेष । न बुझौं प्रबंध न छन्दलेश ।
पद्धतिका[1] बंधैं सुप्रसन्न । अवगमैं भव्यजन अर्थ तूर्ण ॥
हीनाक्षउ जानी इतर तत्र । संभवउ अन्य वद्यें उ अनर्थ ।

२—सामन्त-समाज

(१) राजधानी-वर्णन

इहँ यमुना नदि उत्तर तटस्थ । महनगरि रायभा(है) प्रशस्त ।
धन-कण-कंचन-वन-सरि-समृद्ध । दानोन्नत कर-जन-ऋद्धि-ऋद्ध ॥
किर्मीरि[2] कर्म निर्मिय रमण्य । सं्ट्टल स-त्तोरण विविधवर्ण ।
पाडुर प्राकार-उन्नति समेत । जहँ रहैं निरंतर श्रीनिकेत ॥
चौहट्ट चर्चर-उद्दाम यत्र । मॉगन-गण-कोलाहल-समर्थ ।
जहँ विपणि विपणि घन कूप्यभांड । जहँ कसियैं नित्य पिषग-खंड ॥
निश्चित यान सम्मान सोह । जहँ वसैं महाजन शुद्ध-बोध ।
व्यवहार चारु श्री शुद्धलोक । विहरैं प्रसन्न चौवर्ण लोक ॥
जहँ कनकचूड-मंडन विशेष । शृंगार-सार कृत-निरवशेष ।
सौभाग्य लग्न जिन-धर्मशील । मानिनि निजपति वच-वहन-शील ॥
जहँ पण्य प्रपूरिय पण्यशाल । नागर-नरेहिँ भूषित विशाल ।
ठिय जिन बिंबोज्ज्वल जनित शर्म । कूटाग्र ध्वजावलि रुद्ध धर्म ॥
चतुशालोन्नत तोरण स-हार । जहँ अहैं श्वेत शोभन विहार ।
जहँ द्रविणागन बहि[3] प्रेमक्षेत्र । लावण्यपूर्ण घन लोलचित्त ॥
जहँ चरउ चारु कुसुमाल भेव । दुर्जन स-क्षुद्र खलपिशुन एव ।
न विजृंभै कतहुँ न धनविहीन । द्रविणाढ्य निखिल नर धर्मलीन ॥
प्रेमानुरक्त परिगलित-गर्व । जहँ वसैं विचक्षण मनुज सर्व ।
व्यापार सर्व जहँ सधैं नित्य । कनकांवर-भूषित राजभृत्य ॥
तांबूल रंग-रंगिय'धराग्र । जहँ राजैं सारुण सकल मग्ग ।

---

[1] चौपाई [2] चित्रविचित्र [3] बाहर

(२) राजा (आहवमल्ल)की प्रशंसा

तहिं णरवइ आहवमल्ल एउ । दारिद्द समुद्दत्तरण-सेउ ॥

घत्ता । उव्वासिय-पर-मंडलु दसिय-मंडलु, कास-कुसुम-सकास-जसु ।
छल-बल-सामत्थें णीइ णयत्थें, कवण राउ उवमियइ तसु ॥

णिय-कुल-कैरव-सिय-पयगु । गुण-रयणाहरण-विहूसियगु ।
अवराह-वलाहय-पलय-पयणु । मह-माग-रगण-पडिदिण्ण-तवणु ॥

दुव्वसण-सोस-णासण-पवीणु । किउ अखलिय-सजस मयक सीणु ।
पचग-मत-वियरण-पवीणु । . . . .

माणिणि-मण-मोहणु-मयर-केउ । णिरुवम-अविरल-गुण-मणि-णिकेउ ।
रिउ-राय-उरत्थल दिण्ण हीरु । विसमुणय-समरें भिडत वीरु ॥

खग्गग्गि-डहिय-पर-चक्कवसु । विपरीय-बोह-माया-बिहसु ।
अतुलिय-बल खल-कुल-पलयकालु । पहु-पट्टालकिय विउल भालु ॥

मत्तग-वज्ज-धुर दिण्णु खधु । समाण-दाण-पोसिय सबधु ।
णिय-परियण-मण-मीमसण-दच्छु । परिवसिय-पयासिय-केर कच्छु ।

करवाल-पट्टि-विप्फुरिय जीहु । रिउ दढ चड सुडाल सीहु । •
अइ-विसम-साह-मुद्दामधामु । चउ-सायरत-पायडिय-णामु ॥

णाणा-लक्खण-लक्खिय सरीरु । सोमुज्ज्व(ल) सामुद्दय गहीरु ।
दुप्पिच्छ-मिच्छ-रण-रग-मल्ल । हम्मीर[१]-वीर-मण-नट्ठ-सल्ल ॥

चउहाण-वस-तामरस-भाणु । मुणियइं न जासु भुय-बल-पमाणु ।
चुलसीदि-खड-विण्णाण-कोसु । छत्तीसाउह(प)यउण समोसु ॥

साहण-समुद्दु बहुरिद्धि रिद्धु । अरि-राय-विसह सफरु-पसिद्धु ।

घत्ता । खत्तिय सासणु परबल तासणु, ताण-मडल उव्वासणु ।
जस पसर पयासणु णव जल-हरसणु, दुण्णय वित्ति पवासणु ॥

---

[१] रणथम्भोरवाले

(२) राजा (आहवमल्ल)की प्रशंसा

तहँ नरपति आहवमल्ल एव। दारिद्रय-समुद्रोत्तरण-सेमुनु।

घत्ता। उद्वाँसित परमडल देशित मडल, काशकुसुम-सकाश-यशू।
छलबल-सामर्थ्यें नीतिनयार्थें, कवन राव उपमियँ तसू॥

निज-कल-कैरव-सित-पतग। गुण-रतनाभरण-विभूषिताग।
अपराध वलाहक प्रलय-पवन। मथ[1]-मार्गगण प्रतिदत्त तपन॥

दुर्व्यसन शोष-नाशन-प्रवीण। किउ अ-खलित स्वयश-मयक सैन्य।
पचाग मत्र-विचरन प्रवीण। ....

मानिनि मन-मोहन मकरकेतु। निरुपम अविरल गुण-मणि-निकेत।
रिपु-राज-उरस्थलें दीन हीर। विषिमोन्नत समरें भिडंत वीर॥

खड्गाग्नि-दग्ध-पर-चक्रवश। विपरीत बोध-माया विध्वस।
अतुलित-बल खलकुल-प्रलयकाल। प्रभु पट्टालकृत विपुल भाल॥

सप्ताग-राज्य-धुर दीनु कध। सम्मान-दान-पोषित स्वबधु।
निज-परिजन-मन-मीमास-दक्ष। परिवसिय-प्रकाशिय-केर कक्ष॥

करवाल पट्ट विस्फुरति जीह। रिपुदङ-चड-शृडाल-सीँह।
अतिविषम साहसोद्दाम-धाम। चतुसागरात प्राकटित नाम॥

नाना लक्षण-लक्षित शरीर। सोमोज्ज्वल सामुद्र'व गभीर।
दुष्पेक्ष्य म्लेच्छ रणरग-मल्ल। हम्मीर-वीर मन-नष्ट-शल्य॥

चौहान-वश-तामरस-भानु। बुझियै न जासु भुजबल-प्रमाण।
चौसट्ठि खड विज्ञानकोश। छत्तीसायुध प्रकटन समोष[2]॥

साधन-समुद्र बहु-ऋद्धि-ऋद्ध। अरिराज-विषह सफर[3] प्रसिद्ध।

घत्ता। क्षत्रिय-शासन परबल-त्राशन त्राण मँडल-उद्वासनऊ।
यश-प्रसर-प्रकाशन नव जलधर सन, दुर्नयवृत्ति प्रवासन॥

---

[1] मन्मथ   [2] समूह   [3] जहरमोहरा

(३) रानी (ईसरदे)की प्रशंसा

तहों पट्ट महाएवी पसिद्ध। ईसरदे पणयणि पणय-विद्ध।
णिहिलंतेउर मज्झएँ पहाण। णिय पइ मण-पेसण सावहाण।
सज्जण-मण-कप्प महीय साह। ककण केऊरकिय सुबाहु।
छण-ससि-परिसर संपुण्ण-वयण। मुक्कमल कमलदल सरल गयण॥
आसा सिंधुर गइ गमण लील। बंदियण-मणासा दाण-सील।
परिवार भार धुरधरण सत्त। मोयइ अतर-दल ललिय गत्त॥
छद्दसण चित्तासा विसाम। चउ सायरत विक्खायणाम।
अहमल्ल-राय-पय भत्तिजुत्त। अवगमिय णिहिल विण्णाणसुत्त॥
णियणंदणाहँ चिंतामणीव। णिय धवलगिह सरहंसिणीव।
परियाणिय-करण-विलासकज्ज। रूवेण जित्त-सुत्ताम-भज्ज॥
गंगा-तरग कल्लोल माल। समकित्ति भरिय ककुहतराल।
कलयठि-कठ कलमहुर-वाणि। गुणगरुअ रयण उप्पत्ति खाणि।
अरिराय विसह संकरहो सिट्ठ। सोहग्ग-लग्ग गोरिव्व दिट्ठ॥

(४) मंत्री (कान्हड)की प्रशंसा

अहमल्ल[१]-राय-महमति सुदधु। जिण-सासण-परिणइ गुणपवद्धु।
कण्हड्ड-कुल कइरव सेयभाणु। पहुणा समज्ज सव्वहँ पहाणु॥
गजोल्लिय भणु लक्खणु वहूउ। सीयरिउ कव्व करणाण रूउ।
णियघरें पत्तउ वणगन्ध हत्थि। मयमत्तु फुरिय मुहरुह गभत्थि॥
वसि हुयउ स-सर दसदिसि भरतु। मणि कोण पडिच्छइ तहों तुरत।
सुयस्सण राउ घरइं तवेइ। भणु कवणु दुवार कवाड देइ॥
अवमिय वयणलिणा चातुरंग। धण-कण-कचण-संपुण्ण चग।
घर समुह एंत पेच्छिवि सवारु। भणु कवणु बप्प झंपइ दुवारु॥

---

[१] आहवमल्ल राजा

(३) रानी (ईश्वरदेवी)की प्रशंसा

तह पट्ट महादेवी प्रसिद्ध । ईश्वरदे प्रणयिनि प्रणय-बिद्ध ।
निखिल'न्तःपुर-मध्ये प्रधान । निज पति-मन-प्रेषण सावधान ॥
सज्जन-मन कल्प-महीपशाल । कंकण-केयूरं'कित सुबाहु ।
छण-शशि-परिसर-संपूर्ण-वदन । मुक्त'मल कमलदल सरल-नयन ॥
आशासिधुर गज-गमनलील । वंदिजन-मनाशा-दानशील ।
परिवार-भार-धुर-धरन शक्त । मोचं अतरदल ललित-गात्र ॥
छं-दर्शन चित्ताशा-विश्राम । चतुसागरात-विख्यात-नाम ।
अहमल्ल-राय-पद-भक्तियुक्त । अवगमित[१]-निखिल-विज्ञान-सूत्र ॥
निजनदनो(इ) चितामणी'व । निज-धवलगेह-सरहसिनी'व ।
परि-जानिय करन विलासकाज । रूपेहिँ जीत सूत्राम[२]-भार्यं ॥
गगा-तरंग-कल्लोलमाल । समकीर्त्ति भरिय ककुभान्तराल ।
कलकंठि-कंठ कलमधुर-वाणि । गुणगरुव रतन-उत्पत्ति-खानि ॥
अरिराज विषह शकरहों शिष्ट । सौभाग्यलग्न गौरी'व दृष्ट ॥

(४) मंत्री (कान्हड)की प्रशंसा

अहमल्लराय महाँमंत्रि शुद्ध । जिन-शासन-परिणय-गुण-प्रबद्ध ।
कान्हड-कुल-कैरव-श्वेतभानु । प्रभुहूँ समाज सर्व्वहँ प्रधान ॥
गजोल्लिय मन लक्षण बहुव । स्वीकारिउ काव्य-करणानुरूप ।
निज-घरें आयउ वन गध-हस्ति । मदमत्त फुरिय मुखरुह-गभस्ति ॥
वश हुयउ स्व स्वर दशदिशि-भरंत । मन कोन प्रतीच्छै तह तुरंत ।
सुप्रसन्न राव घरई तबेइ । भनु कौन दुवार-किवाड़ देइ ।
जानीय वचन लिन चातुरग । धन-कन-कंचन-सपूर्ण वग ॥
घर समुँह आइ पेखेवि सवार । भनु कौन वप्प झंपइ दुवार ।

---

[१] ज्ञात [२] इन्द्र

चिंतामणि-हाडय-निवड-जडिउ । पज्जहइ कवणु सइँ हत्थ चडिउ ।
घर रगुप्पण्णउ कप्प-रुक्खु । जलें कवणु न सिंचइ जणिय सुक्खु ॥
सयमेव पत्त घरु कामधेणु । पज्जहइ कवणु कय-सोक्खसेणु ।
चारण-मुणि-तेएँ जित्त भवइ । गयणाउ पत्त किर कोण णवइ ॥
पेऊस पिंड केंर पत्तु भव्वु । को मुयइ निवे(इय) जीवियव्वु ।
अहमल्ल-राय-कर-विहिय-तिलउ । महयणहँ महिउ गुणगरुअ-णिलउ ।
सो साहु पइट्ठवु जणिय-सेउ । सिवदेउ साहुकुल-वस-केउ ॥
घत्ता । जो कण्हडु पुव्वुत्तउ, पुण्णपउत्त, महिमण्डलि विक्खायउ ।
आहवमल्ल-णरिंदहु, मण-साणदहु मतत्तण पइमायउ ॥

(५) मंत्रि-पत्नीकी प्रशंसा

पिया तस्स सल्लक्खणा लक्खणड्ढा । गुरूणं पए भक्ति काउ वियड्ढा ।
स भत्तार-पायारविंदाणुगामी । घरारभ-वावार-सपुण्ण-कामी ॥
सुहायार चारित्त-चीरक-जुत्ता । सुचेयाण गधोदएण पवित्ता ।
स पासाय-कासार-सारा-मराली । किवा-दाण सतोसिया वदिणाली ॥
पसण्णा सुवाया अचचल-चित्ता । रमाराम-रम्भा मए वालणित्ता(?) ।
खलाण मुहंभोय-सपुण्ण जुण्हा । पुरग्गो महासाहु सोढस्स सुण्हा ॥
दया-वल्लरी मेह-मुक्कंबुधारा । सइत्तत्तणे सुद्ध-सीयप्पयारा ।
जहा चदचूडा[1]णुगामी भवाणी । जहा सव्व वेइहिं सव्वग वाणी ॥
जहा गोत्त णिद्दारिणो रंभ रामा । रमा दाणवारिस्स संपुण्ण-कामा ।
जहा रोहिणी ओसहीसस्स सण्णा । महड्ढी सपुण्णस्स सारस्स रण्णा ॥
जहा सूरिणो मुत्तिवेई मणीसा । किसाणस्स साहा जहा रूवमीसा ।

---

[1] शंकर

चिंतामणि हाटक निवह जडिउ । प्रज्जहै[1] कौन सँग हस्त चढ़िउ ॥
घर रंग् उत्पन्नउ कल्पवृक्ष । जल कौन न सींचै जनित सुक्ख ।
स्वयमेव प्राप्त घर कामधेनु । प्रज्जहै कौन कृत-सौख्य-सेन ॥
चारण मुनि-तेजे जेत्त हवै । गगनाहु आउ फुर को न नवै ।
पीयूष-पिंड करैं पाइ भव्य । को मुचै निवेदिय जीवितव्य ॥
अहमल्ल राय-कर-विहित-तिलक । महाजनरु महित गुण-गरुव-निलय ।
सो साहु पईठउ जनित-सेतु । शिवदेव साहु कुल-वंश-केतु ॥ (१४ ख)

घत्ता । जो कान्हड पूर्वो-'क्तउ'पुण्य-प्रयुक्तउ महिमंडल विख्यात यऊ ।
अहमल्ल-नरेन्द्रह, मन-सानंदह, मन्त्रित्वन प्रति-भातयऊ ॥ (१५ ख)

(५) मंत्रि-पत्नीकी प्रशंसा

प्रिया तासु सुल्लक्षणा लक्षणाढ्या । गुरूणा पदे भक्ति-करणे विदग्धा ।
स्वभर्त्तार पादारबिन्दानुगामी । घरारभ व्यापार संपूर्ण कामी ॥
शुभाचार चारित्र चीराकयुक्ता । सुचेतन्न गंधोदकेही पवित्रा ।
स्वप्रासाद-कासार-सारा मराली । कृपादान-सतोषिया वदिताली ॥
प्रसन्ना सुवाचा अचचल्ल-चित्ता । रमा राम रम्या मदेवाल-नेत्रा ।
सलो-को सुखाम्भोज संपूर्णज्योत्स्ना । पुराग्रोमहासाहु सोढ़ाकों सुन्हा[2] ।
दया-बल्लरी-मेघ-मुक्ताबुधारा । सतीत्वत्तने शुद्ध-सील-प्रकारा ।
यथा चन्द्रचूड़ानुगामी भवानी । यथा सर्व वेदेहिं सर्वांग वाणी ।
यथा गोत्र निर्दारिणहैं[3] रंभा राभा । रमा दानवारी कि सपूर्ण कामा ।
यथा रोहिणी ओषधीशाह संगी । महाढ्या सँपूर्णाह्नि साराहु रानी ॥
यथा सूरिकी मुक्तिवेदी मनीषा । कृशानार्क स्वाहा यथा रूप मीसा । (१६ ख)

---

[1] छोड़ै [2] स्नुषा = पुत्रवधू [3] इन्द्र

§४१: जज्जल[1]

काल—१२६० ई० (हम्मीर[2] १२८२-९९)। देश—उत्तरी राजपूताना।

वीर-रस

(राना हम्मीरकी प्रशंसा[3])

मुचहि सुदरि पाअ अप्पहि हसिऊण सुम्मुहि खग्ग मे।
कप्पिअ मेच्छ-सरीर पेच्छइ वअणाइ तुम्ह धुअ हम्मीरो ॥७१॥ (१२७)

पअभर दरमरु धरणि तरणि रह धुल्लिअ झंपिअ,
कमठ-पिट्ठ टरपरिअ मेरु-मंदर-सिरकंपिअ।
कोह चलिअ हम्मीर-वीर गअजूह-संजुत्ते।
किअउ कट्ठ हा कंद[1] मुच्छि मेच्छहके पुत्ते ॥९२॥ १(५७)

पिंधउ दिढ-सण्णाह वाह-उप्पर पक्खर दइ,
बंधु समदि रण धसउ सामि हम्मीर वअण लइ।
उज्जल णह-पह भमउ खग्ग रिउ-सीसहि डारउ,
पक्खर-पक्खर ठेल्लि-पेल्लि पव्वअ अप्फालउ।
हम्मीरकज्ज जज्जल भणइ, कोहाणल मुह मह जलउ।
सुलताण-सीस करवाल दइ, तेज्जि कलेवर दिअ चलउ ॥१०६॥ (१८०)

ढोल्ला मारिअ ढिल्लिमह, मुच्छिअ मेच्छ सरीर।
पुर जज्जला मतिवर, चलिअ वीर हम्मीर ॥
चलिअ वीर हम्मीर, पाअभर मेइणि कंपइ।
दिगमगणह अंधार धूरि सूरिय रह झंपइ ॥
दिगमग णह अंधार आणु खुरसाणक ओल्ला।
दरमरि दमसि विपक्ख भार अ ढिल्लिमह ढोल्ला ॥१४७॥ (२४९)

---

[1] "प्राकृत पैंगल" से। [2] रणथम्भोरके राजा वीर हम्मीर जिन पर अलाउद्दीन ने १२९९में चढ़ाई की। [3] जिन कविताओंमें जज्जलका नाम नहीं है, उनके बारेमें सन्देह है, कि वह इसी कविकी कृतियाँ है।

§ ४१: जज्जल

कुल—हम्मीरका मंत्री और सेनापति।

वीर-रस

(राना हम्मीरकी प्रशंसा)

मुंचहि सुंदरि ! पाव अर्पहि हँसियाउ सुमुखि खड्गहँ मे।
काटिय म्लेच्छ शरीरहँ पेखिहँ वदनहँ तुम्ह ध्रुव **हम्मीरो** ॥१२७॥

पगभर दरमरु धरणि तरणि रह धूलिय झंपिय,
कमठ-पीठ टरपरिय मेरु-मंदर-शिर **कंपिय**।
क्रोधि चलिय हम्मीर वीर गज-यूथ-सँयुत्ते,
कियउ कष्ट "हाक्रंद" मूर्छि म्लेच्छनके पुत्ते ॥९२॥

पेन्हेँउ दृढ़ सन्नाह बाँह ऊपर पक्खर दइ,
बधु समभि[1] रण धँसेँउ स्वामि **हम्मीर** वचन लइ।
उज्वल नभ-पथ भ्रमेँउ खड्ग, रिपु शीशहि डारेउ,
पक्कड-पक्कड ठेलि-पेलि पर्वत उच्छालेउ।
हम्मीर-कार्य **उज्जल** भनइ, क्रोधानल-मुख महँ ज्वलउ,
सुल्तानशीश करवाल दइ, त्यागि कलेवर दिवु **चलउ** ॥१०६॥

ढोला मारिय **ढिल्लि** महँ मूर्छिय **म्लेच्छ** शरीर,
पुर[2] **जज्जल्ला** मन्त्रिवर चलिय वीर **हम्मीर**।
चलिय वीर हम्मीर पाद-भर मेदनि कंपै,
दिग-मग-नभ अंधार धूलि सूरज-रथ झंपै।
दिग-मग-नभ अंधार आनि खुरसान कें ओल्ला[3],
दर मरि दमसि विपक्ष मार **ढिल्ली महँ ढोल्ला** ॥१४७॥

---

[1]मीर मुहम्मदशाह और उनके साथियोंको हम्मीरने शरण दिया था, जिस पर अलाउद्दीनसे विरोध हो गया। [2]आगे [3]**स्वामी**

सहस मग्रमत्त गग्र लाख लक्ख पक्खरिग्र,
साहि दुइ साजि खेलंत गिंदू।
कोप्पि पिग्र[1] जाहि तहि थप्पि जसु विमल महि।
जिणइ णहि कोइ तुग्र तुलक-हिंदू ॥१५७॥ (२६२)

घर लग्गइ ग्रागि जलइ धह धह,
कइ दिगभग णह-पह ग्रणल भरे।
सब दीस पसरि पाइक लुलइ धणि,
थणहर जहण दिग्राव करे।

भग्र लुक्किग्र थक्किग्र वइरि तरुणि,
जण भइरव भेरिग्र सद्द पले।
महि लोट्टइ पिट्टइ रिउ-सिर टुट्टइ,
जक्खण वीर हमीर चले ॥१६०॥ (३०४)

खुर खुर खुदि खुदि महि घघर रव कलइ,
ण ण ण णगिदि करि तुरग्र चले।
ट ट टगिदि पलइ टपु धसइ धरणि धपु,
चकमक करि वहु दिसि चमले।

चलु दमकि दमकि वलु चलइ पइक वलु,
धुलकि धुलकि करि करि चलिग्रा।
वर मणु सग्रल कमल विपख हिग्रग्र सल,
हमिर वीर जब रण चलिग्रा ॥२०४॥ (३२७)

जहा भूत वेताल णच्चत गावंत खाए कवधा,
सिग्राकार फेक्कार हक्का रवन्ता फुले कण्णरधा।
कग्रा टुट्ट फुट्टेइ मत्था कवधा णचंता हसता,
तहा वीर हम्मीर संगाम-मज्झे तुलता जुझता ॥१८३॥ (५२०)

---

[1] तुरुक

सहस मदमत्त गज, लाख-लख पक्खडो,
शाह हय साजि खेलंत गेंदू।
कोपि प्रिय! जाहि तहँ थापि यश-विमल महि,
जितै नहिं को तोंहि तुरुक-हिंदू ॥१५७॥

घर लागै आग जलै धह-धह,
करि दिग-मग नभ-पथ अनल-भरे।
सब दीस पसरि पाइक्क[1] चलै,
धनि थन-भर-जघन दियेउ करे।
भय लुक्किय थाकिय बैरि तरुणि-
जन भैरव-भेरिय शब्द पड़े।
महि लोटै-पोटै रिपु-शिर टुट्टै,
जखन वीर हम्मीर चले ॥१९०॥

खुर-खुर खुदि-खुदि महि घघर रव करे,
न न न नगिदि करि तुरग चले।
ट ट ट गिदि परै टॉप धँसै धरणि वपु
चकमक करि बहु दिशि चमरे।
चलु दमकि दमकि बल चलै पइक[1]-बल,
घुलुकि घुलुकि करि करि चलिया।
वर मनुष दल कमल विपख[2] हृदय सल,
हम्मिर वीर जब रण चलिया ॥२०४॥

यथा भूत-बेताल नाचत गावत खाएँ कबंधा,
शिवाकार फेक्कार हक्का रवता फोंडै कर्ण-रंघ्रा।
कॉया टुट फोडेइ मत्था कबंधा नचता हसंता,
तथा वीर हम्मीर संग्राम-मध्ये तुरंता जुझंता ॥१८३॥

---

[1] प्यादा [2] विपक्ष

§४२: अज्ञात कवि या कवि-वृन्द

काल—तेरहवीं सदीका पूर्वार्ध। देश—युक्त-प्रान्त या विहार।

१–सामन्त-समाज

युद्ध-वर्णन

अहि ललइ महि चलइ, गिरि खसइ हर खलइ,
ससि घुमइ अमिअ वमइ, मुअल जिवि उट्ठए।
पुणु धसइ पुणु खसइ, पुणु ललइ पुणु घुमइ,
पुणु वमइ जिविअ विविह, परि समर दिट्ठए ॥१६०॥ (२६६)

गअ-गअहि ढुक्किअ तरणि लुक्किअ, तुरअ तुरअहि जुज्झिआ।
रह-रहहि मीलिअ धरणि पीलिअ, अप्प-पर णहि बुज्झिआ॥
वल मिलिअ आइअ पत्ति जाइउ, कप गिरिवर-सीहरा।
उच्छलइ साअर दीण काअर, बइर बड्ढिअ दीहरा।१९३।(३०९)

कुंजरा चलतआ पव्वआ पलतआ।
कुम्म-पिट्ठि कपए, धूलि सूर झपए ॥५९॥ (३७८)

उम्मत्ता जोहा [1]ढुक्कता, विप्पक्खा मज्झे लुक्कन्ता।
णिक्कता जता धावता, णिम्भंती कित्ती पावंता ॥६७॥ (३७८)

ठामा-ठामा हत्थी-जूहा देक्खीआ,
णीला-मेहा मेरु-सिंगा पेक्खीआ।
वीरा हत्था अग्गे खग्गा राजता,
णीला-मेहा-मज्झे विज्जू णच्चता ॥११३॥(४२५)

मत्ता जोहा वट्टे कोहा अप्पा-अप्पी गव्वीआ,
रोसा रत्ता सव्वा गत्ता सल्ला भल्ला उट्ठीआ।

---

[1] घुस रहे हैं

§ ४२: अज्ञात कवि या कवि-वृन्द

कुल—बर्बरी, भक्त। कृतियाँ—स्फुट कवितायें[1]।

१—सामन्त-समाज

(१) युद्ध-वर्णन

अहि ललै महि चलै गिरि खसै हर स्खलै,
ससि घुमै अमिय बमै मुअल जीइ उट्ठए।
पुनि धँसै पुनि खसै पुनि ललै पुनि घुमै,
पुनि बमै जीविता विविध परि समर दृष्टए ॥१६०॥
गज-गर्जहि ढुक्किय तरणि लुक्किय तुरग-तुरगहि जूझिया,
रथ-रथहि मेलिय धरणि पेलिय, आप पर नहि बूझिया।
बल मिलै आइय पत्ति[2] जाइय, कप गिरिवर शीखरा,
ऊछलै सागर दीन कातर वैरि बाढ़िय दीघरा ॥१६३॥
कुंजरा चलतआ पर्वता पडतआ।
कूर्म पृष्ठ कपए, धूलि सूर झपए ॥५६॥
उन्मत्ता योधा ढुक्कता, विप्पच्छा मध्ये लुक्कता।
निष्काता जाता धावता निभ्रांती कीर्त्ती गावंता ॥५७॥
ठावे ठावे हस्ति यूथा देखीया,
नीला मेघा मेरु-शृंगा पेखीया।
बीरा-हस्ता-अग्रे खड्गा राजता,
नीला-मेघा-मध्ये विज्जू नाचंता ॥११३॥
मत्ता योधा बाढे क्रोधा आपे-आपा गर्बीया,
रोषा रक्ता सर्वा गात्रा शल्या भल्ला उट्ठीया।

---

[1] "प्राकृत-पैंगल" में संगृहीत, पृष्ठ कविताओंके अन्तमें—कोष्ठकमें। [2] प्यादा

हत्थी-जूहा सज्जा हूआ पाए भूमी कपंता,
लेही देही छड्डो ओड्डो सब्बा सूरा जप्पंता।१५७।(४८३)
झत्ति जोइ सज्ज होइ गज्ज वज्ज तंखणा,
रोस-रत्त सब्ब-गत्त हक्क[1] दिज्ज भीसणा।
धाइ आइ खग्ग पाइ दाणवा चलतआ,
वीर-पाअ णाअराअ कप भूतलंतआ ॥१५६॥ (४८५)
चलंत जोह मत्त-कोह रण-कम्म-अग्गरा,
किवाण-बाण-सल्ल-भल्ल-चाव-चक्क-मुग्गरा।
पहार वार वीर वीर वग्ग मज्झ पडिआ,
पअट्ठ ओट्ठ कत दत तेण सेण मडिआ ॥१६६॥.(४६६)
उम्मत्ता जोहा उट्ठे कोहा ओत्था-ओत्थी जुज्झता,
मेणक्का रभा णाहं दंभा अप्पा-अप्पी बुज्झंता।
धावंता सल्ला छिण्णे कंठा मत्था पिट्ठी पेरता,
ण सग्गा मग्गा जाए अग्गा लुद्धा उद्धा हेरंता ॥१७५॥ (५०७)

२–देव-स्तुति

(१) दशावतार

जिण वेअ धरिज्जे महिअल लिज्जे, पिट्ठिहि दतहि ठाउ धरा।
रिउ-वच्छ विआरे छल तणु धारे, बंधिअ सत्तु सुरज्जहरा।
कुल खत्तिअ कप्पे तप्पे दहमुह कप्पे, कसअ केसि विणासकरा।
करुणा पअले मेछह विअले सो, देउ णराअण तुम्ह वरा ॥२०७॥ (५७०)

(२) राम-स्तुति

वप्प अ-उक्कि सिरे जिणि लिज्जिउ, तेज्जिअ रज्ज वणत चलेविणु।
सोअर सुंदरि सगहि लग्गिअ, मारु विराध कबंध तहा हणु।

---

[1] आह्वान, ललकार

हस्ती-यूथा सज्जा हुआ पाये भूमी कपंता,
"लेही देही छाडो ओडो" सर्वा शूरा जल्पता ॥१५७॥
भट्ट योधा सज्ज होइ, गर्जं वज्ज तत्क्षणा।
रोष-रक्त सर्वगात्र हाँक दीजें भीषणा।
घाइ आइ खड्ग पाइ दानवा चलतआ।
बीरपाद नागराज कंप भूतल'न्तगा ॥१५६॥
चलत योध मत्त क्रोध रम्न-कर्म आगरा।
कृपाण-वाण-शल्य-भल्ल-चाप-चक्र-मुग्दरा ॥
प्रहार-वार-धीर-वीर-वर्ग-मांझ-पडिता।
प्रदष्ट-ओष्ट-काल-दंत तेन सेनाँ मंडिता ॥१६६॥
उन्मत्ता योद्धा उट्ठे क्रोधा उट्ठा-उट्ठी जुज्झता,
मेनका-रम्भा-नार्यं दम्भा अप्पा-अप्पी बुज्झंता।
धावंता शल्या छिन्ना कठा मत्था पीठी पड्डता,
जनु स्वर्गा-मार्गा जाये अग्गा-लुब्धा उर्ध्वं हेरंता ॥१७५॥

२—देव-स्तुति

(१) दशावतार

जेंहि वेद धरिज्जे महितल लिज्जें, पीठहि दतहि ठावें धरा।
रिपु-वक्ष विदारे छल-तनु धारे, बंधिय शत्रु स्वराज्य हरा ॥
कुल-क्षत्रिय तापे दशमुख कप्पे[1], कंशय केशि बिनाश करा।
करुणा प्रकटे म्लेच्छहँ विदले, सो देउ नरायण तुम्ह वरा ॥२०७॥

(२) राम-स्तुति

बापह उक्ति शिरे जिनि लिज्जिउ। त्यागिय राज्य वनत चलेविऊ।
सोदर सुंदरि सगहि लग्गिय। मार विराध कवंध तथा हन ॥

---

[1] काटा

मारुइ मिल्लिअ वालि विहडिअ, रज्ज सुगीवह दिज्ज अकटअ।
बंधु समुद्द विणासिअ रावण, सो तुअ राहव दिज्जउ णिब्भअ ॥२११॥ (५७६)

(३) कृष्ण

अरे रे वाहहि काण्ह णाव छोडि, डगमग कुगति ण देहि।
तइ इत्थि णइहि संतार देइ, जो चाहहि सो लेहि ॥६॥
जिणि कस विणासिअ किति पआसिअ, मुट्ठि-अरिट्ठि विणास करे, गिरि हत्थ धरे।
जमलज्जुण भंजिअ पअभर गजिअ, कालिअ-कुल महार करे, जस भुअण भरे।
चाणूर विहंडिअ णिअ-कुल मडिअ, राहा-मुह महु-पाण करे, जिमि भमर वरे।
सो तुम्ह णराअण विप्प-पराअण, चित्तह चिंतिअ देउ वरा भअ-भीअ-हरा ॥२०७॥
भुवण-अणदो तिहुअण कदो। भमरसवण्णो स जअइ कण्हो ॥४६॥
परिणअ ससिहर-वअणं, विमल-कमल-दल-णअण।
विहिअ-असुर-कुल-दलण, पणमह सिरि-महुमहण ॥१०६॥[1]

(४) शंकर-स्तुति

जा अद्धगे पव्वई, सीसे गगा जासु।
जो लोआण वल्लहो, वदे पाअ तासु ॥८२॥ (१८३)
जसु सीसहि गगा गोरि अधंगा, गिव पहिरिअ फणि-हारा।
कठ-ट्ठिअ वीसा पिधण दीसा, सतारिअ ससारा।
किरणावलि कदा वदिअ चदा, णअणहि अणल फुरता।
सो सपअ दिज्जउ वहु सुह किज्जउ, तुम्ह भवाणी-कता ॥६८॥ (१६६)
रण दक्ख दक्ख हणु जिण्णु कुसुम-धणु, अधअगध विणास करु।
सो रक्खउ संकरु असुर-भअकरु, गिरि-णाअरि अद्धग-धरु ॥१०१॥ (१७२)
जो वंदिअ सिरगग हणिअ अणग, अद्धगहि परिकर धरणु।
सो जोइ-जण-मित्त हरउ दुरित्त, संकाहरु सकर चरणु ॥१०४॥ (१७६)

---

[1] पृष्ठ १२, ३३४, ३६५, ४२१

मारुति मेँ लिय बालि बिघट्टिय, राज सुग्रीवहि दिज्ज अकटक ।
बध समुद्र विनाशिय रावण, सो तोँ हुँ राघव दिज्जिउ निर्भय ॥२११॥

(३) कृष्ण

अरे रे चालहि कान्ह नाव, छोटि डगमग कुगति न देहि ।
तै एहि नदिहि सतार देइ, जो चाहि सो लेहि ॥९॥
जिन कस विनाशिय कीत्ति प्रकाशिय, मुष्टि अरिष्ट विनाश करे, गिरि हाथ धरे ।
यमलार्जुन भजिय पदभर गजिय, कालिय-कुल-सहार करे, यश भुवन भरे ।
चाणूर विखंडिय निज-कुल मडिय, राधामुख मधु-पान करे, जिमि भ्रमरवरे ।
सो तुम्ह नरायण, विप्र-परायण, चित्ते चिंतित देहु वरे, भय-भीति-हरे ॥२०७॥
भुवन-अनदा त्रिभुवन कदा । भ्रमर-सवर्णा स जयतु कृष्णा ॥४९॥
परिणत-शशिधर-वदन, विमल-कमल-दल-नयन ।
विहित-असुरकुल-दलन, प्रणमहु श्री मधुमथनं ॥१०॥

(४) शंकर-स्तुति

जेँहि अर्धगे पार्वती, शीशे गगा जासु ।
जो लोकन कर वल्लभ, वदे पादहँ तासु ॥८२॥
जसु सीसहि गगा गौरि अधगा, ग्रिव पहिरिय फणिहारा,
कंठे ठिय वीषा पहिरन दीशा, सतारिय ससारा ।
किरणावलि कदा वदिय चदा, नयनहिं अनल फुरंता,
सो सपनि दिज्जउ बहु-सुख किज्जउ, तुम्ह भवानी कंता ॥९८॥
रण-दक्ष दक्ष [1]हनु, जित्तु कुसुमधनु अन्ध क-अध विनाश करो ।
सो रक्षउ शकर असुर-भयकर, गिरि-नागरि-अर्धंग-धरो ॥१०१॥
जो वदिय शिर गग हनिय अनग, अर्धंगहि परिकर धरणू ।
सो योँगि-जन-मित्र हरहु दुरित्त, शकाहर शकर-चरणू ॥१०४॥

---

[1] मारा

जसु कर फणिवइ-वलअ तरुणिवर तणुमहँ विलसइ,
णअण अणल गल गरल विमल ससहर सिर णिवसइ।
सुरसरि सिर मँह रहइ सअल जण-दुरित-दमण कर,
हसि ससिहर हरउ दुरित, वितरह अतुल अभअवर ॥१११॥ (१६०)

जाआ जा अद्धग सीस गगा लोलती, सव्वासा पूरति सव्व-दुक्खा तोलंती।
णाआ राआ हार दीस वासा भासता, वेआला जा सग शट्ठ दुट्ठा णासता।
णाचता कता उच्छवे ताले भूमी कपले,
जा दिट्ठे मोक्खा पाविज्जे, सो तुम्हाण सुक्ख दे ॥११६॥ (२०७)

सिर किज्जिअ गंग गोरि अधग, हणिअ अणगे पुर-दहण।
किअ फणवइ हार तिहुअण सार, वंदिअ छारं रिउ-महणं।
सुर सेविअ चरण मुणिगण सरण, भव-भअ-हरण सूलधर।
साणदिअ वअण सुदर-णअण गिरिवर-सअणं णमह हरं ॥१६५॥ (३१३)

जसु मित्त धणेसा ससुर गिरीसा, तहविहु पिंधण[1] दीस।
जह अमियह कंदा णिअलहि चंदा, तह विह भोअण वीस।
जइ कणअ-सुरगा गोरि अधगा, तहविहु डाकिणि सग।
जो जसुहि दिआवा देव सहावा, कवहु ण हो तसु भग ॥२०६॥ (३३८)

गवरिअ-कंता अभिणउ सता। जइ परसण्णा दिअ महि धण्णा ॥४८॥ (३६५)

पिंग-जटावलि-ठाविअ गगा, धारिअ णाअरि जेण अधंगा।
चंदकला जसु सीसहि णोक्खा, सो तुह सकर दिज्जउ मोक्खा ॥१०५॥ (४१७)

बालो कुमारो स छमुडधारी, उप्पाउ-हीणा हउँ एक्क णारी।
अहंणिस खाहि विसं भिखारी, गई भवित्ती किल का हमारी ॥१२०॥

तुअ देव दुरित्त गणा हरणा चरणा, जइ पावउ चदकलाभरणा सरणा।
परि पूजउ तेज्जिअ लोभमणा भवणा, सुख दे मह सोक विणास मणा समणा ॥१५५॥

पहु दिज्जिअ वज्जअ सिज्जिअ टोप्पर, कंकण वाहु किरीट सिर।
पइ कण्णहि कुडल ण रइमडल, ठाविअ हार फुरंत उरे।

---

[1] परिधान, पहिरन

जसु कर फणिपति वलय, तरुणि-वर तनुमहँ विलसइ,
　　नयन अनल गल गरल विमल शशधर शिर निवसइ।
सुरसरि शिरमँह रहै सकल-जन-दुरित-दमनकर,
　　हसि शशिधर हरहु दुरित, वितरहु अतुल अभय वर ॥१११॥
जाया अर्धांग शीसे गंगा लोलंती, सर्वाशा पूरति सर्वं दुक्खा तोडती।
　　नागा-राजा हार दिशा वासा भासता, वेताला जा सग नष्ट दुष्टा नाशता।
नाचंता कंता उत्सवे ताले भूमी कंपरे।
　　जा देखे मोक्षा पाइज्जा, सो तुम्हा कहँ सुक्ख दे ॥११६॥
शिर किज्जिय गंग गोरि अर्धंगं, हनिय अनंगं पुर-दहनं।
　　किय फणिपति हार त्रिभुवन सारं, वंदिय छारं रिपु-मथनं।
सुर-सेवित-चरणं मुनिगण-सरण भवभय-हरण शूलधर।
　　सानंदित वदनं सुंदर-नयनं, गिरिवर-शयनं नमहु हरं ॥१६५॥
जसु मित्र धनेशा ससुर गिरीशा, तेहि विघ पेन्हन दीश।
　　जिमि अमृतह कंदा नियरइ चंदा, तेहि विघ भोजन वीष ॥
यदि कनक-सुरंगा गौरि अर्धंगा, तेहि विघ डाकिनि संग।
　　जो यशह दियावा देव स्वभावा, कबहु न हो तसु भंग ॥२०६॥
　　गौरिय कंता अभिनव शांता यदि परसन्न देहु मोंहि वसा ॥४८॥
पिंग-जटावलि थापिय गंगा, धारिय नागरि जिनि अर्धंगा।
　　चंद्रकला जसु शीर्शहि नोखा, सो तेहिं शंकर दिज्जउ मोक्षा ॥१०५॥
वालो कुमारो स छ-मुंड-धारी, उत्पाद-हीना हौं एक नारी।
　　अहर्निशा खाइ विष भिखारी, गती हुवैया फुर का हमारी ॥१२०॥
तव देव! दुरित्त-गणा-हरणा-चरणा, यदि पावउँ चंद्र कला-भरणा-शरणा।
परिपूजउँ त्यागिय लोभमना भवना, सुख दे मोंहि शोक-विनाश मनः शमना॥१५५॥
प्रभु! दीजिय वज्र्जहि सृज्जिय टोप्पर[1] कंकण वाहु किरीट शिरे,
　　　　प्रति कर्णहि कुंडल जनु-रवि मंडल, थापिय हार फुरंत उरे।

---

[1] शिरस्त्राण

पइ अगुलि मुद्दरि हीरहि सुदरि, कंचण रज्जु सुमझ्झ तणू ।
तसु तूणउ सुदर किज्जिअ मदर, ठावह वाणह सेस धणू ॥२०६॥
जअइ जअइ हर वलहअ विसहर तिलइअ सुदर चंद मुणि आणंद जणकदं ।
वसह-गमणकर तिसुल-डमरु-धर, णअणहि डाहु अणग सिर गग गोरि अधग ।
जअइ जअइ हरि भुअजुअ धरु गिरि, दहमुह कस विणासा पिअवासा सूदर हासा ।
वलि छलि महि हरु असुर विलयकरु, मुणिजणमाणसहसा पिअ सुहभासा उत्तमवंसा ॥२१५॥[1]

३—कविका संदेश

सन्तोष-और निराशा-वाद

सेर एक्क जइ पावउ घित्ता । मडा वीस पकावउ णित्ता ।
टकु एक्क जउ सेधव पाआ । जो हउ रको सो हउ राआ ॥१३०॥ (२२८)
राआ लुद्ध समाज खल, वहु कलहारिणि सेवक धुत्तउ ।
जीवण चाहसि सुक्ख जइ, परिहर घर जइ बहुगुण-जुत्तउ ॥१६६॥ (२७७)
पडव-वसहि जम्म धरीजे । सपअ अज्जिअ धम्मक दिज्जै ।
सोउ जुहुट्ठिर संकट पावा । देवक लेक्खिल केण मेटावा ॥१०१॥ (४१२)
सो जण जणमउ सो गुण-मतउ । जो कर पर-उवआर हसतउ ।
जे पुण पर-उपआर विरुझ्झउ, ताक जणणि किण थक्कउ वझउ ॥१४६॥ (४७०)

§४२: हरिब्रह्म

काल—तेरहवीं सदीका उत्तरार्ध (चंडेश्वर-मन्त्रीका काल)[2]। देश—विहार

१—मंत्री (चंडेश्वर)-प्रशंसा

जहा सरअ-ससि-बिब, जहा हर-हार-हस ठिअ,
जहा फुल्ल सिअ कमल, जहा सिरि-खंड खंड किअ ।

---

[1] पृष्ठ ४३५, ४८०, ५७३, ५८६

[2] चंडेश्वर मिथिला-नेपाल के राजा हरिसिंह (१३१४-२५) के मंत्री थे, जिन्होंने "कृत्यरत्नाकर", "कृत्य-चिन्तामणि", "दानरत्नाकर" आदि ग्रंथ लिखे ।

प्रति-अंगुलि मुंदरि हीरहि सुंदरि, कंचन-रज्ज सुमध्य तनू।
तसु तूणह्नु सुदर कीजिय मंदर, थापह वाणह शेष धनू ।।२०६।।

जयति जयति हर वलयित-विषधर, तिलकित सुंदर चंद्रं मुनि-आनंद जनकदं।
वृषभ-गमनकर त्रिशुल-डमरु-धर, नयनहि डाहु अनग शिर गंग गौरि अधम।
जयति जयति हरि भुजयुग धरु गिरि, दशमुख-कस-विनासा प्रियवासा सुदर-हासा।
बलि छलु महि धरु असुर-विलय करु, मुनि-जन-मानस-हंसा प्रियभाषाउत्तमवशा ।।२१५।।

३—कविका संदेश

सन्तोष और निराशावाद

सेर एक यदि पावउँ घृत्ता, मंडा बीस पकावउँ नित्ता।
टंक एक यदि सेंधा पाया, जो हौं रकउ सो हौं राजा ।।१३०।।

राजा लुब्ध समाज खल, वधु कलहारिनि सेवक धूर्तउ।
जीवन चाहसि सुक्ख यदि, परिहर घर यदि बहु-गुण-युक्तउ ।।१६६।।

पंडव-वंशहि जन्म धरीजे, संपति अर्जिय धर्म कों दीजै।
सोउ युधिष्ठिर संकट पावा। देवकें लिक्खल कौन मिटावा ।।१०१।।

सो जन जनमेउ सो गुणवतउ। जो कर पर-उपकार हसतउ।
जो पुनि पर-उपकार विरुद्धउ। नाकि जननि किनु थाकेउ[1] बाँझउ ।।१४६।।

§ ४३: हरिब्रह्म

(?)। कुल—ब्रह्मभट्ट (?), राजदर्बारी। कृतियाँ—स्फुट[2]

१—मंत्री (चंडेश्वर)-प्रशंसा

यथा शरद-शशि-बिंब यथा हर-हार-हंस ठिय।
यथा फुल्ल-सित-कमल, यथा श्रीखंड-खंड किय।

---

[1] रहेउ [2] "प्राकृत-पैंगल" पृष्ठ १८४

जहा गंग-कल्लोल, जहा रोसाणिअ रुप्पइ,
जहा दुद्धवर सुद्ध फेण फेंफाइ तलप्पइ।
पिअपाअ पसाए दिट्ठि पुणि, णिहुअ हसइ जह तरुणि जण।
वरमति **चंडेसर** कित्ति तुअ, तत्थ पेक्ख **हरिबंभ** भण ॥१०८॥ (१८४)

§४४: अंबदेव सूरि

काल—१३१४। देश—अनहिलवाडा (गुजरात[1])। कुल—वैश्य(?),

१—सामन्त-समाज

(१) सेठ (समरसिंह)की प्रशंसा

जिणि दिणि दिनु दक्खाउ, समरसीहि जिण धम्मवणि।
तसु गुण करउँ उदोउ, जिम अधारइ फटिकमणि॥
सारणि अमियतणीय, जिणि वहाँवी मरुमडलिहिँ।
किउ कृतजुग अवतारु, कलिजुगि जीवउ बाहुबले॥
ओसवाल कुलि चदु, उदयउ एउ समान नहिँ।
कलिजुगि कालइ पासि, छेदीयउ सचराचरहिँ॥....
रतन कुक्खि कुलि निम्मलीय भोली पुतुजाया।
सहजउ साहु समरसीहु बहु पुन्निहि आया॥
लहु अलगइ सुविचार चतुर सुविवेक सुजाण।
रत्न परीक्षा रजवइ राय अउ राण॥
तउ देसल नियकुल पईव ए पुत्र सधन्न।
रूपवत अउ सीलवत परिणाविय कन्न॥
गोसलसुत्ति आवास कियउ अणहिलपुर नयरे।
पुन्न लहइ जिम रयण माहि नर समुद्दह लहरे॥
—समर-रास (पृ० २७-२९)

---

[1] "प्राचीन-गुर्जर-काव्य-संग्रह" G.O.S. vol. XIII.

यथा गग-कल्लोल, यथा रोषाणित[1] रुपं।
यथा दुग्धवर-शुद्ध-फेन फफाइ तलप्पं।
प्रियपाद प्रसादे दृष्टि पुनि, निभृत हसं जिमि तर्रुणिजन।
वरमंत्रि **चंडेश्वर** कीर्त्ति नव, तत्र पेखु हरिब्रह्म भन ॥१०८॥

§ ४४: अंवदेव सूरि

जैन साधु। कृति—समर-रास।

१—सामन्त-समाज

(१) सेठ (समरसिंह) की प्रशंसा

जिन दिन दिन दक्षाउ, **समरसिंह** जिनधर्म-वणि।
तसु गुण करउँ उजोअ, जिमि अधारैं फटिकमणि ॥
सरणी अमियतनीय[2], जिन बहाइ मरु[3] मडलहिँ।
किउ कृतयुग अवतार, कलियुग जीतेँउ बाहुबल ॥
ओसवाल कुल-चद्र, उदयेँउ एउ समान नहिँ।
कलियुग कालइ पाश, छेदीयऊ सचराचरहिँ ॥
रतनकुक्षि कुल निर्मलीय भोली पुतु जाया।
सहजउ साधन समरसीह बहु पुण्यहिँ आया ॥
लहु अलगइ मुविचार चतुर सुविवेक सुजाना।
रतन-परीक्षा रजवई राजा अरु राना ॥
तौ देसल निज कुलप्रदीप एँहु पुत्र सधन्या।
रूपवत अरु शीलवत परिनाविय कन्या ॥
गोसल-सुत आवास कियउ **अनहिलपुर** नगरे।
पुण्य लहै जिमि रतन माँझ नर समुदह लहरे ॥
—समररास (पृ० २९-२९)

---

[1] रगडा [2] अमृतकेर [3] मारवाड़

(२) बादशाह (अलाउद्दीन) और मीर (अलप खाँ) की प्रशंसा

तहि अच्छइ भूपतिहि भुवण-सतखड-पसत्थो ।
विस्वकर्म विन्नानि करिउ धोइउ निय हत्थो ॥
अमिय सरोवरु सहसलिगु इकु धरणिहिँ कुडलु ।
कित्तिषभु किरि अवरदेसि मागइ आखडलु ॥
अज्जवि दीसइ जत्थ-धम्मु कलिकालि अगजिउ ।
आचारिहिँ इह नयर-तणइ सचराचरु रजिउ ॥
पा[1]तसाहि [2]सुरताण भीवु तहिँ राजु करेई ।
अलपखानु हींदूअह लोय धणु मानु जु देई ॥
साहु राय वेसलह पूत्तु तसु सेवइ पाय ।
कलाकरी रजविउ खानु बहु देइ पसाय ॥
मीरि मलिकि मानियइ समरु समरथु पभणीजइ ।
पर-उवयारिय माहि लीह जसु पहिलिय दीजइ ॥

२–(जैन) तीर्थयात्री-सेना

आगलि मुनिवर-सघु सावय जणा । तिलु न षिरइ तिम मिलिय लोय घणा ॥
मादल वस विणा धुणि बज्जए । गुहिर भेरीय रवि अबरे गज्जए ॥
नवय पाटणि नवउ रगु अवतारिएँ । सुखिहिँ देवालय सखारी-सचारिएँ ॥
धरि बयसवि करि केवि समाहिया । समरगुण रजिउ विरलउ रहियउ ॥
जयतु कान्हु दुइ सघपति चालिया । हरिपालो लढुको महाधर दृढ थिया ॥
वाजिय सख असख नादि काहल दुडदुडिया ।
घोडे चडइ सल्लार सार राउत सीगडिया ।
तउ देवालय जोयि वेगि घाघरि रवु झमकइ ।
सम विसम नवि गणइ कोइ नवि वारिउ थक्कइ ॥

---

[1] बादशाह [2] सुलतान

(२) बादशाह (अलाउद्दीन) और मीर (अलप खाँ) की प्रशंसा

तहँ आछे भूपतिहँ भुव सतखड प्रशस्तो।
विश्वकर्म विज्ञान करेँउ धोइय निज हस्ते॥
अमिय-सरोवर सहसलिंग एँक धरणिहिँ कुडल।
कीर्त्ति-खभ फुर अवर देश मॉगइ आखडल॥
आजउ दीसै यत्र धर्म कलिकाल अगजेउ।
आचारेँहि इह नगरकेर सचाचर रजेँउ।
पादशाह सुरतान भीवु तहँ राज करेई।
अलपखान हिंदुअहँ लोग धनमान जोँ देई॥
साहु राय देसलह पुत्र तसु सेवै पाये।
कलाकरी रजविउ खान वहु देइ प्रसादे॥
मीर मलिक मानियै समर समरथ प्र-भनीजै।
पर-उपकारी माँझ लेख जसु पहिली दीजै॥

२-(जैन) तीर्थयात्री-सेना

आगे मुनिवर सघ श्रावक-जना। तिल न खिडै तिमि मिलिय लोग घना॥
मॉदल-वंश-वीणा धुनि बाजई। गहिर भेरीरव अवरेँ गाजई॥
नवक पॉटन नवउ रग अवतारेँऊ। सुखेँहिँ देँवालय शख-री सचारेँऊ।
घरेँ वडसवि करि कोड समाहिया। समर-गुण-रजित विरलउ राहिया॥
जयतु कान्ह दुइ सघपति[1] चालिया। हरिपालो लंढुको महाधर दृढ ठिया॥
बाजिय शख असख्य नाद काहल दुडदुडिया।
घोडे चढे सलार[2]सार राउत सीगडिया॥
तब देवालय जोइ वेगि घाघर रव झमकै।
सम-विषमा ना गनै कोइ ना वारिउ थाकैं[3]॥

---

[1] जैन गृहस्थोंके संघके प्रधान [2] कमांडर [3] ठहरे, रहे।

सिजवाला धर धडहडइ वाहिणि बहु वेगे।
धरणि धडक्कइ रजु उडए नवि सूझवि मागे॥
हय हीसइ आरसइ करह वेगि वहइ बइल्ल।
सादकिया थाहरइ अवरु नवि देई बुल्ल॥
निसि दीवी झलहलहि जेम ऊगिउ तारायणु।
पावल पाउ न पामियए वेगि वहइ सुखासण॥
आगे वाणिहि सचरए सघपती साहु देसलु।
बुद्धिवतु बहुपुनिवंतु परिकमिहिँ सुनिश्चलु॥
पाछे वाणिहि सोमसीहु साहुसहजा पूतो।
सागणु साहु दूणिगह पूतु सोमजिनि जुत्तो॥
जोड करी असवार माँहि आपणि समरागरु।
चडिय हीड वहुगमे जोइ जो मघ अमुहकरु॥
सेरीसे पूजियउ पासु कलिकालिहिँ सकलो।
सिरखेजि थाइउ धवलकए सघु आविउ सयलो॥
धधूकउ अतिक्रमिउ ताम लोलियाणइ पहूतो।
नेमि भुवणि उछवु करिउ पिपलालीय वत्तो॥
—वहीं (पृ० ३२-३३)

३—ग्रंथ-रचना-काल

संवच्छरि इक्कहत्तरए थापिउ रिसहजिणिदो।
चैत्रवदि सातमि पहुतघरे नदऊ ए नदउ ए नदउ जा रवि चदो॥
पासउ सूरिहिँ गणहरह नेउअच्छ निवासो।
तसु सीसहिँ, अबदेव सूरिहिँ रचियउ ए रचियउ ए रचियउ समरारासो॥
—समररासो[1]

---

[1] पृष्ठ ३७

सिजवाला धर घडधडै वाहिनि बहुवेगे।
धरनि धडक्कै रज ऊडै ना सूझै मार्गो ॥
हय हिंसैं आरसैं करभ वेग वहैं बइल्ला।
सांदकिया थाहरै और ना देई बोल्ला ॥
निशि दीपा झलझलैं जेम ऊगिय तारागण।
पावल पाव न पाइयै वेंगि वहै सुखासन ॥
आगे वाणी सचरै संघपति साहु देसला।
बुद्धिवंत बहुपुण्यवंत परिक्कमहिं सुनिश्चला ॥
पाछे वाणिहि सोमसीह सॉहु सहजा-पूतो।
सांगण साहु दूनिगह पूत सोम जिन युक्तो ॥
जोडकरी असवार मॉह आपुहिँ समरागर।
चढिय हिंड चहुगमे जोय जो सघ असुखकर ॥
सेरीसे पूजियउ पार्श्व कलिकालहिँ सकलो।
सिरखेजी ठहरेउ धवलकह संघ आयेंउ सकलो ॥
धंधूकउ अति क्रमेंउ ताँह लोंलि यानह वहुतो।
नेमिभुवन उत्सव करेंउ पिपलालिय प्राप्तो ॥
—वहीं (पृ० ३२-३३)

३–ग्रंथ-रचना-काल

संवत्सर एकहत्तरे थापेंउ ऋषभ जिनेंद्रो।
चैत्रवदी मातमि पहुतघरें नदउ जो लों रवि चद्रो ॥
पार्श्वउ सूरिहिँ गणधरह नेउअच्छ निवासो।
तसु शिष्येंहिँ अंबदेव (सूरि) रचियउ समरारासो ॥
—समररास (पृ० ३७)

---

[1] सवार, गाड़ीवान आदि

§ ४५ः अज्ञात कवि

काल—१३०० (ई०), देश—गुजरात।

१—कक्का[1]

(१) वैराग्य और वात्सल्य

कत्य वच्छ कुवलय-नयण, सालिभद्द सुकुमाल।
भद्दा पयणइ देव तुहु, कह थिउ इत्तिय वार॥
खरउं कुड्डु ता पुत्त कहि, का देसण किय वीरि।
कवण अत्थु वरवाणिइउ, कचणगोर सरीरि॥
खार समुद्दहर आगलउ, माहर कढिउ ससारु।
संजमपवहण हीण तसु, कियइ न लब्भइ पारु॥
गमयमत्त वीरिय पवर, जे जगि पुरिस पहाण।
सालिभद्द भद्दा भणइ, सजमु सोहइ ताण॥
घण कुकुम चदण रसिण, तुह तणु वासिउ वच्छ।
वयह परीसह किम सहिसि, मुणि गगाजल सच्छ॥
नविवउ लिज्जइ तरुण पणि, सालिभद्द सुकुमाल।
महु कुलमडल कुलतिलय, कुलपईव कुलबाल॥
चरणु लेसिजइ पुत्त तुहु, नदणनीय पवीण।
रोअती भद्दा भणइँ, मइँ किम मेल्हिसि दीण॥
छण भइलछण समवयण, तुह भज्जा बत्तीस।
ते विलवती पेमभरि, किम कारिसि कुलईस॥
जणणि भणइ जा बालपणु, ता पुत्तह पडिबधु।
तारुमइ बुल्लाविअउ, बहु उन्नाडइ कधु॥

---

[1] बाराखड़ी

§ ४५: अज्ञात कवि

कृति—शालिभद्र-कक्का।[1]

१—कक्का

(१) वैराग्य और वात्सल्य

कहाँ वास कुवलय-नयन, शालिभद्र सुकुमार।
भद्रा प्र-भनै देव तुहु, कहँ रहु एत्तिय वार॥
खरउ[2] कुडु[3] ता पुत्र कहँ, का देशन किउ वीर।
कौन अर्थ वर-वाणिइउ, कचन गौर शरीर॥
खार समुद्रहँ आगलउ, मा हर कढेँउ ससार।
सयम-प्रवहण-हीन तसु, किये न लब्भै पार।
गमय-मत्त वीर्य प्रवर, जे जग पुरुष प्रधान।
शालिभद्र भद्रा भनै, सयम सोहे तान[4]॥
घनकुकुम चदन रसेँहिं, तव तन वासेँउ वत्स।
व्रतहँ परीसह[5] किमि सहिसि, मुनि गगाजल स्वच्छ॥
नववय छीजै तरुणपन, शालिभद्र सुकुमार।
मम कुल-मडन कुल-तिलक, कुलप्रदीप कुलपाल॥
चरण लेसि यदि पुत्र तुव, नंदन नीच प्रवीण।
रोअती भद्रा भनै, मोँहिं का छाडेँसि दीन॥
छण-मृगलाछन सम-वदन, तुव भार्या बत्तीस।
ते विलपती प्रेमभर, का कारेसि कुलईश॥
जननि भनै जो वालपन, सो पुत्रह प्रतिबधु।
तारमती बोलावियउ, वहु उन्नाडै[6] कधु॥

---

[1] "प्राचीन-गुर्जर-काव्य-संग्रह" G.O.S. Vol. XIII

[2] अच्छा [3] आश्चर्य [4] तिनको [5] उपसर्ग, कष्ट [6] हिलावै

झलकंतउ कंचणघडिउँ, सत्तभूमि पासाउ।
विहवउ कोडाकोडि धण, कहि कोइँ ऊणउ ठाउ ॥
नरवइ सेणिउ तुम्ह पहु, सुरगोभद्दु सुताउ।
नित्तु नवएँ आभारणू, कहि को चित्तिविसाउ ॥
टलटलेसि धम्मत्थ पुण, धम्मगहिल्ला बाल।
धम्म करेवा मइ्ट समउ, तुहु धणु रक्खण बाल ॥
ठणकइ पुत्तसु चित्तिमहु, पुत्त विहूणिय नारि।
विहविह मुच्चइ दुहु सहइ, दीणी परघर बारि ॥
डरपिसि सुणियइ सीहसरि, निसुणिसि सिव-फिक्कार।
भुक्खिउ तिसिइउ वच्छ, तुह किम हिंडिसि नार ॥
ढलइँ चमर-वर पुत्त तुहु, सीस धरिज्जइ छत्तु।
मणि सीहासणि बइठणउँ, किणि कारणि वइचित्तु ॥
नवउँ अंतेउरु नवउँ घरु, नवजोवणु नवरंगु।
सालिभद्दु नवकणयतणु, ढलकरि चरण पसंगु ॥
तरुअरतलि आवासु मुणि, भिक्खह भोयणु पाणु।
भूमंडलि आसणु सयणु, वच्छ चरणु दुहठाणु ॥
थल-डूंगर पाहणसधण, कक्कर कंट तुसार।
पाणह वज्जिय गुरि सहिउ, हिंडिसि केम कुमार ॥
दहविह धम्मु करेसि किम, किम सोसिसि निय अंगु।
वच्छ तह ता दोहिलउँ, होसिइ तुह सीलंगु ॥
धम्मु किइउ जिम रिसहजिणि[1], तिम किज्जइ सुअ इत्थु।
पहिलउँ साखिहिँ पसरिउ, अंतिय थासिउ तित्थु ॥
नवकप्पूरिहि पूरिया, नन्दण कोमल केस।
केतगि वालइँ बासिया, किम उद्धरिसि असेस ॥

---

[1] एक तीर्थंकर

झलकंतउ कंचन गढिय, [1]सप्तभूमि प्रासाद।
　　　　विभवउ कोटाकोटि धन, कहँ कोँउ ऊनउ ठाँव ॥
नरपति श्रेणिक तुम्ह प्रभु, सुरगोभद्र सुताउ।
　　　　नित्य नवै आभारणू, कहँ को चित्त-विषाद ॥
टलटलेसि धर्मार्थ पुनि, धर्म-गहिल्ला बाल।
　　　　धर्म करेबा मम समय, तुव धन-रक्षण-काल ॥
ठापै पुत्र सोँ चित्त मैँ, पुत्र विहूनी नारि।
　　　　विभवहिँ मुचै दुख सहै, दीनी परघर वारि ॥
डरपसि सुनिया सिहस्वर, नि-सुनिय शिवाँ-फेक्कार।
　　　　भुखिय तृषितउ वत्स तुहुँ, किमि हिंडीयसि नार ॥
ढलैँ चमर-वर पुत्र ! नव, सीस धरिज्जै छत्र।
　　　　मणिसिहासनेँ बइठनउ, किन कारण वैचित्र ॥
नव अतपुर नवघर, नवयौवन नवरग।
　　　　शालिभद्र नवकनकतनु ढलकर चरण-प्रसग ॥
तरुवरतल आवास मुनि, भिक्षहँ भोजन-पान।
　　　　भूमडल आसन-शयन, वत्स ! चरण दुख-थान ॥
थल डूँगर पाहन सघन, ककड कट तुषार।
　　　　पनही वर्जिय गोड सन, हिडसि केम कुमार ॥
दशविध धर्म करेसि किमि, किमि शोषसि निज अग।
　　　　वत्स ! तहाँतहँ दोहलउ, होँइहै तुव शीलांग ॥
धर्म करेँउ जिमि ऋषभ जिन, तिमि कीजै सुत अत्र।
　　　　पहिले सखिहिँ पसारियउ, अते थायेउ तीर्थ ॥
नवकर्पूरहिँ पूरिया, नन्दन ! कोमल केश।
　　　　केतकि वालैँ वासिया, किमि उद्धरिसि अशेष ॥

---

[1] सात महलोंवाला

पट्टसुग्र तइँ पहरियां, रसियउ दिव्व ग्रहारु।
सुग्र उब्वासिहिँ सोसिया, केम करेसि बिहारु ॥
फणि-रायह सिरिपुत्त मणि, मुल्लेणय बहुमुल्लु।
सा गिण्हता पाणहर, सजम-भरु तस तुल्लु ॥
बत्तीसहँ पल्लकि तउं, सयण करइ नितु जाय।
[1]डूँगरि कासुगि करिसि किम, बलि किज्जउँ तह काय ॥
भमिसि विहारिहि भारिग्रश्रो, नदण त सुकुमाल।
वीर जिणदह चरणु पुणु, मुणि बावन्नउँ फालु ॥
मयलछण जिमि तारयहँ, सयलहँ किल भत्तारु।
त बत्तीसह बहुग्ररह, एक्कु देव ग्राधारु ॥
यइ तउँ सजमु लेसि सुग्र, मेल्हिवि सयलु सिणेहु।
ता गोभद्दु ग्रभागिहउ, हा धिगु छुट्टउ गेहु ॥
रहि रहि नंदण वयणु सुणि, मामा मइँ सतावि।
तुह विणु नितु कुण पूरिसइ, मुक्काहरणहँ वावि ॥
लडकइँ सउँ सजमु लियल, नदसेणु मुणिराउ।
सो सजमुपव्वइय सुग्र, भोगह कम्मपसाय ॥
वच्छ ति नारी दुक्खिनिहि, जाहँ न कतु न पुत्तु।
मुहुतइ नदण जाइयइँ, हिव ग्राविऊँ निरुत्त ॥
सहसाकारिहिँ गहियवउ, सुयइ कडरिएण।
नदण तेणय नरइदुह, पामिय भट्ठवएण ॥
बलह मणोरह पूजिसइँ, सज्जण होसिइ सोसु।
नन्दण तु थाइसि समणु, ऍउ महु कम्महँ दोसु ॥
समल देह कप्पउ समल, रत्तिदिवस गुरुग्राण।
होइसइ तुव भद्दा भणइ, पर-ग्राइत्त पवाण ॥

---

[1] वृक्ष-वनस्पतिहीन पर्वतको डूँगर कहते हैं।

पट्टांशुक तैं पहिरिया, रसियउ दिव्य-अहार।
सुत उपवासेंहि शोषिया, केम करेसि विहार ॥
फणिराजह श्रीपुत्र मणि, मूल्येनउ वहुमूल्य।
सो गृहणते प्राणहर, सयमभर तसु तुल्य ॥
बत्तीसेहँ पल्लग तैं, शयन करै नित जाय।
डूंगरि कासुग[1] करिसि किम, बलि किज्जउँ तह काय ॥
भ्रमसि विहारें भारिश्रउ, नदन सो सुकुमार।
वीरजिनेद्रहँ चरण पुनि, मुनि बावनऊ फाल[2] ॥
मृगलाछन जिमि तारकहँ, सकलहँ कर भर्त्तार।
तिन बत्तीसहँ बधुअरहँ, एक देव आधार ॥
यदि तैं सयम लेसि सुत, मेलिय[3] सकल सनेह।
ता गोभद्र अभागिहउ, हा धिग छूटेंउ गेह ॥
रहि रहि नदन वयन सुनि, मा मा मैं सताप।
तुह विन नित को पूरिहैं, मुक्ताभरणहँ वापि ॥
लउकैं सँग सयम लियउ, नंदसेन मुनिराव।
सो सयम प्रव्रजिय सुत, भोगहँ कर्म प्रसाद ॥
वत्स तैं नारी दुखिनी, जाहँ न कत न पुत्त।
मम तैं नदन जाइइहि, क्यों आवेंऊँ निरुत्त[4] ॥
सहसा कारेंहिँ गहियऊ, सुनिय कंडरीकेहिँ[5]।
नदन ! ताते नरक-दुख, पाइय भ्रष्टव्रतेहिँ ॥
खलह मनोरथ पूजिहैं, सज्जन होंइहैं शोष।
नदन ! तूँ होयेंउ श्रमण, ऐंहु मम कर्महँ दोष ॥
सांवर देह कल्पउ सँवर, रातदिवस गुरुज्ञान।
होइहं तू भद्रा[1] भनै, पर-आयत्त-पराण ॥

---

[1] कायोत्सर्ग=खड़े बैठे ध्यानावस्थ होना [2] छलाँग
[3] छोड़ [4] निरर्थक [5] कंडरीककी कथा

हसत रोअंता पाहुणउ, ताम हसता होउ।
सालिभद्द सजमु लियइ, महु बुज्झिअइ पमोहु ॥
—सालिभद्द-कक्का[1]

§ ४६: अज्ञात कवि (१३०० ई०)

१—जीते-जी कीर्त्ति

कित्ती सा सलहिज्जइ जा सुणीइ अप्पणेहिँ कण्णेहिँ।
पच्छा मुअण सुदरि ! सा कित्ती होउ मा होउ ॥
जस-सहित जे नर हुआ, रवि पहिला उगति।
जोगा जाते दीहडे, गिरि पत्थरां ढुलति ॥
कीरति हदा कोटडा, पाडयाही न पडति ॥
—उपदेशतरंगिणी[2] (पृ० २७५)

§ ४७: राजशेखर[3] सूरि

काल—१३१४ ई० (?)। देश—गुजरात। कुल—जैन साधु।

१—सामन्त-समाज

(१) नारी-सौंदर्य

अह सामल कोमल केशपास किरि मोरकलाउ।
अद्ध-चद-समु भालु मयणु-पोसइ भउवाउ ॥

---

[1] पृष्ठ ६२-६७ [2] "उपदेश-तरंगिणी" (रत्न-मन्दिर गणि १४६० ई०) धर्माभ्युदय-प्रेस, बनारस (२४१७ वीर संवत्) [3] कविराज राजशेखर नहीं

हसत रोंश्रता पाहुनउ, तहाँ हसता होउ।
शालिभद्र सयम लियै, मम बूझिहै प्रमोह ॥
—शालिभद्र-कक्का (पृ० ६२-६७)

§ ४६: अज्ञात कवि (१२०० ई०)

१–जीते-जी कीर्त्ति

कीर्त्ति सा सलहिज्जै जा सुनीय आपनेहि कानेहिं।
पाछे मुये प'सुंदरि ! सा कीर्त्ती होहु न होहु ॥१२॥
यश-सहित जो नर हुआ रवि पहिला ऊगत।
युग्गाँ जाते दीहडे[1] गिरि-पत्थरा ढुलंति ॥१३॥
कीरति हदा कोटडा पाड्या ही न पडंति ॥
—उपदेशतरंगिणी (पृ० २७५)

§ ४७: राजशेखर सूरि

कृति—नेमिनाथ-फाग[2]।

१–सामन्त-समाज

(१) नारी-सौंदर्य

श्यामल कोमल केशपाश जनु मोरकलाप।
अर्धचंद्रसम भाल मदनपोसै भउबाहैं ॥

---

[1] दिवस [2] "प्राचीन-गुर्जर-काव्य-संग्रह" G.O.S. vol. III

वकुडिया लीय भुहडियहं भरि भुवणु भमाडइ।
लाडी लोयण लह कुडलइ सुरसगह पाडइ ॥
किरि ससिबिब कपोल कन्नहिँ डोल फुरता।
नासावसा गरुड-चचु दाडिमफल दता ॥
अहर पवाल तिरेह कठु राजल सर रूडउ।
जाणुवीणु रणरणइं जाणु कोइलटहकडलउ ॥
सरल तरल भुय वल्लरिय सिहण पीण घण तुग।
उदरदेसि लकाउलिय सोहइ तिवल-तरगु ॥
कोमल विमल नियब बिब किरि गगा-पुलिणा।
करि-करऊरि हरिण जघ पल्लव करचरणा।
मलपति चालति वेलहीय हसला हरावइ।
सझारागु अकालिवालु नहकिरणि करावइ ॥
सहजिहि लडहीय रायमएँ सुलखण सुकुमाला।
घणउ घणेरउ गहणगहए नवजुव्वण बाला ॥
भमरभोली नेमि, जिण वीवाह सुणेई।
नेहगहिल्ली गोरडी, हियडाई विहसेई ॥
सावण सुकिल छट्ठि दिणि बावीसमउ जिणदो।
चल्लइ राजल परिणयण कामिणि नयणाणदो ॥

—नेमिनाथ-फाग (पृ० ८३-८४)

२—शृंगार-सजाव

किम किम राजलदेवितणउ[1] सिणगारु भणेवउ।
चपइगोरी अइधोई अगि चदनु लेवउ ॥
खुपु भराविउ जाइ कुसुमि कसतूरी सारी।
सीमतइ सिदूररेह मोतीसरि सारी ॥

---

[1] रानी

वाकडिया लिय भौँहडियहँ भर भुवन भमाडइ।
लारी लोचन लह कुडले[1] मुखगँहँ पातै॥
जनु शशिबिब कपोल कर्ण हिंडोल फुरता।
नासावंशा गरुड-चंचु, दाडिमफल दंता॥
अधर प्रवालहँ रेख, कठ राजल सर रुडऊ[2]।
जनु-वीणा रणरणै, जान कोँइलटहकलऊ[3]॥
सरल तरल भुजवल्लरीय, थन-पीन-तुग।
उदर-देशैँ लका सोहै त्रिबली तरग॥
कोमल विमल नितब बिब जनु गगापुलिना।
करि-कर उरुयुग हरिन-जंघ पल्लव कर-चरणा॥
मलपतिँ[4] चालति बेलीइव हसला हरावै।
सध्याराग अकाल बाल नखकिरण करावै॥
सहजै सुदर-राजमति, सुलखन सुकुमारा।
घनउँ घनेरउ गहगहे, नवयौवन वाला॥
भवलभोली[5] नेमि जिन वीवाह सुनेइ।
नेह गहिल्ली गोरडी हियरेई विहसेइ॥
श्रावण शुक्ला छट्ठ दिन, बीई सवउँ जिनेन्द्र।
चल्लै राजल परिणयन, कामिनि नयनानद॥
—नेमिनाथफाग (पृ० ८३-८४)

२—शृंगार-सजाव

किमि किमि राजलदेवि केर शृगार भनेबउ।
चपकगोरी अतीधौत अंग चँदन लेँपेबउ॥
खोँप भरावेउ जाति-कुसुम कस्तूरी सारी।
सीमतँ सिंदूर-रेख मोतीसर सारी॥

---

[1]कटाक्ष [2]सुन्दर [3]टहकना [4]मस्त [5]भोली-भाली

नवरंगी कुंकुमि तिलय किय रयणतिलउ तसु भाले ।
मोती कुण्डल कन्नि थिय बिंबालिय कर जाले ॥
नरतिय कज्जलरेह नयणि मुँहकमलि तंबोलो ।
नागोदर कंठलउ कंठि अनुहार विरोलो ॥
मरगद 'जादर कंचुयउ फुड फुल्लह माला ।
करें कंकण मणि-वलय चूड खलकावइ बाला ॥
रुणुझुणु रुणुझुणु रुणुझुणएँ कडि घाघरियाली ।
रिमझिमि रिमझिमि रिमझिमएँ पयनेउर जुयली ॥
नहि आलत्तउ वलवलउ सेअसुय किमिसि ।
अखडियाली रायमइ प्रिउ जोअइ मनरसि ॥
—वहीं (पृ० ८३-८४)

[1] 'बादर' शब्दका पूर्व रूप

नवरंग कुंकुम तिलक किय रतन तिलक तसु भाले।
　　मोती कुंडल कर्णे ठिय बिंबालिय कर जाले ॥
नरतिय कज्जल-रेख नयनें मुँखकमल तँबूलो।
　　नागोदर कंठलउ कंठ अनुहार विरौलो ॥
मरगत--जादर[1] कंचुकहउ फुर फूलहँ माला।
　　करहीं कंकण-मणिवलय चूड खडकावै वाला ॥
रुनझुन-रुनझुन-रनझुनै कटि घाघरियाली।
　　रिमझिम-रिमझिम-रिमझिमै पद नूपुर युगली ॥
नखें अलक्तक बलबलउ श्वेतांशु-विमिश्रित।
　　अखडियाली राजमति प्रिय जोवै मन रसि[2] ॥
—वहीं (पृ० ८३-८४)

---

[1] दोनों जरीके कीमती वस्त्र　　[2] रस रखकर

हिन्दी काव्य-धारा

परिशिष्ट

– १ –

ग्रंथ, जिनसे सहायता ली गई

– २ –

कवियोंका कालक्रम, उनकी रचनाएँ

– ३ –

देहाती और तद्भव शब्द

– ४ –

सम-सामयिक राजवंश

नागार्जुन

परिशिष्ट १

निम्नलिखित ग्रथो, सग्रहो और साहित्य-पत्रो (Joutnals)से सामग्री एकत्र की गई—

१. पुरातत्त्व निबधावली—राहुल साकृत्यायन। इडियन प्रेस (प्रयाग)से प्रकाशित।

२. सिद्धोके दोहे—The Journal of Department of Letters, Calcutta University के Vol. XXVIII मे।

३ चर्यापद—J. D. L., Cal. के Vol. XXX मे।

४. स्वयभू रामायण (हस्तलिखित)—भाडारकर इस्टीटयूट, पूनामे सुरक्षित।

५. गोरखवानी—हिंदी-साहित्य-सम्मेलन (प्रयाग)से प्रकाशित, १९९६ वि०स०।

६. सावयधम्म दोहा।

७. महापुराण—पुष्पदत, डाक्टर पी० एल्० वैद्य द्वारा माणिकचद्र दिगम्बर-जैन-ग्रंथ-मालामे सम्पादित, तीन जिल्द (१९३७, १९४०, १९४१ ई०)।

८. जसहरचरिउ—पुष्पदत, डाक्टर पी० एल्० वैद्य द्वारा करजा-जैन-ग्रथमाला (करजा, बरार)मे सम्पादित (१९३१ ई०)।

९. नायकुमारचरिउ—पुष्पदत, प्रोफेसर हीरालाल जैन द्वारा देवेंद्र-जैन-ग्रथमाला (करजा, बरार)मे सम्पादित। (१९३३)।

१० परमात्मप्रकाश दोहा और योगसार दोहा—योगींदु, ए० एन्० उपाध्ये द्वारा श्रीरायचद-जैन-शास्त्रमाला (बबई)की १०वीं ग्रथसख्या (१९३० ई०)।

११ पाहुडदोहा—रामसिह, करजा-जैन-ग्रथमालामे प्रकाशित।

१२ भविसयत्तकहा—धनपाल, गायकवाड ओरियटल सिरीज, बडोदा द्वारा प्रकाशित (१९२३ ई०)।

१३ प्रबधचितामणि—मेरुतुगाचार्य, मुनि जिनविजय द्वारा सम्पादित और विश्वभारती, शातिनिकेतनसे प्रकाशित।

१४. सदेशरासक—अब्दुर्रहमान, 'भारतीय विद्या'मे मुनि जिनविजय द्वारा सम्पादित (मार्च १९४२ ई०)।

१५. प्राकृतपैगल—चद्रमोहन घोष द्वारा Bibliothica Indica मे सम्पादित (१९०२ ई०)।

१६ करकंडचरिउ—कनकामरमुनि, प्रोफेसर हीरालाल जैन द्वारा करजा-जैन-ग्रथमालामे सम्पादित (१६३४ ई०)।

१७ प्राचीनगुर्जरकाव्यसग्रह—गायकवाड ओरियटल सिरीज, बडोदासे प्रकाशित (१६२७)।

१८ अपभ्रशकाव्यत्रय—गायकवाड ओरियटल सिरीज, बडोदासे प्रकाशित (१६२७ ई०)।

१६ प्राकृतव्याकरण—हेमचद्र सूरि, डाक्टर पी० एल्० वैद्य द्वारा सम्पादित और मोतीलाल लाधाजी (पूना) द्वारा प्रकाशित (१६२८ ई०)।

२० छदोऽनुशासन—हेमचद्र सूरि, देवकरण-मूलचद (बबई) द्वारा प्रकाशित (१६१२ ई०)।

२१ नेमिनाथचरित—हरिभद्र सूरि, डाक्टर हर्मन् याकोबी द्वारा सम्पादित।

२२ उपदेशतरगिणी—रत्नमदिरगणि, धर्माभ्युदय प्रेस, बनारससे प्रकाशित।

२३ कुमारपालप्रतिबोध—सोमप्रभ सूरि, गायकवाड ओरियटल सिरीज, बडोदासे प्रकाशित (१६२० ई०)।

२४ पृथ्वीराजरासो

२५ अनुव्रतरत्नप्रदीप—लक्खण, (अप्रकाशित) भारतीय विद्याभवन, बबईमे सुरक्षित।

परिशिष्ट २

कवि और उनकी कृतियाँ; उनके समसामयिक राजा आदि

आठवीँ शताब्दी

कवि	कृतियाँ
सरहपा—७६० ई०	उपदेशगीति दोहाकोष
	तत्त्वोपदेशशिखर ,,
	भावनाफल दृष्टिचर्या ,,
	वसत तिलक दोहाकोष
	महामुद्रोपदेश ,,

कवि	कृतियाँ
	सरहपादगीतिका
शवरपा—८५० ई० धर्मपाल (७७०-८०६)	चित्तगुह्यगभीरार्थगीति
	महामुद्रावज्रगीति
	शून्यतादृष्टि
	षडगयोग
	सहजसवरस्वाधिष्ठान
	सहजोपदेश स्वाधिष्ठान
स्वयभूदेव—७९० ई० ध्रुव धारावर्ष (७८०-९४)	हरिवशपुराण
	रामायण (पउमचरिउ)
	स्वयभूछद
भूसुकपा—८०० ई० धर्मपाल-देवपाल (शातिदेव) (७८०-८०६-४९)	सहजगीति

नवीं शताब्दी

कवि	कृतियाँ
लुईपा—८३० ई० धर्मपाल-देवपाल	अभिसमय-विभग
	तत्त्वस्वभावदोहाकोष
	बुद्धोदयभगवदभिसमय-गीतिका
विरूपा—८३० ई० देवपाल (८०६-४९)	अमृतसिद्धि-दोहाकोष
	कर्मचडालिका- ,,
	विरूप-गीतिका
	विरूप वज्र-गीतिका
	विरूपपदचतुरशीति
	मार्गफलान्विताववादक
	सुनिष्प्रपचतत्त्वोपदेश
डोम्बिपा—८४० ई० देवपाल	अक्षरद्विकोपदेश

कवि	कृतियाँ
	गीतिका
	नाडीविंदुद्वारे योगचर्या
दारिकपा—८४० ई० देवपाल	महागुह्यतत्त्वोपदेश
	तथतादृष्टि
	सप्तम सिद्धान्त
गुडरीपा—८४० ई० देवपाल	गीति
कुक्कुरीपा—८४० ई० देवपाल	योगभावनोपदेश
	स्रवपरिच्छेदन
कर्मारपा—८४० ई० देवपाल	असम्बधदृष्टि
	असम्बधसर्गदृष्टि
	गीतिका
कण्हपा—८४० ई० देवपाल	गीतिक
	महाढुढन
	वसततिलक
	असम्बधदृष्टि
	वज्रगीति
	दोहाकोष
गोरखनाथ—८४५ ई० देवपाल	गोरखवानी
	वायुतत्त्वोपदेश
टेंडणपा—८४५ ई० देवपाल-विग्रहपाल (८०६-४९-५४)	चतुर्योगभावना
महीपा—८७५ ई० विग्रहपाल-नारायणपाल (८५०-५४-९०८)	वायुतत्त्व
	दोहागीतिका
भादेपा—८७५ ई० विग्रहपाल-नारायणपाल	चर्यापद
	(गीति)
धामपा—८७५ ई० विग्रहपाल-नारायणपाल	कालिभावनामार्ग
	सुगतदृष्टिगीतिका
	हुंकारचित्तविंदुभावनाक्रम

दसवीं शताब्दी

कवि	कृतियाँ
देवसेन—६६३ ई०	सावयधम्मदोहा
तिलोपा—६६० ई० राज्यपाल-गोपाल द्वि० विग्रहपाल द्वि० (६०८-४०-६०-८०)	निवृत्तिभावनाक्रम
	करुणाभावनाधिष्ठान
	दोहाकोष
	महामुद्रोपदेश
पुष्पदंत—६५६-७२ ई० राठौड कृष्ण-खोट्टिग तीο-(६३६-६८-७२)	महापुराण
	(आदिपुराण
	उत्तरपुराण)
	यशोधरचरित
	नागकुमारचरित
शांतिपा—१००० ई० विग्रहपाल-महीपाल (६६०-८८-१०३८)	सुखदुःखद्वयपरित्यागदृष्टि
योगींदु—१००० ई०	परमात्मप्रकाशदोहा
	योगसारदोहा
रामसिंह—१००० ई०	पाहुडदोहा
धनपाल—१००० ई०	भविसयत्तकहा

ग्यारहवीं शताब्दी

अज्ञातकवि—१००० ई० भोज (१००६-४२)	फुटकर रचनाएँ
अब्दुर्रहमान—१०१० ई०	सनेहरासय (संदेशरासक)
बब्बर—१०५० ई० कर्ण कलचुरी (१०४०-७०)	फुटकर रचनाएँ
कनकामर—१०६० ई०	करकंडचरिउ
जिनदत्तसूरि (१०७५-११५४) .. .	चाचरि
	उपदेशरसायन
	कालस्वरूपकुलक

बारहवीं शताब्दी

कवि	कृतियाँ
हेमचंद्र सूरि—११७२ ई० कर्ण, जयसिंह, कुमारपाल आदि सोलंकी राजाओंके समकालीन	प्राकृतव्याकरण
	छंदोऽनुशासन
	देशीनाममाला
हरिभद्र सूरि—११५९ ई० जयसिंह-कुमारपाल (१०९३-११४२-७३)	णेमिणाहचरिउ
अज्ञात कवि—वीसलदेव (११५३-६४)	फुटकर (उपदेशतरंगिणीसे)
आम भट्ट—जयसिंह-कुमारपाल	,, ,,
विद्याधर—११९० ई० जयचंद (११७०-९४)	स्फुट कविताएँ
शालिभद्र सूरि—११८४ ई०	बाहुबलिरास
सोमप्रभ—११९५ ई० ..	कुमारपालप्रतिबोध
जिनपद्म सूरि—१२०० ई० .	थूलिभद्द फाग
विनयचंद्र सूरि—१२०० ई० .	नेमिनाथ चतुष्पादिका
चंदबरदाई—१२०० ई०	पृथिवीराज रासो

तेरहवीं शताब्दी

कवि	कृतियाँ
लक्खण—१२५७ ई०	अणुवयरयण पईव (अनुव्रतरत्नप्रदीप)
जज्जल—१२९० ई० हम्मीर (१२९२-९९)	फुटकर (प्राकृतपैंगलसे)
कुछ और अज्ञात कवि तेरहवीं सदीका पूर्वार्ध	फुटकर रचनाएँ
हरिब्रह्म तेरहवीं सदीका उत्तरार्ध .. मिथिला-नेपालके राजा हरिसिंहके मंत्री चंडेश्वरके आश्रित	फुटकर कविताएँ
अंबदेव सूरि—१३१४ ई०	समररास
अज्ञात कवि—१३०० ई०	शालिभद्रकक्का (बारहखडी)
,, .	फुटकर(उपदेशामृततरंगिणीसे)
राजशेखर सूरि—१३१४(?) ई०	नेमिनाथ फाग

परिशिष्ट ३

कुछ खास देहाती और तद्भव शब्द

शब्द	पृष्ठ
रडी	४
चेल्लु (चेला)	,,
दीवे (दीवा)	,,
अच्छहू (अच्छा)	६
धधा	,,
अवर (और)	,,
जइ भिँडि (जब तक—मैथिली, मगही और भोजपुरीमे 'भिडि'का प्रयोग होता है)	,,
अइस (ऐसा)	,,
चगं (अच्छे, पजाबीमे यह शब्द अभी भी जीवित है)	८
बणारसि (बनारस)	,,
आल-माल (क्रय-विक्रय, सौदा, या सामान सूचक 'माल' शब्दका सगा जैसा ही यहाँका भी 'माल' मालूम पडता है)	,,
घरणी (गृहिणी)	१२
लुक्को (छिपा)	,,
बे (दो, गुजराती)	१४
थक्कु (रहे, थाक्—बगला)	,,
अणठीय (अपरिचित, अन्यस्थित—अन्यत्र स्थितिवाला अनठिया—मैथिली)	१६
नियडि (निकट, नियर—भोजपुरी, काशिका, अवधी और ब्रजभाषा आदिमे)	१८
खाटि (अच्छा, खाँटि-बगला)	,,
टानऊ (खीचो, ऊपरकी ओर करो, टान—ब०)	,,
थाकिब (रहूँगा, ब०)	,,
अच्छत (रहते, अछैत—मै०)	,,
वलॅद (बैल, बडद—मै०)	,,
पागल	२०
मोँउलिल (मुरझाया, मौलायल, मौलल—मै० मग० भो०	,,
एकली (अकेली)	,,
खाट, सेज } मै० मग० भो० अव० का०	,,
जेम (जैसा, गु०)	२६
ढुक्कु (घुसा, ब्रज और बुदेलीमे—देखा)	३०
थिउ (रहा)	३२
तलाय (तालाब)	३६
वट्टइ (है, बाटे-बाडे, बाय—भोजपुरी काशिका)	,,
जेहा (जैसा)	,,
छुड (यदि ?)	४२

शब्द	पृष्ठ
णाइ (नाई, न्याई)	४४
लड्डु	४८
सक्कर	
खड (खाड, खाँड)	
सोयवत्ति (सेवई)	
घीअउर (घेवर)	
सालण (सालन)	
पप्पड (पापड़)	
तिम्मण (तीमन, तेमन)	
लट्ठी (लाठी)	५८,६८
खाई (खाई, गड्ढा)	
मोक्कल (मुक्त, सिंधी)	६२
पोट्टल (पोटर, पोटरी, पूँटली; मै० मग० भो० ब०)	६४
मेहली (महिला—मेहरी, सम्प्रति दासीके अर्थमें प्रयुक्त; भो० का० अव०)	६६
अच्छहि (है, आछे—अछि, ब० मै०)	
धाह (जलन, ताप; मै०)	६८
जावहिं (जभी तक, मै०)	,,
केम (कैसा, गु०)	,,
बारह, सोलह, बीस, चउबीस, तीस, पचास, सट्ठि, चउहत्तरि	८२
बे (दो, गु०)	८८
बण्णि (दोनो, सिंधी—बिन)	,,
थक्कु (रहै, ब०—थाक्)	८८,९०

शब्द	पृष्ठ
थाइ (रहै, गु०—थाय)	८८,९०
थक्क (था, रहा)	,,
दोरु (डोर, पुष्पदंत और एक अज्ञात कविने 'दोर'का प्रयोग किया है; पृ० २०२ और २८८ द्रष्टव्य)	१०८
कवण (कौन)	११६
चगउ (चगा—प०)	१२२
माय-बप्प (माँ-बाप)	१२८
अप्पण (अपना, मै०—अप्पन, भो०—आपन, ब०—आपनि)	१३२
अहेरी (शिकारिन)	
मूसा	
अमिश्र	
थाती	
मइलि (मैला, मइल—मै० मग० भो०)	१३४
उजोली (इजोरी, अँजोरी)	
चद, चदा	
बढ (मूढ, मुग्ध, मै०—बूडि, बुड)	१३४
नावडी (छोटी नाव, तुच्छ, क्षुद्र या लघु सूचक डा और ड़ी प्रत्यय राजस्थानी भाषामें बहु-प्रयुक्त है। यथा गामड़ा, खेतडी आदि)	१३६

शब्द	पृष्ठ
जुएके दोनो ओर जो कीले लगाते है उन्हे भी कनइल वा कनैल कहा जाता है, क्योकि वे बैलोके कानोके बिलकुल पास रहती है। गाछीम आमका वह पेड भी, जो कोनेमे पडता हो कोनइला वा कनैला कहलाता है। पूर्वी युक्तप्रात और बिहारमे 'कनैला' नामवाले दो-चार गाँव भी है। काशिका और अवधीमे उसी फूलको कनेल वा कनेर कहते है)	२००
अम्हॅं (हमको, हमे)	२०२
वाणिज्जार (व्यापारी, स०—वाणिज्यकार। 'बनजारा' शब्दका मूल यही मालूम पडता है)	२१४
टोप्पी (टोपी, यही बड़ी रहने पर टोप। प्राचीन पडितोने अतःसारशून्य व्यक्तिकी आडम्बरपूर्ण वेष-भूषाकेलिए 'घटाऽऽटोप' का प्रयोग किया है। ऐसे व्यक्तिका किसीपर रोब गाँठना तिरहुतमे 'टोप-टहकार दिखलाना' कहलाता है। 'तोप' मैथिली और भोजपुरीमें एक धातु भी है जिसका अर्थ झाँपना होता है)	
तुज्झ, तुह (तेरा, तुम्हारा)	२१८
महारी (मेरी; राज० म्हारी)	२२०
रसोइ (रसोई)	२२४
चेल्ला-चेल्ली (चेला-चेली)	२४८
पुत्थी (पोथी)	,,
बहुडि (फिर, लौटकर, अव० ब्रज० बहुरि)	२५२
सवत्ति (सौत)	
माइ (माँ)	२६८
ठठ (ठाठ?)	२८०
छेहलउ (अन्तिम, गु० छेल्लो)	२८८
धण (धनि! धन्ये!)	२६८
ढखर (गैर-आबाद जमीन जहाँ बबूल-कीकर, ढाक आदिकी छोटी-छोटी झाड़-झाडियोका विस्तृत जगल हो—बीच-बीचमे सूखे मैदान हो। ढख तीन पातवाले ढाक या ढाँकको भी कहते हे। युक्तप्रातके पच्छिमी भाग और पजाबमे बहु-प्रयुक्त 'ढोर-डगर', जो 'माल-मवेशी'का द्योतक है, ध्यान देने योग्य शब्द है। इसमेका 'डगर' तो अवश्य ही 'ढखर'का भाई-भतीजा	

शब्द	पृष्ठ
जूडा, ब० असo उड़ि० मै० मग० भो० अव० ब्रज० आदि प्राय सभी उत्तर भारतीय भाषाओमे खोंपा या खोप सुप्रयुक्त है)	४२४,४८०
सथ (सेंथ, सींथ, सीमत)	
खरी (खरी, खरा)	४३०
गमारि (गँवारिन)	,
सुहाली (बिना चुपड़ा फुलका, पतली-रूखी रोटी; अवधी, भोजपुरी और तिरहुतिया बोलियोमे सुप्रयुक्त 'सोहारी' शब्द इसी सुहालीका उत्तराधिकारी है)	४३२
गिंदू (गेद, कदुक)	४५४
काअर (कायर, कातर)	४५६
तुलक (तुरक, तुरुक)	४५४
हिंदू (यहाँ तेरहवीं सदीके अतिम चरणमे मौजूद कवि जज्जलकी और चौदहवीं सदीके प्रथम चरणमे मौजूद जैन मुनि अबदेव सूरिकी कविताओंमे 'हिंदू' आया है। एकने रणथभोरवाले हम्मीरदेवकी प्रशसामे और दूसरेने अलाउद्दीनकी प्रशसामे कविताएँ लिखी है। पहले-पहल 'हिंदू' शब्दका इस्तेमाल किस कविने और किस शताब्दीमे किया, कह नही सकते। किंतु यह नवीं सदीसे पहलेका नही हो सकता)	४५४-६८
टोप्पर (नुकीली सी बडी टोपी, ब० टोपर)	४६२
सेर	४६४
रक	,,
पातसाहि (पातसाह, बादशाह—फा०)	४६८
सालार (मार्गदर्शक, नेता;—जग सेनापति—फा०)	,,
खान (खान—सरदारो—सामतोकी फारसी उपाधि)	,,
बइल्ल (बैल)	४७०
डूगर (वृक्ष-वनस्पतिहीन टीला छोटा पर्वत; गुजरात और राजस्थानमे अत्यत ही प्रचलित शब्द)	४७४-७६
कक्कर (ककड)	४७५
लड्का	४७६

संकेत—प०-पजाबी; सि०-सिधी; ब०-बगला, भो०-भोजपुरी; मै०-मैथिली, म०-मगही; मरा०-मराठी; हि०-हिंदी; गु०-गुजराती; राज०-राजस्थानी; सं०-सस्कृत; अस०-असमिया; उडि०-उडिया।